Springer-Lehrbuch

Georg Küpper
René Börner

Strafrecht
Besonderer Teil 1

Delikte gegen Rechtsgüter der Person und Gemeinschaft

4. Auflage

 Springer

Georg Küpper

René Börner
Juristische Fakultät
Universität Passau
Passau
Deutschland

ISSN 0937-7433
Springer-Lehrbuch
ISBN 978-3-662-53988-0   ISBN 978-3-662-53989-7   (eBook)
DOI 10.1007/978-3-662-53989-7

Die Deutsche Nationalbibliothek verzeichnet diese Publikation in der Deutschen Nationalbibliografie;
detaillierte bibliografische Daten sind im Internet über http://dnb.d-nb.de abrufbar.

Gedruckt auf säurefreiem und chlorfrei gebleichtem Papier

Springer ist Teil von Springer Nature
Die eingetragene Gesellschaft ist Springer-Verlag GmbH Deutschland
Die Anschrift der Gesellschaft ist: Heidelberger Platz 3, 14197 Berlin, Germany

Vorwort zur 4. Auflage

Die vierte Auflage des von Georg Küpper begründeten Lehrbuchs lag aufgrund seines plötzlichen und unerwarteten Todes Ende Januar 2016 vollständig in meinen Händen. Geplant war eine gemeinsame Fortführung. Immerhin konnte ich aber auf eine fortgeschrittene Neubearbeitung zurückgreifen, so dass es sich um eine postum fertig gestellte gemeinsame Neubearbeitung handelt.

Die Entwicklung der vergangenen zehn Jahre in Gesetzgebung, Rechtsprechung und Schrifttum machte eine umfangreiche Überarbeitung erforderlich. Dem ist auch eine teils geänderte Gliederung sowie eine Neuzählung der Randziffern geschuldet. Der didaktische Ansatz aber wird konsequent fortgeführt. Besonderen Wert haben wir auf die Hervorhebung aktueller und damit besonders prüfungsrelevanter Rechtsprechung nebst Kritik des Schrifttums gelegt. Verstärkte Berücksichtigung haben die im Kernbereich zunehmend relevanten Aspekte des Medizin- und Medienstrafrechts sowie die aktuellen Gesetzesänderungen erfahren (bspw. §§ 177, 201a, 202d 217, 226a). Auch die vierte Auflage möchte zuverlässiger Begleiter für Studium sowie Examensvorbereitung sein und zum eigenständigen Denken anregen.

Ich wünsche mir eine weiterhin gute Aufnahme des Werkes und bin für Anregungen sowie Kritik dankbar. Besonderer Dank gilt Herrn wiss. Mitarbeiter *Julius Schauf* für zuverlässige Unterstützung. Rechtsprechung und Literatur sind bis zum 10.02.2017 berücksichtigt, Gesetzesänderungen bis Mai 2017.

Ich widme diese Neuauflage meinem verehrten akademischen Lehrer *Georg Küpper*.

Potsdam, im Februar 2017 René Börner

Inhaltsverzeichnis

Abkürzungsverzeichnis

a.A.	anderer Ansicht
abl.	ablehnend
Abs.	Absatz
Abschn.	Abschnitt(s)
abw.	abweichend
AE	Alternativ-Entwurf
a.F.	alte Fassung
AfP	Archiv für Presserecht
AK	Alternativkommentar
allg.	allgemein
Alt.	Alternative
and.	anders
Anm.	Anmerkung
arg.	Argument aus
Art.	Artikel
AsylVfG	Asylverfahrensgesetz
ausf.	ausführlich
BAK	Blutalkoholkonzentration
BayObLG	Bayerisches Oberstes Landesgericht
BDSG	Bundesdatenschutzgesetz
Bespr.	Besprechung
BeurkG	Beurkundungsgesetz
BGB	Bürgerliches Gesetzbuch
BGBl.	Bundesgesetzblatt
BGH	Bundesgerichtshof
BGHR	BGH-Rechtsprechung in Strafsachen
BGHSt	Entscheidungen des Bundesgerichtshofes in Strafsachen
BGHZ	Entscheidungen des Bundesgerichtshofes in Zivilsachen
bpM	besonderes persönliches Merkmal
BNotO	Bundesnotarordnung
BR-Drucks.	Bundesratsdrucksache
BStatG	Bundesstatistikgesetz
BT	Besonderer Teil
BT-Drucks.	Bundestagsdrucksache

BtMG	Betäubungsmittelgesetz
BVerfGE	Entscheidungen des Bundesverfassungsgerichts
bzw.	beziehungsweise
ca.	circa
DÄBl	Deutsches Ärzteblatt
DAR	Deutsches Autorecht
DDR	Deutsche Demokratische Republik
ders.	derselbe
d.h.	das heißt
diff.	differenzierend
DJT	Deutscher Juristentag
DR	Deutsches Recht
DStZ	Deutsche Strafrechtszeitung
E	Entwurf
EGMR	Europäischer Gerichtshof für Menschenrechte
EGStGB	Einführungsgesetz zum Strafgesetzbuch
einschr.	einschränkend
EMRK	Europäische Menschenrechtskonvention
entspr.	entsprechend
Erg.	Ergebnis
etc.	et cetera
f.	folgende
ff.	fortfolgende
FAG	Gesetz über Fernmeldeanlagen
FG	Festgabe
FS	Festschrift
GA	Goltdammer's Archiv für Strafrecht
GedS	Gedächtnisschrift
gem.	gemäß
GenStA	Generalstaatsanwalt(schaft)
GewSchG	Gewaltschutzgesetz
GG	Grundgesetz
ggf.	gegebenenfalls
grdsl.	grundsätzlich
GVG	Gerichtsverfassungsgesetz
h.L.	herrschende Lehre
M.	herrschende Meinung
Hrsg.	Herausgeber
IfSG	Infektionsschutzgesetz
insb.	insbesondere
i. S.	im Sinne
i.V.m.	in Verbindung mit
JA	Juristische Arbeitsblätter
JArbSchG	Jugendarbeitsschutzgesetz
JR	Juristische Rundschau
JRE	Jahrbuch für Recht und Ethik

Jura	Juristische Ausbildung
JuS	Juristische Schulung
JW	Juristische Wochenschrift
JZ	Juristenzeitung
Kap.	Kapitel
Kfz	Kraftfahrzeug
KG	Kammergericht
krit.	kritisch
KritV	Kritische Vierteljahresschrift für Gesetzgebung und Rechtswissenschaft
KrW-/AbfG	Kreislaufwirtschafts- und Abfallgesetz
KUG	Kunsturhebergesetz
LG	Landgericht
LK	Leipziger Kommentar
LPK	Lehr- und Praxiskommentar
MDR	Monatsschrift für Deutsches Recht
MedR	Medizinrecht
medstra	Zeitschrift für Medizinstrafrecht
MK	Münchener Kommentar
n.F.	neue Fassung
NJ	Neue Justiz
NJW	Neue Juristische Wochenschrift
NK	Nomos Kommentar
Nr.	Nummer
NStZ	Neue Zeitschrift für Strafrecht
NJW	Neue Juristische Wochenschrift
NZV	Neue Zeitschrift für Verkehrsrecht
NZWehrr	Neue Zeitschrift für Wehrrecht
o.g.	oben genannt
OGHSt	Entscheidungen des Obersten Gerichtshofes für die Britische Zone in Strafsachen
OLG	Oberlandesgericht
OWiG	Gesetz über Ordnungswidrigkeiten
Pkw	Personenkraftwagen
PostG	Postgesetz
probl.	problematisch
PStG	Personenstandsgesetz
RA	Rechtsanwalt
Rn.	Randnummer
RG	Reichsgericht
RGSt	Entscheidungen des Reichsgerichts in Strafsachen
RPflG	Rechtspflegergesetz
RR	Rechtsprechungs-Report
Rspr.	Rechtsprechung
RuP	Recht und Politik

S.	Seite
s.	siehe
SchKG	Schwangerschaftskonfliktgesetz
SGB	Sozialgesetzbuch
SK	Systematischer Kommentar
sog.	sogenannte
StA	Staatsanwalt(schaft)
StÄG	Strafrechtsänderungsgesetz
st. Rspr.	ständige Rechtsprechung
StGB	Strafgesetzbuch
StPO	Strafprozeßordnung
StraFo	Strafverteidiger Forum
StrRG	Gesetz zur Reform des Strafrechts
StV	Strafverteidiger
StVollzG	Strafvollzugsgesetz
StVO	Straßenverkehrsordnung
StVZO	Straßenverkehrszulassungsordnung
TKG	Telekommunikationsgesetz
TPG	Transplantationsgesetz
TÜV	Technischer Überwachungs-Verein
u.a.	unter anderem
u.ä.	und ähnliches
UKG	Gesetz zur Bekämpfung der Umweltkriminalität
umstr.	umstritten
u.U.	unter Umständen
Var.	Variante
vgl.	vergleiche
VRS	Verkehrsrechts-Sammlung
VStGB	Völkerstrafgesetzbuch
VwGO	Verwaltungsgerichtsordnung
VwVfG	Verwaltungsverfahrensgesetz
WHG	Wasserhaushaltsgesetz
WiKG	Gesetz zur Bekämpfung der Wirtschaftskriminalität
wistra	Zeitschrift für Wirtschaft, Steuern, Strafrecht
WStG	Wehrstrafgesetz
z. B.	zum Beispiel
ZIS	Zeitschrift für Internationale Strafrechtsdogmatik
ZPO	Zivilprozeßordnung
ZRP	Zeitschrift für Rechtspolitik
ZStW	Zeitschrift für die gesamte Strafrechtswissenschaft
z.T.	zum Teil
zust.	zustimmend
zutr.	Zutreffend

§§ ohne Gesetzesangabe sind solche des StGB

Teil I

Delikte gegen Rechtsgüter der Person

§ 1 Tötungsdelikte

Geschütztes Rechtsgut ist das Leben, Tatobjekt ein anderer Mensch. Den Grund- **1**
tatbestand des 16. Abschn. stellt der Totschlag (§ 212) dar. Soweit die übrigen
Delikte die vorsätzliche Tötung eines Menschen voraussetzen, sind sie als spezielle
Abwandlungen zu verstehen; hinzu kommen einige Tatbestände, die in bestimmter
Weise ebenfalls dem Lebensschutz dienen. Im Einzelnen geht es um

1. *Qualifizierung* (str.): Mord (§ 211)
2. *Privilegierung*: Tötung auf Verlangen (§ 216)
3. *Tatbestände eigener Art:*
   – Geschäftsmäßige Förderung der Selbsttötung (§ 217)
   – Gefährdung durch Aussetzung (§ 221)
   – Abtötung des werdenden Lebens (§§ 218 ff.)

Strafbar ist schließlich auch die fahrlässige Tötung (§ 222). Der früher in diesem **2**
Abschnitt enthaltene Völkermord ist jetzt in § 6 VStGB geregelt.

I. Grundfragen des Lebensschutzes

1. Beginn und Ende des Lebens

Jedes Tötungsdelikt setzt voraus, dass der Täter einen Menschen tötet. Dieser muss **3**
schon geboren (sonst: § 218) und darf noch nicht gestorben sein (sonst: kein „tötet"
mehr).

Das Menschsein i. S. der Tötungsdelikte beginnt **in der Geburt** (arg. aus der **4**
Kindstötung des § 217 a. F.);[1] dies gilt auch nach Aufhebung der Vorschrift weiterhin,

---

[1]Zum Ganzen *Kaltenhäuser*, JuS 2015, 785.

© Springer-Verlag GmbH Deutschland 2017
G. Küpper, R. Börner, *Strafrecht Besonderer Teil 1*, Springer-Lehrbuch,
DOI 10.1007/978-3-662-53989-7_1

da der Gesetzgeber insofern keine Änderung herbeiführen wollte.[2] Hier liegt die entscheidende Zäsur zwischen der rechtlichen Qualität als „Leibesfrucht" (vgl. § 168) und „Mensch", also auch für die Abgrenzung von Schwangerschaftsabbruch und Tötung. Die Leibesfrucht wird zum Menschen mit dem Einsetzen der Eröffnungswehen (BGHSt 32, 194). Maßgeblich für die strafrechtliche Beurteilung ist der Zeitpunkt der schädigenden *Einwirkung* auf das Tatobjekt. Denn bei den Straftatbeständen geht es stets um das Verbot der Verletzung eines bereits existierenden Rechtsguts, nicht aber um das Verbot der Schädigung eines künftigen Rechtsguts. Praktische Bedeutung erlangt dieser Unterschied insbesondere für sorgfaltswidrige Handlungen (z. B. durch einen Arzt), weil nur die fahrlässige *Tötung* strafbar ist. Daraus folgt, dass solche „pränatalen Einwirkungen mit postnatalen Folgen" strafrechtlich nicht erfasst werden.[3]

5   Bei Vorsatztaten ist zu unterscheiden: Wird durch den Eingriff ein lebensunfähiges Kind geboren, das nach der Geburt stirbt, greift § 218 ein (BGHSt 10, 5).[4] Wird jedoch infolge der Abtreibungshandlung ein lebendes Kind vorzeitig geboren und *danach* getötet, so liegt versuchte Abtreibung in Tatmehrheit mit einem vollendeten Tötungsverbrechen vor, wenn das Kind lebensfähig war, ohne die Tötungshandlung weitergelebt hätte und der Täter dies auch erkannt hat (BGHSt 13, 21). Gleiches gilt für eine Tötung durch Unterlassen. Hat der Handelnde irrtümlich eine erfolglose Abtreibung und damit ein taugliches Objekt der §§ 211, 212 angenommen, handelt es sich um Versuch. Geht er indessen irrtümlich von einer erfolgreichen Abreibung aus, kommt § 222 (ggf. i. V.m. § 13) in Betracht (s. auch Rn. 119).

6   Das Ende des menschlichen Lebens wurde früher anhand des Stillstands von Kreislauf und Atmung bestimmt. Dieser Todesbegriff ist dann aber durch die Entwicklung der Intensivmedizin fragwürdig geworden. Im Einklang mit der medizinischen Wissenschaft wird heute deshalb allgemein auf den **Hirntod** abgestellt,[5] worunter das endgültige Erlöschen aller Hirnfunktionen zu verstehen ist.

7   Der Todeszeitpunkt spielt auch für die Frage der *Organtransplantation* eine Rolle. Eine gesetzliche Regelung hat sie durch das Transplantationsgesetz (TPG 1997) gefunden.[6] Danach muss vor der Entnahme von Organen bei dem Organspender der endgültige, nicht behebbare Ausfall der Gesamtfunktion des Großhirns, des Kleinhirns und des Hirnstamms festgestellt worden sein (§ 3 II Nr. 2 TPG). Im Übrigen normiert das Gesetz eine erweiterte Zustimmungslösung: Die Organentnahme ist

---

[2] Ebenso BGH NStZ 2008, 393 m. Anm. *F.-C. Schroeder,* JR 2008, 252 und Bespr. *Jäger,* Jura 2009, 53; *Hirsch,* in: FS Eser (2005), S. 309/322; *Küper,* GA 2001, 515/537; *Otto,* Jura 2003, 612/614; a.A. *Herzberg/Herzberg,* JZ 2001, 1106/1112: Vollendung der Geburt (§ 1 BGB).

[3] Vgl. BGH NStZ 2008, 393; BGHSt 31, 348 mit Anm. *Hirsch,* JR 1985, 336; OLG Karlsruhe NStZ 1985, 314 mit Anm. *Jung;* eingehend *Lüttger,* NStZ 1983, 481; krit. *Gropp,* GA 2000, 1. Zur Vereinbarkeit mit Art. 2 EMRK s. EGMR NJW 2005, 727.

[4] S. auch BGH NStZ 2008, 393.

[5] Dazu *Sternberg-Lieben,* JA 1997, 80; *Merkel,* Jura 1999, 113.

[6] Näher *Deutsch,* NJW 1998, 777; *Taupitz,* JuS 1997, 203; krit. *Schreiber,* in: FS Amelung (2009), S. 487; *ders.,* in: FS Maiwald (2010), S. 785; zu Neuregelungen *Dannecker/A. F. Streng,* in: FS Schiller (2014), S. 127.

nur zulässig, wenn der Spender in die Entnahme eingewilligt hatte oder – bei fehlender Erklärung – dessen nächster Angehöriger zustimmt. Problematisch ist das Verhältnis der Straf- und Bußgeldvorschriften in §§ 18 ff. TPG[7] zum Anwendungsbereich von §§ 211 ff. StGB im Hinblick auf denjenigen, der bei der Vergabe eines Spenderorgans benachteiligt worden ist. Feststellungsprobleme auf der Ebene der Kausalität von Listenmanipulationen[8] müssten konsequent angesichts des nahe liegenden Tatentschluss durch die Versuchsstrafbarkeit eines Tötungsdelikts aufgefangen werden.[9] Problematisch erscheint jedoch in erster Linie, inwiefern die Sonderregelungen der §§ 18 ff. TPG auf die gesetzliche Beurteilung des Unwertes Einfluss nehmen, denn jeder Eingriff in die Zuteilungsreihenfolge berührt originär das Leben übergangener Patienten.[10] Als methodisches Mittel für ein solches Ergebnis erscheint die Sperrwirkung wegen größerer Klarheit gegenüber der Ebene des Pflichtwidrigkeitszusammenhanges vorzugswürdig.

2. Fremd- und Selbsttötung[11]

Die §§ 211 ff. erfassen nur die Tötung eines **anderen** Menschen. Wer sich selbst   **8** tötet oder zu töten versucht, handelt tatbestandslos (RGSt 70, 313, 315). Daraus folgt, dass mangels Haupttat auch die „Anstiftung" oder „Beihilfe" zum Selbstmord straflos bleiben (Grundsatz der Akzessorietät). Allerdings kommt eine täterschaftliche Fremdtötung in Betracht, wenn ein Dritter das Geschehen beherrscht; es handelt sich dann um eine *mittelbare Täterschaft,* begangen durch das Opfer als Werkzeug gegen sich selbst. Dementsprechend ist zwischen dem freiverantwortlichen und dem unfreien Suizid zu unterscheiden.

Keine Straftat begeht, wer die **eigenverantwortlich** gewollte und verwirklichte   **9** Selbsttötung eines anderen veranlasst, ermöglicht oder fördert. Ebenso wenig macht sich ein Garant, der die freiverantwortliche Selbsttötung nicht verhindert, wegen eines Tötungsdelikts durch *Unterlassen* strafbar. Die Verwirklichung des Sterbewillens hat nämlich eine „Entlassung" des Obhutspflichtigen aus seiner Beschützerstellung zur Folge.[12] In der – uneinheitlichen – Rechtsprechung ist diese Konsequenz bisher so nicht gezogen worden. Der BGH hatte den Garanten zunächst ohne Einschränkung zur Erfolgsabwendung verpflichtet (BGHSt 2, 150). Später hat er auf den Zeitpunkt abgestellt, zu dem das Opfer handlungs- und

---

[7]Vgl. zunächst *Schroth,* JZ 1997, 1149.

[8]Dazu LG Göttingen, medstra 2016, 249 m. krit. Bespr. *Haas,* HRRS 2016, 384.

[9]OLG Braunschweig StV 2013, 749 m. krit. Anm. *Bülte.*

[10]Zum Ganzen *Beck,* ZJS 2013, 156/158 f.; *Böse,* ZJS 2014, 117; *Kudlich,* NJW 2013, 917; *Rissing-von Saan,* NStZ 2014, 233; *Rosenau,* in: FS Schünemann (2014), S. 689; *Schroth,* NStZ 2013, 437; *Schroth/Hoffmann,* NStZ 2014, 486; *dies.,* in: FS Kargl (2015), S. 523; als Klausur *Braun,* JA 2015, 753.

[11]Zum Ganzen *Bechtel,* JuS 2016, 882; *Eisele,* JuS 2012, 577; *Kühl,* Jura 2010, 81.

[12]OLG München NJW 1987, 2940/2943 f.; *Kühl,* in: Lackner/Kühl, Vor § 211 Rn. 15.

willensunfähig geworden ist: Da hiermit die volle und alleinige Tatherrschaft auf den Täter übergegangen sei, könne der „Tatherrschaftswechsel" dessen Strafbarkeit begründen.[13]

Beispiel

Die 76jährige Witwe W („Wittig") litt an verschiedenen Beschwerden und sah nach dem Tod des Ehemannes in ihrem Leben keinen Sinn mehr. Sie nahm eine Überdosis Morphium und Schlafmittel in Selbsttötungsabsicht zu sich. In einer schriftlichen Erklärung hatte W verfügt, dass sie keine Behandlung wünsche. Der eintreffende Hausarzt respektierte diesen Willen und unternahm nichts zu ihrer Rettung. Der BGH sieht zwar die „ärztliche Gewissensentscheidung nicht von Rechts wegen als unvertretbar" an (BGHSt 32, 367, 381). Grundsätzlich geht er aber davon aus, dass sich wegen eines Tötungsdelikts durch Unterlassen strafbar mache, wer einen Bewusstlosen in einer lebensbedrohlichen Lage antrifft und ihm die erforderliche und zumutbare Hilfe zur Lebensrettung nicht leistet. Der Übergang der Tatherrschaft verpflichte ihn zum Einschreiten.

---

10 Dieser Gesichtspunkt vermag indessen die fehlende Garantenstellung nicht zu ersetzen. Eine solche folgt auch nicht aus vorangegangenem Tun in Form einer Hilfeleistung zum Selbstmord. Denn dagegen ist in der Literatur seit jeher eingewandt worden, dass dann derjenige, der dem Opfer straflos das Tötungsmittel zur Verfügung stellen dürfe, einschreiten müsse, wenn es gewirkt habe. Wer also dem Suizidenten den Strick reicht, müsste ihn nach Anwendung wieder abschneiden.[14] Zutreffend hält auch das OLG München (NJW 1987, 2944) es für „rechtslogisch zwingend", dass die vom Gesetz gewollte Straflosigkeit der Beteiligung an der Selbsttötung unmöglich sogleich wieder als Strafbarkeit zufolge der in dieser Beteiligung liegenden Ingerenz in Erscheinung treten kann.[15] Dennoch hat das OLG Hamburg (NStZ 2016, 530) trotz eines freien und wohlüberlegten Entschlusses eine Garantenpflicht des (geschäftsmäßigen) Sterbebegleiters angenommen und dazu auf den Fall „Wittig" verwiesen. Das verletzt neben § 13 das verfassungs- und menschenrechtlich verankerte Selbstbestimmungsrecht, das bereits für § 217 eine sehr problematische Hürde darstellt.[16]

11   Voraussetzung des Ausschlusses der Garantenpflicht ist jedoch, dass die Entscheidung zum Freitod tatsächlich eigenverantwortlich und im Bewusstsein der vollen Tragweite des Tuns wohl überlegt getroffen wird, was auch im Falle eines an Alzheimer-Demenz Erkrankten der Fall sein kann.[17] Erfolgt hingegen nur die

---

[13]BGHSt 32, 367/373 ff.; hierzu *Eser,* MedR 1985, 6; *Gropp,* NStZ 1985, 97; *R. Schmitt,* JZ 1984, 866; *Sowada,* Jura 1985, 75.

[14]Vgl. *Heinitz,* JR 1954, 403/405; *Gallas,* JZ 1960, 686/689; *Roxin,* Täterschaft, S. 474.

[15]Zum Ganzen *Dölling,* in: FS Maiwald (2010), S. 119/130; *Duttge,* MedR 2014, 621; *Kubiciel,* JZ 2009, 600; *Kutzer,* in: FS Schöch (2010), S. 481; *Roxin,* GA 2013, 313/317 f.

[16]Ablehnend auch *Miebach,* NStZ 2016, 536 (lesen!).

[17]StA München I NStZ 2011, 345 sowie LG Gießen NStZ 2013, 43.

Selbst*gefährdung* bewusst, besteht eine Garantenpflicht, wenn sich das allein auf Selbstgefährdung angelegte Geschehen erwartungswidrig in Richtung auf den Verlust des Rechtsguts entwickelt (BGHSt 61, 21 ff.).[18]

Beispiel

Studentin S war trotz einer Trennung von dem dominanten sowie teils aggressiven A diesem noch immer demütig „in Hörigkeit und Liebe" und als „Liebe ihres Lebens" zugetan. Trotz anderweitiger Verlobung des A traf sich dieser mit S für einige sehr intim verlebte Tage. An deren Ende erklärte A, dass er dennoch an seiner Verlobten festhalte. Aus spontanem Entschluss und ohne jemals zuvor Selbsttötungsgedanken geäußert zu haben, griff S nach der Flasche „Cleanmagic" auf dem Wohnzimmertisch, ein von A als gefährlicher Drogenersatz mitgebrachtes Reinigungsmittel, und trank vor dessen Augen eine – wie beide wussten – tödliche Dosis. Den rettenden Notarzt rief A nicht. S verstarb wenig später. Der BGH (NStZ 2012, 319) nimmt in Bezug auf das Reinigungsmittel bzw. dessen zweckentfremdenden Gebrauch eine Garantenpflicht für A an (sehr str.), was bei einem geladenen Revolver weitaus klarer gewesen wäre. Hier interessiert aber im zweiten Schritt, ob diese Pflicht in dem Entschluss der S eine Grenze findet. Insofern habe es an einer ernst gemeinten und freiverantwortlichen Entscheidung gefehlt. Das ist mit Blick auf die Diskussion um die Kriterien eines unfreien Suizids ein problematischer strafbarkeitserweiternder Maßstab, der § 216 und somit einer völlig anderen Tatherrschaftskonstellation entlehnt ist. Immerhin manifestiert sich aber in der Frage als solcher eine gewisse Distanz des BGH zu einer bedingungslos fortwirkenden Garantenpflicht. In dem – wie hier – geschilderten Fall wäre A aus § 323c StGB zu bestrafen gewesen.[19]

Der **unfreie** Suizid begründet eine Fremdtötung in mittelbarer Täterschaft. Eine   **12** solche kommt in Betracht, wenn der Hintermann den Tatmittler (hier: das Opfer selbst) aufgrund Täuschung, Nötigung, mangelnder Einsicht oder Willenskraft in der Hand hat. Ferner vermag ein unfreier Suizid eine bestehende Garantenpflicht nicht zu suspendieren, weshalb auch §§ 212/211, 13 in Betracht kommen. Fraglich ist allerdings, wo die Grenze dieser Freiverantwortlichkeit liegt.

Eine Auffassung will die gesetzlichen *Exkulpationsregeln* (§§ 19, 20, 35 StGB;   **13** § 3 JGG) heranziehen.[20] Freilich kann es nur um eine analoge Anwendung gehen, weil diese Vorschriften an sich auf den Täter abstellen. Das Gesetz bringt in ihnen aber zum Ausdruck, wann es die Verantwortlichkeit des Handelnden ausschließt. Nach diesen Grundsätzen bemisst sich auch die Relevanz einer Täuschung: Sie

---

[18]M. Anm. *Herbertz*, JR 2016, 545 ff.

[19]Zum Ganzen *Hecker*, JuS 2012, 755; *Kudlich*, JA 2012, 470; *Murmann*, NStZ 2012, 387; *Puppe*, ZIS 2013, 46; *Rengier*, FS Kühl (2014), S. 383.

[20]*Bottke*, Suizid, S. 250; *Hirsch*, JR 1979, 429, 432; *Roxin*, NStZ 1984, 71.

soll dann zur mittelbaren Täterschaft führen, wenn der Täuschende das Opfer in eine den Voraussetzungen des § 20 oder § 35 entsprechende seelische Situation versetzt.

Beispiel

Dem Opfer wird qualvoller Tod oder Folterung in Aussicht gestellt; in seiner Verzweiflung bringt es sich um. Unter dem Gesichtspunkt des § 35 liegt eine unfreie Selbsttötung vor. Entsprechendes soll für den Fall gelten, dass der Täter durch die Vorspiegelung, er habe das Opfer mit einem tödlichen und sehr schmerzhaft wirkenden Mittel vergiftet, es dazu veranlasst, sich umzubringen, um den erwarteten Qualen zu entgehen.

---

14 Demgegenüber orientiert sich die *Einwilligungslehre* an den Regeln, die für die Wirksamkeit einer rechtfertigenden Einwilligung gelten.[21] Als Kriterien für die Eigenverantwortlichkeit des Selbsttötungsentschlusses werden die Einsichtsfähigkeit des Lebensmüden, sein Urteils- und Hemmungsvermögen sowie die Ernstlichkeit seiner Entscheidung und die Mangelfreiheit seiner Willensbildung genannt. Für diese Meinung soll sprechen, dass bei einer Verfügung über das eigene Leben keine geringeren Anforderungen gestellt werden dürften als bei der Einwilligung in eine Körperverletzung. Dagegen lässt sich einwenden, dass in eine Lebensvernichtung überhaupt nicht „eingewilligt" werden kann (arg. § 216). Vor allem geht es im hiesigen Zusammenhang um eine ganz andere Situation, nämlich die Abgrenzung von Täterschaft und Teilnahme.

15 Besondere Probleme treten im **Irrtumsbereich** auf. Unstreitig liegt eine Tötung in mittelbarer Täterschaft zumindest dann vor, wenn sich das gutgläubige Opfer über den „Erfolg" seines Handelns irrt, beispielsweise arglos ein tödliches Gift einnimmt. Von diesem rechtsgutsbezogenen Irrtum ist der umstrittene Fall des bloßen *Motivirrtums* zu unterscheiden. Hier weiß das Opfer zwar, was es tut, irrt aber über den Grund seines Tuns. Als Beispiel kommt namentlich das Vortäuschen eines geplanten Doppelselbstmordes in Betracht. Diesbezüglich wird wohl überwiegend mittelbare Täterschaft angenommen.[22] Insbesondere die Einwilligungslehre müsste hier einen wesentlichen Willensmangel bejahen, während für die Exkulpationslehre eine solche Fehlvorstellung die selbstverantwortliche Entscheidung des Opfers nicht ausschließt. Zwar hat zunächst auch *Roxin* diese Fälle als „Irrtum über den konkreten Handlungssinn" beurteilt, der zur Willensherrschaft des Hintermannes in Form einer sinngestaltenden Überdetermination führe. Inzwischen nimmt er aber nur einen rechtlich nicht objektivierbaren Motivirrtum an, der zur Begründung einer mittelbaren Täterschaft nicht ausreiche.[23]

---

[21]*Jähnke,* in: LK, Vor § 211 Rn. 26; *Kühl,* in: Lackner/Kühl, Vor § 211 Rn. 13a; *Wessels/Hettinger,* Rn. 49.

[22]So etwa *Jescheck/Weigend,* § 62 II 1; *Neumann,* JA 1987, 244/254; *Wessels/Hettinger,* Rn. 51.

[23]Vgl. *Roxin,* AT II, § 25 Rn. 71; *ders.,* Täterschaft, S. 599 f. in Abweichung von S. 225 ff.

Der BGH hat bisher offen gelassen, welcher Irrtum eine mittelbare Täterschaft **16** begründet; diese Frage könne nicht abstrakt beantwortet werden, sondern hänge von Art und Tragweite des Irrtums ab. Im „Sirius-Fall" hat er daneben berücksichtigt, dass der Hintermann das eigentliche Tatgeschehen durch stundenlang erteilte Anweisungen maßgeblich steuerte.[24] In einem Fall des „vorgetäuschten Doppelselbstmordes" stellt er darauf ab, dass die Angeklagte ihren Ehemann nicht nur durch Täuschung in den Tod treiben, sondern zugleich auch die Herrschaft über den von ihr geplanten Geschehensablauf fest in der Hand behalten wollte und behalten hat.[25] Der BGH lässt also – kurz gesagt – den Gesichtspunkt der Irrtumsherrschaft gegenüber dem der Handlungsherrschaft in den Hintergrund treten. Diesem Ansatz ist mit der Maßgabe zu folgen, dass der Motivirrtum *allein* noch keine täterschaftsbegründende Wirkung entfaltet. Er ist aber jedenfalls als mitgestaltendes Moment bei der Durchführung des Tatplans zu berücksichtigen.

Eine weitere Frage ist, ob bei Nichthindern eines Selbstmordes eine Strafbarkeit wegen **unterlassener Hilfeleistung** (§ 323c) in Betracht kommt. Erste Voraussetzung wäre, dass der Suizidversuch einen *Unglücksfall* darstellt. Versteht man hierunter ein plötzlich eintretendes, von außen kommendes Ereignis, dann könnte man dazu neigen, einen solchen Unglücksfall zu verneinen. Für die frei getroffene Entscheidung des Opfers verweist die h. L. zudem auf den Widerspruch, der sich daraus ergibt, dass die Teilnahme am Selbstmord zwar straflos bleibe, aber dann doch wieder unter dem Aspekt des § 323c sanktioniert werde.[26] Fraglich kann außerdem sein, ob die hier eher aufgedrängte Hilfeleistung denn überhaupt erforderlich ist. Letztendlich dürfte es an der *Zumutbarkeit* von Rettungsbemühungen fehlen, die gegen den erkennbaren Willen des – eigenverantwortlich – Lebensmüden erfolgen.[27]

Die Rechtsprechung lässt eine klare Linie vermissen: Zunächst hatte der BGH **18** angenommen, ein Unglücksfall sei begrifflich ausgeschlossen, solange das verantwortliche Handeln des Selbstmörders die Lebensgefahr im Wesentlichen so gestaltet, wie er es sich vorgestellt hat, und solange sein Selbsttötungswille fortbesteht (BGHSt 2, 150). Wenig später hat jedoch der Große Senat eine Hilfspflicht bejaht und den entgegenstehenden Willen des Selbstmörders für grundsätzlich unbeachtlich erklärt, da niemand „selbstherrlich" über sein Leben verfügen dürfe (BGHSt 6, 147). Zudem habe der Dritte nicht erst langwierige und in der Regel fruchtlose Überlegungen darüber anzustellen, ob die Tat kraft freier Entschließung erfolgt sei, sondern dort zu helfen, wo er eine schwere Notlage vorfindet. Jedenfalls an dieser Begründung will der BGH bis heute festhalten: Die jedermann treffende

---

[24]BGHSt 32, 38 mit Anm. *Roxin*, NStZ 1984, 71; *Schmidhäuser*, JZ 1984, 195 und Bespr. *Neumann*, JuS 1985, 677.

[25]BGH GA 1986, 508; dazu *Charalambakis*, GA 1986, 485; *Brandts/Schlehofer*, JZ 1987, 442; *Neumann*, JA 1987, 244.

[26]Vgl. *Sternberg-Lieben/Hecker*, in: Schönke/Schröder, § 323c Rn. 8; *Stein*, in: SK, § 323c Rn. 19; dagegen aber *Geilen*, Jura 1979, 201/208 f.

[27]Ebenso *Dölling*, NJW 1986, 1011; *Wessels/Hettinger*, Rn. 61; im Erg. auch BGHSt 32, 367/381.

allgemeine Hilfspflicht könne nicht davon abhängig gemacht werden, ob im konkreten Einzelfall der Selbstmörder aufgrund eines freiverantwortlich gefassten oder
eines auf Willensmängeln beruhenden Tatentschlusses handelt oder gehandelt hat
(BGHSt 32, 367).

3. Euthanasie und Sterbehilfe

19   Mit der Entwicklung der Intensivmedizin sind auch die Möglichkeiten der Erhaltung des Lebens von Schwerkranken gewachsen. Es stellt sich deshalb die Frage, ob
der Arzt zu allen lebensverlängernden Maßnahmen verpflichtet oder gar zu lebens-
verkürzenden Eingriffen berechtigt ist. Anhand der Stichworte Euthanasie und Sterbehilfe wird dieser Problemkreis seit längerer Zeit eingehend diskutiert.[28] Unter
Euthanasie („guter Tod") lässt sich die – meist durch Mitleid motivierte – Lebensverkürzung bei unheilbarem Leiden in Todesnähe verstehen. Für die strafrechtliche Beurteilung ist es von besonderer Bedeutung, die verschiedenen Fallgruppen[29]
genau zu unterscheiden.

20   Eine **passive Sterbehilfe** liegt vor, wenn der Arzt die weitere Behandlung unterlässt und dadurch der Tod früher eintritt. Hier ist zunächst das Selbstbestimmungsrecht des Patienten zu beachten, denn es gibt keinen „Kurierzwang". Falls also ein
Schwerkranker die Behandlung ablehnt, ist der Arzt daran gebunden. Der prinzi-
pielle Vorrang des Patientenwillens hat in der Rechtsprechung deutlichen Ausdruck
gefunden (BGHSt 11, 111/114):[30]

21   „Niemand darf sich zum Richter in der Frage aufwerfen, unter welchen Umständen ein anderer vernünftigerweise bereit sein sollte, seine körperliche Unversehrtheit zu opfern, um dadurch wieder gesund zu werden. Diese Richtlinie ist auch für
den Arzt verbindlich. Zwar ist es sein vornehmstes Recht und seine wesentlichste
Pflicht, den kranken Menschen von seinem Leiden zu heilen. Dieses Recht und
diese Pflicht finden aber in dem grundsätzlichen freien Selbstbestimmungsrecht des
Menschen über seinen Körper ihre Grenze. Es wäre ein rechtswidriger Eingriff in
die Freiheit und Würde der menschlichen Persönlichkeit, wenn ein Arzt – und sei es
auch aus medizinisch berechtigten Gründen – eigenmächtig und selbstherrlich eine
folgenschwere Operation bei einem Kranken, dessen Meinung rechtzeitig eingeholt
werden kann, ohne dessen vorherige Billigung vornähme. Denn ein selbst lebensgefährlich Kranker kann triftige und sowohl menschlich wie sittlich achtenswerte
Gründe haben, eine Operation abzulehnen, auch wenn er durch sie und nur durch
sie von seinen Leiden befreit werden könnte."

---

[28]Zu den Grundlagen der Sterbehilfediskussion *Brunhöber*, JuS 2011, 401; *Kubiciel*, JA 2011, 86;
Neumann, in: FS Paeffgen (2015), S. 317; *Weißer*, ZStW 128 (2016), 106; eindringlich für eine
gesetzliche Regelung *Kahlo*, in: FS Frisch (2013), S. 711.

[29]Zum Ganzen *Achenbach*, Jura 2002, 542; *M. Bartsch*, in: FS Achenbach (2011), S. 13; *Fischer*,
in: FS Roxin II (2011), S. 557; *Hirsch*, in: FS Lackner (1987), S. 597/599 ff.; *Kühl*, Jura 2009,
881/884 ff.; *Neumann*, JA 1987, 244; *Otto*, Jura 1999, 434; *Pawlik*, in: FS Wolter (2013), S. 627;
Rosenau, in: FS Roxin II (2011), S. 577; *Schreiber*, NStZ 1986, 337/338 ff.

[30]Sehr deutlich auch GenStA Nürnberg NStZ 2008, 343.

Ist der Patient *entscheidungsunfähig* (z. B. im Koma), so darf der Arzt bei thera- **22** peutischer Aussichtslosigkeit die weitere Behandlung unterlassen. Es besteht jedenfalls dann keine Verpflichtung mehr zur Lebenserhaltung „um jeden Preis", wenn sie nur die künstliche Verlängerung eines verlöschenden Lebens bedeuten würde.[31] Abgestellt wird darauf, dass das Grundleiden einen irreversiblen Verlauf genommen hat und der Erkrankte kein bewusstes und umweltbezogenes Leben mit eigener Persönlichkeitsgestaltung wird führen können. Hat der Sterbevorgang noch nicht eingesetzt, hält der BGH den *mutmaßlichen Willen* des Patienten im Tatzeitpunkt für entscheidend.[32] Um diesen zu ermitteln, seien frühere mündliche oder schriftliche Äußerungen des Kranken ebenso zu berücksichtigen wie seine persönlichen Überzeugungen und Wertvorstellungen, seine altersbedingte Lebenserwartung oder das Erleiden von Schmerzen.

Beispiel

Zum Pfleger der 70 – jährigen, nicht mehr ansprechbaren Frau F wurde deren Sohn S bestellt. Mit seiner Zustimmung erteilte der behandelnde Arzt aufgrund des Zustandes der F, bei dem keine Besserung zu erwarten war, die Anweisung, die künstliche Ernährung zu beenden und lediglich Tee zu verabreichen. Bei seiner Entscheidung spielt eine Rolle, dass F ihm gegenüber vor längerer Zeit nach einer Fernsehsendung mit einem Pflegefall geäußert hatte, so wolle sie nicht enden. Der BGH zieht einen versuchten Totschlag durch Unterlassen der gebotenen Handlung (Ernährung) in Betracht: Da der Sterbevorgang noch nicht eingesetzt habe, liege kein Fall der passiven Sterbehilfe vor. Die acht oder zehn Jahre vor dem maßgebenden Zeitpunkt erfolgte Äußerung der F biete keine tragfähige Grundlage für eine mutmaßliche Einwilligung zum Behandlungsabbruch. Schließlich sei die Zustimmung des S schon mangels der – entspr. § 1904 BGB – notwendigen Genehmigung des Vormundschaftsgerichts unwirksam (BGHSt 40, 257).[33]

Zwischenzeitlich hat der Gesetzgeber eine Regelung des Bereichs insb. anhand der **23** sog. **Patientenverfügung** vorgenommen (§ 1901a BGB). Hier geht es neben Fragen nach Reichweite, Mängeln und Aktualität des dokumentierten Willens auch um die Relevanz prozeduraler Fehler bei der Bestimmung und Durchsetzung des Patientenwillens. Die Einzelheiten sind grundsätzlich Gegenstand des Medizinstrafrechts,[34] doch festzuhalten gilt: Eine betreuungsgerichtliche Genehmigungsbedürftigkeit für

---

[31]Vgl. *Geilen,* Euthanasie, S. 20; s. auch Grundsätze der Bundesärztekammer zur ärztlichen Sterbebegleitung, DÄBl 2004, A-1298.

[32]BGHSt 40, 257 mit Anm. *Helgerth,* JR 1995, 338 und Bespr. *Merkel,* ZStW 107 (1995), 545; *Schöch,* NStZ 1995, 153; *Vogel,* MDR 1995, 337; *Bernsmann,* ZRP 1996, 87; *Rönnau,* JA 1996, 108.

[33]Zur vormundschaftsgerichtlichen Genehmigung s. auch OLG (Z) Frankfurt NJW 1998, 2747 mit Bespr. *Saliger,* JuS 1999, 16; BGH (Z) NJW 2003, 1588 mit Bespr. *Heyers,* JuS 2004, 100.

[34]Vgl. nur *Coeppicus,* NJW 2011, 2085; *Dölling,* in: FS Puppe (2011), S. 1365; *Sternberg-Lieben,* in: FS Roxin II (2011), S. 537; zum Widerruf der Patientenverfügung *Lindner/Huber,* NJW 2017, 6; schon vor Einfügung des § 1901a BGB: *Jäger,* in: FS Küper (2007), S. 209; *Saliger,* MedR 2004, 237; *Sternberg-Lieben,* in: FS Seebode (2008), S. 401.

Entscheidungen über die Vornahme, das Unterlassen oder den Abbruch medizinischer Maßnahmen ist gem. § 1904 Abs. 2 und 4 BGB auf Fälle von Meinungsdivergenzen zwischen *Arzt* und *Betreuer* oder *Bevollmächtigtem* über den Willen des nicht selbst äußerungsfähigen Patienten oder über die medizinische Indikation von Maßnahmen beschränkt; die Regelungen der §§ 1901 a ff. BGB enthalten die betreuungsrechtlichen Verfahrensregeln zur Ermittlung des wirklichen oder mutmaßlichen Willens des Betreuten (BGHSt 55 191/199).

24   Auf Seiten des Arztes geht es in erster Linie um den *Abbruch* bereits eingeleiteter Maßnahmen, wie etwa das Abschalten einer Herz-Lungen-Maschine (Reanimator). Über das Ergebnis herrscht Einigkeit, unabhängig von der zugrunde gelegten Verhaltensform: Erblickt man den „sozialen Handlungssinn" in einem Unterlassen der Weiterbehandlung, so ergeben sich keine Besonderheiten. Nach Kausalitätsgrundsätzen ist der tätige Behandlungsabbruch jedoch als positives Tun anzusehen. Seine Zulässigkeit wird dann z. T. aus der Begrenzung des Tötungsverbots entsprechend dem Schutzzweck der Norm abgeleitet. Andere sprechen sich für eine Lösung über den rechtfertigenden Notstand (§ 34 StGB) aus.[35] Tragfähiger erscheint die Begründung, dass sich aus dem Erlöschen der Garantenpflicht zugleich die Erlaubnis ergibt, den Bemühungen ein Ende zu setzen.[36]

25   Die auftretenden Konstellationen sind jedoch komplexer. Jede Behandlung darf nur soweit reichen, wie es der Patientenwille gestattet. Wer die Behandlung fortsetzt, macht sich strafbar, und daher muss für ihn der Abbruch straflos sein, gleichgültig, ob es sich bei dem Abbruch um aktives Tun oder Unterlassen handelt. Wenn indes ein Dritter den Abbruch vornimmt, also gleichsam den Stecker zieht, ist dieser Eingriff in fremde Rettungshandlungen dogmatisch ein aktives Tun und der Gedanke der Beschränkung der Garantenpflicht hilft in seiner Ausgangsform nicht weiter. Der BGH (BGHSt 55, 191) erkennt darin einen Wertungswiderspruch und nimmt in der als **Behandlungsabbruch** bezeichneten, eigenen Fallgruppe nunmehr eine Gleichbehandlung vor. Danach ist Sterbehilfe durch Unterlassen, Begrenzen oder Beenden einer begonnenen medizinischen Behandlung gerechtfertigt, wenn dies dem tatsächlichen oder mutmaßlichen Patientenwillen entspricht (§ 1901a BGB) und dazu dient, einem ohne Behandlung zum Tode führenden Krankheitsprozess seinen Lauf zu lassen. Diese auf §§ 1901a, 1901b BGB gestützte Gleichbehandlung ist in ihrer dogmatischen Einordnung auf der Ebene des Allgemeinen Teils problematisch. Unter der gebotenen Beibehaltung der Kriterien zur Abgrenzung von Tun und Unterlassen führen unterschiedliche Wege zur Straflosigkeit. Für § 13 scheidet der Tatbestand mangels Garantenpflicht aus und bei aktivem Tun führt der Gesichtspunkt der Einheit der Rechtsordnung zur Rechtfertigung.[37] Schwierigkeiten treten bei der praktischen Umsetzung auf.

---

[35] *Merkel*, ZStW 107 (1995), 545/568 ff.

[36] Vgl. *Hirsch*, in: FS Lackner (1987), S. 597/605 f.; zust. *Dölling*, MedR 1987, 10; *Küpper*, Strafrechtsdogmatik, S. 81 f.; im Erg. auch LG Ravensburg NStZ 1987, 229; *Brammsen*, GA 2002, 193/210; *Kargl*, GA 1999, 459/478 ff.; *Czerner*, JR 2005, 94.

[37] Zum Ganzen *Duttge*, MedR 2011, 36; *Engländer*, JZ 2011, 513; *Gaede*, NJW 2010, 2925; *Joerden*, in: FS Roxin II (2011), S. 593; *Kubiciel*, ZJS 2010, 656; *Mandla*, NStZ 2010, 698; *Rissing-van Saan*, ZIS 2011, 544; *Rosenau*, FS Rissing-van Saan (2011), 547; *Streng*, in: FS Frisch (2013), S. 739; *Verrel*, NStZ 2010, 671; *Walter*, ZIS 2011, 102.

Beispiel

(1) Im Ausgangsfall (BGHSt 55, 191) waren sich der behandelnde Arzt und die zu Betreuern bestellten Kinder über den Patientenwillen einig. Jedoch die Lebenserhaltung wurde in einem Pflegeheim durchgeführt, dessen Geschäftsleitung sich gegen die Entfernung der Magensonde sträubte und den Betreuern Hausverbot androhte. Der Angeklagte RA riet wegen kurzfristig nicht zu erlangendem effektiven Rechtsschutz – so die Behauptung – zum Durchtrennen des Schlauches, was wegen Entdeckung ohne Erfolg blieb. Allgemeine Rechtfertigungsgründe griffen nicht, weshalb der BGH mit Blick auf §§ 1901a ff. BGB zur Straflosigkeit gelangte. Auf die Frage des (einstweiligen) gerichtlichen Rechtsschutzes gegen die Pflegeeinrichtung ging der *Senat* nicht ein, was mit Blick auf die emotionale Eskalationsgefahr, die gegenüber der Pflegeeinrichtung bestehende Notwehrlage (BGH aaO., 197) und die Schärfe des § 32 erhebliche Sprengkraft birgt.

(2) Die 82 – jährige Schwiegermutter S des A wurde ins künstliche Koma versetzt und an medizinische Geräte angeschlossen (Adrenalin, Antibiotika, Blutpuffer, 100 % Beatmung mit Sauerstoff). A verlangte die sofortige Abschaltung. Die Ärzte hatten wegen des unklaren Patientenwillens Einwände. In Rage schaltete A zwischenzeitlich selbst ab, wurde aber von dem unerschrockenen Pfleger gewaltlos gestoppt. Die Revision des A gegen §§ 212, 22 StGB hat der BGH (NStZ 2011, 274 m. krit. Anm. *Verrel*) als unbegründet verworfen, da u.a. schon das Einvernehmen zwischen Arzt und Betreuer gefehlt hat. Wenn A zudem ein Interesse am Tod der A gehabt hätte, weil er nicht weiter im Krankenhaus rumsitzen wollte und die Besorgnis hegte, die nach Entlassung etwa pflegebedürftige S könne ihm und seiner Familie zur Last fallen – was im Raume stand –, dann käme je nach Schwerpunkt des Motivbündels auch § 211 (niedrige Beweggründe bzw. Habgier) in Betracht. Gerade auch deshalb betont der BGH die strengen Beweisanforderungen der §§ 1901a, 1901b BGB, um menschliches Leben zu schützen und nicht unlauteren Motiven einen Deckmantel zu reichen. Die exakte Einbindung der prozeduralen Vorgaben in die materiell-rechtliche Bewertung ist dennoch problematisch (*Verrel*, a.a.O.).[38]

Als aktives Handeln zulässig ist ferner die **indirekte Sterbehilfe**. Dabei geht es **26** um die Verabreichung schmerzstillender Medikamente, deren Nebeneffekt in einer Lebensverkürzung bestehen kann. Im Ergebnis wird einhellig Straflosigkeit angenommen, uneinheitlich ist noch die konstruktive Begründung. Ein – bedingter – Tötungsvorsatz lässt sich schwerlich verneinen, weil der Täter die Nebenfolge um des erstrebten Zieles (Schmerzlinderung) willen in Kauf nimmt. Nach überwiegender Ansicht greifen die Grundsätze des rechtfertigenden Notstandes ein.[39]

---

[38]Instruktiv dazu *Rissing-van Saan*, ZIS 2011, 544/548; *Sternberg-Lieben*, in: FS Roxin II (2011), 537.

[39]Vgl. *Hirsch*, in: FS Lackner (1987), S. 597/609; *Kutzer*, NStZ 1994, 110/115; *Merkel*, in: FS Schroeder (2006), S. 297/308 ff.; *Neumann*, in: FS Herzberg (2008), S. 575; *Schreiber*, NStZ 1986, 337/340 f.; jetzt auch BGHSt 42, 301/305 mit Anm. *Dölling*, JR 1998, 160 und Bespr. *Schöch*, NStZ 1997, 409; BGHSt 46, 279/285 sowie umfassender zum Notfallpatienten *Hilgendorf*, in: FS Kühl (2014), S. 509.

Zwar kann § 34 bei Eingriffen in fremdes Leben regelmäßig keine Anwendung finden, hier ist aber zu beachten, dass die Kollisionslage denselben Rechtsgutsträger betrifft. Ferner setzt die Vorschrift nicht bloße Güterabwägung, sondern weitergehend eine Abwägung der widerstreitenden *Interessen* voraus. Diese Überlegungen führen dazu, dass das Interesse an der Linderung unerträglicher Schmerzen dem Risiko der (geringen) Lebensverkürzung vorgeht. Die Meinung des BGH, auch die indirekte Sterbehilfe sei über die Grundsätze des Behandlungsabbruchs zu lösen,[40] kann dagegen nicht überzeugen, denn hierbei wird nicht bloß einer Krankheit ihr freier Lauf gelassen, sondern es wird eine weitere Behandlung vorgenommen (Gabe des Medikaments), die dann zum Tod führt.[41]

27   Strafbar ist demgegenüber die **direkte Sterbehilfe**. Das Verbot soll die Unantastbarkeit fremden Menschenlebens, die Aufrechterhaltung des Tötungstabus gewährleisten.[42] Zudem wird auf die Gefahr des Missbrauchs hingewiesen; die Freigabe der – einverständlichen – Fremdtötung könne einen „Dammbruch" zur Folge haben. Unberührt davon bleibt die Straflosigkeit der bloßen Teilnahme an der Selbsttötung eines anderen. Der Grund für diese Differenzierung liegt darin, dass es gerade den entscheidenden Unterschied ausmacht, ob jemand selbst Hand an sich legt oder von fremder Hand getötet wird. Es mögen zwar seltene Fälle denkbar sein, in denen ein Todkranker seinen Todeswunsch nicht selbst durchführen kann und ein Dritter (Arzt oder Angehöriger) aus Mitleid den unerträglichen Leidenszustand beendet. Für solche Extremsituationen kann aber ein übergesetzlicher entschuldigender Notstand in Betracht gezogen werden. In einer besonderen Konstellation der Tötung auf Verlangen, kann zudem § 60 Abhilfe schaffen.[43]

Kontrollfragen

1. Wie sind Beginn und Ende des Lebens zu bestimmen? (Rn. 4, 6)
2. Woraus folgt die Straflosigkeit der Beteiligung am Selbstmord? (Rn. 8)
3. Wo liegt die Grenze der Freiverantwortlichkeit einer Selbsttötung? (Rn. 12–14)
4. Wie ist der Motivirrtum des Opfers zu beurteilen? (Rn. 15, 16)
5. Welche Arten der Sterbehilfe unterscheidet man? (Rn. 20–27)
6. Worin liegen Problem und Lösung des sog. Behandlungsabbruchs? (Rn. 25)

---

[40]BGHSt 55, 191/204.

[41]*Engländer*, JZ 2011, 513/519 f.; *Wessels/Hettinger*, Rn. 30d.

[42]So *Engisch,* in: FS H. Mayer (1966), S. 399/412; *Hirsch,* in: FS Welzel (1974), S. 775/779; *Dölling,* GA 1984, 86; *Herzberg,* NJW 1996, 3043/3047 sowie allg. zum Tötungsverbot *Dreier,* JZ 2007, 261 u. 317; nicht zuletzt deswegen für eine ausnahmsweise Rechtfertigungsmöglichkeit *Merkel,* in: FS Schroeder (2006), S. 297/320 f.

[43]AG Tiergarten, Urt. v. 13.9.2005 – (237) 1 Kap Js 2655/04 Ls (19/05) –, juris

II. Mord und Totschlag[44]

Den Grundtatbestand jeder vorsätzlichen Tötung bildet der Totschlag (§ 212), **28**
während der Mord (§ 211) als dessen Qualifizierung anzusehen ist. Dieses – allerdings umstrittene – Verhältnis wird in Sonderheit bei der Frage von Täterschaft und
Teilnahme bedeutsam (näher dazu Rn. 69 ff).

1. Totschlag

Objektiv muss ein Mensch getötet werden.[45] Als reines Erfolgsdelikt verlangt der **29**
Tatbestand nicht mehr als die zurechenbare Herbeiführung des Todes; die Wendung
„ohne Mörder zu sein" hat keine Funktion. Subjektiv ist Vorsatz erforderlich.
Bedingter Vorsatz reicht aus, wobei die st. Rspr. strenge Anforderungen an die Feststellung des *dolus eventualis* stellt, da vor dem Tötungsvorsatz eine viel höhere
Hemmschwelle stehe als vor dem Gefährdungs- oder Verletzungsvorsatz.[46] Hervorzuheben ist aber, dass es sich hier nicht um eine Theorie im materiell-rechtlich
dogmatischen Sinne handelt, sondern um eine Besonderheit der Darlegungspflich-
ten des Tatgerichts im Urteil, die das Revisionsgericht auf die Sachrüge hin prüft
(BGHSt 57, 183/191).[47] Dem Tatgericht wird eine dem Einzelfall angemessene
Gesamtbetrachtung abverlangt (BGH NStZ 2017, 22 u. 25). Die näheren Einzelheiten sind eine Frage des Allgemeinen Teils. An dieser Stelle ist noch auf die Besonderheiten der Strafzumessung einzugehen.

In **besonders schweren Fällen** tritt lebenslange Freiheitsstrafe ein (§ 212 II).[48] **30**
Eine am Grundsatz der Verhältnismäßigkeit orientierte Auslegung gebietet den
Gerichten, diese Strafe nur dann zu verhängen, wenn sie tat- und schuldangemessen
ist.[49] Mit anderen Worten: Das „Minus", das sich im Zurückbleiben der Tat hinter
den Mordmerkmalen zeigt, muss durch ein „Plus" an Verwerflichkeit ausgeglichen
werden. Als Anwendungsfälle kommen in Betracht: Tötung mehrerer Menschen;

---

[44]Zum Ganzen *Kargl,* StraFo 2001, 365; *Kaspar/Broichmann*, ZJS 2013, 249 u. 346; *Otto*, Jura
2003, 612; zur Rechtfertigung von Tötungen *Kühl*, Jura 2009, 881; *Ladiges*, JuS 2011, 879.

[45]Zum Ganzen *Kühl*, JA 2009, 321.

[46]Vgl. BGHSt 36, 1/15 und die Angaben bei *Kühl*, in: Lackner/Kühl, § 212 Rn. 3. Zur Vorsatzfest-
stellung s. *Hermanns/Hülsmann,* JA 2002, 140; krit. *Edlbauer*, JA 2008, 725;*Trück*, NStZ 2005,
233; *Puppe*, NStZ 2016, 575.

[47]Dazu *Fahl*, JuS 2013, 499; *Jahn*, JuS 2012, 757; *Puppe*, JR 2012, 477; s. ferner BGH NStZ 2014,
35 m. Anm. *Schiemann* sowie grundlegend zum Eventualvorsatz bei Tötungsdelikten *Puppe*, ZIS
2014, 666 mit Replik *Fischer*, ZIS 2014, 97; erneut *Puppe*, NStZ 2014, 183; *Rissing-van Saan*, in:
FS Geppert (2011), S. 497; *Schroth*, in: FS Widmaier (2008), S. 779; *Steinberg*, NStZ 2011, 177;
Streng, in: FS Kühne (2013), S. 47.

[48]Zum Ganzen *Köhne*, Jura 2011, 741.

[49]BVerfG JR 1979, 28 mit Anm. *Bruns;* zur Konkretisierung vgl. BGH NStZ-RR 2004, 205;
Momsen, NStZ 1998, 487.

Handeln zur Verdeckung eines Geschehens, das keine Straftat darstellt (BGH NStZ 1991, 431). Trotz allem erscheint die Regelung unter dem Gesichtspunkt der Tatbestandsbestimmtheit problematisch. Wenn nämlich schon die konkret benannten Mordmerkmale restriktiver Auslegung bedürfen, dann lässt sich bei unbenannten schweren Fällen des Totschlags der Sprung zur lebenslangen Freiheitsstrafe kaum rechtfertigen.

31   Durch den **minder schweren** Fall des Totschlags (§ 213) soll die Tatsache berücksichtigt werden, dass die Tötungshemmung des Täters infolge einer Provokation herabgesetzt sein kann. Er entspricht dem landläufigen Bild des „Totschlags im Affekt" und hat erhebliche praktische Bedeutung. Die Vorschrift stellt eine *Strafzumessungsregel* dar, die nach h. M. der Überschrift und dem Gesetzeswortlaut entsprechend nur auf § 212 Anwendung findet.[50] Liegen ihre Voraussetzungen vor, so ist der mildere Strafrahmen heranzuziehen, den das 6. StRG allerdings verdoppelt hat.

32   Die Provokationslage setzt zunächst eine Misshandlung oder schwere Beleidigung voraus. Als Misshandlung kommen Beeinträchtigungen körperlicher wie seelischer Art in Betracht. Die Beleidigung ist nicht im technischen Sinne (§§ 185 ff.) zu verstehen, sondern umfasst jede erhebliche Kränkung oder Herabsetzung. Ihre Schwere bemisst sich nach dem objektiven Erklärungswert der Äußerung. Dabei ist auch das Gesamtverhalten des Opfers zu berücksichtigen; von mehreren – an sich nicht schweren – Kränkungen kann schließlich die letzte der Tropfen sein, der „das Fass zum Überlaufen" bringt (BGH NStZ 1984, 507). Beleidigung oder Misshandlung müssen dem Täter oder einem Angehörigen (§ 11 I Nr. 1) zugefügt worden sein. Eigene Schuld trifft den Totschläger, wenn er dem Opfer in vorwerfbarer Weise genügende Veranlassung zu dessen provozierendem Verhalten gegeben hat.

33   Der Täter muss durch die Provokation zum Zorne gereizt und hierdurch auf der Stelle zur Tat hingerissen worden sein. Für die Reizung zum Zorn reichen auch Wut, Empörung oder sonstige Erregungszustände aus. Weitere Antriebe können mitwirken (Motivbündel), falls sie den provokationsbedingten Affekt nicht völlig überlagern. Der Täter ist auf der Stelle zur Tat hingerissen, solange er noch unter dem Einfluss der vom Opfer ausgelösten Gemütsbewegung steht; ein gewisser zeitlicher Abstand schließt diesen Zusammenhang nicht aus. Zwischen Reizung und Tatbegehung muss aber jedenfalls eine kausale Verknüpfung („hierdurch") bestehen; daran fehlt es etwa, wenn der Täter ohnehin zur Tat entschlossen war (BGHSt 21, 14). Andererseits kann ein über den Erregungszustand des § 213 Alt. 1 hinausgehender Affekt gem. § 21 StGB zu einer weiteren Strafrahmenverschiebung führen (BGH NStZ 2011, 339, 340).

34   Als sonstiger minder schwerer Fall ist auch die Kindestötung (§ 217 a.F.) in Betracht zu ziehen, soweit die für Tötungen in oder unmittelbar nach der Geburt prägende psychische Ausnahmesituation der Frau gegeben ist. Das 6. StRG hat diese Vorschrift als „nicht mehr zeitgemäß" gestrichen: Die psychische Ausnahmesituation einer Mutter, die ihr Kind in oder gleich nach der Geburt tötet, könne durch

---

[50]Vgl. BGHSt 30, 105/118; *Jähnke*, in: LK, § 213 Rn. 2; abw. *Bernsmann*, JZ 1983, 45; *Rengier*, MDR 1980, 1; dazu auch *Küpper*, in: FS Kriele (1997), S. 777/792 ff.

die Anwendung des § 213 Berücksichtigung finden (BT-Drucks. 13/8587, S. 34).
Damit ist zwar die Sperrwirkung der früheren Privilegierung gegenüber § 211 entfallen. Nach Ansicht der Bundesregierung wird aber regelmäßig kein Mordmerkmal
erfüllt sein. So scheide etwa Heimtücke aus, weil dem Neugeborenen die Fähigkeit zum Argwohn fehle (BT-Drucks. 13/8587, S. 82). Die neuere Rspr. betont,
dass die Annahme eines minder schweren Falls aber nicht zwingend sei, sondern
einer Gesamtwürdigung bedürfe (BGH NStZ-RR 2004, 80). Insbesondere kommt
darüber hinaus auch § 211 in Betracht. Zwar komme die Annahme von Mord bei
solcher Kindstötung nur ausnahmsweise in Betracht, wenn die Tat aber von besonders krasser Selbstsucht geprägt sei komme ein niedriger Beweggrund in Betracht
(BGH NStZ 2009, 210).[51] Neben der aktiven Tötung kommt auch ein Unterlassen in
Betracht, nicht nur für das Verhalten nach der Geburt, sondern auch bereits von dem
Einsetzen der Geburtswehen an, indem der BGH (NStZ 2010, 214) der Frau eine
Pflicht auferlegt, diejenigen Maßnahmen zu treffen, die erforderlich sind, um das
Leben des Kindes zu erhalten. Dabei werde die Inanspruchnahme (ggf. ärztlicher)
Hilfe immer dann erforderlich sein, wenn es für die Schwangere im Hinblick auf
bekannte Vorerkrankungen oder sonstige Risiken absehbar ist, dass bei der Geburt
Gefahren für Leib oder Leben des Kindes entstehen können.

2. Probleme des Mordtatbestandes

Die Unterscheidung von Mord und Totschlag beruht auf einer langen Tradition,   **35**
dennoch ist der maßgebliche Gesichtspunkt bis heute umstritten.[52] Ursprünglich
nannte das StGB (1871) die *Überlegung* als alleiniges Mordmerkmal. Die jetzige
Fassung des § 211 geht zurück auf einen Schweizerischen Vorentwurf und ist im
Jahre 1941 Gesetz geworden; die Bezeichnungen als „Mörder" und „Totschläger"
lassen noch den damaligen Gedanken einer Tätertypenlehre anklingen. Die Mordmerkmale bringen eine besondere **Verwerflichkeit** der Tat zum Ausdruck. Heute
werden als Grundprinzipien auch die Gefährlichkeit oder das Missverhältnis von
Mittel und Zweck angesehen; beide Kriterien vermögen jedoch nicht alle Merkmale
abschließend zu erklären.[53] Ausgangspunkt der Diskussion ist die absolute Strafdrohung des § 211.[54]

Fraglich ist, ob der jeweilige Grundgedanke auf die Interpretation der einzelnen   **36**
Mordmerkmale Einfluss nehmen kann. In der Literatur[55] wird verschiedentlich eine
Gesamtwürdigung von Tat und Täter befürwortet; diese sog. Typenkorrektur könnte in
zweierlei Hinsicht erfolgen: Entweder ist die besondere Verwerflichkeit im Einzelfall
zusätzlich festzustellen (positive Typenkorrektur) oder ausnahmsweise zu verneinen

---

[51]Dazu *Zabel*, HRRS 2010, 403.

[52]Vgl. *Grünewald*, JA 2012, 401.

[53]Einzelheiten bei *Albrecht*, JZ 1982, 697; *Schroeder*, JuS 1984, 275.

[54]*Küpper*, in: FS Kriele (1997), S. 777.

[55]Vgl. etwa *Geilen*, JR 1980, 309; *Lange*, in: Schröder-GedS (1978), S. 217; *Welzel*, § 38 II 2.

(negative Typenkorrektur). Dagegen erheben sich jedoch Bedenken aus dem Gesichtspunkt der Tatbestandsbestimmtheit. Zudem käme es zu einem „Superlativ der Verwerflichkeit",[56] der sich aus dem Einzelmerkmal plus Gesamtbetrachtung ergeben würde.

37   Der BGH hat sich in st. Rspr. gegen eine richterliche Wertung des Gesamtbildes der Tat ausgesprochen. Das Gesetz umschreibe abschließend die Fälle, die es als besonders verwerflich und deshalb als Mord beurteilt.[57] Stattdessen hat der Große Senat eine zweifelhafte **„Rechtsfolgenlösung"** entwickelt. Danach kann bei Vorliegen außergewöhnlicher Umstände, auf Grund welcher die Verhängung lebenslanger Freiheitsstrafe als unverhältnismäßig erscheint, der Strafrahmen des § 49 I Nr. 1 Anwendung finden.[58] Dieser Lösungsweg ist jedoch überwiegend auf Kritik gestoßen, die insbesondere geltend macht, dass die Entscheidung *contra legem* erfolgt sei und die Grenzen richterlicher Rechtsfortbildung missachtet habe.[59] Zudem wird darauf hingewiesen, dass damit sogar der Regelstrafrahmen des Totschlags unterschritten werde. In Konsequenz seiner Entscheidung musste der BGH die Instanzgerichte ermahnen, nicht voreilig auf diese Strafzumessungslösung auszuweichen: Zunächst seien die tatbestandlichen Voraussetzungen besonders sorgfältig zu prüfen, sodann alle in Betracht kommenden Rechtfertigungs- und Entschuldigungsgründe erschöpfend abzuhandeln, schließlich die gesetzlichen Schuldminderungsgründe eingehend zu erörtern.[60] Sodann hat der BGH eine analoge Anwendung des § 49 in Fällen des Mordes wegen Tötung aus Habgier gänzlich ausgeschlossen (BGHSt 42, 301) und nunmehr grundsätzlich auf die Heimtücke beschränkt (BGH NStZ 2016, 469).[61]

38   Nach alledem erscheint weder die Lehre von der Typenkorrektur noch die Rechtsfolgenlösung geeignet, die Probleme des Mordtatbestandes sachgerecht zu bewältigen. Es bleibt deshalb (nur) die Möglichkeit, die einzelnen Mordmerkmale restriktiv zu handhaben. Das Bundesverfassungsgericht hatte verschiedene Wege zu einer dem Grundsatz der Verhältnismäßigkeit zwischen Straftatbestand und absoluter Strafandrohung entsprechenden Interpretation aufgezeigt;[62] darüber zu entscheiden, sei aber Aufgabe des für die Auslegung der Strafrechtsnormen letztlich zuständigen Bundesgerichtshofs. Dieser wiederum sucht bisher lediglich die innere Tatseite einzuschränken, etwa durch das Erfordernis der „feindlichen Willensrichtung" bei Heimtücke oder der „unbarmherzigen Gesinnung" bei Grausamkeit. Dennoch wird teils die Verfassungswidrigkeit des § 211 angenommen.[63]

---

[56]*Eser,* Gutachten für den 53. DJT (1980), S. 160.

[57]BGHSt 3, 330/332 f.; 9, 385/389; 30, 105/114 ff.; ebenso *Jähnke,* in: LK, Vor § 211 Rn. 37; *Krey/ Hellmann/Heinrich,* Rn. 56; *Maurach/Schroeder/Maiwald,* BT 1, § 2 Rn. 25.

[58]BGHSt 30, 105; zust. *Gössel/Dölling,* § 4 Rn. 13 ff.; *Reichenbach,* Jura 2009, 176; *Rengier,* NStZ 1982, 225; dazu auch *Hauf,* JA 1996, 546. Die erforderlichen „Entlastungsfaktoren" umschreibt BGH NStZ-RR 2004, 294.

[59]Vgl. *Bruns,* JR 1981, 358/362; *Günther,* NJW 1982, 353; *Hirsch,* in: FS Tröndle (1989), S. 19/28 f.

[60]BGH JZ 1983, 967 mit Anm. *Hassemer;* ebenso BGHSt 48, 255 („Familientyrann") mit Bespr. *Kargl,* Jura 2004, 189 und *Rotsch,* JuS 2005, 12.

[61]Dazu krit. Anm. *Drees,* a.a.O.; *Jäger,* JA 2016, 629.

[62]BVerfGE 45, 187/267; zu dieser Grundsatzentscheidung s. *Walther,* JA 1996, 755.

[63]Mit guten Gründen *Mitsch,* JZ 2008, 336.

Der Gesetzgeber[64] hat die Problematik der lebenslangen Freiheitsstrafe immer-   **39**
hin dadurch entschärft, dass er eine Aussetzung des Strafrestes auch dort ermöglicht (§ 57a). Fragwürdig ist allerdings das Merkmal der „besonderen Schwere
der Schuld". Eine verfassungskonforme Auslegung soll gebieten, dass die für die
Bewertung dieser Schuld erheblichen Tatsachen schon im Erkenntnisverfahren
vom Schwurgericht – und nicht erst später vom Vollstreckungsgericht (vgl. § 462a
StPO) – festgestellt und im Urteil dargestellt werden.[65] Für die Zukunft wird sich
die Frage ergeben, ob die absolute Androhung der lebenslangen Freiheitsstrafe überhaupt beizubehalten ist. Vor diesem Hintergrund sind in den vergangenen Jahren vermehrt Vorschläge vorgebracht und diskutiert worden,[66] bis nun schließlich auch der
Bundesjustizminister eine **Expertenkommission** eingesetzt hat, deren Abschlussbericht seit 2015 vorliegt.[67] Die Meinungen gehen indessen auf Tatbestands- und
Rechtsfolgenebene weit auseinander, weshalb abzuwarten bleibt, ob und was erfolgreich zum Gegenstand eines Gesetzesvorhabens gemacht werden wird.

III. Die einzelnen Mordmerkmale[68]

Der Mord hat zunächst objektiv und subjektiv dieselben Voraussetzungen wie   **40**
§ 212. Hinzu kommen einzelne *de lege lata* höchststrafwürdige Merkmale. Diese
werden je nach ihrer Natur in dem objektiven bzw. subjektiven Tatbestand geprüft,
wobei die Aufzählung im Gesetz auf die Prüfungsabfolge keine Rücksicht nimmt.
Fehlt aber bereits klar der Tötungsvorsatz, ist im Gutachten jedes vertiefende Wort
zu Mordmerkmalen überflüssig, gleich aus welcher Gruppe.[69]

1. Gruppe: Verwerflichkeit des Beweggrundes[70]

Der Täter handelt aus einem bestimmten Motiv heraus, das als besonders verwerf-   **41**
lich angesehen wird. Die drei benannten Merkmale bilden hervorgehobene Bei-
spielsfälle der niedrigen Beweggründe („sonst"). Indessen ist bei ihnen die Niedrigkeit nicht noch eigens zu prüfen, sondern wird durch die tatbestandliche Fassung
bereits vorausgesetzt.

Die **Mordlust** wurde früher als unnatürliche Freude an der Vernichtung eines   **42**
Menschenlebens gekennzeichnet (BGH NJW 1953, 1440). Diese Formulierung ist

---

[64]Durch 20. StÄG (1981); näher dazu *Müller-Dietz,* Jura 1983, 628; *Laubenthal,* JA 1984, 471.

[65]BVerfGE 86, 288 mit krit. Bespr. *Meurer,* JR 1992, 441 und *Stree,* NStZ 1992, 464.

[66]S. insb. AE-Leben, GA 2008, 193; *Deckers/Fischer/König/Bernsmann,* NStZ 2014, 9 m. krit.
Bespr. *Mitsch,* StV 2014, 366 und *Walter,* NStZ 2014, 368; ebenfalls kritisch *Eser,* in: FS Kargl
(2015), S. 91/103 ff.; krit. zur Mehrfachtötung als Mord *Mitsch,* ZStW 2016 (128), 629 ff.

[67]www.bmjv.de; m. Bespr. *Eser,* in: GedS Heine (2016), S. 69; *Haas,* ZStW 128 (2016), 316.

[68]Zum Ganzen *Otto,* Jura 1994, 141; *Schroeder,* JuS 1984, 275

[69]„ … *kann auf sich beruhen, wenn jedenfalls kein Tötungsvorsatz gegeben ist …* "

[70]Zum Ganzen *Köhne,* Jura 2008, 100, 805; *Kühl,* JA 2009, 566.

jedoch missdeutig, weil sie auf eine krankhafte psychische Störung des Täters hinzuweisen scheint. Zudem könnte man sich fragen, ob es denn auch eine „natürliche" Freude am Töten gibt. Inzwischen sieht der BGH den entscheidenden Gesichtspunkt darin, dass der Tod des Opfers als solcher der einzige Zweck der Tat ist. Danach tötet aus Mordlust, wem es allein darauf ankommt, einen Menschen sterben zu sehen, wer aus Mutwillen oder Angeberei tötet, wer die Tötung als nervliche Stimulans oder „sportliches Vergnügen" betrachtet, wer einen anderen zum Zeitvertreib tötet.[71] Demgemäß ist mit dem Merkmal vor allem die mutwillige Tötung gemeint, die mit direktem Vorsatz erfolgt. Es sollen Fälle erfasst werden, bei denen weder ein in der Person des Opfers oder in der besonderen Tatsituation liegender Anlass noch ein über den Tötungsakt selbst hinausgehender Zweck die Tat bestimmt. Mit dieser Zweckbestimmung ist es nicht vereinbar, neben der Mordlust weitere subjektive Mordmerkmale anzunehmen, wie es aber die Rspr. mitunter für niedrige Beweggründe anzunehmen bereit ist (vgl. BGH, Beschl.v. 14.1.2010 – 5 StR 435/09 – juris).

43 Der Täter tötet zur **Befriedigung des Geschlechtstriebes,** wenn er schon im Tötungsakt selbst sexuelle Erfüllung sucht („Lustmord") oder sich an der Leiche vergehen will (BGHSt 7, 353). Ebenso bejaht der BGH das Merkmal, falls der Tod des Opfers als Folge einer Vergewaltigung zumindest billigend in Kauf genommen wird (BGHSt 19, 101/105). Schließlich soll es auch dann vorliegen, wenn der Täter die Befriedigung des Geschlechtstriebs erst bei späterer Betrachtung eines Videos vom Tötungsakt und dem Umgang mit der Leiche finden will (BGHSt 50, 80): Zur Verwirklichung dieses Mordmerkmals reiche die im Gesetz enthaltene Zweck-Mittel-Relation aus, während ein zeitlich-räumlicher Zusammenhang zwischen der Tötung eines Menschen und dem Ziel der Triebbefriedigung nicht vorausgesetzt werde. Die weitere Besonderheit lag hier in der Einvernehmlichkeit.[72]

44 **Habgier** bedeutet ein Gewinnstreben „um jeden Preis", also auch um den Preis eines Menschenlebens. Es geht um ein Streben nach materiellen Gütern oder Vorteilen, das in seiner Hemmungslosigkeit und Rücksichtslosigkeit das erträgliche Maß weit übersteigt.[73] Dies ist etwa der Fall, wenn der Täter durch den Tod des Opfers eine Wegnahme ermöglichen will („Raubmord"), er dessen Erbe oder Begünstigter einer Lebensversicherung ist; schließlich handelt aus Habgier auch der für Geld gedungene „Killer".

45 Fraglich kann sein, ob der Täter eine *Vermögensmehrung* erstreben muss. Nach der Rechtsprechung reicht aus, dass er sich von einer Schuld oder Unterhaltspflicht befreien, also eine *Vermögensminderung* abwenden will. Auch in diesem Falle gehe

---

[71]BGHSt 34, 59/61; BGH StV 1995, 636 mit Anm. *Fabricius;* vertiefend *Grotendiek/Göbel,* NStZ 2003, 118.

[72]Sog. „Kannibalen-Fall", dazu krit. *Kudlich,* JR 2005, 342; *Mitsch,* ZIS 2007, 197; *Momsen/Jung,* ZIS 2007, 162; *Otto,* JZ 2005, 799; indes gehalten von BVerfG, NJW 2009, 1061; zum sog. „LKA-Beamten-Fall" BGH NStZ 2016, 469 m. Anm. *Drees; Eisele,* JuS 2016, 947; *Jäger,* JA 2016, 629; *Hinz,* JR 2016, 576.

[73]Vgl. im einzelnen BGHSt 10, 399; 29, 317; BGH NJW 2001, 194; *Paeffgen,* GA 1982, 255; *Küper,* in: GedS Meurer (2002), S. 191.

er in der gleichen rücksichts- und gewissenlosen Weise darauf aus, seine Vermögenslage zu verbessern (BGHSt 10, 399). Daran fehlt es allerdings bei Tötung eines Schuldners, der weitere Zahlungen verweigert. Denn jedenfalls setzt die Annahme von Habgier voraus, dass sich das Vermögen des Täters – objektiv oder zumindest nach seiner Vorstellung – durch den Tod des Opfers unmittelbar vermehrt oder dass durch die Tat eine sonst nicht vorhandene Aussicht auf eine unmittelbare Vermögensmehrung entsteht (BGH MDR 1993, 561). Problematisch ist, nach welchen Maßstäben sich die Beurteilung als Vermögensgegenstand richtet, wobei eine Bindung an die Begriffe der §§ 263, 253 StGB nicht zwingend erscheint; als Minus kommen jedoch niedrige Beweggründe in Betracht.

Sonstige **niedrige Beweggründe**[74] sind solche, die nach allgemeiner sittlicher **46** Wertung auf tiefster Stufe stehen, durch hemmungslose Eigensucht bestimmt und deshalb besonders verachtenswert sind.[75] In Betracht kommen Rassen- oder Ausländerhass, Rach- oder Eifersucht,[76] Zorn und Wut, überhaupt alle ungehemmt selbstsüchtigen Motive, die ein erhebliches Maß an Menschenverachtung offenbaren. Beispiele bilden die Tötung des Ehegatten als Hindernis eines Liebesverhältnisses; Tötung eines unbekannten Menschen, um an seiner Stelle als tot zu gelten und damit ein „neues Leben" beginnen zu können;[77] Abreagieren von frustrationsbedingten Aggressionen an einem unbeteiligten Opfer.[78] Bei politisch motivierten Taten dürfte danach zu differenzieren sein, ob der Täter eigensüchtige Zwecke verfolgt oder im – vermeintlichen – Allgemeininteresse handelt;[79] als „niedrig" sind jedenfalls terroristische Motive einzustufen (BGH NStZ 2005, 35). Problematisch kann schließlich die Beurteilung fremdländischer soziokultureller Anschauungen und Wertvorstellungen sein, bspw. sog. Ehrenmord.[80] Dabei ist grundsätzlich von den Maßstäben der bundesdeutschen Rechtsgemeinschaft auszugehen, jedoch im Einzelfall zu prüfen, ob der Täter die sozialethische Einschätzung hätte erkennen und nachvollziehen können.[81] Etwas anders gelagert ist die Frage, ob das Tatgericht aus dem äußeren Tatbild auf das Vorliegen eines niedrigen Beweggrundes schließen darf, was der BGH (BGHSt 60, 52[82]) bei einem außergewöhnlich brutalen, eklatant menschenverachtenden (und kaum noch steigerbar entsetzlichen) Geschehen zutreffend angenommen hat.

---

[74]Zum Ganzen *Bosch*, Jura 2015, 803; *Helmers*, HRRS 2016, 90; *Kühl*, JuS 2010, 1041.

[75]BGHSt 3, 132; BGH NStZ-RR 2001, 14; NStZ 2006, 97; *Küper/Zopfs*, Rn. 154.

[76]Ausführlich dazu *Schütz*, JA 2007, 23.

[77]Vgl. BGH NStZ 1985, 454; 1998, 352; ferner die Beurteilung in BGH NStZ 1995, 79 (Blutrache); StV 1998, 130 (Selbstjustiz); NStZ 1999, 129 (Imponiergehabe); NStZ-RR 2003, 78 (Vernichtungswille).

[78]BGHSt 47, 128 mit Anm. *Neumann*, JR 2002, 471 und *Otto*, JZ 2002, 567.

[79]Siehe dazu BGH NStZ 1993, 341; 2004, 89; v. *Selle*, NJW 2000, 992.

[80]Vertieft dazu *Grünewald*, NStZ 2010, 1; *Valerius*, JZ 2008, 912; im größeren Kontext der Relevanz von Beweggründen bei Tötungsdelikten *Hörnle*, in: FS Frisch (2013), S. 653.

[81]Vgl. BGH NStZ 2002, 369; NJW 2004, 1466; NStZ-RR 2004, 361; NJW 2006, 1008; NStZ 2006, 284; näher *Momsen*, NStZ 2003, 237; *Nehm*, in: FS Eser (2005), S. 419.

[82]Krit. dazu *T. Bartsch*, StV 2015, 718.

47   Liegen der Tat noch andere Beweggründe zugrunde („Motivbündel"), so ist im Wege einer Gesamtwürdigung zu ermitteln, ob das Mordmerkmal das maßgebliche Motiv darstellt. Subjektiv ist erforderlich, dass der Täter sich bei der Tat der Umstände bewusst war, welche die Niedrigkeit des Beweggrundes ausmachen; die rechtliche Bewertung braucht er allerdings nicht vorzunehmen. Soweit gefühlsmäßige oder triebhafte Regungen wie Gereiztheit, Wut und Zorn sein Handeln angetrieben haben, muss es ihm möglich gewesen sein, sie gedanklich zu beherrschen und willensmäßig zu steuern (BGH NStZ 1993, 281).

2. Gruppe: Art und Weise der Tatausführung[83]

48   Die tatbezogenen Merkmale des § 211 II betreffen eine besonders gefährliche Begehungsweise. Dies kommt am deutlichsten in der Tötung mit „gemeingefährlichen" Mitteln zum Ausdruck. Aber auch das Heimtückemerkmal betrachtet der BGH unter diesem Aspekt: Der Grund dafür, dass das Gesetz den heimtückisch Tötenden als Mörder bestraft, liege in der Gefährlichkeit seines Vorgehens. Er überrascht das Opfer und hindert es dadurch, sich zu verteidigen, zu fliehen, Hilfe herbeizuholen, den Angreifer umzustimmen, in sonstiger Weise dem Anschlag auf sein Leben zu begegnen oder die Ausführung durch solche Bemühungen wenigstens zu erschweren (BGHSt 11, 139/143). Schließlich kann für die grausame Tötung die besonders gefährliche Einstellung des Täters gegenüber Leib und Leben als maßgeblich angesehen werden.

49   Die **Heimtücke**[84] stellt das problematischste und umstrittenste Mordmerkmal dar, was vor allem mit der extensiven Auslegung durch die st. Rspr. zusammenhängt. Danach handelt der Täter heimtückisch, wenn er die Arg- und Wehrlosigkeit des Opfers bewusst zur Tötung ausnutzt.[85] Dabei ist arglos, wer sich keines Angriffs auf Leben oder körperliche Unversehrtheit versieht; wehrlos, wer *infolge der Arglosigkeit* zur Verteidigung außerstande oder in seiner Verteidigungsfähigkeit eingeschränkt ist.

50   Das somit zunächst erforderliche Element der *Arglosigkeit* erfordert das Bewusstsein des Opfers, dass ihm „nichts Arges" geschieht, was einem Bewusstlosen in der Regel fehlt,[86] nicht aber einem Schlafenden, da er die Arglosigkeit mit in den Schlaf nimmt.[87] Anders liegt es aber, wenn erst der zweite Ausführungsakt gegen ein wegen des ersten mit Tötungsvorsatz geführten Aktes der insgesamt einheitlichen

---

[83]Zum Ganzen *Köhne*, Jura 2009, 265.

[84]Zum Ganzen *Geppert*, Jura 2007, 270; *Kaspar*, JA 2007, 699; *Kett-Straub*, JuS 2007, 515; *Köhne*, Jura 2009, 748; *Küper*, JuS 2000, 740; *Rengier*, in: FS Küper (2007), S. 473.

[85]BGHSt 7, 218/221; 19, 321 f.; 23, 119/120 f.; 32, 382/384; BGH NStZ-RR 2005, 309; ausf. *Küper*, JuS 2000, 740.

[86]Jedoch ist der schutzbereite Dritte zu beachten BGH NStZ 2008, 93.

[87]So BGHSt 23, 119/121; 48, 255 mit insoweit krit. Bespr. *Rengier*, NStZ 2004, 233/235 ff.; zur subjektiven Tatseite s. BGH StV 2004, 596 mit Anm. *Seebode*; zu den Grenzen BGH NStZ 2007, 523.

Handlung nunmehr bewusstloses Opfer geführt wird.[88] Bei Kleinkindern kann sie zu bejahen sein, wenn der natürliche Abwehrinstinkt *oder* ein schutzbereiter Dritter ausgeschaltet wird (BGHSt 8, 217).[89] Maßgeblicher Zeitpunkt ist der Beginn des ersten mit Tötungsvorsatz geführten Angriffs. Vorangegangene Feindseligkeiten können die Arglosigkeit entfallen lassen, wofür allerdings eine bloß verbale Auseinandersetzung nicht notwendig ausreicht (BGHSt 33, 363); ebensowenig genügt ein allgemeines Misstrauen (BGHSt 39, 354/368) oder eine auf früheren Aggressionen und einer feindlichen Atmosphäre beruhende latente Angst des Opfers (BGH NStZ 2013, 337/339). Das Opfer kann jedoch dann arglos sein, wenn der Täter ihm zwar offen feindselig entgegentritt, die Zeitspanne zwischen dem Erkennen der Gefahr und dem unmittelbaren Angriff aber so kurz ist, dass keine Möglichkeit zur Abwehr bleibt. Auch ein nachfolgender Fortfall der Arglosigkeit des sich wehrenden, ursprünglich überraschten Opfers steht der Annahme von Heimtücke nicht entgegen (BGH NStZ 2006, 96), was auch bei dem unmittelbaren Übergang von einer überraschenden Körperverletzung zur Tötung gelten soll (BGH NStZ-RR 2016, 43). Eine Ausnahme vom Erfordernis der Arglosigkeit bei Beginn der Tötungshandlung gilt, wenn der Täter das Opfer mit Tötungsvorsatz planmäßig in einen Hinterhalt lockt, um eine günstige Gelegenheit zur Tötung zu schaffen, und die entsprechenden Vorkehrungen und Maßnahmen bei Ausführung der Tat noch fortwirken (BGHSt 22, 77/79 f).[90]

51 Im Fall der tödlichen Notwehr gegen einen Erpresser hat der BGH das Mordmerkmal einer normativ orientierten Einschränkung zugeführt. Sie findet ihre Begründung darin, dass der Gegenwehr nicht das Tückische in einem Maße innewohne, welches den gesteigerten Unwert dieses Merkmals kennzeichne. Zudem soll damit ein Wertungsgleichklang mit dem Notwehrrecht gewährleistet werden. Im Ergebnis gelangt der BGH deshalb zur Verneinung von Heimtücke: Mit der erpresserischen Handlung habe das spätere Opfer des Gegenangriffs in aller Regel seine Arglosigkeit bereits zuvor verloren.[91] Ob dieser Auslegung über den Einzelfall hinaus Bedeutung zukommt, erscheint fraglich. So hat der BGH im „Haustyrannen-Fall" (BGHSt 48, 255) eine mögliche Restriktion nicht in Erwägung gezogen. Außerdem heißt es in einer späteren Entscheidung, Arg- und Wehrlosigkeit seien faktische, aber keine normativen Begriffe (BGH NStZ 2005, 688).

52 Die *Wehrlosigkeit* muss auf der Arglosigkeit beruhen; die Ausnutzung nur der Wehrlosigkeit führt nicht zur Annahme von Heimtücke (BGHSt 32, 382/388).[92] Der Zusammenhang kann auch dann entfallen, wenn das Opfer aufgrund seiner gesundheitlichen Konstitution oder eingeschränkten Wahrnehmungsfähigkeit nicht in der Lage ist, die Absicht des Täters zu erkennen und dem Angriff wirksam entgegenzutreten.

---

[88]BGH NStZ 2008, 569 m. krit. Anm. *Schroeder*, JR 2008, 392.

[89]BGH NStZ 2015, 215; zum Ganzen auch *Mitsch*, JuS 2013, 783.

[90]Ferner BGH NStZ 2008, 569 m. krit. Anm. *Schroeder*, JR 2008, 392; BGH NStZ 2010, 450.

[91]BGHSt 48, 207 mit Anm. *Roxin*, JZ 2003, 966 und *Schneider*, NStZ 2003, 428; Bespr. *Quentin*, NStZ 2005, 128 und *Zaczyk*, JuS 2004, 750; erneut *Roxin*, in: FS Widmaier (2008), S. 741.

[92]Zum Ganzen *Küper*, in: FS Beulke (2015), S. 467.

53 Erforderlich ist schließlich ein *bewusstes* Ausnutzen der Arg- und Wehrlosigkeit, d. h. das Bewusstsein des Täters, einen durch seine Ahnungslosigkeit gegenüber einem Angriff schutzlosen Menschen zu überraschen.[93] Einer über die Erkenntnis der Überraschung hinausgehende Instrumentalisierung der Tatsituation in Form eines spezifischen Ausnutzungswillens bedürfe es hingegen nicht (BGH NStZ 2013, 470). Zudem verlangt der BGH eine feindliche Willensrichtung (feindselige Haltung) gegenüber dem Opfer. Daran kann es etwa fehlen, wenn der Täter glaubt, zum Besten des Opfers zu handeln (BGHSt 9, 385). Entsprechendes gilt für die „Mitleidstötung", die der Täter begeht, um dem Todkranken schwerstes Leid zu ersparen[94] sowie beim sog. Mitnahmesuizid.

> **Beispiel**
>
> Auf der Intensivstation verabreicht die Krankenschwester K mehreren Patienten heimlich tödliche Injektionen. Sie will damit deren von ihr als sinnlos angesehenes Leiden beenden. Ein Ausnutzen der Arg- und Wehrlosigkeit liegt zweifellos vor. Subjektiv fehlt es jedoch an einer feindseligen Einstellung, weil K aus Mitleid im vermeintlichen Interesse der Patienten gehandelt hat. Mit dem – in aller Regel als Restriktion verstandenen – Kriterium des Vertrauensmissbrauchs (vgl. Rn. 54) müsste hier wohl Heimtücke anzunehmen sein. Geht es dem Täter indessen nur oberflächlich um Mitleid, aber tatsächlich darum, nach eigenen Wertmaßstäben zu selektieren, indem allein er bestimmt, wen er wann durch eine von niemandem erbetene Tötung „erlösen" will, soll Heimtücke gegeben sein (BGHSt 37, 376/377 f.). Geht es ihm andererseits darum, sich die Arbeit zu ersparen, sind sowohl die Feindseligkeit als auch ein niedriger Beweggrund gegeben.

54 Ein Teil der Lehre will das Heimtückemerkmal mit dem Erfordernis eines *verwerflichen Vertrauensbruchs* einschränken. Hierunter versteht sie vor allem den Missbrauch familiärer oder freundschaftlicher Beziehungen, darüber hinaus auch sonstiger sozial-positiver Verhaltensmuster.[95] Nach Meinung des BGH würde diese Ansicht jedoch wegen der Vieldeutigkeit des Vertrauensbegriffs zu einer unsicheren und ungleichmäßigen Rechtsprechung führen und gerade in Grenzfällen keinen Fortschritt erbringen.[96]

---

[93]BGH NStZ 1984, 506; 1997, 491; NStZ-RR 1997, 294; 2001, 296; probl. BGH NStZ 2005, 688 mit Anm. *Mosbacher.*

[94]BGHSt 37, 376 mit Anm. *Roxin,* NStZ 1992, 35; krit. dazu *Geilen,* in: FS Spendel (1992), S. 519; *Langer,* JR 1993, 133.

[95]Vgl. *Eser/Sternberg-Lieben,* in: Schönke/Schröder, § 211 Rn. 26 f.; *M.-K. Meyer,* JR 1979, 485; diff.*Otto,* § 4 Rn. 25.

[96]BGHSt 30, 105/116; gegen Vertrauensbruch auch *Arzt/Weber/Heinrich/Hilgendorf,* § 2 Rn. 50; *Jähnke,* in: LK, § 211 Rn. 50; *Schneider,* in: MK, § 211 Rn. 197 f.; *Krey/Hellmann/Heinrich,* Rn. 65.

Der Rspr. ist darin zu folgen, dass der Begriff des verwerflichen Vertrauensbruchs **55** Unschärfen aufweist, die schon dem allgemeinen Kriterium der besonderen Verwerflichkeit anhaften. Außerdem würde dadurch das Mordmerkmal wohl zu sehr eingeschränkt. Auf der anderen Seite geht die Definition des BGH erheblich zu weit; danach müsste schon jeder nicht offen geführte Angriff den Mordtatbestand erfüllen. Im Merkmal der Heimtücke steckt aber mehr als bloße Heimlichkeit, nämlich der Gesichtspunkt der *Tücke*.[97] Gemeint ist damit ein verschlagenes, hinterhältiges Vorgehen, die gleichsam „unehrliche" Tat. Dieser sachliche Gehalt hat seit jeher zur Kennzeichnung einer im Unwert gesteigerten Tötung (Meuchelmord) gedient und kann dem in Rede stehenden Merkmal deutlichere Konturen verleihen.

Die Tötung ist **grausam**, wenn sie unter Zufügung besonderer Schmerzen oder **56** Qualen körperlicher oder seelischer Art erfolgt, die über das zur Tötung erforderliche Maß hinausgehen. Das grausame Verhalten muss Bestandteil des Tatgeschehens sein und vor Abschluss der den tödlichen Erfolg herbeiführenden Handlung auftreten (BGHSt 37, 40).[98] Auf subjektiver Seite wird eine gefühllose und unbarmherzige Gesinnung verlangt, die den Täter bei der Tat beherrscht hat (BGHSt 49, 189/196). Die Tat kann auch durch Unterlassen begangen werden, namentlich beim Verhungern- oder Verdurstenlassen eines Kleinkindes (BGH NStZ 2007, 402, 403 f.).[99]

Der Täter tötet **mit gemeingefährlichen Mitteln**,[100] wenn er deren Wirkungs- **57** weise in der konkreten Tatsituation nicht in seiner Gewalt hat und sie deshalb geeignet sind, eine Mehrzahl von Menschen an Leib und Leben zu gefährden. Beispiele bilden Handgranate, Maschinengewehr oder Brandflaschen sowie Gift im Kessel einer Gemeinschaftsküche.[101] Der Schuss aus einer Pistole auf einen bestimmten Menschen genügt demgegenüber nicht, auch wenn der Schütze in Kauf nimmt, einen unbeteiligten Dritten aus einer Vielzahl von Personen zu treffen (BGHSt 38, 353). Erforderlich ist ferner, dass der Täter das Mittel zur Tötung *einsetzt;* daran fehle es, wenn er eine bereits vorhandene gemeingefährliche Situation – wie das Brennen eines Hauses – nur zur Tat *ausnutzt* (BGHSt 34, 13).

Beispiel

(1) Die Gemeingefährlichkeit des Mitteleinsatzes ist (noch) zu bejahen, wenn der Täter ein Kraftfahrzeug mit zügigem Tempo durch Caféterrassen und über Gehwege lenkt und dabei nicht abzusehen vermag, welche und wie viele Personen gefährdet, verletzt und getötet werden können (BGH NStZ 2006, 167).

(2) Nach einem Beziehungsstreit mit F lässt A, der zu diesem Zeitpunkt allein ist, 10 bis 15 Minuten Erdgas in seine Wohnung strömen. Unerwartet erscheint F,

---

[97]Daran anknüpfend *Lackner*, NStZ 1981, 348/349; *Spendel*, JR 1983, 269/272 f.; *Welzel*, § 38 II 1b; *Wessels/Hettinger*, Rn. 108.

[98]Ausführlich *Küper*, in: FS Seebode (2008), S. 197.

[99]Dazu BGH MDR 1974, 14; NStZ 1982, 379; *Grünewald*, Jura 2005, 519/521 ff.

[100]Zum Ganzen *Zieschang*, in: FS Puppe (2011), S. 1301.

[101]Vgl. BGH NJW 1985, 1477 mit Anm. *Horn*, JR 1986, 32; Bespr. *Brandts*, JA 1985, 491 u. *Rengier*, StV 1986, 405; eingehend *v. Danwitz*, Jura 1997, 569.

um ihre Sachen zu holen, und A lässt mit Tötungsvorsatz zu, dass sich diese ahnungslos eine Zigarette ansteckt. Beide werden schwer verletzt. Der BGH (NStZ 2010, 87) hat §§ 211, 22 mit gemeingefährlichen Mitteln abgelehnt, denn es komme darauf an, dass der Täter bereits bei der Gefahrsetzung mit Tötungsvorsatz gehandelt habe, ein Ausnutzen genüge nach wie vor nicht.[102] Diese Beschränkung kann sich weder auf § 211 noch auf die Entsprechens- klausel des § 13 stützen, zu beachten ist aber die fakultative Strafmilderung aus § 13 Abs. 2.

58   Ein (untauglicher) *Versuch* kommt in Betracht, wenn der Täter das Vorliegen eines objektiven Mordmerkmals irrig annimmt, z. B. das in Wirklichkeit misstrauische Opfer für arglos hält. Tritt der Todeserfolg ein, so ist vollendeter Totschlag in Tat- einheit mit versuchtem Mord gegeben (BGH NStZ 1994, 583).

3. Gruppe: Verwerfliche (deliktische) Zielsetzung[103]

59   Die Strafbarkeit wegen Mordes resultiert hier aus der besonderen Absicht („um … zu") des Täters, der eine andere Straftat ermöglichen oder verdecken will. In der 1. Alt. dient die Tötung zur Begehung weiterer krimineller Unrechts. Problematischer erscheint die Verdeckungsabsicht (2. Alt.) wegen des darin liegenden Selbstbegünstigungsmo- tivs. Zu ihrer Berechtigung lässt sich anführen, dass es den Täter nicht entlasten kann, wenn er fremdes Leben für eigensüchtige Zwecke instrumentalisiert. Auf der anderen Seite erfordert dieses Merkmal in besonderem Maße eine restriktive Auslegung.

60   Zur **Ermöglichung** einer anderen Straftat handelt der Täter, falls er die Tötung ziel- gerichtet als Mittel dazu einsetzt. Zwischen dem Handeln und dem verfolgten Zweck muss also eine finale Verknüpfung bestehen; das erstrebte Ziel braucht allerdings nicht realisiert zu werden. Die Absicht richtet sich auf eine *Straftat,* wozu eine Ordnungs- widrigkeit nicht genügt (BGHSt 28, 93). Häufig wird es bei der geplanten Tat um einen Raub gehen („Raubmord"), wobei dann das Merkmal der Habgier hinzutritt.

61   Die Tötung zur **Verdeckung** einer anderen Straftat wird oftmals dazu dienen, das Opfer der Vortat als Zeugen auszuschalten. Die zu verdeckende „andere" Straftat kann auch die einer anderen Person sein (BGHSt 9, 180). In Verdeckungsabsicht handelt ferner, wer einen Verfolger tötet, um unerkannt zu entkommen und dadurch der Strafverfolgung zu entgehen (BGHSt 15, 291). Der Tatbestand kann sogar dann erfüllt sein, wenn von dem Getöteten selbst Entdeckung nicht zu befürchten war; denn es reicht aus, dass lediglich die Tötungs*handlung* und nicht der – dabei in Kauf genommene -Tötungserfolg das Mittel der Verdeckung ist.[104]

---

[102]A.A. *Fischer,* § 211 Rn. 61 sowie *Bachmann/Goeck,* NStZ 2010, 510.

[103]Zum Ganzen *Geppert,* Jura 2004, 242; *Köhne,* Die Mordmerkmale der dritten Gruppe, Jura 2011, 650; *Saliger,* ZStW 109 (1997), 302.

[104]BGHSt 41, 358 mit Anm. *Schroeder,* JZ 1996, 688 und *Saliger,* StV 1998, 22; Bespr. *Fischer,* NStZ 1996, 416 und *Mitsch,* JuS 1997, 788.

Beispiel

Nachdem A seinen Bekannten B erstochen hatte, beschloss er, die Tatspuren dadurch zu verdecken, dass er das Haus in Brand setzte, wobei er wusste, dass in den oberen Stockwerken zwei Frauen wohnten und zu dieser Nachtzeit vermutlich schliefen, die durch den Brand getötet werden könnten. Die Tat ist als (versuchter) Mord zu beurteilen, weil jedenfalls die Handlung des A in Verdeckungsabsicht erfolgte.

Selbst nach Bekanntwerden einer Straftat kann der Täter noch in Verdeckungs- **62** absicht handeln, wenn er zwar weiß, dass er dieser Straftat verdächtigt wird, die genaue Kenntnis über den strafrechtlich bedeutsamen Sachverhalt jedoch allein er und das Opfer haben, die Tatumstände deshalb noch nicht in einem die Strafverfolgung sicherstellenden Umfang aufgedeckt sind (BGHSt 56, 239/244 f.). Darüber hinaus lässt es der BGH genügen, dass es dem Täter um die Vermeidung „außerstrafrechtlicher" Konsequenzen (z. B. Verlust der Tatbeute o. Furcht vor Rache) geht.[105] Denn Mord sei kein gegen die Belange der Rechtspflege gerichtetes Delikt; Qualifikationsgrund der Verdeckungsmodalität sei vielmehr die Verknüpfung von Unrecht mit weiterem Unrecht durch den Täter. Dem Leitbild der Verdeckungsabsicht dürfte jedoch eher ein Handeln entsprechen, das zur Abwehr der Strafverfolgung dient. Ferner ist fraglich, ob der Täter reflektiert haben muss, dass es sich bei dem vorgestellten und zu verdeckenden Sachverhalt um eine Straftat handelt, wofür der Wortlaut spricht, weshalb es auf § 17 StGB nicht mehr ankäme; umgekehrt greift für ein in Bezug genommenes Wahndelikt ggf. der allgemeinere niedrige Beweggrund.

Schließlich kann das Merkmal fraglich sein, wenn der Täter flieht und das – durch **63** die Vortat verletzte – Opfer nicht rettet. Der BGH verlangte früher ein Zudecken der Tat, also ein Unkenntlichmachen von Tatspuren oder ein Unschädlichmachen von Menschen durch aktives Handeln; dafür sollte es nicht genügen, dass der Betreffende seine Täterschaft nicht *aufdecken* will (BGHSt 7, 287/290). Diese Rspr. wird indes nicht aufrecht erhalten.[106] Gegen einen Verdeckungsmord durch *Unterlassen* lässt sich jedoch die Entsprechensklausel (§ 13) anführen: Da die Tötung durch aktives Tun in solchem Falle schwerer wiegt als bloß dem Geschehen seinen Lauf zu lassen, fehlt es an der Gleichwertigkeit der Verhaltensmodalitäten.[107] Ansonsten würde dem Unterlassungstäter eine Mitwirkungspflicht an der eigenen Strafverfolgung auferlegt und ihm damit mehr abverlangt als dem Begehungstäter. Zur Verneinung gelangt der BGH zumindest für den Fall, dass der Täter bereits von Anfang

---

[105]BGHSt 41, 8; ebenso BGH NStZ 1999, 243 u. 615; abl. *Brocker,* MDR 1996, 228; krit. *Küper,* JZ 1995, 1158; *Saliger,* ZStW 109 (1997), 302/305 ff.

[106]Vgl. BGH NStZ 1992, 125; dem zust. *Schneider,* in: MK, § 211 Rn. 243; *Fischer,* § 211 Rn. 72; *Geppert,* Jura 2004, 242/246.

[107]Im Erg. ebenso *Hellmann,* JuS 1990, L 61/L 63; *Mitsch,* JuS 1996, 213/218 f.; *Roxin,* in: FS Lüderssen (2002), S. 577/585; *Theile,* JuS 2006, 110/111 f.; eingehend *Haas,* in: FS Weber (2004), S. 235 ff.; a. A. BGH NJW 2000, 1730/1732.

an mit (bedingtem) Tötungsvorsatz gegen das Opfer gehandelt hat und nunmehr den Tötungserfolg deshalb herbeiführen will, um seine vorherigen Tathandlungen zu verdecken: Allein das Hinzutreten der Verdeckungsabsicht mache die zuvor begangenen Einzelakte nicht zu einer „anderen" Straftat; dies soll auch dann gelten, wenn zwischen dem Handlungs- und Unterlassensteil eine zeitliche Zäsur liegt.[108] Ob der BGH hieran dauerhaft festhalten wird, bleibt aber abzuwarten.[109]

64   Die Verdeckungsabsicht ist – neben der Heimtücke – dasjenige Mordmerkmal, das zu verschiedenen Einschränkungsversuchen am meisten Anlass gegeben hat. Das Bundesverfassungsgericht hatte die Möglichkeit aufgezeigt, Verdeckungsabsicht nur dann anzunehmen, wenn die Mordtat im Voraus geplant war (BVerfGE 45, 187, 267); diese Frage der Gesetzesauslegung obliege aber den zuständigen Strafgerichten. Bisher wurde indes noch keine einheitliche Linie gefunden. Der Bundesgerichtshof hat zunächst den Tatbestand für eine bestimmte Fallgruppe eingeengt (BGHSt 27, 346). Kein Verdeckungsmord sollte danach vorliegen, wenn auch die Vortat sich gegen das Rechtsgut von Leib und Leben richtet (Gleichheit der Angriffsrichtung); beide Taten einer unvorhergesehenen Konfliktlage entspringen („Doppelspontaneität") und unmittelbar ineinander übergehen (enges zeitliches und sachliches Zusammentreffen). Diese Ansicht ist jedoch später aufgegeben worden.

65   Nunmehr geht der BGH[110] davon aus, die Verdeckungsabsicht sei in der Regel als niedriger Beweggrund zu werten. Diese Frage beurteile sich auf Grund einer Gesamtwürdigung, welche die Umstände der Tat, die Lebensverhältnisse des Täters und seine Persönlichkeit einschließt. Bei einer solchen Restriktion würde das Merkmal der Verdeckungsabsicht zu einem Regelbeispiel der niedrigen Beweggründe, dessen indizierende Wirkung gleichsam durch einen zweiten Prüfungsschritt zu verifizieren wäre, so dass in Ausnahmefällen der Mordtatbestand – trotz festgestellter Verdeckungsabsicht – verneint werden könnte.

Beispiel

Der vorbestrafte Vertreter V gerät mit der unwilligen Kundin K in Streit. Nach einem Gerangel schlägt er mit der Faust zu, so dass K gegen die Tischkante stürzt und bewusstlos liegen bleibt. Um die Entdeckung der Tat und seine Bestrafung zu verhindern, tötet er die K. Legt man die ursprünglich vom BGH entwickelten Kriterien (vgl. Rn. 63) zugrunde, wäre ein Verdeckungsmord nicht anzunehmen. Nach der neueren Ansicht sollen keine Zweifel daran bestehen, dass die Verdeckungsabsicht des V die Voraussetzungen des niedrigen Beweggrundes erfüllen würde.

---

[108]Vgl. BGH StraFo 2007, 123/124; NStZ-RR 2009, 239 sowie bereits BGH NStZ 2002, 253 mit Bespr. *Freund,* JuS 2002, 640; BGH NJW 2003, 1060 mit Anm. *Stein,* JR 2004, 79 und Bespr. *Wilhelm,* NStZ 2005, 177; ausf. dazu *Grünewald,* GA 2005, 502 ff.

[109]S. *Fischer,* § 211 Rn. 72 f.

[110]BGHSt 35, 116; dazu *Hohmann/Matt,* JA 1989, 134; *Laber,* MDR 1989, 861; *Schmidhäuser,* NStZ 1989, 55; *Wohlers,* JuS 1990, 20.

Dieser Auffassung kann schon aus systematischen Gründen nicht gefolgt werden, weil **66** sie die gesetzliche Gruppierung der Mordmerkmale außer Acht lässt. Entscheidend ist aber, dass sie von vornherein keine sachgemäße Einschränkung ermöglicht. Denn nach der Ansicht des BGH müsste die Verdeckungsabsicht ja ein *benannter* niedriger Beweggrund sein. In den dementsprechenden Fällen der 1. Gruppe (Mordlust etc.) wird indessen keine zusätzliche Bewertung mehr vorgenommen, sondern davon ausgegangen, dass mit Annahme des speziellen Beweggrundes das Urteil über dessen „Niedrigkeit" bereits gesprochen ist. Es fällt auch auf, dass der BGH sich über die näheren Voraussetzungen der angeblichen Restriktion ausschweigt. Zudem hat er es im Nachhinein selbst für bedenklich erachtet, das nicht näher bestimmte Merkmal der niedrigen Beweggründe, das an andere, benannte Mordqualifikationen anknüpft, seinerseits zur Überprüfung einer benannten Qualifikation – noch dazu aus einer anderen Gruppe – zu benutzen (BGHSt 41, 358/361 f.). Letztlich bleibt die Problematik damit nach wie vor ungelöst. Am ehesten geeignet wäre wohl das Erfordernis eines vor der Straftat gefassten Entschlusses, die Tat – nötigenfalls – mittels Tötung zu verdecken (vgl. auch § 100 I Nr. 5 AE). Hiermit würde das in früheren Jahrhunderten dominierende Merkmal des „Vorbedachts" reaktiviert und jedenfalls berücksichtigt, dass der Täter nach Begehung einer Straftat in Panik geraten kann. Diese zumindest nachvollziehbare Reaktion käme ihm aber bei vorheriger Planung oder Überlegung nicht zugute.

Im Übrigen gilt für das Verhältnis von niedrigen Beweggründen und Verdeckungs- **67** absicht: Erschöpfen sich die Motive des Täters darin, denjenigen zu töten, der seine Flucht verhindern oder erschweren will, so ist neben der Verdeckungsabsicht für die Annahme niedriger Beweggründe kein Raum. Auf der anderen Seite liegt (nur) ein niedriger Beweggrund vor, wenn das Opfer zur Verdeckung einer Verhaltensweise des Täters getötet wird, die er zwar nicht für strafbar, jedoch für verwerflich oder seinem Ansehen abträglich hält (sexuelle Neigungen, außereheliche Beziehung).[111] Ermöglichen oder Verdecken einer Straftat setzen jeweils die entsprechende **Absicht** als zielgerichtetes Handeln voraus. Diese ist mit bedingtem Tötungsvorsatz grundsätzlich vereinbar. Bei Ermöglichungsabsicht muss die Tat nicht notwendiges Mittel zur Begehung der anderen Straftat sein; vielmehr genügt es, dass sich der Täter deshalb für die zum Tode führende Handlung entscheidet, weil er glaubt, auf diese Weise die andere Straftat schneller oder leichter begehen zu können.[112] Auch der zur Verdeckung handelnde Täter mag dieses Ziel durch die bedingt gewollte Tötung zu erreichen suchen. Etwas anderes gilt allerdings für den Fall, dass die von ihm erstrebte Verdeckung einer Straftat nach seiner Vorstellung *nur* durch den Tod des Opfers erreicht werden kann.[113] Die Verwirklichung der Verdeckungsabsicht ist dann allein in Verbindung mit einem direkten Tötungsvorsatz möglich.

---

[111]Vgl. BGH NStZ 1997, 81 mit Anm. *Walter,* NStZ 1998, 36; BGH NStZ-RR 1999, 234 mit Bespr. *Bosch/Schindler,* Jura 2000, 77.

[112]BGHSt 39, 159 mit Anm. *Graul,* JR 1993, 510 und Bespr. *Schroeder,* JuS 1994, 294; BGH NStZ 1998, 352.

[113]BGHSt 21, 283; BGH NStZ 1984, 116; 1985, 166; eingehend *Geilen,* in: FS Lackner (1987), S. 571.

Kontrollfragen

68   1. Wie lässt sich der Grundgedanke der Mordmerkmale bestimmen?
         (Rn. 35)
      2. Was besagen die Begriffe „Typenkorrektur" und „Rechtsfolgenlösung"?
         (Rn. 36–38)
      3. Wie werden die Merkmale der „Mordlust" und „Habgier" definiert?
         (Rn. 42, 44)
      4. Was versteht man unter niedrigen Beweggründen? (Rn. 46)
      5. Was bedeutet „Heimtücke" und welche Einschränkungen werden vorge-
         schlagen? (Rn. 49, 54, 55)
      6. Welche Möglichkeiten bestehen zur Eingrenzung der Verdeckungsab-
         sicht? (Rn. 64–66)

IV. Tötung auf Verlangen[114]

69   Der Tatbestand des § 216 stellt ein privilegiertes Tötungsdelikt dar. Bei ihm wird
     überwiegend schon das Unrecht der Tat wegen des Rechtsgutsverzichts durch das
     Opfer als gemindert angesehen.[115] Hinzu kommt die schuldmindernde Konfliktlage,
     die das suizidähnliche Tötungsverlangen beim Adressaten hervorruft. Probleme
     ergeben sich im Verhältnis zu §§ 224, 226 (dazu § 2 Rn. 71).

1. Tötungstäterschaft

70   Der objektive Tatbestand erfordert die Tötung eines anderen Menschen. Dabei muss
     es sich um eine täterschaftliche **Fremdtötung** handeln, die ggf. von der straflo-
     sen Beihilfe zum Selbstmord abzugrenzen ist; insoweit spielen vor allem die Fälle
     des „einseitig fehlgeschlagenen Doppelselbstmords" eine Rolle. Nach Ansicht des
     BGH kann es allein darauf ankommen, wer das zum Tode führende Geschehen tat-
     sächlich beherrscht hat (BGHSt 19, 135). Im Einzelfall sei dafür entscheidend die
     Art und Weise, wie der Tote über sein Schicksal verfügt hat: Gab er sich in die Hand
     des anderen, weil er duldend von ihm den Tod entgegennehmen wollte, dann hatte
     dieser die Tatherrschaft. Behielt er dagegen bis zuletzt die freie Entscheidung über
     sein Schicksal, dann tötete er sich selbst, wenn auch mit fremder Hilfe.

---

[114]Zum Ganzen *Roxin*, GA 2013, 313; *Kühl*, Jura 2010, 81/84 ff.; *Schroeder*, ZStW 106 (1994),
565; *Steinhilber*, JA 2010, 430.

[115]Vgl. *Arzt/Weber/Heinrich/Hilgendorf*, § 3 Rn. 13; *Gössel/Dölling*, § 1 Rn. 21; *Hirsch*, in: FS
Welzel (1974), S. 797.

> **Beispiel**
>
> A und seine Freundin F wollen gemeinsam aus dem Leben scheiden. A öffnet die Gashähne, während F die Türritzen verstopft. Dann legen sich beide auf das Sofa; A wird gerettet, F verstirbt. Nach dem Öffnen der Gashähne war der F immer noch die Entscheidung verblieben, sich dem in Gang gesetzten Geschehensablauf zu entziehen oder diesen zu beenden. A hat daher nicht den Tatbestand des § 216 verwirklicht, sondern straflose Beihilfe zur Selbsttötung geleistet.

In ähnlicher Weise stellt die Literatur auf die „Herrschaft über den todbringenden Moment" ab; ein Fall des § 216 liegt demnach vor, wenn das Opfer einem anderen den Vollzug des letzten, irreversiblen Geschehensaktes anvertraut und sich über die zum Tode führende Schwelle von fremder Hand hinüberstoßen lässt.[116] Generell ist entscheidend, ob dem Getöteten *nach* dem letzten Tatbeitrag des anderen noch die freie Entscheidung über Leben und Tod verbleiben soll. Konkret wäre die Grenze also beispielsweise danach zu ziehen, ob der Täter die tödliche Injektion vornimmt (§ 216) oder den Giftbecher verabreicht, den das Opfer selbst trinkt (vgl. auch OLG München NJW 1987, 2940).   **71**

Trotz dieser im Ausgangspunkt grundsätzlich bestehenden Übereinstimmung ist weiterhin streitig, ob § 216 auch durch **Unterlassen** verwirklicht werden kann. Der BGH bejaht diese Möglichkeit, wenn das Verlangen des Opfers dahin ging, seinen Tod nicht zu verhindern (BGHSt 13, 162). Demgegenüber nimmt die h. L. mit Recht an, die Einwilligungssperre des § 216[117] sei nur gegen *aktive* Fremdtötung gerichtet.[118] Diese Konsequenz folgt daraus, dass der bei freiverantwortlichem Tötungswunsch nicht eingreifende „Täter" in Wahrheit nur straflose Beihilfe zum Suizid leistet. Eine Unterlassungsstrafbarkeit kommt allein dann in Betracht, wenn ein Garant die auf Verlangen erfolgende Tötung durch einen Begehungstäter nicht verhindert (vgl. OLG Düsseldorf NJW 1973, 2215). Das löst freilich die dogmatisch komplexe Frage nach der Bestimmung der Beteiligung *durch* Unterlassen an einem aktiven Tun aus.[119]   **72**

2. Tatbestandsmerkmale

Die privilegierenden Umstände des § 216 bestehen in einem ausdrücklichen und ernsthaften Verlangen des Getöteten. Ein **Verlangen** bedeutet die unmissverständliche Kundgabe des Tötungsbegehrens; als qualifizierte Einwilligung setzt es mehr   **73**

---

[116]Namentlich *Roxin*, Täterschaft, S. 570 f.; s. auch *Krey/Hellmann/Heinrich*, Rn. 109; *Otto*, § 6 Rn. 4; *Paehler*, MDR 1964, 647, 648 f.

[117]Vertieft dazu *Neumann*, in: FS Kühl (2014), S. 569.

[118]Vgl. *Eser/Sternberg-Lieben*, in: Schönke/Schröder, § 216 Rn. 10; *Sinn*, in: SK, § 216 Rn. 17; *Wessels/Hettinger*, Rn. 161; ebenso jetzt *Maurach/Schroeder/Maiwald*, BT 1, § 2 Rn. 60.

[119]Instruktiv *Sowada*, Jura 1986, 399.

als bloßes „Einverstandensein" voraus, nämlich eine Betätigung mit dem Ziel der Einwirkung auf den anderen (RGSt 68, 307). Es braucht nicht bedingungsfrei zu sein; erforderlich ist aber, dass es im Tatzeitpunkt noch vorliegt und die tatsächlichen Voraussetzungen, auf denen es beruhte oder an die es geknüpft war, fortbestehen.[120] Das Verlangen muss *ausdrücklich*, also durch Worte oder Gesten geäußert werden. Es ist *ernstlich*, wenn es auf einem freiverantwortlichen Willensentschluss beruht, der nicht unter dem Einfluss von Willensmängeln – Täuschung, Drohung oder Zwang – steht. Der seinen Tod verlangende Mensch muss dazu die Urteilskraft besitzen, um die Bedeutung und die Tragweite seines Entschlusses zu überblicken und abzuwägen; danach ist ein Tötungsverlangen in depressiver Augenblicksstimmung unbeachtlich, es sei denn, dass es gleichwohl von innerer Festigkeit und Zielstrebigkeit getragen wird (BGH NStZ 2012, 85).[121] Dieser gegenüber dem unfreien Suizid strengere Maßstab, lässt eher die Beachtlichkeit von Motivirrtümern zu. Selbstverständlich kann es immer nur um ein Verlangen des *Getöteten* gehen.

Beispiel

Neffe N pflegte seinen 70jährigen bettlägerigen Onkel O. Dieser hegte Selbstmordabsichten und füllte ein starkes Betäubungsmittel in mehrere Spritzen. Den N fragte er: „Würdest Du mir helfen, die Spritze zu geben, wenn ich es nicht kann?" Nachdem O sich einen Teil des Mittels bereits gespritzt hatte, fand N ihn schlafend auf und entschloss sich, das Leben seines Onkels zu beenden. Die Frage des O war Ausdruck eines ernsthaften Tötungswunsches, den N ggf. zum Abschluss bringen sollte. Die Umstände, unter denen an ein Eingreifen des N gedacht war, lagen vor. Somit sind die Anforderungen an ein Tötungsverlangen i. S. des § 216 erfüllt.

74 Der Täter muss durch das Verlangen zur Tötung **bestimmt** worden sein. Erfordert wird damit eine psychische Kausalität wie bei der Anstiftung (§ 26); dementsprechend scheidet ein Bestimmen aus, wenn der Täter schon fest zur Tat entschlossen war. Alleiniges Motiv braucht das Tötungsverlangen allerdings nicht zu sein, so dass etwaige „Nebenmotive" – wie die Aussicht auf eine Erbschaft – mitschwingen können, sofern das Verlangen der beherrschende Tatantrieb bleibt. Es muss jedenfalls handlungsleitend sein, was der BGH im Kannibalen-Fall abgelehnt hat (BGHSt 50, 80/92).[122]

75 Der **Vorsatz** des Täters hat neben dem Tötungserfolg die besonderen Umstände des § 216 zu erfassen. Kennt er das Verlangen nicht, entfällt § 216 bereits in objektiver Hinsicht, weil er dann nicht davon „bestimmt" worden ist. Bei irriger Annahme eines Tötungsverlangens kommt ihm die Privilegierung jedoch zugute (§ 16 II).[123]

---

[120]BGH NStZ 1987, 365 mit kontroversen Stellungnahmen von *Roxin*, NStZ 1987, 345; *Herzberg*, JuS 1988, 771; NStZ 1989, 559; *Hohmann/König*, NStZ 1989, 304.

[121]S. auch BGH NStZ 2011, 340; *Gierhake*, GA 2012, 291.

[122]Krit. *Scheinfeld*, GA 2007, 695.

[123]Näher *Küper*, Jura 2007, 260 sowie *Gierhake*, GA 2012, 291.

Wird der Täter vom sterbewilligen Opfer über dessen Tötungswunsch im **76** Unklaren gelassen und führt den Tod ohne Vorsatz herbei, kommt eine Strafbarkeit wegen fahrlässiger Tötung (§ 222) in Betracht.[124] So liegt es etwa, wenn die Frau F von ihrem lebensmüden Ehemann E veranlasst wird, auf ihn zu schießen, wobei sie irrig annimmt, eine ungeladene Pistole zu verwenden. Die F ist nicht bloßes „Werkzeug", i. S. einer mittelbaren Täterschaft, sondern hat die Handlungsherrschaft über das Geschehen inne, indem sie eigenhändig und zurechenbar den Erfolg verursacht.

Der Versuch ist strafbar (§ 216 II). Die Anstiftung durch das Opfer bleibt in **77** diesem Falle nach den Grundsätzen der notwendigen Teilnahme straffrei.

V. Täterschaft und Teilnahme

1. Qualifizierung[125]

Das Verhältnis von Mord und Totschlag ist seit jeher zwischen Rechtsprechung und **78** Lehre umstritten. Der BGH betrachtet diese Delikte als zwei selbständige Tatbestände mit verschiedenem Unrechtsgehalt: Der Täter des § 211 werde „als Mörder", derjenige des § 212 „als Totschläger" bestraft.[126] Daraus zieht er den Schluss, dass die Mordmerkmale die Strafbarkeit nicht schärfen, sondern überhaupt erst *begründen*. Diese Auffassung beruht indes auf einer überholten historischen Betrachtungsweise und mitunter lässt auch der BGH Bedenken erkennen.[127] Ursprünglich stand zwar der Affekttotschlag neben dem Mord aus Überlegung; dieses Gegensatzpaar hatte zur Folge, dass sich die beiden Tatbestände grundsätzlich ausschlossen. Mit der Neuformulierung des Mordtatbestandes (vgl. Rn. 35) ist das Exklusivverhältnis aber hinfällig geworden.

Heute muss der Totschlag als Grunddelikt angesehen werden; der Tötung eines **79** Menschen fügt § 211 (nur) weitere qualifizierende Merkmale hinzu. Nach einheilliger und zutreffender Lehre stellen die Mordmerkmale deshalb straf*schärfende* Umstände dar. Ein gewisser Unterschied liegt noch darin, dass sie teilweise als spezielle Schuldmerkmale betrachtet werden; für die Strafbarkeit der Beteiligten würde dann § 29 gelten. Nach überwiegender Lehre handelt es sich jedoch um *Unrechtsmerkmale* mit der Folge, dass auf die täterbezogenen Merkmale § 28 II Anwendung

---

[124]Vgl. BGH NJW 2003, 2326 und OLG Nürnberg NJW 2003, 454; *Herzberg,* NStZ 2004, 1; *Küpper,* JuS 2004, 757; abw. *Engländer,* JZ 2003, 747; *ders.,* Jura 2004, 234; *Hecker/Witteck,* JuS 2005, 397; *Roxin,* in: FS Otto (2007), S. 441; dagegen wiederum *Herzberg,* in: FS Puppe (2011), S. 497.

[125]Zu Problematik § 28 bei §§ 211, 212 vgl. *Engländer,* JA 2004, 410; *Geppert/Schneider,* Jura 1986, 106; *Gropp,* in: FS Seebode (2008), S. 125; *Küpper,* JuS 1991, 639 sowie BGHSt 50, 1/5 f. (!)

[126]BGHSt 1, 368/370 ff.; 22, 375/377; BGH NJW 2005, 997 mit Anm. *Puppe,* JZ 2005, 902; eingehende Analyse bei *Küper,* JZ 1991, 761, 862, 910; zum Grundtatbestand der Tötungsdelikte s. auch *Kargl,* JZ 2003, 1141.

[127]Dazu *Gropp,* in: FS Seebode (2008), S. 125.

findet.[128] Die didaktische Schwierigkeit besteht darin zu verdeutlichen, dass der tatbestandsverschiebende Effekt des § 28 II keine Besonderheit von §§ 211, 212 ist, sondern überall dort zum Zuge kommt, wo ein bpM Tatbestandsmerkmal eines Qualifikations- oder Privilegierungstatbestandes ist. Hier indessen geht es nicht um die Existenz dieses akzessorietätslockernden Effektes, sondern darum, ob § 28 II StGB tatbestandlich gegeben ist. Das ist nur der Fall, wenn § 211 die Qualifikation des § 212 ist (h.L.) und nicht etwa eine Norm mit eigenständigem Unwert (BGH). Im Einzelnen hat der Meinungsstreit zwischen BGH und h. L. folgende Auswirkungen auf die Beteiligungsfrage:

80   Übereinstimmend wird zunächst die Möglichkeit bejaht, dass Mord und Totschlag in **Mittäterschaft** begangen werden können. Für die h. L. ergibt sich hier kein besonderes Problem: Bei täterbezogenen Merkmalen ist § 28 II anzuwenden, so dass der eine Beteiligte Täter des Mordes, der andere des Totschlags sein kann. Der BGH hatte früher Bedenken geäußert, weil er meinte, von Mittäterschaft könne nur bei Verwirklichung desselben Grundtatbestandes gesprochen werden (BGHSt 6, 329). Inzwischen geht er davon aus, dass die vorsätzliche Tötung (§ 212) vollständig in § 211 enthalten sei; es handele sich somit auch bei angenommener rechtlicher Selbständigkeit nicht um zwei völlig verschiedene Taten.[129] Das Verhalten von Mörder und Totschläger betreffe demzufolge, soweit sie gemeinsam einen Menschen getötet haben, die gleiche Straftat i. S. des § 25 II. Dies ist immerhin ein erster Schritt in die richtige Richtung.

Beispiel

Die Mutter M überredete ihren Sohn S, gemeinsam die Tante T, an deren Geld sie kommen wollte, zu töten. Unter Anleitung und Überwachung durch M erschlug S die schlafende Tante. Habgier und Heimtücke lagen bei S nicht vor, weil es ihm weder um das Geld ging noch ihm bewusst war, gerade den Schlaf des Opfers zur Tatbegehung auszunutzen. S ist eigenhändiger Täter eines Totschlags. Da M das Geschehen von Anfang bis Ende in Händen hielt, besaß auch sie Tatherrschaft. Sie ist demnach wegen mittäterschaftlich begangenen Mordes zu bestrafen.

81   Relevant bleibt die Streitfrage bei der **Teilnahme** im Hinblick auf § 28. Diese Vorschrift setzt insgesamt voraus, dass besondere *persönliche* Merkmale vorliegen. Diesbezüglich ist zu differenzieren: Die Mordmerkmale der 2. Gruppe betreffen die Art der Ausführung, sind also tatbezogen; dem Beteiligten fallen sie zur Last, wenn er sie in seinen Vorsatz aufgenommen hat. Die übrigen Merkmale (1. und 3.

---

[128]Vgl. *Sinn,* in: SK, § 211 Rn. 2 ff.; *Jähnke,* in: LK, Vor § 211 Rn. 46 ff.; *Maurach/Schroeder/ Maiwald,* BT 1, § 2 Rn. 23; abw. *Schmidhäuser,* Kap. 2 Rn. 32.

[129]BGHSt 36, 231 mit Anm. *Beulke,* NStZ 1990, 278 und Bespr. *Küpper,* JuS 1991, 639.

Gruppe) sind täterbezogen; fraglich ist dann weiter, ob § 28 I oder § 28 II Anwendung findet. Hier kommen zwei Konstellationen in Betracht.

(1) Der Täter A verwirklicht ein Mordmerkmal, das beim Teilnehmer B fehlt. Die **82** Heranziehung des § 28 I führt nur zu einer Strafmilderung. Nach § 28 II gelten die Umstände jeweils für den Beteiligten, bei dem sie vorliegen; es tritt also eine Tatbestandsverschiebung ein.

–BGH: A → § 211; B → §§ 211, 26/27, 28 I
–Lehre: A → § 211; B → §§ 212, 26/27, 28 II

(2) Der Täter begeht einen Totschlag, bei dem Teilnehmer liegt ein Mordmerkmal **83** vor. Der BGH stößt hier auf das Problem, dass § 28 I lediglich das *Fehlen* von persönlichen Merkmalen beim Teilnehmer regelt, nicht deren Vorliegen; aus Akzessorietätsgründen kann er daher nur wegen Anstiftung oder Beihilfe zum Totschlag bestraft werden (BGHSt 1, 368; 50, 1/6). Demgegenüber erstreckt sich der Anwendungsbereich des § 28 II sowohl auf den Täter als auch den Teilnehmer.

–BGH: A → § 212; B → §§ 212, 26/27
–Lehre: A → § 212; B → §§ 211, 26/27, 28 II

Eine gewisse Übereinstimmung ergibt sich für den Fall, dass *beiden* Beteiligten **84** ein Mordmerkmal zur Last fällt, sei es auch verschiedener Natur; man spricht insoweit von „gekreuzten" Mordmerkmalen.[130] Der BGH versagt dem Teilnehmer jedenfalls dann die Strafmilderung gem. § 28 I, wenn bei ihm ein persönliches Mordmerkmal „gleicher Art" wie bei dem Täter vorliegt (BGHSt 23, 39). Da er allerdings auch die Merkmale der 3. Gruppe als Anwendungsfälle der niedrigen Beweggründe ansieht, kommt dieses Ergebnis praktisch bei allen täterbezogenen Mordmerkmalen in Betracht. Für die h. L. lässt es sich wiederum zwanglos aus § 28 II herleiten.

–BGH: A → § 211; B → §§ 211, 26/27 [28 I (-)]
–Lehre: A → § 211; B → §§ 212, 26/27, 28 II

Unterschiede ergeben sich auf der Ebene der Kenntnis. Aus der Sicht des BGH **85** handelt es sich bei dem täterbezogenen Mordmerkmal um einen Teil jener Haupttat, die der Vorsatz des Teilnehmers gem. § 16 Abs. 1 S. 1 vollständig umfassen muss (BGHSt 50, 1/5). Für die h.L. kommt es für die Bestimmung der maßgeblichen Haupttat indessen auf eine solche Kenntnis deshalb nicht an, weil es gem. § 28 Abs. 2 auf das Vorhandensein eines täterbezogenen Mordmerkmals des anderen nicht ankommt. Haben also beide ein solches Mordmerkmal, hat der Hintermann von demjenigen des Vordermannes aber keine Kenntnis,[131] dann gilt:

–BGH: A → § 211; B → §§ 212, 26/27, 16 I S. 1
–Lehre: A → § 211; B → §§ 211, 26/27, 28 II

---

[130]Näher dazu *Arzt,* JZ 1973, 681; *Schünemann,* in: LK, § 28 Rn. 65; *Vietze,* Jura 2003, 394.

[131]Zu Folgen hieraus für die Rspr. auf der Ebene des § 30 vgl. BGHSt 50, 1 (LS 3) u. S. 10 sowie die Kritik von *Jäger,* JR 2005, 477 u. *Puppe,* JZ 2005, 902.

2. Privilegierung

86 Während die Rechtsprechung § 216 als selbständigen Tatbestand beurteilt (BGHSt 13, 162/165), wird in der Literatur überwiegend von einer unselbständigen Abwandlung des Totschlags ausgegangen.[132] Die Privilegierung kommt jedenfalls nur dem gesetzlich umschriebenen Personenkreis zugute, namentlich dem Adressaten des Tötungsverlangens. Die Sondereigenschaft kann als strafmilderndes täterbezogenes Merkmal (§ 28 II) angesehen werden und gilt demgemäß nur für denjenigen, bei dem sie vorliegt; betrachtet man sie lediglich als Schuldmerkmal, so führt § 29 zum selben Ergebnis. Daraus ergibt sich Folgendes:[133]

87 Bei der Tötung auf Verlangen sind grundsätzlich alle Beteiligungsformen möglich. Eine Mittäterschaft kann vorliegen, wenn sich das Tötungsverlangen an mehrere Personen richtet. Auch Anstiftung ist denkbar; als Beispiel dient der Fall, dass ein Arzt durch Angehörige des Opfers veranlasst wird, dem Sterbewunsch nachzukommen. Zugunsten des Gehilfen greift § 216 (nur) ein, falls auch er durch das Verlangen bestimmt wurde; ansonsten ist er nach § 212 strafbar.

Eine Verurteilung aus § 211 kann bei täterbezogenen Merkmalen im Wege des § 28 II erfolgen, bei tatbezogenen Umständen, wenn diese vom Täter – für den die Sperrwirkung der Privilegierung eingreift – verwirklicht und vom Gehilfenvorsatz umfasst werden.

Kontrollfragen
1. Wie wird das systematische Verhältnis von Mord und Totschlag beurteilt? (Rn. 78, 79)
2. Welche Konsequenzen ergeben sich daraus für Täterschaft und Teilnahme? (Rn. 83–85)
3. Wie lassen sich Grundgedanke und Tatbestandsnatur der privilegierten Tötungsdelikte bestimmen? (Rn. 69, 86)
4. Wonach richtet sich die Beteiligung Außenstehender? (Rn. 87)

VI. Fahrlässige Tötung

88 Wer durch Fahrlässigkeit den Tod eines Menschen verursacht, wird nach § 222 bestraft. Die hier auftretenden Fragen der Erfolgszurechnung (insb. Pflichtwidrigkeitszusammenhang, Schutzzweck der Norm und Vorhersehbarkeit)[134] sind dem Allgemeinen Teil zuzuordnen. Insoweit kann auf das diesbezügliche Lehrbuch verwiesen werden. Auf der vorgelagerten Ebene der kausalen Handlung, in welcher

---

[132]Vgl. *Gössel/Dölling*, § 1 Rn. 7; *Maurach/Schroeder/Maiwald*, BT 1, § 2 Rn. 5; *Welzel*, § 38 IV.

[133]Zum Ganzen *Engländer*, in: FS Krey (2010), S. 71.

[134]BGH NStZ 2012, 2453 [Brechmitteleinsatz]; BGHSt 51, 18 [Tod eines Kindes durch Speisesalz].

dann der Sorgfaltsverstoß zu verorten ist, muss zunächst aktives Tun vom Unterlassen abgegrenzt werden.

Beispiel

Der A war in einer LKW-Werkstatt für die Wartung, insbesondere die Prüfung der Funktionstüchtigkeit der Bremsen verantwortlich. Weil er bei einem LKW keine Sichtprüfung der nahezu völlig abgefahrenen Bremsbeläge vornahm, blieb dies unbemerkt, der LKW verunfallte, wobei der Fahrer und zwei unbeteiligte Personen starben. Der BGH (BGHSt 52, 159) hat zutreffend ein Unterlassen bei einer Garantenpflicht aus tatsächlicher Gewährübernahme angenommen. Wenn der Defekt indes auf einer unsachgemäßen Montage beruht hätte, würde es sich um aktives Tun handeln, wobei die Nichtvornahme der ordnungsgemäßen Montage die in der aktiven Handlung liegende Sorgfaltspflichtverletzung wäre.

Erhebliche Bedeutung hat bei § 222 das Problem der **Selbstschädigung** bzw. Selbstgefährdung des Opfers.[135] Die Beurteilung der Verantwortungsverteilung zwischen dem Rechtsgutsträger und einem anderen vollzieht sich in mehreren Schritten. Im Ausgangspunkt unstreitig ist, dass sich nicht strafbar macht, wer fahrlässig den Tod eines Suizidenten mitverursacht (BGHSt 24, 342). Denn sonst käme es zu dem Wertungswiderspruch, dass der bloß fahrlässig Handelnde strenger beurteilt würde als der Vorsatztäter. Entsprechendes gilt für den gemeinschaftlichen Rauschgiftkonsum: Eigenverantwortlich gewollte und verwirklichte Selbstgefährdungen unterfallen nicht dem Tatbestand eines (fahrlässigen) Tötungsdelikts.[136] Die Abgrenzung verläuft im Grunde ebenso wie bei § 216 StGB anhand der Herrschaft über den Geschehensablauf, jedoch mit dem Unterschied, dass keiner der Beteiligten Tötungsvorsatz hat (BGHSt 53, 55/59 ff.). Hier wie dort ist die gemeinsame Gefährdung problematisch. **89**

Beispiel

Zwei Pkw mit je einem Fahrer (F1/2) und einem Beifahrer (B1/2) führen unter Bruch zahlreicher Verkehrsregeln in einem Geschehen verschiedene Beschleunigungstests bzw. ein Autorennen durch. Die B1/2 filmen, feuern an und geben Startzeichen. F2 gerät dabei ins Schleudern und B2 stirbt. Der BGH (BGHSt 53, 55)[137] nimmt zutreffend Fremdgefährdung der Beifahrer durch F1 und F2 an, die für B2 zum Tod führte, ohne dass eine wirksame Einwilligung vorliegt (dazu sogleich). Wenn hingegen nicht B2, sondern F2 verstorben wäre, würde dieser

---

[135]Ausführlich *Beulke*, in: FS Otto (2007), S. 207; *Duttge*, in: FS Otto (2007), S. 227.

[136]BGHSt 32, 262 mit Anm. *Horn*, JR 1984, 513; *Kienapfel*, JZ 1984, 751; *Roxin*, NStZ 1984, 411 und Bespr. *Otto*, Jura 1984, 536.

[137]S. dazu *Dölling*, in: FS Geppert (2011), S. 53; *Duttge*, NStZ 2009, 690; *Puppe*, GA 2009, 486; *Renzikowski*, HRRS 2009, 347; *Roxin*, JZ 2009, 399; *ders.*, GA 2012, 655 sowie als Übungsklausur *Hinderer/Brutscher*, JA 2011, 907.

sich selbst gefährdet haben und F1 wäre – wie bei einem gemeinschaftlich unternommenen Doppelselbstmord auch (Rn. 71) – straflos (tendenziell wohl auch BGHSt 53, 55/62).[138]

90   Wenn es sich um eine Selbstgefährdung handelt, ist fraglich, weshalb es zu dieser gekommen ist. Die Strafbarkeit des anderen beginnt grundsätzlich erst dort, wo der sich Beteiligende kraft überlegenen Sachwissens das Risiko besser erfasst als der sich selbst Gefährdende. Die Grenze ist also nach den Grundsätzen der mittelbaren Täterschaft zu bestimmen. Die Einzelheiten sind Gegenstand des Allgemeinen Teils, wogegen hier einige Besonderheiten hervorzuheben sind.

91   In den „Heroinfällen" hat der BGH gleichwohl eine Strafbarkeit in Betracht gezogen:[139] Nach Eintritt der Gefahrenlage treffe den Täter eine Pflicht zum Handeln, deren *Unterlassen* unter dem Gesichtspunkt eines Tötungsdelikts zu prüfen sei, wenn durch das Herbeirufen eines Arztes der Todesgefahr wirksam hätte begegnet werden können. Die erforderliche Garantenstellung soll sich aus pflichtwidrigem Vorverhalten, nämlich dem – gem. § 29 I BtMG strafbaren – Überlassen des Rauschgifts ergeben. Dagegen wird eingewandt, dass damit die für das Begehungsdelikt angenommene Straflosigkeit auf einem Umweg wieder aufgehoben werde. Mit der eigenverantwortlichen Selbstgefährdung habe der Drogenkonsument den Lieferanten jedoch aus der Verantwortung für das weitere Geschehen entlassen. Auch könne derjenige, der in rechtlich unverbotener Weise an einer Selbstgefährdung mitwirkt, nicht dadurch in eine Garantenposition einrücken, dass die besondere Form der Mitwirkungshandlung unter Strafe steht.[140] In einer späteren Entscheidung hat der BGH betont, der Schutzzweck der Vorschriften des Betäubungsmittelrechts verlange eine Einschränkung des Prinzips der Selbstverantwortung. Da der zu verhindernde Konsum in aller Regel eine Selbstgefährdung bedeutet, könne dieser Gesichtspunkt zur Normbegrenzung nicht herangezogen werden.[141] Das Urteil betrifft allerdings nicht § 222, sondern die Bestimmungen des einschlägigen Nebenstrafrechts (vgl. § 30 I Nr. 3 BtMG). § 222 greife hingegen, wenn die Selbstverantwortlichkeit des Konsumenten durch einen – sorgfaltswidrig nicht verhinderten – Irrtum über den Wirkstoff beeinträchtigt wird (BGHSt 53, 288). Von § 30 I Nr. 3 BtMG soll dann wiederum eine Ausnahme für einen „Freitodbegleiter" gelten: Das Überlassen eines Betäubungsmittels zum Suizid an einen unheilbar Schwerstkranken erfülle nicht den Tatbestand der Betäubungsmittelüberlassung mit leichtfertiger

---

[138]A.A. *Eisele*, in: FS Kühl (2014), S. 159/166; entsprechend im Zivilverfahren des F2 gegen F1 OLG Karlsruhe NJW 2012, 3447/3449 f.

[139]Zum Ganzen *Sternberg-Lieben*, in: FS Puppe (2011), S. 1283.

[140]Vgl. BGH NStZ 1984, 452 mit Anm. *Fünfsinn*, StV 1985, 57 und Bespr. *Stree*, JuS 1985, 179; BGH BGHSt 33, 66 mit Anm. *Roxin*.

[141]BGHSt 37, 179 mit Anm. *Beulke/Schröder*, NStZ 1991, 393 und *Rudolphi*, JZ 1991, 572; ebenso BGH JR 2001, 246 mit Anm. *Renzikowski* u. *Hardtung*, NStZ 2001, 206.

Todesverursachung.[142] Insoweit wird aus dem Prinzip der Eigenverantwortlichkeit eine teleologische Reduktion des Leichtfertigkeitsmerkmals hergeleitet.

In anders gelagerten Fällen sind weitere Korrekturen nicht ausgeschlossen. So **92** hat der BGH im Hinblick auf das Opferverhalten bei einer Brandstiftung dem Täter den Todeserfolg als fahrlässige Tötung zugerechnet: Einer Einschränkung des Grundsatzes der Straffreiheit wegen bewusster Selbstgefährdung des Opfers bedürfe es insbesondere dann, wenn der Täter durch seine deliktische Handlung die naheliegende Möglichkeit einer solchen Selbstgefährdung dadurch schafft, dass er ohne Mitwirkung und ohne Einverständnis des Opfers eine erhebliche Gefahr für ein Rechtsgut des Opfers oder ihm nahestehende Personen begründet und damit für dieses ein einsichtiges Motiv für gefährliche Rettungsmaßnahmen schafft;[143] was indes bei Inkaufnahme offensichtlich unvernünftiger Risiken eine Grenze findet.[144] Nähere Einzelheiten gehören wiederum zur Materie des Allgemeinen Teils.

Schließlich ist die Frage nach der Einwilligung in die Fremdgefährdung prob- **93** lematisch.[145] Für die vorsätzliche Fremdtötung schließt § 216 eine rechtfertigende Einwilligung aus. Die vorsätzliche Körperverletzung aber ist gem. § 228 der Einwilligung grundsätzlich zugänglich, fraglich ist das aber bei Körperverletzungen, die zum Zwecke der (einvernehmlichen) Tötung vorgenommen werden (s. § 2 Rn. 71). Zu § 222 besteht Streit.

Beispiel

(1) Der etwas angetrunkene A nimmt nachts und ohne Licht auf dessen Bitte den B auf dem Gepäckträger seines Fahrrades mit, gerät ins Straucheln und B stürzt tödlich.

(2) Im Fall des o.g. Autorennens sitzt B2 freiwillig im Wagen und kommt zu Tode.

(3) A unterzieht sich nach ordnungsgemäßer Belehrung einer hoch riskanten Herzoperation, die er nicht überlebt.

In allen Fällen hat der Verletzte in die Gefahr eingewilligt. Der BGH lässt eine Einwilligung grundsätzlich zu, nimmt aber bei einer konkreten Lebensgefahr grundsätzlich Unwirksamkeit wegen Sittenwidrigkeit an (BGHSt 53, 55/62), was bei medizinischen Eingriffen aufgrund ihres Zwecks anders zu beurteilen ist.[146]

---

[142]BGHSt 46, 279 mit Anm. *Duttge,* NStZ 2001, 546 und *Sternberg-Lieben,* JZ 2002, 153.

[143]BGHSt 39, 322 mit Bespr. *Derksen,* NJW 1995, 240 und *Bernsmann/Zieschang,* JuS 1995, 775; vgl. auch OLG Celle NJW 2001, 2816 (Operationsverweigerung).

[144]OLG Stuttgart NStZ 2009, 331 m. krit. Anm. *Puppe.*

[145]Zum Ganzen *Murmann,* in: FS Puppe (2011), S. 767; *Stratenwerth,* in: FS Puppe (2011), S. 1017.

[146]Instruktiv *Mitsch,* in: AnwK-StGB, § 222 Rn. 14 sowie die oben zu BGHSt 53, 55 zitierten Nachweise; vertieft zur lebensgefährlichen Operation *Krell,* medstra 2017, 3 ff.

VII. Aussetzung

94 Bei § 221[147] handelt es sich um ein konkretes Gefährdungsdelikt. Das 6. StrRG hat klargestellt, dass als Rechtsgut neben dem Leben auch die körperliche Unversehrtheit anzusehen ist; allerdings wird der tatbestandliche Anwendungsbereich auf die Gefahr einer *schweren* Gesundheitsschädigung des Opfers beschränkt. Der geschützte Personenkreis unterliegt keiner Einschränkung mehr: Während es historisch um ein Delikt der Kindesaussetzung ging (vgl. jetzt noch Abs. 2 Nr. 1), musste bis zur letzten Änderung jedenfalls eine „hilflose Person" betroffen sein. Nach Ansicht des Gesetzgebers bedürfen jedoch auch Erwachsene und gesunde Personen des Schutzes gegen Aussetzung, z. B. der ortsunkundige Bergsteiger, den der Bergführer im einsamen Hochgebirge allein zurücklässt (BT-Drucks. 13/8587, S. 34).

1. Grundtatbestand

95 Die Tatmodalitäten des § 221 I unterscheiden sich nach dem Entstehungsgrund der Situation des Opfers: Im Falle der Nr. 1 führt der Täter die hilflose Lage herbei, während er sie bei Nr. 2 bereits vorfindet.[148] Nur für das Imstichlassen ist außerdem eine Obhutspflicht erforderlich. Die Tathandlung muss jeweils einen Gefährdungserfolg bewirken.

96 Durch das **Versetzen** (§ 221 I Nr. 1) wird ein Mensch von einer bisher sicheren in eine hilflose Lage gebracht. Es entsteht also ein Zustand der Hilfsbedürftigkeit, in dem sich das Opfer aus eigener Kraft nicht gegen mögliche Lebens- oder Leibesgefahren zu schützen vermag.[149] In einer hilflosen Lage ist mithin, wer der abstrakten Gefahr des Todes oder einer schweren Gesundheitsschädigung ohne die Möglichkeit eigener oder fremder Hilfe ausgesetzt ist; Hilflosigkeit definiert sich hier demnach als das Fehlen hypothetisch rettungsgeeigneter sächlicher Faktoren oder hilfsfähiger (und generell auch hilfsbereiter) Personen (BGH NStZ 2008, 395). Damit sich § 221 n. F. nicht zu einem konturenlosen allgemeinen Gefährdungsdelikt entwickelt, wird man eine gewisse Dauer und Stabilisierung der eingetretenen Situation verlangen müssen.[150] Daran würde es bei Augenblicksgefahren fehlen, wie etwa Steinwürfen von der Autobahnbrücke. Die Tat kann auch durch ein Unterlassen (§ 13) begangen werden, indem ein Garant die Entstehung der hilflosen Lage nicht verhindert.

---

[147]Zum Ganzen *Ebel*, NStZ 2002, 404; *Hacker/Lautner*, Jura 2006, 274; *Heger*, ZStW 119 (2007), 593; *Küper*, ZStW 111 (1999), 30; *Ladiges*, JuS 2012, 687; *Sternberg-Lieben/Fisch*, Jura 1999, 45; *Wengenroth*, JA 2012, 584.

[148]*Jähnke*, in: LK, § 221 Rn. 2; *Wessels/Hettinger*, Rn. 199.

[149]Vgl. *Horn/Wolters*, in: SK, § 221 Rn. 3; *Rengier*, § 10 Rn. 4.

[150]Zutr. *Sternberg-Lieben/Fisch*, Jura 1999, 45, 46; *Neumann*, in: NK, § 221 Rn. 7; eingehend *Ebel*, NStZ 2002, 404.

Während das „Aussetzen" (§ 221 a. F.) eine räumliche Trennung verlangte, ist **97** dieses Erfordernis im Hinblick auf das „Versetzen" (§ 221 n. F.) fraglich geworden. Ein Teil der Literatur hält daran fest, dass die Tathandlung ein Verbringen des Opfers an einen anderen Ort umschreibt.[151] Demgegenüber sehen die h. L. und der BGH (BGHSt 52, 153)[152] eine Veränderung des Aufenthaltsortes nicht mehr als erforderlich an, wenngleich es die regelmäßige und typische Erscheinungsform („verdeckter Regeltypus") des Delikts bleibe.[153] Dafür spricht – neben dem Gesetzeswortlaut – auch die damit einhergehende Harmonisierung beider Tatbestandsalternativen, weil für das „Imstichlassen" unstreitig keine Ortsveränderung verlangt wird (vgl. Rn. 99). Ein Versetzen in eine hilflose Lage kann demnach durch nötigende Einwirkung auf das Opfer oder hilfsbereite Dritte erfolgen, darüber hinaus durch Beseitigung sächlicher Hilfsmittel.

Das **Imstichlassen** in hilfloser Lage (§ 221 I Nr. 2) setzt zunächst eine Obhuts- **98** oder Beistandspflicht des Täters voraus. Diese bestimmt sich nach den Grundsätzen, die für eine Garantenstellung beim unechten Unterlassungsdelikt gelten,[154] doch ist für das echte Unterlassungsdelikt keine Strafmilderung gem. § 13 II möglich (BGHSt 57, 28).[155] Die Pflicht folgt etwa aus Gesetz, Gewährsübernahme oder pflichtwidrigem Vorverhalten (Ingerenz). Für die Annahme eines Obhutsverhältnisses ist allerdings Zurückhaltung geboten: Allein daraus, dass jemand einem anderen zu helfen versucht, ergibt sich noch keine Garantenpflicht. Diese entsteht erst, wenn der Helfer die Situation des Hilfsbedürftigen wesentlich verändert hat.[156] Es muss eine Verschlechterung der Lage eintreten, die sich im Gefährdungserfolg realisiert.

Beispiel

Nach einem gemeinsamen Zechgelage ist B stark angetrunken. A führt ihn hinaus, lehnt ihn an die Hauswand und kehrt in die Gaststätte zurück. B verliert den Halt und torkelt auf die Fahrbahn, wo er niederfällt und liegenbleibt. Die bloße „Zechgemeinschaft" zwischen A und B begründet noch keine Garantenstellung. Mit dem Hinausbegleiten hat A jedoch eine gesteigerte Obhutspflicht übernommen, so dass er kraft Gewährsübernahme zum Garanten für die Sicherheit des B geworden ist (vgl. BGHSt 26, 35/39).

---

[151]Vgl. *Hohmann/Sander,* § 5 Rn. 4; *Krey/Hellmann/Heinrich,* Rn. 130; *Nolte,* in: Bochumer Erläuterungen, S. 30; unentschlossen *Struensee,* in: Einführung, 2. Teil, Rn. 30 ff.

[152]M. Anm. *Hardtung,* JZ 2008, 953.

[153]Vgl. *Küper,* ZStW 111 (1999), 30, 40 ff.; *Otto,* § 10 Rn. 2; *Rengier,* § 10 Rn. 7 ff.; *Fischer,* § 221 Rn. 8; *Krey/Hellmann/Heinrich,* Rn. 130.

[154]BGHSt 25, 218/220; 26, 35/37; *Wessels/Hettinger,* Rn. 202.

[155]Diff. dazu *Jäger,* JA 2012, 154; *Krüger/Wengenroth,* NStZ 2013, 101; *Momsen,* StV 2013, 54.

[156]OLG Stuttgart NStZ 2009, 102 sowie bereits BGH NJW 1993, 2628 mit Anm. *Hoyer,* NStZ 1994, 85 und Bespr. *Mitsch,* JuS 1994, 555.

99 Der Begriff des Imstichlassens bringt zum Ausdruck, dass diese Ausführungsart nicht nur durch das räumliche Verlassen, sondern auch dadurch verwirklicht werden kann, dass der Beistandspflichtige sich der Hilfeleistung vorsätzlich entzieht, also untätig bleibt.[157] Ebenfalls erfasst wird die Nichtrückkehr des Garanten zum Hilfsbedürftigen, nachdem jener sich zunächst straflos entfernt hat.

> **Beispiel**
>
> Die alleinstehende Mutter M versorgt ihr Kleinkind K für eine Nacht und lässt es allein in der verschlossenen Wohnung zurück. Am nächsten Morgen beschließt sie, noch länger abwesend zu bleiben. Als sie einige Tage später zurückkehrt, ist K halb verhungert. Eine Aussetzung durch positives Tun liegt nicht vor; im Zeitpunkt des Verlassens fehlt es (noch) an der hilflosen Lage, zumindest am Gefährdungsvorsatz. Strafbar ist aber die nicht rechtzeitige Rückkehr zum gefährdeten Schützling (vgl. BGHSt 21, 44).

100 Infolge der Tathandlung („dadurch") muss die Gefahr des Todes oder einer schweren Gesundheitsschädigung entstehen. Dafür genügt auch die Intensivierung einer bereits vorhandenen Gefahr.[158] Der Begriff der *schweren Gesundheitsschädigung* umfasst zumindest die in § 226 genannten Folgen, geht aber darüber noch hinaus. Es reicht z. B. aus, dass das Opfer in eine ernste langwierige Krankheit verfällt oder seine Arbeitskraft erheblich beeinträchtigt wird.[159] Außerdem werden auch Schädigungen der inneren Organe (z. B. Niere, Lunge) erfasst (and. bei § 226, s. § 2 Rn. 22). Entscheidend ist eine dauernde Beeinträchtigung, die dem Gewicht des § 226 vergleichbar ist. Wegen des Merkmals der „Dauer" steht auch die schwere Gesundheitsschädigung in Exklusivität zum Tod, setzt also ein zumindest vorrübergehendes Weiterleben voraus. Darauf muss sich auch der (Gefährdungs-)Vorsatz erstrecken.

101 Die Begehungsweisen des Abs. 1 können gemeinsam vorliegen: Häufig wird zunächst ein Versetzen und sodann ein Imstichlassen gegeben sein, wobei sich die Obhutspflicht aus Ingerenz herleitet. In diesen Fällen tritt die Nr. 2 im Wege der Konsumtion hinter Nr. 1 zurück, weil das Verlassen des ausgesetzten Opfers eine typische Begleiterscheinung des vorherigen Verhaltens darstellt.[160] Zu beachten bleibt allerdings, dass die Aussetzung ein Vorsatzdelikt ist. Führt also der Täter die hilflose Lage anfangs nur fahrlässig herbei, z. B. durch einen Verkehrsunfall, kommt allein § 221 I Nr. 2 zur Anwendung.

---

[157]BT-Drucks. 13/8587, S. 34; *Küper/Zopfs,* Rn. 348; and. noch BGHSt 38, 78 zum Merkmal des „Verlassens" in § 221 a. F.

[158]OLG Zweibrücken NJW 1998, 841; *Jähnke,* in: LK, § 221 Rn. 9.

[159]So BT-Drucks. 13/8587, S. 28; weiter präzisierend *Schroth,* NJW 1998, 2861/2865.

[160]Vgl. *Hardtung,* in: MK, § 221 Rn. 48; *Jäger,* JuS 2000, 31/33; *Hacker/Lautner,* Jura 2006, 274/278 ff.; and. *Arzt/Weber/Heinrich/Hilgendorf,* § 36 Rn. 8.

2. Qualifizierungen

Die Strafdrohung erhöht sich, wenn der Täter die Tat gegen sein Kind oder eine **102** Person begeht, die ihm zur Erziehung oder zur Betreuung in der Lebensführung – z. B. Pflegeeltern – anvertraut ist (§ 221 II Nr. 1); eine Altersbegrenzung fehlt. Dieselbe Strafe tritt ein, wenn durch die Tat eine schwere Gesundheitsschädigung des Opfers verursacht wird (§ 221 II Nr. 2); hier realisiert sich also die im Grundtatbestand vorausgesetzte Gefahr.

Verursacht der Täter durch die Tat den Tod des Opfers und fällt ihm insoweit **103** wenigstens Fahrlässigkeit zur Last (§ 18), so greift die Strafschärfung des § 221 III ein. Die Qualifikation setzt voraus, dass sich in der schweren Folge gerade das dem Aussetzungstatbestand eigentümliche Risiko niedergeschlagen hat.[161] Dieses besteht darin, dass das Opfer in der hilflosen Lage unfähig ist, drohenden Lebensgefahren von sich aus zu begegnen. Von daher kommt als Anknüpfungspunkt nur das *vollendete* Grunddelikt in Betracht. Gegenüber § 222 ist § 221 III das speziellere Delikt. Handelt der Täter mit Tötungsvorsatz, dann tritt das Gefährdungsdelikt subsidiär hinter dem – vollendeten oder versuchten – Verletzungsdelikt zurück.[162]

> **Kontrollfragen**
> 1. Wonach unterscheiden sich die Tatmodalitäten des § 221 I? (Rn. 95)
> 2. Was versteht man unter einer hilflosen Lage? (Rn. 96)
> 3. Welche Anforderungen werden an das „Versetzen" und „Imstichlassen" gestellt? (Rn. 97, 99)
> 4. Woraus folgt die Obhutspflicht des § 221 I Nr. 2? (Rn. 98)

VIII. Schwangerschaftsabbruch

1. Reformgeschichte

In der ursprünglichen Fassung stellte § 218[163] ein Verbrechen dar. Später wurde der **104** Deliktscharakter nach „Fremdabtreibung" und „Selbstabtreibung" abgestuft. Durch das 1. StrRG 1969 ist der Schwangerschaftsabbruch insgesamt als Vergehen ausgestaltet worden. Ausnahmen von der Strafbarkeit waren nicht vorgesehen; lediglich die medizinische Indikation hatte die Rspr. als übergesetzlichen rechtfertigenden Notstand anerkannt (RGSt 61, 242).

---

[161] BGH NStZ 1983, 424; *Küpper*, Zusammenhang, S. 102 ff.

[162] BGHSt 4, 113; BGH NStZ-RR 1996, 131; s. auch BGH JR 1999, 294 mit Bespr. *Stein*, JR 1999, 265.

[163] Zum Ganzen *Otto*, Jura 1996, 135; *Roxin*, JA 1981, 542; *Satzger*, Jura 2008, 424 sowie in der Examensklausur *Hillenkamp*, JuS 2014, 924.

105   Die langwierigen Reformüberlegungen gingen durchweg dahin, in gewissen Fällen einen legalen Abbruch der Schwangerschaft zu ermöglichen. Mit der **Fristenlösung** (5. StrRG 1974) sollte die Abtreibung innerhalb der ersten zwölf Schwangerschaftswochen freigegeben werden. Sie wurde jedoch vom Bundesverfassungsgericht für nichtig erklärt (BVerfGE 39, 1): Das sich im Mutterleib entwickelnde Leben stehe als selbständiges Rechtsgut unter dem Schutz der Verfassung. Die Schutzpflicht gebiete dem Staat auch, sich schützend und fördernd vor dieses Leben zu stellen. Der Lebensschutz dürfe nicht für eine bestimmte Frist außer Kraft gesetzt werden.

106   Gemäß der daraufhin geschaffenen, zeitlich abgestuften **Indikationenregelung** (15. StÄG 1976) war der Schwangerschaftsabbruch durch einen Arzt nicht strafbar im Falle einer

medizinischen Indikation = Gefahr für das Leben oder Gefahr einer schwerwiegenden Beeinträchtigung des Gesundheitszustandes der Schwangeren;

embryopathischen Indikation = Annahme einer nicht behebbaren Schädigung des Kindes infolge einer Erbanlage oder schädlicher Einflüsse vor der Geburt;

kriminologischen Indikation = Beruhen der Schwangerschaft auf einer rechtswidrigen Tat nach den §§ 176 bis 179;

sozialen Indikation = Gefahr einer schwerwiegenden Notlage, die nicht auf eine andere für die Schwangere zumutbare Weise abgewendet werden kann.

107   Nach der Wiedervereinigung blieb auf dem Gebiet der ehemaligen DDR das dort vorhandene Fristenmodell weiterhin bestehen. Art. 31 IV des Einigungsvertrages verpflichtete den gesamtdeutschen Gesetzgeber, eine Regelung zu treffen, die den Schutz des vorgeburtlichen Lebens und die verfassungskonforme Bewältigung von Konfliktsituationen schwangerer Frauen besser als bisher gewährleistet. Durch das Schwangeren- und Familienhilfegesetz (SFHG 1992) wurde eine Fristenlösung mit Beratungspflicht eingeführt. Danach sollte der Schwangerschaftsabbruch *nicht rechtswidrig* sein, wenn die Schwangere sich vor dem Eingriff hat beraten lassen und seit der Empfängnis nicht mehr als zwölf Wochen vergangen sind. Auch diese Regelung ist vom Bundesverfassungsgericht verworfen worden (BVerfGE 88, 203): Der Schwangerschaftsabbruch müsse für die ganze Dauer der Schwangerschaft grundsätzlich als Unrecht angesehen und demgemäß rechtlich verboten sein. Schwangerschaftsabbrüche, die ohne Feststellung einer Indikation nach der Beratungsregelung vorgenommen werden, dürften nicht für gerechtfertigt erklärt werden. Sein Ziel könne der Gesetzgeber nur erreichen, indem er diese Sachverhalte aus dem Tatbestand des § 218 ausnimmt.[164]

108   Ihren Abschluss hat die Entwicklung mit dem Schwangeren- und Familienhilfeänderungsgesetz (SFHÄndG 1995) gefunden.[165] Gem. § 218a I ist der *Tatbestand* des § 218 *nicht verwirklicht*, wenn

---

[164]Zum „2. Abtreibungsurteil" des BVerfG s. *Geiger/v. Lampe,* Jura 1994, 20; *Gropp,* GA 1994, 147; *Hermes/Walther,* NJW 1993, 2337; *Schulz,* StV 1994, 38; *Starck,* JZ 1993, 816; *Weiß,* JR 1993, 449.

[165]Krit. dazu *Tröndle,* in: FS Otto (2007), S. 821.

- die Schwangere den Schwangerschaftsabbruch verlangt und nachgewiesen hat, dass sie sich mindestens drei Tage vor dem Eingriff hat beraten lassen,
- der Schwangerschaftsabbruch von einem Arzt vorgenommen wird und
- seit der Empfängnis nicht mehr als zwölf Wochen vergangen sind.
- Nicht rechtswidrig bleibt der Abbruch zur Abwendung einer Lebensgefahr oder der Gefahr einer schwerwiegenden Gesundheitsbeeinträchtigung der Schwangeren (§ 218a II); gleiches gilt für die kriminologische Indikation (§ 218a III).

2. Tatbestandsmäßigkeit

Geschütztes Rechtsgut ist das ungeborene Leben (BGHSt 28, 11/15). Der straf- **109** rechtliche Schutz beginnt gem. § 218 I 2 mit Abschluss der Einnistung (Nidation) des befruchteten Eies in der Gebärmutter. **Tatobjekt** ist die „Leibesfrucht", wenngleich das Gesetz diesen Begriff ausdrücklich nur an anderer Stelle (vgl. § 168) verwendet. Die frühere Fassung des § 218 lautete, dass eine Frau ihre Leibesfrucht abtötet oder die Abtötung durch einen anderen zulässt. Nach heutiger Formulierung besteht die **Tathandlung** im Abbrechen der Schwangerschaft, d. h. in jeder Einwirkung, die zum Absterben der Leibesfrucht führt. Mit deren Tod ist die Tat vollendet.

Der Eingriff muss vor dem Beginn der Geburt geschehen, während der Erfolg **110** später eintreten kann. Demgemäß ist § 218 auch dann gegeben, wenn die Frühgeburt eines lebenden Kindes herbeigeführt wird, das nach der Geburt stirbt, weil es noch nicht voll ausgetragen war (BGHSt 10, 5). Die *Vollendung* setzt nicht voraus, dass die Mutter die Abtreibung überlebt (BGHSt 1, 278). Somit kann die vorsätzliche Tötung einer Schwangeren zugleich nach § 218 strafbar sein (BGHSt 11, 15)[166] und soweit § 218 das handlungsleitende Motiv der Tötung gewesen ist, greift § 211 wegen Ermöglichungsabsicht (BGH NStZ-RR 2016, 109).[167] Der *Vorsatz* muss sich auf das Absterben der Leibesfrucht beziehen, wobei der genaue Ursachenverlauf dem Täter nicht bewusst zu sein braucht. Die fahrlässige Abtreibung hat der Gesetzgeber straflos gelassen. Der *Versuch* ist nur für Dritte strafbar (§ 218 IV 1). In Betracht kommt auch ein untauglicher Versuch am untauglichen Objekt (Nichtschwangere) oder mit untauglichen Mitteln.[168]

Die Strafe erhöht sich in besonders schweren Fällen (§ 218 II). Als Regelbei- **111** spiele nennt das Gesetz, dass der Täter gegen den Willen der Schwangeren handelt oder leichtfertig die Gefahr des Todes oder einer schweren Gesundheitsschädigung der Schwangeren verursacht. Daneben kommt ein besonders schwerer Fall der *Nötigung* in Betracht, wenn der Täter eine Schwangere zum Schwangerschaftsabbruch nötigt (§ 240 IV Nr. 2).

---

[166] BGH StraFo 2008, 174.
[167] And. aber BGH NStZ 2015, 693 m. zutr. abl. Anm. *Berster*.
[168] Insg. zur Problematik Versuch und Vollendung *Küper*, ZIS 2010, 197.

112   Die **Schwangere** wird in mehrfacher Hinsicht **privilegiert:**

- Die „Selbstabtreibung" ist mit geringerer Strafe belegt (§ 218 III).
- Sie wird nicht wegen Versuchs bestraft (§ 218 IV 2).
- Keine Strafbarkeit tritt ein bei der Verletzung von Feststellungspflichten (§ 218b I 3) oder sonstigen ärztlichen Pflichten (§ 218c II).

113   Die Schwangerschaft ist ein besonderes persönliches Merkmal, welches die Strafe mildert oder ausschließt (§ 28 II). Auf die Beteiligung der Schwangeren findet also stets § 218 III bzw. § 218 IV 2 Anwendung. Daraus folgt insb. für den Versuch: Während die Schwangere in allen Beteiligungsformen straflos bleibt, werden die anderen Beteiligten als Versuchstäter oder -teilnehmer bestraft.[169]

3. Erlaubter Schwangerschaftsabbruch

114   Der **Tatbestandsausschluss** des § 218a I setzt zunächst voraus, dass die Schwangere sich mindestens drei Tage vor dem Eingriff hat beraten lassen und dies durch eine Bescheinigung nachweist. Entsprechend den Vorgaben des Verfassungsgerichts dient die Beratung dem Schutz des ungeborenen Lebens und hat sich von dem Bemühen leiten zu lassen, die Frau zur Fortsetzung der Schwangerschaft zu ermutigen (§ 219 I). Der Abbruch muss von einem Arzt vorgenommen werden; dieser ist als Berater ausgeschlossen (§ 219 II 3). Schließlich dürfen seit der Empfängnis nicht mehr als zwölf Wochen vergangen sein.

115   Der mit Einwilligung der Schwangeren von einem Arzt vorgenommene Schwangerschaftsabbruch ist unter den Voraussetzungen des § 218a II **nicht rechtswidrig.** Insoweit folgt das Gesetz der schon bisher von der h. M. vertretenen „Rechtfertigungsthese" (vgl. BGHSt 38, 144/158). Eine Frist für die Durchführung des Abbruchs ist nicht vorgesehen.

116   § 218a II hat vor allem die *medizinische* Indikation zum Inhalt. Darüber hinaus umfasst er die – nicht eigenständig geregelte – *embryopathische* Indikation.[170] Dabei wird allerdings nicht mehr auf die befürchtete Fehlbildung oder Erkrankung des Embryos abgestellt, sondern auf die Zumutbarkeit für die Mutter. Rechtfertigend wirkt auch die *kriminologische* Indikation (§ 218a III). Einschränkend gilt hier eine Frist von zwölf Wochen seit der Empfängnis.

117   Niemand ist verpflichtet, an einem Schwangerschaftsabbruch mitzuwirken. Eine Ausnahme besteht nur dann, wenn die Mitwirkung notwendig ist, um von der Frau eine anders nicht abwendbare Gefahr des Todes oder einer schweren Gesundheitsschädigung abzuwenden (§ 12 SchKG).[171]

---

[169]Vgl. AG Albstadt MedR 1988, 261 mit Bespr. *Mitsch*, Jura 1989, 193; *Kühl*, in: Lackner/Kühl, § 218 Rn. 16.

[170]Dazu im Zusammenhang mit der Pränataldiagnostik *Hillenkamp*, in: FS Amelung (2009), S. 425.

[171]Zu dieser Regelung *Hillenkamp*, in: FS Schöch (2010), S. 511.

Problematisch ist die **Notwehr** gegen Schwangere. Die (tödliche) Verteidigung **118** gegen eine Schwangere ist zugleich ein Angriff auf das ungeborene Leben, von dem aber kein Angriff ausgeht. Wenn insofern § 34 als alleiniger Rechtfertigungsgrund in Betracht kommt greift, stößt bei fortgeschrittener Schwangerschaft selbst bei einer Verteidigung des Lebens die Wesentlichkeit des Überwiegens an ihre Grenzen.[172] Eine auf § 35[173] beschränkte Abwehr setzt den Verteidiger aber dann seinerseits dem Risiko des § 32 aus. Die Angreiferin wäre also normativ im Vorteil. Anders als bei einem menschlichen Schutzschild, fehlt dem werdenden Leben gerade noch die eigene Rechtspersönlichkeit und kann daher in der Auseinandersetzung zwischen Individualrechtsgütern als zur Sphäre der Angreiferin gehörig eingeordnet wird. Insofern besteht auch ein Unterschied zu dem alten Streit darum, ob die Zerstörung der für den Angreifer fremden Angriffsmittel von § 32 gedeckt ist, was nach h.M. nicht der Fall ist.[174] Besondere Beachtung findet bei dieser Lösung aber die Gebotenheit, die der Rechtfertigung indes weitaus später entgegensteht als es bei der Abwägung des § 34 der Fall ist.

4. Konkurrenzen

Im Verhältnis des § 218 zu einem **Tötungsdelikt** gilt: **119**

* Wird eine schwangere Frau getötet und kennt der Täter die Schwangerschaft oder rechnet damit, so besteht Tateinheit zwischen §§ 211 ff. und § 218 (BGHSt 11, 15).
* Wird infolge der Abtreibungshandlung ein lebendes Kind vorzeitig geboren und danach getötet, liegt versuchte Abtreibung in Tatmehrheit mit einem vollendeten Tötungsverbrechen vor (BGHSt 13, 21, sowie oben Rn. 5).

Das Verhältnis zur **Körperverletzung** stellt sich wie folgt dar: **120**

* Die §§ 223, 224 treten hinter § 218 zurück, da jede zur Abtötung der Leibesfrucht führende Handlung zugleich einen Eingriff in die körperliche Unversehrtheit der Schwangeren bedeutet (BGHSt 28, 11/13), jedoch soll zu § 224 I Nr. 5 Tateinheit bestehen (BGH NStZ 2008, 32).
* Mit §§ 226, 227 ist Tateinheit gegeben, weil sonst der Unrechtsgehalt dieser Verbrechen bei einer Verurteilung lediglich wegen Schwangerschaftsabbruchs nicht erschöpft wäre (BGHSt 28, 11/17).

---

[172]Diff. *Mitsch*, JR 2006, 450.

[173]Hierfür als einzig mögliche Lösung *Ladiges*, JR 2007, 104.

[174]Vgl. *Baumann/Weber/Mitsch/Eisele*, § 15 Rn. 32 ff.

5. Exkurs: Das frühe werdende Leben

121 Ohne Schwangerschaft, kein Schwangerschaftsabbruch (§ 218 Abs. 1 S. 2). Mithin waren Einwirkungen auf das werdende Leben vor der Nidation straffrei. Die moderne Medizin- und Gentechnik hat aber die Abtötung um neue Eingriffsmöglichkeiten erweitert.[175] Hierauf haben der Gesetzgeber und die wissenschaftliche Diskussion reagiert. Im Zentrum stehen die Präimplantationsdiagnostik[176] und die Stammzellenforschung. Das ethisch geprägte Meinungsbild ist unübersichtlich und erscheint nicht gänzlich widerspruchsfrei.[177]

Kontrollfragen
1. Welche Indikationen zum Schwangerschaftsabbruch gab und gibt es? (Rn. 106, 116)
2. Wie wirkt sich strafrechtlich der Unterschied zwischen „Fremdabtreibung" und „Selbstabtreibung" aus? (Rn. 111, 112)
3. Wann ist der Schwangerschaftsabbruch nicht tatbestandsmäßig und wann nicht rechtswidrig? (Rn. 114, 115)
4. Welche Konkurrenzverhältnisse können zwischen § 218 und einem Tötungs- oder Körperverletzungsdelikt bestehen? (Rn. 119, 120)

IX. Geschäftsmäßige Förderung der Selbsttötung

122 Die neu geschaffene Strafbarkeit der geschäftsmäßigen Förderung der Selbsttötung[178] ist mit Blick auf das Rechtsgut klärungsbedürftig, da dem Schutz der gesellschaftlichen Achtung des Lebens, hier in Gestalt der Verhinderung gesellschaftlich etablierten oder gar gebotenen Suizids, ein paternalistischer Eingriff in die Autonomie des Suizids gegenübersteht. Das eröffnet die Frage, ob die Norm verfassungskonform ist (Ablehnung einstweiliger Anordnung: BVerfG NJW 2016, 558).[179] Der

---

[175]Zum Ganzen *Duttge*, ZStW 125 (2013), 647; *Frommel*, in: FS Hassemer (2010), S. 831; *Günther*, in: FS Krey (2010), S. 105; *Joerden*, ZStW 120 (2008), 11; *Lilie*, in: FS Küper (2007), S. 305; *Sowada*, GA 2011, 389.

[176]Einführend *Kubiciel*, NStZ 2013, 382.

[177]S. pointiert *Fischer*, Vor §§ 211 ff. Rn. 10.

[178]Zum Ganzen statt aller *Berghäuser*, ZStW 2016 (128), 741; *Duttge*, NJW 2016, 120; *Eidam*, medstra 2016, 17; *Engländer*, in: FS Schünemann (2014), S. 583; *Gaede*, JuS 2016, 385; *Grünewald*, JZ 2016, 938; *Hilgendorf*, JZ 2014, 545; *Roxin*, NStZ 2016, 185; *Schöch*, in: FS Kühl (2014), S. 585; *Verrel*, in: FS Paeffgen (2015), S. 331; *Weigend/Hoven*, ZIS 2016, 681 ff.

[179]M. Bespr. *Weißer*, ZJS 2016, 525. Für Verfassungswidrigkeit *Eidam*, medstra 2016, 17; *Gaede*, JuS 2016, 385; *Oglakcioglu*, in: BeckOK StGB, § 217 Rn. 12a; sowie tendenziell *Roxin*, NStZ 2016, 185.

geringe Strafrahmen sowie die Ausschöpfung der Möglichkeiten einer restriktiven Auslegung, lassen die Norm mit Blick darauf verfassungskonform erscheinen, als das Ziel der Vermeidung eines sozialen Drucks zum Suizid neben dem Wert des menschlichen Lebens an sich letztlich auch die Autonomie des einzelnen schützt. Es ist legitim anzustreben, dass sich in unserer Gesellschaft niemand aus Rücksicht auf andere Menschen oder gar aus Kostengründen dazu entschließt, seinem Leben ein Ende zu setzen.[180] Die Beurteilung, dass andere Regulierungsmechanismen als das Strafrecht vorzugswürdig gewesen wären,[181] ist bei dieser verfassungsrechtlichen Beurteilung ohne Belang.

Die Norm richtet sich gegen Sterbehilfeorganisationen, die nicht auf Gewinnerzielung angelegt sein wollen. Daher heißt es „geschäftsmäßig" und nicht „gewerbsmäßig". Mithin kommt es auf einen gewissen Grad an organisierter, planmäßiger Tätigkeit an, die auf eine Vielzahl von Förderungen gerichtet ist. Hierzu müssen sich nähere Konturen erst noch entwickeln. Umstritten ist, ob (behandelnde) Ärzte mit dem Argument zu schützen sind,[182] dass nicht ihre Haupttätigkeit in der Förderung von Suiziden bestehe.[183] Die Lösung liegt m.E. im subjektiven Tatbestand. Ebenfalls näherer Differenzierung bedürfen die vom Gesetz unter Strafe gestellten drei Handlungsweisen.[184]   **123**

Mit Blick auf den eng gesteckten, verfassungskonformen Schutzzweck bietet sich eine restriktive Auslegung des subjektiven Tatbestandes an. Wenn sich die vom Gesetz geforderte Absicht auch auf die „geschäftsmäßige" Gelegenheit bezieht, was der Wortlaut gestattet, dann wird der Tatbestand auf all jene beschränkt, denen es bei ihren organisatorischen Vorkehrungen gerade um die Förderung der Selbsttötung geht.[185] Das ist bei Ärzten und Hospizen typischerweise nicht der Fall, sehr viel eher aber bei Sterbehilfeorganisationen.   **124**

Die Tathandlungen schließen den Suizidenten zwar als Täter aus. Eine straflose Teilnahme sieht § 217 II für den Suizidenten aber ausgerechnet nicht vor. Verfassungsrechtlich und vor dem Hintergrund der Teilnahmedogmatik ist dieses Schweigen des § 217 II in einem Erst-recht-Schluss klarzustellen: Der Suizident ist ungleich mehr betroffen als sein Angehöriger und daher hinsichtlich § 217 erst recht völlig straflos.[186]   **125**

---

[180]Im Ergebnis auch *Kubiciel*, ZIS 2016, 396; *Roxin*, NStZ 2016, 185; *Magnus*, medstra 2016, 210/212 f.

[181]S. insb. *Roxin*, NStZ 2016, 185.

[182]Zur Dringlichkeit der Zulässigkeit ärztlicher Suizidhilfe *Roxin*, NStZ 2016, 185/189 f. sowie *Duttge*, NJW 2016, 120; *Hillenkamp*, in: FS Kühl (2014), S. 521.

[183]Dazu *Oglakcioglu*, in: BeckOK StGB, § 217 Rn. 24 ff. sowie *Gaede*, JuS 2016, 385/389 f.

[184]Instruktiv *Gaede*, JuS 2016, 385/388 f.

[185]Anders *Gaede*, JuS 2016, 385/390 f.

[186]BVerfG NJW 2016, 558.

Literatur

Achenbach, Beteiligung am Suizid und Sterbehilfe – Strukturen eines unübersichtlichen Problemfeldes, Jura 2002, 542

Albrecht, Das Dilemma der Leitprinzipien auf der Tatbestandsseite des Mordparagraphen, JZ 1982, 697

Alternativentwurf-Leben (AE-Leben), GA 2008, 193

AnwaltKommentar StGB, hrsg. *Leipold/Tsambikakis/Zöller*, 2. Auflage 2015

Arzt, „Gekreuzte" Mordmerkmale?, Zur Tragweite des § 50 II StGB, JZ 1973, 681

Arzt/Weber/Heinrich/Hilgendorf, Strafrecht, Besonderer Teil, 3. Auflage 2015

Bachmann/Goeck, Anm. zu BGH, Beschl. v. 7.7.2009 – 3 StR 204/09 – Tötung mit gemeingefährlichen Mitteln durch Unterlassen, NStZ 2010, 510

M. Bartsch, Sterbehilfe und Strafrecht – eine Bestandsaufnahme, in: FS Achenbach (2011), S. 13

T. Bartsch, Zur Folgerung von niedrigen Beweggründen aus einer besonders brutalen Tatausführung, Zugleich Anmerkung zu BGH(St), Urt. v. 22.10.2014 – 5 StR 380/14, StV 2015, 691, StV 2015, 718

Baumann/Weber/Mitsch/Eisele, Strafrecht, Allgemeiner Teil, 12. Auflage 2016

Bechtel, Selbsttötung, Fremdtötung, Tötung auf Verlangen, Eine Abgrenzungsfrage von herausragender Bedeutung, JuS 2016, 882

Beck, Kurzfälle aus dem Medizinstrafrecht – Teil 2, ZJS 2013, 156

Beck'scher Online Kommentar StGB, hrsg. v. *v. Heintschel-Heinegg*, 32. Edition (Stand: 01.09.2016)

Berghäuser, Der „Laien-Suizid" gemäß § 217 StGB – Eine kritische Betrachtung des Verbots einer geschäftsmäßigen Förderung der Selbsttötung, ZStW 2016 (128), 741

Bernsmann, Zur Konkurrenz von „privilegierten" (§§ 213, 216, 217) und „qualifizierten" (§ 211) Tötungsdelikten, JZ 1983, 45

Bernsmann, Der Umgang mit irreversibel bewußtlosen Personen und das Strafrecht, ZRP 1996, 87

Bernsmann/Zieschang, Zur strafrechtlichen Haftung des Verursachers einer Gefahrenlage für Schäden eines Retters - BGHSt 39, 322, JuS 1995, 775

Berster, Anm. zu BGH, Urt. v. 3.6.2015 – 2 StR 422/14 – § 218 StGB und Ermöglichungsabsicht bei Mord, NStZ 2015, 694

Beulke, Anm. zu BGH, Urt. v. 25.7.1989 – 1 StR 479/88 – BGHSt 36, 231, Mord und Totschlag in Mittäterschaft, NStZ 1990, 278

Beulke/Schröder, Anm. zu BGH, Beschl. v. 25.09.1990 – 4 StR 359/90 – BGHSt 37, 179, Abgabe von Rauschgift und bewußte Selbstgefährdung, NStZ 1991, 393

Beulke, Opferautonomie im Strafrecht, Zum Einfluss der Einwilligung auf die Beurteilung der einverständlichen Fremdgefährdung, in: FS Otto (2007), S. 207

Bosch, Niedrige Beweggründe, Jura 2015, 803

Bosch/Schindler, Ausnutzen der Wehrlosigkeit des Opfers zur Verdeckung einer peinlichen Situation - Heimtücke, Verdeckungsabsicht oder niedriger Beweggrund?, Jura 2000, 77

Böse, Anm. zu OLG Braunschweig, Beschl. v. 20.03.2013 – Ws 49/13 – Versuchter Totschlag durch Falschangaben gegenüber Transplantationsvermittlungsstellen, ZJS 2014, 117

Bottke, Suizid und Strafrecht, 1982

Brammsen, Tun oder Unterlassen?, Die Bestimmung der strafrechtlichen Verhaltensformen, GA 2002, 193

Brandts, Strafrecht BT – Zum Mordmerkmal des Tötens "mit gemeingefährlichen Mitteln", JA 1985, 491

Brandts/Schlehofer, Die täuschungsbedingte Selbsttötung im Lichte der Einwilligungslehre, JZ 1987, 442

Braun, Klausur Strafrecht: „Die manipulierte Spende", JA 2015, 753

Brocker, Das Tatbestandsmerkmal der Verdeckungsabsicht, MDR 1996, 228

Brunhöber, Sterbehilfe aus strafrechtlicher und rechtsphilosophischer Sicht, JuS 2011, 401

Bruns, Anm. zu BVerfG, Beschl. v. 24.4.1978 – 1 BvR 425/7 – Kein Verstoß gegen Bestimmtheitsgebot in § 212 Abs. 2 StGB, JR 1979, 28

Bruns, Richterliche Rechtsfortbildung oder unzulässige Gesetzesänderung der Strafdrohung für Mord?, JR 1981, 358

Bülte, Anm. zur Entscheidung des OLG Braunschweig vom 20.03.2013, Ws 49/13 – Zur Manipulation der Zuteilungsreihenfolge im Rahmen der Organspende, StV 2013, 753

Bundesärztekammer, Grundsätze der Bundesärztekammer zur ärztlichen Sterbebegleitung, DÄBl 2004, A–1298

Charalambakis, Selbsttötung aufgrund Irrtums und mittelbare Täterschaft, GA 1986, 485

Coeppicus, Offene Fragen zum „Patientenverfügungsgesetz", NJW 2011, 2085

Czerner, Das Abstellen des Respirators an der Schnittstelle zwischen Tun und Unterlassen bei der Sterbehilfe, JR 2005, 94

Dannecker/A. F. Streng, Neuregelungen des Transplantationsrechts durch den Gesetzgeber und die Bundesärztekammer, in: FS Schiller (2014), S. 127

v. Danwitz, Die Tötung eines Menschen mit gemeingefährlichen Mitteln, Jura 1997, 569

Deckers/Fischer/König/Bernsmann, Zur Reform der Tötungsdelikte Mord und Totschlag – Überblick und eigener Vorschlag, NStZ 2014, 9

Dencker/Struensee/Nelles/Stein, Einführung in das 6. Strafrechtsreformgesetz 1998, Examensrelevante Änderungen im Besonderen Teil des Strafrechts, 1998

Derksen, Strafrechtliche Verantwortung für fremde Selbstgefährdung, NJW 1995, 240

Deutsch, Das Transplantationsgesetz vom 5. 11. 1997, NJW 1998, 777

Dölling, Fahrlässige Tötung bei Selbstgefährdung des Opfers, GA 1984, 86

Dölling, Suizid und unterlassene Hilfeleistung, NJW 1986, 1011

Dölling, Zulässigkeit und Grenzen der Sterbehilfe, MedR 1987, 10

Dölling, Anm. zu BGH, Urt. v. 15.11.1996 – 3 StR 79/96 –, BGHSt 42, 301 – Zum Strafrahmen bei Mord aus Habgier und zur Zulässigkeit einer indirekten Sterbehilfe, JR 1998, 160

Dölling, Zur Strafbarkeit der Mitwirkung am Suizid, in: FS Maiwald (2010), S. 119

Dölling, Zur Strafbarkeit wegen fahrlässiger Tötung bei einverständlicher Fremdgefährdung, in: FS Geppert (2011), S. 53

Dölling, Zur gesetzlichen Regelung der Patientenverfügung, in: FS Puppe (2011), S. 1365

Drees, Anm. zu BGH, Urt. v. 6.4.2016 – 5 StR 504/15 – Rechtsfolgenlösung beim Mord, NStZ 2016, 471

Dreier, Grenzen des Tötungsverbotes, JZ 2007, 261 u. 317

Duttge, Anm. zu BGH, Urt. v. 7.2.2001 – 5 StR 474/00 – BGHSt 46, 279, Überlassen eines Betäubungsmittels zum freien Suizid an einen unheilbar Schwerstkranken, NStZ 2001, 546

Duttge, Erfolgszurechnung und Opferverhalten,– Zum Anwendungsbereich der einverständlichen Fremdgefährdung –, in: FS Otto (2007), S. 227

Duttge, Anm. zu BGH, Urt. v. 20.11.2008 – 4 StR 328/08 – Fahrlässige Tötung bei illegalem Autorennen, NStZ 2009, 690

Duttge, Anm. zu BGH, Urt. v. 25.6.2010 – 2 StR 454/09 – Zulässigkeit der Sterbehilfe durch Behandlungsabbruch, MedR 2011, 36

Duttge, Wider den prinzipienvergessenen Zeitgeist bei der rechtsethischen Beurteilung der Präimolantationsdiagnostik, ZStW 125 (2013), 647

Duttge, Der assistierte Suizid: Ein Dilemma nicht nur der Ärzteschaft, Ein kritischer Kommentar zu den „Reflexionen" der Deutschen Gesellschaft für Palliativmedizin (DGP), MedR 2014, 621

Duttge, Strafrechtlich reguliertes Sterben, Der neue Straftatbestand einer geschäftsmäßigen Förderung der Selbsttötung, NJW 2016, 120

Ebel, Die „hilflose Lage" im Straftatbestand der Aussetzung, NStZ 2002, 404

Eidam, Nun wird es also Realität: § 217 StGB n.F. und das Verbot der geschäftsmäßigen Förderung der Selbsttötung, medstra 2016, 17

Eisele, Freiverantwortliches Opferverhalten und Selbstgefährdung, JuS 2012, 577

Eisele, Objektive Zurechnung bei illegalen Straßenrennen, in: FS Kühl (2014), S. 159 *Eisele*, Strafrecht BT: Abgrenzung von Fremd- und Selbsttötung, JuS 2016, 947

Edlbauer, Der Stich ins Herz, JA 2008, 725

Engisch, Die Strafwürdigkeit der Unfruchtbarmachung mit Einwilligung, in: FS H. Mayer (1966), S. 399

Engländer, Anm. zu OLG Nürnberg, Beschl. v. 18.09.2002 – Ws 867/02 – Abgrenzung der fahrlässigen Tötung von einem fahrlässigen Beitrag zum Selbstmord, JZ 2003, 747

Engländer, Die Teilnahme an Mord und Totschlag, JA 2004, 410

Engländer, Selbsttötung in mittelbarer Täterschaft, Jura 2004, 234

Engländer, Die Teilnahme an der Tötung auf Verlangen, Zugleich eine Kritik der Rspr. zur Systematik der Tötungsdelikte, in: FS Krey (2010), S. 71

Engländer, Von der passiven Sterbehilfe zum Behandlungsabbruch, Zur Revision der Sterbehilfedogmatik durch den 2. Strafsenat des BGH, JZ 2011, 513

Engländer, Strafbarkeit der Suizidbeteiligung, Schließung einer Schutzlücke oder kriminalpolitischer Irrweg?, in: FS Schünemann (2014), S. 583

Eser, Gutachten für den 53. DJT (1980), S. 160

Eser, Sterbewille und ärztliche Verantwortung, MedR 1985, 6

Eser, Neue Impulse zur Reform der Tötungsdelikte: ein kritischer Vergleich, in: FS Kargl (2015), S. 91

Eser, Reform der Tötungsdelikte: zum Abschlussbericht der amtlichen Expertengruppe, in: GedS Heine (2016), S. 69

Fabricius, Anm. zu BGH, Urt. v. 12.1.1994 – 3 StR 633/93 – Mordmerkmal Mordlust, StV 1995, 637

Fahl, Das Ende der Hemmschwellentheorie – Ein Nachruf, JuS 2013, 499

Fischer, Die "Begleiterscheinung" beim Ermöglichungs- und Verdeckungsmord – Zugleich Besprechung von BGH, Beschluß vom 13. 9. 1995-3 StR 360/95 (NStZ 1996, 81) – und Urt. v. 23.11.1995-1 StR 475/95 (NStZ 1996, 189), NStZ 1996, 416

Fischer, Direkte Sterbehilfe – Anmerkungen zur Privatisierung des Lebensschutzes, in: FS Roxin II (2011), S. 557

Fischer, Bewerten, Beweisen Verurteilen, Antwort auf *Puppes* Polemik über die „Methoden der Rechtsfindung des BGH" (ZIS 2014, 66), ZIS 2014, 97

Fischer, Strafgesetzbuch mit Nebengesetzen, Kommentar, 64. Auflage 2017

Freund, Kein Verdeckungsmord ohne zeitliche Zäsur bei versuchter Tötung als Vortat? - BGH, NStZ 2002, 253, JuS 2002, 640

Frommel, Der Streit um die Auslegung des Embryonenschutzgesetzes, in: FS Hassemer (2010), S. 831

Fünfsinn, Anm. zu BGH, Urt. v. 27.6.1984 – 3 StR 144/84 – Tötung durch Überlassen von Heroin, StV 1985, 57

Gaede, Durchbruch ohne Dammbruch – Rechtssichere Neuvermessung der Grenzen strafloser Sterbehilfe, NJW 2010, 2925

Gaede, Die Strafbarkeit der geschäftsmäßigen Förderung des Suizids - § 217 StGB, JuS 2016, 385

Gallas, Strafbares Unterlassen im Fall einer Selbsttötung, JZ 1960, 686

Geiger/v. Lampe, Das zweite Urteil des Bundesverfassungsgerichts zum Schwangerschaftsabbruch, Ein Schritt vorwärts, zwei Schritte zurück, Jura 1994, 20

Geilen, Euthanasie und Selbstbestimmung, juristische Betrachtungen zum "Recht auf den eigenen Tod", 1975

Geilen, Examensklausur Strafrecht, Jura 1979, 201

Geilen, Zur Entwicklung und Reform der Tötungsdelikte, Bemerkungen zum Stand der Diskussion, JR 1980, 309

Geilen, Bedingter Tötungsvorsatz bei beabsichtigter Ermöglichung und Verdeckung einer Straftat (§ 211 StGB)?, in: FS Lackner (1987), S. 571

Geilen, Mitleid von (und mit) „Todesengeln". Zur Strafbarkeit der eigenmächtigen Euthanasie, in: FS Spendel (1992), S. 519.

Geppert, Der Begriff der „Verdeckungsabsicht" in § 211 StGB, Jura 2004, 242

Geppert, Zum Begriff der „heimtückischen" Tötung in § 211 StGB, vornehmlich an Hand neuerer höchstrichterlicher Rechtsprechung, Jura 2007, 270

Geppert/Schneider, Mordmerkmale und Akzessorietät der Teilnahme (§ 28 StGB), Jura 1986, 106

Gierhake, Zum „ernstlichen Tötungsverlangen" i.S. des § 216 Abs. 1 StGB und zum Irrtum über dessen Vorliegen gemäß § 16 Abs. 2 StGB, Zugleich Überlegungen zum Strafgrund der Tötung auf Verlangen, GA 2012, 291

Gössel/Dölling, Strafrecht Besonderer Teil 1, Straftaten gegen Persönlichkeits- und Gemeinschaftswerte, 2. Auflage 2004

Graul, Anm. zu BGH, Urt. v. 9.3.1993 – 1 StR 870/92 –, BGHSt 39, 159, Tötung zur Ermöglichung einer anderen Straftat, JR 1993, 510

Gropp, Suizidbeteiligung und Sterbehilfe in der Rechtsprechung, NStZ 1985, 97

Gropp, Das zweite Urteil des Bundesverfassungsgerichts zur Reform der §§ 218ff - ein Schritt zurück?, GA 1994, 147

Gropp, Der Embryo als Mensch - Überlegungen zum pränatalen Schutz des Lebens und der körperlichen Unversehrtheit, GA 2000, 1

Gropp, Mord und Totschlag – BGH-Rechtsprechung vor einem Wandel?, in: FS Seebode (2008), S. 125

Grotendiek/Göbel, Zur Vorwerfbarkeit der Mordlust als niedrigem Beweggrund, NStZ 2003, 118

Grünewald, Verdeckungsmord durch Unterlassen, GA 2005, 502

Grünewald, Zur Strafbarkeit eines Mordes durch Unterlassen - erläutert an den so genannten tatbezogenen Mordmerkmalen der 2. Gruppe, Jura 2005, 519

Grünewald, Tötungen aus Gründen der Ehre, NStZ 2010, 1

Grünewald, Zur Abgrenzung von Mord und Totschlag – oder: Die vergessene Reform, JA 2012, 401

Grünewald, Zur Strafbarkeit der geschäftsmäßigen Förderung der Selbsttötung, JZ 2016, 938

Günther, Lebenslang für "heimtückischen Mord"? - Das Mordmerkmal "Heimtücke" nach dem Beschluß des Großen Senats für Strafsachen, NJW 1982, 353

Günther, Offene Fragen des Embryonenschutzgesetzes, in: FS Krey (2010), S. 105

Haas, Zur Erfüllung des Mordmerkmals der Verdeckungsabsicht durch Unterlassen, in: FS Weber (2004), S. 235 ff.

Haas, Strafbarkeit wegen (versuchten) Totschlags durch Manipulation von Patientendaten im Bereich der Leberallokation?, Zum Urteil des Landgerichts Göttingen vom 6. Mai 2015 (6 Ks 4/13), HRRS 2016, 384

Haas, Zur Notwendigkeit einer Reform der Tötungsdelikte. Zugleich eine kritische Würdigung des Abschlussberichts der Expertengruppe, ZStW 128 (2016), 316

Hacker/Lautner, Der Grundtatbestand der Aussetzung (§ 221 Abs. 1 StGB), Jura 2006, 274

Hardtung, Anm. zu BGH, Urt. v. 11.4.2000 – 1 StR 638/99 – Fahrlässige Tötung durch Abgabe von Heroin, NStZ 2001, 206

Hardtung, Anm. zu BGH, Urt. v. 5.3.2008 – 2 StR 626/07 – BGHSt 52, 153, Aussetzung ohne Ortsveränderung, JZ 2008, 953

Hassemer, Anm. zu BGH, Beschl. v. 2.8.1983 – 5 StR 503/83 – Subsidiarität der Rechtsfolgenlösung bei Heimtückemord unter "außergewöhnlichen Umständen", JZ 1983, 967

Hauf, Rechtsprechung Klassiker, Heimtückemord - Türkischer Onkel-Fall, JA 1996, 546

Hecker/ Witteck, Fahrlässige Tötung oder straflose Mitwirkung am Selbstmord bei Vornahme einer vom Suizidenten gesteuerten Tötungshandlung?, JuS 2005, 397

Hecker, Strafrecht AT: Totschlag durch Unterlassen, JuS 2012, 755

Heger, Die Aussetzung als strafrechtsdogmatischer Mikrokosmos, ZStW 119 (2007), 593

Heinitz, Teilnahme und unterlassene Hilfeleistung beim Selbstmord, JR 1954, 403

Helgerth, Anm. zu BGH, Urt. v. 13.9.1994 – 1 StR 357/94 –, BGHSt 40, 257 – Sterbehilfe durch Behandlungsabbruch, JR 1995, 338

Helmers, Zum Mordmerkmal der niedrigen Beweggründe (§ 211 Abs. 2 StGB), Der Maßstab der Bewertung; zugleich ein Vorschlag zur geplanten Reform des Mordtatbestands, HRRS 2016, 90

Hellmann, Strafrecht: Ein Unfall mit unglücklichen Folgen, JuS 1990, L 61

Hermanns/Hülsmann, Die Feststellung des Vorsatzes bei Tötungsdelikten, JA 2002, 140

Hermes/Walther, Schwangerschaftsabbruch zwischen Recht und Unrecht, Das zweite Abtreibungsurteil des BVerfG und seine Folgen, NJW 1993, 2337

Herzberg, Die Quasi-Mittäterschaft bei § 216 StGB - Straftat oder straffreie Suizidbeteiligung? - BGH, NJW 1987, 1092, JuS 1988, 771

Herzberg, Straffreies Töten bei Eigenverantwortlichkeit des Opfers?, NStZ 1989, 559

Herzberg, Sterbehilfe als gerechtfertigte Tötung im Notstand?, NJW 1996, 3043

Herzberg, Vorsätzliche und fahrlässige Tötung bei ernstlichem Sterbebegehren des Opfers, NStZ 2004, 1

Herzberg, Entlastung des Täters durch freiverantwortliche Selbstgefährdung des Opfers?, in: FS Puppe (2011), S. 497

Herzberg/Herzberg, Der Beginn des Menschseins im Strafrecht - Die Vollendung der Geburt, JZ 2001, 1106

Heyers, Vormundschaftsgerichtlich genehmigte Sterbehilfe - BGH, NJW 2003, 1588, JuS 2004, 100

Hilgendorf, Die Autonomie von Notfallpatienten: Überblick und Forschungsdesiderata, in: FS Kühl (2014), S. 509

Hilgendorf, Zur Strafwürdigkeit organisierter Sterbehilfe, JZ 2014, 545

Hillenkamp, Schwangerschaftsabbruch nach Pränataldiagnostik, in: FS Amelung (2009), S. 425

Hillenkamp, Zum Mitwirkungsverweigerungsrecht beim Schwangerschaftsabbruch, in: FS Schöch (2010), S. 511

Hillenkamp, Ärztliche Hilfe beim Suizid – ver- oder geboten?, in: FS Kühl (2014), S. 521

Hillenkamp, (Original-)Referendarexamensklausur – Strafrecht: Ein Schwangerschaftsabbruch mit Folgen, JuS 2014, 924

Hinderer/Brutscher, Der Tod war schneller, JA 2011, 907

Hinz, Mord bei einverständlicher Tötung in sexueller Motivation?, JR 2016, 576

Hirsch, Einwilligung und Selbstbestimmung, in: FS Welzel (1974), S. 775

Hirsch, Anm. zu BGH, Urteil vom 18. Juli 1978 – 1 StR 209/78 – Zur Strafbarkeit der Beihilfe zur Selbsttötung, JR 1979, 429

Hirsch, Anm. zu BGH, Urt. v. 7.12.1983 – 1 StR 665/83 –, BGHSt 32, 194 – Abgrenzung zwischen fahrlässiger Abtreibung und fahrlässiger Tötung, JR 1985, 336

Hirsch, Behandlungsabbruch und Sterbehilfe, in: FS Lackner (1987), S. 597

Hirsch, Zum Spannungsverhältnis von Theorie und Praxis im Strafrecht, in: FS Tröndle (1989), S. 19

Hirsch, Die Grenze zwischen Schwangerschaftsabbruch und allgemeinen Tötungsdelikten nach der Streichung des Privilegierungstatbestands der Kindestötung (§ 217 StGB a.F.), in: FS Eser (2005), S. 309

Hohmann/König, Zur Begründung der strafrechtlichen Verantwortlichkeit in den Fällen der aktiven Suizidteilnahme, NStZ 1989, 304

Hohmann/Matt, Zum Mordmerkmal der "Verdeckung einer anderen Straftat" - zugleich eine Besprechung von BGHSt 35, 116, JA 1989, 134

Hohmann/Sander, Strafrecht, Besonderer Teil II, Delikte gegen die Person und die Allgemeinheit, 2. Auflage 2011

Horn, Anm. zu BGH, Urt. v. 14.2.1984 – 1 StR 808/83 – BGHSt 32, 262, Teilnahme an eigenverantwortlicher Selbstgefährdung, JR 1984, 513

Horn, Anm. zu BGH, Urt. v. 13.2.1985 – 3 StR 525/84 – Töten "mit gemeingefährlichen Mitteln", JR 1986, 32

Hörnle, Zur Relevanz von Beweggründen für die Bewertung von Tötungsdelikten – am Beispiel sog. „Ehrenmorde", in: FS Frisch (2013), S. 653

Hoyer, Anm. zu BGH, Urt. v. 22.6.1993 – 1 StR 264/93 – Aussetzung durch Abbruch der Hilfeleistung, NStZ 1994, 85

Jäger, Die Delikte gegen Leben und körperliche Unversehrtheit nach dem 6 Strafrechtsreformgesetz - Ein Leitfaden für Studium und Praxis, JuS 2000, 31

Jäger, Anm. zu BGH, Urt. v. 12.1.2005 – 2 StR 229/04 – Vorsatzfrage bei Anstiftung zum Mord, JR 2005, 477

Jäger, Die Patientenverfügung als Rechtsinstitut zwischen Autonomie und Fürsorge, in: FS Küper (2007), S. 209

Jäger, Zwei auf einen Streich, Jura 2009, 53

Jäger, Einfach hängen gelassen, JA 2012, 154

Jäger, Der Kannibale aus dem Erzgebirge, JA 2016, 629

Jahn, Strafrecht: Hemmschwellentheorie, JuS 2012, 757

Jescheck/Weigend, Lehrbuch des Strafrechts, Allgemeiner Teil, 5. Auflage 1996

Joerden, Beginn und Ende des Lebensschutzes, ZStW 120 (2008), 11

Joerden, Die neue Rechtsprechung des Bundesgerichtshofes zur Sterbehilfe und der Knobe-Effekt, in: FS Roxin II (2011), S. 593

Jung, Anm. zu OLG Karlsruhe, Beschl. v. 25.04.1984 – 1 Ws 261/83 – Strafbarkeit bei geburtshilflichen Versäumnissen, NStZ 1985, 316

Kahlo, Sterbehilfe und Menschenwürde, in: FS Frisch (2013), S. 711

Kaltenhäuser, Die Bedeutung der strafrechtlichen Fiktion der Menschwerdung für die Fallbearbeitung, JuS 2015, 785

Kargl, Zur kognitiven Differenz zwischen Tun und Unterlassen, GA 1999, 459

Kargl, Gesetz, Dogmatik und Reform des Mordes (§ 211 StGB), StraFo 2001, 365

Kargl, Zum Grundtatbestand der Tötungsdelikte, JZ 2003, 1141

Kargl, Heimtücke und Putativnotstand bei Tötung eines schlafenden Familientyrannen, Jura 2004, 189

Kaspar, Das Mordmerkmal der Heimtücke, JA 2007, 699

Kaspar/Broichmann, Grundprobleme der Tötungsdelikte, ZJS 2013, 249 u. 346

Kett-Straub, Die Tücken der Heimtücke in der Klausur, JuS 2007, 515

Kienapfel, Anm. zu BGH, Urt. v. 14.2.1984 – 1 StR 808/83 – BGHSt 32, 262, Teilnahme an eigenverantwortlicher Selbstgefährdung, JZ 1984, 751

Köhne, Die Mordmerkmale „Mordlust" und „zur Befriedigung des Geschlechtstriebs", Jura 2008, 100

Köhne, Die Mordmerkmale „Habgier" und „sonst aus niedrigen Beweggründen", Jura 2008, 805

Köhne, Die Mordmerkmale „grausam" und „mit gemeingefährlichen Mitteln", Jura 2009, 265

Köhne, Das Mordmerkmal „heimtückisch", Jura 2009, 748

Köhne, Die Mordmerkmale der dritten Gruppe, Jura 2011, 650

Köhne, Totschlag in einem besonders schweren Fall, Jura 2011, 741

Köhne, Die Tötungsdelikte – Problemanalyse und Reformausblick, JuS 2014, 1071

Krell, Lebensgefährliche Operationen zwischen Heilversuch und Humanexpetiment (Teil I), medstra 2017, 3

Krey/Hellmann/Heinrich, Strafrecht Besonderer Teil, Band 1: Besonderer Teil ohne Vermögensdelikte, 16. Auflage 2015

Krüger/Wengenroth, Anm. zu BGH, Beschl. v. 19.10.2011 – 1 StR 233/11 – Aussetzung als echtes Unterlassungsdelikt, NStZ 2013, 101

Kubiciel, Zur Strafbarkeit der passiven Sterbehilfe, ZJS 2010, 656

Kubiciel, Tötung auf Verlangen und assistierter Suizid als selbstbestimmtes Sterben?, JZ 2009, 600

Kubiciel, Gott, Vernunft, Paternalismus – Die Grundlagen des Sterbehilfeverbots, JA 2011, 86

Kubiciel, Grund und Grenzen des Verbots der Präimplantationsdiagnostik, NStZ 2013, 382

Kubiciel, Zur Verfassungsmäßigkeit des § 217 StGB, ZIS 2016, 396

Kudlich, Anm. zu BGH, Urt. v. 22.4.2005 – 2 StR 310/04 – BGHSt 50, 80, „Kannibale von Rotenburg", JR 2005, 342

Kudlich, Na denn Prost! – Tödliches Reinigungsmittel, JA 2012, 470

Kudlich, Die strafrechtliche Aufarbeitung des „Organspende-Skandals", NJW 2013, 917

Kühl, „Wer einen Menschen tötet" – Der objektive Tatbestand des Totschlags gemäß § 212 StGB, JA 2009, 321

Kühl, Die drei speziellen niedrigen Beweggründe des § 211 II StGB, JA 2009, 566

Kühl, Rechtfertigung vorsätzlicher Tötungen im Allgemeinen und speziell bei Sterbehilfe, Jura 2009, 881

Kühl, Beteiligung an Selbsttötung und verlangte Fremdtötung, Jura 2010, 81

Kühl, Die sonst niedrigen Beweggründe des § 211 II StGB, JuS 2010, 1041

Küper, Die Rechtsprechung des BGH zum tatbestandssystematischen Verhältnis von Mord und Totschlag - Analyse und Kritik, JZ 1991, 761, 862 u. 910

Küper, Zur Problematik der Verdeckungsabsicht bei "außerstrafrechtlichem" Verdeckungszweck, JZ 1995, 1158

Küper, Grundfragen des neuen Aussetzungsdelikts, ZStW 111 (1999), 30

Küper, „Heimtücke" als Mordmerkmal – Probleme und Strukturen, JuS 2000, 740

Küper, Mensch oder Embryo? Der Anfang des "Menschseins" nach neuem Strafrecht, GA 2001, 515

Küper, Motiv-Intentionalität und Zweck-Mittel-Relation, Zur Analyse der Tötung „aus Habgier", in: GedS Meurer (2002), S. 191

Küper, § 16 Abs. 2 StGB: eine Irrtumsregelung im Schatten der allgemeinen Strafrechtslehre, Jura 2007, 260

Küper, Über grausames Töten, Zur tatbestandlichen Koordination von „Tötung" und „Grausamkeit", in: FS Seebode (2008), S. 197

Küper, Vollendung, Versuch und Rücktritt im „Interferenzbereich" zwischen Schwangerschaftsabbruch und allgemeinem Tötungsdelikt – Ein imaginäres Lehrgespräch, ZIS 2010, 197

Küper, Das „Beruhen" der Arglosigkeit auf Wehrlosigkeit beim Heimtücke-Mord, in: FS Beulke (2015), S. 467

Küper/Zopfs, Strafrecht, Besonderer Teil, Definitionen mit Erläuterungen, 9. Auflage 2015

Küpper, Der „unmittelbare" Zusammenhang zwischen Grunddelikt und schwerer Folge beim erfolgsqualifizierten Delikt, 1982

Küpper, Grenzen der normativierenden Strafrechtsdogmatik, 1990

Küpper, Mord und Totschlag in Mittäterschaft, JuS 1991, 639

Küpper, Die Probleme des Mordtatbestandes als Folge der absoluten Strafdrohung, in: FS Kriele (1997), S. 777

Küpper, Der Täter als "Werkzeug" des Opfers? - BGH NJW 2003, 2326, und OLG Nürnberg, NJW 2003, 454, JuS 2004, 757

Kutzer, Strafrechtliche Grenzen der Sterbehilfe, NStZ 1994, 110

Kutzer, Überlegungen zur Suizidrechtsprechung des Bundesgerichtshofes, in: FS Schöch (2010), S. 481

Laber, Die neuere Rechtsprechung zum Mordmerkmal der Verdeckungsabsicht, MDR 1989, 861

Lackner, Anm. zu BGH, Beschl. v. 19.05.1981 – GSSt 1/81 – BGHSt 30, 105, Strafrahmen bei Heimtücke, NStZ 1981, 348

Lackner/Kühl, StGB, bearbeitet v. *Kühl/Heger*, 28. Aufl. 2014

Ladiges, Nochmals: Notwehr gegen Schwangere, Echo zu Wolfgang Mitsch (JR 2006, 450 ff.), JR 2007, 104

Ladiges, Erlaubte Tötungen, JuS 2011, 879

Ladiges, Die Aussetzung nach § 221 StGB, JuS 2012, 687

Lange, Eine Wende in der Auslegung des Mordtatbestandes, in: GedS Schröder (1978), S. 217

Langer, Euthanasie im Krankenhaus, Tötungskriminalität zwischen Sterbehilfe und Mord, JR 1993, 133

Laubenthal, § 57a StGB - Aussetzung des Strafrestes der lebenslangen Freiheitsstrafe, JA 1984, 471

Leipziger Kommentar StGB, hrsg. v. *Jähnke/Laufhütte/Odersky*, Band 5 (§§ 146-222), 11. Auflage 2005

Leipziger Kommentar StGB, hrsg. v. *Laufhütte/Tiedemann/Rissing-van Saan*, 12. Auflage 2006 ff.

Lilie, Neue Probleme des Embryonenschutzgesetzes, in: FS Küper (2007), S. 305

Lindner/Huber, Widerruf der Patientenverfügung durch den einwilligungsunfähigen Patienten?, NJW 2017, 6

Lüttger, Geburtsbeginn und pränatale Einwirkungen mit postnatalen Folgen, Bemerkungen zu BGH – 3 StR 25/83 vom 22. 4. 1983

Magnus, Gelungene Reform der Suizidbeihilfe (§ 217 StGB)?, medstra 2016, 210

Mandla, Anm. zu BGH, Urt. v. 26.6.2010 – 2 StR 454/09 – Sterbehilfe durch Behandlungsabbruch, NStZ 2010, 698

Maurach/Schroeder/Maiwald, Strafrecht Besonderer Teil, Teilband 1: Straftaten gegen Persönlichkeits- und Vermögenswerte, 10. Auflage 2009

Merkel, Tödlicher Behandlungsabbruch und mutmaßliche Einwilligung bei Patienten im apallischen Syndrom, ZStW 107 (1995), 545

Merkel, Hirntod und kein Ende, Jura 1999, 113

Merkel, Aktive Sterbehilfe, Anmerkungen zum Stand der Diskussion und zum Gesetzgebungsvorschlag des „Alternativ-Entwurfs Sterbebegleitung", in: FS Schroeder (2006), S. 297

Meurer, Strafaussetzung durch Strafzumessung bei lebenslanger Freiheitsstrafe, JR 1992, 441

M.-K. Meyer, Zu den Begriffen der Heimtücke und der Verdeckung einer Straftat, JR 1979, 485

Miebach, Anm. zu OLG Hamburg, Beschl. v. 8.6.2016 – 1 Ws 13/16 – Sterbehilfe, NStZ 2016, 536

Mitsch, Mitwirkung am versuchten Schwangerschaftsabbruch (an) einer Nichtschwangeren im Ausland – AG Albstadt, Urt. v. 1.6.88 – 3 Ds 102/88 = MedR 1988, 261 –, Jura 1989, 193

Mitsch, Unvollendete Hilfeleistung als Straftat - BGH, NJW 1993, 2628, JuS 1994, 555

Mitsch, Grundfälle zu den Tötungsdelikten, JuS 1996, 213

Mitsch, Straftatverdeckung mit bedingtem Tötungsvorsatz als Mordversuch - BGHSt 41, 358, JuS 1997, 788

Mitsch, Notwehr gegen Schwangere, JR 2006, 450

Mitsch, Der Kannibalen-Fall, ZIS 2007, 197

Mitsch, Die Verfassungswidrigkeit des § 211 StGB, JZ 2008, 336

Mitsch, Heimtückische Tötung von Neugeborenen, Säuglingen und kleinen Kindern, JuS 2013, 783

Mitsch, Konsequenzen der Abschaffung des § 211 StGB, StV 2014, 366

Mitsch, Mehrfachtötung als Mord, ZStW 2016 (128), 629

Momsen, Der besonders schwere Fall des Totschlags (§ 212 II StGB) - zwischen Mord und Totschlag?, NStZ 1998, 487

Momsen, Der Mordtatbestand im Bewertungswandel?, Abweichende soziokulturelle Wertvorstellungen, Handeln auf Befehl und das Mordmerkmal der „niedrigen Beweggründe" (§ 211 StGB), NStZ 2003, 237

Momsen, Das Im-Stich-Lassen in hilfloser Lage i.S.v. § 221 Abs. 1 Nr. 2 StGB: Ein echtes Unterlassungsdelikt? – Zugleich Anmerkung zu BGH, Beschl. v. 19.10.2011 – 1 StR 233/11, StV 2013, 54

Momsen/Jung, Der „Kannibale von Rotenburg" – Ein vorläufiges Resümee, ZIS 2007, 162

Mosbacher, Anm. zu BGH, Urt. v. 10.11.2004 – 2 StR 248/04 – Heimtückische Tötung eines Menschen, NStZ 2005, 690

Müller-Dietz, Mord, lebenslange Freiheitsstrafe und bedingte Entlassung, Jura 1983, 628

Münchener Kommentar zum StGB, hrsg. v. *Joecks/Miebach*, 2. Auflage 2011 ff.

Murmann, Zur Einwilligungslösung bei der einverständlichen Fremdgefährdung, in: FS Puppe (2011), S. 767

Murmann, Anmerkung zu BGH, Urt. v. 21.12.2011 – 2 StR 295/11 – Totschlag durch Unterlassen, NStZ 2012, 387

Nehm, Blutrache – ein niedriger Beweggrund?, in: FS Eser (2005), S. 419

Neumann, Abgrenzung von Teilnahme am Selbstmord und Tötung in mittelbarer Täterschaft – BGHSt 32, 38, JuS 1985, 677

Neumann, Die Strafbarkeit der Suizidbeteiligung als Problem der Eigenverantwortlichkeit des „Opfers", JA 1987, 244

Neumann, Anm. zu BGH, Urt. v. 19.10.2001 – 2 StR 259/01 – BGHSt 47, 128, Mord aus niedrigen Beweggründen, JR 2002, 471

Neumann, Sterbehilfe im rechtfertigenden Notstand (§ 34 StGB), in: FS Herzberg (2008), S. 575

Neumann, Das sogenannte Prinzip der Nichtdispositivität des Rechtsguts Leben, in: FS Kühl (2014), S. 569

Neumann, Standards valider Argumentation in der Diskussion zur strafrechtlichen Bewertung von Maßnahmen der „Sterbehilfe", in: FS Paeffgen (2015), S. 317

NomosKommentar Strafgesetzbuch, hrsg. v. *Kindhäuser/Neumann/Paeffgen*, 4. Auflage 2013

Otto, Selbstgefährdung und Fremdverantwortung - BGH NJW 1984, 1469, Jura 1984, 536

Otto, Die Mordmerkmale in der höchstrichterlichen Rechtsprechung, Jura 1994, 141

Otto, Die strafrechtliche Regelung des Schwangerschaftsabbruchs, Jura 1996, 135

Otto, Die strafrechtliche Problematik der Sterbehilfe, Jura 1999, 434

Otto, Anm. zu BGH, Urt. v. 19.10.2001 – 2 StR 259/01 – BGHSt 47, 128, Mord aus niedrigen Beweggründen, JZ 2002, 567

Otto, Neue Entwicklungen im Bereich der vorsätzlichen Tötungsdelikte, Jura 2003, 612

Otto, Anm. zu BGH, Urt. v. 22.4.2005 – 2 StR 310/04 – BGHSt 50, 80, „Kannibale von Rotenburg", JZ 2005, 799

Otto, Grundkurs Strafrecht, Die einzelnen Delikte, 7. Auflage 2005

Paeffgen, Einmal mehr - Habgier und niedrige Beweggründe, GA 1982, 255

Paehler, Die Abgrenzung von Beihilfe zum Selbstmord und Tötung auf Verlangen, MDR 1964, 647

Pawlik, Erlaubte aktive Sterbehilfe? Neuere Entwicklungen in der Auslegung von § 216 StGB, in: FS Wolter (2013), S. 627

Puppe, BGH, Zum Verhältnis von Mord und Totschlag – die Strafbarkeit des Anstifters, Anm. zu BGH, Urt. v. 12.1.2005 – 2 StR 229/04, JZ 2005, 902

Puppe, Anm. zu OLG Stuttgart, Beschl. v. 20.2.2008 – 4 Ws 37/08, NStZ 2009, 333

Puppe, Mitverantwortung des Fahrlässigkeitstäters bei Selbstgefährdung des Verletzten, Zugleich Besprechung von BGH, Urt. v. 20.11.2008 – 4 StR 328/08, GA 2009, 486

Puppe, Anm. zu BGH, Urt. v. 22.3.2012 – 4 StR 558/11 – Zur Frage der Anwendung der Hemmschwellentheorie bei Tötungsdelikten, JR 2012, 477

Puppe, Anmerkung zu BGH, Urt. v. 21.12.2011 – 2 StR 295/11 – Totschlag durch Unterlassen, ZIS 2013, 46

Puppe, Tötungsvorsatz und Affekt – Über die neue Rechtsprechung des BGH zum dolus eventualis in Bezug auf den möglichen Todeserfolg bei offensichtlich lebensgefährlichen Gewalthandlungen, NStZ 2014, 183

Puppe, Beweisen oder Bewerten, Zu den Methoden der Rechtsfindung des BGH, erläutert anhand der neuen Rechtsprechung zum Tötungsvorsatz, ZIS 2014, 666

Puppe, Neue Entwicklungen in der Rechtsprechung des BGH zum Tötungsvorsatz bei lebensbedrohlicher Gewalt, NStZ 2016, 575

Quentin, Kein „Heimtückemord" bei objektiv gegebener Notwehrlage?, Zum Urteil des BGH vom 12.2.2003-1 StR 403/02, NStZ 2005, 128

Reichenbach, Die Rechtsfolgenlösung des BGH als Weg zur schuldangemessenen Strafe beim Mord, Jura 2009, 176

Rengier, Das Mordmerkmal der Heimtücke nach BVerfGE 45, 187 (II), MDR 1980, 1

Rengier, Der Große Senat für Strafsachen auf dem Prüfstand, NStZ 1982, 225

Rengier, Das Mordmerkmal "mit gemeingefährlichen Mitteln", StV 1986, 405

Rengier, Totschlag oder Mord und Freispruch aussichtslos? - Zur Tötung von (schlafenden) Familientyrannen, NStZ 2004, 233

Rengier, Zur aktuellen Heimtücke-Rechtsprechung 30 Jahre nach BVerfGE 45, 187, in: FS Küper (2007), S. 473

Rengier, Sicherungspflichten und Rettungspflichten – zum „Cleanmagic-Fall" BGH NStZ 2012, 319, FS Kühl (2014), S. 383

Rengier, Strafrecht Besonderer Teil II, Delikte gegen die Person und die Allgemeinheit, 17. Auflage 2016

Renzikowski, Anm. zu BGH, Urt. v. 11.4.2000 – 1 StR 638/99 – Fahrlässige Tötung durch Abgabe von Heroin, JR 2001, 248

Renzikowski, Eigenverantwortliche Selbstgefährdung, einverständliche Fremdgefährdung und ihre Grenzen, Besprechung von BGH, Urt. 20.11.2008 – 4 StR 328/08 (BGH HRRS 2009 Nr. 93), HRRS 2009, 347

Rissing-van Saan, Strafrechtliche Aspekte der aktiven Sterbehilfe, Nach dem Urteil des 2. Strafsenats des BGH v. 25.6.2010 – 2 StR 454/09, ZIS 2011, 544

Rissing-van Saan, Der bedingte Tötungsvorsatz und die Hemmschwellentheorie des Bundesgerichtshofs, in: FS Geppert (2011), S. 497

Rissing-von Saan, Der sog. „Transplantationsskandal" – eine strafrechtliche Zwischenbilanz, NStZ 2014, 233

Rönnau, Sterbehilfe - Grenzen ärztlicher Behandlungspflichten, JA 1996, 108

Rosenau, Die Neuausrichtung der passiven Sterbehilfe, Der Fall *Putz* im Urteil des BGH vom 25.6.2010 – 2 StR 454/09, in: FS Rissing-van Saan (2011), S. 547

Rosenau, Aktive Sterbehilfe, in: FS Roxin II (2011), S. 577

Rosenau, Strafbarkeit bei der Manipulation der Organallokation, in: FS Schünemann (2014), S. 689

Rotsch, Die Tötung des Familientyrannen: heimtückischer Mord? - Eine Systematisierung aus aktuellem Anlass, JuS 2005, 12

Roxin, Probleme beim strafrechtlichen Schutz des werdenden Lebens, JA 1981, 542

Roxin, Anm. zu BGH, Urt. v. 5.7.1983 – 1 StR 168/83 – Abgrenzung der Tötungstäterschaft von Selbsttötungsteilnahme („Sirius-Fall"), NStZ 1984, 71

Roxin, Anm. zu BGH, Urt. v. 14.2.1984 – 1 StR 808/83 – BGHSt 32, 262, Teilnahme an eigenverantwortlicher Selbstgefährdung, NStZ 1984, 411

Roxin, Anm. zu BGH, Urt. v. 9.11.1984 – 2 StR 257/84 – BGHSt 33, 66, Tod durch Abgabe von Betäubungsmitteln, NStZ 1985, 319

Roxin, Die Sterbehilfe im Spannungsfeld von Suizidteilnahme, erlaubtem Behandlungsabbruch und Tötung auf Verlangen - Zugleich eine Besprechung von BGH, NStZ 1987, 365 und LG Ravensburg NStZ 1987, 229, NStZ 1987, 345

Roxin, Anm. zu BGH, Urt. v. 8.5.1991 – 3 StR 467/90 – BGHSt 37, 376, Sterbehilfe aus Mitleid mit Patienten, NStZ 1992, 35

Roxin, Die Entsprechungsklausel beim unechten Unterlassen, in: FS Lüderssen (2002), S. 577

Roxin, Strafrecht Allgemeiner Teil, Band II, Besondere Erscheinungsformen der Straftat, 2003

Roxin, Anm. zu BGH, Urt. v. 12.2.2003 – 1 StR 403/02 – BGHSt 48, 207, Zur Notwehr gegen einen Erpresser, JZ 2003, 966

Roxin, Selbstmord durch Einschaltung eines vorsatzlosen Tatmittlers, in: FS Otto (2007), S. 441

Roxin, Zur normativen Einschränkung des Heimtückemerkmals beim Mord, in: FS Widmaier (2008), S. 741

Roxin, Zur einverständlichen Fremdgefährdung, Zugleich Besprechung von BGH, Urt. v. 20.11.2008 – 4 StR 328/08, JZ 2009, 399

Roxin, Der Streit um die einverständliche Fremdgefährdung, GA 2012, 655

Roxin, Tötung auf Verlangen und Suizidteilnahme, Geltendes Recht und Reformdiskussion, GA 2013, 313

Roxin, Täterschaft und Tatherrschaft, 9. Auflage 2015

Roxin, Die geschäftsmäßige Förderung einer Selbsttötung als Straftatbestand und der Vorschlag einer Alternative, NStZ 2016, 185

Rudolphi, Anm. zu BGH, Beschl. v. 25.09.1990 – 4 StR 359/90 – BGHSt 37, 179, Abgabe von Rauschgift und bewußte Selbstgefährdung, JZ 1991, 572

Saliger, Zum Mordmerkmal der Verdeckungsabsicht, ZStW 109 (1997), 302

Saliger, Anm. zu BGH, Urt. v. 23.11.1995 – 1 StR 475/95 – BGHSt 41, 358, Voraussetzung des Verdeckungsmordes, StV 1998, 22

Saliger, Sterbehilfe mit staatlicher Genehmigung, JuS 1999, 16

Saliger, Sterbehilfe und Betreuungsrecht, MedR 2004, 237

Satzger, Der Schwangerschaftsabbruch (§§ 218 ff. StGB), Jura 2008, 424

Scheinfeld, Das „Bestimmt-worden-Sein" in § 216 Abs. 1 StGB, Zugleich zum „Bestimmen" in § 26 StGB, GA 2007, 695

Schiemann, Anm. zu BGH, Beschl. v. 27.8.2013 – 2 StR 148/13 – Bedingter Vorsatz bei äußerst gefährlichen Gewalthandlungen, NStZ 2014, 35

Schlüchter (Hrsg.), Bochumer Erläuterungen zum 6. Strafrechtsreformgesetz, 1998

Schmidhäuser, Strafrecht, Besonderer Teil, 2. Auflage 1983

Schmidhäuser, Anm. zu BGH, Urt. v. 5.7.1983 – 1 StR 168/83 –, BGHSt 32, 38 – Zur Frage von Teilnahme am Selbstmord und Tötungsherrschaft, JZ 1984, 195

Schmidhäuser, Der Verdeckungsmord und das Urteil BGH - 2 StR 559/87, NStZ 1989, 55

Schmitt, Der Arzt und sein lebensmüder Patient, Zugleich eine Besprechung des Urteils des BGH vom 4.7.1984-3 StR 96/84, JZ 1984, 866

Schneider, Anm. zu BGH, Urt. v. 12.2.2003 – 1 StR 403/02 – BGHSt 48, 207, Zur Notwehr gegen einen Erpresser, NStZ 2003, 428

Schöch, Beendigung lebenserhaltender Maßnahmen - Zugleich eine Besprechung der Sterbehilfeentscheidung des BGH vom 13. 9. 1994, NStZ 1995, 153

Schöch, Die erste Entscheidung des BGH zur sog. indirekten Sterbehilfe - Zum Urteil des BGH vom 15.11.1996-3 StR 79/96 -, NStZ 1997, 409

Schöch, Strafbarkeit der Förderung der Selbsttötung, in: FS Kühl (2014), S. 585

Schönke/Schröder, Strafgesetzbuch, 29. Auflage 2014

Schreiber, Das Recht auf den eigenen Tod - zur gesetzlichen Neuregelung der Sterbehilfe, NStZ 1986, 337

Schreiber, 10 Jahre Transplantationsgesetz – Notwendigkeit einer Weiterentwicklung?, in: FS Amelung (2009), S. 487

Schreiber, Die Notwendigkeit einer gesetzlichen Neuordnung des Rechts der Lebendorganspende, in: FS Maiwald (2010), S. 785

Schroeder, Grundgedanken der Mordmerkmale, JuS 1984, 275

Schroeder, Bedingter Tötungsvorsatz bei zweckbestimmter Tötung - BGHSt 39, 159, JuS 1994, 294

Schroeder, Beihilfe zum Selbstmord und Tötung auf Verlangen, ZStW 106 (1994), 565

Schroeder, Anm. zu BGH, Urt. v. 23.11.1995 – 1 StR 475/95 – BGHSt 41, 358, Voraussetzung des Verdeckungsmordes, JZ 1996, 688

Schroeder, Anm. zu BGH, Beschl. v. 2.11.2007 – 2 StR 336/07 – Rücktritt von Tötungsversuch; Abgrenzung von Tötung und Schwangerschaftsabbruch, JR 2008, 252

Schroeder, Anm. zu BGH, Beschl. v. 6.5.2008 – 5 StR 92/08 – Mord aus Heimtücke bei Bewusstlosigkeit, JR 2008, 392

Schroth, Die strafrechtlichen Tatbestände des Transplantationsgesetzes, JZ 1997, 1149

Schroth, Zentrale Interpretationsprobleme des 6. Strafrechtsreformgesetzes, NJW 1998, 2861

Schroth, Der bedingte Tötungsvorsatz im Spiegel der Rechtsprechung, in: FS Widmaier (2008), S. 779

Schroth, Die strafrechtliche Beurteilung der Manipulationen bei der Leberallokation, NStZ 2013, 437

Schroth/Hoffmann, Die strafrechtliche Beurteilung der Manipulation bei der Leberallokation – kritische Anmerkungen zu einem Zwischenbericht –, NStZ 2014, 486

Schroth/Hoffmann, Zurechnungsprobleme bei der Manipulation der Verteilung lebenserhaltender Güter, Ein Beitrag zur normativen Aufarbeitung des Organverteilungsskandals, in: FS Kargl (2015), S. 523

Schulz, Verschlungene Wege des Lebensschutzes - Zum zweiten Abtreibungsurteil des BVerfG, StV 1994, 38

Schütz, „Niedrige Beweggründe" beim Mordtatbestand, Eifersucht als niedriger Beweggrund?, JA 2007, 23

Seebode, Anm. zu BGH, Urt. v. 4.12.2003 – 5 StR 457/03 – Anforderungen an die subjektive Tatseite beim Mordmerkmal Heimtücke, StV 2004, 596

v. Selle, Zur Strafbarkeit des politisch motivierten Tötungsverbrechens, NJW 2000, 992

Sowada, Strafbares Unterlassen des behandelnden Arztes, der seinen Patienten nach einem Selbstmordversuch bewußtlos auffindet? – BGH, Urt v 4.7.84-3 StR 96/84 = BGHSt 32, 367 –, Jura 1985, 75

Sowada, Täterschaft und Teilnahme beim Unterlassungsdelikt, Jura 1986, 399

Sowada, Der strafrechtliche Schutz am Beginn des Lebens, GA 2011, 389

Spendel, „Heimtücke" und gesetzliche Strafe bei Mord, Zum Urteil des BGH v. 26.8.1982 – 4 StR 357/82, JR 1983, 269

Starck, Der verfassungsrechtliche Schutz des ungeborenen menschlichen Leben, JZ 1993, 816

Stein, Garantenpflichten aufgrund vorsätzlich-pflichtwidriger Ingerenz – Zugleich Besprechung des Urteils des BGH vom 24.10.1995 – 1 StR 465/95 –, JR 1999, 265

Stein, Anm. zu BGH, Urt. v. 12.12.2002 – 4 StR 297/02 – Verdeckungsmord durch Unterlassen, JR 2004, 79

Steinberg, Der Tötungsvorsatz in der Revision des BGH, NStZ 2011, 177

Steinhilber, Streifzug durch zentrale Rechtsfragen der „direkten Sterbehilfe" (216 StGB), JA 2010, 430

Sternberg-Lieben, Tod und Strafrecht, JA 1997, 80

Sternberg-Lieben/Fisch, Der neue Tatbestand der (Gefahr-)Aussetzung (§ 221 StGB n. F.), Jura 1999, 45

Sternberg-Lieben, Anm. zu BGH, Urt. v. 7.2.2001 – 5 StR 474/00 – BGHSt 46, 279, Überlassen eines Betäubungsmittels zum freien Suizid an einen unheilbar Schwerstkranken, JZ 2002, 153

Sternberg-Lieben, Rechtliche Grenzen einer Patientenverfügung, in: FS Seebode (2008), S. 401

Sternberg-Lieben, Strafbarkeit nach §§ 222, 229 StGB durch Rauschgiftüberlassung an freiverantwortlichen Konsumenten, in: FS Puppe (2011), S. 1283

Sternberg-Lieben, Gesetzliche Anerkennung der Patientenverfügung: offene Fragen im Strafrecht, insbesondere bei Verstoß gegen prozedurale Vorschriften der §§ 1901a ff. BGB, in: FS Roxin II (2011), S. 537

Stratenwerth, Einverständliche Fremdgefährdung bei fahrlässigem Verhalten, in: FS Puppe (2011), S. 1017

Stree, Beteiligung an vorsätzlicher Selbstgefährdung - BGHSt 32, 262 und BGH, NStZ 1984, 452, JuS 1985, 179

Stree, Neue Probleme der Aussetzung einer lebenslangen Freiheitsstrafe, Besprechung der BVerfG-Entscheidung vom 3. 6. 1992-2 BvR 1041/88, 2 BvR 78/89, NStZ 1992, 464

Streng, Straflose „aktive Sterbehilfe" und die Reichweite des § 216 StGB, in: FS Frisch (2013), S. 739

Streng, Hemmschwellentheorie, Vorsatz und Schuldfähigkeit, in: FS Kühne (2013), S. 47

Systematischer Kommentar zum Strafgesetzbuch, hrsg. v. *Rudolphi/Horn/Samson/Günther*, Band III (§§ 123-211 StGB), Band IV (§§ 212-266b StGB), 8. Auflage, Loseblatt (Stand: Dezember 2016)

Systematischer Kommentar zum Strafgesetzbuch, hrsg. v. *Wolter*, 9. Auflage 2016 ff.

Taupitz, Um Leben und Tod - Die Diskussion um ein Transplantationsgesetz, JuS 1997, 203

Theile, Verdeckungsabsicht und Tötung durch Unterlassen, JuS 2006, 110

Tröndle, Das „Beratungsschutzkonzept", Die Reglementierung einer Preisgabe des Lebensschutzes Ungeborener, in: FS Otto (2007), S. 821

Trück, Die Problematik der Rechtsprechung des BGH zum bedingten Tötungsvorsatz, NStZ 2005, 233

Valerius, Der sogenannte Ehrenmord: Abweichende kulturelle Wertvorstellungen als niedrige Beweggründe?, JZ 2008, 912

Verrel, Ein Grundsatzurteil? – Jedenfalls bitter nötig! Besprechung der Sterbehilfeentscheidung des BGH vom 25.6.2010 – 2 StR 454/09 (Fall Fulda), NStZ 2010, 671

Verrel, Anm. zu BGH, Beschl. v. 10.11.2010 – 2 StR 320/10 – Sterbehilfe bei Patientenverfügung, NStZ 2011, 274

Verrel, Vereine und Ärzte helfen nicht, nimm Dir selbst den Strick!, Anmerkungen zur Diskussion über die Kriminalisierung von Suizidbeihilfe, in: FS Paeffgen (2015), S. 331

Vietze, Gekreuzte Mordmerkmale in der Strafrechtsklausur, Jura 2003, 394

Vogel, Die versuchte "passive Sterbehilfe" nach BGH MDR 1995, 80, MDR 1995, 337

Walter S., Anm. zu BGH, Urt. v. 21.08.1996 – 2 StR 212/96 – Mord aus niedrigen Beweggründen, NStZ 1998, 36

Walter T., Sterbehilfe: Teleologische Reduktion des § 216 StGB statt Einwilligung! Oder: Vom Nutzen der Dogmatik, Zugleich Besprechung von BGH, Urt. v. 25.6.2010 – 2 StR 454/09, ZIS 2011, 102

Walter T., Vom Beruf des Gesetzgebers zur Gesetzgebung – Zur Reform der Tötungsdelikte und gegen Fischer et al. in NStZ 2014, 9, NStZ 2014, 368

Walther, Rechtsprechung Klassiker, Die lebenslange Freiheitsstrafe, JA 1996, 755

Weigend/Hoven, § 217 StGB – Bemerkungen zur Auslegung eines zweifelhaften Tatbestands, ZIS 2016, 681

Weiß, Das Lebensrecht ungeborener Kinder und ihr strafrechtlicher Schutz in der Schwangerschaft, Konsequenzen des Urteils des Bundesverfassungsgerichts, JR 1993, 449

Weißer, Strafrecht am Ende des Lebens – Sterbehilfe und Hilfe zum Suizid im Spiegel der Rechtsvergleichung, ZStW 128 (2016), 106

Welzel, Das deutsche Strafrecht: eine systematische Darstellung, 11. Auflage 1969

Wengenroth, Grundprobleme der Aussetzung, § 221 StGB, JA 2012, 584

Wessels/Hettinger, Strafrecht Besonderer Teil 1, Straftaten gegen Persönlichkeits- und Gemeinschaftswerte, 40. Auflage 2016

Wilhelm, Verdeckungsmord durch Unterlassen nach bedingt vorsätzlicher Totschlagshandlung - Besprechung von BGH, Urteil vom 12.12.2002-4 StR 297/02 -, NStZ 2005, 177

Wohlers, Die Abgrenzung des Verdeckungsmordes vom Totschlag - BGHSt 35, 115, JuS 1990, 20

Zabel, Zur Annahme des Mordtatbestandes bei einer Kindstötung, Anmerkungen zur neueren Rechtsprechung des BGH nach Wegfall des § 217 a.F. StGB, HRRS 2010, 403

Zaczyk, Das Mordmerkmal der Heimtücke und die Notwehr gegen eine Erpressung, JuS 2004, 750

Zieschang, Das Mordmerkmal „mit gemeingefährlichen Mitteln", in: FS Puppe (2011), S. 1301

§ 2 Körperverletzungsdelikte

Geschütztes Rechtsgut ist die körperliche Unversehrtheit einer anderen Person.[1] **1**
Der 17. Abschn. beginnt mit der einfachen vorsätzlichen Körperverletzung (§ 223).
Sodann werden folgende Abwandlungen geregelt:

1. Qualifizierungen
   - gefährliche Körperverletzung (§ 224)
   - schwere Körperverletzung (§ 226)
   - Körperverletzung mit Todesfolge (§ 227)
2. *Sondertatbestände*
   - Misshandlung von Schutzbefohlenen (§ 225)
   - Verstümmelung weiblicher Genitalien (§ 226a)
   - Beteiligung an einer Schlägerei (§ 231)

Außerhalb des 17. Abschn. findet sich die Körperverletzung im Amt (§ 340) als **2**
weitere Qualifizierung. Hinzuweisen bleibt auf die Strafbarkeit der fahrlässigen
Körperverletzung (§ 229); für die dort auftauchenden Fragen kann auf die Erläuterungen zu § 222 (oben § 1 Rn. 88 ff.) Bezug genommen werden. Bei §§ 223, 229 ist
schließlich das Strafantragserfordernis nach § 230 zu beachten.

I. Die Tatbestände der Körperverletzung

1. Einfache Körperverletzung

In § 223 sind zwei Begehungsweisen aufgeführt, nämlich die körperliche Misshand- **3**
lung und die Gesundheitsschädigung. Beide Tatmodalitäten schließen sich nicht
aus; zur vorläufigen Orientierung kann gesagt werden, dass die erste Form eher

---

[1]Zum Ganzen *Hardtung*, JuS 2008, 864, 960 u. 1060; *Rengier*, ZStW 111 (1999), 1; *Wallschläger*,
JA 2002, 390; *Wolters*, JuS 1998, 582.

© Springer-Verlag GmbH Deutschland 2017
G. Küpper, R. Börner, *Strafrecht Besonderer Teil 1*, Springer-Lehrbuch,
DOI 10.1007/978-3-662-53989-7_2

„äußerliche", die zweite mehr „innerliche" Beeinträchtigungen betrifft. Oftmals ergeben sich jedoch Überschneidungen: Führt etwa ein Schlag auf den Kopf zu einer Gehirnerschütterung, so ist der Tatbestand in beiden Varianten erfüllt, wenngleich insgesamt nur *eine* Körperverletzung vorliegt. Seit dem 6. StrRG ist auch der Versuch strafbar (§ 223 II).

4   Eine **körperliche Misshandlung** ist jede üble, unangemessene Behandlung, durch die das körperliche Wohlbefinden oder die körperliche Unversehrtheit nicht nur unerheblich beeinträchtigt wird.[2] Es handelt sich also um einen Eingriff in die körperliche Integrität. Erfasst werden insbesondere Substanzschäden oder -verluste. Dazu gehört auch das Abschneiden der Haare, da es auf das Schmerzempfinden nicht ankommt.

5   Nach h. M. fallen unter den Begriff nur **körperliche** Eingriffe, nicht hingegen bloße psychische Beeinträchtigungen, wie Schreck oder Ekelerregung[3] (s. auch Rn. 6); anders aber beim Hervorrufen von Brechreiz durch Anspucken (BGH NStZ 2016, 27).[4] Das Anspucken stellt daher keine körperliche Misshandlung dar, sondern eine tätliche Beleidigung. Ausreichen kann jedoch ein schwerer Schock, der sich körperlich auswirkt. Die Einwirkung muss außerdem von einiger **Erheblichkeit** sein. So würde ein „Schubser" vor die Brust nicht ausreichen, während kräftige Ohrfeigen genügen.

6   Unter **Gesundheitsschädigung** ist das Hervorrufen oder Steigern eines krankhaften Zustandes körperlicher oder seelischer Art zu verstehen. Ergebnis ist also eine pathologische Abweichung von den normalen Körperfunktionen. Dementsprechend erfasst das Merkmal die Ansteckung mit einer Krankheit sowie das Herbeiführen von Volltrunkenheit, Betäubung oder Schlaf.[5] Auch die Behandlung mit Gamma- oder Röntgenstrahlen kann einen Eingriff in die körperliche Unversehrtheit darstellen.[6] In Abgrenzung zu nicht beachtlichen rein psychischen Empfindungen (Rn. 5) kommt es für die Gesundheitsschädigung auf objektivierbare Krankheitsbilder an (BGH NStZ 2015, 269 m. Anm. *Drees*).

2. Gefährliche Körperverletzung

7   Der Tatbestand des § 224[7] qualifiziert die Körperverletzung unter dem Gesichtspunkt der Gefährlichkeit der Tatausführung in fünf Fallgruppen; die neue Nr. 1 ist durch das 6. StrRG hinzugetreten und hat die Vergiftung (§ 229 a. F.) ersetzt. Der

---

[2]BGHSt 25, 277/278; OLG Köln NJW 1997, 2191; *Küper/Zopfs*, Rn. 378; eingehend *Murmann*, Jura 2004, 102; *Rackow*, GA 2003, 135.

[3]BGH NStZ 1997, 123; OLG Zweibrücken NStZ 1991, 240; OLG Düsseldorf NJW 2002, 2118; *Kühl*, in: Lackner/Kühl, § 223 Rn. 4.

[4]M. Bespr. *Ruppert*, JR 2016, 686.

[5]Vgl. RGSt 77, 18; BGH NStZ 1992, 490; OLG Frankfurt NJW 1988, 2965; *Lilie*, in: LK, § 223 Rn. 12 ff.

[6]Dazu BGHSt 43, 306 mit Bespr. *Jerouschek*, JuS 1999, 746; BGHSt 43, 346 mit Anm. *Rigizahn*, JR 1998, 523 und *Wolfslast*, NStZ 1999, 133.

[7]Zum Ganzen *M. Heinrich*, in: FS I. Roxin (2012), S. 241; *Kretschmer*, Jura 2008, 916; *Stree*, Jura 1980, 281; zur Begehbarkeit durch Unterlassen *Wengenroth*, JA 2014, 428.

maßgebliche Aspekt kommt in der 2. und 5. Variante bereits im Wortlaut zum Ausdruck. Bei der 3. und 4. Begehungsweise ergibt sich dies daraus, dass der Betroffene in seinen Abwehrmöglichkeiten beeinträchtigt ist: Entweder wird er von dem Angriff überrascht („hinterlistiger Überfall") oder sieht sich einer Übermacht ausgesetzt („mit einem anderen gemeinschaftlich"). Der Täter muss subjektiv die qualifizierenden Umstände in seinen – bedingten – Vorsatz aufgenommen haben. Wie bei der einfachen Körperverletzung ist auch hier der Versuch strafbar (§ 224 II).

Als erstes geht es um das Beibringen von **Gift** oder anderen **gesundheitsschädlichen Stoffen**. Unter Gift ist jeder organische oder anorganische Stoff zu verstehen, der unter bestimmten Bedingungen durch chemische Wirkung die Gesundheit zu beeinträchtigen vermag (z. B. Arsen, Strychnin, Zyankali, Säuren).[8] Andere Stoffe sind solche, die mechanisch oder thermisch wirken (z. B. zerhacktes Glas, kochendes Wasser), ferner Viren und sonstige Krankheitserreger, u. U. auch Stoffe des täglichen Bedarfs (z. B. Kochsalz, vgl. BGHSt 51, 18).   **8**

Während der frühere Vergiftungstatbestand die Eignung zur Gesundheitszerstörung verlangte, reicht jetzt nach dem Wortlaut schon die Möglichkeit der Gesundheitsschädigung aus; es fragt sich deshalb, ob dieser Begriff mit demjenigen der einfachen Körperverletzung (§ 223) übereinstimmt. Unter dem Gesichtspunkt der „gefährlichen" Körperverletzung wird man jedoch die Eignung des Stoffes verlangen müssen, *erhebliche* Schädigungen herbeizuführen.[9] Dies führt zu einer sachgemäßen Angleichung an die Qualifizierung in Nr. 2; denn ansonsten würde die Verwendung eines Stoffes, der als gefährliches Werkzeug nicht ausreicht, dann doch als gefährliche Körperverletzung von Nr. 1 erfasst.   **9**

Ein *Beibringen* liegt vor, wenn das Tatmittel mit dem Körper dergestalt in Verbindung gebracht wird, dass es seine gesundheitsschädliche Wirkung entfalten kann. Im Hinblick auf die Höhe der Strafdrohung des § 229 a. F. wurde diesbezüglich teilweise verlangt, die Wirkung des Giftes müsse im Körperinnern eintreten. Die Rspr. hat es ausreichen lassen, dass das Gift die Gesundheit extern angreift, wie etwa beim Übergießen mit Salzsäure (BGHSt 32, 130). Mit der Umgestaltung der Giftbeibringung zu einem qualifizierten Körperverletzungstatbestand genügt nun auch eine äußere Beibringung, wenn die Schwere der verursachten Gefahr derjenigen bei innerlicher Anwendung gleichkommt (OLG Zweibrücken StraFo 2012, 240, str.).[10]   **10**

Ein **gefährliches Werkzeug** ist jeder Gegenstand, der nach der konkreten Art seiner Verwendung geeignet ist, erhebliche Verletzungen herbeizuführen. Ein besonders hervorgehobenes Beispiel bildet die – im technischen Sinne (vgl. § 1 II WaffG) zu verstehende – Waffe.[11] Als *erheblich* ist die drohende Verletzung   **11**

---

[8]Übergreifend zum Gift im Strafrecht *Satzger*, Jura 2015, 580.

[9]So auch *Krey/Hellmann/Heinrich,* Rn. 248 ff.; *Rengier*, ZStW 111 (1999), 1/8; *Wessels/Hettinger,* Rn. 267; noch enger *Wolters*, JuS 1998, 582/583; a. A. *Struensee*, in: Einführung, 2. Teil, Rn. 68 ff.

[10]Ebenso *Fischer*, § 224 Rn. 6; *Küper/Zopfs*, Rn. 108, 110; *Wessels/Hettinger,* Rn. 265; a. A. *Lilie*, in: LK, § 224 Rn. 15; *Wolters*, in: SK-StGB, § 224 Rn. 8b.

[11]Übergreifend zu Waffen und gefährlichen Werkzeugen im Strafrecht *Fahl*, Jura 2012, 593; *Krüger*, Jura 2011, 887; *Lanzrath/Fieberg*, Jura 2009, 348.

anzusehen, wenn sie die Funktion des Körpers oder dessen Erscheinungsbild nachhaltig beeinträchtigen würde.[12]

12   Zunächst muss es um den Einsatz eines *Werkzeugs* gehen, also um ein „Mehr" als den des eigenen Körpers. Damit scheiden Körperteile des Täters aus, wie Schlag mit der Handkante oder Stoß mit dem Knie.[13] Ein „beschuhter Fuß" kann je nach Art des Schuhwerks und Richtung des Tritts – in Gesicht oder Unterleib – ausreichen (BGHSt 30, 377).[14]

13   Die *Gefährlichkeit* des Werkzeugs bestimmt sich nach der konkreten Verwendungsart. Zwar wird z. T. zusätzlich auf die objektive Beschaffenheit des Gegenstandes abgestellt.[15] Dieser Gesichtspunkt gibt aber für die Beurteilung im Einzelfall wenig her. So ist ein spitzer Bleistift beim Schlag auf die Schulter kein, beim Stechen ins Auge durchaus ein gefährliches Werkzeug i. S. des § 224. Gleiches gilt für eine Schere, je nachdem, ob sie zum Haareschneiden oder als Stichwerkzeug benutzt wird. Deshalb können objektiv ungefährliche Gegenstände – wie etwa Plastiktüte und Schnürsenkel – im konkreten Fall in gefahrbringender Weise eingesetzt werden.[16] Ein gefährliches Werkzeug kann auch in einem chemischen Mittel (Salzsäure: BGHSt 1,1) oder einem Tier (bissiger Hund: BGHSt 14, 152) bestehen. Eine gewisse Einschränkung macht der BGH für ärztliche Instrumente: Da das Werkzeug – entsprechend der Waffe – zu Angriffs- oder Verteidigungszwecken verwendet werden müsse, scheiden Skalpell oder Zahnarztzange aus (BGH NJW 1978, 1206). Etwas anderes soll für die Injektionsspritze in der Hand eines medizinischen Laien gelten (BGH NStZ 1987, 174).

14   Umstritten ist allerdings, ob der Gegenstand *beweglich* sein muss. Nach Auffassung des BGH soll sich aus dem „natürlichen Sprachempfinden" ergeben, dass unbewegbare Gegenstände nicht vom Wortlaut erfasst werden.[17] Demgegenüber wird zu Recht geltend gemacht, dass es unter dem Gefährlichkeitsaspekt keinen Unterschied bedeutet, ob das Opfer mit dem Kopf gegen eine Felswand gestoßen oder mit einem – zuvor herausgebrochenen – Stein am Kopf verletzt wird; erforderlich ist nur der zweckgerichtete Einsatz, also gleichsam die „Widmung" zum Werkzeug.[18] Einigkeit besteht wiederum darüber, dass jedenfalls bei beweglichen Gegenständen die Stoßrichtung unerheblich, es also gleichgültig ist, ob das Werkzeug gegen das Opfer oder umgekehrt das Opfer gegen das Werkzeug bewegt wird. Allgemein wird die Körperverletzung *mittels* des gefährlichen Werkzeugs begangen, wenn sie mit dessen Hilfe bzw. „durch" das Werkzeug

---

[12]Vgl. *Stree,* Jura 1980, 281/287; zust. *Rengier,* § 14 Rn. 34.

[13]BGH GA 1984, 124; *Joecks,* § 224 Rn. 22; and. nur *Hilgendorf,* ZStW 112 (2000), 811/822 ff.

[14]BGH NStZ 2010, 151; BGH JA 2015, 709 m. Bespr. *Kudlich.*

[15]Vgl. RGSt 4, 397; BGHSt 3, 105/109; BGH NStZ 2005, 35; *Wolters,* in: SK, § 224 Rn. 13 f.

[16]So auch BGH NStZ 2002, 594; s. ferner BGH NStZ 2002, 30 (brennende Zigarette).

[17]Vgl. BGHSt 22, 235 (Gebäudewand); BGH bei *Holtz,* MDR 1979, 985/987 (Zeltpfosten); BGH NStZ 1988, 361 (Fußboden); bestätigend BGH NStZ-RR 2005, 75.

[18]Treffend *Lilie,* in: LK, § 224 Rn. 27; vgl. auch *Wolters,* in: SK, § 224 Rn. 17; *Stree/Sternberg-Lieben,* in: Schönke/Schröder, § 224 Rn. 7.

geschieht.[19] Das erfordert allerdings ein unmittelbares Einwirken des Tatmittels auf den Körper. Daran fehle es, wenn das Opfer nur von Splittern einer mit der Waffe zerschossenen Glasscheibe verletzt wird oder ein Knalltrauma erleidet (BGH NStZ 2016, 407[20]); für die Glasscheibe und deren Splitter indes läge es nahe, diese als zurechenbar eingesetztes gefährliches Werkzeug anzusehen, soweit Eventualvorsatz gegeben ist.

Ein **hinterlistiger Überfall** setzt voraus, dass der Täter planmäßig in einer auf **15** Verdeckung seiner wahren Absicht berechneten Weise vorgeht, um dadurch dem Gegner die Abwehr des nicht erwarteten Angriffs zu erschweren und die Vorbereitung auf die Verteidigung nach Möglichkeit auszuschließen, insb. durch Entgegentreten mit vorgetäuschter Friedfertigkeit.[21] Ausreichen kann schon das heimliche Beibringen eines Betäubungsmittels (BGH NStZ-RR 1996, 100). Der bloße Überraschungsangriff von hinten genügt allerdings nicht für Hinter*list* (BGH NStZ-RR 2013, 173).

Beispiel

A wollte den B zur Rede stellen. Er suchte ihn unter dem Vorwand auf, er müsse die Heizkörper entlüften. Auf dem Weg in die Küche beschloss A, dem B nun einen „Denkzettel" zu verpassen. Als B sich vor dem Schrank hinhockte und dabei dem A den Rücken zuwandte, versetzte ihm dieser mit einer Rohrzange mehrere Schläge auf den Kopf. A hat die Körperverletzung mittels eines gefährlichen Werkzeugs begangen. Dagegen liegt kein hinterlistiger Überfall vor. Denn A hat sich zwar mit List den Einlass in die Wohnung des B verschafft, dabei aber noch nicht in Verletzungsabsicht gehandelt. Nachdem er den Körperverletzungsvorsatz gefasst hatte, entfaltete er keine planmäßig-berechnende Tätigkeit mehr.

Die Körperverletzung wird mit einem **anderen Beteiligten gemeinschaftlich** **16** begangen, wenn mindestens zwei Personen am Tatort zusammenwirken. Die h. M. verlangte bis zum 6. StrRG ein mittäterschaftliches Handeln unter Hinweis auf die gleichlautende Begriffsverwendung in § 25 II, während es nach der Gegenmeinung auf die Beteiligungsform nicht ankommen soll.[22] Für letzteres spricht, dass unter dem Gesichtspunkt der Übermacht die rechtliche Beurteilung als Täterschaft oder Teilnahme irrelevant ist. Auch das begriffliche Argument erscheint nicht mehr durchschlagend, seitdem der geänderte Wortlaut auf den *Beteiligten* (§ 28 II) Bezug

---

[19]KG NZV 2006, 111 mit Anm. *Krüger*; s. auch *Hardtung,* in: MK, § 224 Rn. 26 ff.; *Stam*, NStZ 2016, 713.

[20]M. Anm. *Kulhanek*, a.a.O.; abl. Bespr. *Böse*, ZJS 2017, 110.

[21]Vgl. BGH GA 1989, 132; NStZ 2004, 93; 2005, 40 u. 97.

[22]Für Mittäterschaft noch OLG Düsseldorf NJW 1989, 2003 mit krit. Anm. *Otto,* NStZ 1989, 531 und *Deutscher,* NStZ 1990, 125; abl. auch *Stree,* Jura 1980, 281/289; Bedenken schon in BGHSt 23, 122.

nimmt.[23] Dementsprechend geht jetzt ebenfalls der BGH davon aus, das Zusammenwirken des Täters einer Körperverletzung mit einem Gehilfen könne zur Erfüllung des Qualifikationstatbestandes ausreichen. Dies sei jedenfalls dann der Fall, wenn der am Tatort anwesende Gehilfe die Wirkung der Körperverletzungshandlung des Täters bewusst in einer Weise verstärkt, welche die Lage des Verletzten zu verschlechtern geeignet ist.[24] Eine sukzessive Mittäterschaft setzt jedenfalls einen kommunikativen Akt zwischen den zuvor Handelnden und dem hinzugetretenen Akteur voraus, weshalb die spätere Körperverletzung allein für § 224 I Nr. 4 nicht genügt.[25]

17   Eine **das Leben gefährdende Behandlung** liegt vor, wenn die Verletzungs*handlung* geeignet ist, das Leben des Opfers in konkrete Gefahr zu bringen. Die eingetretene Verletzung selbst braucht nicht lebensgefährlich zu sein. Streitig ist zwar, ob eine abstrakte Gefährdung ausreicht – so die h. M.[26] – oder ob eine konkrete Gefahr eingetreten sein muss. Da aber die Rspr. zur Beurteilung auf alle Umstände des Einzelfalles abstellt,[27] sind die Unterschiede recht gering. Als Verhaltensweisen kommen in Betracht: Stoß von fahrendem Moped oder aus dem Fenster, u. U. auch heftige Schläge auf den Kopf, Würgen am Hals oder Tritte gegen Kopf und Bauch (NStZ-RR 2015, 142).[28]

18   Der *Vorsatz* des Täters muss zumindest die tatsächlichen Umstände erfassen, aus denen sich die Lebensgefährdung ergibt (BGHSt 19, 352). Darüber hinaus dürfte das Bewusstsein der Gefährlichkeit des Handelns zu verlangen sein (Parallelwertung in der Laiensphäre).

19   Praktisch bedeutsam ist die Möglichkeit der Übertragung des HIV-Virus („AIDS") durch ungeschützten Sexualkontakt geworden.[29] Die Ansteckung mit einer Geschlechtskrankheit stellt eine Körperverletzung in Form der Gesundheitsschädigung dar; wegen der tödlichen Gefahr dieser Immunschwäche geht es dabei um eine lebensgefährdende Behandlung. Da eine Ansteckung oftmals nicht feststellbar bzw. die Kausalität nicht nachweisbar ist,[30] kommt regelmäßig nur ein Versuch (§ 224 II) in Betracht. Der Vorsatz (Tatentschluss in Form des *dolus eventualis*) folgt daraus, dass die Gefahren heute allgemein bekannt sind. Schwieriger

---

[23]So auch *Rengier*, § 14 Rn. 47; *Struensee*, in: Einführung, 2. Teil, Rn. 66; a. A. *Schroth*, NJW 1998, 2861/2861 f.; eingehend *Küper*, GA 1997, 301; *ders.*, GA 2003, 363.

[24]BGHSt 47, 383 mit zust. Anm. *B. Heinrich*, JR 2003, 213 und *Stree*, NStZ 2003, 203; abl. *Schroth*, JZ 2003, 215; krit. *Paeffgen*, StV 2004, 77.

[25]OLG Naumburg JA 2013, 871 m. Bespr. *v. Heintschel-Heinegg*.

[26]Vertieft zum Ganzen *Beck*, ZIS 2016, 692.

[27]Vgl. BGHSt 2, 160/163; BGH StV 1993, 27; NStZ 2004, 618; NStZ-RR 2006, 11; OLG Köln NJW 1983, 2274; OLG Düsseldorf JZ 1995, 908.

[28]BGH NStZ-RR 2005, 44; *Heinke*, HRRS 2010, 428.

[29]Grundlegend BGHSt 36, 1; näher dazu *Rengier*, Jura 1989, 225; *Frisch*, in: FS Szwarc (2009), S. 495; *ders.*, JuS 1990, 362; *Teumer*, MedR 2010, 11. Speziell zur Vorsatzfrage s. *Prittwitz*, JA 1988, 486; *Meier*, GA 1989, 207/211 ff.; *Schlehofer*, NJW 1989, 2017; *Mayer*, JuS 1990, 784.

[30]Was sich aufgrund moderner Forschungsmethoden zunehmend ändert.

gestaltet sich die Frage, ob nicht sogar ein – bedingter – Tötungsvorsatz angenommen werden muss. Hier ist zunächst davon auszugehen, dass schon das Gesetz zwischen vorsätzlicher Tötung und vorsätzlicher Körperverletzung mittels einer das Leben gefährdenden Behandlung unterscheidet, da sonst für § 224 kein Raum bliebe. Problematisch erscheint allerdings die Begründung des BGH, der Täter hege möglicherweise die Hoffnung, es werde rechtzeitig ein Heilmittel gegen AIDS gefunden – denn auch sonst reicht für bewusste Fahrlässigkeit die (vage) Hoffnung nicht aus, vielmehr muss ein (ernsthaftes) Vertrauen auf das Ausbleiben des Erfolgs vorliegen. Ein tragfähiges Kriterium dürfte eher die mangelnde Beherrschbarkeit des Kausalverlaufs sein.

3. Schwere Körperverletzung

Die Vorschrift des § 226 stellt auf den Erfolgsunwert ab, nämlich auf die Schwere **20** des eingetretenen Dauerschadens. Das Element der *Dauer* ergibt sich jeweils aus den Tatbestandsmerkmalen „verliert" … „dauernd entstellt wird" … „verfällt". Bei § 226 handelt es sich um ein erfolgsqualifiziertes Delikt; die schwere Folge muss auf der spezifischen Gefahr des Grunddelikts – also der vorsätzlichen Körperverletzung – beruhen (näher dazu Rn. 30 ff.). Subjektiv ist hinsichtlich der Folge gem. § 18 Fahrlässigkeit erforderlich. Von § 226 I wird außerdem bedingt vorsätzliches Handeln erfasst; bei direktem Vorsatz (absichtlich oder wissentlich) greift § 226 II ein. Dies gilt auch für den Versuch der Erfolgsqualifikation, der dann vorliegt, wenn die schwere Folge gewollt ist, aber ausbleibt. Jeweils ist zu beachten, dass der Katalog des § 226 abschließend ist. Diese Grenzen aus Art. 103 II GG hat der Gesetzgeber in anderen Delikten durch die *schwere Gesundheitsschädigung* (z. B. §§ 221 II Nr. 1, 250 I Nr. 1 c, 306b I, 308 II) zwar gelockert, jedoch geht es dort stets um eine dauernde Beeinträchtigung von einem Gewicht, das § 226 vergleichbar ist (etwa Niere oder Lunge, s. Rn. 22). Das Dauerelement zieht hier wie dort eine Exklusivität zum sofortigen Tod nach sich, and. aber bei Tod nach geraumer Leidenszeit. Die *schwere körperliche Misshandlung* des § 250 II Nr. 3 a) hingegen liegt unterhalb dieser Schwelle (BGH NStZ-RR 2007, 175). Im Einzelnen geht es bei § 226 um folgende Beeinträchtigungen:

Als erstes wird der **Verlust** bestimmter **Fähigkeiten** erfasst, namentlich des Seh-, **21** Hör- oder Sprechvermögens. Es genügt der faktische Verlust, bspw. 5 % Resthörfähigkeit auf einem einzigen Ohr.[31] An die Stelle von Zeugungsfähigkeit ist der Begriff „Fortpflanzungsfähigkeit" getreten; damit soll auch die (weibliche) Empfängnisfähigkeit im Wortlaut zum Ausdruck kommen.[32] Ein Verlust des jeweiligen Vermögens tritt ein, wenn der Ausfall für einen längeren Zeitraum besteht, dessen Ende sich nicht absehen lässt (RGSt 72, 321). Er liegt auch dann vor, wenn durch nur vorübergehend mit dem Körper verbundene Hilfsmittel – z. B. Kontaktlinse und

---

[31]BGH, Beschl. v. 8.12.2010 – 5 StR 516/10 – juris.
[32]Zu § 224 a. F. bereits BGHSt 10, 312/315; *Scheffler,* Jura 1996, 505.

Prismenbrille – die Auswirkungen der Beeinträchtigung abgemildert werden; denn anders als bei Nr. 3 (vgl. Rn. 26) kommt es hier auf die Funktionsfähigkeit und nicht auf das äußere Erscheinungsbild an.[33]

22   Die Körperverletzung hat zur Folge, dass der Verletzte ein **wichtiges Glied** verliert oder dauernd nicht mehr gebrauchen kann. Als *Glied* ist ein Körperteil anzusehen, der eine in sich abgeschlossene Existenz mit besonderer Funktion im Gesamtorganismus hat (RGSt 3, 391). Nicht von diesem Begriff erfasst werden innere Organe (str.), wie z. B. die Niere;[34] hier liegt die Grenze der zulässigen Wortauslegung, zumal ferner systematisch andere Funktionen in § 226 gesondert berücksichtigt werden. Weiter einschränkend wird verlangt, dass der Körperteil mit dem Rumpf durch Gelenke verbunden sein muss.

23   Das Glied ist *wichtig*, wenn sein Verlust eine wesentliche Beeinträchtigung des Körpers im Hinblick auf dessen regelmäßige Verrichtungen bedeutet. Dies ist z. B. beim Daumen der Fall, da er das sichere und feste Zugreifen ermöglicht; anders soll es beim „Goldfinger" der rechten Hand liegen (RGSt 62, 161).

24   Fraglich ist, ob die Wichtigkeit generell zu bestimmen ist oder ob es auf die subjektiven Gegebenheiten ankommt (Linkshänder, kleiner Finger des Pianisten u. ä.). In der Literatur wird wohl überwiegend auf die individuellen Verhältnisse abgestellt.[35] Dem hat sich der BGH nunmehr angeschlossen, da die alte Auffassung nicht mehr „zeitgemäß" sei (BGHSt 51, 252/255).[36] Dagegen spricht jedoch, dass auch die übrigen Folgen des § 226 objektiv verstanden werden und darüber hinaus nicht ersichtlich ist, weshalb einer abstrakt-objektiven Betrachtung der Zeitgeist entgegenstehen sollte. Allenfalls könnte es sich um eine kriminalpolitische Stimmung zur Verschärfung des Strafrechts handeln, die jedoch rechtsdogmatisch und als Auslegungsmethode kein Gewicht hat. Zudem müssten die jeweiligen Umstände für den Täter erkennbar (§ 18) oder in seinen Vorsatz[37] aufgenommen worden sein, was bei Beachtlichkeit individueller Besonderheiten auch für diese gilt. Gem. § 16 I 1 genügt es für § 226 II nicht, wenn der Handelnde von einer erheblichen Verletzung ausgeht (BGH NStZ-RR 2013, 383), sondern er muss gerade auch das Gewicht und die Dauerhaftigkeit des § 226 StGB reflektieren.

25   *Verloren* ist das Glied bei völliger Abtrennung vom Körper, sei es auch erst durch eine medizinisch indizierte Amputation. Nach der Ergänzung durch das 6. StrRG genügt nun die dauernde Funktionsunfähigkeit. Diese liegt bereits dann vor, wenn so viele Funktionen ausgefallen sind, dass das Körperglied weitgehend unbrauchbar geworden ist und von daher die wesentlichen faktischen Wirkungen denjenigen eines physischen Verlustes entsprechen (BGHSt 51, 252/256 f.; NStZ-RR 2009, 78). Rechtslogisch tatbestandslos handelt dann jedoch, wer die verbliebenen Restfunktionen beseitigt.

---

[33]Vgl. BayObLG NStZ-RR 2004, 264; dazu *Kudlich,* JuS 2005, 80.

[34]BGHSt 28, 100 mit zust. Anm. *Hirsch,* JZ 1979, 109; a. A. *Otto,* § 17 Rn. 6.

[35]So etwa *Maurach/Schroeder/Maiwald,* BT 1, § 9 Rn. 21; and. aber die frühere st. Rspr., vgl. RGSt 62, 161; 64, 201; zust. *Paeffgen,* in: NK, § 226 Rn. 27 f.; diff. *Hirsch,* in: LK, § 226 Rn. 15.

[36]Dazu *Hardtung,* NStZ 2007, 702; *Paeffgen/Wilde,* HRRS 2007, 363.

[37]Zur Abgrenzung zum Tötungsvorsatz BGH StraFo 2013, 467.

Beispiel

A bringt den B zu Boden, fixiert dessen rechte Hand flach auf dem Asphalt und trennt mit einem scharfen Gipserbeil zwei Glieder des rechten Mittelfingers vollständig ab. Der Zeigefinger wird derart verletzt, dass dieser seither im Mittelgelenk nicht mehr beweglich ist. B kann seine Hand nicht mehr schließen und ist daher zu 20 % erwerbsunfähig (BGH St 51, 252). Zwar fehle es dem Mittelfinger an der nötigen Wichtigkeit. Weil aber dieser Mittelfinger weithin fehle, sei der Zeigefinger von besonderer Bedeutung und diese individuelle Körpereigenschaft begründe für den Zeigefinger die gem. § 226 I Nr. 2 notwendige Wichtigkeit. Richtig wäre es gewesen, die Auswirkungen auf die Hand in den Blick zu nehmen, was zwei Wege eröffnet. Einerseits könnte bereits die Hand die untere Schwelle faktischer Funktionsuntüchtigkeit erreicht haben. Andererseits begründet eine Gesamtschau der einheitlich begangenen Verletzungen beider Finger das nötige Gewicht für den Gesamtorganismus. Gegenbeispiel: A schneidet von der rechten Hand des B drei Finger mit Ausnahme des Zeigefingers und des Daumens ab. Hier liegt der Unwert in der Gesamtschau der für sich betrachtet nicht wichtigen Glieder. Hätte A indessen lediglich den Mittelfinger abgetrennt und fehlten Ring- und kleiner Finger schon vorher, so begrenzt sich seine Schuld auf den Mittelfinger, § 226 I Nr. 2 scheidet aus (and. h.M.); jedenfalls handelt es sich um einen minder schweren Fall (§ 226 III).

In **erheblicher Weise entstellt** ist eine Person, wenn ihr äußeres Erscheinungsbild **26** durch eine körperliche Verunstaltung wesentlich beeinträchtigt wird, z. B. nach Abbeißen der Nasenspitze (BGH MDR 1957, 267), in der Gesamtschau eine großflächige Eindellung des Schädels nebst breiter Narbe, hängenden Augenlidern und gestörter Mimik (BGH NStZ-RR 2016, 45). Für die Erheblichkeit kommt es darauf an, ob die Beeinträchtigung in ihrem Gewicht den übrigen in § 226 genannten Folgen annähernd gleichkommt; nicht jede Narbenbildung oder Hautverfärbung genügt diesen Anforderungen (BGH StV 1992, 115).[38] Die Entstellung braucht allerdings nicht ständig sichtbar zu sein; unter Berücksichtigung der sozialen Lebensverhältnisse reicht es aus, dass sie etwa beim Baden oder Sexualverkehr in Erscheinung tritt.

Die Entstellung ist *dauernd,* wenn sie unbestimmt langwierig ist. Deshalb ent- **27** fällt nach heute nahezu einhelliger Ansicht das Merkmal der Dauer, wenn die entstellende Wirkung durch medizinische oder technische Mittel behoben wird bzw. zumindest auf zumutbare Weise wieder beseitigt werden kann, etwa mittels kosmetischer Operation; praktisch bedeutsam ist insb. der Ersatz verlorener Schneidezähne durch eine Zahnprothese (BGHSt 24, 315).

Der Verletzte **verfällt** in **Siechtum, Lähmung**, geistige **Krankheit** oder **Behin- 28 derung**. Siechtum ist ein Krankheitszustand, der den Gesamtorganismus erfasst und ein Schwinden der Körper- oder Geisteskräfte sowie allgemeine Hinfälligkeit

---

[38]BGH, Beschl. v. 2.5.2007 – 3 StR 126/07 – juris; BGH NStZ 2008, 32; BGH, Urt. v. 20.4.2011 – 2 StR 29/11 – juris.

zur Folge hat. Lähmung bedeutet die erhebliche Beeinträchtigung der Bewegungs-
fähigkeit eines Körperteils, die zumindest mittelbar den ganzen Menschen ergreift.
Sie kann deshalb auch vorliegen, wenn die Lähmung einzelner Glieder die Inte-
grität des gesamten Körpers in Mitleidenschaft zieht – wie die Versteifung eines
Hüft- oder Kniegelenks, so dass zur Fortbewegung Krücken notwendig sind (BGH
JR 1989, 293). Schließlich werden noch Geisteskrankheit und – ebenfalls geistige –
Behinderung genannt.

29   Das Opfer *verfällt* in den genannten Zustand, wenn er unabsehbar langwierig ist
und seine Heilung sich entweder überhaupt nicht oder zumindest nicht der Zeit nach
bestimmen lässt. Wie bei den anderen schweren Folgen muss es sich also um einen
chronischen Gesundheitsschaden handeln.

4. Körperverletzung mit Todesfolge

30   Die Strafbestimmung des § 227[39] stellt ein erfolgsqualifiziertes Delikt dar, welches
sich aus einem vorsätzlich (§ 15) begangenen Grundtatbestand und einer fahrlässig (§ 18) herbeigeführten schweren Folge zusammensetzt. Der Tod des Verletzten
muss durch die Körperverletzung verursacht worden sein; unbestritten ist demnach
das Erfordernis einer kausalen Verknüpfung. Darüber hinaus muss sich die tatbe-
standsspezifische Gefahr in der Todesfolge realisieren. Dieser besondere Konnex
wird zumeist als **unmittelbarer Zusammenhang** gekennzeichnet, wobei die Voraussetzungen umstritten sind.[40]

31   Die Rechtsprechung bringt das genannte Erfordernis häufig in negativer Formulierung zum Ausdruck: In einem tödlichen Ausgang, der erst durch das Eingreifen
eines Dritten oder das Verhalten des Opfers selbst herbeigeführt werde, habe sich
nicht mehr die dem Grunddelikt eigentümliche Gefahr niedergeschlagen.[41] Bisweilen hält der BGH auch die Kriterien von Unmittelbarkeit und Fahrlässigkeit nicht
auseinander, wenn er darauf abstellt, ob der Tod aufgrund eines Geschehensablaufs
eingetreten war, der nicht außerhalb aller Wahrscheinlichkeit lag.[42] Bei dem ersteren
Erfordernis muss es sich jedoch um etwas Engeres handeln, da jenes sonst – neben
§ 18 – überflüssig wäre. Schließlich knüpft der BGH an die *Körperverletzungshandlung* anstelle des Grunddeliktserfolgs an; dies erscheint mit dem Wortlaut (Tod
der „verletzten" Person) nur schwer vereinbar und führt zu einer sachwidrigen Ausweitung des Anwendungsbereichs.

---

[39]Zum Ganzen *Küpper,* in: FS Hirsch (1999), S. 615.

[40]Dazu im einzelnen *Freund,* in: FS Frisch (2013), S. 677; *Geilen,* in: FS Welzel (1974), S. 655;
Hirsch, in: FS Oehler (1985), S. 111; *Sowada,* Jura 1994, 643; *Küpper,* in: FS Hirsch (1999),
S. 615.

[41]BGHSt 31, 96/99; 32, 25; BGH NJW 1971, 152 mit Bespr. *Rengier,* Jura 1986, 143 und *Bartholme,* JA 1994, 373.

[42]BGHSt 31, 96 („Hochsitz-Fall") mit Anm. *Hirsch,* JR 1983, 78; *Puppe,* NStZ 1983, 22; Bespr.
Küpper, JA 1983, 229.

> **Beispiel**
>
> A warf im Wald den Hochsitz um, auf dem sein Onkel O saß. Dieser fiel herunter und brach sich dabei den rechten Knöchel. Der Bruch wurde in der Klinik operativ behandelt; danach war der Verletzte zu Hause weiterhin bettlägerig. Er verstarb schließlich an einer Lungenembolie, die sich in Abhängigkeit von dem längeren Krankenlager entwickelt hatte. Hier hat nicht die Verletzung (Sprunggelenkfraktur) „als solche" zum Tod des O geführt. Selbst wenn man auf die Handlung (Umwerfen des Hochsitzes) abstellt, würde diese lediglich die Gefahr eines tödlichen Sturzes begründen. Gleichwohl meint der BGH, § 227 sei auch dann erfüllt, wenn der Tod des Verletzten erst durch das Hinzutreten weiterer Umstände verursacht worden ist.

Demgegenüber ist zu präzisieren, worin das spezifische Risiko einer Körperverletzung besteht, d. h. warum sie – mehr als andere Tatbestände – die Gefahr in sich birgt, zum Tode des Betroffenen zu führen. Entscheidend muss sein, dass eine Körperverletzung unmittelbar und aus sich heraus (*immediate et per se*) einen tödlichen Ausgang nehmen kann. Abzustellen ist deshalb auf die „Letalität" der zugefügten Verwundung.[43] Daraus ergibt sich zugleich, dass allein der *Körperverletzungserfolg* als Grundlage der Qualifizierung dienen kann. Beruht der Todeseintritt hingegen auf einer sorgfaltswidrigen Handlung, dann kommt – neben dem Versuch der §§ 223 ff. – nur eine Bestrafung wegen fahrlässiger Tötung in Betracht. Gegen §§ 227, 13 bestehen jedenfalls dann keine Einwände, wenn sich der Tod gerade aus der sorgfaltswidrig nicht abgewendeten (weiteren) Verletzung entwickelt hat (s. auch BGH NJW 2017, 418).

Die weiteren Entscheidungen zu der Problematik machen deutlich, dass die Anwendung des § 227 weiterhin mit Unklarheiten behaftet ist. So bejaht der BGH den Gefahrverwirklichungszusammenhang, wenn ein Dritter den Tod des (von ihm für tot gehaltenen!) Opfers dadurch beschleunigt, dass er es zur Vortäuschung eines Selbstmordes an der Türklinke aufhängt.[44] Hier ist bereits die weitaus allgemeiner gefasste objektive Zurechnung fraglich, weil der mit der Ersthandlung angelegte Kausalverlauf durch ein zweites Ereignis unterbrochen wird. Davon abgesehen lässt sich schwerlich sagen, dass sich in der Strangulierung des Opfers durch einen anderen die der Körperverletzung anhaftende typische Todesgefahr verwirklicht hat. Dies wird jedenfalls dann verneint, wenn der Täter selbst das vermeintlich schon tote Opfer mit einem Gürtel erdrosselt, um einen Suizid durch Erhängen vorzutäuschen: Der außergewöhnliche Geschehensablauf liege außerhalb der Realisierung der typischen Gefahr, die dem – vorherigen – Würgen und der daraus resultierenden Bewusstlosigkeit des Opfers eigen war (BGH StV 1993, 75). Nach einem weiteren Urteil soll § 227 gegeben sein, wenn das misshandelte Opfer in Panik gerät, die

32

33

---

[43] Vgl. *Hirsch,* in: LK, § 227 Rn. 5; *Küpper,* Zusammenhang, S. 85 ff.; *Roxin,* AT I, § 10 Rn. 115; wohl auch *Sternberg-Lieben/Schuster,* in: Schönke/Schröder, § 18 Rn. 4c.

[44] BGH NStZ 1992, 333 mit Anm. *Puppe,* JR 1992, 511 und Bespr. *Pütz,* JA 1993, 285.

Selbstkontrolle verliert und sich aus dem Fenster fallen lässt.[45] Der Todeseintritt war indes keine Folge der Körperverletzung „als solcher", sondern der Begleitumstände, namentlich der Nötigungssituation und der Lage des Tatorts im 10. Stock.[46] Hier wie bei jedem erfolgsqualifizierten Delikt ist stets in zwei Schritten zu prüfen:

(1) Worin genau liegt die grunddeliktsspezifische Gefahr?

(2) Handelt es sich angesichts der Entfernung des Erfolges von dieser Gefahrenquelle noch um eine (hinreichende) Realisierung eben jener Gefahr?

34 Erst wenn Kausalität und Unmittelbarkeit gegeben sind, ist noch zu prüfen, ob dem Täter **Fahrlässigkeit** zur Last fällt (§ 18). Auch hieran stellt die Rechtsprechung nur geringe Anforderungen. Sie lässt es in aller Regel genügen, dass die Todesfolge im Endergebnis – und nicht in den Einzelheiten des dahin führenden Kausalverlaufs – vorhergesehen werden konnte. Hinzu kommt, dass nach Ansicht des BGH bei den erfolgsqualifizierten Delikten der Täter mit der Verwirklichung des Grunddelikts stets objektiv pflichtwidrig handelt; alleiniges Kriterium der Fahrlässigkeit sei daher die Voraussehbarkeit des Erfolgs (BGHSt 24, 213). Auch wegen dieser niedrigen Maßstäbe muss den Erfordernissen des unmittelbaren Zusammenhanges besondere Aufmerksamkeit gewidmet werden. Darüber hinaus ist die Erkennbarkeit dieses spezifischen Folgezusammenhangs zu verlangen.

35 Eine **Beteiligung** an § 227 ist in allen Formen möglich. Die Mittäterschaft erfordert ein gemeinschaftliches Begehen des vorsätzlichen Grunddelikts bei Voraussehbarkeit der schweren Folge; keine Rolle spielt es dabei, ob der andere Mittäter sogar mit Tötungsvorsatz handelt (vgl. BGH NStZ 2005, 93).[47] Für die Teilnahme legt § 11 II fest, dass auch das erfolgsqualifizierte Delikt als vorsätzliche Haupttat anzusehen ist;[48] hinsichtlich der schweren Folge muss dem Teilnehmer dann wiederum gem. § 18 (wenigstens) Fahrlässigkeit anzulasten sein. Eine Beteiligung durch *Unterlassen* setzt nach der Rspr. voraus, dass sich der Vorsatz auf eine vom Handelnden begangene Körperverletzung bezieht, die nach Art, Ausmaß und Schwere den Tod des Opfers besorgen lässt;[49] gemeint ist richtigerweise die *letale* Verletzung, die vom Vorsatz umfasst sein muss. Erfolgt die Unterlassung zu einem späteren Zeitpunkt als die Begehungstat des anderen, kommt eine Strafbarkeit nach § 227 nur in Betracht, wenn erst durch das Unterbleiben der gebotenen Handlung eine Todesgefahr geschaffen wird;[50] der Beteiligte muss also gerade die tödliche Verletzung nicht abgewendet haben.

---

[45]BGH NStZ 1992, 335 mit Anm. *Graul,* JR 1992, 344 und Bespr. *Mitsch,* Jura 1993, 18.

[46]Ferner zur unbeachtlichen Selbstgefährdung BGHSt 55, 121/137 (Abwehr gegen Brechmitteleinsatz).

[47]Ausführlich zur Behandlung solcher Exzesse eines Mittäters *Sowada,* in: FS Schroeder (2006), S. 621; *Stuckenberg,* in: FS Jakobs (2007), S. 693.

[48]Zum Ganzen *Küper,* in: FS Kühl (2014), S. 315.

[49]BGHSt 41, 113 mit Anm. *Hirsch,* NStZ 1996, 37; näher dazu *Küpper,* in: FS Hirsch (1999), S. 615/627 ff.

[50]BGH NJW 1995, 3194 mit Anm. *Wolters,* JR 1996, 471 und Bespr. *Ingelfinger,* GA 1997, 573.

Beispiele

(1) A fixiert die Hand des B auf einem Hackklotz, holt mit dem Beil aus, um diese Hand abzuschlagen, jedoch erleidet B unerwartet noch vor der Verletzung einen Herzinfarkt und stirbt, bevor ihn das Beil trifft. Variante: Die Hand bleibt unverletzt, weil A von B aufgrund des Infarkts freiwillig ablässt. Der Tod kann hier einzig an die Handlung angeknüpft werden, da ein vorsätzlich herbeigeführter Körperverletzungserfolg (B ist bei Verletzung bereits tot) fehlt. § 227 ist daher nur bei Anknüpfung an die Gefahren der Handlung gegeben, nicht jedoch nach der Letalitätslehre. In der Variante ist ferner der Rücktritt vom versuchten Grunddelikt bei bereits eingetretener schwerer Folge fraglich, der jedoch anders als bei §§ 249, 22, 251[51] ausscheidet, da mit dem Tod das Tatobjekt des Grunddelikts entfällt und bei Kenntnis hiervon ein Fehlschlag vorliegt.

(2) Eine Gruppe um A und B führt in Mittäterschaft Körperverletzungen gegenüber einer verfeindeten Gruppe aus. In einem Exzess sucht A den feindlichen O mit einem Messer zu töten, was ihm im Ergebnis auch gelingt (BGH NStZ-RR 2016, 136). Eine Mittäterschaft oder auch nur eine psychische Beihilfe des nun lediglich weiter anwesenden B hat der BGH nicht als verwirklicht angesehen, stattdessen aber § 227 StGB. Zwar handelte es sich bei der Tötung um einen Exzess des A, der BGH erkennt jedoch die grunddeliktsspezifische Gefahr in der Handlung. Die *spezifische Gefahr einer Eskalation* mit tödlichem Ausgang sei in dem Kampfgeschehen angelegt gewesen,[52] das durch einen plötzlichen Angriff der äußerst aggressiv gestimmten Angreifer eröffnet worden war, nachdem sie ihre Gegner umzingelt hatten. Auch ohne Kenntnis vom mitgeführten Messer sei der Todeserfolg für B objektiv und subjektiv vorhersehbar gewesen. Ist die tödliche Verletzung jedoch als Exzess nicht zurechenbar, wovon offenbar auch der BGH ausgeht, dann schließt die Letalitätslehre für B eine Strafbarkeit nach § 227 aus. Zudem ist fraglich, ob die Eskalationsgefahr wirklich hinreichend ist, denn die für das Leben unmittelbar gefährliche Tötungshandlung fehlt gerade noch, solange es nicht zur Eskalation gekommen ist.

(3) A stiftet den B zu einer einfachen Körperverletzung an O an. Aufgrund einer dem B nicht bekannten Krankheit, war der hierdurch herbeigeführte Tod des O für B nicht vorhersehbar, sehr wohl aber für A, der die Erkrankung kannte, jedoch den Tod nicht wollte. B ist strafbar gem. § 223. Der A hingegen ist einer Anstiftung zu § 227 schuldig, denn gem. §§ 11 II, 18 kommt es hinsichtlich des unvorsätzlichen Teils allein auf die eigene Fahrlässigkeit jedes Beteiligten an („ihm"). Dies ist neben § 28 II die zweite Konstellation der limitierten Akzessorietät, bei welcher die Bestrafung wegen Teilnahme an einem Delikt erfolgt, welches der Vordermann gar nicht verwirklicht hat, dessen strafsteigernden Merkmale aber bei dem Hintermann gegeben sind.

---

[51]Vgl. dazu BGHSt 42, 158.
[52]Ebenso bereits BGH NStZ-RR 2009, 309.

36 Ob es einen **Versuch** der Körperverletzung mit Todesfolge gibt, ist äußerst fraglich. Insoweit sind zwei Konstellationen zu unterscheiden: Handelt der Täter mit Vorsatz bezüglich der Todesfolge, so geht es allein um den Versuch eines Tötungsdelikts. Problematisch und umstritten ist indes der Sachverhalt, dass schon durch die versuchte Körperverletzung der Tod des Opfers verursacht wird – sog. erfolgsqualifizierter Versuch. Nach der hier vertretenen Letalitätslehre (oben Rn. 32) scheidet auch diese Möglichkeit aus, weil die Todesfolge auf dem *Erfolg* des Grunddelikts beruhen muss, der ja gerade ausgeblieben ist. Anders hat jedoch der BGH im „Gubener Verfolgungsfall" entschieden.[53] Dort hatte sich das von den gewaltbereiten Tätern verfolgte Opfer auf seiner Flucht tödliche Verletzungen zugezogen. Ausgehend von der Körperverletzungshandlung meint der BGH, die Anwendbarkeit des § 227 würde nicht davon abhängen, ob darüber hinaus ein (vorsätzlich herbeigeführter) Körperverletzungserfolg eingetreten ist, da dieser für den Unrechtsgehalt der Tat allenfalls von untergeordneter Bedeutung sein könne. Eine derartige Begründung missachtet aber den Gesichtspunkt der typischen Gefährlichkeit des Grunddelikts, die bei §§ 223 ff. eben darin besteht, dass die zugefügte Verletzung einen tödlichen Ausgang nehmen kann. Das Ergebnis des BGH verfehlt also die innere Struktur des § 227 und lässt das Unmittelbarkeitskriterium vollends leerlaufen. Möglich wäre es indes gewesen, die zum Tod führende Verletzung als zumindest mit Eventualvorsatz herbeigeführt anzusehen, dann hätte sich im Verbluten die Letalität der zugefügten Verwundung realisiert und auf dem Boden der Rspr. stünde die Unmittelbarkeit außer Zweifel.[54]

5. Körperverletzung im Amt

37 Das unechte Amtsdelikt des § 340 qualifiziert die Körperverletzung für einen Amtsträger (§ 11 I Nr. 2), für Soldaten der Bundewehr ist das WStG zu beachten.[55] Die **Tathandlung** muss während der Ausübung seines Dienstes oder in Beziehung auf seinen Dienst erfolgen. Erforderlich ist jeweils ein innerer (sachlicher) Zusammenhang mit der amtlichen Tätigkeit, während ein bloß zeitliches Zusammentreffen nicht genügt. Das tatbestandliche Verhalten besteht darin, dass der Amtsträger eine Körperverletzung selbst begeht oder begehen lässt. Von dem Merkmal „Begehenlassen" wird sowohl das Anordnen der Vollziehung als auch das Geschehenlassen trotz dienstlicher Verhinderungspflicht umfasst. Darunter fällt also praktisch jede

---

[53]BGHSt 48, 34 mit Anm. *Kühl,* JZ 2003, 637 und *Puppe,* JR 2003, 123; Bespr. *Laue,* JuS 2003, 743 und *Sowada,* Jura 2003, 549; dazu auch *Engländer,* GA 2008, 669.

[54]Dahingehende Feststellungen wären indes Sache des Tatgerichts gewesen, weshalb es bei deren hier zu vermutenden Fehlen, insofern der Aufhebung und Zurückverweisung bedurft hätte (§§ 353, 354 II StPO).

[55]Zu letzterem *Bülte,* NZWehrr 2016, 45.

Beteiligungsform einschließlich der Teilnahme, die gem. § 340 als Täterschaft bestraft wird (vgl. RGSt 66, 59).

Beispiele

Zwei Amtskollegen geraten während der Dienstzeit in Streit und prügeln sich; kein § 340 mangels Zusammenhang mit der dienstlichen Tätigkeit. Als „erzieherische Maßnahme" verabreicht ein Jugendstaatsanwalt dem Beschuldigten Schläge auf das nackte Gesäß; § 340 durch Begehen (BGHSt 32, 357/364). Der Justizvollzugsbeamte veranlasst oder duldet die Misshandlung eines Strafgefangenen; § 340 durch Begehenlassen.

Die Strafe erhöht sich im Falle der einfachen Körperverletzung (§ 340 I); der Versuch ist strafbar (§ 340 II). Durch die Verweisung des § 340 III werden die Qualifizierungen der §§ 224–227 erfasst; der Täter ist also etwa wegen gefährlicher oder schwerer Körperverletzung im Amt zu verurteilen. Dabei kommt auch die Alternative des „Begehenlassens" in Betracht (BT-Drucks. 13/8587, S. 83). Schließlich kann die Tat sogar fahrlässig begangen werden (§ 340 III i.V.m. § 229). Als uneigentliches Amtsdelikt gilt für Teilnehmer die Tatbestandsverschiebung nach § 28 II.   **38**

Kontrollfragen
1. Was ist unter körperlicher Misshandlung und Gesundheitsschädigung zu verstehen? (Rn. 4, 6)
2. Worin besteht der Grundgedanke des § 224 und wie sind seine Ausprägungen? (Rn. 7)
3. Was macht die Gefährlichkeit eines Werkzeugs aus? (Rn. 13)
4. Worauf stellt die Vorschrift des § 226 ab? (Rn. 20)
5. Welcher Zusammenhang muss zwischen Körperverletzung und Todesfolge bestehen? (Rn. 30, 32)
6. Ist ein Versuch des § 227 möglich? (Rn. 36)

II. Rechtswidrigkeit

1. Überblick

Die tatbestandsmäßige Körperverletzung kann nach den allgemeinen Grundsätzen (z. B. §§ 32, 34) gerechtfertigt sein. Die vorläufige Festnahme (§ 127 StPO) gestattet zumindest leichte Verletzungen, die im Zusammenhang damit auftreten können, etwa durch festes Zupacken. Praktisch bedeutsam sind daneben die Einwilligung und das Züchtigungsrecht, deren ausführlichere Darstellung im Allgemeinen Teil ihren Platz findet.   **39**

Für die rechtfertigende **Einwilligung** markiert § 228 eine Grenze.[56] Danach bleibt die Tat rechtswidrig, wenn sie gegen die guten Sitten verstößt. Entscheidend   **40**

---

[56]Zum Ganzen *Bott/Volz*, JA 2009, 421

ist also die Sittenwidrigkeit der *Tat,* nicht der Einwilligung (BGHSt 4, 88). Nach einer in der Literatur vertretenen Auffassung soll es dabei nur auf die Schwere des tatbestandlichen Rechtsgutsangriffs ankommen.[57] Demgegenüber sind nach bisher h. M. auch die mit der Körperverletzung verfolgten Ziele und Zwecke, beispielsweise experimenteller oder sadistischer Art, zu berücksichtigen.[58] Sie verweist darauf, dass ohne Einbeziehung des Tatzwecks sich vielfach gar nicht sachgerecht beurteilen lasse, ob der körperliche Eingriff sittenwidrig sei. Auf der anderen Seite zieht auch diese Meinung das Ausmaß der Beeinträchtigung mit heran, so dass bei geringfügigen Eingriffen der sittenwidrige Zweck nicht ohne weiteres zur Unwirksamkeit der Einwilligung führt.

Beispiele

In der neueren Rspr. wurde als sittenwidrig beurteilt: Einwilligung in das hohe Verletzungsrisiko beim „Auto-Surfen" auf dem Fahrzeugdach,[59] hoch riskante Autorennen,[60] Hinnahme von erheblichen Schlägen und Tritten als „Aufnahmeprüfung" einer Jugend-Gang,[61] verabredete Gruppenschlägereien.[62]

41 Dabei hat sich nun auch der BGH bei der Beurteilung einer Heroin-Fremdinjektion[63] und sadomasochistischer Praktiken[64] – beides mit tödlichem Ausgang – der „Rechtsgutslösung" angeschlossen: Danach kann die Prüfung der Sittenwidrigkeit nicht (allein) daran anknüpfen, ob mit der Tat verwerfliche Zwecke verfolgt werden. Vielmehr müsse entscheidend sein, ob die Körperverletzung wegen des besonderen Gewichts des tatbestandlichen Rechtsgutsangriffs unter Berücksichtigung des Umfangs der eingetretenen Verletzung und des damit verbundenen Gefahrengrads für Leib und Leben des Opfers trotz Einwilligung des Rechtsgutsträgers nicht mehr als von der Rechtsordnung hinnehmbar erscheint. Die Grenze zur Rechtswidrigkeit sei jedenfalls dann überschritten, wenn bei objektiver Betrachtung aller maßgeblichen Umstände der Einwilligende durch die Körperverletzungshandlung in *konkrete Todesgefahr* gebracht wird. Der mit der Tat verfolgte Zweck ist nach dieser Ansicht

---

[57]Vgl. *Hirsch,* in: LK, § 228 Rn. 9; *Weigend,* ZStW 98 (1986), 44/64 f.

[58]RGSt 74, 91/94 f.; BGHSt 4, 24/31; *Maurach/Schroeder/Maiwald,* BT 1, § 8 Rn. 14; eingehend *Stree/Sternberg-Lieben,* in Schönke/Schröder, § 228 Rn. 17 ff.

[59]OLG Düsseldorf NStZ-RR 1997, 325 mit Bespr. *Hammer,* JuS 1998, 785 (dort auch zur Frage der Selbstgefährdung).

[60]BGHSt 53, 55/62.

[61]BayObLG NJW 1999, 372 mit Anm. *Amelung,* NStZ 1999, 458 und *Otto,* JR 1999, 124.

[62]BGHSt 58, 140; BGHSt 60, 166 und dazu statt vieler *Gaede,* ZIS 2014, 489; *Mitsch,* NJW 2015, 1545; zum Ganzen auch *Theile,* in: FS Beulke (2015), S. 557.

[63]BGHSt 49, 34 mit Anm. *Mosbacher,* JR 2004, 390 und Bespr. *Hardtung,* Jura 2005, 401.

[64]BGHSt 49, 166 mit Anm. *Hirsch,* JR 2004, 475 und *Stree,* NStZ 2005, 40; zum Ganzen *Hirsch,* in: FS Amelung (2009), S. 181; *Jakobs,* in: FS Schroeder (2006), S. 507; *Kühl,* in: FS Schroeder (2006), S. 521.

nur ausnahmsweise von Bedeutung, sofern nämlich die an sich negative Bewertung durch einen positiven oder zumindest einsehbaren Zweck kompensiert wird, wie etwa bei lebensgefährlichen ärztlichen Eingriffen mit dem Ziel der Lebenserhaltung (s. auch § 1 Rn. 93) sowie in umgekehrter Richtungen bei Körperverletzungen im Rahmen einer Tötung auf Verlangen (s. Rn. 71).

Bei einer Körperverletzung im Amt (§ 340) hat die Einwilligung des Verletzten **42** keine rechtfertigende Wirkung, da die Befugnisse des Amtsträgers durch das öffentliche Recht bestimmt werden.[65] Die Rechtswidrigkeit kann dort nur aufgrund gesetzlicher Ermächtigung (z. B. § 81a StPO[66]) ausgeschlossen sein. Zwar verweist § 340 III n. F. auch auf § 228, woraus die h. M. nunmehr die Möglichkeit der Einwilligung herleitet.[67] Dem steht jedoch entgegen, dass es sich um ein Amtsdelikt handelt; die „entsprechende" Anwendung kann deshalb nur soweit reichen, wie es mit dem (öffentlich-rechtlich geprägten) Charakter des § 340 zu vereinbaren ist.[68] Zudem würde die Sittenwidrigkeit einer solchen Einwilligung naheliegen. Auch Soldaten der Bundeswehr können aufgrund des über den Individualschutz hinausgehenden Zweck der §§ 30, 31 WStG in Misshandlungen oder entwürdigende Behandlungen nicht wirksam einwilligen (BGHSt 53, 145/168 „Geiselnahmeübung").

Den Eltern wurde früher kraft elterlicher Sorge (§ 1626 BGB) ein **Züchtigungs-** **43** **recht** gegenüber ihren Kindern zugestanden. Dessen Existenz ist jedoch spätestens seit dem Gesetz zur Ächtung der Gewalt in der Erziehung vom 2.11.2000 fraglich geworden. Danach sind körperliche Bestrafungen, seelische Verletzungen und andere entwürdigende Maßnahmen unzulässig (§ 1631 II BGB). Ob dies einer Abschaffung des Züchtigungsrechts gleichkommt, wird in der Literatur kontrovers diskutiert.[69] Dabei ist zu beachten, dass eine Körperverletzung schon *tatbestandlich* ausscheidet, wenn sie nicht die Erheblichkeitsschwelle einer körperlichen Misshandlung (oben Rn. 5) erreicht; genannt wird zumeist ein leichter „Klaps" als Reaktion auf kindliches Fehlverhalten. Auf der anderen Seite sind jedenfalls solche Bestrafungen verboten, die zugleich entwürdigende Maßnahmen darstellen. Dazwischen mag noch ein kleiner Bereich der maßvollen und angemessenen Züchtigung liegen, die zwar tatbestandsmäßig, aber nicht rechtswidrig ist.[70] Soweit dieses Recht anerkannt wird, setzt es objektiv einen Erziehungsanlass und subjektiv ein Handeln zu Erziehungszwecken voraus. Kein Züchtigungsrecht besteht gegenüber fremden Kindern, seine Ausübung kann aber ggf. vom Berechtigten übertragen werden.

---

[65]Vgl. BGHSt 12, 62/70; BGH NJW 1983, 462 mit Bespr. *Amelung/Weidemann*, JuS 1984, 595; zust. *Wagner*, JZ 1987, 658/662.

[66]Zum rechtswidrigen Brechmitteleinsatz insb. BGHSt 55, 121.

[67]Bejahend *Fischer*, § 340 Rn. 7; *Wolters*, in: SK, § 340 Rn. 17; *Heger*, in: Lackner/Kühl, § 340 Rn. 4; *Rengier*, § 62 Rn. 5.

[68]Zutr. *Hirsch*, in: LK, § 340 Rn. 15; *Jäger*, JuS 2000, 31/38; *Voßen*, in: MK, § 340 Rn. 2, 21.

[69]Näher *Kargl*, NJ 2003, 57; *Noak*, JR 2002, 402; *Roxin*, JuS 2004, 177; *Scheffler*, JRE 10 (2002), 279.

[70]Dahingehend *Krey/Hellmann/Heinrich*, Rn. 344; *Kühl*, in: Lackner/Kühl, § 223 Rn. 11; wohl auch *Kindhäuser*, LPK, Vor § 32 Rn. 67.

44   Das ehemals auf Gewohnheitsrecht gestützte Züchtigungsrecht des *Lehrers* wird heute nicht mehr anerkannt, zumal dem die landesrechtlichen Schulgesetze entgegenstehen.[71] Ebenso wenig ist der Lehrherr zu körperlichen Züchtigungen befugt (§ 31 JArbSchG).

2. Der ärztliche Heileingriff

45   Besondere Probleme ergeben sich im Hinblick auf ärztliche Behandlungsmaßnahmen. Hier ist bereits die Tatbestandsmäßigkeit solcher Eingriffe umstritten; bejahendenfalls sind die Anforderungen an die Einwilligung des Patienten näher zu bestimmen.

46   Nach st. Rspr. stellt jeder (nicht unerhebliche) ärztliche Eingriff in die körperliche Unversehrtheit eine **tatbestandliche Körperverletzung** dar. Das Reichsgericht hat sich in seiner grundlegenden Entscheidung[72] dagegen gewandt, dass unter *Misshandlung* lediglich ein schlimmes oder übles, nicht aber ein an sich vernünftiges oder zweckmäßiges Handeln zu verstehen sei. Der Gesetzgeber hätte mit dem Ausdruck „körperlich misshandeln" alle unmittelbar und physisch dem menschlichen Organismus zugefügten Verletzungen bezeichnen wollen.

47   Demgegenüber steht die h. L. auf dem Standpunkt, der Heileingriff diene dem Gesundheitsinteresse des Patienten und erfülle demgemäß nicht den Tatbestand einer Körperverletzung.[73] Uneinheitlich werden dabei noch die Anforderungen bestimmt: Teilweise wird auf das Gelingen der Behandlung abgestellt; andere machen die kunstgerechte Durchführung zur Voraussetzung. Nach einer differenzierenden Auffassung soll bei gelungenem Eingriff der objektive Tatbestand, bei misslungenem, aber *lege artis* erfolgtem Eingriff der Vorsatz entfallen. Nimmt also der Handelnde irrig an, *lege artis* zu handeln, fehlt nach h.L. bereits gem. § 16 I 1 der Vorsatz, wogegen nach Lösung der Rspr. (Einwilligung) ein Erlaubnistatbestandsirrtum in Betracht kommt.[74]

48   Der Unterschied beruht also – kurz gesagt – darauf, dass die Rechtsprechung den Einzelakt, die Literatur den Gesamtzustand ins Auge fasst. Wiederum übereinstimmend wird die medizinisch nicht indizierte Behandlung als Körperverletzung beurteilt.[75] Gleiches gilt für die kosmetische Operation. *De lege lata* ist zu berücksichtigen, dass auf der Grundlage der h. L. der angemaßte Heileingriff strafrechtlich nicht hinreichend erfasst werden könnte, sogar wenn schwere Folgen (§ 226)

---

[71]Dazu *Lilie*, in: LK, § 223 Rn. 10; offenlassend BGH NJW 1976, 1949 mit Anm. *Schall*, NJW 1977, 113 und *Vormbaum*, JZ 1977, 654.

[72]RGSt 25, 375; dem folgend BGHSt 11, 111; 12, 379; 16, 309; zust. *Kargl*, GA 2001, 538.

[73]So etwa *Gössel/Dölling*, § 12 Rn. 50 ff.; *Lilie*, in: LK, Vor § 223 Rn. 3 ff.; *Schmidhäuser*, Kap. 1 Rn. 5; *Welzel*, § 39 I 3a; zusammenfassend *Bockelmann*, ZStW 93 (1981), 105.

[74]Dazu vertieft anhand der Einordnung der Einwilligung *Gropp*, GA 2015, 5.

[75]Zu ihrer Rechtfertigung durch Einwilligung *Sternberg-Lieben*, in: FS Amelung (2009), S. 325; nicht auf *ärztliche* Eingriffe beschränkt *Schroth*, in: FS Volk (2009), S. 719.

herbeigeführt würden. Es kämen allenfalls die §§ 239, 240 in Betracht. Diese Lücke ließe sich erst *de lege ferenda* durch einen Sondertatbestand der eigenmächtigen Heilbehandlung[76] schließen. Bis dahin kann auf den Schutz der §§ 223 ff. wohl nicht verzichtet werden.

Für die demnach erforderliche (rechtfertigende) **Einwilligung** ist insbesondere **49** zu beachten, dass ihre Wirksamkeit von einer genauen Aufklärung durch den Arzt abhängt, damit der Patient seine Zustimmung in Kenntnis von Bedeutung und Tragweite des Eingriffs abgeben kann. An diese *Aufklärungspflicht* werden hohe Anforderungen gestellt: Aufzuklären ist über den Befund, die Art der Behandlung, deren typische Gefahren und mögliche Folgen; letzteres wird allerdings dann nicht verlangt, wenn Schäden nur in äußerst seltenen Fällen auftreten und bei einem verständigen Patienten für seinen Entschluss nicht ernsthaft ins Gewicht fallen.[77] Strengere Anforderungen gelten für Außenseitermethoden.[78] Die Einzelheiten sind wenig übersichtlich und Gegenstand des Medizinstrafrechts.

Kann die Einwilligung nicht (rechtzeitig) eingeholt werden – z. B. bei einem **50** Schwerverletzten –, so kommt als Rechtfertigungsgrund eine *mutmaßliche Einwilligung* in Betracht.[79] Außerdem erlangt sie Bedeutung in Fällen der „Operationserweiterung", wenn also der Arzt den Eingriff über die zuvor vereinbarten Maßnahmen hinaus ausdehnt. Der angenommene Wille ist in erster Linie aus den persönlichen Umständen des Betroffenen, bei fehlenden Anhaltspunkten danach zu ermitteln, was gemeinhin als normal und vernünftig angesehen wird.[80]

Beispiel [BGHSt 35, 246 ff.]

Dr. A führte bei Frau F eine Kaiserschnittoperation durch. Schon bald nach Operationsbeginn stellte er fest, dass die Bauchhöhle starke Verwachsungen aufwies; aus seiner Sicht lag ein „katastrophaler Befund" vor. In der Überzeugung, dass eine neue Schwangerschaft bei F unbedingt verhindert werden müsste, nahm A eine Eileiterunterbrechung vor. Nach objektiven Kriterien sei von einer mutmaßlichen Einwilligung auszugehen. Jedoch hatte F eine Sterilisation schon einmal abgelehnt, so dass der Eingriff nicht ihrem tatsächlichen Willen entsprach. A habe demnach eine mutmaßliche Einwilligung irrig angenommen. Diese Annahmen zur mutmaßlichen Einwilligung sind aber dann hoch problematisch, wenn – wie wohl auch hier – ohne Gefahr zunächst die Entscheidung der Patientin eingeholt werden kann.

---

[76]Vorgesehen in § 162 E 1962 und § 123 AE; geregelt in § 110 österr. StGB: „Wer einen anderen ohne dessen Einwilligung, wenn auch nach den Regeln der medizinischen Wissenschaft, behandelt, ist ... zu bestrafen."

[77]BGHZ 29, 46; s. auch BGH JR 1996, 69 mit Anm. *Rigizahn* (Aufklärung über Behandlungsmethode).

[78]S. weiterführend BGH NStZ 2011, 343 (Zitronensaft-Fall) m. Anm. *Hardtung,* a.a.O., S. 635 u. Bespr. *Widmaier,* in: FS Roxin II (2011), S. 439.

[79]Instruktiv dazu *Mitsch,* ZJS 2012, 38.

[80]BGHSt 35, 246 mit Anm. *Geppert,* JZ 1988, 1024 und Bespr. *Müller-Dietz,* JuS 1989, 280; BGHSt 45, 219 mit Anm. *Hoyer,* JR 2000, 473.

51   Neuerdings hat der BGH noch auf den Gesichtspunkt der *hypothetischen Einwilligung* abgestellt. Sie unterscheidet sich von der Grundfigur der mutmaßlichen Einwilligung durch die tatsächliche Möglichkeit der vorherigen Befragung des Patienten. Die Rechtswidrigkeit soll aber entfallen, wenn er bei ordnungsgemäßer Aufklärung in die durchgeführte Operation eingewilligt hätte.[81] Dies erscheint allerdings problematisch, weil der Arzt den Patienten dann sogar bewusst falsch oder unvollständig aufklären könnte. Zudem ist auch sonst eine Straftat nicht gerechtfertigt, falls der Betroffene nachträglich erklärt, er wäre mit der Rechtsgutsverletzung einverstanden gewesen. Insgesamt erscheint der tatsächliche Wille des Patienten und die Nutzung der Möglichkeiten zu dessen Aufklärung vorrangig. Immerhin aber besteht gegenüber der Fallgruppe der mutmaßlichen Einwilligung ein Unterschied darin, dass dort regelmäßig jedwede Einwilligung fehlt, während es hier eher um die Änderung oder Erweiterung einer bestehenden Einwilligung geht. Das Problem hat seither erhebliche Aufmerksamkeit und Kritik im Schrifttum erfahren, es wird einerseits bereits im Tatbestand auf die Ebene der objektiven Zurechnung diskutiert und bereitet andererseits in seiner Anknüpfung an die zivilgerichtlichen Maßstäbe erhebliche Schwierigkeiten (u.a. § 630 h II 2 BGB).[82]

III. Sondertatbestände

1. Misshandlung von Schutzbefohlenen

52   Bei § 225 handelt es sich um einen eigenständigen Tatbestand, dessen besonderer Unrechtsgehalt in der Verletzung eines hervorgehobenen Pflichtverhältnisses besteht.[83] Hinzu kommt, dass auch das Zufügen seelischer Qualen erfasst wird.

53   Dem Schutzbereich unterfällt ein bestimmter **Personenkreis**, nämlich minderjährige oder wehrlose Personen. Wehrlos ist, wer sich gegen Misshandlungen überhaupt nicht oder nicht hinreichend zur Wehr setzen kann. Das ist etwas anderes als Hilflosigkeit, wer flieht, kann wehrlos sein.[84] Diese Wehrlosigkeit muss auf Gebrechlichkeit oder Krankheit beruhen, nicht etwa auf Fesselung. *Gebrechlichkeit* bedeutet die stark herabgesetzte körperliche Betätigungsmöglichkeit, vor allem

---

[81]BGH NStZ-RR 2004, 16 mit Anm. *Rönnau,* JZ 2004, 801 u. Bespr. *Eisele,* JA 2005, 252; BGH JR 2004, 469 m. Anm. *Puppe;* dazu auch *Duttge,* in: FS Schroeder (2006), S. 179; *Gropp,* in: FS Schroeder (2006), S. 197; *Mitsch,* JZ 2005, 279; *Otto,* Jura 2004, 679/682 f.

[82]Seither BGH NJW 2013, 1688; NStZ 2012, 205 doch and. AG Moers, medstra 2016, 123 sowie statt vieler *Jäger,* JA 2016, 472; *Krüger,* in: FS Beulke (2015), S. 137; *ders.,* medstra 2017, 12 ff.; *Puppe,* ZIS 2016, 366; *Rönnau,* JuS 2014, 882; *Saliger,* in: FS Beulke (2015), S. 257; *Schöch,* GA 2016, 294; *Sowada,* NStZ 2012, 1; *Sternberg-Lieben,* in: FS Beulke (2015), S. 299; *Zabel,* GA 2015, 219.

[83]Allerdings str., wie hier *Hirsch,* in: LK, § 225 Rn. 1; *Maurach/Schroeder/Maiwald,* BT 1, § 10 Rn. 2; *Wessels/Hettinger,* Rn. 310; a.A. (Qualifikation zu § 223) BayObLGSt 1960, 285; diff. *Fischer,* § 225 Rn. 2.

[84]*Fischer,* § 225 Rn. 3; *Hirsch,* in: LK, § 225 Rn. 4.

bei alten Menschen. Unter *Krankheit* ist jeder pathologische Zustand zu verstehen, gleichgültig welcher Ursache (z. B. Unfall, Verletzungen).

Zwischen Täter und Opfer muss ein besonderes **Schutzverhältnis** bestehen.   **54**
Das Gesetz nennt vier Fälle: Fürsorge und Obhut nehmen Eltern, Pfleger oder Kindermädchen wahr; ein bloßes „Gefälligkeitsverhältnis" genügt dafür nicht (BGH NJW 1982, 2390). Zum Hausstand gehören Personen, die in die Hausgemeinschaft aufgenommen worden sind. Die Überlassung in die Gewalt ist ein tatsächlicher Vorgang, der keine Obhutspflicht zu begründen braucht. Im Rahmen des Dienst- oder Arbeitsverhältnisses muss das Opfer dem Täter untergeordnet sein.

Die **Tathandlung** ist in dreifacher Weise umschrieben. *Quälen* (1. Alt.) bedeutet das   **55**
Verursachen länger dauernder oder sich wiederholender erheblicher Schmerzen oder Leiden körperlicher oder seelischer Art (BGHSt 41, 113/115). Mehrere Körperverletzungshandlungen, die für sich genommen § 225 Abs. 1 nicht erfüllen, sind ein Quälen, wenn erst die ständige Wiederholung den gesteigerten Unrechtsgehalt ausmacht, wobei dann die Einzelakte zu einer einheitlichen Tatbestandsverwirklichung zusammengefasst werden (BGH StV 2007, 635). Das setzt voraus, dass die Gewalthandlungen ein äußerlich und innerlich geschlossenes Geschehen sind, wofür räumliche und situative Zusammenhänge, zeitliche Dichte und eine sämtliche Einzelakte prägende Gesinnung maßgeblich sind; im Gegensatz dazu stehen anlassbezogene neue Tatentschlüsse zu jeder Einzeltat, was bei dem spontanen Abreagieren von Wut der Fall sein kann (BGH StV 2016, 434; NStZ 2016, 472). Andererseits ist keine besondere subjektive Beziehung des Täters zur Tat erforderlich, weshalb insofern ein Handeln aus Gleichgültigkeit oder Schwäche genügt (BGH NStZ 2016, 95).[85] Es kann auch durch Unterlassen (§ 13) verwirklicht werden (BGH NStZ 2016, 95).[86] Eine *rohe Misshandlung* (2. Alt.) liegt vor, wenn der Täter dem anderen aus gefühlloser Gesinnung eine Körperverletzung zufügt, die sich in erheblichen Handlungsfolgen äußert (BGHSt 25, 277). Anders als das Quälen bezieht sich diese Tatalternative auf ein einzelnes Körperverletzungsgeschehen (BGH NStZ 2016, 472), das ebenfalls durch Unterlassen (§ 13) verwirklicht werden kann (BGH StV 2016, 431). Die notwendige gefühllose Gesinnung liegt vor, wenn der Handelnde bei der Misshandlung das – notwendig als Hemmung wirkende – Gefühl für das Leiden des Misshandelten verloren hat, das sich bei jedem menschlich und verständlich Denkenden eingestellt haben würde; was indessen nicht der Fall sein muss, wenn der vom lauten und dauernden Schreien eines Säuglings angespannte und eigentlich fürsorgliche Vater diesen eine Minute schüttelt, um dem Schreien ein Ende zu setzen (BGH NStZ 2007, 405). Das Zufügen einer *Gesundheitsschädigung* (3. Alt.) muss durch böswillige Vernachlässigung der Sorgepflicht erfolgen. *Böswillig* handelt, wer die Pflichtverletzung aus besonders verwerflichem Motiv begeht (BGH NStZ 1991, 234); in Betracht kommen etwa Hass oder Eigensucht, während hier Gleichgültigkeit oder Schwäche allein nicht ausreichen.

---

[85]Zust. *Engländer*, NJW 2015, 3049; *Sternberg-Lieben*, medstra 2016, 49; a.A. *Momsen-Pflanz*, StV 2016, 440.

[86]Vgl. BGH NStZ-RR 1996, 197; 2004, 94; OLG Düsseldorf NStZ 1989, 269; *Stree/Sternberg-Lieben*, in: Schönke/Schröder, § 225 Rn. 11; *Sternberg-Lieben*, medstra 2016, 49.

56   Der Versuch ist strafbar (§ 225 II). Qualifiziert ist die Tat, wenn der Täter die geschützte Person in die konkrete Gefahr des Todes oder einer schweren Gesundheitsschädigung bringt (vgl. dazu § 1 Rn. 100). Die Gefahr einer erheblichen Schädigung der körperlichen oder seelischen Entwicklung besteht, wenn ernsthaft zu befürchten ist, dass der normale Ablauf des Reifeprozesses dauernd und nachhaltig gestört wird (BGH NStZ 1982, 328). Wie für jede konkrete Gefahr ist Vorsatz erforderlich, selbst wenn der Gesetzgeber hier keine eigene Regelung für die fahrlässige Gefährdung geschaffen hat (h.M.). Zu den Konkurrenzen siehe noch Rn. 71.

2. Eingriffe an menschlichen Genitalien

57   Während § 226 die Fortpflanzungsfähigkeit schützt, geht es hier um den Schutz der Genitalien. Das LG Köln (NStZ 2012, 448)[87] hat die von einem Arzt ohne medizinische Veranlassung vorgenommene Beschneidung eines 4jährigen Jungen trotz einer religiös motivierten Einwilligung der Eltern als rechtswidrige Körperverletzung angesehen, was eine breite Diskussion ausgelöst[88] und den Gesetzgeber beschäftigt hat. Die Kollision zwischen dem Recht des einwilligungsunfähigen Knaben auf körperliche Unversehrtheit sowie auf seine (negative) Religionsfreiheit einerseits und der Religionsfreiheit[89] sowie dem Erziehungsrecht seiner Eltern andererseits hat der Gesetzgeber sodann mit § 1631d BGB zugunsten der Eltern gelöst.[90] Dieses von der Personensorge umfasste Einwilligungsrecht endet jedoch gem. § 1631d I 2 BGB, wenn durch die Beschneidung auch unter Berücksichtigung ihres Zwecks das Kindeswohl gefährdet wird.[91] Das ist der Fall, wenn von dem Eingriff insb. wegen seiner Intensität oder der Art und Weise der Vornahme, erhebliche Gefahren drohen, aber auch, wenn die religiöse Zwecksetzung nicht hinreichend ernsthaft ist oder gar fehlt.

58   Im Gegensatz zu Knaben ist der Eingriff in weibliche Genitalien gem. § 226a StGB besonders unter Strafe gestellt.[92] Das normativ hochgradig aufgeladene Wort Verstümmelung hat zwar in Fällen von geringster Intensität gem. Art. 103 II GG grundsätzlich Grenzen, dennoch hat sich der Gesetzgeber hier – anders als bei Jungen – für ein grundsätzliches Verbot entschieden. Das ist aus unterschiedlichen Perspektiven kritikwürdig:[93] Warum werden Verstümmelungen von Jungen nicht

---

[87]Sowie bereits *Putzke*, MedR 2008, 268; *ders.*, in: FS Herzberg (2008), S. 669.

[88]Statt vieler *Jahn*, JuS 2012, 850; *Putzke*, MedR 2012, 621.

[89]Grds. zur Religion und dem Strafrecht in der multikulturellen Gesellschaft *Hilgendorf*, JZ 2014, 821; *Renzikowski*, NJW 2014, 2539.

[90]Sehr krit. etwa *Scheinfeld*, HRRS 2013, 268; *Walter*, JZ 2012, 1110 sowie vorausgehend *Putzke*, RuP 2012, 138 und *Zypries*, RuP 2012, 139; tendenziell krit. auch *Fahl*, in: FS Beulke (2015), S. 81.

[91]Dazu *Herzberg*, ZIS 2014, 56.

[92]Zum Ganzen *Schramm*, in: FS Kühl (2014), S. 603; *Sotiriadis*, ZIS 2014, 320.

[93]Krit. statt vieler *Bülte/Hagemeier*, JZ 2010, 406; *Kraatz*, JZ 2015, 246; *Wolters*, GA 2014, 556; *Zöller/Thörnich*, JA 2014, 167 und ferner zum Gleichheitseinwand auch soeben die Nw. zur Kritik an § 1631d BGB; zur meist fehlenden Anwendbarkeit deutschen Strafrechts *Zöller*, in: FS Schünemann (2014), S. 729.

erfasst? Warum sind religiös motivierte, der Beschneidung bei Jungen vergleichbare Eingriffe bei Mädchen strafbar und bei Jungen erlaubt? Was ist mit Personen, deren sexuelle Zuordnung weniger eindeutig ist als es §§ 1631d BGB, 226a StGB voraussetzen?[94] Fraglich ist ferner, ob der Tatbestand Einfluss auf die nach § 228 StGB zu beurteilende Einwilligung der Betroffenen oder ihrer Personensorgeberechtigten hat.[95] Problematisch sind einerseits erneut weniger schwerwiegende, religiös motivierte Eingriffe und andererseits ohne religiösen Hintergrund vorgenommene erhebliche Eingriffe durch Piercings, Tätowierungen sowie chirurgische Maßnahmen von der verschiedengradig intensiven Schönheitsoperation bis hin zur Geschlechtsumwandlung.[96] In der Klausur und der forensischen Praxis gilt es, im Einzelfall Intensität und Zweckbestimmung des Eingriffs sowie den Willen und das Interesse der von dem Eingriff betroffenen Person zueinander substantiiert ins Verhältnis zu setzen, um zu einer tragfähigen Begründung eines Ergebnisses zu gelangen.

3. Beteiligung an einer Schlägerei

Die Strafbestimmung des § 231[97] (frühere Bezeichnung: „Raufhandel") stellt ein **59** abstraktes Gefährdungsdelikt dar; das Gesetz geht davon aus, dass eine derartige Auseinandersetzung erhebliche Gefahren für Leib und Leben mit sich bringt. Auch wegen der Beweisschwierigkeiten wird schon die Beteiligung als solche mit Strafe bedroht (BGHSt 60, 166/181), was freilich in den Problemfällen keine Beachtung findet. Der Tod eines Menschen oder der Eintritt einer schweren Körperverletzung ist objektive Bedingung der Strafbarkeit, braucht also nicht von Vorsatz oder Fahrlässigkeit umfasst zu sein.[98]

Der Tatbestand setzt zunächst eine Schlägerei oder einen von mehreren verübten **60** Angriff voraus. Das Merkmal der **Schlägerei** ist erfüllt, wenn an einer mit gegenseitigen Körperverletzungen verbundenen Auseinandersetzung mehr als zwei Personen mitwirken (BGHSt 31, 124/125). Ein Zweikampf wird demgemäß zu einer Schlägerei i.S.d. § 231, falls ein Dritter in das Geschehen eingreift. Umgekehrt endet die Schlägerei, wenn nur noch zwei Personen beteiligt sind, jedoch kann eine Schlägerei in sukzessiven Zweikämpfen bestehen, die in einem so engen Zusammenhang stehen, dass eine Aufspaltung des einheitlichen Gesamtgeschehens ausscheidet (BGH NStZ 2014, 147).[99] Ob hingegen einer der Kombattanten rechtswidrig oder

---

[94]Speziell dazu *Ladiges*, RuP 2014, 15 sowie umfassender *Brachthäuser/Richarz*, KritV 2014, 292.

[95]Grdsl. gegen Einwilligung *Zöller/Thörnich*, JA 2014, 167/172; a.A. für einsichtsfähige Volljährige jedenfalls unter bestimmten Voraussetzungen *Rittig*, JuS 2014, 499/501.

[96]Diff. und krit. hierzu *Fischer*, § 226a Rn. 13 u.15 ff.

[97]Zum Ganzen *Bock*, Jura 2016, 992; *Eisele*, JR 2001, 270; *Henke*, Jura 1985, 585; *Zopfs*, Jura 1999, 172; in der Fallbearbeitung bspw. *Brand/Zivanic*, JuS 2016, 332.

[98]Dazu *Gottwald*, JA 1998, 771; *Zopfs*, Jura 1999, 172.

[99]Anm. *Engländer*, NStZ 2014, 214; Bespr. *Jahn*, JuS 2014, 660.

schuldhaft handelt, spielt zunächst keine Rolle, weil das Gesetz zwar den ohne sein Verschulden hineingezogenen Beteiligten straffrei lässt, aber gleichwohl in diesem Falle von einer Schlägerei ausgeht. Eine (ausschließliche) **Schießerei** dürfte in dieser Tatvariante aber außerhalb des Wortlautes liegen.

61 Unter einem **von mehreren verübten Angriff** ist die in feindseliger Willensrichtung unmittelbar auf den Körper eines anderen abzielende Einwirkung von mindestens zwei Personen zu verstehen (BGHSt 33, 100/102). Ein gemeinschaftliches Handeln als Mittäter wird nicht gefordert; vielmehr genügt die Einheitlichkeit des Angriffs, des Angriffsgegenstandes und des Angriffswillens. Zu Gewalttätigkeiten braucht es nicht zu kommen, so dass ein „Angriff" schon vor dem Beginn der Tätlichkeiten gegeben sein kann. Die erste Tathandlung eines Mitstreiters ist bereits dann Teil des Gesamtangriffs, wenn sich die übrigen Angreifer – zur Auseinandersetzung entschlossen – in Annäherung auf das Kampfziel befinden, um alsbald in das Geschehen einzugreifen (BGH NStZ-RR 2000, 331).

62 **Beteiligt**[100] ist jeder, der an der Auseinandersetzung in feindseliger Weise teilnimmt. Wegen dieser Art des Vorgehens scheidet eine Beteiligung aus, wenn jemand den Streit nur schlichten will. Andererseits wird von der h. M. keine physische Mitwirkung verlangt; deshalb reicht die psychische Unterstützung aus, etwa durch anfeuernde Zurufe, solange die übrigen Beteiligten in ihrer Person die Schlägerei oder den von mehreren geführten Angriff ausführen.

63 Fraglich ist der erforderliche Zeitraum der Beteiligung. Hierfür kommt es maßgeblich darauf an, ob sie auf die Auswirkungen der Schlägerei (noch) Einfluss nehmen kann. Es ist deshalb zu differenzieren:

- Strafbar bleibt auch derjenige, der seine Beteiligung zu einem Zeitpunkt aufgibt, zu dem die schwere Folge von den Mitbeteiligten noch nicht verursacht worden ist. Denn er hat bereits einen Beitrag zur Gefährlichkeit der Schlägerei geleistet, der regelmäßig über die Dauer seiner Beteiligung hinaus fortwirkt (BGHSt 14, 132/135). Immer ist darauf zu achten, ob nach seinem Ausscheiden noch mehr als zwei Personen übrig bleiben, weil sonst schon keine Schlägerei mehr vorliegt.
- Hingegen kann nicht aus § 231 bestraft werden, wer sich erst *nach* dem Eintritt der schweren Folge an der Schlägerei beteiligt, da er zur tatbestandlichen Gefährlichkeit des Raufhandels, die sich in dem Erfolg realisierte, nichts beigetragen hat (a.A. BGH NStZ-RR 2014, 178).[101]

64 Der Täter wird schon wegen dieser Beteiligung bestraft. Jedoch bleibt straflos, wer an der Schlägerei beteiligt war, ohne dass ihm dies vorzuwerfen ist (§ 231 II). Die Formulierung soll klarstellen, dass Straffreiheit (nur) für denjenigen eintritt, der an der Schlägerei zu keinem Zeitpunkt in vorwerfbarer Weise teilgenommen hatte.[102] Der Begriff der „Vorwerfbarkeit" ist weit zu fassen; er betrifft schon die Frage,

---

[100]Dazu *Zopfs*, in: FS Puppe (2011), S. 1323.

[101]Bereits BGHSt 16, 130; wie hier *Stree*, JuS 1962, 93/94; *Hirsch*, in: LK, § 231 Rn. 8; noch enger *Krey/Hellmann/Heinrich*, Rn. 323: Beteiligung während der Zeit der Verursachung.

[102]Vgl. BT-Drucks. 13/9064, S. 40 unter Hinweis auf § 156 E 1962; zur „unverschuldeten" Beteiligung näher *Eisele*, ZStW 110 (1998), 69; zu § 231 II n. F. *ders.*, JR 2001, 270.

ob dem Beteiligten Rechtfertigungs- oder Entschuldigungsgründe zur Seite stehen. Eine *Einwilligung* scheidet aufgrund des von dem abstrakten Gefährdungsdelikt geschützten Gemeininteresses allerdings aus (BGHSt 60, 166/182).

Der Tod eines Menschen oder eine schwere Körperverletzung (§ 226) tritt als **65** **objektive Bedingung der Strafbarkeit** hinzu. Dabei ist es unerheblich, ob der Betroffene einer der Angreifer oder ein unbeteiligter Dritter war. Im Falle der schweren Körperverletzung macht sich sogar derjenige Beteiligte, dessen Verletzung erst die Anwendbarkeit der Norm begründet, wegen § 231 strafbar (BGHSt 60, 166/183 f.).[103] Auch wer bei der Schlägerei einen anderen in Notwehr tötet, kann nach § 231 strafbar sein, obwohl er gerade durch die Notwehrhandlung selbst die objektive Bedingung der Strafbarkeit setzt.[104] Insofern ist allerdings zu differenzieren: Besteht von Anfang an eine Notwehrlage, so wird der Betreffende jedenfalls nicht in vorwerfbarer Weise in die Schlägerei hineingezogen. Tritt die Notwehrsituation jedoch erst im Verlauf der Schlägerei ein, scheidet eine Berufung auf § 32 aus. Eigene Verletzung und Deeskalation sind aber strafmildernd zu berücksichtigen (BGH NStZ-RR 2015, 274), nicht jedoch die Verletzung in Notwehr nach schuldhafter Beteiligung.

> **Beispiel**
>
> Der Wirt W hat von seiner Wohnung aus gesehen, dass sein letzter Gast G auf dem Heimweg von mehreren Personen überfallen und misshandelt wird. Mit geladener Pistole begibt er sich auf die Straße, um dem G beizustehen. Als sich daraufhin der Schlägertrupp auf W stürzt, feuert er einen Schuss aus seiner Waffe ab, der den Angreifer A ins Auge trifft. A ist nach § 231 zu bestrafen. Es liegt ein von mehreren verübter Angriff vor, durch den eine schwere Körperverletzung verursacht worden ist. An der Strafbarkeit des A ändert sich nichts dadurch, dass diese Verletzung ihn selbst betrifft und auf einer durch Notwehr gerechtfertigten Handlung beruht. Dem W fällt hingegen schon keine „Beteiligung" i.S. des § 231 zur Last, da er kein Angreifer, sondern der Angegriffene gewesen ist.

Die schwere Folge muss durch die Schlägerei oder den Angriff *verursacht* worden **66** sein; erforderlich ist die Kausalität des Gesamtgeschehens, nicht der einzelnen Tatbeiträge. Daran fehlt es jedoch, wenn die Ursache vor oder nach dem Raufhandel gesetzt wurde. Da sich in der Folge die Gefährlichkeit des Tatgeschehens realisieren muss, ist insoweit – in Anlehnung an die erfolgsqualifizierten Delikte – ein „unmittelbarer" Zusammenhang zu fordern;[105] dieser wäre etwa zu verneinen, wenn ein Zuschauer vor Aufregung einen Herzschlag erleidet.

---

[103]BGHSt 33, 100/104; s. zu dieser Entscheidung auch *Günther,* JZ 1985, 585; *Henke,* Jura 1985, 585; *Montenbruck,* JR 1986, 138.

[104]BGHSt 39, 305 mit Anm. *Stree,* JR 1994, 370 und Bespr. *Wagner,* JuS 1995, 296.

[105]Vgl. *Hirsch,* in: LK, § 231 Rn. 12; *Rengier,* § 18 Rn. 7; näher dazu *Stree,* in: FS R. Schmitt (1992), S. 215/221 ff.

Kontrollfragen
1. Wie viele Personen müssen an einer Schlägerei oder an einem Angriff beteiligt sein? (Rn. 60, 61)
2. Was setzt eine Beteiligung voraus? (Rn. 62, 63)
3. Wie wirkt sich ein Handeln in Notwehr aus? (Rn. 65)

IV. Konkurrenzprobleme

1. Tötungs- und Körperverletzungsdelikte

67 Ob insoweit eine Konkurrenzsituation entstehen kann, hängt vom tatbestandlichen Verhältnis der beiden Deliktsgruppen ab. Die ältere „Gegensatztheorie" hatte angenommen, dass sich Tötungs- und Körperverletzungsvorsatz ausschließen: Der Vorsatz i.S.d. §§ 223 ff. sei auf die Beeinträchtigung der körperlichen Integrität gerichtet, folglich könne der Täter nicht gleichzeitig töten und verletzen wollen. Durchgesetzt hat sich jedoch die **Einheitstheorie**, die nunmehr in Rechtsprechung und Schrifttum einhellig vertreten wird. Danach ist die Körperverletzung – bereits objektiv – notwendiges Durchgangsstadium für die Tötung und deshalb vom Tötungswillen mit umfasst (BGHSt 16, 122/123). Tatbestandlich sind Tötungs- und Körperverletzungsdelikte also grundsätzlich kompatibel. Eine Ausnahme bildet die beabsichtigte schwere Körperverletzung (§ 226 II): Die dort geforderte Absicht muss sich auf die genannten Dauerschäden beziehen, die schon begrifflich ein Weiterleben des Opfers voraussetzen; sie ist deshalb in der Regel mit einem direkten Tötungsvorsatz nicht zu vereinbaren.[106] Außerdem gilt für die Körperverletzung mit Todesfolge: Als *echtes* erfolgsqualifiziertes Delikt ist § 227 auf den Fall der Vorsatz-Fahrlässigkeits-Kombination beschränkt; bei Tötungsvorsatz greifen ausschließlich die §§ 211 ff. ein.

68 Im Übrigen tritt ein vollendetes Körperverletzungsdelikt hinter der vollendeten Tötung als subsidiär zurück (BGH NStZ 2004, 684). Neben einem Tötungsversuch besitzt es jedenfalls dann selbständige Bedeutung, wenn der Täter von jenem strafbefreiend zurücktritt – sog. qualifizierter Versuch. Umstritten ist jedoch das Konkurrenzverhältnis zwischen (strafbarer) versuchter Tötung und vollendeter Körperverletzung.

69 Nach früher h. M. handelt es sich um einen Fall der Gesetzeseinheit.[107] Der BGH hatte dieses Ergebnis damit begründet, dass der Unwert der Tat durch die Verurteilung wegen des Tötungsdelikts voll erfasst werde. Die verschuldeten Auswirkungen der Tat könnten und müssten ohnehin bei der Strafzumessung (§ 46 II) berücksichtigt werden. Die vorzugswürdige Gegenmeinung bejaht Tateinheit unter dem

---

[106]Zutr. BGH NStZ 1997, 233; and. jedoch BGH JZ 2002, 413 mit abl. Anm. *Joerden.*

[107]Vgl. BGHSt 22, 248; BGH NStZ 1995, 79; NStZ-RR 1998, 42; zust. *Arzt/Weber/Heinrich/Hilgendorf,* § 2 Rn. 87.

Gesichtspunkt der *Klarstellungsfunktion* der Idealkonkurrenz.[108] Denn sonst würde dem Umstand, dass eine Verletzung eingetreten ist, nicht ausreichend Rechnung getragen. Erfolgt nämlich allein eine Verurteilung wegen versuchter Tötung, so lässt dieser Schuldspruch völlig offen, ob etwa das Opfer unverletzt geblieben, seine körperliche Unversehrtheit beeinträchtigt (§ 223), ein gefährliches Tatmittel verwendet (§ 224) oder gar eine schwere Folge eingetreten (§ 226) ist. Damit wird keineswegs der im Tötungsvorsatz enthaltene Körperverletzungsvorsatz doppelt verwertet, sondern vielmehr der zusätzliche Erfolgsunwert deutlich gemacht.

Zwischenzeitlich ist auch der BGH[109] auf diese Linie eingeschwenkt und hat **70** seine bisherige Ansicht aufgegeben: Dass die Körperverletzung ein notwendiges Durchgangsstadium zur Tötung bildet und deshalb auch vom Tötungswillen mit umfasst wird, ändere nichts daran, dass eben nicht mit jeder versuchten Tötung das Opfer „notwendig" auch verletzt wird. Dann sei es aber unangemessen, in den Fällen, in denen es beim Versuch der Tötung zu einer vollendeten Körperverletzung gekommen ist, diesen Umstand im Schuldspruch nicht zum Ausdruck zu bringen.

Problematisch ist das Konkurrenzverhältnis zwischen § 216 und § 226.[110] Bei vol- **71** lendeter Tötung ist § 226 zwar allenfalls theoretisch denkbar, da es in der Regel an einer dauerhaften schweren Folge fehlen wird (vgl. Rn. 20). Probleme ergeben sich aber bei Versuch und ggf. Rücktritt von § 216 und Vollendung des § 216,[111] denn nach h.M. ist die im Verlangen des Opfers liegende Einwilligung in die Körperverletzung wegen Verstoßes gegen die guten Sitten unwirksam.[112] Teilweise wird Idealkonkurrenz angenommen, wobei § 226 dann zwingend als minder schwerer Fall (Abs. 3) zu qualifizieren sei,[113] aber gem. § 12 III ein Verbrechen bleibt. Nach vorzugswürdiger Gegenansicht darf der Täter durch Versuch und ggf. Rücktritt des § 216 nicht schlechter stehen als bei dessen Vollendung. § 216 entfaltet daher eine Sperrwirkung gegenüber § 226, sodass selbst bei Eintritt einer schweren Folge nur aus § 223 bestraft werden darf.[114] Nach einer dritten Ansicht, soll es nur zu einer Strafrahmenverschiebung kommen. Der Täter wird wegen § 226 I aber nur aus dem Strafrahmen des § 216 I bestraft.[115] Gegen dieses Lösungsmodell bestehen grundlegende Einwände, die Gegenstand des Allgemeinen Teils sind.

---

[108]Vgl. *Schröder,* JR 1969, 265; *Eser/Sternberg-Lieben,* in: Schönke/Schröder, § 212 Rn. 23; eingehend *Maatz,* NStZ 1995, 209/210 ff.

[109]BGHSt 44, 196 mit Anm. *Satzger,* JR 1999, 203; zust. *Sinn,* in: SK, § 212 Rn. 69.

[110]Ähnlich stellt sich das Problem bei § 224 I dar, wobei hier nur die Höchststrafe von § 216 abweicht.

[111]Ausführlich *Gerhold,* JuS 2010, 113.

[112]Vgl. nur *Schneider,* in: MK, § 216 Rn. 65; dagegen *Neumann,* in: NK, § 216 Rn. 23; *Mitsch,* in: AnwK-StGB, § 216 Rn. 25.

[113]*Hardtung,* in: MK, § 226 Rn. 51.

[114]*Schneider,* in: MK, § 216 Rn. 65; *Sinn,* in: SK, § 216 Rn. 22; *Eser/Sternberg-Lieben,* in: Schönke/Schröder, § 212 Rn. 25a.

[115]So *Mitsch,* in: AnwK-StGB, § 216 Rn. 23; *Gerhold,* JuS 2010, 113/115 f.

2. Körperverletzungsdelikte untereinander

72 Ausgehend vom Grundtatbestand der einfachen Körperverletzung (§ 223) werden qualifiziert die gefährliche (§ 224) und schwere (§ 226) bis hin zur Körperverletzung mit Todesfolge (§ 227) als gravierendster Schädigung. Da das Grunddelikt in jeder Steigerungsform enthalten ist, tritt § 223 jeweils hinter dem spezielleren Tatbestand zurück.

73 Uneinheitlich wird das Verhältnis der §§ 224, 226 beurteilt. Nach h. M. verdrängt die schwere Körperverletzung grundsätzlich die gefährliche im Wege der Gesetzeseinheit (Subsidiarität). Der Unrechtsgehalt des § 224 liege in der besonders riskanten Begehungsweise, die geeignet sei, einen Erfolg i.S.d. § 226 herbeizuführen; wenn ein solcher Erfolg dann tatsächlich eintrete, bestehe kein Bedürfnis, die Verurteilung auch noch auf die erhöhte Gefährdung zu stutzen.[116] Die Gegenansicht nimmt auch hier Idealkonkurrenz zur Klarstellung an, da eine Bestrafung allein aus § 226 nicht deutlich mache, ob die schwere Folge auf eine der Handlungsmodalitäten des § 224 zurückzuführen sei.[117] Angesichts des gesetzlichen Stufenverhältnisses liegt es jedoch nahe, von einem Vorrang der schwersten Begehungsform auszugehen. Eine zutreffende Ausnahme hat der BGH (BGHSt 53,23)[118] allerdings für § 224 I Nr. 5 angenommen, denn die gesteigerte Lebensgefahr geht über § 226 hinaus; das ist bei § 224 I Nr. 4 nicht der Fall, weshalb hier Tateinheit zu weit geht (and. BGH NStZ 2014, 269). Ferner kann der *Versuch* einer schweren Körperverletzung mit der vollendeten gefährlichen Körperverletzung tateinheitlich zusammentreffen (BGHSt 21, 194).

74 Zwischen den Sondertatbeständen der §§ 225, 231 und qualifizierten Körperverletzungsdelikten besteht Idealkonkurrenz. Dies folgt für die Misshandlung von Schutzbefohlenen schon aus der Annahme des eigenständigen Deliktscharakters (oben Rn. 46). Davon abgesehen bejaht die Rspr. ebenfalls Tateinheit im Verhältnis von § 225 zur

- schweren Körperverletzung (BGH NJW 1999, 72);
- Körperverletzung mit Todesfolge (BGHSt 41, 113);
- Totschlag, auch bzgl. §§ 225 Abs. 3 Nr. 1 (BGH, Urt. v. 16.4.2014 – 2 StR 608/13 – juris)
- Körperverletzung im Amt (BGHSt 4, 113/117);
- jedoch werde § 171 Alt. 1 von § 225 Abs. 3 Nr. 2 verdrängt (BGH StraFo 2010, 123).

Wegen der Verschiedenheit der Rechtsgüter steht auch das abstrakte Gefährdungsdelikt des § 231 mit §§ 223 ff., 211, 212 in Tateinheit (BGHSt 33, 100/104; BGHSt 60, 166/181).

---

[116]RGSt 63, 423; BGHSt 21, 194; *Warda,* JuS 1964, 81/91 f.

[117]*Jescheck/Weigend,* § 69 II 1; *Stree/Sternberg-Lieben,* in: Schönke/Schröder, § 224 Rn. 16.

[118]Ferner BGH NStZ-RR 2009, 278.

Literatur

Amelung, Anm. zu BayObLG, Beschl. v. 7.9.1998 – 5 St RR 153–98 – Überprüfung der Einwilligungsfähigkeit von Jugendlichen, NStZ 1999, 458

Amelung/Weidemann, Bestechlichkeit und Förderung einer Selbstschädigung im Maßregelvollzug - BGH, NJW 1983, 462, JuS 1984, 595

AnwaltKommentar StGB, hrsg. *Leipold/Tsambikakis/Zöller*, 2. Auflage 2015

Arzt/Weber/Heinrich/Hilgendorf, Strafrecht, Besonderer Teil, 3. Auflage 2015

Bartholme, Rechtsprechung Klassiker Strafrecht, Körperverletzung mit Todesfolge, JA 1994, 373

Beck, „Leben" – Das Rechtsgut im Hintergrund? Ein Beitrag zur Auslegung von § 224 Abs. 1 Nr. 5 StGB, ZIS 2016, 692

Bock, Beteiligung an einer Schlägerei (oder an einem von mehreren verübten Angriff), § 231 StGB, Jura 2016, 992

Bockelmann, Der ärztliche Heileingriff in Beiträgen zur Zeitschrift für die gesamte Strafrechtswissenschaft im ersten Jahrhundert ihres Bestehens, ZStW 93 (1981), 105

Bott/Volz, Die Anwendung und Interpretation des mysteriösen § 228 StGB, JA 2009, 421

Brachthäuser/Richarz, Der rechtsfreie Raum zwischen den Geschlechtern – Gewalt an intergeschlechtlichen Menschen und resultierender Bedarf an Schutznormen, KritV 2014, 292

Brand/Zivanic, Fortgeschrittenenklausur – Strafrecht: AT, Beleidigung und Schlägerei – „Fußball ist unser Leben", JuS 2016, 332

Bülte, Strafrechtliche Vorgesetztenverantwortlichkeit für Misshandlungen von Untergebenen in der Bundeswehr, NZWehrr 2016, 45

Bülte/Hagemeier, Zum Vorschlag eines neuen § 226a StGB zur Bestrafung der Genitalverstümmelung, JZ 2010, 406

Dencker/Struensee/Nelles/Stein, Einführung in das 6. Strafrechtsreformgesetz 1998, Examensrelevante Änderungen im Besonderen Teil des Strafrechts, 1998

Deutscher, Anm. zu OLG Düsseldorf, Beschl. v. 03.03.1989 – 2 Ss 48/89-17/89 II – Gemeinschaftliche Begehungsweise bei Körperverletzung, NStZ 1990, 125

Drees, Anm. zu BGH, Beschl. v. 26.2.2015 – 4 StR 548/14 – Gesundheitsschädigung durch psychische Einwirkung, NStZ 2015, 269

Duttge, Die „hypothetische" Einwilligung" als Strafausschlußgrund: wegweisende Innovation oder Irrweg?, in: FS Schroeder (2006), S. 179

Eisele, Die „unverschuldete" Beteiligung an einer Schlägerei, ZStW 110 (1998), 69

Eisele, Zur Bedeutung des § 231 II StGB nach dem 6. Strafrechtsreformgesetz, JR 2001, 270

Eisele, Hypothetische Einwilligung bei ärztlichen Aufklärungsfehlern – Mangelnde ärztliche Aufklärung; Unwirksamkeit der Einwilligung; Rechtfertigung kraft hypothetischer Einwilligung, JA 2005, 252

Engländer, Der Gefahrzusammenhang bei der Körperverletzung mit Todesfolge, GA 2008, 669

Engländer, Anm. zu BGH, Urt. v. 19.12.2013 – 4 StR 347/13 – Beteiligung an einer Schlägerei, NStZ 2014, 214

Engländer, Anm. zu BGH, Urt. v. 4.8.2015 – 1 StR 624/14 – Misshandlung von Schutzbefohlenen: Quälen, NJW 2015, 3049

Fahl, Neuestes Kapitel zum gefährlichen Werkzeug, Jura 2012, 593

Fahl, Wird das Beschneidungsverbot kommen?, Zur „Sozialadäquanz" von Beschneidungen, in: FS Beulke (2015), S. 81

Fischer, Strafgesetzbuch mit Nebengesetzen, Kommentar, 64. Auflage 2017

Freund, Die besonders leichtfertige Tötung, Zugleich ein Beitrag zur „spezifischen Gefahrverwirklichung" bei der Körperverletzung mit Todesfolge (§ 227 StGB), in: FS Frisch (2013), S. 677

Frisch, Riskanter Geschlechtsverkehr eines HIV-Infizierten als Straftat? - BGHSt 36, 1, JuS 1990, 362

Frisch, Die strafrechtliche AIDS-Diskussion: Bilanz und neue empirische Entwicklungen, in: FS Szwarc (2009), S. 495

Gaede, Mit der Sittenwidrigkeit gegen Hooligangewalt – das Ende der „Dritten Halbzeit"?, Ein Beitrag zu den Grundlagen und zur Reichweite der Einwilligungsschranke des § 228 StGB nach der Rechtsgutslösung, ZIS 2014, 489

Geilen, Unmittelbarkeit und Erfolgsqualifizierung, in: FS Welzel (1974), S. 655

Geppert, Anm. zu BGH, Beschl. v. 25.03.1988 – 2 StR 93/88 – BGHSt 35, 246, Mutmaßliche Einwilligung, JZ 1988, 1024

Gerhold, Schwere Körperverletzung bei Rücktritt von einer versuchten Tötung auf Verlangen, JuS 2010, 113

Gössel/Dölling, Strafrecht Besonderer Teil 1, Straftaten gegen Persönlichkeits- und Gemeinschaftswerte, 2. Auflage 2004

Gottwald, Die objektive Bedingung der Strafbarkeit, JA 1998, 771

Graul, Anm. zu BGH, Urt. v. 17.3.1992 – 5 StR 34/92 – Selbstschädigendes Panikverhalten des Opfers, JR 1992, 344

Gropp, Hypothetische Einwilligung im Strafrecht?, in: FS Schroeder (2006), S. 197

Gropp, Die rechtfertigende Einwilligung in den ärztlichen Heileingriff – ein Rechtfertigungsgrund, Überlegungen zum Gehalt der straftatbestandsmäßigen Handlung, GA 2015, 5

Günther, Anm. zu BGH, Urt. v. 20.12.1984 – 4 StR 679/84 – BGHSt 33, 100, Beteiligung an einer Schlägerei, JZ 1985, 585

Hammer, "Auto-Surfen" - Selbstgefährdung oder Fremdgefährdung? - OLG Düsseldorf, NStZ-RR 1997, 325, JuS 1998, 785

Hardtung, Die guten Sitten am Bundesgerichtshof, Jura 2005, 401

Hardtung, Anm. zu BGH, Urt. v. 15.3.2007 – 4 StR 522/06 – Schwere Körperverletzung: wichtiges Glied, NStZ 2007, 702

Hardtung, Die Körperverletzungsdelikte, JuS 2008, 864, 960 u. 1060

Hardtung, Anm. zu BGH, Urt. v. 22.12.2010 – 3 StR 239/10 – Ärztliche Aufklärung über Außenseitermethode („Zitronensaftfall"), NStZ 2011, 635

Henke, Beteiligung an einer Schlägerei, Jura 1985, 585

Herzberg, Der Abwägungsgedanke und der „evidenzbasierte Blick" in der Beschneidungsdebatte, ZIS 2014, 56

Heinke, Tritte in den Bauch als das Leben gefährdende Behandlung, Zugleich Anmerkung zu BGH HRRS 2009 Nr. 1087, HRRS 2010, 428

B. Heinrich, Anm. zu BGH, Urt. v. 3.9.2002 – 5 StR 210/02 – BGHSt 47, 383, Gefährliche Körperverletzung mit einem anderen Beteiligten gemeinschaftlich, JR 2003, 213

M. Heinrich, Die gefährliche Körperverletzung nach dem 6. StrRG, in: FS I. Roxin (2012), S. 241

v. Heintschel-Heinegg, Wer später hinzukommt, kann allenfalls sukzessiver Mittäter sein, JA 2013, 871

Hilgendorf, Körperteile als „gefährliche Werkzeuge", Plädoyer für einen funktionalen Werkzeugbegriff, ZStW 112 (2000), 811

Hilgendorf, Die deutsche Strafrechtswissenschaft vor den Herausforderungen kultureller Pluralisierung, oder: Was ist „Religion"?, JZ 2014, 821

Hirsch, Anm. zu BGH, Urt. v. 15.8.1978 – 1 StR 356/78 – BGHSt 28, 100, Verlust einer Niere kein Verlust eines wichtigen Gliedes, JZ 1979, 109

Hirsch, Anm. zu BGH, Urt. v. 30.6.1982 – 2 StR 226/82 – BGHSt 31, 96, Zurechenbarkeit der Todesfolge einer Körperverletzung („Hochsitz-Fall"), JR 1983, 78

Hirsch, Der „unmittelbare" Zusammenhang zwischen Grunddelikt und schwerer Folge beim erfolgsqualifizierten Delikt, in: FS Oehler (1985), S. 111

Hirsch, Anm. zu BGH, Urt. v. 30.3.1995 – 4 StR 768/94 – Quälen eines Schutzbefohlenen; Körperverletzung mit Todesfolgen durch Unterlassen, NStZ 1996, 37

Hirsch, Anm. zu BGH, Urt. v. 26.5.2004 – 2 StR 505/03 – BGHSt 49, 166, Sadomasochistische Praktiken mit tödlichem Ausgang, JR 2004, 475

Hirsch, Einwilligung in sittenwidrige Körperverletzung, in: FS Amelung (2009), S. 181

Holtz, Aus der Rechtsprechung des Bundesgerichtshofs in Strafsachen, MDR 1979, 985

Hoyer, Anm. zu BGH, Urt. v. 4.10.1999 – 5 StR 712/98 – BGHSt 45, 219, Einwilligung zu einer Sterilisation, JR 2000, 473

Ingelfinger, Die Körperverletzung mit Todesfolge durch Unterlassen und die Entsprechensklausel des § 13 Abs 1 Halbs 2 StGB, GA 1997, 573

Jäger, Die Delikte gegen Leben und körperliche Unversehrtheit nach dem 6. Strafrechtsreformgesetz - Ein Leitfaden für Studium und Praxis, JuS 2000, 31

Jäger, Die hypothetische Einwilligung auf dem Prüfstand, JA 2016, 472

Jahn, Strafrecht AT und BT: Zirkumzision als Körperverletzung, JuS 2012, 850

Jahn, Strafrecht BT: Beteiligung an einer Schlägerei, JuS 2014, 660

Jakobs, Einwilligung in sittenwidrige Körperverletzung, in: FS Schroeder (2006), S. 507

Jerouschek, Körperverletzung durch Gammastrahlenbehandlung - BGHSt 43, 306, JuS 1999, 746

Jescheck/Weigend, Lehrbuch des Strafrechts, Allgemeiner Teil, 5. Auflage 1996

Joecks, Studienkommentar StGB, 11. Auflage 2014

Joerden, Anm. zu BGH, Urt. v. 14.12.2000 – 4 StR 327/00 – Absichtliche oder wissentliche schwere Körperverletzung, JZ 2002, 414

Kargl, Körperverletzung durch Heilbehandlung, GA 2001, 538

Kargl, Das Strafunrecht der elterlichen Züchtigung (§ 223 StGB), NJ 2003, 57

Kindhäuser, Strafgesetzbuch, Lehr- und Praxiskommentar, 6. Auflage 2015

Kraatz, Einige kritische Bemerkungen zum neuen § 226a StGB, JZ 2015, 246

Kretschmer, Die gefährliche Körperverletzung (§ 224 StGB) anhand neuer Rechtsprechung, Jura 2008, 916

Krey/Hellmann/Heinrich, Strafrecht Besonderer Teil, Band 1: Besonderer Teil ohne Vermögensdelikte, 16. Auflage 2015

Krüger, Anm. zu KG, Urt. v. 28.1.2005 – (3) 1 Ss 333/04 (149/04) – Körperverletzung „mittels" Kfz auch bei Aufprall auf Fahrbahn, NZV 2006, 112

Krüger, Neue Rechtsprechung und Gesetzgebung zum gefährlichen Werkzeug in §§ 113, 224, 244 StGB, Jura 2011, 887

Krüger, Zur hypothetischen Einwilligung – Grund, Grenzen und Perspektiven einer verkannten Zurechnungsfigur, in: FS Beulke (2015), S. 137

Krüger, Hypothesen zur hypothetischen Einwilligung im Medizinstrafrecht, medstra 2017, 12

Kudlich, Strafrecht - Besonderer Teil: Körperverletzungsdelikte, Verlust des Sehvermögens und Korrektur durch Sehhilfen, JuS 2005, 80

Kudlich, Und er läuft doch immer wieder herum: der beschuhte Fuß!, JA 2015, 709

Kühl, Anm. zu BGH, Urt. v. 9.10.2002 – 5 StR 42/02 – BGHSt 48, 34, Erfolgsqualifizierter Versuch einer Körperverletzung mit Todesfolge („Gubener Hetzjagd"), JZ 2003, 637

Kühl, Die sittenwidrige Körperverletzung, in: FS Schroeder (2006), S. 521

Kulhanek, Anm. zu BGH, Beschl. v. 16.7.2015 – 4 StR 117/15 – Gefährliche Körperverletzung mittels Waffe, NStZ 2016, 408

Küper, Konvergenz, Die gemeinschaftliche Körperverletzung im System der Konvergenzdelikte, GA 1997, 301

Küper, Das "Gemeinschaftliche" an der gemeinschaftlichen Körperverletzung, Zugleich Besprechung von BGH, Urteil vom 3-9-2002, GA 2003, 363

Küper, „Vorsätzlich im Sinne dieses Gesetzes ... " – Zur Bedeutung des § 11 Abs. 2 für die Teilnahme am erfolgsqualifizierten Delikt und zur Dogmatik dieser Beteiligungsform, in: FS Kühl (2014), S. 315

Küper/Zopfs, Strafrecht, Besonderer Teil, Definitionen mit Erläuterungen, 9. Auflage 2015

Küpper, Der „unmittelbare" Zusammenhang zwischen Grunddelikt und schwerer Folge beim erfolgsqualifizierten Delikt, 1982

Küpper, Strafrecht - BT - Körperverletzung mit Todesfolge beim Hinzutreten weiterer Umstände, BGH, Urt. v. 30.6.1982-2 StR 226/82, JA 1983, 229

Küpper, Unmittelbarkeit und Letalität. Zum Tatbestand der Körperverletzung mit Todesfolge, in: FS Hirsch (1999), S. 615

Lackner/Kühl, StGB, bearbeitet v. *Kühl/Heger*, 28. Aufl. 2014

Ladiges, Der Geschlechtsbegriff im Strafrecht, Zum neuen Tatbestand Verstümmelung weiblicher Genitalien in § 226a StGB, RuP 2014, 15

Lanzrath/Fieberg, Waffen und (gefährliche) Werkzeuge im Strafrecht, Jura 2009, 348

Laue, Ist der erfolgsqualifizierte Versuch einer Körperverletzung mit Todesfolge möglich? - BGH, NJW 2003, 150, JuS 2003, 743

Leipziger Kommentar StGB, hrsg. v. *Jähnke/Laufhütte/Odersky*, Band 6 (§§ 223-263a), 11. Auflage 2005

Leipziger Kommentar StGB, hrsg. v. *Laufhütte/Tiedemann/Rissing-van Saan*, 12. Auflage 2006 ff.

Maatz, Kann ein (nur) versuchtes schwereres Delikt den Tatbestand eines vollendeten milderen Delikts verdrängen? - Die Konkurrenz-Rechtsprechung in Fällen versuchten Totschlags/Mordes, versuchter Vergewaltigung und versuchter Nötigung auf dem Prüfstand, NStZ 1995, 209

Maurach/Schroeder/Maiwald, Strafrecht Besonderer Teil, Teilband 1: Straftaten gegen Persönlichkeits- und Vermögenswerte, 10. Auflage 2009

Mayer, Forum - Die ungeschützte geschlechtliche Betätigung des Aidsinfizierten unter dem Aspekt der Tötungsdelikte - ein Tabu?, JuS 1990, 784

Meier, Strafrechtliche Aspekte der Aids-Übertragung, GA 1989, 207

Mitsch, Sturz aus dem Fenster, BGH, Urt v. 17.3.1992-5 StR 34/92 = NJW 1992, 1708, Jura 1993, 18

Mitsch, Die hypothetische Einwilligung im Arztstrafrecht, JZ 2005, 279

Mitsch, Die mutmaßliche Einwilligung, ZJS 2012, 38

Mitsch, Anm. zu BGH, Urt. v. 22.1.2015 – 3 StR 233/14 – Körperverletzungsdelikte bei verabredeter Schlägerei und Hooligans als kriminelle Vereinigung, NJW 2015, 1545

Momsen-Pflanz, Anm. zu BGH, Urt. v. 4.8.2015 – 1 StR 624/14 – Misshandlung von Schutzbefohlenen: Quälen, StV 2016, 440

Montenbruck, Zur „Beteiligung an einer Schlägerei", zugleich ein Beitrag zur gebotenen restriktiven Auslegung der Tateinheit gem § 52 StGB, JR 1986, 138

Mosbacher, Anm. zu BGH, Urt. v. 11.12.2003 – 3 StR 120/03 – BGHSt 49, 34, Heroin-Fremdinjektion nach Aufforderung durch das Tatopfer, JR 2004, 390

Müller-Dietz, Mutmaßliche Einwilligung und Operationserweiterung - BGH, NJW 1988, 2310, JuS 1989, 280

Münchener Kommentar zum StGB, hrsg. v. *Joecks/Miebach*, 2. Auflage 2011 ff.

Murmann, Die üble, unangemessene Behandlung, ein von der Entwicklung der Dogmatik überholter Definitionsbestandteil der körperlichen Misshandlung, Jura 2004, 102

Noak, Zur Abschaffung des elterlichen Züchtigungsrechts aus strafrechtlicher Sicht, JR 2002, 402

NomosKommentar Strafgesetzbuch, hrsg. v. *Kindhäuser/Neumann/Paeffgen*, 4. Auflage 2013

Otto, Anm. zu OLG Düsseldorf, Beschl. v. 03.03.1989 – 2 Ss 48/89-17/89 II – Gemeinschaftliche Begehungsweise bei Körperverletzung, NStZ 1989, 531

Otto, Anm. zu BayObLG, Beschl. v. 7.9.1998 – 5 St RR 153–98 – Überprüfung der Einwilligungsfähigkeit von Jugendlichen, JR 1999, 124

Otto, Einwilligung, mutmaßliche, gemutmaßte und hypothetische Einwilligung, Jura 2004, 679

Otto, Grundkurs Strafrecht, Die einzelnen Delikte, 7. Auflage 2005

Paeffgen, Anm. zu BGH, Urt. v. 3.9.2002 – 5 StR 210/02 – BGHSt 47, 383, Gefährliche Körperverletzung mit einem anderen Beteiligten gemeinschaftlich, StV 2003, 77

Paeffgen/Wilde, Über die Individualisierung tatbestandsmäßiger Erfolge – „Persönlicher Schadenseinschlag" bei den Körperverletzungsdelikten, HRRS 2007, 363

Prittwitz, Die Ansteckungsgefahr bei AIDS, Ein Beitrag zur objektiven und subjektiven Zurechnung von Risiken - (Teil II), JA 1988, 486

Puppe, Anm. zu BGH, Urt. v. 30.6.1982 – 2 StR 226/82 – BGHSt 31, 96, Zurechenbarkeit der Todesfolge einer Körperverletzung („Hochsitz-Fall"), NStZ 1983, 22

Puppe, Anm. zu BGH, Urt. v. 12.2.1992 – 3 StR 481/91 – Zusammenhang zwischen Körperverletzung und Todesfolge, JR 1992, 511

Puppe, Anm. zu BGH, Urt. v. 9.10.2002 – 5 StR 42/02 – BGHSt 48, 34, Erfolgsqualifizierter Versuch einer Körperverletzung mit Todesfolge („Gubener Hetzjagd"), JR 2003, 123

Puppe, Anm. zu BGH, Urt. v. 20.1.2004 – 1 StR 319/03 – Einwilligung in ärztlichen Heileingriff, JR 2004, 470

Puppe, Die hypothetische Einwilligung und das Selbstbestimmungsrecht des Patienten, ZIS 2016, 366

Pütz, Erläuterte Entscheidungen: Strafrecht-BT - Die Unmittelbarkeitsbeziehung zwischen Körperverletzung und Todesfolge, JA 1983, 285

Putzke, Rechtliche Grenzen der Zirkumzision bei Minderjährigen, Zur Frage der Strafbarkeit des Operateurs nach § 223 des Strafgesetzbuchs, MedR 2008, 268

Putzke, Die strafrechtliche Relevanz der Beschneidung von Knaben, Zugleich ein Beitrag über die Grenzen der Einwilligung in Fällen der Personensorge, in: FS Herzberg (2008), S. 669

Putzke, Recht und Ritual – ein großes Urteil einer kleinen Strafkammer, Besprechung zu LG Köln, Urt. v. 7.5.2012 – 151 Ns 169/11, MedR 2012, 621

Putzke, Ist die religiöse Beschneidung Körperverletzung? Pro – Die rituelle Beschneidung von Jungen ist rechtswidrig, RuP 2012, 138

Rackow, Die "Körperliche Misshandlung" als Erfolgsdelikt, GA 2003, 135

Rengier, Die klassische Entscheidung: Opfer- und Drittverhalten als zurechnungsausschließende Faktoren bei § 226 StGB – BGH v 30-9-1970-3 StR 119/70 (Rötzel-Fall) –, Jura 1986, 143

Rengier, AIDS und Strafrecht, Jura 1989, 225

Rengier, Die Reform und Nicht-Reform der Körperverletzungsdelikte durch das 6. Strafrechtsreformgesetz, ZStW 111 (1999), 1

Rengier, Strafrecht Besonderer Teil II, Delikte gegen die Person und die Allgemeinheit, 17. Auflage 2016

Renzikowski, Strafrecht in einer multikulturellen Gesellschaft, NJW 2014, 2539

Rigizahn, Anm. zu BGH, Urt. v. 29.6.1995 – 4 StR 760/94 – Verletzung der ärztlichen Aufklärungspflicht, JR 1996, 72

Rigizahn, Anm. zu BGH, Urt. v. 3.12.1997 – 2 StR 397/97 – Körperverletzung durch medizinisch nichtindizierte Röntgenaufnahmen, JR 1998, 523

Rittig, Der neue § 226a StGB, Hintergründe, Voraussetzungen, Zusammenhänge und Auswirkungen, JuS 2014, 499

Rönnau, Anm. zu BGH, Beschl. v. 15.10.2003 – 1 StR 300/03 – Unterlassene ärztliche Aufklärung - hypothetische Einwilligung, JZ 2004, 801

Rönnau, Grundwissen – Strafrecht: Hypothetische Einwilligung, JuS 2014, 882

Roxin, Die strafrechtliche Beurteilung der elterlichen Züchtigung, JuS 2004, 177

Roxin, Strafrecht, Allgemeiner Teil, Band 1, 4. Auflage 2006

Saliger, Alternativen zur hypothetischen Einwilligung im Strafrecht, in: FS Beulke (2015), S. 257

Satzger, Anm. zu BGH, Urt. v. 24.9.1998 – 4 StR 272/98 – BGHSt 44, 196, Tateinheit zwischen versuchter Tötung und Körperverletzung, JR 1999, 203

Satzger, „Giftiges" im Strafrecht – Überlegungen zur kontextabhängigen Auslegung eines Tatbestandsmerkmals im StGB, Jura 2015, 580

Schall, Anm. zu BGH, Urt. v. 12.8.1976 – 4 StR 270/76 – Züchtigung zu Erziehungszwecken, NJW 1977, 113

Scheffler, Die Wortsinngrenze bei der Auslegung – Ist der Verlust der Empfängnisfähigkeit von § 224 StGB umfaßt?, Jura 1996, 505

Scheffler, Der Staatsanwalt im Kinderzimmer?, Zu den Einschränkungen des elterlichen Erziehungsrechts aus der Sicht eines Strafrechtlers, JRE 10 (2002), 279

Scheinfeld, Erläuterungen zum neuen § 1631d BGB – Beschneidung des männlichen Kindes, HRRS 2013, 268

Schlehofer, Risikovorsatz und zeitliche Reichweite der Zurechnung beim ungeschützten Geschlechtsverkehr des HIV-Infizierten, NJW 1989, 2017

Schmidhäuser, Strafrecht, Besonderer Teil, 2. Auflage 1983

Schöch, Hypothetische Einwilligung bei ärztlichen Dopingmaßnahmen?, GA 2016, 294

Schönke/Schröder, Strafgesetzbuch, 29. Auflage 2014

Schramm, Die Strafbarkeit der weiblichen Genitalverstümmelung – Zur Genese des neuen § 226a StGB, in: FS Kühl (2014), S. 603

Schröder, Anm. zu BGH, Urt. v. 8.10.1968 – 5 StR 462/68 – Zusammentreffen von versuchtem Totschlag und schwerer Körperverletzung, JR 1969, 265

Schroth, Zentrale Interpretationsprobleme des 6. Strafrechtsreformgesetzes, NJW 1998, 2861

Schroth, Anm. zu BGH, Urt. v. 3.9.2002 – 5 StR 210/02 – BGHSt 47, 383, Gefährliche Körperverletzung mit einem anderen Beteiligten gemeinschaftlich, JZ 2003, 215

Schroth, Die Einwilligung in eine nicht-indizierte Körperbeeinträchtigung zur Selbstverwirlichung – insbesondere die Einwilligung in Lebendspende, Schönheitsoperation und Piercing, in: FS Volk (2009), S. 719

Sotiriadis, Der neue Straftatbestand der weiblichen Genitalverstümmelung, § 226a StGB: Wirkungen und Nebenwirkungen, ZIS 2014, 320

Sowada, Das sog „Unmittelbarkeits"-Erfordernis als zentrales Problem erfolgsqualifizierter Delikte, Jura 1994, 643

Sowada, Die "Gubener Hetzjagd" - Versuchte Körperverletzung mit Todesfolge, BGH, Urt v. 9.10.2002-5 StR 42/02 = BGHSt 48, 34, Jura 2003, 549

Sowada, Zum Mittäterexzess bei § 227 StGB, in: FS Schroeder (2006), S. 621

Sowada, Die hypothetische Einwilligung im Strafrecht, NStZ 2012, 1

Stam, Die Körperverletzung „mittels" eines gefährlichen Werkzeugs – Zugleich Besprechung von BGH, Beschl. v. 4.11.2014, Az. 4 StR 200/14 (= BGH NStZ-RR 2015, 244), NStZ 2016, 713

Sternberg-Lieben, Die Strafbarkeit eines nicht indizierten ärztlichen Eingriffs, in: FS Amelung (2009), S. 325

Sternberg-Lieben, Strafrechtliche Behandlung ärztlicher Aufklärungsfehler: Reduktion der Aufklärungslast anstelle hypothetischer Einwilligung, in: FS Beulke (2015), S. 299

Sternberg-Lieben, Anm. zu BGH, Urt. v. 4.8.2015 – 1 StR 624/14 – Misshandlung von Schutzbefohlenen: Quälen, medstra 2016, 49

Stree, Beteiligung an einer Schlägerei – BGHSt 16, 130, JuS 1962, 93

Stree, Gefährliche Körperverletzung, Jura 1980, 281

Stree, Probleme des Schlägereitatbestandes, in: FS R. Schmitt (1992), S. 215

Stree, Anm. zu BGH, Urt. v. 24.8.1993 – 1 StR 380/93 – BGHSt 39, 305, Strafbarkeit wegen Teilnahme an Schlägerei auch bei Notwehr, JR 1994, 370

Stree, Anm. zu BGH, Urt. v. 3.9.2002 – 5 StR 210/02 – BGHSt 47, 383, Gefährliche Körperverletzung mit einem anderen Beteiligten gemeinschaftlich, NStZ 2003, 203

Stree, Anm. zu BGH, Urt. v. 26.5.2004 – 2 StR 505/03 – BGHSt 49, 166, Sadomasochistische Praktiken mit tödlichem Ausgang, NStZ 2005, 40

Stuckenberg, Körperverletzung mit Todesfolge bei Exzess des Mittäters, in: FS Jakobs (2007), S. 693

Systematischer Kommentar zum Strafgesetzbuch, hrsg. v. *Rudolphi/Horn/Samson/Günther*, Band IV (§§ 212-266b StGB), 8. Auflage, Loseblatt (Stand: Dezember 2016)

Systematischer Kommentar zum Strafgesetzbuch, hrsg. v. *Wolter*, 9. Auflage 2016 ff.

Teumer, Neues zum Thema Aids und Strafrecht, MedR 2010, 11

Theile, Das Strafrecht und die „Dritte Halbzeit" – Zur paternalistischen Deutung von § 228 StGB, in: FS Beulke (2015), S. 557

Vormbaum, Anm. zu BGH, Urt. v. 12.8.1976 – 4 StR 270/76 – Züchtigung zu Erziehungszwecken, JZ 1977, 654

Wagner, Die Rechtsprechung zu den Straftaten im Amt seit 1975 - Teil 2, JZ 1987, 658

Wagner, Beteiligung an einer Schlägerei (§ 227 StGB) bei Verursachung des Todes in Notwehr - BGHSt 39, 305, JuS 1995, 296

Wallschläger, Die Körperverletzungsdelikte nach dem 6. Strafrechtsreformgesetz, JA 2002, 390

Walter, Der Gesetzentwurf zur Beschneidung – Kritik und strafrechtliche Alternative, JZ 2012, 1110

Warda, Grundfragen der strafrechtlichen Konkurrenzlehre, JuS 1964, 81

Weigend, Über die Begründung der Straflosigkeit bei Einwilligung des Betroffenen, ZStW 98 (1986), 44

Welzel, Das deutsche Strafrecht: eine systematische Darstellung, 11. Auflage 1969

Wengenroth, Die Verwirklichung der gefährlichen Körperverletzung durch Unterlassen, JA 2014, 428

Wessels/Hettinger, Strafrecht Besonderer Teil 1, Straftaten gegen Persönlichkeits- und Gemeinschaftswerte, 40. Auflage 2016

Widmaier, Der Zitronensaft-Fall, Zum Risikozusammenhang nach Aufklärungsmängeln bei der ärztlichen Heilbehandlung, in: FS Roxin II (2011), S. 439

Wolfslast, Anm. zu BGH, Urt. v. 3.12.1997 – 2 StR 397/97 – Körperverletzung durch medizinisch nichtindizierte Röntgenaufnahmen, NStZ 1999, 133

Wolters, Anm. zu BGH, Urt. v. 20.7.1995 – 4 StR 129/95 – Körperverletzung mit Todesfolge durch Unterlassen, JR 1996, 471

Wolters, Die Neufassung der Körperverletzungsdelikte, JuS 1998, 582

Wolters, Der kleine Unterschied und seine strafrechtlichen Folgen, Eckhard Horn (1.12.1938 – 14.10.2004) anlässlich seines zehnten Todestages gewidmet, GA 2014, 556

Zabel, Die Einwilligung als Bezugspunkt wechselseitiger Risikoverantwortung, Haftungsbegrenzung und Opferschutz in der aktuellen Rechtfertigungsdogmatik, GA 2015, 219

Zöller, Die Strafbarkeit der Verstümmelung weiblicher Genitalien nach § 226a StGB – Gesetzessymbolik ohne Anwendungsbereich?, in: FS Schünemann (2014), S. 729

Zöller/Thörnich, Die Verstümmelung weiblicher Genitalien (§ 226a StGB), JA 2014, 167

Zopfs, Die „schwere Folge" bei der Schlägerei, Jura 1999, 172

Zopfs, Täterschaft und Teilnahme bei der Beteiligung an einer Schlägerei (§ 231 StGB), in: FS Puppe (2011), S. 1323

Zypries, Ist die religiöse Beschneidung Körperverletzung? Contra – Lassen wir die Kirche im Dorf, RuP 2012, 139

§ 3 Freiheitsdelikte

Ausweislich seiner Überschrift werden im 18. Abschn. die Straftaten[1] gegen die persönliche Freiheit zusammengefasst. Während § 239 nur die Fortbewegungsfreiheit betrifft,[2] wird die allgemeine Freiheit der Willensentschließung und -betätigung durch § 240 geschützt. Daneben finden sich bei den Freiheitsdelikten solche Tatbestände, die vorrangig zumindest auch einen anderen Schutzgegenstand zum Inhalt haben, wie etwa das Personensorgerecht (§ 235). Andererseits sind bestimmte Angriffe auf die persönliche Freiheit, die mit der Verletzung weiterer Rechtsgüter zusammentreffen, außerhalb des 18. Abschn. geregelt (z. B. §§ 177, 249, 253).

1

I. Freiheitsberaubung

§ 239 schützt die potentielle persönliche Fortbewegungsfreiheit, also die Möglichkeit des Ortswechsels.[3] Opfer einer Freiheitsberaubung kann deshalb auch eine Person sein, die sich im Tatzeitpunkt gar nicht fortbewegen will oder die von der Tathandlung keine Kenntnis hat. Entscheidend ist allein, dass es ihr objektiv unmöglich gemacht wird, den Aufenthaltsort nach eigenem Belieben zu verändern. Der verbleibende Aufenthaltsbereich darf jedoch nicht beliebig weiträumig sein, wenn der Tatbestand nicht in einer dem Schutzzweck der Norm widerstreitenden Weise überdehnt werden soll, weshalb die Hinderung an der Ausreise aus einem großräumigen Staatsgebiet nicht § 239 unterfällt (BGH NStZ 2015, 338),[4] ggf. aber § 240.

2

---

[1]Zum Ganzen *Eidam*, JuS 2010, 869, 963; *Schroeder*, JuS 2009, 14.

[2]Eingehend zu § 239 etwa *Bosch*, Jura 2012, 604; *Geppert/Bartl,* Jura 1985, 221; *Kargl,* JZ 1999, 72; *Park/Schwarz,* Jura 1995, 294.

[3]BGHSt 14, 314/316; 32, 183/188; OLG Köln NJW 1986, 334.

[4]Zust. *Hecker*, JuS 2015, 947, a.A. indes *Wieck-Noodt*, NStZ 2015, 646.

© Springer-Verlag GmbH Deutschland 2017
G. Küpper, R. Börner, *Strafrecht Besonderer Teil 1*, Springer-Lehrbuch,
DOI 10.1007/978-3-662-53989-7_3

3   Fraglich ist jedoch, ob jemand, der zu willkürlicher Fortbewegung außerstande ist, der Freiheit beraubt werden kann. Diese Fähigkeit fehlt jedenfalls dem Kleinkind, so dass es als Tatobjekt des § 239 ausscheidet (BayObLG JZ 1952, 237). Im Hinblick auf *Schlafende* oder *Bewusstlose* sind die Meinungen indes geteilt.[5] Zutreffend erscheint es, insoweit darauf abzustellen, dass bei fehlender Möglichkeit der Fortbewegung eine (weitere) Beeinträchtigung nicht stattfindet: Hier besteht schon keine Bewegungsfreiheit, die eingeschränkt werden könnte.[6] Eine Tatbestandsverwirklichung kommt in diesen Fällen nur dann in Betracht, wenn der betreffende Zustand vom Täter herbeigeführt (er schlägt das Opfer bewusstlos) oder die freiheitsentziehende Situation über diesen Zustand hinaus aufrechterhalten wird.

1. Grunddelikt

4   Der Tatbestand des § 239 I hebt zunächst das **Einsperren** als typische Begehungsform beispielhaft hervor. Einsperren heißt, eine Person durch äußere Vorrichtungen am Verlassen eines Raumes zu hindern (RGSt 7, 259/260). Es muss sich nicht um eine absolute Sperre handeln, so dass das Opfer auch eingesperrt wird, wenn es nur gewaltsam entkommen kann oder lediglich ein außergewöhnlicher, gefährlicher oder ihm unbekannter Ausgang vorhanden ist (vgl. BGH NStZ 2001, 420).[7] Kein Einsperren stellt das Aussperren dar, weil es den Betroffenen allein daran hindert, einen bestimmten Raum aufzusuchen, in Betracht kommt aber § 240.

5   Die Freiheitsberaubung **auf andere Weise** kann durch jedes taugliche Mittel begangen werden. In Betracht kommen namentlich List, Drohung oder Gewalt, wie sie in verschiedenen Tatbeständen des 18. Abschn. (§§ 234, 235) aufgeführt sind. Demnach ist an folgende Begehungsweisen zu denken:

- Festbinden, Anketten oder Fesseln;
- Betäubung oder Hypnose (RGSt 61, 239/241);
- Entfernen von Hilfsmitteln – z. B. Rollstuhl des Gelähmten, Blindenhund;
- Vorhalten einer Pistole, jedoch nicht allein die Drohung mit einem empfindlichen Übel (BGH NStZ 1993, 387);
- Hineindrücken in eine Nische am Heizkörper (BGH NStZ 1997, 485 m. Bespr. *Küpper*, JuS 2000, 225)
- Schnelles Fahren mit Kfz, um einen Fahrzeuginsassen am Verlassen des Wagens zu hindern (BGH NStZ 2005, 507).

---

[5] Übergreifend zu deren Schutz im Strafrecht *Kretschmer*, Jura 2009, 590.

[6] Im Ergebnis wie hier: *Eser/Eisele*, in: Schönke/Schröder, § 239 Rn. 2; *Wolters*, in: SK, § 239 Rn. 3; *Kargl*, JZ 1999, 72/74; a. A. *Fahl*, Jura 1998, 456/460 f.; *Mitsch*, JuS 1993, 222/223; *Schluckebier*, in: LK, § 239 Rn. 10.

[7] Hierzu krit. *Amelung*, in: FS Schünemann (2014), S. 577.

Bloße Beschränkungen, Erschwerungen oder Unannehmlichkeiten haben in ihrer   **6**
Wirkung noch *keine vollständige Aufhebung* der persönlichen Freiheit zur Folge.
Wer seiner Tochter untersagt, ohne Begleitung eines älteren Familienmitgliedes das
Haus zu verlassen, hebt deren Bewegungsfreiheit nicht vollständig auf, sondern
erschwert diese lediglich, solange die Drohung nicht den Grad einer gegenwärtigen
Gefahr für Leib oder Leben erreicht (BGH NStZ 2015, 338),[8] es bleibt jedoch § 240.
Auch das Entfernen der Kleidung von nackt badenden Personen genügt grundsätz-
lich nicht (vgl. dazu RGSt 6, 231).

Eine Freiheitsberaubung kann auch durch *Unterlassen* begangen werden. Hat   **7**
jemand einen anderen versehentlich eingesperrt, so ergibt sich aus Ingerenz die Verpflichtung, dem Betreffenden seine Bewegungsfreiheit wieder zu verschaffen (RGSt
24, 339). Dabei ist zu beachten, dass das Vorverhalten zur Begründung von Ingerenz zumindest objektiv pflichtwidrig gewesen sein und die nahe liegende Gefahr
des Eintritts des konkreten Erfolgs begründet haben muss; daran fehlt es bei einem
zum Raub eskalierten Wohnungseinbruch, wenn ausdrücklich ausgemacht wurde,
dass bei Anwesenheit des Wohnungsinhabers ein Abbruch erfolgt (BGH NStZ-RR
2009, 366). Andererseits kann eine zunächst rechtmäßig herbeigeführte Freiheitsentziehung in ein strafbares Unterlassen der Freilassung umschlagen, wenn etwa
der verantwortliche Polizeibeamte die notwendige richterliche Entscheidung nicht
herbeigeführt hat, wobei freilich auf Ebene der hypothetischen Kausalität Erwägungen über die mit an Sicherheit grenzende Entscheidung des Richters anzustellen
sind (BGHSt 59, 292),[9] was gem. § 16 Abs. 1 S. 1 irrtumsrelevant ist. Ferner besteht
die Möglichkeit einer *mittelbaren Täterschaft*. Sie kommt vor allem in Betracht,
wenn der Täter mit einer bewusst unwahren Anzeige oder Aussage die Verhaftung
eines anderen herbeiführt.[10] Die Begehung erfolgt durch ein rechtmäßig handelndes
Werkzeug, da der Beamte schon aufgrund eines entsprechenden Verdachts die Freiheitsentziehung anordnen darf (z. B. nach §§ 112, 127 II StPO). Gleiches gilt für ein
verfahrenstechnisch rechtmäßig zustande gekommenes, aber etwa aufgrund einer
nicht erkannten Falschaussage objektiv unrichtiges Strafurteil.

Das Delikt ist **vollendet**, sobald es dem Opfer unmöglich gemacht wird, seinen   **8**
Aufenthaltsort nach seinem Belieben zu verändern. Einen bestimmten Zeitraum
setzt die Vollendung nicht voraus, jedoch scheiden minimale Beeinträchtigungen
aus (BGHSt NStZ 2003, 371); einige Sekunden würden nicht genügen, während
ein „Vaterunser" lang ausreichen soll (RGSt 7, 259). Der Versuch ist strafbar. Bei
§ 239 handelt es sich um ein Dauerdelikt, das erst mit Aufhebung der Freiheitsentziehung *beendet* ist; solange bleibt deshalb eine sukzessive Beteiligung möglich
und erst ab dann beginnt gem. § 78a die Verjährung.

Die Tat ist **rechtswidrig**, wenn kein Rechtfertigungsgrund eingreift. Ein solcher   **9**
ergibt sich zum einen aus öffentlich-rechtlichen Befugnissen zur Verhaftung oder
Festnahme. Desgleichen rechtfertigt die Anordnung der Entnahme einer Blutprobe

---

[8]Zust. Bespr. *Hecker*, JuS 2015, 947.

[9]S. dazu *Jäger*, JA 2015, 72; *Jahn*, JuS 2015, 180; *Schiemann*, NJW 2015, 20.

[10]Vgl. BGHSt 3, 4; 42, 275 mit Bespr. *König*, JR 1997, 317; *Wieck-Noodt*, in: MK, § 239 Rn. 50 f.

gem. § 81a StPO die hierzu erforderliche Freiheitsbeschränkung (OLG Köln NStZ 1986, 234/236). Der Arbeitskampf indessen gewährt grdsl. keine Rechtfertigung des „Bossnappings".[11]

10   Zum anderen sind auch Privatpersonen unter den jeweiligen gesetzlichen Voraussetzungen zur vorläufigen Festnahme (§ 127 I StPO)[12] oder zivilrechtlichen Selbsthilfe (§ 229 BGB) befugt. Ein Notwehrrecht kann bestehen, wenn die Einsperrung des Angreifers das erforderliche Verteidigungsmittel ist, z. B. um einen Dieb am Fortschaffen der Beute zu hindern (RGSt 8, 210/213) oder wenn sich der ertappte Ladendieb gegen seine rechtmäßige Festnahme zur Wehr setzt.[13] Umgekehrt wird im Bereich des staatlichen Handelns (Ergreifung zur zwangsweisen Abschiebung oder § 127 Abs. 2 StPO) und der Überschreitung der dortigen Grenzen ein Notwehrrecht des Betroffenen nach der Rspr. erst ab einer i.S. v. § 113 StGB rechtswidrigen Maßnahme anerkannt (BGHSt 60, 253).[14] Gegenüber Minderjährigen gestattet das elterliche Erziehungsrecht freiheitsbeschränkende Maßnahmen (vgl. §§ 1631 I, 1631b BGB). Darüber hinaus soll u. U. die zeitweilige Einschließung eines geisteskranken Angehörigen als „Akt familiärer Fürsorge" zulässig sein (BGHSt 13, 197).

11   Da § 239 die Freiheit der Willensbetätigung in Bezug auf die Veränderung des Aufenthaltsortes schützt, wirkt die Zustimmung des Betroffenen bereits als tatbestandsausschließendes Einverständnis. Im Hinblick darauf, dass als Tatmittel auch „List" ausreicht, wird allerdings das erschlichene Einverständnis nicht ohne weiteres diese Wirkung entfalten.[15] Obwohl ein tatbestandsausschließendes Einverständnis widerruflich ist und bei dem Dauerdelikt ex nunc wirkt, kann ein Fahrgast der Bahn angesichts des Beförderungsvertrages im Ergebnis nicht an beliebiger Stelle den Ausstieg verlangen, weshalb § 239 auf Ebene der Rechtswidrigkeit entfällt;[16] gleiches soll für die Hinderung eines Passagiers am Verlassen eines Flugzeugs vor Abflug gelten.[17]

2. Erfolgsqualifizierungen

12   Ein strafverschärfter Fall liegt vor, wenn die Freiheitsentziehung über eine Woche gedauert hat (§ 239 III Nr. 1).[18] Diese Dauer ist eine besondere Folge der Tat i. S. des § 18, so dass der Täter insoweit zwar wenigstens fahrlässig, aber nicht vorsätzlich

---

[11]*Mitsch*, JR 2013, 351.

[12]S. *Wagner*, ZJS 2011, 465.

[13]Zu dieser Erweiterung des § 127 Abs. 1 StPO und Irrtumsfolgen BGHSt 45, 378m. Bespr. *Mitsch*, JuS 2000, 848 sowie *Börner*, GA 2002, 276.

[14]Zust. *Erb*, JR 2016, 29; krit. *Engländer*, NStZ 2015, 577; *Rönnau/Hohn*, StV 2016, 313.

[15]Dazu OLG Koblenz GA 1981, 94; *Bloy*, ZStW 96 (1984), 703/713 ff.; *Kühl*, in: Lackner/Kühl, § 239 Rn. 5; für § 237 a. F. auch BGHSt 32, 267/269 f.

[16]Zum Ganzen *Mitsch*, NZV 2013, 417.

[17]*Fahl*, JR 2009, 100.

[18]Im einzelnen *Mitsch*, GA 2009, 329.

handeln muss.[19] Aus dem Verbrechenscharakter ergibt sich hier die Strafbarkeit des Versuchs. Er kann darin bestehen, dass der Vorsatz des Täters auf den entsprechenden Zeitraum gerichtet war, der jedoch nicht erreicht wird. Hat dieser Versuch der Qualifikation bereits zu einer vollendeten Freiheitsberaubung gem. § 239 I geführt, ist Tateinheit mit dem Grunddelikt anzunehmen (BGH NStZ 2001, 247).

Weitere Erfolgsqualifizierungen sind vorgesehen, wenn eine schwere Gesund- **13** heitsschädigung (§ 239 III Nr. 2) oder der Tod des Opfers (§ 239 IV) durch die Freiheitsentziehung verursacht worden ist. Wie bei allen erfolgsqualifizierten Delikten muss sich in der schweren Folge die Gefahrenträchtigkeit des Grunddelikts niederschlagen. Diese besteht darin, dass das Opfer in eine Situation verbracht wird, die ihm die Möglichkeit eigener Daseinsvorsorge abschneidet (ähnlich der „hilflosen Lage" gem. § 221). Der typische Fall des § 239 IV sieht demnach so aus, dass der seiner Freiheit Beraubte infolge mangelnder Versorgung oder der Beschaffenheit des Aufenthaltsortes zu Tode kommt, also etwa verhungert, erstickt oder erfriert.[20] Der Tod ist durch die Freiheitsentziehung aber auch dann verursacht, wenn ihn das Opfer unmittelbar bei dem Versuch erleidet, der begonnenen Freiheitsberaubung zu entfliehen (BGHSt 19, 382). Der grunddeliktsspezifische Zusammenhang endet allerdings nach Wiedererlangung der Freiheit, so dass Todesfälle auf dem Heimweg nicht mehr erfasst werden.

3. Konkurrenzen

§ 239 ist ein Dauerdelikt, das nach Vollendung bis zur Beendigung durch **14** Befreiung oder Tod andauert. Während dieser Zeit begangene andere materielle Taten stehen hierzu jedenfalls dann in Tateinheit, wenn sie gegenüber dem Opfer oder in Zusammenhang mit der Freiheitsberaubung begangen werden. Mehrere zu unterschiedlichen Zeitpunkten begangene Delikte, die derart zu § 239 in Tateinheit stehen, unter denen aber an sich Tatmehrheit besteht, können ihrerseits durch das fortwährende Dauerdelikt zur Tateinheit verklammert werden. Das setzt voraus, dass nicht mehr als eines der weiteren Delikte schwerer wiegt als das Dauerdelikt (BGH NStZ 2013, 158). § 239 tritt gesetzeskonkurrierend zurück, soweit die Freiheitsberaubung bei anderen Delikten nur das tatbestandsmäßige Mittel ist, insb. §§ 239a, 239b, 249.[21] In Abgrenzung zu § 240 kommt es auf den Schwerpunkt der Vorwerfbarkeit an. Hinsichtlich der Todeserfolgsqualifizierung und gleichzeitigen Verwirklichung von § 227 StGB kommt es für den gesetzeskonkurrierenden Vorrang darauf an, welche grunddeliktsspezifische Gefahr für den eingetretenen Tod im Vordergrund steht.[22]

---

[19]Ebenso BGHSt 10, 306 (zur a. F.); *Arzt/Weber/Heinrich/Hilgendorf*, § 9 Rn. 30; *Kindhäuser*, § 15 Rn. 20; *Kühl*, Jura 2002, 810 f.; a. A. *Wessels/Hettinger*, Rn. 377.

[20]*Hirsch*, in: FS Oehler (1985), S. 111/131; *Küpper*, Zusammenhang, S. 105.

[21]S. BGH NStZ 2009, 632 (§ 239a Abs. 1 Var. 2 Ausnutzungsvariante).

[22]Vgl. zum Heizungsfall (BGH NStZ 1997, 485) insb. die Bespr. *Küpper*, JuS 2000, 225.

Kontrollfragen
1. Können Kinder, Schlafende oder Bewusstlose ihrer Freiheit beraubt werden? (Rn. 3)
2. Auf welche Weise kann eine Freiheitsberaubung begangen werden? (Rn. 5, 6)
3. Welche Erfolgsqualifizierungen sind in § 239 geregelt? (Rn. 12, 13)
4. Wann greift die Klammerwirkung? (Rn. 14)

II. Entführungstatbestände

15 Verschiedene Delikte des 18. Abschn. setzen voraus, dass das Opfer an einen anderen Ort verbracht wird; das Gesetz umschreibt diesen Sachverhalt als „Verschleppung" (§ 234a) oder „Entziehung" (§ 235). Auch die Geiselnahme (§ 239b) weist u. a. das Merkmal des Entführens auf und wird deshalb in diesem Zusammenhang behandelt.

1. Entziehung Minderjähriger

16 Der herkömmlich als „Muntbruch" bezeichnete Straftatbestand des § 235 schützt das elterliche oder sonstige familienrechtliche Sorgerecht sowie – seit der Neufassung durch das 6. StrRG – auch die entzogene Person (arg. § 235 IV Nr. 1),[23] weshalb Sorge- bzw. Umgangsberechtigter und Entzogener als Verletzte gem. § 235 VII antragsberechtigt sind.[24] Hinsichtlich der Tathandlung differenziert das Gesetz jetzt nach dem Alter des Schützlings, indem es bei Kindern (Abs. 2) unter vierzehn Jahren (vgl. § 176 I) kein bestimmtes Tatmittel mehr verlangt; dadurch soll auch das heimliche „Stehlen" eines Säuglings oder Kleinkindes erfasst werden.

17 Tatobjekt ist zunächst eine Person unter achtzehn Jahren, die der Täter dem Sorgeberechtigten entzieht oder vorenthält. Ein **Entziehen** liegt vor, wenn die Ausübung des Sorgerechts durch räumliche Trennung für eine gewisse, nicht nur ganz vorübergehende Dauer so beeinträchtigt wird, dass es nicht ausgeübt werden kann (BGH NStZ 1996, 333; BGH NStZ 2015, 338/340). Für welchen Zeitraum die Entziehung erfolgen muss, richtet sich nach den Umständen des Einzelfalles, namentlich dem Grad der Fürsorgebedürftigkeit des Schutzbefohlenen. Wird etwa ein Kleinkind der Obhut seiner Eltern entzogen, so dürfte eine wesentlich geringere Zeitdauer für die Vollendung genügen als bei der Entziehung eines nahezu volljährigen Jugendlichen (BGHSt 16, 58/61). Eine Entziehung liege auch dann vor, wenn

---

[23]BT-Drucks. 13/8587, S. 38; *Kreß*, NJW 1998, 633/641; *Schroth*, S. 380; a. A. *Maurach/Schroeder/Maiwald*, BT 2, § 63 Rn. 58.

[24]*Fischer*, § 235 Rn. 21. Vor Volljährigkeit ist im Streitfall ein Pfleger zu bestellen, *Fischer*, § 77 Rn. 9.

ein sorgeberechtigter Elternteil zwangsweise für eine gewisse Dauer von seinem unter 18jährigen Kind entfernt wird (BGHSt 59, 307),[25] dann aber würde jede Freiheitsberaubung an einem Sorgeberechtigten oder gar die zurechenbare Behinderung von dessen Rückkehr (Abs. 1 Nr. 2) § 235 verwirklichen, sobald die zeitliche Komponente gegeben ist, was zu weitgehend erscheint. Ein **Vorenthalten** (vgl. § 1632 I BGB) ist gegeben, wenn der Täter die Herausgabe des Minderjährigen verweigert oder erschwert, z. B. durch Verschweigen des Aufenthaltsortes. Nach § 235 macht sich auch der allein sorgeberechtigte Elternteil strafbar, der dem umgangsberechtigten Elternteil das Kind entzieht.[26] Zudem gilt § 235 I Nr. 1 auch im Ausland, soweit deutsches Strafrecht anwendbar ist (BGH NStZ 2015, 338/341), was klassische Fragen der örtlichen Zuständigkeit aufwirft (dazu BGH NStZ-RR 2016, 213).

Das Tatmittel besteht in List, Drohung oder Gewalt (zu beiden letzteren noch **18** unten Rn. 39 ff.). Als *List* wird ein Verhalten angesehen, das darauf abzielt, unter geflissentlichem oder geschicktem Verbergen der wahren Absichten die Ziele des Täters durchzusetzen.[27] Das Mittel kann gegen die Eltern, gegen dritte Personen oder auch gegen den Minderjährigen selbst eingesetzt werden.

Das Entziehen oder Vorenthalten eines *Kindes* durch einen Nichtangehörigen **19** wird von § 235 I Nr. 2 erfasst, während der Angehörige sich strafbar macht, wenn er das Kind in der Absicht entzieht, es ins Ausland zu verbringen (§ 235 II Nr. 1). In diesen Fällen ist auch der Versuch strafbar (§ 235 III). Das Vorenthalten eines Kindes im Ausland („passive Entführung" gem. § 235 II Nr. 2) betrifft den Sachverhalt, dass der Täter sich rechtmäßig mit dem Kind ins Ausland begeben hat, dort aber beschließt, es nicht wieder herauszugeben.[28]

Die Tat ist in mehrfacher Hinsicht qualifiziert (§ 235 IV, V): **20**

- Gefahr des Todes, einer schweren Gesundheits- oder erheblichen Entwicklungsschädigung;
- Begehung gegen Entgelt oder in Bereicherungsabsicht – worin kein bpM liegt, weshalb § 28 II ausscheidet (BGHSt 55, 229);[29]
- Verursachung des Todes (beachte § 18).

Aufgrund der geschützten Rechtsgüter, tritt in der Gesetzeskonkurrenz jedenfalls **21** die Verletzung des Sorgerechts eigenständig in Erscheinung. So stehen die Nötigung des verletzten Sorgeberechtigten und § 235 in Tateinheit (BGHSt 59, 307). Indem es sich bei § 235 ebenso wie bei § 239 um ein Dauerdelikt handelt, gelten auch hier die Grundsätze der Verklammerung (BGH NStZ-RR 2010, 141).

---

[25]Krit. insb. *Putzke*, ZJS 2015, 315 sowie *Eidam*, HRRS 2015, 243.

[26]Vgl. BGH NJW 1999, 1344; *Fischer*, § 235 Rn. 3; diff. nach Umgangs- und Sorgerecht *Geppert*, in: H. Kaufmann-GedS (1986), S. 759/772 ff.

[27]BGHSt 32, 267/269; BGH NStZ 1996, 276; OLG Celle NJW 1996, 2666.

[28]*Heger*, in: Lackner/Kühl, § 235 Rn. 5; *Nelles*, in: Einführung, 3. Teil, Rn. 34.

[29]Zust. Anm. *Wieck-Noodt*, NStZ 2011, 458 – da das Merkmal allein beim Hintermann vorlag, konnte er mangels § 28 II allein wegen Teilnahme am Grunddelikt bestraft werden (lesen!).

2. Kinderhandel

22   Die Vorschrift des § 236 beruht auf einem Gesetzentwurf des Bundesrates (1996) und ist durch das 6. StrRG (1998) eingefügt worden. Sie schützt die ungestörte Entwicklung des Kindes. In der Begründung wird angeführt, dass in den letzten Jahren die Fälle deutlich zugenommen hätten, in denen Kinder von ihren Eltern wie Handelsware zum Verkauf angeboten worden sind (BT-Drucks. 13/6038, S. 6).

23   § 236 I regelt zunächst die Strafbarkeit des „Verkäufers". Täter sind leibliche Eltern oder Adoptiveltern, Tatopfer ist ein noch nicht vierzehn Jahre altes Kind. Die **Tathandlung** besteht darin, dass das Kind einem anderen auf Dauer überlassen wird; sie muss unter grober Vernachlässigung der Fürsorge- oder Erziehungspflicht (vgl. § 171) erfolgen. Diese strafbarkeitseinschränkende Klausel soll sicherstellen, dass sozial akzeptierte Vorgänge, wie etwa die Unterbringung bei Verwandten oder die Begründung eines Pflegeverhältnisses, aus dem Anwendungsbereich herausgehalten werden (BT-Drucks. 13/8587, S. 40). Vorausgesetzt wird außerdem ein Handeln gegen Entgelt oder in Bereicherungsabsicht.

24   Als „Käufer" macht sich strafbar, wer das Kind auf Dauer bei sich aufnimmt und dafür ein Entgelt gewährt. Die Verweisung auf Satz 1 umfasst die dort genannten Umstände des Verkaufs. Diese akzessorische Ausgestaltung hat zur Folge, dass der Täter die schwerwiegende Pflichtverletzung der Eltern gekannt oder billigend in Kauf genommen haben muss.

25   Der Versuch ist strafbar (§ 236 III). Qualifiziert ist die Tat bei gewinnsüchtigem oder gewerbsmäßigem Handeln. Gewinnsucht bedeutet die ungewöhnliche, sittlich besonders anstößige Steigerung des Erwerbssinnes (BGHSt 1, 388); gewerbsmäßig handelt, wer sich durch wiederholte Begehung eine fortlaufende Einnahmequelle von einiger Dauer verschaffen will (BGHSt 1, 383). Zur bandenmäßigen Begehung vgl. §§ 244, 260; zu der Gefahr einer Entwicklungsschädigung oben § 2 Rn. 54.

3. Geiselnahme

26   Erpresserischer Menschenraub (§ 239a) und Geiselnahme (§ 239b)[30] sind tatbestandlich parallel konstruiert, die Unterschiede liegen vor allem im subjektiven Bereich: Bei § 239a ist die Absicht des Täters auf eine Erpressung gerichtet; insofern handelt es sich um eine Kombination zwischen Freiheits- und Vermögensdelikt. Für § 239b genügt als angestrebtes Ziel eine Nötigung, wobei allerdings als Drohmittel eine Tötung, schwere Körperverletzung oder qualifizierte Freiheitsentziehung beabsichtigt sein muss. Geschütztes Rechtsgut ist die psycho-physische Integrität der Geisel, daneben die Dispositionsfreiheit des zu Nötigenden.

27   Der objektive **Tatbestand** des § 239b I nennt als Tathandlung zunächst das *Entführen*, d. h. die Herbeiführung einer Ortsveränderung. Diese muss der Täter durch

---

[30]Zum Ganzen *Elsner*, JuS 2006, 784; *Müller-Dietz*, JuS 1996, 110; *Renzikowski*, JZ 1994, 492; *Zöller*, JA 2000, 476.

List, Drohung oder Gewalt bewirkt haben (BGH NStZ 1996, 276), wobei die konkludente Todesdrohung genügt (BGH NStZ-RR 2011, 142). Das weiter genannte *Sichbemächtigen* bedeutet die Verschaffung der physischen Herrschaft über einen anderen Menschen (BGHSt 26, 70/72). Dafür reicht es aus, dass das Opfer mit einer Waffe in Schach gehalten wird.[31] Der Tatbestand ist auch erfüllt, wenn sich jemand „freiwillig" als Ersatzgeisel in die Hand des Täters begibt.

Ein besonderes Problem ist durch die im Jahre 1989 erfolgte Erweiterung des **28** § 239b entstanden. Während zuvor der Tatbestand ein „Dreiecksverhältnis" (Täter-Opfer-Genötigter) voraussetzte, ist er nunmehr auch im Zweipersonenverhältnis anwendbar; er lässt nämlich genügen, dass der Täter die Geisel selbst nötigen will. Hieraus ergibt sich die Frage, in welcher Beziehung die Geiselnahme zu den damit bezweckten weiteren Straftaten steht. Zunächst hat der BGH[32] die Auffassung vertreten, dass § 239b jedenfalls auf solche Fälle nicht anwendbar sei, in denen das bloße Sich-Bemächtigen unmittelbares Nötigungsmittel einer Vergewaltigung oder sexuellen Nötigung ist und in denen eine über das hierdurch begründete Gewaltverhältnis zwischen Täter und Opfer hinausreichende Außenwirkung des abgenötigten Verhaltens nach der Vorstellung des Täters nicht eintreten soll. Die Frage, ob diese Einschränkung auch im Falle des Entführens zur Geltung kommt, haben die Strafsenate unterschiedlich beantwortet. Der Große Senat hat schließlich entschieden, die Anwendung des § 239b sei nicht von vornherein ausgeschlossen, wenn der Täter sein Opfer zum Zwecke einer Vergewaltigung oder sexuellen Nötigung entführt oder sich seiner bemächtigt. Auch meint er allerdings, im Falle des Sichbemächtigens werde die Voraussetzung häufig nicht erfüllt sein, dass der Täter die von ihm geschaffene Lage zur (weiteren) Nötigung durch qualifizierte Drohung ausnutzt. Mit Blick auf die hohe Mindeststrafe ist ebenso wie bei § 239a erforderlich, dass die Bemächtigungslage für das verfolgte Nötigungsziel eine eigenständige Bedeutung hat, weshalb in Zwei-Personen-Verhältnissen eine gewisse **Stabilisierung der Bemächtigungslage** vorausgesetzt wird (BGHSt 40, 350/358 f.; BGH NStZ 2006, 448).[33] Seither geht es darum, ab *wann* eine Stabilität mit hinreichend eigenständiger Bedeutung für die Erreichung des Nötigungsziels gegeben ist, wozu es auf die Unterscheidbarkeit von Bemächtigungs- und Drohungshandlung ankommt (abgelehnt: BGH StraFo 2013, 389, NStZ 2014, 515).

Subjektiv ist die *Absicht* („um ... zu") erforderlich, die Geisel oder einen Dritten **29** durch die Drohung mit dem Tod oder einer schweren Körperverletzung des Opfers oder mit dessen Freiheitsentziehung von über einer Woche Dauer zu nötigen; die Androhung einer gefährlichen Körperverletzung fällt nicht darunter (BGH NJW 1990, 57). Im Falle einer nicht ernstlich gemeinten Drohung genügt es, dass der

---

[31]Vgl. BGH NStZ 1986, 166; LG Mainz MDR 1984, 687; *Rengier,* GA 1985, 314.

[32]Im einzelnen BGHSt 39, 36; 39, 330; BGH NStZ 1994, 128, 283, 284, 340. 431. 481; näher dazu *Renzikowski,* JZ 1994, 492; *Trenckhoff/Baumann,* JuS 1994, 836.

[33]Anm. *Hauf,* NStZ 1995, 184 und *Renzikowski,* JR 1995, 349; ferner *Elsner,* JuS 2006, 784; *Fahl,* Jura 1996, 456; *Müller-Dietz,* JuS 1996, 110; *Satzger,* Jura 2007, 114. Zur Frage der Übertragbarkeit auf das Drei-Personen-Verhältnis s. BGH NStZ 1999, 509; *Immel,* NStZ 2001, 67.

Täter weiß oder damit rechnet, diese sei geeignet, in dem Dritten Furcht vor ihrer Verwirklichung hervorzurufen.[34] Als Nötigungsziel kommt jede Handlung, Duldung oder Unterlassung in Betracht. Da es um ein Absichtsmerkmal geht, ist für die Tatvollendung nicht erforderlich, dass die Drohung ausgesprochen wird.

30   Der *Ausnutzungstatbestand* (§ 239b I Alt. 2) stellt ein zweiaktiges Delikt dar. Er setzt voraus, dass der Täter die von ihm durch seine Handlung (Entführen oder Sichbemächtigen) geschaffene Lage zu einer solchen Nötigung (Drohung mit Tod etc.) ausnutzt, bspw. zum Zweck des nicht einvernehmlichen Geschlechtsverkehrs (BGH NStZ 2016, 147). Die Vollendung verlangt hier objektiv zumindest eine versuchte Nötigung (str.).[35]

31   Zwischen der Entführungs- oder Bemächtigungslage und der (beabsichtigten) Nötigung muss ein **funktionaler und zeitlicher Zusammenhang** bestehen: Erforderlich ist, dass die abgenötigte Handlung während der Dauer der Zwangslage vorgenommen werden soll. Daran fehlt es, wenn das Opfer erst nach Beendigung der Zwangslage eine Aussage bei der Polizei machen (BGH StraFo 2014, 32) oder sich nach Verschwinden des Täters eine gewisse Zeit ruhig verhalten soll (BGH NStZ 2014, 38).[36] Andererseits reicht jeder Nötigungserfolg aus; deshalb genügen auch solche Handlungen des Opfers, die eine nach der Vorstellung des Täters eigenständig bedeutsame Vorstufe des gewollten Enderfolgs darstellen (vgl. BGH StV 1997, 302–305; NStZ 2006, 36).

32   Eine **Erfolgsqualifizierung** ist gegeben, wenn der Täter durch die Tat leichtfertig den Tod des in seiner Fortbewegungsfreiheit betroffenen Menschen verursacht (§ 239b II i.V.m. § 239a III). Zwischen Tat und Tod muss ein tatbestandsspezifischer Folgezusammenhang bestehen, in dem tödlichen Ausgang sich also die Gefahr des Grunddelikts realisieren. Die Qualifizierung erfasst damit zunächst diejenigen Fälle, in denen die für die Geisel geschaffene Situation – z. B. lebensgefährliche Unterbringung oder unzureichende Ernährung – zum Tode des Opfers führt. Des Weiteren fordert die entstandene Zwangslage zu Flucht- oder Befreiungsversuchen geradezu heraus. Eine dabei eintretende Todesfolge bewegt sich also noch im Rahmen des durch die Tat herbeigeführten Ausgangsrisikos. Der typische Gefahrenzusammenhang besteht allerdings dann nicht mehr, wenn anders motivierte Eingriffe den Tod der Geisel bewirken.

Beispiel

Zwei Bankräuber wollten unter Mitnahme von Geiseln entkommen; der Tatort war bereits von Polizeikräften umstellt. Als sich der Fluchtwagen in Bewegung setzte, eröffneten die Polizisten das Feuer, wobei sie annahmen, ausschließlich Straftäter vor sich zu haben. Die Geiseln wurden dabei erschossen. Das Handeln der Polizeibeamten, die – ohne von der Geiselnahme zu wissen – die tödlichen Schüsse abgaben,

---

[34] BGHSt 26, 309 mit Bespr. *Backmann,* JuS 1977, 444; BGH NStZ 1985, 455.

[35] A.A. *Fischer,* § 239b Rn. 9m.w.N.

[36] M. Anm. *Fahl,* JZ 2014, 582 und *Krehl,* NStZ a.a.O.; ferner BGH NStZ-RR 2008, 279; StV 2015, 173.

galt nicht der Bewältigung einer für Geiselnahmen typischen Zwangslage, sondern allein der Verfolgung von Straftätern nach Verübung eines Banküberfalls. Die daraus resultierende Gefahr war deshalb nicht von der Art, wie sie die Vorschrift voraussetzt, um eine Verurteilung wegen Geiselnahme mit Todesfolge zu rechtfertigen (str.).[37]

Subjektiv ist *Leichtfertigkeit* erforderlich, was einem gesteigerten Grad von Fahr-   **33** lässigkeit entspricht. Der Täter muss in besonders leichtsinniger oder gleichgültiger Weise handeln, indem er sich grob achtlos oder rücksichtslos über die Möglichkeit der Todesfolge hinwegsetzt (vgl. OLG Nürnberg NStZ 1986, 556 zu § 251).

Die **tätige Reue** führt zu einer fakultativen Strafmilderung, wenn der Täter das   **34** Opfer unter Verzicht auf die erstrebte Leistung in dessen Lebenskreis zurückgelangen lässt (§ 239b II i.V.m. § 239a IV). Dazu muss das Opfer aus der Herrschaftsgewalt des Täters entlassen und in die Lage versetzt werden, seinen Aufenthaltsort frei zu bestimmen. Der „Lebenskreis" beschränkt sich zwar nicht auf den Wohnsitz oder die gewohnte Umgebung, die Aussetzung in einem unwegsamen oder gefährlichen Gelände dürfte aber den Anforderungen kaum entsprechen. Hat der Täter sich des Opfers in dessen Lebensbereich bemächtigt, so kommt die Anwendung der Vorschrift bereits dann in Betracht, wenn er sein Opfer am Tatort freigibt (BGH NStZ 2001, 532). Das Zurückgelangenlassen geschieht unter Verzicht auf die erstrebte Leistung, sofern der Täter von dem Nötigungsziel Abstand nimmt; er muss also auf die nach seinem ursprünglichen Tatplan abzunötigende Handlung, Duldung oder Unterlassung verzichten (BGH NStZ 2003, 605). Tritt der Erfolg (d. h. Freisetzung der Geisel) ohne Zutun des Täters ein, so genügt sein dahingehendes ernsthaftes Bemühen; beide Varianten setzen keine Freiwilligkeit voraus.

Kontrollfragen
1. Worin bestehen die Tathandlungen des § 235? (Rn. 17)
2. Was bedeutet das Merkmal „List"? (Rn. 18)
3. Wie sind die Tatbestandsalternativen des § 239b strukturiert? (Rn. 27–30)
4. Welche Einschränkungen gelten im „Zweipersonenverhältnis"? (Rn. 28)

III. Nötigung

1. Allgemeines

Schutzgut des § 240[38] ist die Freiheit der Willensentschließung und Willensbetäti-   **35** gung (BVerfGE 73, 206/237); es handelt sich demnach um ein „Willensbeugungsdelikt". Nötigen heißt, dem Opfer ein anderes Verhalten, als es seinem freien Willen

---

[37] A.A. BGHSt 33, 322 mit Anm. *Küpper*, NStZ 1986, 117 und *Wolter*, JR 1986, 465.
[38] Zum Ganzen *Geppert*, Jura 2006, 31; *Sinn*, JuS 2009, 577 sowie mit grundlegender Betrachtung *Jakobs*, JuS 2017, 97.

entsprechen würde, zwangsweise aufzudrängen (BGHSt 45, 253/258). Aus diesem Deliktscharakter folgt zugleich, dass ein *Einverständnis* des Betroffenen schon den Tatbestand entfallen lässt.

36 Nicht jede Ausübung von Zwang wird durch § 240 unter Strafe gestellt, sondern nur diejenige, die mittels *Gewalt* oder *Drohung* erfolgt. Anders als sonst kann die Nötigung also nur durch bestimmte Arten von Handlungen begangen werden. In der ursprünglichen Fassung hatte die Vorschrift – neben der Gewalt – die Bedrohung mit einem Verbrechen oder Vergehen vorausgesetzt. Durch die im Jahre 1943 erfolgte Änderung wurde der Drohungsinhalt auf jedes empfindliche Übel ausgedehnt. Der Gesetzgeber hat damit die Grenzen des Tatbestandes so weit gezogen, dass er nunmehr auch „ungezählte Fälle des täglichen Lebens" erfasst, in denen die Nötigung zwar rechtmäßig ist, diese Rechtmäßigkeit aber nicht aus einer besonderen rechtfertigenden Gegennorm hergeleitet werden kann (BGHSt 2, 194/195 f.).

Beispiele

Der Arbeitgeber droht mit Entlassung, falls der Arbeitnehmer seine Tätigkeit nicht ordnungsgemäß erledigt. Der Gläubiger stellt Zahlungsklage in Aussicht. Der Prüfer signalisiert, dass der Kandidat im Examen durchfallen werde, wenn dieser seine Leistungen nicht erheblich steigere. All das ist rechtmäßig.

---

37 Infolge der Neuregelung kann also der Tatbestand des § 240 I keine Indizwirkung mehr entfalten, d. h. er „indiziert" nicht ohne weiteres die Rechtswidrigkeit (BGHSt 35, 270/275). Man spricht in solchen Fällen auch von einem „offenen" Tatbestand. Einschränkend ist deshalb die Verwerflichkeitsklausel (§ 240 II) eingefügt worden. Umstritten bleibt allerdings, ob sie schon auf der Tatbestandsebene Berücksichtigung findet.[39] Dem Wortlaut und der h. M. folgend wird § 240 II hier als *Rechtswidrigkeitsregel* (BGHSt 2, 194/196) behandelt und dementsprechend auf der zweiten Deliktsstufe angesiedelt.

38 Die Nötigungsvorschrift hat sich bis heute als zunehmend problematisch erwiesen. Im Vordergrund steht dabei die ständige Erweiterung des Gewaltbegriffs, die letztlich dessen „Auflösung" gleichkommt. Daraus haben sich Bedenken im Hinblick auf die Tatbestandsbestimmtheit (Art. 103 II GG) ergeben. Wegen der nunmehrigen Weite *beider* Nötigungsmittel erlangt auch die Verwerflichkeitsklausel, die ja zunächst auf die Drohungsalternative zugeschnitten war, erhöhte Bedeutung; gleichzeitig bedarf sie ihrerseits einer näheren Konkretisierung.

---

[39]So etwa *Eser/Eisele,* in: Schönke/Schröder, § 240 Rn. 16; *Rönnau,* in: LK, Vor § 32 Rn. 40; wie hier *Gössel/Dölling,* § 18 Rn. 16 ff.; *Horn/Wolters,* in: SK, § 240 Rn. 36; *Altvater,* in: LK, § 240 Rn. 94; offenlassend BVerfGE 73, 206/238 („tatbestandsregulierendes Korrektiv").

2. Tatbestand

Der **Gewaltbegriff** gehört zu den umstrittensten Merkmalen im Strafrecht. Seine   **39**
Entwicklung hat sich – mit Überschneidungen im Einzelnen – in drei Schritten
vollzogen.[40]

(1) Den engsten Gewaltbegriff hatte das Reichsgericht vertreten und dazu aus-   **40**
geführt: „Das geltende deutsche Recht versteht, dem gewöhnlichen Sprachgebrau-
che folgend, von den ältesten Bestimmungen an bis zur Gegenwart unter Gewalt
ausschließlich die durch Anwendung körperlicher Kraft erfolgte Beseitigung eines
tatsächlich geleisteten oder bestimmt erwarteten und deshalb von vornherein durch
Körperkraft zu unterdrückenden Widerstandes" (RGSt 56, 87/ 88). Die Gewaltanwendung erforderte zwar keine unmittelbare Einwirkung auf den Körper des
Genötigten, musste von ihm aber als ein nicht nur psychischer, sondern körperlicher Zwang empfunden werden (RGSt 60, 157/158). Entscheidend war danach die
physische Komponente sowohl auf Seiten des Täters (Kraftentfaltung) als auch auf
Seiten des Opfers (körperliche Zwangswirkung). Allerdings hat das RG die Anforderungen z. T. niedrig angesetzt und es genügen lassen, dass der Täter ein geringes
Maß eigener Körperkraft aufwendet (RGSt 69, 327/330). Diese wurde aber jedenfalls als notwendig angesehen, so dass etwa das Beibringen eines Betäubungsmittels nur dann Gewalt darstellen sollte, wenn es nicht heimlich durch List, sondern
unter Anwendung körperlicher Kraft beigebracht wird (RGSt 58, 98).

(2) Im letzteren Fall hat der BGH zunächst die Anforderungen reduziert, die an   **41**
die Täterseite zu stellen sind: Gewalt werde auch dadurch geübt, dass der Täter
das Opfer durch ein ohne Gewaltanwendung beigebrachtes Betäubungsmittel seiner
Widerstandskraft beraubt. Entscheidend müsse sein, ob er die Ursache dafür setzt,
dass der wirkliche oder erwartete Widerstand des Angegriffenen durch ein unmittelbar auf dessen Körper einwirkendes Mittel gebrochen oder verhindert wird,
gleichviel, ob der Täter dazu größere oder geringere Körperkraft braucht (BGHSt 1,
145/147). Auch im Falle eines – geplanten – Generalstreiks hat sich der BGH gegen
das Merkmal der körperlichen Kraftentfaltung gewandt und allein auf die Zwangswirkung abgestellt (BGHSt 8, 102).

(3) Endlich ist im „Laepple-Urteil" (Sitzblockaden auf Straßenbahnschienen) das   **42**
Erfordernis der körperlichen Einwirkung fallengelassen worden: Es soll genügen,
dass der Täter einen psychisch determinierten Prozess in Lauf setze und dadurch
unwiderstehlichen Zwang auf den Genötigten ausübe (BGHSt 23, 46/ 54). Im End-
stadium dieser Entwicklung bedeutet Gewalt also jedes Verhalten, das vom Opfer
als Zwangswirkung empfunden wird!

---

[40]Eingehend und krit. dazu *Geilen,* in: FS H. Mayer (1966), S. 445; *Blei,* JA 1970, 19, 77, 141;
Müller-Dietz, GA 1974, 33; *Keller,* JuS 1984, 109 sowie zusf. BVerfG NStZ 2007, 397 u. StV
2011, 668.

43 Zusammenfassend stellt sich der Verlauf wie folgt dar:

Täter	Opfer
(1) körperliche Kraftentfaltung	– körperliche Zwangswirkung
(2) kein Kraftaufwand	– körperliche Zwangswirkung
(3) kein Kraftaufwand	– psychische Zwangswirkung

44 Praktisch bedeutsame Anwendungsbereiche des weiten Gewaltbegriffs sind namentlich:

- Die bereits genannten *Sitzblockaden* im Rahmen von Demonstrationen und sonstigen Protestaktionen, die von den Gerichten nahezu einhellig als Gewaltanwendung eingestuft wurden.[41] Dadurch hat sich zunehmend eine Verlagerung des Problemschwerpunktes auf die Beurteilung der Verwerflichkeit ergeben (dazu unten).
- Erhebliche *Lärmverursachung,* die etwa einen Dozenten dazu bringt, Lehrveranstaltungen oder Prüfungen abzubrechen.[42] In der Einwirkung durch Geräuschentwicklung soll jedenfalls dann Gewalt liegen, wenn der Betroffene ihr entweder überhaupt nicht oder nur mit erheblicher Kraftentfaltung begegnen könnte.
- Ein erzwungener Kuss (OLG Hamm JuS 2013, 751 m. Bespr. *Hecker*).
- Verkehrswidriges Verhalten im *Straßenverkehr,* das beispielsweise im Erzwingen oder Verhindern des Überholens bestehen kann.[43] Für Gewalt wird hier bisweilen noch eine körperliche Zwangswirkung verlangt, die in der Einflussnahme auf das Nervensystem des betroffenen Fahrers bestehen soll (BGHSt 19, 363/265 f.). Das BVerfG[44] hat bei bedrängendem Auffahren unter Betätigung von Lichthupe und Signalhorn körperlich empfundene Auswirkungen in Gestalt physisch merkbarer Angstreaktionen als Gewalt i.S. v. § 240 unbeanstandet gelassen.

45 An der verfassungsrechtlichen Hürde ist der strafrechtliche Gewaltbegriff in Gestalt rein psychischen Zwangs erst im zweiten Anlauf gescheitert. Zunächst hatte das BVerfG[45] die gesetzliche Regelung einstimmig als unbedenklich angesehen; auch in Bezug auf die extensive Auslegung konnte – bei Stimmengleichheit – ein Verstoß gegen das Grundgesetz nicht festgestellt werden. In einem neuerlichen Beschluss[46]

---

[41]Einzelheiten bei *Bergmann,* Jura 1985, 457; *Prittwitz,* JA 1987, 17; *Küpper/Bode,* Jura 1993, 187; *Graul,* JR 1994, 51.

[42]BGH NJW 1982, 189 mit Anm. *Dingeldey,* NStZ 1982, 160 und Bespr. *Schroeder,* JuS 1982, 491; OLG Koblenz MDR 1987, 162; als Drohung beurteilt von OLG Koblenz MDR 1993, 671.

[43]Vgl. BGHSt 18, 389; 19, 263; OLG Stuttgart NJW 1995, 2647; *Heger,* in: FS Geppert (2011), S. 153; *Maatz,* NZV 2006, 337; *Suhren,* DAR 1996, 310; *Voß-Broemme,* NZV 1988, 2.

[44]NStZ 2007, 397.

[45]BVerfGE 73, 206; dazu *Callies,* NStZ 1987, 209; *Otto,* NStZ 1987, 212; *Kühl,* StV 1987, 122; *Starck,* JZ 1987, 145; *Meurer/Bergmann,* JR 1988, 49.

[46]BVerfGE 92, 1 mit Anm. *Altvater,* NStZ 1995, 278 und *Gusy,* JZ 1995, 782; dazu auch *Amelung* NJW 1995, 2584; *Krey,* JR 1995, 265; *Lesch,* JA 1995, 889; *Scholz,* NStZ 1995, 417; *Schroeder,* JuS 1995, 875; *Zöller,* GA 2004, 147.

hat das Gericht jedoch angenommen, die erweiternde Auslegung des Gewaltbegriffs im Zusammenhang mit Sitzdemonstrationen verstoße gegen Art. 103 II GG (Bestimmtheitsgebot): Das Tatbestandsmerkmal der Gewalt werde nämlich dadurch in einer Weise entgrenzt, dass es die ihm vom Gesetzgeber zugedachte Funktion, unter den notwendigen, unvermeidlichen oder alltäglichen Zwangseinwirkungen auf die Willensfreiheit Dritter die strafwürdigen zu bestimmen, weitgehend verliert. Es lasse sich deshalb nicht mehr mit ausreichender Sicherheit vorhersehen, welches Verhalten verboten sein soll und welches nicht. Die notwendige Eingrenzung des Gewaltbegriffs obliege nunmehr den Strafgerichten.

In den einschlägigen Stellungnahmen wird häufig hervorgehoben, das BVerfG **46** habe nicht entschieden, Sitzblockaden dürften schlechthin nicht mehr als Nötigung durch Gewalt bestraft werden; Gegenstand des Beschlusses sei allein der „vergeistigte" Gewaltbegriff. Auch der BGH teilt in seinem daraufhin ergangenen Urteil[47] diese Auffassung für den Fall, dass infolge der Fahrbahnblockade *physische* Barrieren in Form angehaltener Fahrzeuge entstehen: Strafbare Nötigung durch Gewalt könne demnach vorliegen, wenn der Einfluss auf die Opfer bei nur geringem körperlichen Aufwand dergestalt physischer Art ist, dass die beabsichtigte Fortbewegung durch tatsächlich nicht überwindbare Hindernisse unterbunden wird. Dem hat sich die nachfolgende Rspr. angeschlossen.[48] In ihr zeigt sich das Bemühen, den bisherigen Gewaltbegriff soweit als möglich aufrechtzuerhalten. Teilweise wird darauf abgestellt, dass auf den Genötigten ein der körperlichen Einwirkung „vergleichbarer" Zwang ausgeübt wird.[49] Im Ergebnis bedeutet dies, dass der auf der Straße sitzende Demonstrant zwar nicht für den ersten, sehr wohl aber die Fahrer der übrigen Kraftfahrzeuge aufgrund eines physischen Hindernisses nötige. Diese „Zweite-Reihe-Rspr." zu Sitzblockaden hat das BVerfG auf Tatbestandsebene unbeanstandet gelassen, dafür aber die Beachtung der Versammlungsfreiheit bei § 240 II angemahnt (BVerfG StV 2011, 668, s. unten Rn. 66).[50] Demgemäß differenzierend beurteilt der BGH (StV 2002, 360) das Versperren der Fahrbahn mit ausgebreiteten Armen als nur psychische Einwirkung und das Legen mit dem Körper auf die Motorhaube als physisches Hindernis. Schließlich hat wiederum das BVerfG dann die fachgerichtliche Annahme von Gewalt gebilligt, wenn sich Demonstranten vor einer Wiederaufarbeitungsanlage aneinander und an den Torpfosten ketten.[51]

Gegen den weiten („entmaterialisierten") Gewaltbegriff sind nach wie vor erhebliche Bedenken anzumelden. Die Befürworter in der Literatur weisen zumeist auf eine vermeintliche Lücke im Nötigungstatbestand hin: Neben der Drohung als Ankündigung eines künftigen Übels werde die *Zufügung* eines gegenwärtigen Übels nicht **47**

---

[47]BGHSt 41, 182 mit Anm. *Krey/Jaeger,* NStZ 1995, 542; *Amelung,* NStZ 1996, 230; *Lesch,* StV 1996, 152; Bespr. *Hoyer,* JuS 1996, 200; *Hruschka,* NJW 1996, 160.

[48]Vgl. BGHSt 41, 231 („Fahrbahn-Geher"); 44, 34 („Castor-Transport"); BGH NStZ 1995, 592; BayObLG NStZ-RR 1996, 101; NJW 2002, 628; OLG Karlsruhe NJW 1996, 1551; KG NStZ-RR 1998, 11; OLG Naumburg NStZ 1998, 623.

[49]So OLG Düsseldorf NJW 1996, 2245; OLG Karlsruhe NStZ-RR 1998, 58.

[50]Dazu *Sinn,* ZJS 2011, 283.

[51]BVerfGE 104, 92 mit Bespr. *Heger,* Jura 2003, 112 und *Sinn,* NJW 2002, 1024.

erfasst, was dann über das Merkmal der Gewalt geschehen soll.[52] Was aber nicht im Gesetz steht, kann auch nicht durch „Auslegung" hineininterpretiert werden! Die scheinbare Lücke ist in Wahrheit sachlich begründet, weil die Drohung mit einem empfindlichen Übel den Betroffenen in eine Zwangssituation versetzt, während die Verwirklichung ihn vor vollendete Tatsachen stellt. Auch bewertungsmäßig ergibt sich ein Unterschied, wie etwa das Beispiel einer Strafanzeige verdeutlicht: Die Androhung kann – je nach dem verfolgten Zweck – strafbares Nötigungsunrecht sein, die Erstattung einer (wahren) Strafanzeige jedoch nicht.[53] Hinzu kommt, dass das Gesetz neben den Tatmitteln voraussetzt, dass der Täter das Opfer zu einem Verhalten „nötigt" (= zwingt). Würde also unter Gewalt jede Zwangswirkung verstanden, so lautete die Vorschrift: „Wer durch Zwang zwingt", Schließlich widerspricht ein solcher Gewaltbegriff den gesetzlichen Bestimmungen, die eine Drohung mit Gewalt vorsehen (vgl. §§ 105, 107, 113). Denn diese Einschränkung würde bedeutungslos, falls unter Gewalt doch nur ein empfindliches Übel zu verstehen wäre.

48   Zutreffend ist andererseits, dass das Erfordernis des physischen Krafteinsatzes durch den Täter nicht das Merkmal der Gewalt, sondern dasjenige der „Gewalttätigkeit" (vgl. § 113 II Nr. 2, § 125 I Nr. 1) kennzeichnet. Auch das RG hat nur scheinbar daran festgehalten, wenn etwa beim Einsperren das Umdrehen des Schlüssels die körperliche Kraftentfaltung darstellen sollte. Vor allem das Beibringen betäubender Substanzen („chemische Keule") bewirkt denselben Effekt wie der Einsatz eines Knüppels. Insoweit hat auch der BGH betont: „Vom Opfer her gesehen ist die rasch lähmende Wirkung eines Betäubungsmittels ebenso eine körperliche Überwindung oder Verhinderung des Widerstandes wie etwa ein betäubender Schlag oder anderer Körperzwang, dessen Eigenschaft als Gewaltanwendung nicht bezweifelt wird" (BGHSt 1, 145/147). Konstitutiv muss aber die *körperliche* Zwangswirkung bleiben! In subjektiver Hinsicht enthält der Gewaltbegriff ein finales Element, da der Täter den Zweck verfolgt, den Widerstand des Opfers zu überwinden. Nach alledem ergibt sich folgende Definition: **Gewalt** ist die Anwendung körperlichen Zwangs zur Überwindung eines geleisteten oder erwarteten Widerstandes.

49   Als **Erscheinungsformen** der Gewalt werden unterschieden:

- *vis absoluta,* durch die dem Opfer eine Willensbildung oder -betätigung von vornherein unmöglich gemacht wird (z. B. Niederschlagen, Betäuben, Fesseln, Einsperren);
- *vis compulsiva,* durch die der Wille des Betroffenen gebeugt und in eine bestimmte Richtung gelenkt wird (z. B. Verprügeln, Zufahren mit dem Kfz auf einen Passanten).

50   Das **Bezugsobjekt** der Gewalt ist in der Regel die Person des Genötigten selbst. Daneben kommt in Betracht die Gewalt gegen *Dritte,* wenn sie dazu geeignet und

---

[52]Vgl. *Knodel,* Begriff der Gewalt, S. 54; *Eser/Eisele,* in: Schönke/Schröder, Vor § 234 Rn. 6 ff.; *Haft,* S. 176; *Horn/Wolters,* in: SK, § 240 Rn. 11a.

[53]Gegen das „Lückenargument" deshalb *Arzt/Weber/Heinrich/Hilgendorf,* § 9 Rn. 71; *Hirsch,* in: FS Tröndle (1989), S. 19/22 f.; *Küpper/Bode,* Jura 1993, 187; *Sommer,* NJW 1985, 769; *Wolter,* NStZ 1985, 193/195; einschr. wohl auch *Krey/Hellmann/Heinrich,* Rn. 387 ff.

bestimmt ist, den zu Nötigenden in seiner Willensentscheidung zu beeinflussen.[54]
Dies kann insb. bei „Sympathiepersonen" – namentlich Verwandten – der Fall sein.
Denkbar ist auch eine Gewalt gegen *Sachen,* soweit sie vom Genötigten als körperlich wirkender Zwang empfunden wird.[55] Da das Gesetz in anderen Vorschriften –
wie §§ 249, 255 – ausdrücklich auf Gewalt „gegen eine Person" abstellt, lässt sich
für § 240 die Möglichkeit der Sachgewalt schwerlich ausschließen (vgl. RGSt 7,
269/271). Sie muss sich aber mittelbar körperlich auswirken.

Beispiel

Der Täter hängt Türen und Fenster aus, um den Mieter zur Räumung der
Wohnung zu veranlassen. Hingegen genügt nicht das Verstecken eines Redemanuskripts, um das Vortragen der Rede zu verhindern, oder die Entwendung
der Reisepapiere, um den anderen von einer Urlaubsreise abzuhalten. Ansonsten
würde die bloße Sachentziehung in eine gewaltsame Nötigung umgedeutet.

Als zweites Nötigungsmittel nennt § 240 I die Drohung mit einem empfindlichen **51**
Übel. **Drohung** ist das Inaussichtstellen eines Übels, auf dessen Eintritt der Drohende Einfluss zu haben vorgibt. Sie kann ausdrücklich oder versteckt („zwischen
den Zeilen" im anwaltlichen Mahnschreiben[56]) oder auch gänzlich konkludent (Vorhalten einer Waffe) erfolgen.

Die Ernsthaftigkeit der Drohung bestimmt sich aus der Sicht des Opfers. Es **52**
kommt nicht darauf an, ob das angekündigte Übel überhaupt realisierbar ist; deshalb
reichen auch „Scheindrohungen" aus, sofern der Bedrohte sie für ernsthaft halten
soll. Der Täter muss also mit dem Willen und in der Vorstellung handeln, durch
seine Äußerung im anderen Teil Furcht vor der Verwirklichung eines Übels zu erwecken, um dadurch dessen Entschließungen zu beeinflussen (BGHSt 16, 386/387 f.).

Demgemäß unterscheidet sich die Drohung von der *Gewalt* (vis compulsiva) **53**
durch die Künftigkeit der Realisierung.[57] Das Vorhalten einer Schusswaffe ist daher
noch keine Gewalt (so aber BGHSt 23, 126), sondern die Drohung, diese Waffe zum
Einsatz zu bringen. Den Unterschied zur *Warnung* macht die Einflussmöglichkeit
des Täters aus. Die bloße – nicht von § 240 erfasste – **Warnung** bedeutet nur den
Hinweis auf ein bevorstehendes Übel, dessen Herbeiführung nicht in der Macht des
Täters liegt (RGSt 34, 15/19).[58]

---

[54]Vgl. RGSt 17, 82; BayObLG JZ 1952, 237; enger *Altvater,* in: LK, § 240 Rn. 55 f.: nur wenn sie
physisch auf den *Genötigten* wirkt; krit. auch *Bohnert,* JR 1982, 397.

[55]Ebenso RGSt 7, 269; OLG Köln StV 1990, 266; *Heger,* in: Lackner/Kühl, § 240 Rn. 11; zu
weitgehend BGH JR 1988, 75 (Ausräumen eines Ladengeschäfts) und OLG Köln NJW 1996, 472
(Ausräumen einer Wohnung); krit. auch *Geppert,* Jura 2006, 31/35 f.

[56]BGH NStZ 2014, 149u. dazu statt vieler *Roxin,* StV 2015, 447.

[57]Deshalb liegt in den „Blockadefällen" keine Drohung vor; zutr. *Hoyer,* GA 1997, 451 gegen
Herzberg, GA 1996, 557.

[58]Näher *Küper,* GA 2006, 439; anders aber für die „täuschende Warnung" *ders.,* in: FS Puppe
(2011), S. 1217.

54   Zumeist wird der Drohende ankündigen, er werde das in Aussicht gestellte Übel selbst verwirklichen. Daneben besteht die Möglichkeit, dass er mit der Übelzufügung *durch* einen Dritten droht, auf dessen Willen der Täter Einfluss nehmen könne und werde (BGHSt 7, 197/198; BGH StV 2007, 16). Davon zu unterscheiden ist die Androhung des Übels *gegen* einen Dritten, wenn das einem anderen Angedrohte auch vom Genötigten selbst als Übel empfunden wird. Es muss sich nicht notwendig um einen Angehörigen oder eine nahestehende Person handeln.[59]

55   **Empfindlich** ist ein Übel dann, wenn seine Ankündigung bei objektiver Betrachtungsweise geeignet erscheint, einen besonnenen Menschen in seiner konkreten Situation zu dem damit erstrebten Verhalten zu bestimmen (BGH NStZ 1982, 287). Nicht genügt die Drohung mit bloßen Unannehmlichkeiten oder Enttäuschungen; durch die Objektivierung des Maßstabs sollen Reaktionen eines Überängstlichen oder Überempfindlichen ausgeschieden werden.

56   Eine Aufzählung aller denkbaren empfindlichen Übel dürfte unmöglich sein, jedoch werden am häufigsten folgende Fallgruppen genannt:

- Gewalt oder körperliche Misshandlungen;
- wirtschaftliche Nachteile (z. B. Zerstörung von Wertgegenständen, Verlust des Arbeitsplatzes);
- Erstattung einer Strafanzeige;
- öffentliche Bekanntmachung privater Angelegenheiten;
- jüngst: das anwaltliche Mahnschreiben (BGH NStZ 2014, 149).[60]

57   In der Regel wird der Täter ein Tun androhen. Fraglich und umstritten ist indes, ob die Drohung mit einem **Unterlassen** den Tatbestand erfüllt.[61] Die früher h. M. hat eine Strafbarkeit nur bei einer Rechtspflicht zum Handeln angenommen.[62] Nach der neueren Auffassung des BGH kann eine Nötigung auch durch die Ankündigung begangen werden, ein rechtlich nicht gebotenes Handeln zu unterlassen.[63] Als tatbestandliche Voraussetzungen seien allerdings erforderlich (BGHSt 31, 195/201):

- Inhalt der Drohung muss ein empfindliches Übel, also ein Nachteil von solcher Erheblichkeit sein, dass seine Ankündigung geeignet erscheint, den Bedrohten im Sinne des Täterverlangens zu motivieren. Diese (nicht nur faktische, sondern normative) Voraussetzung entfällt, wenn von *diesem* Bedrohten in *seiner* Lage erwartet werden kann, dass er der Drohung in besonner Selbstbehauptung standhält.

---

[59]Vgl. BGHSt 16, 316/318; BGH JZ 1985, 1059 mit Anm. *Zaczyk;* BGH JR 1987, 339 mit Anm. *Jakobs.*

[60]Dazu statt vieler *Roxin*, StV 2015, 447.

[61]Zum Ganzen *Jäger*, in: FS Krey (2010), S. 193; konkret zur Bestechlichkeit als strafbarer Nötigung *Hoven*, ZStW 128 (2016), 173.

[62]RGSt 63, 424; BGH NStZ 1982, 287; OLG Hamburg NJW 1980, 2592 mit Bespr. *Volk*, JR 1981, 274 und *Schubarth*, JuS 1981, 726; ebenso noch *Horn/Wolters,* in: SK, § 240 Rn. 16; *Hoven*, ZStW 128 (2016), 173/192 f.

[63]BGHSt 31, 195 mit Anm. *Roxin*, JR 1983, 333; dazu auch *Horn*, NStZ 1983, 497; *Schroeder*, JZ 1983, 284; *Stoffers*, JR 1988, 492; *Zopfs*, JA 1998, 813 sowie BGHSt 44, 251 (§ 253 bei Auftragsvergabe gegen „Schmiergeld").

- Der Täter muss tatsächlich oder nach den Befürchtungen des Bedrohten *Herr des Geschehens* sein, die Herbeiführung oder Verhinderung des angekündigten Nachteils muss (tatsächlich oder scheinbar) in seiner Macht stehen.

Beispiel

Die 16 – jährige Ladendiebin L wurde von dem Kaufhausdetektiv D gestellt. Er sagte ihr, wenn sie mit ihm schlafe, lasse er die Strafanzeige „unter den Tisch fallen". Diese Äußerung könnte so gemeint sein (und verstanden werden), dass D bei Weigerung der L die Anzeige an die Polizei weiterleiten wolle, aber auch so, dass er die Absendung der Anzeige durch Dritte, etwa seinen Kollegen, nicht verhindern werde. Von dieser Differenzierung wollte der BGH die Strafbarkeit nicht abhängig machen und hat in der o. g. Entscheidung eine Strafbarkeit wegen versuchter Nötigung bejaht; s. aber nun § 177 II Nr. 5 i.V.m. VI Nr. 1.

Für eine Gleichstellung der Fallgruppen lässt sich die Überlegung anführen, dass der Täter vielfach offenlassen kann, ob er etwas tun oder unterlassen wird; der Bereich des Strafbaren sollte aber nicht von „Formulierungsnuancen" (so BGHSt 31, 195/202) abhängen. Gegen das Erfordernis einer Rechtspflicht wird zudem geltend gemacht, die Grundsätze des unechten Unterlassungsdelikts (Drohung *durch* Unterlassen) könnten nicht ohne weiteres auf ein Begehungsdelikt (Drohung *mit* Unterlassen) übertragen werden. Auf der anderen Seite gibt es zahlreiche Fälle, in denen der Handlungsspielraum des Bedrohten infolge des Angebots von Seiten des Täters sogar erweitert wird, indem ihm nämlich nunmehr eine Verhaltensalternative – wenngleich unter der Bedingung einer Gegenleistung – offensteht. Eine tatbestandliche Nötigung durch Drohung mit einem rechtlich nicht gebotenen Verhalten ist deshalb nur anzunehmen, wenn dem Opfer eine Verschlechterung seiner Situation angedroht wird.[64]

58

Beispiel

Bei regnerischem Wetter fordert der Autofahrer die Anhalterin A auf, sich ihm hinzugeben; ansonsten werde er sie nicht mitnehmen. Hier besteht für A eine Wahlmöglichkeit: Schlägt sie das Angebot aus, bleibt sie lediglich weiterhin „im Regen stehen"; ihr *status quo* hat sich dadurch nicht verändert. Demgegenüber wird der Ladendiebin im BGH-Fall eine Verschlechterung in Aussicht gestellt, weil der Täter einen schon in Gang gesetzten Kausalverlauf mit negativen Auswirkungen nicht unterbrechen will.

---

§ 240 ist als Erfolgsdelikt ausgestaltet (BGHSt 37, 350/353). Der **Erfolg** besteht darin, dass der Betroffene zu einer Handlung, Duldung oder Unterlassung genötigt wird. Dementsprechend muss die Zwangsanwendung kausal für das Verhalten

59

---

[64]So auch *Eser/Eisele,* in: Schönke/Schröder, § 240 Rn. 20a; *Roxin,* JR 1983, 333/336; nach BGHSt 31, 195/201 erst Frage der Verwerflichkeit, krit. auch BGHSt 44, 68/75 f. (DDR-Ausreise gegen Grundstücksveräußerung); hiergegen *Wessels/Hettinger,* Rn. 414.

des Opfers sein (BGH NStZ 2004, 442). Es würde allerdings zu weit gehen, jede Ursächlichkeit ausreichen zu lassen, namentlich im Hinblick auf bloße Nebenfolgen der Tatbegehung. In der Literatur wird verbreitet angenommen, dass der Erfolg bezweckt sein müsse.[65] Sachgerecht erscheint es, als einschränkendes Kriterium eine *finale Verknüpfung* zwischen Täterhandeln und abgenötigtem Verhalten zu verlangen. Dieses Erfordernis ist bei speziellen Tatbeständen mit Nötigungscharakter – insb. § 249 – anerkannt und führt dort zur Ausscheidung von Erfolgen, die nur „gelegentlich" der Nötigungshandlung eintreten (vgl. BGH NStZ 1982, 380). Es muss aber auch bei dem allgemeinen Delikt zur Geltung kommen, wofür zudem der Wortlaut des § 240 II („zu dem angestrebten Zweck") spricht.

60   Die Tat ist jedenfalls dann *vollendet,* wenn der Genötigte die verlangte Handlung in vollem Umfang vorgenommen hat; es genügt aber bereits, dass er unter dem Einfluss des Nötigungsmittels mit ihrer Ausführung begonnen hat (BGH NStZ 1987, 70). Ein Teilerfolg, der mit Blick auf ein weitergehendes Ziel jedenfalls vorbereitend wirkt, kann als eigenständige Vorstufe des gewollten Erfolges, also als Zwischenziel für den Erfolg ausreichen (BGH NStZ 2013, 36). Führt die Einwirkung nicht zu dem bezweckten Erfolg oder beruht das Opferverhalten auf einem anderen Umstand, kommt ein *Versuch* (§ 240 III) in Betracht. Das unmittelbare Ansetzen ist spätestens mit dem Einsatz von Gewalt oder Drohung als der eigentlichen Ausführungshandlung gegeben.

61   Die Nötigung muss **vorsätzlich** begangen werden; bedingter Vorsatz soll ausreichen (BGHSt 5, 245/246). Letzterem kann jedoch nur im Hinblick auf das Nötigungsmittel zugestimmt werden, während bezüglich des abgenötigten Verhaltens ein zielgerichtetes Handeln erforderlich ist. Nach der hier vertretenen Auffassung (oben Rn. 59) wird dieser Zweckbezug bereits unter dem Gesichtspunkt der finalen Verknüpfung berücksichtigt.

Beispiel

In der Literatur wird verschiedentlich der Fall genannt, dass der Täter ein Kraftfahrzeug entwendet, wobei er sich als notwendige Folge vorstellt, der Eigentümer werde zu Fuß nach Hause gehen. Sofern man dieses Verhalten als Sachgewalt ausreichen lässt, fehlt jedenfalls die erforderliche Zielsetzung im Hinblick auf den Erfolg.

3. Rechtswidrigkeit

62   Rechtswidrig ist die Tat, wenn die Anwendung der Gewalt oder die Androhung des Übels zu dem angestrebten Zweck als verwerflich anzusehen ist (§ 240 II). Die Rechtswidrigkeit bedarf also einer gesonderten Prüfung. Diese ist nur dann entbehrlich, wenn bereits ein Rechtfertigungsgrund eingreift; in solchem Falle kann die Tat

---

[65]Vgl. *Bergmann,* Jura 1985, 457/459; *Eser/Eisele,* in: Schönke/Schröder, § 240 Rn. 34; *Horn/Wolters,* in: SK, § 240 Rn. 7; *Maurach/Schroeder/Maiwald,* BT 1, § 13 Rn. 41; *Schmidhäuser,* Kap. 4 Rn. 13; s. auch *Hruschka,* JZ 1995, 737/738 („Finalzusammenhang").

auch nicht mehr verwerflich i.S. des § 240 II sein – das ist bei der Fallbearbeitung zu beachten.

Nach der Rspr. knüpft der Begriff der **Verwerflichkeit** an sozialethische Wertun- **63** gen an und weist auf einen erhöhten Grad sittlicher Missbilligung hin (BGHSt 17, 328/332). Das Schrifttum stellt überwiegend darauf ab, ob das nötigende Verhalten sozialwidrig bzw. sozial unerträglich ist.[66] Entscheidend kommt es auf die *Mittel-Zweck-Relation* an, die unter Berücksichtigung aller Umstände nach objektiven Maßstäben zu bewerten ist.

Nicht selten kann sich die Verwerflichkeit schon allein aus dem Mittel oder dem **64** Zweck ergeben, wenn etwa das eingesetzte Mittel oder der erstrebte Zweck in einer Straftat besteht. Umgekehrt ist beim *Abhalten* von einer Straftat der Vorrang staatlicher Zwangsmittel zu beachten (BGHSt 39, 133/137). Auf der anderen Seite scheiden Bagatellbeeinträchtigungen aus, die wegen ihrer kurzen Dauer und geringfügigen Folgen nicht als sozialschädlich anzusehen sind (Schulbeispiel: jemand hält einem anderen aus Schabernack einen Augenblick lang die Tür vor der Nase zu). Grundsätzlich aber wird sich das Verwerflichkeitsurteil nach der jeweiligen Verquickung von Nötigungsmittel und -zweck richten.

Als verwerflich hat insb. eine *inkonnexe* Verbindung zu gelten. Am deutlichsten **65** wird dies bei der Drohung mit Erstattung einer Strafanzeige. Sie ist für sich gesehen nicht anstößig, sofern sie nicht wider besseres Wissen geschieht (vgl. § 164). Auch der Zweck mag billigenswert sein, wenn etwa ein berechtigter Anspruch verfolgt wird. Gleichwohl kann die Verwerflichkeit in der Mittel-Zweck-Relation liegen, wozu der BGH ausgeführt hat (BGHSt 5, 254/258): „In erster Linie kommt es darauf an, ob der Sachverhalt, aus dem sich das Recht zur Strafanzeige herleitet, mit dem durch die Drohung verfolgten Zweck in *innerer Beziehung* steht. Die willkürliche Verknüpfung eines Vorganges, aus dem die Berechtigung zu einer Strafanzeige erwächst, mit einem Anspruch, der auf einem ganz anderen Lebensvorgang beruht, ist regelmäßig als verwerflich anzusehen."

Beispiele

Keine Verwerflichkeit bei Androhung einer Unterschlagungsanzeige, falls der Gewahrsamsinhaber die ihm geliehene Sache nicht zurückgebe. Gleiches nimmt der BGH in dem Fall an, dass der Vermieter eine Strafanzeige wegen Herbeiführung einer Brandgefahr für das bewohnte Gebäude ankündigt, wenn der Mieter nicht die Wohnung räume. Rechtswidrig würde hingegen derjenige handeln, der mit der Anzeige eines Sittlichkeitsdelikts droht, um von dem Beschuldigten die Rückzahlung eines Darlehens zu verlangen. Umstritten ist das anwaltliche Mahnschreiben (BGH NStZ 2014, 149).[67]

Besondere Probleme wirft die Verwerflichkeitsprüfung bei *Sitzblockaden* auf, soweit **66** man diese noch als tatbestandliche Gewaltnötigung ansieht. Anerkannt ist zwar,

---

[66]Vgl. *Heger*, in: Lackner/Kühl, § 240 Rn. 18; *Welzel,* § 43 I 3b; näher *Roxin,* JuS 1964, 373.
[67]Zum Ganzen *Roxin,* StV 2015, 447.

dass jedenfalls der weite Gewaltbegriff die Rechtswidrigkeit der Tat nicht indiziert (BVerfGE 73, 206/247). Umstritten bleibt aber die Bedeutung von sog. *Fernzielen*. Hierunter sind die von den Demonstranten letztendlich verfolgten Absichten zu verstehen, z. B. der Protest gegen Aufrüstung oder Atomenergie. Während verschiedene Oberlandesgerichte den Unterschied zwischen eigennützigem und gemeinwohlorientiertem Handeln in die Beurteilung der Taten einbeziehen wollten, hat sich der BGH generell gegen die Berücksichtigung von Fernzielen ausgesprochen.[68] Dieser Auffassung kann nicht gefolgt werden. Denn wenn die Beantwortung der Verwerflichkeitsfrage „in Erfassung aller für die Mittel-Zweck-Relation wesentlichen Umstände und Beziehungen eine Abwägung der auf dem Spiele stehenden Rechte, Güter und Interessen" verlangt (BGHSt 34, 71/77), dann können auch die Beweggründe des Täters nicht außer Acht bleiben. Die Fernziele sind zwar nur ein Kriterium der Beurteilung, ohne ihre Einbeziehung bliebe aber der Sinn des Handelns völlig im Dunkeln.[69] Dies verlangt auch keine inhaltliche Kontrolle von politischen Überzeugungen (so aber BGHSt 35, 270/280), zumal der BGH selbst die Fernziele bei der Strafzumessung berücksichtigen will und daher an einer Bewertung nicht vorbeikommt. Das BVerfG mahnt nunmehr immerhin aus seiner verfassungsrechtlichen Perspektive, die Beachtung des Grundrechts auf Versammlungsfreiheit an, dessen Schutz erst bei kollektiver Unfriedlichkeit ende und von der vorherigen Anmeldung nicht abhänge. Für die Rechtfertigung des Eingriffs in die Versammlungsfreiheit durch § 240 habe eine Abwägung anhand des Sachbezuges und Umfanges der ausgelösten Einwirkungen (Dauer, vorherige Bekanntgabe, Ausweichmöglichkeiten) sowie anhand des Kommunikationszwecks zu erfolgen (BVerfG StV 2011, 668/670 ff.). Indem aber Art. 8 GG mit vollem Gewicht bei § 240 II zu berücksichtigen ist, sind Sitzblockaden grundsätzlich rechtmäßig, solange ein Sachbezug besteht und die Folgen nicht völlig außer Verhältnis zum Gewicht des Kommunikationsaspekts stehen.[70] Fallbearbeitung und Strafurteil erfordern daher eine vertiefte Argumentation.

67   Praktisch bedeutsam ist außerdem die strafrechtliche Würdigung von Verkehrsnötigungen. Für eine Verwerflichkeit können sprechen die Beharrlichkeit und Intensität der Beeinträchtigung sowie der Grad der Gefährdung, dagegen die Geringfügigkeit des Verstoßes gegen die Straßenverkehrsordnung.[71] Beim „Kampf um die Parklücke" geht es zumeist darum, dass ein Fußgänger einen Parkplatz unzulässigerweise (vgl. § 12 V StVO) reserviert und von dem Fahrzeugführer gewaltsam oder unter Drohungen hinausgedrängt wird. Bisweilen ist Notwehr bejaht, ansonsten die Verwerflichkeit in Frage gestellt worden.[72]

---

[68]BGHSt 35, 270 mit Anm. *Arzt*, JZ 1988, 775 und Bespr. *Bertuleit*, JA 1989, 16.

[69]Dahingehend auch *Hirsch*, in: FS Tröndle (1989), S. 19/24 f.; *Arthur Kaufmann*, NJW 1988, 2581/2583 f.; *Meurer/Bergmann*, JR 1988, 49/53; *Otto*, § 27 Rn. 37; eingehend LG Bad Kreuznach NJW 1988, 2624/2627 f.

[70]S. auch *Jahn*, JuS 2011, 563/565 (Sitzblockade als „Fast-schon-Grundrecht").

[71]Vgl. BGHSt 18, 389; OLG Düsseldorf NJW 1989, 51; NStZ-RR 2000, 369; *Fischer*, § 240 Rn. 48 f.

[72]Vgl. BayObLG NJW 1963, 824; 1995, 2646; OLG Hamburg NJW 1968, 662 mit Bespr. *Berz*, JuS 1969, 367; OLG Naumburg DAR 1998, 28.

Der *Irrtum* über die Verwerflichkeit betrifft die Rechtswidrigkeit und ist deshalb   **68**
Verbotsirrtum (BGHSt 2, 194) – solange sich der Handelnde nicht Tatsachen vorstellt, die für den Fall, dass sie tatsächlich vorlägen, ihn rechtfertigen würden, dann
liegt ein Erlaubnistatbestandsirrtum vor. Teilweise wird angenommen, dass die tatsächlichen Umstände, auf denen das Verwerflichkeitsurteil beruht, zum Tatbestand
gehören und damit vom Vorsatz umfasst sein müssen.[73] Für die h. M. wirkt sich
diese Differenzierung im Ergebnis nicht aus, weil nach der eingeschränkten Schuld-
theorie auch der Erlaubnistatbestandsirrtum entspr. § 16 zu behandeln ist. Mangels
Fahrlässigkeitsstrafbarkeit, wäre der Handelnde also straffrei.

4. Besonders schwere Fälle

Seit dem 6. StrRG enthielt § 240 IV drei Regelbeispiele für besonders schwere   **69**
Fälle. Die Nötigung zu einer *sexuellen Handlung* (vgl. § 184 h Nr. 1) mit einem
empfindlichen Übel ist jedoch seit dem 50. StÄG (2016) in § 177 II Nr. 5 erfasst;[74]
in Betracht kommt jedoch ein unbestimmter bsF, wenn die Voraussetzungen des
§ 177 nicht erfüllt sind, etwa wegen sexueller Handlungen des Nötigungsopfers
vor einem anderen (BGH NStZ 2008, 623). Die Strafschärfung bei Nötigung zum
Schwangerschaftsabbruch (§ 218) soll der Forderung des Bundesverfassungsgerichts Rechnung tragen, strafbewehrte Schutznormen für die Schwangere gegen
Druck aus dem sozialen Umfeld zu schaffen (BVerfGE 88, 203/298). Als „Nötigung im Amt" kann man den Missbrauch der Befugnisse oder Stellung als *Amtsträger* kennzeichnen; dieses Regelbeispiel findet sich neuerdings in verschiedenen
Vorschriften (z. B. § 263 III Nr. 4, § 267 III Nr. 4). Durch das 37. StÄG (2005) ist
das Regelbeispiel in § 240 IV Nr. 1 zunächst um die Nötigung „zur Eingehung der
Ehe" ergänzt worden. Dieser Fall wurde alsdann mit § 237 in einem eigenständigen
Tatbestand der *Zwangsheirat* geregelt.[75]

5. Konkurrenzen

Ist die Nötigung in einem anderen Delikt bereits als Bestandteil enthalten (z. B.   **70**
§§ 177, 249, 253), tritt § 240 kraft Spezialität zurück. Werden sonstige Tatbestände
gewaltsam verwirklicht, kann Tateinheit gegeben sein, soweit die Absicht des Täters
darauf gerichtet ist, das Opfer zur Duldung der Verletzung zu zwingen (RGSt 33,
339/341); ebenso wenn die Abnötigung durch den Zwang zur Vermeidung von
Verletzungen erfolgt, indem das Opfer durch Reißzwecken unter der Ferse zum

---

[73]So BayObLG NJW 1992, 521; *Heger*, in: Lackner/Kühl, § 240 Rn. 25; *Wessels/Hettinger*, Rn. 424.

[74]S. BGBl. 2016 I, S. 2460 ff.

[75]Dazu *Bülte/Becker*, JA 2013, 7; *Ensenbach*, Jura 2012, 507; *Fünfsinn/Sander*, in: FS Kargl
(2015), S. 141; *Letzgus*, in: FS Puppe (2011), S. 1231; *Schumann*, JuS 2011, 789; *Zimmermann/
Kubik*, JR 2013, 192 sowie bereits *Schubert/Moebius*, ZRP 2006, 33.

stundenlangen Stehen auf den vorderen Fußballen gezwungen wird (BGH StraFo 2011, 104). Erschöpft sich jedoch die Einwirkung allein in der Verletzungshandlung, scheidet § 240 bereits tatbestandlich aus (vgl. BGH NStZ-RR 2006, 77).

71   Die Freiheitsberaubung stellt jedenfalls dann das speziellere Delikt dar, wenn der Täter mit der Nötigungshandlung nicht mehr als die Freiheitsentziehung erreichen will (RGSt 25, 147/149). Will er hingegen ein darüber hinausgehendes Verhalten erzwingen, liegt Idealkonkurrenz vor (vgl. BGH NStZ 2006, 340). Ist andererseits die Beeinträchtigung der Bewegungsfreiheit nur notwendige Begleiterscheinung der Nötigung, wird § 239 von § 240 konsumiert.[76]

Kontrollfragen
1. In welchen Schritten hat sich die Ausweitung des Gewaltbegriffs vollzogen? (Rn. 40–42)
2. Worin bestehen die Bedenken gegen diese Entwicklung? (Rn. 47)
3. Welche zwei Erscheinungsformen der Gewalt unterscheidet man? (Rn. 49)
4. Was ist unter Drohung zu verstehen? (Rn. 51)
5. Kann auch mit einem Unterlassen gedroht werden? (Rn. 57)
6. Worauf kommt es für die Verwerflichkeit der Tat an? (Rn. 63, 65)
7. Wie sind Sitzblockaden zu beurteilen? (Rn. 44, 46, 66)

IV. Sexuelle Nötigung

72   Diese (Teil-) Deliktsbezeichnung des § 177 weist auf einen Spezialfall der Nötigung hin. Nach seiner Stellung im 13. Abschn.[77] ist Rechtsgut die sexuelle Selbstbestimmung, d. h. das Recht des Einzelnen, nicht gegen seinen Willen zum Sexualobjekt anderer gemacht zu werden. Die Vorschrift hat ihre Fassung zur sexuellen Nötigung sowie zur Vergewaltigung nebst der Qualifikationen durch das 33. StÄG (1997)[78] und 6. StrRG (1998) erhalten.[79] Mit dem 50. StÄG (2016) hat der Gesetzgeber grdsl. die bisherigen Regelungen in die Absätze 5 bis 9 verschoben.[80] Die unter der Deliktsbezeichnung sexueller Übergriff eingefügten Neuregelungen wollen den strafrechtlichen Schutz verbessern und insbesondere auf der Nötigungsebene diskutierte Lücken im Verhältnis zu dem nunmehr aufgehobenen § 179 (sexueller Missbrauch widerstandsunfähiger Personen) vermeiden. Flankierend dazu sind die

---

[76]Vgl. BGH NStZ-RR 2003, 168; *Eser/Eisele,* in: Schönke/Schröder, § 240 Rn. 41; *Otto,* Jura 1989, 497.

[77]Zum Ganzen *Sick/Renzikowski,* in: FS Schroeder (2006), S. 603.

[78]BGBl. I 1607; dazu *Dessecker,* NStZ 1998, 1; *Lenckner,* NJW 1997, 2801.

[79]Im Überblick *Otto,* Jura 1998, 210; *Renzikowski,* NStZ 1999, 377.

[80]BGBl. I 2460.

jeweils formell subsidiäre Sexuelle Belästigung (§ 184i) und Straftaten aus Gruppen (§ 184j) in das Gesetz gelangt.[81]

1. Grundtatbestand

Wegen sexueller Nötigung macht sich strafbar, wer eine andere Person unter Anwendung eines der drei genannten **Nötigungsmittel** zu sexuellen Handlungen nötigt. Unter Gewalt ist hier (nur) die Gewalt gegen eine Person zu verstehen,[82] wofür auch die Parallele zu § 249 spricht. Ebenso wie dort muss die Drohung mit gegenwärtiger Gefahr für Leib oder Leben erfolgen. Dieses Merkmal erfordert eine gewisse Schwere des in Aussicht gestellten Angriffs auf die körperliche Unversehrtheit; die bloße Androhung von Schlägen soll deshalb nicht genügen (BGH StV 2001, 679), s. aber nun § 177 II Nr. 5. Zudem darf in Unterscheidung von Nötigungshandlung und -erfolg die Gewalt nicht allein in der sexuellen Handlung als solcher liegen, weshalb die zu Verletzungen führende Penetration als solche nicht genügt, solange keine zusätzliche Gewaltanwendung (Festhalten, Schläge) hinzukommt (BGH NStZ-RR 2016, 202; str.). Eine Drohung mit einem Angriff gegen eine dritte Person reicht jedenfalls dann aus, wenn diese dem Tatopfer nahesteht (BGH NStZ-RR 1998, 270). **73**

Als dritte Nötigungsvariante kommt die *Ausnutzung einer schutzlosen Lage* hinzu. Damit sollen Strafbarkeitslücken in Fällen geschlossen werden, in denen der Täter das Opfer an einen Ort verbringt, an dem es fremde Hilfe nicht erwarten kann, dem körperlich überlegenen Täter ausgeliefert ist und angesichts seiner hilflosen Lage eine Verteidigung bei objektiver *ex-ante*-Betrachtung für sinnlos hält (BGH NStZ 2013, 466).[83] Eine solche Lage liegt nicht erst dann vor, wenn für das Opfer keine Verteidigungs- oder Ausweichmöglichkeiten gegeben sind, sondern schon dann, wenn die Schutzmöglichkeiten des Opfers in einem Maße gemindert sind, dass es dem ungehemmten Einfluss des Täters preisgegeben ist.[84] Das soll bei der Abwesenheit eines schutzbereiten Dritten und dem daraus folgenden bloßen Alleinsein des Handelnden und dem kindlichen Opfer, das aufgrund seiner konstitutionellen Lage keinen Widerstand leisten kann, nicht der Fall sein (BGH NStZ-RR 2016, 202). Der Täter handelt unter Ausnutzung dieser Situation, falls die auf die sexuelle Handlung bezogene Beugung des Opferwillens objektiv gerade durch die schutzlose **74**

---

[81]Vgl. dazu den Gesetzentwurf der Bundesregierung v. 25.4.2016, BT-DrS 18/8210 sowie BT-DrS 18/8626u. 18/9097; zur Diskussion statt vieler *Fischer*, StraFo 2014, 485 ff.; *ders.*, ZIS 2016, 312; *Hörnle*, GA 2015, 313 ff.; *Sick/Renzikowski*, in: FS Rössner, 928 ff.: *Walter*, JR 2016, 361.

[82]Ebenso *Heger*, in: Lackner/Kühl, § 177 Rn. 4; *Fischer*, § 177 Rn. 63. Zu den Erscheinungsformen (Einsperren, Festhalten etc.) vgl. auch BGH NStZ-RR 2003, 42; NStZ-RR 2009, 202.

[83]S. auch BT-Drucks. 13/7324, S. 6; krit. *Renzikowski/Sick*, NStZ 2013, 468 sowie zum Ganzen *Fischer*, ZStW 112 (2000), 75; *Gerhold*, JR 2016, 122.

[84]BGHSt 44, 228/231; 45, 253 mit Anm. *Graul*, JR 2001, 117u. *Fischer*, NStZ 2000, 142; BGH NStZ 2003, 424; 2006, 165; eingehend *Renzikowski*, NStZ 1999, 377/378 ff.; *Fischer*, ZStW 112 (2000), 75.

Lage gefördert wird (BGH NJW 2006, 165). In enger Beziehung dazu stand der mit
dem 50. StÄG (2016) aufgehobene § 179, wo die Ausnutzung der Widerstands-
unfähigkeit unter Strafe stand. Grdsl. nicht erfasst waren Fälle, wo eine schutzlose Lage fehlt und das Opfer nicht völlig widerstandsunfähig ist, aber dennoch
ohne qualifizierte Drohung oder Gewalt die nicht gewollten sexuellen Handlungen
hinnimmt, weil es sich bspw. wegen Schüchternheit, Angst, Alkoholisierung oder
Überraschung nicht zur Gegenwehr entschließt. Das 50. StÄG (2016) will diesen
Fällen mit § 177 I bis IV begegnen, flankiert von §§ 184i, 184j.[85] Problematisch ist,
ob diese Änderungen mit Blick auf die nunmehrige Formulierung in § 177 V zum
völligen Verzicht auf einen **finalen Zusammenhang** geführt haben,[86] was auf dem
Boden der Nötigungsdogmatik abzulehnen wäre.

75   Der **Nötigungserfolg** besteht darin, dass das Opfer gezwungen wird, sexuelle
Handlungen des Täters oder eines Dritten an sich zu dulden oder an dem Täter
oder einem Dritten vorzunehmen. Der Begriff der *sexuellen Handlungen* erfasst
zumindest solche Handlungen, die schon nach ihrem äußeren Erscheinungsbild die
Sexualbezogenheit erkennen lassen (BGHSt 29, 336/338). Auch bei mehrdeutigen
Verhaltensweisen stellt die Rspr. auf das Urteil eines objektiven Betrachters ab,
was naturgemäß Unschärfen birgt,[87] während in der Literatur z. T. die Absicht verlangt wird, sich selbst oder einen anderen sexuell zu erregen oder zu befriedigen.[88]
Immerhin sei aber auf der subjektiven Seite erforderlich, dass der Täter sich des
sexuellen Charakters seines Tuns bewusst sei, woran es fehle, wenn der Betreffende
allein deshalb handelte, um nach Geld zu suchen, dessen Wegnahme er einer Prostituierten unterstellte (BGH NStZ 2009, 29).

Beispiel

(OLG Jena NStZ-RR 1996, 294): Der Sportlehrer S veranlasst das Kind K zu
verschiedenen „Turnübungen", die er mit einer Kamera aufnimmt. Das OLG
verlangt Feststellungen darüber, ob diese Übungen als objektiv sexualbezogen
zu werten sind. Dies werde dann der Fall sein, wenn K durch S dazu verleitet
worden ist, sich in sexuellen Posen unter besonderer Betonung der Geschlechts-
organe fotografieren zu lassen.

76   Die sexuellen Handlungen müssen von einiger *Erheblichkeit* sein (§ 184 h Nr. 1).
Als erheblich ist eine sexuelle Handlung zu bewerten, die nach Art, Intensität und
Dauer das im jeweiligen Tatbestand geschützte Rechtsgut beeinträchtigt; damit
werden Belanglosigkeiten, wie etwa flüchtige Berührungen, ausgeschieden.[89]
Die Duldung oder Vornahme an einer Person setzt einen körperlichen Kontakt
voraus.

---

[85]Dazu im Einzelnen und krit. *Hörnle*, NStZ 2017, 13 ff.

[86]Dafür *Hörnle*, NStZ 2017, 13/19.

[87]S. nur OLG Oldenburg NStZ-RR 2010, 240.

[88]Vgl. *Heger*, in: Lackner/Kühl, § 184 g Rn. 2; *Eisele,* in: Schönke/Schröder, § 184 g Rn. 9.

[89]BGH NStZ 1992, 432; BGH JR 2002, 71 m. Anm. *Lindenau*; OLG Zweibrücken NStZ 1998,
357 m. Anm. *Michel*.

2. Vergewaltigung

Der ehemals selbständige Verbrechenstatbestand ist auch nach dem 50. StÄG (2016) **77**
als besonders schwerer Fall der sexuellen Nötigung ausgestaltet (§ 177 VI Nr. 1).
Das Opfer hat eine geschlechtsneutrale Bezeichnung gefunden, so dass auch Männer
betroffen sein können. Nach der Streichung des Merkmals „außerehelich" ist auch die
Vergewaltigung in der Ehe strafbar. Schließlich wurde noch die Tathandlung erweitert.

Der Beischlaf ist vollzogen mit der Vereinigung der Geschlechtsteile (BGHSt 16, **78**
175). Dem gleichgestellt sind ähnliche sexuelle Handlungen, die das Opfer besonders erniedrigen. Hiermit wird vor allem die orale oder anale Penetration erfasst,
aber auch das Eindringen mit Gegenständen in den Körper oder mit dem Finger in
die Scheide,[90] nicht jedoch ein Zungenkuss (BGHSt 56, 223). Das Regelbeispiel verlangt, dass der Täter die Tat selbst ausführt (BGH NStZ 1999, 452), jedoch greift für
die anderen Mittäter § 177 VI Nr. 2. Eine gemeinschaftliche Begehung eines Sexualdelikts setzt voraus, dass bei der Verwirklichung des Grundtatbestandes mindestens
zwei Personen grundsätzlich vor Ort mit gleicher Zielrichtung täterschaftlich derart
bewusst zusammenwirken, dass sie in der Tatsituation zusammen auf das Tatopfer
einwirken oder sich auf andere Weise psychisch oder physisch aktiv unterstützen
(BGHSt 59, 28). Gehilfen genügen also nicht („gemeinschaftlich" i.S. v. § 25 II).

3. Qualifizierungen

In § 177 VII u. VIII werden verschiedene Erschwerungsformen mit abgestufter Straf- **79**
drohung qualifiziert. Der sachliche Gehalt lässt sich nach zwei Gruppen differenzieren.
(1) Mitnahme oder Einsatz gefährlicher Tatmittel **80**

*   Beisichführen von Waffe oder Werkzeug (VII Nr. 1);
*   Beisichführen eines anderen Tatmittels in Verwendungsabsicht (VII Nr. 2);
*   Verwenden von Waffe oder Werkzeug (VIII Nr. 1).

Der Begriff des gefährlichen Werkzeugs ist differenziert zu bestimmen. Liegt die
Verwendung eines Gegenstandes vor, gilt der Begriff des § 224 I Nr. 2 (§ 2 Rn. 11).
Wenn es hingegen um ein Beisichführen geht, wo die konkrete Verwendung ja
gerade noch fehlt, stellt sich dasselbe Problem wie bei §§ 244 I Nr. 1a), 250 I Nr. 1
a), weshalb es dann auf die konkrete Verwendungsabsicht und bei deren Fehlen
auf die nahe liegende Verwendung ankommt.[91] Das Merkmal des Beisichführens
ist verwirklicht, wenn der Täter das Tatmittel zu irgendeinem Zeitpunkt der Tatbestandsverwirklichung einsatzbereit bei sich hat, wobei es genügt, dass er das Mittel
erst am Tatort ergreift. Ein Werkzeug verwendet nicht nur, wer mit ihm Gewalt

---

[90]Vgl. BT-Drucks. 13/7324; S. 6; BGH NStZ 2001, 598; LG Augsburg NStZ 1999, 307; zum Oral-
verkehr bspw. OLG Hamm NStZ-RR 2001, 270; BGH NStZ 2014, 208.
[91]Dazu BGH NStZ 1999, 242; 2004, 261; näher *Rönnau*, JuS 2012, 117; *Schlothauer/Sättele*, StV
1998, 505; s. auch die Auswertung der BGH-Rspr. zu § 250 n. F. bei *Boetticher/Sander*, NStZ
1999, 292 sowie *Krüger*, Jura 2002, 766; übergreifend zu Waffen bzw. gefährlichen Werkzeugen
Fahl, Jura 2012, 593; *Krüger*, Jura 2011, 887; *Lanzrath/Fieberg*, Jura 2009, 348.

ausübt, sondern auch, wer es bei der Tat als Drohmittel einsetzt (BGH StV 1998, 487). Zugleich stellt sich das alte Problem des Teilrücktritts von der Qualifikation, den der BGH jedenfalls dann ablehnt, wenn das Qualifikationsmerkmal – ebenso wie der Grundtatbestand – bereits verwirklicht worden ist und lediglich weitere sukzessive Ausführungsakte unterbleiben (BGHSt 51, 276/279).[92]

81   *(2) Beeinträchtigung oder Gefährdung des Opfers*

- Gefahr einer schweren Gesundheitsschädigung (VII Nr. 3);
- schwere Misshandlung (VIII Nr. 2a);
- Gefahr des Todes (VIII Nr. 2b).

Zum Begriff der schweren Gesundheitsschädigung s. bereits § 221 (oben § 1 Rn. 100). Durch eine körperlich schwere Misshandlung muss die Integrität des Opfers mit erheblichen Folgen für die Gesundheit oder in einer Weise, die mit erheblichen Schmerzen verbunden ist, beeinträchtigt sein; es genügen dabei heftige und schmerzhafte Schläge (BGH StV 1998, 488). Der Eintritt einer konkreten Todesgefahr setzt in subjektiver Hinsicht zumindest bedingten Vorsatz voraus (BGH NJW 2001, 837).

Eine höchststrafwürdige Qualifizierung bilden der sexuelle Übergriff, die sexuelle Nötigung sowie die Vergewaltigung mit Todesfolge (§ 178). Der Tod muss durch die Tat „unmittelbar" verursacht worden sein; der spezifische Gefahrzusammenhang knüpft dabei vor allem an die eingesetzten Nötigungsmittel an. Daran fehlt es, wenn diese nicht mehr der Vornahme sexueller Handlungen dienten (BGH NStZ-RR 1999, 170). Erforderlich ist schließlich eine wenigstens leichtfertige Todesverursachung.

Kontrollfragen

1. Welche Nötigungsmittel kommen bei § 177 V in Betracht? (Rn. 73, 74)
2. Was ist unter „sexuellen Handlungen" zu verstehen? (Rn. 75, 76)
3. Welche Neuregelungen sind mit dem 50. StÄG (2016) erfolgt? (Rn. 72, 74)
4. Welche Qualifizierungen sind vorgesehen? (Rn. 79–81)

V. Bedrohung und Nachstellung

1. Bedrohung mit einem Verbrechen

82   Schutzgut der Strafvorschrift des § 241[93] ist der Rechtsfrieden des Einzelnen, zudem seine durch die Bedrohung gefährdete Handlungsfreiheit (BVerfG NJW 1995, 2776). Erfasst wird sowohl die Androhung als auch die Vortäuschung eines bevorstehenden Verbrechens.

83   Die Tathandlung des **Bedrohungstatbestandes (I)** besteht in dem Inaussichtstellen der Begehung eines Verbrechens, auf das der Drohende – im Unterschied zur Warnung

---

[92]M. Anm. *Schroeder*, JR 2007, 481; hierzu auch *Streng*, JZ 2007, 1089.

[93]Zum Ganzen *Satzger*, Jura 2015, 156.

– Einfluss zu haben vorgibt. Die Ankündigung muss den Bedrohungsadressaten erreichen, ggf. auch über Dritte (BGH NStZ-RR 2013, 375). Die Drohung muss objektiv den Eindruck der Ernstlichkeit erwecken und subjektiv von diesem Willen getragen sein. Nicht ausreichend sind großsprecherische Redensarten, bloße Beschimpfungen oder Verwünschungen, z. B. „Du sollst verrecken!" (RGSt 32, 102). Inhalt der Drohung ist ein bestimmtes tatsächliches Verhalten, das bei seiner Realisierung als *Verbrechen* i. S. des § 12 I zu bewerten wäre (BGHSt 17, 307). Eine allgemein gehaltene Drohung genügt für sich genommen nicht (BGH NStZ-RR 2003, 45). Es richtet sich gegen den Adressaten selbst oder eine ihm nahestehende Person (vgl. § 35), d. h. Angehörigen, Lebenspartner oder engen Freund. Diese Person muss wirklich – und nicht nur in der Vorstellung des Täters – existieren;[94] ansonsten liegt nur ein strafloser Versuch vor. Zwar genügt ferner, dass die Begehung des Verbrechens vom künftigen Eintritt oder Nichteintritt eines weiteren Umstandes abhängen soll, jedoch nur dann, wenn nicht von vornherein klar ist, dass dieser Umstand nicht eintreten wird (BGH NStZ 2015, 394).[95]

Der **Vortäuschungstatbestand (II)** setzt eine objektiv falsche Ankündigung voraus, die subjektiv wider besseres Wissen erfolgt. Da es sich um eine – angebliche – Warnung (vgl. Rn. 54) handelt, muss der Täter die Verwirklichung als unabhängig von seinem Einfluss darstellen. **84**

Im Verhältnis zu anderen Tatbeständen gilt: Gegenüber den – das Drohungsmerkmal schon enthaltenden – §§ 240, 253 tritt § 241 subsidiär zurück. Aus Klarstellungsgründen soll jedoch Tateinheit zwischen Bedrohung und nur versuchter Erpressung bestehen.[96] Hat der Täter bereits mit der Ausführung des angedrohten Verbrechens begonnen, scheidet § 241 daneben aus (BGH NStZ 1984, 454; BGH, Beschl. v. 14.10.2015 – 1 StR 473/15 – juris). **85**

2. Unbefugtes Nachstellen

Das unbefugte und beharrliche Nachstellen des § 238[97] richtet sich in erster Linie gegen die freie Lebensgestaltung des Opfers. Bis dahin hatte lediglich § 4 GewSchG[98] eine Strafbestimmung für den Fall vorgesehen, dass der Täter einer bestimmten Anordnung zuwiderhandelt. Wie dort steht auch hinter § 238 ein Deeskalationsgedanke, wonach präventiv und flankiert von einem besonderen Grund der Untersuchungshaft (§ 112 I 1 Nr. 1 StPO) bei Gefahrenlagen hoheitlich eingeschritten werden soll. Das **86**

---

[94] BVerfG NJW 1995, 2767 mit Bespr. *Küper*, JuS 1996, 783; *Sinn*, in: MK, § 241 Rn. 3

[95] Dazu *N. Nestler*, a.a.O.

[96] So jedenfalls BayObLG JR 2003, 477 mit abl. Anm. *Jäger*; zust. *Toepel*, in: NK, § 240 Rn. 202; and. für versuchte Nötigung BGH NStZ 2006, 342.

[97] Zum Ganzen *Bartsch*, in: FS Rössner (2015), S. 717; *Beck*, GA 2012, 722; *Dessecker*, in: FS Maiwald (2010), S. 103 *Kinzig/Zander*, JA 2007, 481; *Krüger*, NStZ 2010, 546; *Mitsch*, Jura 2007, 401; *ders.*, NJW 2007, 1237; *Mosbacher*, NStZ 2007, 665; *Neubacher/Seher*, JZ 2007, 1029; *Schöch*, NStZ 2013, 221; *Valerius*, JuS 2007, 319; zur praktischen Umsetzung durch die Justiz *Ann. Kaufmann*, DRiZ 2014, 50; *Müller/Eisenberg*, DRiZ 2013, 364.

[98] BGBl. I 2001, 3513; *Grziwotz*, NJW 2002, 872; *Heghmanns*, in: FS Achenbach (2011), S. 117; zum Phänomen des „Stalking" näher *Kerbein/Pröbsting*, ZRP 2002, 76; *Vander*, KritV 2006, 81.

Strafrecht eignet sich dazu aber nur schlecht, woraus tatbestandliche Unschärfen und grundlegende Bedenken hinsichtlich des materiellen Schuldprinzips resultieren. § 238 wurde durch das G zur Verbesserung des Schutzes gegen Nachstellungen m.W.v. 10.03.2017 neu gefasst. Der bisherige Taterfolg wurde aufgegeben, erforderlich ist nur noch die Eignung zur schwerwiegenden Beeinträchtigung der Lebensgestaltung des Opfers. § 238 wurde damit zum abstrakten Gefährdungsdelikt in Form eines Eignungsdelikts. Die Strafbarkeit soll sich nicht mehr an der Reaktion des Opfers, sondern am Täterverhalten orientieren. Es wurde als unbefriedigend empfunden, dass das Strafrecht erst eingriff, wenn es zu einer Verletzung des Opfers kam, dieses also sein Alltagsverhalten änderte und sich so dem Druck des Täters unterwarf. Ein Strafbedürfnis sah der Gesetzgeber vielmehr schon im invasiven Täterverhalten und auch dann, wenn das Opfer dem Druck des Täters aus welchen Gründen auch immer standhielt. Diese weitere Vorverlagerung der Strafbarkeit in den rein präventiven Bereich ist abzulehnen und verfassungsrechtlich problematisch.[99]

87 Der erste Halbsatz zählt in Nr. 1 bis Nr. 4 konkrete Angriffshandlungen des Nachstellens auf, die sich weitgehend selbst erklären, was aber von Nr. 5 um „andere vergleichbare Handlungen" ergänzt wird. Nun ist die Unbestimmtheit der Handlungsebene eines Erfolgsdelikts zwar eigentlich kein Problem des Art. 103 II GG (vgl. nur § 212), indem aber hier der Erfolg erhebliche Unschärfen hat, verliert die Norm wegen Nr. 5 erheblich an Bestimmtheit, weshalb teils Art. 103 II GG als verletzt angesehen wird.[100] Jedenfalls aber muss die Vergleichbarkeit der nachstellenden Handlung herausgestellt werden, da nach dem Wortlaut gerade nicht jede beliebige Handlung genügt. In Betracht kommen die Aufgabe einer falschen Todesanzeige, die unberechtigte Veranlassung von Verfahren gegen den Betroffenen sowie die gesamte Bandbreite der Einflussnahme durch Instrumentalisierung moderner Kommunikationsformen,[101] soweit nicht bereits Nr. 2 und Nr. 3 direkt greifen. Die in BT-DrS 18/9946 vorgesehene Streichung der Nr. 5 wurde im Lauf des Gesetzgebungsverfahrens aufgegeben.

88 Das beharrliche Handeln setzt nach der Rspr. neben wiederholtem Tätigwerden auch voraus, dass der Täter aus Missachtung des entgegenstehenden Willens oder aus Gleichgültigkeit gegenüber den Wünschen des Opfers in der Absicht handelt, sich auch in Zukunft entsprechend zu verhalten; hingegen könne eine in jedem Einzelfall Gültigkeit beanspruchende, zur Begründung der Beharrlichkeit erforderliche (Mindest-) Anzahl von Angriffen des Täters nicht festgelegt werden (BGHSt 54, 189).[102] Einzelne Handlungen die erst in ihrer Gesamtheit zu der erforderlichen Beeinträchtigung des Opfers führen, werden nach der Rspr. zu einer einheitlichen Tatbestandsverwirklichung zusammengefasst, wenn sie einen ausreichenden räumlichen und zeitlichen Zusammenhang aufweisen und von einem fortbestehenden einheitlichen Willen des

---

[99]Vgl. insb. Regierungsentwurf vom 12.10.2016 (BT-DrS 18/9946), Beschlussempfehlung vom 14.12.2016 (BT-DrS 18/10654) sowie Beschluss des Bundesrats vom 10.2.2017 (BR-DrS 27/17); ferner *Kühl*, ZIS 2016, 450; *Schöch*, DRiZ 2015, 248.

[100]So immerhin *Fischer*, § 238 Rn. 17c.

[101]Instruktiv zum Cybermobbing nebst Reformbedarf *Cornelius*, ZRP 2014, 164 ff.

[102]Zur Beharrlichkeit auch BGH NStZ 2016, 724 m. Anm. *Bock*.

Täters getragen sind (BGHSt 54, 189).[103] Es handelt sich also um eine sukzessive Tatbestandsverwirklichung, die anders als die natürliche Handlungseinheit (§ 223 durch mehrere Schläge) über einen längeren Zeitraum gestreckt sein kann. Die währenddessen durch die Einzelhandlungen zugleich begangenen Delikte, insb. §§ 185, 241 StGB, stehen nach den Grundsätzen der Verklammerung auch zueinander in Tateinheit (BGHSt 54, 189/201). Eine zeitliche Zäsur wurde angenommen bei einer Unterbrechung von 6 Monaten (OLG Celle NStZ-RR 2012, 341).

Die Handlungen müssen geeignet sein, die Lebensgestaltung des Opfers schwerwiegend zu beeinträchtigen. Nach dem BGH wird die Lebensgestaltung des Opfers schwerwiegend beeinträchtigt, wenn es zu einem Verhalten veranlasst wird, das es ohne Zutun des Täters nicht gezeigt hätte und das zu gravierenden, ernst zu nehmenden Folgen führt, die über durchschnittliche, regelmäßig hinzunehmende Beeinträchtigungen der Lebensgestaltung erheblich und objektivierbar hinausgehen (BGHSt 54, 189). Das ist ungenau. Notwendig ist eine induktive Betrachtung in systematischer Auslegung. Wegen § 238 II und IV muss dem Grunddelikt eine spezifische Gefahr für schwere Gesundheitsschäden oder gar den Tod anhaften. Dann ist es konsequent, bei der Auslegung des Grundtatbestandes die Eignung zu einer solchen Gefahr in den Blick zu nehmen. Als ausreichend werden bspw. erachtet: Wechsel der Wohnung oder des Arbeitsplatzes, besondere Schutzvorkehrungen beim Verlassen der Wohnung bzw. in den Nachtstunden sowie die Aufgabe erheblicher Teile der Freizeitaktivitäten (BGH NStZ-RR 2013, 545). Ob das Täterverhalten die nötige Eignung besitzt, beurteilt sich primär nach dem von ihm erzeugten psychischen Druck. Es gilt ein objektivierter Maßstab, maßgebliche Kriterien sind u.a. Häufigkeit, Intensität, die zeitliche Abfolge der Handlungen und die schon beim Opfer eingetretenen Folgen (BT-Drs. 18/9946, S. 14). Bezugspunkt des Eignungsurteils sind nicht die einzelnen Tathandlungen, sondern erst die Gesamtschau sukzessiver, sich kumulierender Verhaltensweisen des Täters. Wenn die Zusammenschau dieser Handlungen die Eignungs-Schwelle überschreitet, ist die Tat vollendet (Mosbacher, NJW 2017, 983/984 f.). Der Täter muss hinsichtlich der Eignung vorsätzlich handeln.

89

Das Merkmal unbefugt ist Tatbestandsmerkmal. Teils wird angenommen, dass dies nicht gelten könne, soweit bereits der Tatbestand ein sozialinadäquates Verhalten beschreibt, wie es bei Abs. 1 Nr. 3 und 4 der Fall ist.[104] Eine Zustimmung des Betroffenen schließt in jedem Falle als Einverständnis bereits den Tatbestand aus. Subjektiv ist gem. § 16 I 1 Vorsatz erforderlich, da § 18 für einen Grundtatbestand nicht passt und es hier zudem begrifflich nur um eine „schwerwiegende" nicht jedoch um eine „schwere" Folge geht.

90

Der Gefahrerfolg des Abs. 2 setzt Vorsatz voraus, wogegen für die Erfolgsqualifikation gem. § 18 Fahrlässigkeit genügt. In beiden Fällen bedarf es („dadurch") eines spezifischen Gefahrzusammenhangs. Ein solcher aber kommt für Personen, die nicht selbst Opfer des Grunddelikts sind, normlogisch nicht in Betracht. Das Gesetz bedient

91

---

[103]S. dazu *Gazeas*, NJW 2010, 1684; *Heghmanns*, ZJS 2010, 269; *Mitsch*, NStZ 2010, 513; *Seher*, JZ 2010, 582.

[104]*Mitsch*, NJW 2007, 1237/1240.

sich insofern einer teleologischen Reduktion, weshalb für unvorsätzlich betroffene Dritte allein §§ 222, 229 greifen. Als taugliche Gefahrverwirklichungen am Opfer kommen insbesondere ein Suizid sowie die Folgen seines Fehlschlags in Betracht.

92   Der Versuch des Vergehens ist nicht mit Strafe bedroht. Daher bleiben Drohungen, die den Adressaten nicht erreichen, auch wegen § 238 straflos (KG StV 2015, 703). Die Nachstellung kann eine Unterbringung nach § 63 begründen (BGH NStZ-RR 2013, 545)

Literatur

Altvater, Anm. zu BVerfG, Beschl. v. 10.01.1995 – 1 BvR 718/89, 1 BvR 719/89, 1 BvR 722/89, 1 BvR 723/89 – BVerfGE 92, 1, Gewaltbegriff der Nötigung, NStZ 1995, 278

Amelung, Sitzblockaden, Gewalt und Kraftentfaltung, Zur dritten Sitzblockaden-Entscheidung des BVerfG, NJW 1995, 2584

Amelung, Anm. zu BGH, Urt. v. 20.7.1995 – 1 StR 126/95 – BGHSt 41, 182, Nötigung durch Straßenblockade, NStZ 1996, 230

Amelung, Die Freiheitsberaubung als „Raub" der Fortbewegungsfreiheit, Semantische, systematische und viktimodogmatische Untersuchungen zur Untergrenze des § 239 StGB, in: FS Schünemann (2014), S. 577

Arzt, Anm. zu BGH, Beschl. v. 05.05.1988 – 1 StR 5/88 – BGHSt 35, 270, Strafbarkeit von Sitzblockaden als Nötigung, JZ 1988, 775

Arzt/Weber/Heinrich/Hilgendorf, Strafrecht, Besonderer Teil, 3. Auflage 2015

Backmann, Geiselnahmen bei nicht ernst gemeinter Drohung - BGHSt 26, 309, JuS 1977, 444

Bartsch, § 238 StGB (Nachstellung) – Ein reformbedürftiger Tatbestand?, in: FS Rössner (2015), S. 717

Beck, Wie besonnen muss ein Stalking-Opfer sein? Zur Plausibilität einer Korrektur des Taterfolgs von § 238 StGB, GA 2012, 722

Bergmann, Zur strafrechtlichen Beurteilung von Straßenblockaden als Nötigung (§ 240 StGB) unter Berücksichtigung der jüngsten Rechtsprechung, Jura 1985, 457

Bertuleit, Verwerflichkeit von Sitzblockaden?, Bemerkungen anläßlich des Beschlusses des BGH (1. Strafsenat) zur Berücksichtigung von Fernzielen, JA 1989, 16

Berz, Die Grenzen der Nötigung – OLG Hamburg, NJW 1968, 662, JuS 1969, 367

Blei, Die Auflösung des strafrechtlichen Gewaltbegriffs, JA 1970, 19, 77, 141

Bloy, Freiheitsberaubung ohne Verletzung fremder Autonomie?, Überlegungen zur Reichweite des Tatbestands des § 239 Abs. 1 StGB, ZStW 96 (1984), 703

Bock, Anm. zu BGH, Beschl. v. 31.8.2016 – 4 StR 197/16 – Beharrliches Nachstellen, NStZ 2016, 725

Boetticher/Sander, Das erste Jahr des § 250 StGB n.F. in der Rechtsprechung des BGH, NStZ 1999, 292

Bohnert, Gibt es eine Drittbeziehung bei der strafrechtlichen Nötigung?, JR 1982, 397

Börner, Der Erlaubnistatbestandsirrtum bei Fahrlässigkeitsdelikten, GA 2002, 276

Bosch, Der Schutz der Fortbewegungsfreiheit durch den Tatbestand der Freiheitsberaubung (§ 239 StGB), Jura 2012, 604

Bülte/Becker, Überblick über die Strafvorschrift gegen die Zwangsheirat (§ 237 StGB), JA 2013, 7

Calliess, Sitzdemonstrationen und strafbare Nötigung in verfassungsrechtlicher Sicht, NStZ 1987, 209

Cornelius, Plädoyer für einen Cybermobbing-Straftatbestand, ZRP 2014, 164

Dencker/Struensee/Nelles/Stein, Einführung in das 6. Strafrechtsreformgesetz 1998, Examensrelevante Änderungen im Besonderen Teil des Strafrechts, 1998

Dessecker, Veränderungen im Sexualstrafrecht – Eine vorläufige Bewertung aktueller Reformbemühungen, NStZ 1998, 1

Dessecker, Die fragliche Effektivität des strafrechtlichen Schutzes vor beharrlichen Nachstellungen, in: FS Maiwald (2010), S. 103

Dingeldey, Anm. zu BGH, Beschl. v. 08.10.1981 – StR 449/450/81 – Störung von Vorlesungen, NStZ 1982, 160

Eidam, Die Straftaten gegen die persönliche Freiheit in der strafrechtlichen Examensklausur, JuS 2010, 869, 963

Eidam, Neue strafrechtliche Antworten auf den Kampf um das gemeinsame Kind, Anm. zu BGH, Beschl. v. 17.9.2014 – 1 StR 387/14 (HRRS 2014, Nr. 1087), HRRS 2015, 243

Elsner, §§ 239a, 239b StGB in der Fallbearbeitung – Deliktsaufbau und (bekannte und weniger bekannte) Einzelprobleme, JuS 2006, 784

Engländer, Anm. zu BGH, Urt. v. 9.6.2015 – 1 StR 606/14 – BGHSt 60, 253, Notwehr gegen Hoheitsträger, NStZ 2015, 577

Ensenbach, Die Zwangsheirat gemäß § 237 StGB, Jura 2012, 507

Erb, Anm. zu BGH, Urt. v. 9.6.2015 – 1 StR 606/14 – BGHSt 60, 253, Notwehr gegen Hoheitsträger, JR 2016, 29

Fahl, Zur Problematik der §§ 239a, b StGB bei der Anwendung auf „Zwei-Personen-Verhältnisse", Jura 1996, 456

Fahl, Schlaf als Zustand verminderten Strafrechtsschutzes?, Jura 1998, 456

Fahl, Macht sich das Kabinenpersonal nach §§ 239, 240 StGB strafbar, wenn es Passagiere vor dem Abflug am Verlassen des Flugzeuges hindert?, JR 2009, 100

Fahl, Neuestes Kapitel zum gefährlichen Werkzeug, Jura 2012, 593

Fahl, Anm. zu BGH, Beschl. v. 6.8.2013 – 3 StR 175/13 – Geiselnahme: Zusammenhang zwischen Bemächtigungslage und Nötigung, JZ 2014, 582

Fischer, Anm. zu BGH, Urt. v. 20.10.1999 – 2 StR 248/99 – BGHSt 45, 253, Vergewaltigung durch Ausnutzen einer schutzlosen Lage und Auffangstatbestand des § 179 StGB, NStZ 2000, 142

Fischer, Sexuelle Selbstbestimmung in schutzloser Lage, Zum Anwendungsbereich von § 177 Abs. 1 Nr. 3 StGB, ZStW 112 (2000), 75

Fischer, Sexuelle Nötigung: Schutzlücken oder Schutzlücken-Fantasien?, StraFo 2014, 485

Fischer, Noch einmal: § 177 StGB und die Istanbul-Konvention, ZIS 2016, 312

Fischer, Strafgesetzbuch mit Nebengesetzen, Kommentar, 64. Auflage 2017

Fünfsinn/Sander, Nachstellung, Zwangsheirat und Genitalverstümmelung – (Neue) Beispiele eines symbolischen Strafgesetzgebung?, in: FS Kargl (2015), S. 141

Gazeas, Anm. zu BGH, Beschl. v. 19.11.2019 – 3 StR 244/09 – Zur Auslegung der Nachstellung, NJW 2010, 1684

Geilen, Neue Entwicklungen beim strafrechtlichen Gewaltbegriff, in: FS H. Mayer (1966), S. 445

Geppert, Zur strafbaren Kindesentziehung (§ 235 StGB) beim „Kampf um das gemeinsame Kind". Überlegungen de lege lata und de lege ferenda, in: H. Kaufmann-GedS (1986), S. 759

Geppert, Die Nötigung (§ 240 StGB), Jura 2006, 31

Geppert/Bartl, Probleme der Freiheitsberaubung, insbesondere zum Schutzgut des § 239 StGB, Jura 1985, 221

Gerhold, Der Einfluss der Rechtsprechung des EGMR, der Istanbul-Konvention und weiterer völkerrechtlicher Verträge auf die Auslegung des Merkmals der schutzlosen Lage in § 177 Abs. 1 Nr. 3 StGB, JR 2016, 122

Gössel/Dölling, Strafrecht Besonderer Teil 1, Straftaten gegen Persönlichkeits- und Gemeinschaftswerte, 2. Auflage 2004

Graul, Nötigung durch Sitzblockade, Hat das Bundesverfassungsgericht die §§ 111, 240 StGB unanwendbar gemacht?, JR 1994, 51

Graul, Anm. zu BGH, Urt. v. 20.10.1999 – 2 StR 248/99 – BGHSt 45, 253, Vergewaltigung durch Ausnutzen einer schutzlosen Lage und Auffangstatbestand des § 179 StGB, JR 2001, 117

Grziwotz, Schutz vor Gewalt in Lebensgemeinschaften und vor Nachstellungen, NJW 2002, 872

Gusy, Anm. zu BVerfG, Beschl. v. 10.01.1995 – 1 BvR 718/89, 1 BvR 719/89, 1 BvR 722/89, 1 BvR 723/89 – BVerfGE 92, 1, Gewaltbegriff der Nötigung, JZ 1995, 782

Haft, Strafrecht, Besonderer Teil II, Delikte gegen die Person und die Allgemeinheit, 8. Auflage 2005

Hauf, Anm. zu BGH, Beschl. v. 22.11.1994 – GSSt 1/94 – BGHSt 40, 350, Entführung zum Zwecke der Vergewaltigung, NStZ 1995, 184

Hecker, Strafrecht BT: Nötigung durch sexuelle Belästigung (Kuss), JuS 2013, 751

Hecker, Strafrecht BT: Freiheitsberaubung durch Beschränkung der Fortbewegungsfreiheit, Bespr. zu BGH Urt. v. 22.1.2015 – 3 StR 410/14 (NStZ 2015, 338), JuS 2015, 947

Heger, Verwerflicher Grundrechtsgebrauch? Anmerkungen zu BVerfGE 104, 92, Jura 2003, 112

Heger, Die Nötigung im Straßenverkehr, in: FS Geppert (2011), S. 153

Heghmanns, Anm. zu BGH, Beschl. v. 19.11.2019 – 3 StR 244/09 – Zur Auslegung der Nachstellung, ZJS 2010, 269

Heghmanns, Der Straftatbestand des § 4 GewSchG, in: FS Achenbach (2011), S. 117

Herzberg, Strafbare Nötigung durch Versperren des Fahrwegs?, Kritische Überlegungen zum Sitzblockade-Beschluß des BVerfG und zum Autobahnblockade-Urteil des BGH, GA 1996, 557

Hirsch, Der „unmittelbare" Zusammenhang zwischen Grunddelikt und schwerer Folge beim erfolgsqualifizierten Delikt, in: FS Oehler (1985), S. 111

Hirsch, Zum Spannungsverhältnis von Theorie und Praxis im Strafrecht, in: FS Tröndle (1989), S. 19

Horn, Die Drohung mit einem erlaubten Übel: Nötigung?, NStZ 1983, 497

Hörnle, Wie § 177 StGB ergänzt werden sollte, GA 2015, 313

Hörnle, Das Gesetz zur Verbesserung des Schutzes sexueller Selbstbestimmung, NStZ 2017, 13

Hoven, Nötigung durch Bestechlichkeit? – Ein Beitrag zum Verständnis der Nötigung durch Drohung mit einem rechtmäßigen Unterlassen, ZStW 128 (2016), 173

Hoyer, Straßenblockade als Gewalt in mittelbarer Täterschaft - BGH, NJW 1995, 2643, JuS 1996, 200

Hoyer, Der Sitzblockadenbeschluß des BVerfG und seine Konsequenzen für den Begriff der Drohung, GA 1997, 451

Hruschka, Die Nötigung im System des Strafrechts, JZ 1995, 737

Hruschka, Die Blockade einer Autobahn durch Demonstranten - eine Nötigung?, NJW 1996, 160

Immel, Zur Einschränkung der §§ 239a I, 239b I StGB in Fällen „typischer" Erpressung/Nötigung im Drei-Personen-Verhältnis, NStZ 2001, 67

Jäger, Anm. zu BayObLG, Beschl. v. 29.8.2002 – 1 St RR 75/2002 – Tateinheit zwischen Bedrohung und versuchter Erpressung, JR 2003, 478

Jäger, Die Grenzen strafbarer Nötigung bei Drohungen mit einem Unterlassen, in: FS Krey (2010), S. 193

Jäger, Tod in Zelle Nr. 5, JA 2015, 72

Jahn, Strafrecht BT: Nötigung durch Sitzblockade, JuS 2011, 563

Jahn, Strafrecht AT: Freiheitsberaubung durch Unterlassen, JuS 2015, 180

Jakobs, Anm. zu BGH, Urt. v. 8.1.1987 – 1 StR 683/86 – Androhung des Übels gegenüber einem Dritten, JR 1987, 340

Jakobs, Unorthodoxe Bemerkungen zum objektiven Tatbestand der Nötigung, JuS 2017, 97

Kargl, Die Freiheitsberaubung nach dem 6. Gesetz zur Reform des Strafrechts, JZ 1999, 72

Ann. Kaufmann, Stalking – das Undsoweiter-Delikt, DRiZ 2014, 50

Arth. Kaufmann, Der BGH und die Sitzblockade, NJW 1988, 2581

Keller, Die neue Entwicklung des strafrechtlichen Gewaltbegriffs in der Rechtsprechung, JuS 1984, 109

Kerbein/Pröbsting, Stalking, ZRP 2002, 76

Kindhäuser, Strafrecht Besonderer Teil I, Straftaten gegen Persönlichkeitsrechte, Staat und Gesellschaft, 7. Auflage 2015

Kinzig/Zander, Der neue Tatbestand der Nachstellung (§ 238 StGB), Gelungener Abschluss einer langen Diskussion oder missglückte Maßnahme des Gesetzgebers?, JA 2007, 481

Knodel, Der Begriff der Gewalt im Strafrecht, 1962

König, Denunziantentum und Rechtsbeugung, Zugleich Besprechung des Urteils des BGH vom 23.10.1996 – BGHSt. 42, 275, JR 1997, 317

Krehl, Anm. zu BGH, Beschl. v. 6.8.2013 – 3 StR 175/13 – Geiselnahme: Zusammenhang zwischen Bemächtigungslage und Nötigung, NStZ 2014, 39

Kreß, Das Sechste Gesetz zur Reform des Strafrechts, NJW 1998, 633

Kretschmer, Der strafrechtliche Rechtsgüterschutz des Schlafenden und Bewusstlosen, Jura 2009, 590

Krey, Kritische Anmerkungen anläßlich des Sitzblockaden-Beschlusses des Ersten Senats vom 10. Januar 1995, 2. Teil, JR 1995, 265

Krey/Hellmann/Heinrich, Strafrecht Besonderer Teil, Band 1: Besonderer Teil ohne Vermögensdelikte, 16. Auflage 2015

Krey/Jaeger, Anm. zu BGH, Urt. v. 20.7.1995 – 1 StR 126/95 – BGHSt 41, 182, Nötigung durch Straßenblockade, NStZ 1995, 542

Krüger, Neue Rechtsprechung zum „Beisichführen eines gefährlichen Werkzeugs" in §§ 244 I Nr. 1a, 250 I Nr. 1a StGB – Bestandsaufnahme und Ausblick, Jura 2002, 766

Krüger, Stalking in allen Instanzen – Kritische Bestandsaufnahme erster Entscheidungen zu § 238 StGB, NStZ 2010, 546

Krüger, Neue Rechtsprechung und Gesetzgebung zum gefährlichen Werkzeug in §§ 113, 224, 244 StGB, Jura 2011, 887

Kühl, Sitzblockaden vor dem Bundesverfassungsgericht, StV 1987, 122

Kühl, Das erfolgsqualifizierte Delikt (Teil I) - Das vollendete erfolgsqualifizierte Delikt, Jura 2002, 810

Kühl, Stalking als Eignungsdelikt, ZIS 2016, 450

Küper, Das BVerfG, das Analogieverbot und der Bedrohungstatbestand - BVerfG, NJW 1995, 2776, JuS 1996, 783

Küper, Drohung und Warnung, Zur Rekonstruktion des klassischen Drohungsbegriffs, GA 2006, 439

Küper, Die „täuschende Warnung": eine Drohung?, in: FS Puppe (2011), S. 1217

Küpper, Der „unmittelbare" Zusammenhang zwischen Grunddelikt und schwerer Folge beim erfolgsqualifizierten Delikt, 1982

Küpper, Anm. zu BGH, Urt. v. 18.9.1985 – 2 StR 378/85 – BGHSt 33, 322, Mittelbare Todesursache bei Geiselnahme, NStZ 1986, 117

Küpper, Rücktritt vom Versuch eines Unterlassungsdelikts – BGH NStZ 1997, 485, JuS 2000, 225

Küpper/Bode, Neuere Entwicklungen zur Nötigung durch Sitzblockaden, Jura 1993, 187

Lackner/Kühl, StGB, bearbeitet v. *Kühl/Heger*, 28. Aufl. 2014

Lanzrath/Fieberg, Waffen und (gefährliche) Werkzeuge im Strafrecht, Jura 2009, 348

Leipziger Kommentar StGB, hrsg. v. *Laufhütte/Tiedemann/Rissing-van Saan*, 12. Auflage 2006 ff.

Lenckner, Das 33. Strafrechtsänderungsgesetz – das Ende einer langen Geschichte, NJW 1997, 2801

Lesch, Bemerkungen zum Nötigungsbeschluß des BVerfG vom 10.01.1995, JA 1995, 889

Lesch, Anm. zu BGH, Urt. v. 20.7.1995 – 1 StR 126/95 – BGHSt 41, 182, Nötigung durch Straßenblockade, StV 1996, 152

Letzgus, Strafrechtliche Bekämpfung der Zwangsheirat, in: FS Puppe (2011), S. 1231

Lindenau, Anm. zu BGH, Beschl. v. 30.1.2001 – 4 StR 569/00 – Erheblichkeitsschwelle bei sexuellen Handlungen, JR 2002, 72

Maatz, Nötigung im Straßenverkehr, NZV 2006, 337

Maurach/Schroeder/Maiwald, Strafrecht Besonderer Teil, Teilband 1: Straftaten gegen Persönlichkeits- und Vermögenswerte, 10. Auflage 2009

Maurach/Schroeder/Maiwald, Strafrecht Besonderer Teil, Teilband 2: Straftaten gegen Gemeinschaftswerte, 10. Auflage 2012

Meurer/Bergmann, Gewaltbegriff und Verwerflichkeitsklausel, Nötigung und kein Ende? – Nötigung ohne Ende? – Ende der Nötigung?, JR 1988, 49

Michel, Anm. zu OLG Zweibrücken, Beschl. v. 18.04.1995 – 1 Ws 196/95 – Kuß als sexueller Mißbrauch, NStZ 1998, 357

Mitsch, Der praktische Fall - Strafrecht - Kein Kavalier der Straße, JuS 1993, 222

Mitsch, Festnahme mit Todesfolge – BGH NJW 2000,1348, JuS 2000, 848

Mitsch, Strafrechtsdogmatische Probleme des neuen „Stalking"-Tatbestandes, Jura 2007, 401

Mitsch, Der neue Stalking-Tatbestand im Strafgesetzbuch, NJW 2007, 1237

Mitsch, Strafrechtsdogmatische Probleme des § 239 Abs. 3 Nr. 1 StGB, GA 2009, 329

Mitsch, Anm. zu BGH, Beschl. v. 19.11.2019 – 3 StR 244/09 – Zur Auslegung der Nachstellung, NStZ 2010, 513

Mitsch, Strafbarer Arbeitnehmerwiderstand gegen Arbeitsplatzabbau – Dargestellt am Beispiel des „Bossnapping", JR 2013, 351

Mitsch, Verspätungen im Zugverkehr und Freiheitsberaubung (§ 239 StGB), NZV 2013, 417

Mosbacher, Nachstellung - § 238 StGB, NStZ 2007, 665 *Mosbacher*, Neuregelung der Stalking-Strafbarkeit, NJW 2017, 983

Müller-Dietz, Zur Entwicklung des strafrechtlichen Gewaltbegriffs, Ein Beispiel für den Wandel von Rechtsauslegung und Rechtsanwendung, GA 1974, 33

Müller-Dietz, Der Tatbestand der Geiselnahme in der Diskussion, JuS 1996, 110

Müller/Eisenberg, Der Tatbestand der Nachstellung in der strafjustiziellen Praxis, DRiZ 2013, 364

Münchener Kommentar zum StGB, hrsg. v. *Joecks/Miebach*, 2. Auflage 2011 ff.

N. Nestler, Anm. zu BGH, Beschl. v. 15.1.2015 – 4 StR 419/14 – Bedrohung, NStZ 2015, 396

Neubacher/Seher, Das Gesetz zur Strafbarkeit beharrlicher Nachstellungen (§ 238 Abs. 2 StGB), JZ 2007, 1029

NomosKommentar Strafgesetzbuch, hrsg. v. *Kindhäuser/Neumann/Paeffgen*, 4. Auflage 2013

Otto, Sitzdemonstrationen und strafbare Nötigung in strafrechtlicher Sicht, NStZ 1987, 212

Otto, Das Verhältnis der Nötigung zur Freiheitsberaubung, Jura 1989, 497

Otto, Die Neufassung der §§ 177-179 StGB, Jura 1998, 210

Otto, Grundkurs Strafrecht, Die einzelnen Delikte, 7. Auflage 2005

Park/Schwarz, Die Freiheitsberaubung (§ 239 StGB), Jura 1995, 294

Prittwitz, Sitzblockaden - ziviler Ungehorsam und strafbare Nötigung?, JA 1987, 17

Putzke, Anm. zu BGH, Beschl. v. 17.9.2014 – 1 StR 387/14 – BGHSt 59, 307, Zur Entziehung Minderjähriger, ZJS 2015, 315

Rengier, Genügt die "bloße" Bedrohung mit (Schuß-)Waffen zum "Sichbemächtigen" im Sinne der §§ 239a, 239b StGB?, GA 1985, 314

Renzikowski, Erpresserischer Menschenraub und Geiselnahme im System des Besonderen Teils des Strafgesetzbuches, JZ 1994, 492

Renzikowski, Anm. zu BGH, Beschl. v. 22.11.1994 – GSSt 1/94 – BGHSt 40, 350, Entführung zum Zwecke der Vergewaltigung, JR 1995, 349

Renzikowski, Das Sexualstrafrecht nach dem 6. Strafrechtsreformgesetz, NStZ 1999, 377

Renzikowski/Sick, Anm. zu BGH, Beschl. v. 20.3.2012 – 4 StR 561/11 – Anforderungen an die schutzlose Lage, NStZ 2013, 468

Rönnau, Grundwissen – Strafrecht: Das „mitgeführte" gefährliche Werkzeug, JuS 2012, 117

Rönnau/Hohn, Notwehr gegen Hoheitsträger – ein neues Kapitel in der Geschichte des strafrechtlichen Rechtmäßigkeitsbegriffs?, Zugleich Anm. zu BGH, Urt. v. 9.6.2015 – 1 StR 606/14 (StV 2016, 276), StV 2016, 313

Roxin, Verwerflichkeit und Sittenwidrigkeit als unrechtsbegründende Merkmale im Strafrecht, JuS 1964, 373

Roxin, Anm. zu BGH, Beschl. v. 13.01.1983 – 1 StR 737/81 – BGHSt 31, 195, Begriff der Drohung mit einem empfindlichen Übel, JR 1983, 333

Roxin, Strafbarkeitsprobleme beim Masseninkasso für betrügerische Gewinnspieleintragungsdienste, StV 2015, 447

Satzger, Erpresserischer Menschenraub (§ 239a StGB) und Geiselnahme (§ 239b StGB) im Zweipersonenverhältnis, Jura 2007, 114

Satzger, Der Tatbestand der Drohung (§ 241 StGB), Jura 2015, 156

Schiemann, Polizeiliche Handlungspflichten bei Ingewahrsamnahme – Der Fall Oury Jalloh, NJW 2015, 20

Schlothauer/Sättele, Zum Begriff des „gefährlichen Werkzeugs" in den §§ 177 Abs. 3 Nr. 1, 244 Abs. 1 Nr. 1a, 250 Abs. 1 Nr. 1a StGB idF des 6. StRG, StV 1998, 505

Schmidhäuser, Strafrecht, Besonderer Teil, 2. Auflage 1983

Schöch, Zielkonflikte beim Stalking-Tatbestand, NStZ 2013, 221

Schöch, Nachstellung gemäß § 238 StGB als potenzielles Gefährdungsdelikt?, DRiZ 2015, 248

Scholz, Sitzblockade und Verfassung - Zur neuen Entscheidung des BVerfG, NStZ 1995, 417

Schönke/Schröder, Strafgesetzbuch, 29. Auflage 2014

Schroeder, Schreien als Gewalt und Schuldspruchberichtigung durch Beschluß - BGH, NJW 1982, 189, JuS 1982, 491

Schroeder, Nötigung und Erpressung durch Forderung von Gegenleistungen?, JZ 1983, 284

Schroeder, Sitzblockade keine Gewalt - BVerfG, NJW 1995, 1141, JuS 1995, 875

Schroeder, Anm. zu BGH, Urt. v. 4.4.2007 – 2 StR 34/07 – BGHSt 51, 276, Zum Teilrücktritt von der Qualifikation des § 177 Abs. 4 Nr. 1 StGB, JR 2007, 481

Schroeder, Die Straftaten gegen die persönliche Freiheit – Erscheinungsformen und System, JuS 2009, 14

Schroth, Strafrecht, Besonderer Teil, 5. Auflage 2010

Schubarth, Grenzen der Strafbarkeit sexueller Zumutungen - OLG Hamburg, NJW 1980, 2592, JuS 1981, 726

Schubert/Moebius, Zwangsheirat - Mehr als nur ein Straftatbestand: Neue Wege zum Schutz der Opfer, ZRP 2006, 33

Schumann, Der neue Straftatbestand der Zwangsheirat (§ 237 StGB), JuS 2011, 789

Seher, Anm. zu BGH, Beschl. v. 19.11.2019 – 3 StR 244/09 – Zur Auslegung der Nachstellung, JZ 2010, 582

Sick/Renzikowski, Der Schutz der sexuellen Selbstbestimmung, in: FS Schroeder (2006), S. 603

Sick/Renzikowski, Lücken beim Schutz der sexuellen Selbstbestimmung aus menschenrechtlicher Sicht, in: FS Rössner (2015), 928 ff.

Sinn, Gewaltbegriff - quo vadis?, NJW 2002, 1024

Sinn, Die Nötigung, JuS 2009, 577

Sinn, Anm. zu BVerfG, Beschl. v. 7.3.2011 – 1 BvR 388/05 – Nötigung: Errichten eines physischen Hindernisses in mittelbarer Täterschaft durch eine Straßenblockade – Zweite-Reihe-Rechtsprechung, ZJS 2011, 283

Sommer, Lücken im Strafrechtsschutz des § 240 StGB? – Zum Verhältnis von Gewalt und Drohung bei der Nötigung, NJW 1985, 769

Starck, Anm. zu BVerfG, Urt. v. 11.11.1986 – 1 BvR 713/83 u. a. – BVerfGE 73, 206, Strafbarkeit von Sitzdemonstrationen, JZ 1987, 145

Stoffers, Drohung mit dem Unterlassen einer rechtlich nicht gebotenen Handlung im Rahmen der §§ 240, 253 StGB, JR 1988, 492

Streng, Teilrücktritt und Tatbegriff, JZ 2007, 1089

Suhren, Gewalt und Nötigung im Straßenverkehr, DAR 1996, 310

Systematischer Kommentar zum Strafgesetzbuch, hrsg. v. *Rudolphi/Horn/Samson/Günther*, Band IV (§§ 212-266b StGB), 8. Auflage, Loseblatt (Stand: Dezember 2016)

Trenckhoff/Baumann, Zur Reduktion der Tatbestände des erpresserischen Menschenraubs und der Geiselnahme, §§ 239a, 239b StGB - BGHSt 39, 36, JuS 1994, 836

Valerius, Stalking: Der neue Straftatbestand der Nachstellung in § 238 StGB, JuS 2007, 319

Vander, Stalking - Aktuelle Entwicklungen und Tendenzen zur Schaffung eines speziellen Tatbestandes, KritV 2006, 81

Volk, Nötigung durch Drohung mit Unterlassen, JR 1981, 274

Voß-Broemme, Nötigung im Straßenverkehr, NZV 1988, 2

Wagner, Das allgemeine Festnahmerecht gem. § 127 Abs. 1 S. 1 StPO als Rechtfertigungsgrund, ZJS 2011, 465

Walter, Zu früh und zu weit – Der aktuelle Referentenentwurf eines Gesetzes zur „Verbesserung des Schutzes der sexuellen Selbstbestimmung", JR 2016, 361

Welzel, Das deutsche Strafrecht: eine systematische Darstellung, 11. Auflage 1969

Wessels/Hettinger, Strafrecht Besonderer Teil 1, Straftaten gegen Persönlichkeits- und Gemeinschaftswerte, 40. Auflage 2016

Wieck-Noodt, Anm. zu BGH, Beschl. v. 14.7.2010 – 2 StR 104/10 – BGHSt 55, 229, Entziehung Minderjähriger, NStZ 2011, 458

Wieck-Noodt, Anm. zu BGH Urt., v. 22.1.2015 – 3 StR 410/14 – Freiheitsberaubung durch Beschränkung der Fortbewegungsfreiheit, NStZ 2015, 646

Wolter, Anm. zu BGH, Urt. v. 18.9.1985 – 2 StR 378/85 – BGHSt 33, 322, Mittelbare Todesursache bei Geiselnahme, JR 1986, 465

Wolter, Gewaltanwendung und Gewalttätigkeit - z. B. §§ 240, 105, 177, 249, 125 StGB -, NStZ 1985, 193

Zaczyk, Anm. zu BGH, Urt. v. 7.3.1985 – 4 StR 82/85 – Drohung bei räuberischer Erpressung, JZ 1985, 1059

Zimmermann/Kubik, Sozialadäquate Zwangsverheiratungen? – zur Bedeutung der Verwerflichkeitsklausel des § 237 Abs. 1 S. 2, JR 2013, 192

Zöller, Übungsblätter Lernbeitrag Strafrecht: Erpresserischer Menschenraub, Geiselnahme und das Zwei-Personen-Verhältnis in der Fallbearbeitung, JA 2000, 476

Zöller, Der Gewaltbegriff des Nötigungstatbestandes Zur Strafbarkeit sog- Sitzblockaden, GA 2004, 147

Zopfs, Drohen mit einem Unterlassen?, JA 1998, 813

§ 4 Beleidigungsdelikte

Geschütztes Rechtsgut des 14. Abschn. ist die **Ehre**.[1] Was darunter genau zu verstehen ist, wird allerdings uneinheitlich beantwortet. Während der *faktische* Ehrbegriff auf die äußere Ehre (soziales Ansehen) abstellt, hält die *normative* Ehrauffassung den auf die Personenwürde gegründeten inneren Wert für maßgeblich. Die wohl h. M. vertritt einen *dualistischen* (normativ-faktischen) Ehrbegriff. Danach umfasst die Ehre als komplexes Rechtsgut sowohl die dem Menschen als Träger geistiger und sittlicher Werte zukommende innere Ehre als auch seine darauf beruhende Geltung, seinen guten Ruf innerhalb der menschlichen Gemeinschaft (BGHSt 11, 67). Im Unterschied dazu wird als Schutzgut der Verunglimpfung des Andenkens Verstorbener (§ 189) überwiegend das Pietätsgefühl der Angehörigen und der Allgemeinheit angesehen.[2]

1

Als Tatbestände der Ehrverletzung sind demnach zu betrachten:

2

- Beleidigung (§ 185): Werturteile allgemein, Tatsachenbehauptungen gegenüber dem Beleidigten selbst;
- Üble Nachrede (§ 186): Kundgabe nicht erweislich wahrer Tatsachen gegenüber Dritten;
- Verleumdung (§ 187): Wissentlich unwahre Tatsachenbehauptungen gegenüber Dritten.

---

[1]Zum Ganzen *Arzt,* JuS 1982, 717; *Eppner/Hahn*, JA 2006, 702, 860; *Geppert,* Jura 1983, 530, 580; *ders.,* Jura 2002, 820; *Küpper,* JA 1985, 453; *Mavany*, Jura 2010, 594; speziell zur Beleidigung in sozialen Netzwerken *Krischker*, JA 2013, 488 und zum Cybermobbing *Cornelius,* ZRP 2014, 164 ff.

[2]OLG Düsseldorf NJW 1967, 1143; *Kühl*, in: Lackner/Kühl, § 189 Rn. 1; offenlassend BGHSt 40, 97/105.

© Springer-Verlag GmbH Deutschland 2017
G. Küpper, R. Börner, *Strafrecht Besonderer Teil 1*, Springer-Lehrbuch,
DOI 10.1007/978-3-662-53989-7_4

I. Passive Beleidigungsfähigkeit

3 Hier geht es um die Frage, wer Ehrträger und damit Objekt einer Beleidigung sein kann. Es kommen drei Fallgruppen in Betracht.

1. Natürliche Personen

4 Passiv beleidigungsfähig ist jede natürliche Person, also auch ein Kind oder Geisteskranker. Abgelehnt wird von der h. M. die Beleidigungsfähigkeit von *Verstorbenen:* Eine Beleidigung setze voraus, dass sie gegen lebende Menschen gerichtet ist, da mit dem Tode das Recht auf Anerkennung seines inneren Wertes ende (RGSt 13, 95). Die Gegenmeinung nimmt zwar einen postmortalen Ehrbestand an, beurteilt die Strafbarkeit aber gleichfalls nur nach § 189; diese Bestimmung dient dann zumindest zur Klarstellung, in welchem Umfang die Ehre Toter strafrechtlichen Schutz erfährt.[3]

2. Personengemeinschaften

5 Auf der Grundlage des dualistischen Ehrbegriffs wird auch Personenverbindungen eine verletzbare Kollektivehre zugestanden. Voraussetzung ist, dass diese Gesamtheit eine rechtlich anerkannte Funktion erfüllt und einen einheitlichen Willen bilden kann (BGHSt 6, 186). Auf die Rechtsform kommt es dabei nicht an; deshalb genießen auch Kapitalgesellschaften – wie etwa AG, GmbH – Ehrenschutz. Für Behörden, politische Körperschaften und sonstige Stellen, die Aufgaben der öffentlichen Verwaltung wahrnehmen, folgt dieses Ergebnis schon aus der Strafantragsregelung des § 194 III und IV; auf den dort genannten Kreis will der personale Ehrbegriff den Schutzbereich beschränken. Praktisch bedeutsam ist die Beleidigung der Bundeswehr als Institution (BGHSt 36, 83/88), während die Polizei als Ganzes mangels einheitlicher Willensbildung keine beleidigungsfähige Personengesamtheit darstellen soll (BayObLG JZ 1990, 348). Verneint wird schließlich eine kollektive „Familienehre", die es ebensowenig wie eine „Sippenhaftung" gebe.

3. Sammelbeleidigung

6 Die Beleidigung unter einer Kollektivbezeichnung liegt vor, wenn der Täter eine Mehrzahl von Personen herabsetzt; im Unterschied zur vorgenannten Erscheinungsform wird dabei nicht die Gemeinschaft als solche, sondern jedes ihrer Mitglieder betroffen. Dieser Fall setzt allerdings voraus, dass die Personenmehrheit so aus der Allgemeinheit hervortritt, dass der Kreis der betroffenen Einzelpersonen deutlich

---

[3] *Hilgendorf,* in: LK, § 189 Rn. 2; eingehend *Hirsch,* Ehre und Beleidigung, S. 125 ff.

umgrenzt ist.[4] Dem genannten Erfordernis genügt nicht die pauschale Beschimpfung der Akademiker, Frauen oder Katholiken; dagegen werden die Soldaten der Bundeswehr als eine klar abgrenzbare Gesamtheit angesehen. Dieses Erfordernis lässt sich also wie folgt beschreiben: Die Beleidigung unter einer Kollektivbezeichnung muss den Einzelnen noch erreichen und je größer das Kollektiv ist, desto unwahrscheinlicher ist das Erreichen des Einzelnen.

Beispiel

(1) A begibt sich mit einem Kleidungsstück, das mit dem gut sichtbaren Aufdruck „ACAB" versehen ist in ein Fußballstadion, obwohl er weiß, dass Polizeikräfte im Stadion sind und den Aufdruck wahrnehmen können (BVerfG JuS 2016, 751).[5] Alle „Cops" sind keine hinreichend abgeschlossene Gruppe und konnten daher weder als Kollektiv noch unter einer Kollektivbezeichnung beleidigt werden. Als umgrenzt kommen aber die Einsatzkräfte im und am Stadion in Betracht. Diese sind indes nur eine Teilgruppe des nach der allgemeinen Gattung bezeichneten Personenkreises, auf die wiederum die allgemeine Bezeichnung nicht durchschlägt. Nur wenn A seine allgemeine Aussage personalisiert zugeordnet hätte, indem er sich erkennbar bewusst in die Nähe von Einsatzkräften begibt, kommt eine Beleidigung dieser Personen in Betracht.

(2) Wenn A seinen Aufdruck erkennbar individualisiert, sind die Beleidigungsqualität und die Wahrnehmung berechtigter Interessen im Lichte der Meinungsfreiheit zu erörtern. Ohne oder bei nichtigem Anlass wird § 185 gegeben sein, jedoch eher fernliegen, wenn sich A gegen nicht korrektes Verhalten der Einsatzkräfte richtet.

Eine Besonderheit soll nach der Rspr. für die jüdische Bevölkerung gelten: Die Juden, die jetzt in Deutschland leben und Opfer der nationalsozialistischen Verfolgungsmaßnahmen gewesen sind, bildeten eine hinreichend umgrenzte Gruppe, die sich aus der Allgemeinheit infolge ihres ungewöhnlich schweren Schicksals abhebt.[6] Bedeutung erlangt in diesem Zusammenhang die sog. „Auschwitzlüge", d. h. das Ableugnen der systematischen Judenvernichtung durch das NS-Regime. Der Gesetzgeber hat die Strafbarkeit – mittelbar – dadurch anerkannt, dass er in diesen Fällen auf das Strafantragserfordernis verzichtet (vgl. § 194 I 2–4, II 2–4).[7] Problematisch war früher eine Bestrafung wegen Volksverhetzung (§ 130). Der dort vorausgesetzte Angriff auf die Menschenwürde verlangt mehr als eine Ehrverletzung

7

---

[4]BGHSt 11, 207; präzisierend BGHSt 36, 83/86 f.; *Geppert,* Jura 2005, 244/245 ff.

[5]M. Bespr. *Jahn*, a.a.O.; ferner BVerfG NStZ-RR 2016, 277 („ACAB"); BVerfG StV 2015, 548 („FCK CPS") m. Anm. *Kretschmer*, JR 2015, 444.

[6]Vgl. BVerfG NStZ 1992, 535; BGHSt 11, 207; BGHZ 75, 160.

[7]Gegen diese Annahme aber *Lenckner/Eisele*, in: Schönke/Schröder, § 185 Rn. 3, § 194 Rn. 1; *Hilgendorf*, in: LK, § 194 Rn. 1; *Regge/Pegel*, in: MK, § 185 Rn. 10; *Rogall*, in: SK, § 185 Rn. 11, § 194 Rn. 4.

und erfordert, dass der angegriffenen Person ihr Lebensrecht als gleichwertige Persönlichkeit in der staatlichen Gemeinschaft abgesprochen und sie als minderwertiges Wesen behandelt wird.[8] Seit der Neufassung durch das Verbrechensbekämpfungsgesetz (1994) ist nunmehr in § 130 III das öffentliche Billigen, Leugnen oder Verharmlosen des Völkermordes an den Juden ausdrücklich unter Strafe gestellt.

8   Eine Einschränkung ergibt sich, wenn der Täter die Personengesamtheit nicht im Ganzen anspricht, sondern seine Äußerung nur auf *eine* Person bezieht, die er jedoch in ihrer Individualität ausschließlich dadurch kennzeichnet, dass er ihre Zugehörigkeit zu der betreffenden Personengruppe mitteilt (BGHSt 19, 235). Die Sammelbezeichnung muss dann einen verhältnismäßig kleinen, in Bezug auf die Individualität seiner Mitglieder ohne weiteres überschaubaren Personenkreis umfassen.

Beispiel

Redakteur R veröffentlichte einen Artikel, in dem behauptet wurde, ein bayerischer Minister habe zu den Kunden eines „Call-Girl-Rings" gehört. Dieser Behauptung lag ein unwahres Gerücht zugrunde, das dem Staatsminister S solche Verbindungen nachsagte. Indessen nannte die Veröffentlichung keinen Namen und brachte damit alle sieben Mitglieder der bayerischen Staatsregierung in einen entsprechenden Verdacht. Es sind deshalb sämtliche Angehörige dieser Personengruppe beleidigt worden.

II. Kundgabecharakter

9   Die §§ 185 ff. sind **Äußerungsdelikte**. Der ehrverletzende Inhalt muss also dem Beleidigten oder Dritten gegenüber kundgetan werden. Dementsprechend tritt die Vollendung (erst) mit Kenntniserlangung durch einen anderen ein. Hinzukommen muss, dass der Empfänger die Äußerung in ihrem ehrenrührigen Sinn verstanden hat (BGHSt 9, 17/19). Aus dem Kundgabecharakter folgt auch, dass es um die *Abgabe* von Erklärungen und nicht um die Erlangung von Informationen geht; das (heimliche) Beobachten oder Fotografieren wird deshalb nicht erfasst.

Beispiel

A äußert gelegentlich einer polizeilichen Maßnahme üble Beschimpfungen gegenüber den Polizeibeamten, dies jedoch in solcher Sprache und Tonfall, dass A nicht damit rechnet, dass einer der Anwesenden den ehrverletzenden Charakter erkennt. Unerwartet hat ihn jedoch einer der Beamten verstanden. Hier ist zwar objektiv eine beachtliche Kundgabe erfolgt, jedoch fehlte dem A gem. § 16 I 1 insofern der Vorsatz (s. auch Rn. 18).

---

[8]BGHSt 40, 97 mit Anm. *Baumann,* NStZ 1994, 392 und *Jakobs,* StV 1994, 540; zu § 130 n. F. näher *Beisel,* NJW 1995, 997; *Huster,* NJW 1996, 487.

Fraglich ist die Beurteilung vertraulicher Äußerungen. Nach heute einhelliger **10** Ansicht bleiben Ehrverletzungen Dritter im *engsten Familienkreis* straflos. Uneinheitlich fällt noch die Begründung dieses Ergebnisses aus: So wird etwa eine Kundgabe oder ein darauf gerichteter Vorsatz verneint; andere nehmen einen Rechtfertigungs- bzw. Strafausschließungsgrund an. Zu einer teleologischen Reduktion des Tatbestandes führt die Überlegung, dass der Mensch eines Freiraumes bedarf, in dem er sich aussprechen, sich abreagieren und dem Mitteilungsbedürfnis freien Raum lassen kann, ohne deswegen eine Bestrafung fürchten zu müssen.[9] Einigkeit besteht wiederum darüber, dass die Verleumdung (§ 187) von dieser Einschränkung auszunehmen ist, weil an einer Ehrverletzung wider besseres Wissen auch im engsten Kreis kein schutzwürdiges Interesse besteht.

Umstritten ist die Erweiterungsfähigkeit des privilegierten Personenkreises, etwa **11** auf das Verhältnis von Anwalt und Mandant. Die Rspr. hat sich bisher – zumindest für Formalbeleidigungen – gegen eine solche Ausdehnung gewandt (OLG Hamburg NStZ 1990, 237). Demgegenüber wird geltend gemacht, dass gerade die durch Berufsethos und Strafsanktion abgeschirmte Verschwiegenheitssphäre eines Rechtsanwaltsbüros eine größere Gewähr biete, dass Informationen „im Hause" bleiben, als der Inhalt von Gesprächen am Familienstammtisch. Jedenfalls ist ein Bedürfnis nach unbefangener Aussprache mit bestimmten Vertrauenspersonen nicht von der Hand zu weisen. Die Grenze lässt sich anhand der Vorschrift des § 203 bestimmen, da dort wegen des strafrechtlichen Geheimnisschutzes eine gewisse Garantie für die Geheimhaltung besteht. Dementsprechende Voraussetzung ist dann, dass die Äußerung dem Empfänger in seiner Eigenschaft als Angehöriger der jeweiligen Berufsgruppe bekannt geworden ist; private Äußerungen gegenüber einem Arzt, Anwalt etc. werden also nicht geschützt. Das BVerfG hat jedoch die Auffassung des BGH, dass ein Mandatsverhältnis jedenfalls keine Straffreiheit für persönliche Schmähungen Dritter begründet, die ein Strafverteidiger gegenüber seinem Mandanten äußert, nicht beanstandet.[10]

III. Die Beleidigungstatbestände

1. Systematik

Wird die ehrenrührige Äußerung gegenüber dem Beleidigten selbst abgegeben, so **12** greift immer § 185 ein. Bei der Kundgabe gegenüber Dritten ist zwischen Werturteilen (§ 185) und Tatsachenbehauptungen (§§ 186, 187) zu unterscheiden. **Tatsachen** sind konkrete Vorgänge, die sinnlich wahrnehmbar in die Wirklichkeit getreten und damit dem Beweis zugänglich sind; um ein **Werturteil** handelt es sich hingegen, wenn die

---

[9]Dahingehend *Wessels/Hettinger,* Rn. 485; *Rogall,* in: SK, Vor § 185 Rn. 47 ff.; *Küpper,* JA 1985, 453/456; eingehend *Wolff-Reske,* Jura 1996, 184.

[10]BVerfG NJW 2010, 2937 und BGHSt 53, 257 („unfähiger und fauler Richter, an dessen Verstand man mit Fug und Recht zweifeln müsse") mit Anm. *Norouzi,* StV 2010, 670; dazu auch *Gaede,* in: FS I. Roxin (2012), S. 569.

Äußerung eine subjektive Meinung oder Stellungnahme bedeutet.[11] Für die Abgrenzung ist darauf abzustellen, wo das Schwergewicht liegt und welcher Tatsachenkern nach Ausscheidung der wertenden Bestandteile übrig bleibt (BGHSt 6, 159/162). Wird beispielsweise ein Soldat als potentieller Mörder charakterisiert, so steckt darin zwar das Faktum, dass er – im Ernstfall – Menschen tötet; die Bezeichnung als „Mörder" soll aber insgesamt eine negative Bewertung zum Ausdruck bringen.

13   Tatsachenbehauptungen und Werturteile können auch zusammentreffen. Während nach dem normativen Ehrbegriff § 185 den Grundtatbestand bildet, der in diesem Falle von §§ 186, 187 im Wege der Gesetzeskonkurrenz verdrängt wird, geht die dualistische Ehrauffassung davon aus, dass verschiedene Schutzobjekte betroffen sind. Die Rspr. nimmt demgemäß Tateinheit in folgenden Fällen an:

- Gegenüber Dritten werden im Zusammenhang mit einer ehrenrührigen Tatsachenbehauptung auch ehrverletzende Werturteile abgegeben, die nicht oder nicht ausschließlich aus dieser Tatsache ableitbar sind (BGHSt 12, 287).
- Eine ehrenrührige Tatsache wird dem Beleidigten und Dritten gegenüber geäußert; es ist sowohl § 185 als auch § 186 gegeben, die dann wiederum in Idealkonkurrenz stehen (RGSt 41, 61).

2. Beleidigung

14   Eine Beleidigung i. S. des § 185 bedeutet die Kundgabe einer Missachtung, Geringschätzung oder Nichtachtung.[12] Einen Sonderfall bildet gem. § 103 die Beleidigung von Organen und Vertretern ausländischer Staaten, wobei die Strafverfolgung nur unter den Voraussetzungen von § 104a erfolgt, der mit dem Fall „Böhmermann" in den Fokus des Reformgesetzgebers geriet (s. auch Rn. 17).

15   Die Äußerung muss einen **ehrverletzenden Inhalt** haben. Zu dessen Feststellung ist der objektive Sinn zu ermitteln unter Beachtung der Begleitumstände und des Gesamtzusammenhanges. Zu berücksichtigen sind ferner die Anschauungen der beteiligten Kreise, die örtlichen und zeitlichen Verhältnisse sowie die sprachliche und gesellschaftliche Ebene.

16   Eine Geringschätzung oder Missachtung liegt insbesondere darin, dass dem Betroffenen seine Unzulänglichkeit attestiert wird. Er kann als minderwertiger Mensch („Idiot") klassifiziert oder auf eine Stufe mit Tieren („Esel") gestellt werden; nicht unbedingt beleidigend wird nach heutiger Anschauung die Bezeichnung eines Polizisten als „Bulle" sein.[13] Auch die Bewertung des vertraulichen

---

[11]RGSt 55, 129/131; BGH JR 1977, 28; BayObLG NStZ-RR 2002, 40; OLG Köln NJW 1993, 1486; *Lenckner/Eisele*, in: *Schönke/Schröder*, § 186 Rn. 3.

[12]BGHSt 36, 145/148; BayObLG NStZ-RR 2002, 211; OLG Karlsruhe NJW 2003, 1264; *Rengier*, § 29 Rn. 20.

[13]KG JR 1984, 165; LG Regensburg NJW 2006, 629. Zu weiteren Titulierungen vgl. KG NJW 2005, 2872 („Clown"); BayObLG NStZ 2005, 215 („Spitzel"); BayObLG NJW 2005, 1291 („Wegelagerer"); OLG Hamm NStZ-RR 2007, 140 („Menschenjäger"); AG Tiergarten NJW 2003, 3233 („Herr Oberförster"); dazu *Otto*, NJW 2006, 575.

„Duzens" hängt von den Umständen des Einzelfalles ab (OLG Düsseldorf JR 1990, 345), ebenso die Verwendung des „Götz-Zitats" (OLG Karlsruhe NStZ 2005, 158). Eine Verbalisierung ist nicht erforderlich, vielmehr kommen auch andere – symbolische – Handlungen in Betracht (z. B. „Vogelzeigen" durch Tippen an die Stirn).

In aller Regel dürfte es eine Beleidigung darstellen, wenn jemandem ein unsittliches, rechtswidriges oder gar strafbares Verhalten angesonnen wird, wenn damit zum Ausdruck gebracht werden soll, dem Betroffenen traue man „so etwas" ohne weiteres zu. Auszuscheiden sind hingegen bloße Unhöflichkeiten, Nachlässigkeiten und Taktlosigkeiten, ferner Belästigungen, Scherze und Foppereien. Bei Satire und Karikatur ist zu beachten, dass sie bewusst ein Spott- oder Zerrbild der Wirklichkeit vermitteln und demzufolge jedenfalls vom kundigen Betrachter als Ironisierung verstanden werden wollen. Bei der rechtlichen Würdigung ist zwischen dem Aussagekern und seiner Einkleidung zu differenzieren, wobei bezüglich der Form die der Satire wesenseigene Übertreibung ein größeres Maß an Gestaltungsfreiheit zulässt.[14] Wo hingegen die konkrete Grenze liegt, ist eine Frage des Einzelfalles.[15] Helfen dabei könnte ein Perspektivwechsel, statt „Was darf Satire?" müsste es heißen: „Was muss Satire?". **17**

Für den subjektiven Tatbestand ist **Vorsatz** erforderlich; dolus eventualis reicht aus. Der Täter muss mit dem Bewusstsein handeln, dass seine Äußerung *ehrverletzenden Charakter* besitzt; einer besonderen Kränkungsabsicht („animus iniuriandi") bedarf es jedoch nicht. Bei Tatsachenbehauptungen ist deren Unwahrheit im Rahmen des § 185 nach h. M. Tatbestandsmerkmal, das vom Vorsatz umfasst sein muss. Der Vorsatz hat sich ferner auf die *Kundgabe* zu erstrecken. Daran fehlt es etwa bei der ungewollten Kenntnisnahme von Selbstgesprächen oder Tagebuchaufzeichnungen durch Dritte (RGSt 71, 159). Im Hinblick auf Vorsatzabweichungen gelten die allgemeinen Grundsätze: Verwechselt der Täter am Telefon den Fernsprechteilnehmer, so handelt es sich um einen unbeachtlichen *error in persona* (vgl. BayObLG JR 1987, 431). **18**

Beispiel

A brüllt seiner Ex-Freundin F hinterher „Du Schlampe!". F hört diese Beleidigung nicht, stattdessen aber hört es die B, die diese Äußerung auf sich bezieht. A hat die B vorher nicht gesehen und ging fest davon aus, dass nur F seinen Ausruf hören würde.

Hier hat A keinen Vorsatz hinsichtlich der Beleidigung der B, sondern nur hinsichtlich F. Daher liegt eine *aberratio ictus* vor, die nach h.M. den Vorsatz ausschließt und nur eine Bestrafung wegen Versuchs bezüglich des anvisierten

---

[14]Dazu BVerfG NJW 2002, 3767; RGSt 62, 183; OLG Frankfurt JR 1996, 250; VGH Mannheim NJW 2011, 793 (Papst mit homosexuellen Attributen); *Christoph*, JuS 2016, 599; *Würtenberger,* NJW 1982, 610; *Würkner*, JA 1988, 183 sowie umfassend *Oppermann*, Ehrensache Satire (2015).

[15]Zum „Fall Böhmermann", hinsichtlich dessen ein strafrechtliches Verfahren gem. § 170 II StPO eingestellt wurde, *Busch/Becker*, AfP 2016, 201; *Fahl*, NStZ 2016, 313; *Stephan*, JuS 2016, 599 sowie LG Hamburg, Beschl. v. 17.5.2016 – 324 O 255/16 – juris und (damit verwandt) VG Berlin, Beschl. v. 14.4.2016 – 1 L 268.16 –, juris.

Objekts und wegen Fahrlässigkeit hinsichtlich des verletzten Objekts ermöglicht. Im Rahmen der Beleidigungsdelikte führt eine *aberratio ictus* – mangels Versuchs- oder Fahrlässigkeitsstrafbarkeit – daher zur Straflosigkeit.

19 Qualifiziert ist die Begehung mittels einer **Tätlichkeit** (§ 185 Alt. 2). Darunter versteht man eine unmittelbar gegen den Körper gerichtete Einwirkung, z. B. Anspucken (OLG Zweibrücken NStZ 1990, 541). Bleibt die körperliche Berührung aus, ist zumindest eine symbolische Beleidigung anzunehmen.

20 Das Aufdrängen sexueller Handlungen hat die Rspr. früher durchweg als (tätliche) *Sexualbeleidigung* beurteilt. Inzwischen ist sie jedoch – im Anschluss an die h. L. – von der „Lückenbüßerfunktion" des § 185 abgerückt.[16] Maßgeblich für diese Entwicklung waren vor allem gesetzessystematische Gründe: Nach der Reform des Sexualstrafrechts (1973) sollte der 13. Abschnitt die Straftaten gegen die sexuelle Selbstbestimmung grundsätzlich abschließend erfassen, was vom 50. StÄG (2016) mit §§ 177 I – IV, 181i unterstrichen wird (s. § 3 Rn. 72 ff.). Hiervon werden allerdings wieder gewisse Ausnahmen gemacht: Die Einschränkung des Beleidigungsrechts gelte nur für Handlungen, die mit dem regelmäßigen Erscheinungsbild eines Sexualdelikts notwendig verbunden sind, darüber hinaus aber keinen Angriff auf die Geschlechtsehre enthalten, und nur deshalb nicht als Sexualstraftat zu ahnden sind, weil es an einem eingrenzenden Merkmal des Tatbestandes fehlt. Ansonsten könne ein Angriff auf die sexuelle Selbstbestimmung (auch) den Tatbestand der Beleidigung erfüllen, wenn nach den gesamten Umständen in dem Verhalten des Täters zugleich eine – von ihm gewollte – herabsetzende Bewertung zu sehen ist.

21 Eine sog. **Formalbeleidigung** kann sich aus der Form oder den Umständen der Äußerung ergeben. Sie wird bedeutsam im Falle des Wahrheitsbeweises einer Tatsache (§ 192) oder der Wahrnehmung berechtigter Interessen (§ 193). Die Form kann eine Beleidigung etwa bei Gehässigkeiten oder Schimpfworten ausmachen („Abwertungsexzess"). Die besonderen Umstände können in dem Herausstellen in der Presse oder einem Schaukasten bestehen („Publikationsexzess").

3. Üble Nachrede

22 Durch § 186 wird die Äußerung nicht erweislich wahrer *Tatsachen* in Beziehung auf einen *anderen* erfasst. Die Tatsache muss geeignet sein, den Betroffenen verächtlich zu machen oder in der öffentlichen Meinung herabzuwürdigen. Diese beiden Merkmale bezeichnen die **Ehrenrührigkeit** der Tatsache; sie lassen sich weder in quantitativer noch in qualitativer Hinsicht unterscheiden. Die Tathandlung besteht im Behaupten oder Verbreiten der Tatsache. *Behaupten* bedeutet, etwas nach eigener

---

[16]Vgl. BGHSt 35, 76; 36,145; BGH NStZ 1986, 459; OLG Düsseldorf NJW 2001, 3562; OLG Nürnberg NStZ 2011, 217; zu dieser Entwicklung s. *Laubenthal,* JuS 1987, 700; *Sick,* JZ 1991, 330.

Überzeugung als richtig hinzustellen. Dies kann auch durch eine rhetorische Frage, Aussprechen einer Vermutung oder Äußern eines Verdachts erfolgen. *Verbreiten* ist die Weitergabe einer fremden Äußerung; dafür genügt ebenfalls die Mitteilung an nur eine Person.

Beispiel

In einem Flugblatt wird wahrheitswidrig behauptet, der Gynäkologe Dr. X führe in seiner Praxis rechtswidrige Abtreibungen durch. Es handelt sich um eine Tatsachenbehauptung, die nicht dadurch zum Werturteil wird, dass die Abtreibungen als „rechtswidrig" bezeichnet werden. Sie soll aber auch nicht ehrenrührig sein, weil sich das BVerfG zum Schwangerschaftsabbruch der gleichen Terminologie bedient und damit nicht suggeriert werde, Dr. X nehme „illegale" Abtreibungen vor.[17]

Von § 186 wird außerdem vorausgesetzt, das die Tatsache **nicht erweislich wahr** ist. Die Rechtsnatur dieses Wahrheitsbeweises ist umstritten. Nach h. M. handelt es sich um eine objektive Strafbarkeitsbedingung, die nicht vom Vorsatz umfasst sein muss: Zur Verstärkung des Ehrenschutzes sei davon abgesehen worden, die oft schwer nachzuweisende Unwahrheit der behaupteten Tatsache als Tatbestandsmerkmal auszugestalten. Deshalb stelle die Nichterweislichkeit eine Bedingung der Strafbarkeit, die Beweisbarkeit einen Strafausschließungsgrund dar (BGHSt 11, 273). Die vorzugswürdige Gegenmeinung verlangt, dass der Täter in Bezug auf die Unwahrheit zumindest sorgfaltswidrig gehandelt hat.[18] Zu diesem Erfordernis kommt die h. M. oftmals (erst) mit Hilfe des § 193; denn im Rahmen dieses Rechtfertigungsgrundes ist dann nach der situations- und konfliktabhängigen Sorgfalt zu fragen.[19] Zuvor müsse allerdings die Erweislichkeit der behaupteten oder verbreiteten Tatsache tatbestandlich geprüft werden; die Nichtaufklärbarkeit gehe bei § 186 zu Lasten des Täters.

23

Qualifiziert ist die üble Nachrede, wenn sie öffentlich oder durch Verbreiten von Schriften[20] begangen wird (§ 186 Alt. 2); den Schriften stehen Ton- und Bildträger, Abbildungen und andere Darstellungen gleich (§ 11 III). Eine weitere Qualifizierung gilt für die üble Nachrede gegen eine im politischen Leben des Volkes stehende Person (§ 188 I). Geschützt sind solche Personen, die sich für eine gewisse Dauer mit Angelegenheiten befassen, die den Staat, seine Verfassung, Gesetzgebung oder Verwaltung berühren, also insbesondere Regierungs- und Parlamentsmitglieder, desgleichen Bundesverfassungsrichter, nicht hingegen Mitglieder eines Gemeinderates (BayObLG JZ 1982, 516).

24

---

[17]So OLG Karlsruhe NStZ 2005, 575 mit abl. Anm. *Mosbacher.*

[18]Grundlegend *Hirsch,* Ehre und Beleidigung, S. 168 ff.; *Welzel,* § 42 II 2a; *Zaczyk,* in: NK, § 186 Rn. 19; *Hilgendorf,* in: LK, § 186 Rn. 4.

[19]Vgl. *Herdegen,* in: LK[10], § 186 Rn. 4; *Geppert,* Jura 1983, 580/583; 2002, 820/822; *Rogall,* in: SK, § 186 Rn. 20 ff.

[20]Dazu *M. Heinrich,* in: FS Schünemann (2014), S. 597.

4. Verleumdung

25 Der objektive Tatbestand des § 187 erfordert die **Unwahrheit** der behaupteten oder verbreiteten Tatsache. Diese muss wiederum geeignet sein, den Betroffenen verächtlich zu machen oder in der öffentlichen Meinung herabzuwürdigen. Auf subjektiver Seite wird ein Handeln **wider besseres Wissen** verlangt; bedingter Vorsatz im Hinblick auf die Unwahrheit genügt also nicht.

26 Eine Verleumdung setzt – ebenso wie die üble Nachrede – voraus, dass die Tatsache „in Beziehung auf einen anderen" behauptet oder verbreitet wird. Das Erfordernis ist nur erfüllt, wenn erkennbar wird, dass hinter der Äußerung ein anderer als der Betroffene als (angeblicher oder wirklicher) Urheber steht. Wer diesen *Drittbezug* verbirgt oder lediglich eine den Betroffenen kompromittierende Sachlage schafft, verleumdet deshalb nicht (BGH GA 1984, 95).

Beispiel

A hatte folgendes Zeitungsinserat aufgegeben: „Modell-Hostess Jutta für private schöne Stunden. Rufen Sie doch mal an!" Die anschließend genannte Telefonnummer war die seiner von ihm getrennt lebenden Ehefrau F, die er damit kränken wollte. F erhielt in der Folgezeit immer wieder belästigende Anrufe. Hier hat A bei den Lesern des Inserats den Eindruck hervorgerufen, Urheberin sei die F selbst (deshalb kein § 187). Es liegt aber eine Kundgabe der Missachtung (§ 185) vor, weil F mit einer Prostituierten gleichgestellt wurde.

---

27 Folgende Sonderfälle sind schließlich zu beachten: § 187 enthält noch den Tatbestand der Kreditgefährdung, wobei es sich nach h. M. um ein Vermögensdelikt handelt. Die Qualifizierung des § 187 Alt. 2 erfasst – über § 186 hinausgehend – auch Taten, die in einer Versammlung begangen werden. Ferner ist auf die Verleumdung von Personen des politischen Lebens (§ 188 II) hinzuweisen.

IV. Rechtswidrigkeit

1. Allgemeine Rechtfertigungsgründe

28 Die Rechtswidrigkeit kann wie bei jedem Delikt durch einen Rechtfertigungsgrund ausgeschlossen sein. In Betracht kommt eine **Notwehr**, sofern die Notwehrhandlung in einer Beleidigung besteht und diese zur Abwehr einer (Ehr-)Verletzung erforderlich ist. Davon hat man zu unterscheiden die anderweitige Verteidigung *gegen* eine Beleidigung. Sie ist solange möglich, bis die Angriffsgefahr endgültig beseitigt ist, also auch eine unmittelbare Wiederholung der Äußerung nicht befürchtet werden muss.[21]

---

[21]BayObLG NJW 1991, 2031 mit Anm. *Vormbaum,* JR 1992, 163 und Bespr. *Mitsch,* JuS 1992, 289.

Rechtfertigende Wirkung hat außerdem die **Einwilligung**, da der Verletzte über   **29**
das Individualrechtsgut der Ehre verfügen kann. Nimmt sie der Handlung allerdings schon ihren beleidigenden Charakter, so liegt ein tatbestandsausschließendes
Einverständnis vor. Denn einer im Allgemeinen als ehrverletzend geltenden Kundgabe kann im Einzelfall diese Eigenschaft dort abgehen, wo die persönlichen Eigen-
schaften oder Beziehungen die Äußerung nicht als Missachtung oder Herabwürdi-
gung des Betroffenen erscheinen lassen (RGSt 60, 34).

Schließlich kann im Ehrbereich noch die **Kunstfreiheit** (Art. 5 III GG) bedeut-   **30**
sam werden. Das Grundgesetz gewährleistet sie vorbehaltlos, wenngleich nicht unbe-
schränkt. Im Einzelfall ist der Achtungsanspruch des Einzelnen gegen das Interesse an
freier künstlerischer Gestaltung abzuwägen. Eine Niveaukontrolle, d. h. eine Differenzierung zwischen „guter" und „schlechter" Kunst findet zwar nicht statt. Die Grenze der
Kunstfreiheit ist aber jedenfalls bei Eingriffen in die Menschenwürde überschritten. Es
liegt dann immer eine so schwerwiegende Beeinträchtigung des Persönlichkeitsrechts
vor, dass sie durch die Freiheit künstlerischer Betätigung nicht mehr gedeckt ist.[22]

2. Wahrnehmung berechtigter Interessen

Die Vorschrift des § 193 enthält einen speziellen Rechtfertigungsgrund, dessen   **31**
Anwendungsbereich auf den 14. Abschn. beschränkt ist. In dieser Regelung kann
eine Ausprägung des Grundrechts auf freie Meinungsäußerung gesehen werden.[23]
Da Art. 5 II GG aber wiederum eine Schranke in dem Recht der persönlichen Ehre
– also gerade §§ 185 ff. – normiert, muss eine Interessenabwägung i. S. „praktischer Konkordanz" stattfinden. Es geht demnach um einen Ausgleich zwischen dem
Ehrenschutz des Opfers und dem Anliegen des Täters. Ein Interesse ist **berechtigt**,
wenn seine Verfolgung schutzwürdig und die Handlung ein angemessenes Mittel
dazu ist. Das subjektive Rechtfertigungselement besteht in der Absicht der Interes-
senwahrnehmung, wobei dies nicht der einzige Zweck zu sein braucht.

Beispiel

Rechtsanwalt R verteidigte den Angeklagten A und hielt folgendes Plädoyer:
„Die Staatsanwaltschaft griff in die Trickkiste der StPO und präsentierte Polizei-
berichte, Doppelvernehmungen und Identifizierungen nach Gestapo-Methoden."
Er wollte mit dieser drastischen Äußerung die Unzuverlässigkeit der polizeili-
chen Ermittlungen deutlich machen. Die tatbestandliche Beleidigung diente zur
Wahrnehmung der Interessen des A. Ein Anwalt ist berechtigt, eine wichtige
Frage mit gehörigem Nachdruck und auch mit Schärfe anzusprechen.[24]

---

[22]BVerfGE 75, 369/376 ff.; BVerfG NJW 1985, 261; BayObLG MDR 1994, 80; JR 1998, 384.

[23]BGHSt 12, 287/293; KG NStZ-RR 1998, 12; OLG Düsseldorf NStZ 1998, 516; zum Verhältnis
von Ehrenschutz und Meinungsfreiheit näher *Otto*, Jura 1997, 139.

[24]So LG Hechingen JA 1984, 612; zu „starken" Ausdrücken eines Verteidigers s. auch BVerfG
NJW 2000, 199; OLG Bremen NStZ 1999, 621; OLG Jena NJW 2002, 1890.

32   Nicht erforderlich ist ein *eigenes* Interesse; deshalb kann etwa ein Anwalt zum
Vorteil eines Mandanten handeln. Wahrgenommen werden dürfen auch Interessen
der Allgemeinheit. Dies gilt vor allem für die Presse, der aber gleichzeitig eine
erhöhte Erkundigungspflicht obliegt; leichtfertig aufgestellte Behauptungen sind
deshalb nicht gerechtfertigt. Besondere Bedeutung gewinnt § 193 bei politischen
Auseinandersetzungen in der Öffentlichkeit. Hier ist der straffreie Bereich weiter zu
ziehen als für Angriffe in der Privatsphäre, so dass übertreibende und verallgemei-
nernde Kennzeichnungen des politischen Gegners ebenso hinzunehmen sind wie
scharfe und drastische Formulierungen, die in der Hitze der Auseinandersetzung
als bloßes Vergreifen im Ton erscheinen. Unter dem Gesichtspunkt des sog. Gegen-
schlags ist es einem Betroffenen nicht verwehrt, starke Worte zu gebrauchen, die
dem Gegner „unangenehm ins Ohr klingen" können. Geduldet werden kann aber
nur eine Äußerung, die nach ihrem Inhalt noch zur Kritik zu rechnen ist. Dagegen
sind polemische Ausfälle, die jedes Maß an Sachlichkeit vermissen lassen, gehäs-
sige und böswillige Schmähkritik sowie weit überzogene und abwegige Beurtei-
lungen durch § 193 nicht gedeckt. Das gilt auch bei „Wertungsexzessen", durch die
bewusst ein nach der negativen Seite entstelltes, verzerrtes Bild von einer Person
und den Motiven ihres Verhaltens gezeichnet wird.[25] Wegen des die Meinungsfreiheit verdrängenden Effekts ist der Begriff der **Schmähkritik** jedoch eng auszulegen
und unter grdsl. Berücksichtigung von Anlass und Kontext nur anzunehmen, wenn
nicht mehr die Auseinandersetzung in der Sache, sondern – jenseits auch polemi-
scher und überspitzter Kritik – die Diffamierung der Person im Vordergrund steht
(BVerfG NJW 2016, 491),[26] also eine das sachliche Anliegen völlig in den Hintergrund drängende persönliche Kränkung vorliegt (BVerfG, Beschl. v. 28.9.2015 – 1
BvR 3217/14 – juris).

33   Diese Grundsätze finden bei der Bezeichnung von Soldaten als „potenzielle
Mörder" entsprechende Anwendung. Die Gerichte gehen von der Überlegung aus:
Da es Sinn jeder zur Meinungsbildung beitragenden öffentlichen Meinungsäußerung ist, Aufmerksamkeit zu erregen, können angesichts der heutigen Reizüber-
flutung aller Art auch starke und plakative Formulierungen hinzunehmen sein. Eine
herabsetzende Äußerung nimmt jedoch dann den Charakter einer Schmähung an,
wenn in ihr nicht mehr die Auseinandersetzung in der Sache, sondern die Diffamierung der Person im Vordergrund steht. Außerdem bleibt zu berücksichtigen,
ob dem Täter zugemutet werden kann, weniger ehrverletzende Formulierungen zu
gebrauchen, was sich bejahen lässt, falls dies ohne Verlust ihrer Substanz möglich
ist.[27] Das BVerfG will Art. 5 I GG zudem schon bei der Auslegung der Äußerung

---

[25]Vgl. BayObLG NStZ 1983, 265; JZ 2001, 717; OLG Hamm NJW 1982, 659; OLG Celle NStZ
1998, 88; *Otto*, JR 1983, 1.

[26]Ferner BVerfG NJW 2009, 3016 („durchgeknallt"); BVerfG NJW 2009, 749 („Dummschwät-
zer"); indes weniger zurückhaltend LG Neubrandenburg NJ 2016, 213 („Drecksjäger") mit Kritik
Putzke, ZJS 2016, 391.

[27]Vgl. Bay ObLG NStZ 1991, 186; OLG Frankfurt JR 1989, 516/518; LG Frankfurt NStZ 1990, 233
mit Anm. *Brammsen*; zusammenfassend *Maiwald*, JR 1989, 485; s. nunmehr KG NJW 2003, 685.

berücksichtigen: So könne etwa ein *Tucholsky-Zitat* („Soldaten sind Mörder") nicht ohne weiteres in dem Sinne verstanden werden, die Soldaten der Bundeswehr würden der Begehung von Mordtaten beschuldigt.[28]

Seinem Wortlaut nach findet § 193 auf alle Beleidigungsdelikte Anwendung. **34** Gleichwohl ist anerkannt, dass eine *Verleumdung* (§ 187) nur in besonderen Ausnahmefällen durch die Wahrnehmung berechtigter Interessen gedeckt sein kann. Als solcher Fall wird die Begehung zum Zwecke der Rechtsverteidigung angesehen und wie folgt differenziert: Gerechtfertigt ist das Leugnen von Umständen, das zugleich die Behauptung einer ehrenrührigen Tatsache in Beziehung auf einen anderen enthält. Dagegen überschreitet es die Grenzen des rechtlich geschützten Verteidigungsinteresses, wenn ein Beschuldigter wider besseres Wissen ausdrücklich ehrenkränkende Behauptungen aufstellt.[29]

Kontrollfragen
1. Um welche Fallgruppen geht es bei der passiven Beleidigungsfähigkeit? (Rn. 4–6)
2. Inwieweit können vertrauliche Äußerungen straflos bleiben? (Rn. 10, 11)
3. Welche Systematik liegt den §§ 185–187 zugrunde? (Rn. 12)
4. Wie wird die Rechtsnatur des Wahrheitsbeweises bei § 186 beurteilt? (Rn. 23)
5. Was sind berechtigte Interessen i. S. des § 193? (Rn. 31, 32)
6. Wann handelt es sich um sog. Schmähkritik? (Rn. 32, 33)

Literatur

Arzt, Der strafrechtliche Ehrenschutz – Theorie und praktische Bedeutung, JuS 1982, 717

Baumann, Anm. zu BGH, Urt. v. 15.3.1994 – 1 StR 179/93 – BGHSt 40, 97, Leugnen des Massenmordes an Juden, NStZ 1994, 392

Beisel, Die Strafbarkeit der Auschwitzlüge, Zugleich ein Beitrag zur Auslegung des neuen § 130 StGB, NJW 1995, 997

Brammsen, Anm. zu LG Frankfurt, Urt. v. 20.10.1989 – 59 Js 26112/84 – Wahrnehmung berechtigter Interessen, NStZ 1990, 235

Busch/Becker, Warum Satire eben doch fast alles darf, Der Fall Böhmermann und seine straf- und rundfunkrechtliche Bewertung, AfP 2016, 201

Christoph, Die Strafbarkeit satirisch überzeichneter Schmähkritik, JuS 2016, 599

Cornelius, Plädoyer für einen Cybermobbing-Straftatbestand, ZRP 2014, 164

Eppner/Hahn, Allgemeine Fragen der Beleidigungsdelikte, JA 2006, 702

Eppner/Hahn, Die Tatbestände der Beleidigungsdelikte, JA 2006, 860

Fahl, Böhmermanns Schmähkritik als Beleidigung, NStZ 2016, 313

---

[28]BVerfG NJW 1994, 2943 mit Anm., *Lorenz*, NJ 1994, 561 und Bespr. *Stark*, JuS 1995, 689; BVerfG NJW 1995, 3303 mit Anm. *Otto*, NStZ 1996, 127 und Bespr. *Mager*, Jura 1996, 405.

[29]RGSt 48, 414; BGH NStZ 1995, 78.

Gaede, Die Meinungsfreiheit des Strafverteidigers – Recht zur persönlich verletzenden Kritik auch an Richtern?, in: FS I. Roxin (2012), S. 569

Geppert, Straftaten gegen die Ehre, Jura 1983, 530, 580

Geppert, Zur Systematik der Beleidigungsdelikte, Jura 2002, 820

Geppert, Zur passiven Beleidigungsfähigkeit von Personengemeinschaften und von Einzelpersonen unter einer Kollektivbezeichnung, Jura 2005, 244

M. Heinrich, Zur Strafbarkeit des Verbreitens von Schriften im Internet, in: FS Schünemann (2014), S. 597.

Hirsch, Ehre und Beleidigung, Grundfragen des strafrechtlichen Ehrenschutzes, 1967

Huster, Das Verbot der „Auschwitzlüge", die Meinungsfreiheit und das Bundesverfassungsgericht, NJW 1996, 487

Jahn, Strafrecht BT: Beleidigung – Voraussetzungen der Beleidigung unter einer Kollektivbezeichnung („ACAB"), JuS 2016, 751

Jakobs, Anm. zu BGH, Urt. v. 15.3.1994 – 1 StR 179/93 – BGHSt 40, 97, Leugnen des Massenmordes an Juden, StV 1994, 540

Kretschmer, Anm. zu BVerfG, Beschl. v. 26.2.2015 – 1 BvR 1036/14 – Beleidigung unter Verwendung einer Kollektivbezeichnung, JR 2015, 444

Krischker, „Gefällt mir", „Geteilt", „Beleidigt"? – Die Internetbeleidigung in sozialen Netzwerken, JA 2013, 488

Küpper, Grundprobleme der Beleidigungsdelikte, JA 1985, 453

Lackner/Kühl, StGB, bearbeitet v. *Kühl/Heger*, 28. Aufl. 2014

Laubenthal, Beleidigung Jugendlicher durch sexuelle Handlungen - BGH, NJW 1986, 2442, JuS 1987, 700

Leipziger Kommentar StGB, hrsg. v. *Jescheck/Ruß/Willms*, Band 5 (§§ 185-262 StGB), 10. Auflage 1989

Leipziger Kommentar StGB, hrsg. v. *Laufhütte/Tiedemann/Rissing-van Saan*, 12. Auflage 2006 ff.

Lorenz, Soldaten – Allesamt Mörder? - Tucholsky - Ein Volksverhetzer?, Anmerkung zum Beschluß des BVerfG vom 25.08.1994, NJ 1994, 561

Mager, Meinungsfreiheit und Ehrenschutz von Soldaten - BVerfG vom 10. Oktober 1995-1 BvR 1476/91 ua -, Jura 1996, 405

Maiwald, Zur Beleidigung der Bundeswehr und ihrer Soldaten, JR 1989, 485

Mavany, Die Beleidigungsdelikte (§§ 185 ff. StGB) in der Fallbearbeitung, Jura 2010, 594

Mitsch, Rechtfertigung einer Ohrfeige - BayObLG, NJW 1991, 2031, JuS 1992, 289

Mosbacher, Anm. zu OLG Karlsruhe, Urt. v. 25.11.2004 – 3 Ss 81/04 – Zulässige Behauptungen über Abtreibungspraxis eines Frauenarztes, NStZ 2005, 576

Münchener Kommentar zum StGB, hrsg. v. *Joecks/Miebach*, 2. Auflage 2011 ff.

NomosKommentar Strafgesetzbuch, hrsg. v. *Kindhäuser/Neumann/Paeffgen*, 4. Auflage 2013

Norouzi, Anm. zu BGH, Urt. v. 27.3.2009 – 2 StR 302/08 – Mandatsverhältnis und Schmähungen Dritter, StV 2010, 670

Oppermann, Ehrensache Satire, Zur Frage satirischer Ehrbeeinträchtigungen im Strafrecht, 2015 zugleich Diss. Univ. Potsdam

Otto, Ehrenschutz in der politischen Auseinandersetzung, JR 1983, 1

Otto, Anm. zu BVerfG, Beschl. v. 10.10.1995 – 1 BvR 1476/91 u.a. – Meinungsfreiheit contra Beleidigung der Bundeswehr und einzelner Soldaten ("Soldaten sind Mörder"), NStZ 1996, 127

Otto, Ehrenschutz und Meinungsfreiheit, Jura 1997, 139

Otto, Der strafrechtliche Schutz vor ehrverletzenden Meinungsäußerungen, NJW 2006, 575

Putzke, Grenzen der Meinungsfreiheit beim Schutz der persönlichen Ehre, ZJS 2016, 391

Rengier, Strafrecht Besonderer Teil II, Delikte gegen die Person und die Allgemeinheit, 17. Auflage 2016

Schönke/Schröder, Strafgesetzbuch, 29. Auflage 2014

Sick, Die Rechtsprechung zur Sexualbeleidigung, oder - Wann sexuelle Gewalt die Frauenehre verletzt, JZ 1991, 330

Stark, Die Rechtsprechung des BVerfG zum Spannungsverhältnis von Meinungsfreiheit und Ehrenschutz - BVerfG, NJW 1994, 2943, JuS 1995, 689

Stephan, Die Strafbarkeit satirisch überzeichneter Schmähkritik, JuS 2016, 599

Systematischer Kommentar zum Strafgesetzbuch, hrsg. v. *Rudolphi/Horn/Samson/Günther*, Band III (§§ 123-211 StGB), 8. Auflage, Loseblatt (Stand: Dezember 2016)

Vormbaum, Anm. zu BayObLG, Beschl. v. 28.02.1991 – Rreg. 5 St 14/91 – Rechtfertigung des Ohrfeigens eines Kindes, JR 1992, 163

Welzel, Das deutsche Strafrecht: eine systematische Darstellung, 11. Auflage 1969

Wessels/Hettinger, Strafrecht Besonderer Teil 1, Straftaten gegen Persönlichkeits- und Gemeinschaftswerte, 40. Auflage 2016

Wolff-Reske, Die Korrespondenz zwischen Gefangenen und ihnen nahestehenden Personen als "beleidigungsfreier Raum", Strafrechtliche Überlegungen zu einigen neueren Entscheidungen des Bundesverfassungsgerichts, Jura 1996, 184

Würkner, "Was darf die Satire?", Anmerkungen zum aktuellen Verhältnis von Kunstfreiheit (Art 5 III 1 GG) und strafrechtlichem Ehrenschutz gemäß § 185 StGB bei der Beurteilung politischer Karikaturen, JA 1988, 183

Würtenberger, Karikatur und Satire aus strafrechtlicher Sicht, NJW 1982, 610

§ 5 Delikte gegen die Privatsphäre

Die Privatsphäre wird in zweierlei Hinsicht geschützt:[1] Zum einen soll der räum- **1**
liche Lebensbereich vor unbefugtem Eindringen gesichert werden (§ 123). Zum
anderen erfährt der persönliche Geheimbereich strafrechtlichen Schutz gegen die
Missachtung der Vertraulichkeit des gesprochenen oder geschriebenen Wortes
(§§ 201, 202) und privater Geheimnisse (§§ 203, 206). Dies wird ergänzt um den
Schutz des höchstpersönlichen Lebensbereichs vor Verletzung durch Bildaufnahmen (§ 201a).

I. Hausfriedensbruch

Geschütztes Rechtsgut des § 123[2] ist das Hausrecht; die Einordnung der Vorschrift **2**
in den 7. Abschn. (Straftaten gegen die öffentliche Ordnung) wird allgemein als
verfehlt angesehen. Vielmehr geht es um die höchstpersönliche Befugnis, in „Haus
und Hof" frei darüber zu entscheiden, wer sich dort aufhalten darf und wer nicht.

1. Tatbestand

Als **Schutzobjekte** werden in § 123 I verschiedene Örtlichkeiten aufgeführt. Auch **3**
wenn sie nicht alle einen Hausfrieden im engeren Sinne aufweisen, hat die Bedeut-
samkeit dieses Falles zur typisierenden Gesamtbezeichnung „Hausfriedensbruch"
geführt (RGSt 36, 395/398).

---

[1]Zu den Grundlagen dieses strafrechtlichen Schutzes *Kühl*, in: FS Schöch (2010), S. 419.
[2]Zum Ganzen *Bernsmann,* Jura 1981, 337, 403, 465; *Geppert,* Jura 1989, 378; *Kargl,* JZ 1999,
930; *Kuhli*, JuS 2013, 115, 211.

© Springer-Verlag GmbH Deutschland 2017   153
G. Küpper, R. Börner, *Strafrecht Besonderer Teil 1*, Springer-Lehrbuch,
DOI 10.1007/978-3-662-53989-7_5

4 Unter *Wohnung* ist eine Räumlichkeit zu verstehen, die zur Unterkunft dient (RGSt 12, 132).[3] Erfasst werden auch die zugehörigen Nebenräume wie Flure und Keller, ferner bewegliche Unterkünfte wie Campingzelte und Wohnwagen.

5 *Geschäftsräume* sind Räume, die für eine gewisse Zeit oder dauernd hauptsächlich zum Betreiben gewerblicher, wissenschaftlicher, künstlerischer oder ähnlicher Geschäfte bestimmt sind und dieser Bestimmung gemäß verwendet werden (RGSt 32, 371). Dazu zählt nach der Rspr. auch eine Warenhauspassage, die – als Zubehörfläche im Eingangsbereich – in engem räumlichen und funktionellen Zusammenhang mit den eigentlichen Verkaufsräumen steht.[4]

6 Ein *befriedetes Besitztum* ist ein Grundstücksteil, der in äußerlich erkennbarer Weise mittels zusammenhängender Schutzwehren gegen das beliebige Betreten durch andere gesichert ist (RGSt 11, 293). Die Abschließung kann etwa durch Mauern, Hecken, Zäune erfolgen, während das Aufstellen bloßer Verbots- oder Warntafeln nicht genügt (vgl. BayObLG NJW 1995, 269). Das soll auch im Fußballstadion für verschiedene Gästeblocks gelten, die mit einer 1 Meter hohen Absperrung voneinander getrennt sind (AG Bielefeld, Urt. v. 5.12.2011 – 39 Cs 1113/11). Da das Merkmal „befriedet" gleichbedeutend mit „eingefriedet" (eingehegt) zu verstehen ist, unterfällt auch die Hausbesetzung von leerstehenden Wohnhäusern dem Tatbestand; anders kann es sein, wenn Türen und Fenster bereits herausgebrochen waren und es deshalb an einer hinreichenden Einfriedung fehlt.[5]

7 Zum *öffentlichen Dienst* sind Räume bestimmt, in denen hoheitliche Tätigkeit ausgeübt wird; der öffentliche *Verkehr* umfasst den Personen- oder Gütertransportverkehr (BayObLG JZ 1986, 507). In Betracht kommen Behörden, Schulen, Kirchen, Bahnhofshallen und Tiefgaragen. Hingegen dient eine unterirdische Fußgängerpassage nicht dem öffentlichen Verkehr (OLG Frankfurt NJW 2006, 1746).

8 Die **Tathandlung** besteht darin, dass der Täter in die geschützten Räumlichkeiten eindringt oder – auf die Aufforderung des Berechtigten – sich nicht daraus entfernt. Die weiteren Voraussetzungen „widerrechtlich" und „ohne Befugnis" betreffen lediglich das allgemeine Deliktsmerkmal der Rechtswidrigkeit.

9 Unter *Eindringen* ist ein Betreten gegen den Willen des Berechtigten zu verstehen. Die teilweise anzutreffende Formulierung „ohne Willen" führt letztlich zu keinem anderen Ergebnis, weil die h. M. bei Fehlen eines ausdrücklich erklärten Willens auf den mutmaßlich entgegenstehenden Willen des Hausrechtsinhabers abstellt.[6] Das Eindringen erfordert kein vollständiges Eintreten; vielmehr genügt es, dass der Täter mit einem Körperteil – Fuß in der Tür – in den Raum gelangt (RGSt 39, 440). Nicht ausreichend ist hingegen das Hineinwerfen von Gegenständen.

---

[3]Übergreifend zum Schutz der Wohnung im Strafrecht *Koranyi*, JA 2014, 241.

[4]OLG Oldenburg NJW 1985, 1352 mit Anm. *Amelung*, JZ 1986, 247; *Bloy*, JR 1986, 80 und Bespr. *Müller-Christmann*, JuS 1987, 19; *Behm*, JuS 1987, 950.

[5]Siehe dazu OLG Hamm NStZ 1982, 381; OLG Köln 1982, 2674; OLG Stuttgart NStZ 1983, 123; *Ostendorf*, JuS 1981, 640; *Seier*, JA 1982, 232; *Schall*, NStZ 1983, 241.

[6]Vgl. BayObLG MDR 1969, 778; OLG Düsseldorf NJW 1982, 2678; *Stein/Rudolphi*, in: SK, § 123 Rn. 13; *Lilie*, in: LK, § 123 Rn. 47.

Hat der Berechtigte den Zutritt gestattet, so liegt ein tatbestandsausschließen- **10**
des *Einverständnis* vor, womit es schon am Merkmal des „Eindringens" fehlt. Die
Befugnis steht dem Inhaber des Hausrechts zu, also in aller Regel dem unmittelbaren Besitzer, sofern er die Sachherrschaft nicht durch verbotene Eigenmacht
(§ 858 BGB) erlangt hat. Berechtigter wird bei Wohnungen zumeist der Mieter, bei
öffentlichen Gebäuden der Behördenleiter sein. Die Ausübung des Hausrechts kann
anderen Personen übertragen werden.

Beispiel

Der Rektor einer Universität erlässt gegen den Studenten S ein Hausverbot, das
zwar angefochten, aber für sofort vollziehbar erklärt wird (§ 80 II Nr. 4 VwGO).
Betritt S gleichwohl die Hochschule, so begeht er Hausfriedensbruch, weil die
auf wirksamer Ermächtigung beruhende Verbotsanordnung ungeachtet der Möglichkeit ihrer späteren Aufhebung strafrechtlich zu beachten ist. In der Vorlesung
fordert der Dozent den Störer S zum Verlassen des Hörsaales auf. Folgt S dieser
Aufforderung nicht, macht er sich gem. § 123 I Alt. 2 strafbar; das Recht auf die
freie Wahl von Lehrveranstaltungen wird im Falle des Missbrauchs durch das
Hausrecht des Dozenten beschränkt (BGH NStZ 1982, 158).

In diesem Zusammenhang sind zwei Sonderfälle zu beachten: **11**

- Auch das durch Täuschung *erschlichene* Einverständnis schließt ein Eindringen
  aus, weil es auf den tatsächlich erklärten Willen ankommt; für einen (hypothetischen) „wahren" Willen des Berechtigten bleibt daneben kein Raum.[7] Unwirksam ist hingegen das durch Drohung abgenötigte Einverständnis, da eine erzwun-
  gene Duldung (vgl. § 240) kein Einverstandensein bedeutet.
- Ein *generelles* Einverständnis mit dem Publikumsverkehr (Warenhaus, Gaststätte
  u. ä.) entfällt nicht deshalb, weil der Täter es zu unerwünschten oder widerrechtlichen Zwecken ausnutzen will.[8] Ein Hausfriedensbruch ist erst dann anzunehmen,
  wenn das äußere Erscheinungsbild des Betretens wesentlich bzw. offenkundig von
  dem gestatteten Verhalten abweicht (OLG Köln, Beschl. v. 11.12.2015 – 1 RVs
  223/15 – juris) – wie etwa bei maskierten und bewaffneten Bankräubern. Darüber
  hinaus hebt ein individuelles Hausverbot die generelle Zutrittserlaubnis auf, soweit
  es wirksam ist (OLG Dresden, Urt. V. 11.3.2016 – 2 OLG 21 Ss 506/15 – juris).

Das Eindringen wird regelmäßig in positivem Tun bestehen. Fraglich ist, ob § 123   **12**
I Alt. 1 auch durch (unechtes) *Unterlassen* verwirklicht werden kann. Ein solcher

---

[7]Ebenso *Bernsmann,* Jura 1981, 403 f.; *Geppert,* Jura 1989, 378/380 f.; *Wessels/Hettinger,*
Rn. 587 f.; a.A. OLG München NJW 1972, 2275 mit Bespr. *Amelung/Schall,* JuS 1975, 565.

[8]OLG Düsseldorf NJW 1982, 2678; OLG Zweibrücken NStZ 1985, 456; *Sternberg-Lieben,* in:
Schönke/Schröder, § 123 Rn. 23 ff.; abw. *Gössel/Dölling,* § 38 Rn. 37; einschr. BGH NStZ-RR
1997, 97 (Schutzgelderpressung).

Fall kommt insb. dann in Betracht, wenn der Täter sich erst nachträglich des widerrechtlichen Eindringens bewusst wird; er soll nunmehr aus Ingerenz verpflichtet sein, den rechtlich missbilligten Dauerzustand durch Verlassen der Wohnung zu beenden (BGHSt 21, 224), wobei es auf eine gesonderte Aufforderung nicht ankäme. Dagegen spricht aber, dass § 123 I Alt. 2 ein unbefugtes Verweilen nur unter Strafe stellt, falls eine Aufforderung an den Täter zum Entfernen ergeht. Mit einer vordringenden Literaturansicht[9] ist deshalb die Begehung durch Unterlassen darauf zu beschränken, dass ein Garant eine von ihm zu überwachende Person nicht an einem aktiven Eindringen hindert. Kommt es damit auf die eigene Anwesenheit nicht an, ist auch mittelbare Täterschaft möglich.

13   Sonstige Unterlassensfälle können demnach allein nach der 2. Alternative des § 123 I beurteilt werden; es handelt sich dabei um ein echtes Unterlassungsdelikt. Tathandlung ist das *Sich-nicht-Entfernen* auf die Aufforderung des Berechtigten. Diese Tatmodalität betrifft im Wesentlichen den Fall, dass der Täter den geschützten Raum zunächst mit Willen des Berechtigten betreten, dessen Entschluss sich aber später geändert hat. Die notwendige Verlassensaufforderung kann ausdrücklich oder konkludent erfolgen, z. B. durch Licht- oder Klingelzeichen; ausreichend ist ferner der Ablauf einer von vornherein befristeten Aufenthaltserlaubnis.

Beispiel

Der Dieb D lässt sich nach Geschäftsschluss unbemerkt im Kaufhaus einschließen, um in Ruhe stehlen zu können. Das anfängliche Betreten des Ladens stellt kein Eindringen dar, weil die generelle Erlaubnis nicht wegen des deliktischen Zwecks entfällt. Nach der oben vertretenen Auffassung liegt auch kein Eindringen durch Unterlassen vor. D hat aber den Tatbestand des § 123 Alt. 2 erfüllt; die Begrenzung durch die Öffnungszeiten ist als vorweggenommene Aufforderung anzusehen.

---

2. Rechtswidrigkeit

14   Der Täter muss „widerrechtlich" in die geschützten Räumlichkeiten eindringen oder „ohne Befugnis" darin verweilen; die Tat ist demnach rechtswidrig, wenn kein Recht zum Aufenthalt besteht.

15   In Betracht kommen einmal **öffentlich-rechtliche Befugnisse**, die eine Durchsuchung von Räumen durch die zuständigen Organe gestatten (vgl. §§ 102 ff. StPO, § 758 ZPO). Nicht anzuerkennen ist jedoch ein auf Notstand (§ 34) gestütztes Recht der Polizeibeamten, zur Überführung von Straftätern in eine Wohnung einzudringen;[10] die Rechtmäßigkeit hoheitlicher Eingriffe beurteilt sich vielmehr abschließend nach den im einschlägigen Verfahrensrecht getroffenen Regelungen.

---

[9]*Bernsmann,* Jura 1981, 403/404 f.; *Geppert,* Jura 1989, 378/382; *Seier,* JA 1978, 622/624; diff. *Janiszewski,* JA 1985, 570/572; noch enger: *Stein/Rudolphi,* in: SK, § 123 Rn. 19 ff.: Unterlassensstrafbarkeit nur bei pflichtwidrigem Nichtverhindern des eigenen Hineingelangens.

[10]So aber OLG München NJW 1972, 2275; gegen eine Anwendbarkeit des § 34 auf staatliches Handeln überzeugend *Zieschang,* in: LK, § 34 Rn. 6 ff.

Für Private gelten die allgemeinen **Rechtfertigungsgründe.** In Betracht kommt **16** beispielsweise eine mutmaßliche Einwilligung, wenn der Täter die Wohnung des (abwesenden) Hausrechtsinhabers betritt, um einen dort ausgebrochenen Brand zu löschen. Sucht jemand in einer fremden Berghütte vor einem schweren Unwetter Schutz, ist er durch Notstand (§ 34) gerechtfertigt. Auch ein zivilrechtlicher Überlassungsvertrag begründet eine Aufenthaltsbefugnis; erklärt allerdings der Mieter nach Ablauf des Mietverhältnisses die Wohnung für „besetzt", macht er sich wegen Hausfriedensbruches strafbar (OLG Düsseldorf NJW 1991, 186).

3. Konkurrenzen

Bei § 123 handelt es sich um ein Dauerdelikt, das zwar mit dem Eindringen oder **17** Sich-nicht-Entfernen vollendet, aber erst mit dem Verlassen beendet ist. Für das Verhältnis zu anderen Straftaten, die während dieses Zeitraumes begangen werden, sind drei Fallgruppen[11] zu unterscheiden:

- Tateinheit besteht mit Delikten, die zur Begründung oder Aufrechterhaltung des Hausfriedensbruches dienen.
- Begeht der Täter den Hausfriedensbruch, um in der betreffenden Räumlichkeit eine Straftat zu begehen, so dürfte auch diese Mittel-Zweck-Relation zur Annahme von Idealkonkurrenz führen (abw. BGHSt 18, 29/33: Realkonkurrenz).
- Schließlich liegt Tatmehrheit hinsichtlich solcher Delikte vor, die der Täter nur gelegentlich des Dauerzustandes verwirklicht.

Kontrollfragen
1. Was bedeutet „Eindringen" und wann ist es „widerrechtlich"? (Rn. 9, 14)
2. Wie ist ein erschlichenes und ein generelles Einverständnis zu behandeln? (Rn. 11)
3. Welche Unterlassensfälle kommen bei § 123 in Betracht? (Rn. 12, 13)

II. Verletzung des persönlichen Lebens- und Geheimbereichs

Die durch das EGStGB (1974) im 15. Abschn. zusammengefassten Tatbestände **18** schützen den Anspruch auf Achtung der Privatsphäre.[12] Sämtliche Vorschriften setzen voraus, dass der Täter unbefugt handelt, d. h. ohne einen Rechtfertigungsgrund (BGHSt 31, 304/306), wobei die Einordnung im Tatbestand bzw. der allg. Rechtswidrigkeitsebene jeweils unterschiedlich beurteilt wird. Die Tat wird zumeist nur auf Antrag verfolgt (§ 205).

---

[11]Vgl. *Sternberg-Lieben,* in: Schönke/Schröder, § 123 Rn. 36; *Geppert,* Jura 1989, 378/382 ff.
[12]Einführend *Schmitz,* JA 1995, 31.

1. Verletzung der Vertraulichkeit des Wortes

19 Durch § 201[13] soll die Perpetuierung des flüchtig gesprochenen Wortes verhindert und damit die Unbefangenheit mündlicher Äußerungen gewahrt werden. **Schutzgegenstand** ist das nichtöffentlich gesprochene Wort ohne Rücksicht auf seinen – privaten, beruflichen oder dienstlichen – Inhalt. Das Gespräch kann sowohl „Auge in Auge" als auch fernmündlich stattfinden (OLG Karlsruhe JR 1979, 466). Das Wort ist *nichtöffentlich* gesprochen, wenn es objektiv und nach dem Willen des Sprechers für einen unbestimmten oder für einen durch persönliche Beziehungen innerlich unverbundenen größeren bestimmten Kreis von Personen nicht unmittelbar wahrnehmbar ist.[14] Die **Tathandlungen** sind in vierfacher Weise umschrieben:

20 *Aufnehmen* des nichtöffentlich gesprochenen Wortes (§ 201 I Nr. 1) bedeutet dessen Festhalten auf einem Tonträger, so dass eine akustische Wiedergabe möglich ist. Das Kopieren einer bereits vorhandenen Aufnahme genügt nicht, da es um die Fixierung des „gesprochenen" Wortes geht.

21 *Gebrauchen* oder *Zugänglichmachen* einer so hergestellten Aufnahme (§ 201 I Nr. 2) setzt den Herstellungsakt voraus. Gebraucht wird die Aufnahme durch Ab- oder Überspielen, einem Dritten zugänglich gemacht bei Ermöglichung der Kenntnisnahme. Das Merkmal „so hergestellt" betrifft die unbefugt hergestellte Aufnahme (KG JR 1981, 254).

22 *Abhören* mit einem Abhörgerät (§ 201 II Nr. 1) erfordert den Einsatz technischer Vorrichtungen, die das gesprochene Wort über dessen Klangbereich hinaus durch Verstärkung oder Übertragung unmittelbar wahrnehmbar machen – wie Mikrofonanlagen, „Minispione" (drahtlose Kleinstsender), Stethoskope. Keine Abhörgeräte sind übliche und von der Post zugelassene Mithöreinrichtungen (BGHSt 39, 335/343; str.). Gleiches gilt von allen Funktionen eines Telefongeräts, die zum Zwecke der Kommunikation genutzt werden (Freisprecheinrichtung) und den Kommunikationspartner über das Mithören im Dunkeln lassen,[15] anders aber, wenn das Telefongerät von Dritten ohne Kenntnis seines Nutzers zum Mithören des Telefonats oder zum Abhören eines Raumgesprächs genutzt wird.[16]

23 Das öffentliche *Mitteilen* des aufgenommenen oder abgehörten Wortes eines anderen im Wortlaut oder seinem wesentlichen Inhalt nach (§ 201 II Nr. 2) knüpft an die vorstehenden Tatvarianten an. Die „öffentliche" Mitteilung – gleichsam als Gegenstück zum nichtöffentlich gesprochenen Wort – richtet sich an einen nach Zahl und Individualität unbestimmten Personenkreis. Durch die sog. Bagatellklausel (§ 201 II 2) soll der Tatbestand auf strafwürdige Fälle beschränkt werden; die öffentliche Mitteilung muss geeignet sein, berechtigte Interessen eines anderen zu beeinträchtigen.

---

[13]Zum Ganzen *Schmitz,* JA 1995, 118.

[14]OLG Frankfurt JR 1978, 168 mit Anm. *Arzt*; OLG Nürnberg NJW 1995, 974; krit. *Kargl,* in: NK, § 201 Rn. 8 f.

[15]A.A. *Lenckner/Eisele,* in Schönke/Schröder, § 201 Rn. 19.

[16]*Fischer,* § 201 Rn. 7a.

Der Täter handelt **unbefugt,** wenn die Tat rechtswidrig ist; der Gesetzgeber hat **24** wegen des häufigen Eingreifens eines Rechtfertigungsgrundes dieses Merkmal besonders hervorgehoben. Eine Befugnis kann sich zunächst aus Gesetz (z. B. § 100a StPO) ergeben. Praktisch bedeutsam ist auch die Einwilligung des Betroffenen; wird die Aufnahme mit Wissen des Sprechers gemacht, kommt eine konkludent erklärte Zustimmung in Betracht.[17] Eine mutmaßliche Einwilligung liegt nahe, wenn das gesprochene Wort ausschließlich der Übermittlung sachlicher Informationen dient, wie etwa bei telefonischen Durchsagen, Börsennachrichten oder Bestellungen im Geschäftsleben (OLG Karlsruhe JR 1979, 467).

Hinsichtlich strafbarer Äußerungen – namentlich erpresserischer Telefonanrufe – **25** stellt sich die Frage, ob deren Aufzeichnung gem. §§ 32, 34 gerechtfertigt ist.[18] Eine Notwehr wird zumeist daran scheitern, dass der Angriff durch die Tonbandaufnahme nicht abgewendet werden kann, während erst für die Zukunft angedrohte Beeinträchtigungen noch nicht gegenwärtig sind. Eher greift rechtfertigender Notstand ein, der auch bei Dauergefahr anwendbar ist. Die bloße Beweismittelbeschaffung zur Behebung einer „Beweisnot" lässt allerdings die erforderliche Interessenabwägung nicht ohne weiteres zugunsten des Täters ausfallen. Teilweise werden bei § 201 noch andere Gesichtspunkte zur Rechtfertigung herangezogen. Dabei geht es um die „notwehrähnliche Lage", ferner eine generelle Güter- und Interessenabwägung, schließlich die Wahrnehmung berechtigter Interessen (§ 193 analog). Alle diese Erwägungen laufen indes darauf hinaus, die gesetzlichen Voraussetzungen des § 34 zu umgehen. Sie sind deshalb abzulehnen, zumal dafür kein sachliches Bedürfnis besteht.[19]

Beispiel

Der Fluchthelfer F sollte für seine Tätigkeit von A entlohnt werden. Er rief zweimal bei A an und verlangte in aggressivem Ton 5000 DM, wobei er gewalttätige „Aktionen" in Aussicht stellte. Beide Telefongespräche nahm A, der sich von F ernstlich bedroht fühlte, ohne dessen Wissen auf Tonband auf. Eine Notwehr gegen die versuchte Nötigung scheidet aus, weil der Angriff auf die Willensfreiheit des A mit dem Ausspruch der Drohungen abgeschlossen war, während die angekündigten Aktionen in ungewisser Zukunft lagen. Gleichwohl verneint das KG (JR 1981, 254) ein unbefugtes Handeln mit der zweifelhaften Begründung: Wer Äußerungen macht, die den Tatbestand eines Strafgesetzes erfüllen, überschreite die Grenzen des Art. 2 I GG; ihm stehe der Schutz vor der heimlichen Festlegung seines gesprochenen Wortes nicht zu.

---

[17]Vgl. BGHSt 19, 193/195; *Hoyer,* in: SK, § 201 Rn. 42; einschr. *Thüring.* OLG NStZ 1995, 502 mit Bespr. *Joerden,* JR 1996, 265.

[18]Siehe dazu BGHSt 34, 39/51 mit Bespr. *Bottke,* Jura 1987, 356; OLG Celle NJW 1965, 1677 mit Bespr. *R. Schmitt,* JuS 1967, 19; KG JR 1981, 254 mit Anm. *Tenckhoff;* zur Frage der Verwertbarkeit im Strafprozess vgl. BGHSt 14, 358; *Küpper,* JZ 1990, 416/420 f.

[19]So auch *Lenckner/Eisele,* in Schönke/Schröder, § 201 Rn. 32; *Hoyer,* in: SK, § 201 Rn. 38; *Tenckhoff,* JR 1981, 255 ff.; *Wölfl,* Jura 2000, 231/233 ff.

26   Den **Qualifikationstatbestand** des § 201 III erfüllt, wer als Amtsträger (§ 11 I Nr. 2) oder als für den öffentlichen Dienst besonders Verpflichteter (§ 11 I Nr. 4) die Vertraulichkeit des Wortes verletzt. Es muss ein innerer Zusammenhang mit der dienstlichen Tätigkeit bestehen, der Täter also „in Ausübung seines Amtes" (so noch § 353d I a. F.) handeln. Die Tat ist ein unechtes Amtsdelikt, für den nichtqualifizierten Beteiligten gilt § 28 II.

27   Der **Versuch** ist in allen Fällen strafbar (§ 201 IV). Er beginnt beispielsweise mit dem Einschalten des Aufnahme- oder Abhörgerätes.

2. Verletzung des höchstpersönlichen Lebensbereichs durch Bildaufnahmen

28   Die Strafnorm des § 201a[20] ist durch das 36. StÄG (2004) eingeführt worden, um den bisher fehlenden strafrechtlichen Schutz gegen unbefugte Bildaufnahmen zu gewährleisten. Enger als in der Abschnittsüberschrift wird nur der *höchst*persönliche Lebensbereich erfasst. Dieser sollte dem Begriff der Intimsphäre entsprechen und sich vor allem auf die Bereiche Sexualität, Krankheit und Tod erstrecken.[21] Seine Verletzung bildet zugleich den tatbestandlichen Erfolg, der aufgrund der Tathandlung („dadurch") eintreten muss. Neben der Vorschrift bleibt weiterhin § 33 KUG bedeutsam, dessen Anwendungsbereich sich allerdings auf das Verbreiten bestimmter Bildnisse beschränkt. Das 49. StÄG (2015)[22] hat die Höchststrafe auf zwei Jahre verdoppelt und die Tatvarianten erheblich erweitert, immerhin aber im Gegenzug in § 201a IV überwiegende berechtigte Interessen berücksichtigt.

29   § 201a I Nr. 1 entspricht der alten Fassung von § 201a I. Die **Tatsituation** betrifft eine andere Person, die sich in einer Wohnung (vgl. § 123) oder einem gegen Einblick besonders geschützten Raum befindet. Hiermit wird der Strafschutz auf den „letzten Rückzugsbereich" des Einzelnen begrenzt. Einen umschlossenen Raum verlangt die Regelung nicht, vielmehr kommt es auf den *Sichtschutz* an; gemeint sind etwa Toiletten, Umkleidekabinen oder ärztliche Behandlungszimmer.[23] Wo der Täter sich während der Tat aufhält, ist hingegen unerheblich. Es ist insb. ausreichend, dass sich der Täter innerhalb des geschützten räumlichen Bereichs aufhält und keinen Sichtschutz von außen zu überwinden hatte (BGH NStZ-RR 2016, 279). Hingegen umfasst § 201a I Nr. 2 Bildaufnahmen, die die Hilflosigkeit einer anderen Person zur Schau stellt. **Hilflosigkeit** ist ein Zustand, bei dem die betroffene Person sich aus inneren oder äußeren Gründen entweder gegen drohende Gefahren nicht

---

[20]Zum Ganzen *Heuchemer/Paul*, JA 2006, 616; *Kühl*, AfP 2004, 190; *Murmann*, in: FS Maiwald (2010), S. 585.

[21]Vgl. BT-Drucks. 15/1891, S. 7; *Eisele*, JR 2005, 6/9; eingehend *Hoyer*, ZIS 2006, 1; zur begrifflichen Unbestimmtheit krit. *Bosch*, JZ 2005, 377/379; *Mitsch*, Jura 2006, 117/119.

[22]BGBl. 10 sowie dazu *Bosch*, JA 2016, 1380 ff.; *Busch*, NJW 2015, 977 ff.; *Eisele/Sieber*, StV 2015, 312.

[23]BT-Drucks. 15/2466, S. 5; *Kargl*, in: NK, § 201a Rn. 5.

ausreichend zur Wehr setzen kann oder unfähig ist, Anforderungen der konkreten Lebenssituation zu erfüllen, in welcher sie sich befindet.[24] Dazu zählen bspw. Krankheit, Unfälle oder Volltrunkenheit ebenso wie Überforderung in kritischen Lebenssituationen. Die Hilflosigkeit wird zur Schau gestellt, wenn die Bildaufnahme sie in den Vordergrund rückt, was im Einzelfall eine Abgrenzung zu unbedeutendem bloßen Randgeschehen erfordert.

Die **Tathandlungen** sind aufgefächert. Zunächst geht es um Herstellen oder **30** Übertragen von Bildaufnahmen (§ 201a I Nr. 1 u. Nr. 2). Das *Herstellen* umfasst sämtliche Handlungen, mit denen das Bild auf einem Bild- oder Datenträger abgespeichert wird. Eine dauernde Speicherung ist nicht erforderlich, was durch das Merkmal des Übertragens klargestellt werden soll, das auch „Echtzeitübertragungen" – z. B. mittels sog. WebCams – einbezieht. An die Identifizierbarkeit der aufgenommenen Personen sind keine hohen Anforderungen zu stellen. Da der Rechtsgutsangriff bereits in der Fertigung der Bildaufnahme liegt, ohne dass es auf eine mögliche spätere Weitergabe oder Verbreitung der Aufnahme ankommt, besteht mit dem BGH kein Grund, den Eintritt des Taterfolgs davon abhängig zu machen, dass die Identifizierung der abgebildeten Person von Dritten anhand auch anderer bekannter Merkmale oder Besonderheiten vorgenommen werden kann. Es genügen daher solche Bildaufnahmen, die aufgrund hinreichend vorhandener Identifizierungsmerkmale von den jeweiligen Tatopfern der eigenen Person zugeordnet werden (BGH NStZ 2015, 391).[25] Ebenso wird bestraft, wer eine unbefugt hergestellte Bildaufnahme gebraucht oder einem Dritten zugänglich macht (§ 201a I Nr. 3).[26] Ein *Gebrauchen* ist gegeben, wenn die technischen Möglichkeiten des Bildträgers durch Archivieren, Speichern oder Kopieren ausgenutzt werden; mit dem Zugänglichmachen gestattet der Täter den Zugriff auf das Bild oder die Kenntnisnahme von dessen Gegenstand. Schließlich macht sich auch strafbar, wer eine zunächst befugt hergestellte Aufnahme sodann wissentlich unbefugt einem Dritten zugänglich macht und nun gerade dadurch den höchstpersönlichen Lebensbereich der abgebildeten Person verletzt (§ 201a I Nr. 4); die Weitergabe geschieht also insb. ohne Einverständnis der betroffenen Person.

Zudem wird seit dem 49. StÄG (2015) bestraft, wer unbefugt von einer anderen **31** Person eine Bildaufnahme, die geeignet ist, dem Ansehen der abgebildeten Person erheblich zu schaden, einer dritten Person zugänglich macht. Diese Norm richtet sich tendenziell gegen das **Cyber-Mobbing**[27] und schützt parallel zu §§ 185 ff. den Anspruch auf soziale Achtung. Aus dieser Parallele können die Maßstäbe der notwendigen Schadenseignung bestimmt werden, indem die (unzutreffende) Schilderung des Bildinhaltes auf ihre Relevanz für §§ 185 ff. geprüft und um den hier notwendigen besonderen Schweregrad („erheblich") ergänzt wird.[28] Den Kernbereich

---

[24]*Fischer*, § 201a Rn. 10a sowie *Bosch*, JA 2016, 1380/1384.

[25]Zust. *Bosch*, JA 2016, 1380/1382.

[26]Dazu im Kontext der Berichterstattung in den Medien *Zöller*, in: FS Wolter (2013), S. 679.

[27]BT-DrS 18/2601, 36 f. sowie zum Ganzen *Cornelius*, ZRP 2014, 164 ff.

[28]Instruktiv *Eisele/Sieber*, StV 2015, 312/315 f.

von § 201a II bilden Abbildungen, die Personen in Zuständen, Lagen oder Situationen darstellen, die nach allgemeiner gesellschaftlicher Bewertung als minderwertig, peinlich, eklig oder unfreiwillig offenbarend angesehen werden.[29] Schließlich wird die Bildaufnahme von der – nicht notwendig vollständigen – **Nacktheit** einer anderen Person unter achtzehn Jahren unter Strafe gestellt (§ 201a III), wenn das Herstellen, Anbieten oder Verschaffen gegen Entgelt erfolgt. Diese Norm steht im Zusammenhang mit der Strafbarkeit von Kinderpornographie,[30] doch greift zu weit und ist wenig trennscharf. Zunächst kommt es inkonsistent zu § 201a I Nr. 2 nicht darauf an, ob die Nacktheit in den Vordergrund gesetzt, also zur Schau gestellt wird. Zudem genügen auch solche Kinderbilder dem Tatbestand (III Nr. 2), die den Eltern sowie den Kindern selbst zur Erinnerung dienen sollen (Strandurlaub, Badewanne) und gegen Entgelt entwickelt bzw. ausgedruckt werden, ebenso professionelle Bildaufnahmen (III Nr. 1). Hier hilft erst § 201a IV. Umgekehrt bietet das Entgelt keinen vollständigen Schutz gegen unentgeltliche Abgabe, obgleich bei Tauschbörsen der im Gegenzug gewährte Zugriff als Entgelt betrachtet wird.[31]

32   Das Merkmal **unbefugt** bezieht sich – wie auch sonst im 15. Abschn. – auf die Rechtfertigungsebene.[32] Von praktischer Bedeutung dürfte vor allem die Einwilligung des Abgebildeten sein. Außerdem können Rechtfertigungsgründe des Allgemeinen Teils (§§ 32, 34) sowie gesetzliche Befugnisnormen einschlägig sein. Auszuscheiden hat jedoch die bloße Wahrnehmung berechtigter Interessen, soweit eine entsprechende Normierung (vgl. auch § 201 II 3) gerade nicht erfolgt ist, was nach wie vor die Regelung in § 201a I Nr. 1 betrifft. Für alle übrigen Tatvarianten hat das 50. StÄG (2015) die Berücksichtigung des überwiegenden berechtigten Interesses durch § 201a IV geschaffen. Hierdurch wird die Parallele zu den Regelungen des Ehrschutzes (§ 193) unterstrichen. Es handelt sich trotz der nach einer Ausnahme klingenden Formulierung nicht um eine Restriktion des Tatbestandes i.S.e. normierten Sozialadäquanz,[33] sondern um einen besonderen Rechtfertigungsgrund.

3. Verletzung des Briefgeheimnisses

33   Die Vorschrift des § 202[34] schützt die Geheimsphäre vor der beliebigen Kenntnisnahme schriftlicher Äußerungen. Der Schutz ist allerdings dadurch erweitert, dass schon das bloße Öffnen eines Briefes oder Schriftstücks erfasst wird (§ 202 I Nr. 1) und eine Abbildung – z. B. Erinnerungsfoto – dem Schriftstück gleichsteht (§ 202 III).

---

[29] *Fischer*, § 201a Rn. 23.

[30] Zur Abgrenzung vom sog. Posing *Eisele/Franosch*, ZIS 2016, 519 ff.

[31] *Bosch*, JA 2016, 1380/1387; *Eisele/Sieber*, StV 2015, 312/316.

[32] Ebenso *Eisele*, JR 2005, 6/10; *Kühl*, AfP 2004, 190/196. Eine Ausnahme ist für die Wendung „wissentlich unbefugt" (§ 201a III) zu machen, wodurch das Merkmal zum Vorsatzgegenstand wird; s. dazu *Kühl*, in: Lackner/Kühl, § 201a Rn. 8.

[33] So aber *Bosch*, JA 2016, 1380/1387; *Fischer*, § 201a Rn. 31.

[34] Zum Ganzen *Schmitz*, JA 1995, 297; *Welp*, in: FS Lenckner (1998), S. 619.

Als **Tatobjekt** stellt das Gesetz zunächst den Brief heraus, d. h. die schriftliche Mitteilung von Person zu Person (RGSt 36, 268). Er ist nur eine Unterart des Schriftstücks, das einen gedanklichen Inhalt durch Schriftzeichen verkörpert. Es braucht zwar kein Geheimnis aufzuweisen, muss aber einen gewissen Persönlichkeitsbezug erkennen lassen, so dass Darstellungen ganz allgemeiner Art (Bücher, Zeitschriften, Gebrauchsanweisungen u. ä.) ausscheiden. Das Schriftstück ist *verschlossen,* wenn es mit einer an ihm befindlichen Vorkehrung versehen ist, die dem Vordringen zum gedanklichen Inhalt ein Hindernis bereitet. Das Zukleben eines Umschlags reicht aus, nicht hingegen das Zusammenfalten eines Papiers (RGSt 16, 284/288). Schließlich darf das Schriftstück nicht zur Kenntnis des Täters bestimmt sein. Hierfür kommt es entscheidend darauf an, dass er nach dem Willen des Verfügungsberechtigten nicht, noch nicht oder nicht mehr Einsicht nehmen soll. Bei einem Brief ist Berechtigter der Absender, nach Zugang der Adressat.

Die **Tathandlung** des § 202 I Nr. 1 besteht im *Öffnen,* d. h. Beseitigen oder Unwirksammachen des Verschlusses, so dass eine Einsichtnahme ermöglicht wird. Die tatsächliche Wahrnehmung des Inhalts ist nicht erforderlich. § 201 I Nr. 2 verlangt ein *Kenntnisverschaffen* vom Inhalt unter Anwendung technischer Mittel ohne Öffnung des Verschlusses. In Betracht kommt namentlich die Zuhilfenahme einer Durchleuchtungseinrichtung, andererseits reicht nicht aus, dass jemand das verschlossene Schriftstück lediglich von außen abtastet oder gegen das Licht hält. Fraglich kann sein, welche Anforderungen an die Kenntnisnahme zu stellen sind. Die wohl überwiegende Ansicht lässt eine visuelle Wahrnehmung des Inhalts genügen, ohne dass der Täter das Gelesene in seiner Bedeutung verstanden haben muss.[35]

Der Tatbestand des § 202 II stellt ein **zweiaktiges Delikt** dar und kann nur durch eine doppelte Handlung des Täters verwirklicht werden: Er muss ein verschlossenes Behältnis zum Zwecke der Kenntnisnahme öffnen und sodann vom Inhalt des Schriftstücks Kenntnis nehmen (vgl. BT-Drucks. 7/550, S. 237). Aufbrechen in Diebstahlsabsicht und nachträgliche Kenntnisnahme genügen deshalb nicht. Unter *Behältnis* ist – wie in § 243 I Nr. 2 – ein zur Aufnahme von Sachen dienendes und sie umschließendes Raumgebilde zu verstehen, das nicht zum Betreten von Menschen bestimmt ist (BGHSt 1, 158/163). Erfasst werden demnach abgeschlossene Schränke und Schubladen, die Briefe oder Aufzeichnungen enthalten, nicht aber verschlossene Zimmer, in denen Schriftstücke offen auf dem Tisch liegen.

34

35

36

Beispiel

Der Einbrecher E bricht die Kommode des Prominenten P auf, weil er darin Wertsachen vermutet. Er findet einige lose Schriftstücke, die er neugierig liest, um mehr über das Privatleben des P zu erfahren. Einen verschlossenen Brief hält er unter die Nachttischlampe und stellt dessen Inhalt fest. Hinsichtlich § 202 bleibt E straflos: § 202 II scheidet aus, da E das Behältnis nicht zum Zwecke der

---

[35]Vgl. *Kühl,* in: Lackner/Kühl, § 202 Rn. 4; *Wessels/Hettinger,* Rn. 554; enger *Lenckner/Eisele,* in: Schönke/Schröder, § 202 Rn. 10; *Schmitz,* JA 1995, 297/299.

Kenntnisnahme („dazu") geöffnet hat. Das bloße Lesen der Schriftstücke fällt nicht unter § 202 I Nr. 1. Die einfache Lampe ist noch kein technisches Mittel i. S. des § 202 I Nr. 2.

37   Die Tatbegehung erfolgt **unbefugt,** falls kein Rechtfertigungsgrund vorliegt. Eine Berechtigung gewähren manche Gesetzesvorschriften (vgl. § 100 III, 119 I 2 Nr. 2 StPO). Praktische Bedeutung hat außerdem die – mutmaßliche oder stillschweigende – Einwilligung unter Ehegatten.

38   Bezüglich der **Konkurrenzen** ist zu beachten:

- Kraft gesetzlicher Subsidiarität tritt § 202 I hinter § 206 zurück.
- Eine Sachbeschädigung (§ 303) durch Öffnen des Verschlusses wird von § 202 I Nr. 1 konsumiert.
- Mit den Eigentumsdelikten (§§ 242, 246) besteht Idealkonkurrenz, wenn der Täter bereits im Zeitpunkt der Öffnung mit Zueignungswillen handelt; denn der Unrechtsgehalt dieses Verhaltens wird erst durch die verschiedenen Straftatbestände vollständig erfasst.[36]

4. Verletzung von Privatgeheimnissen

39   Geschütztes Rechtsgut des § 203[37] ist in erster Linie das Individualinteresse an der Geheimhaltung bestimmter Tatsachen, wofür auch das Strafantragserfordernis spricht (BGHZ 115, 123/125). Daneben wird verbreitet auf das Allgemeininteresse an der Verschwiegenheit der genannten Berufe abgestellt.[38] Es handelt sich um ein echtes Sonderdelikt, das nur von Angehörigen der dort genannten Berufsgruppen (Abs. 1), deren Gehilfen (Abs. 3) sowie von Amtsträgern und amtsnahen Personen (Abs. 2) begangen werden kann. Die Zugehörigkeit zu diesem Personenkreis ist ein besonders persönliches Merkmal, welches die Strafbarkeit begründet (§ 28 I).

40   Als **Täter** werden in § 203 I solche Geheimnisträger aufgeführt, die in gewisser Weise „helfende" Berufe ausüben, also Ärzte, Anwälte, Berater etc. Ihnen stehen gem. § 203 III ihre berufsmäßig tätigen Gehilfen (z. B. Bürovorsteher, Sprechstundenhilfe) und die Personen gleich, die bei ihnen zur Vorbereitung auf den Beruf tätig sind (z. B. Rechtsreferendar in der Anwaltsstation, Lehrschwester im Krankenhaus).

41   Die **Tathandlung** besteht darin, dass der Täter ein fremdes Geheimnis offenbart. Als *Geheimnis* ist eine Tatsache anzusehen, die nur einem begrenzten Personenkreis bekannt ist und an deren Geheimhaltung die geschützte Privatperson ein berechtigtes Interesse hat (BT-Drucks. 7/550, S. 238). Das Gesetz hebt namentlich

---

[36]BGH NJW 1977, 590 mit Anm. *Lenckner,* JR 1978, 424 und Bespr. *Küper,* JZ 1977, 464.

[37]Zum Ganzen *Bock/Wilms,* JuS 2011, 24; *Bosch,* Jura 2013, 780; *Rogall,* NStZ 1983, 1; *Schmitz,* JA 1996, 772u. 949; im Zusammenhang mit IT-Outsourcing *Lilie,* in: FS Otto (2007), S. 673; besonders zur ärztlichen Schweigepflicht *Knauer,* in: FS Schöch (2010), S. 439; zu geplanten Neuregelungen zur Mitwirkung Dritter BR-Drs. 163/17.

[38]Vgl. BGH NJW 1968, 2288/90; *Blei,* § 33 I; *Heger,* in: Lackner/Kühl, § 203 Rn. 1.

ein zum persönlichen Lebensbereich gehörendes Geheimnis und ein Betriebs- oder Geschäftsgeheimnis hervor. Im Einzelnen enthält der Begriff des Geheimnisses drei Elemente, und zwar das Geheimsein, den Geheimhaltungswillen und das objektive Geheimhaltungsinteresse. Gibt der Betroffene ein Geheimnis bewusst und zielgerichtet an einen Personenkreis weiter, so fehlt es am Geheimhaltungswillen (OLG Hamm NJW 2001, 1957).

Das Geheimnis ist dem Täter in seiner Eigenschaft *als Angehöriger* der jeweiligen Berufsgruppe anvertraut oder bekanntgeworden, wenn die Kenntnisnahme in einem inneren Zusammenhang mit der Berufsausübung steht. Anvertrauen bedeutet das Einweihen in ein Geheimnis unter ausdrücklicher Auflage des Geheimhaltens oder doch unter solchen Umständen, aus denen sich eine Verpflichtung zur Verschwiegenheit ergibt (OLG Köln NStZ 1983, 412). Durch diesen Vertrauensakt unterscheidet es sich vom bloßen „Mitteilen". Aber auch das sonstige Bekanntwerden setzt voraus, dass es im Rahmen einer typischerweise auf Vertrauen beruhenden Sonderbeziehung geschieht.[39]

42

Beispiel

Der Diplom-Psychologe P war in einem Heim für schwer erziehbare Jugendliche tätig, wo er die Therapie der psychisch gestörten F übernahm. Nachdem diese ihn gefragt hatte, ob er zur Verschwiegenheit verpflichtet sei, eröffnete sie ihm, dass sie sexuelle Beziehungen zum Heimleiter aufgenommen habe. P trug daraufhin den Fall einem Gremium von Therapeuten des Heimes vor. Er hat damit ein fremdes Geheimnis offenbart, das ihm als Berufspsychologen (§ 203 I Nr. 2) anvertraut worden ist. Die Frage der F nach seiner Schweigepflicht machte deutlich, dass sie jede Weitergabe untersagen wollte. Ein „Offenbaren" liegt auch dann vor, wenn der Empfänger der Mitteilung seinerseits schweigepflichtig ist.[40]

Offenbaren heißt, dem Empfänger der Erklärung ein Wissen zu vermitteln, das diesem noch verborgen ist oder von dem dieser jedenfalls noch keine sichere Kenntnis hat.[41] Auf die Form der Weitergabe kommt es nicht an; sie kann ausdrücklich oder konkludent, mündlich oder schriftlich erfolgen. Auch nach dem Tod des Betroffenen muss das Geheimnis gewahrt bleiben (§ 203 IV).

43

Der Täter handelt **unbefugt,** wenn er kein Recht zur Offenbarung besitzt.[42] Eine Befugnis kann sich insb. aus der Einwilligung des Verfügungsberechtigten ergeben, wenn dieser den Geheimnisträger von der Verpflichtung zur Verschwiegenheit

44

---

[39] Ebenso *Lenckner/Eisele*, in: Schöne/Schröder, § 203 Rn. 15; *Hoyer*, in: SK § 203 Rn. 25; a. A. OLG Köln NJW 2000, 3656; *Rogall*, NStZ 1983, 413; für § 53 StPO offenlassend BGHSt 33, 148/150 f.

[40] BayObLG NStZ 1995, 187 mit Anm. *Fabricius*, StV 1996, 485 und *Gropp*, JR 1996, 478.

[41] BGHSt 27, 120; BayObLG NStZ 1995, 187; OLG Frankfurt NStZ-RR 1997, 69; *Schünemann*, in: LK, § 203 Rn. 41.

[42] Einzelheiten bei *Rogall*, NStZ 1983, 1/6 f.; *Schmitz*, JA 1996, 949/951 ff.

entbindet (vgl. § 53 II StPO). Von einer konkludenten Einwilligung wird auszugehen sein, sofern dem Betroffenen an der Geheimhaltung der fraglichen Tatsachen nichts liegt, weil er an ihrer Verwertung durch Dritte, etwa das Gericht, geradezu ein Interesse hat.[43] Eine mutmaßliche Einwilligung ist wegen der besonderen Schutzwürdigkeit personenbezogener Daten nur ausnahmsweise anzunehmen und kommt ohnehin erst dann in Betracht, wenn die tatsächliche Zustimmung nicht eingeholt werden kann (BGHZ 116, 268/279).

45 Rechtfertigend wirkt außerdem das Bestehen einer gesetzlichen Anzeigepflicht (vgl. § 138; §§ 6 ff. IfSG). Bisweilen wird eine Befugnis noch aus allgemeinen Grundsätzen über die Abwägung widerstreitender Pflichten oder Interessen hergeleitet (BGHSt 1, 366/368); insoweit dürften heute die Kriterien des rechtfertigenden Notstands maßgeblich sein. So kann § 34 beispielsweise eingreifen, wenn der Arzt eines HIV-infizierten Patienten dessen Lebenspartner über die Erkrankung aufklärt.[44] Umstritten ist schließlich, ob für die Wahrnehmung berechtigter Interessen die Vorschrift des § 193 entsprechende Anwendung findet.[45]

46 Durch **§ 203 II** wird der Täterkreis auf **Amtsträger** und gewisse **amtsnahe Personen** erweitert, denen in dieser Eigenschaft ein Privatgeheimnis[46] anvertraut worden oder sonst bekanntgeworden ist.

47 Einem Geheimnis stehen *Einzelangaben* über persönliche und sachliche Verhältnisse eines anderen gleich (§ 203 II 2). Damit soll der Tatsache Rechnung getragen werden, dass die moderne Verwaltung aus Rationalisierungsgründen dazu gezwungen ist, für die vielfältigen Aufgaben, die im Rahmen der Daseinsvorsorge und der Beobachtung und Sicherung der wirtschaftlichen Entwicklung zu erfüllen sind, in zunehmendem Umfange solche Angaben über die Verhältnisse der Staatsbürger zu erfassen, speichern, verarbeiten und auszutauschen (BT-Drucks. 7/550, S. 242). Sie müssen für Aufgaben der öffentlichen Verwaltung erfasst worden sein, gleichgültig in welcher Form. Ausgenommen ist allerdings die Weitergabe im zwischenbehördlichen Datenverkehr, soweit das Gesetz dies nicht untersagt. Außerhalb des Schutzzwecks liegen auch offenkundige Tatsachen, d. h. solche, von denen verständige und erfahrene Menschen ohne weiteres Kenntnis haben oder von denen sie sich jederzeit durch Benutzung allgemein zugänglicher Quellen unschwer überzeugen können (BGHSt 48, 28/30).

48 Eine **Befugnis** können besondere gesetzliche Bestimmungen einräumen, die den Amtsträger zur Geheimnisoffenbarung berechtigen oder verpflichten. Nicht ausreichend ist zwar der allgemeine Grundsatz der Rechts- und Amtshilfe (Art. 35 I GG), ebenso wenig genügen bloße Verwaltungsvorschriften. Anders liegt es jedoch, wenn

---

[43]Vgl. OLG Karlsruhe NStZ 1994, 141; OLG Frankfurt NStZ-RR 2005, 237; *Lenckner,* NJW 1965, 321/323.

[44]OLG Frankfurt NStZ 2001, 149u. 150; *Zieschang,* in: LK, § 34 Rn. 68a.

[45]Bejahend: BGHZ 78, 274/285; *Rogall,* NStZ 1983, 1/6; verneinend: *Schünemann,* ZStW 90 (1978), 11/61; allg. gegen analoge Anwendung des § 193: OLG Stuttgart NStZ 1987, 122; *Rönnau,* in: LK, Vor § 32 Rn. 304.

[46]Die Verletzung von *Dienst*geheimnissen fällt unter § 353b.

der Empfänger Auskunft verlangen oder Einsicht nehmen darf: Die dadurch begründete Informationspflicht geht der Verpflichtung zur Wahrung des Dienst- oder Privatgeheimnisses vor (OLG Karlsruhe NJW 1986, 145 zu § 161 StPO). Der praktisch wichtige Fall der Aussage von Ermittlungspersonen im Strafprozess setzt eine Aussagegenehmigung voraus (§ 54 StPO), deren Verweigerung der Wahrheitsfindung widerstreitet und deren Erteilung nach h.M. nur im Verwaltungsrechtswege zu erzwingen ist.[47]

Gem. § 203 V ist die Tat **qualifiziert** beim Handeln   **49**

- gegen Entgelt (§ 11 I Nr. 9), z. B. „Verkaufen" des Geheimnisses;
- in Bereicherungsabsicht, wobei die erstrebte Bereicherung nicht rechtswidrig sein muss (BGH NStZ 1993, 538);
- in Schädigungsabsicht, für die jeder Nachteil genügt.

Ergänzend bestraft § 204 die **Verwertung** fremder Geheimnisse, zu deren Geheim-   **50** haltung der Täter nach § 203 verpflichtet ist. Verwerten bedeutet das wirtschaftliche Ausnutzen des Geheimnisses zum Zwecke der Gewinnerzielung (BayObLG NStZ 1984, 169). Sofern die Tat bereits durch Offenbaren erfolgt, greift ausschließlich § 203 ein.

5. Verletzung des Post- und Fernmeldegeheimnisses

Die Bestimmung des § 206 ist durch das Begleitgesetz zum TKG (1997)[48] an die   **51** Stelle des § 354 a. F. getreten. Begründung: „Infolge der Umstrukturierung des Post- und Telekommunikationswesens verliert die Strafvorschrift gegen die Verletzung des Post- bzw. Fernmeldegeheimnisses ihren Charakter als Amtsdelikt, was zu ihrer Verlagerung in den fünfzehnten Abschnitt des Besonderen Teils des Strafgesetzbuches führt" (BT-Drucks. 13/8016, S. 28 f.). Schutzgut ist sowohl das Post- und Fernmeldegeheimnis als auch das Vertrauen der Allgemeinheit in die Sicherheit und Zuverlässigkeit des Post-und Fernmeldeverkehrs.

Der Täterkreis des **Geheimnisverrats** (§ 206 I) umfasst Inhaber oder Beschäftigte   **52** eines Unternehmens, das geschäftsmäßig Post- und Telekommunikationsdienste erbringt. Der Strafnorm unterfallen weitere Personen, die von zu schützenden Tatsachen ebenfalls Kenntnis erlangen können (Abs. 3). Die Tathandlung besteht in der Mitteilung über Tatsachen, die dem Post- oder Fernmeldegeheimnis unterliegen (§ 206 V) und dem Täter *als* Inhaber oder Beschäftigtem eines o. g. Unternehmens bekanntgeworden sind; erforderlich ist ein innerer Zusammenhang mit dem Dienst. Ferner macht sich ein Amtsträger strafbar, der einer anderen Person Tatsachen mitteilt, die ihm durch einen Eingriff in das Post- oder Fernmeldegeheimnis zugänglich geworden sind (Abs. 4).

---

[47]S. nur *Meyer-Goßner/Schmitt*, § 54 Rn. 28.
[48]BGBl. I 3108; näher dazu *Welp*, in: FS Lenckner (1998), S. 619.

53 Die Strafvorschrift der – hier sog. – **Postuntreue** (§ 206 II) schützt die der Post anvertrauten Sendungen gegen Ausforschung und Unterdrückung. Unter *Sendung* ist jeder körperliche Gegenstand zu verstehen, der auf dem Postweg übermittelt wird (OLG Hamm NJW 1980, 2320); in Betracht kommen Briefe, Telegramme, Pakete, Päckchen, Zahlkarten. Sie ist dem Unternehmen anvertraut, wenn sie auf vorschriftsmäßige Weise in den Postverkehr gelangt ist (RGSt 65, 145).

54 Die **Tathandlung** wird in dreifacher Weise umschrieben. Zunächst geht es um das Öffnen oder Kenntnisverschaffen unter Anwendung technischer Mittel (vgl. Rn. 35 zu § 202). Ein Unterdrücken bedeutet, die Sendung dem Postverkehr – auch nur zeitweilig – zu entziehen, z. B. durch Zurückhalten, Verstecken im Sortierraum oder Ausschließen von der Zustellung (OLG Köln NJW 1987, 2596). Das Gestatten der vorgenannten Handlungen umfasst die Anstiftung sowie das pflichtwidrige Unterlassen des Einschreitens.[49] Fördern ist jede Hilfeleistung, die hier als Täterschaft bestraft wird.

55 In allen Fällen muss der Täter **unbefugt** handeln. Eine gesetzliche Befugnis kann sich aus verschiedenen Vorschriften ergeben (z. B. §§ 99 ff. StPO, § 39 PostG). Ungeachtet des mitgeschützten überindividuellen Rechtsguts wirkt auch eine *Einwilligung* rechtfertigend,[50] weil in diesem Falle keine Vertrauensverletzung vorliegt. Sie muss allerdings von allen Beteiligten (beiden Kommunikationspartnern) erteilt werden; denn ein Fernsprechteilnehmer kann nicht mit Wirkung für den anderen auf die Wahrung des Fernmeldegeheimnisses verzichten.[51]

6. Der strafrechtliche Datenschutz

56 Daten schützt das Strafrecht in ihrem Bestand (§§ 269, 274 Abs. 1 Nr. 2, 303a, 303b) und sanktioniert direkte Angriffe auf das Vermögen mittels Daten i.w.S. (§ 263a). In §§ 202a bis 202d indessen geht es um die Daten als Geheimnissphäre und die Ausschließlichkeit von Zugriff und Nutzung.[52]

57 Das Ausspähen von Daten gem. § 202a[53] ist der Zugang zu Daten unter Überwindung einer Zugangssicherung. Eine Zugangssicherung in diesem Sinne muss darauf angelegt sein, den Zugriff Dritter auf die Daten auszuschließen oder wenigstens nicht unerheblich zu erschweren; darunter Fallen Schutzprogramme, welche geeignet sind, unberechtigten Zugriff auf die auf einem Computer abgelegten Daten zu verhindern, und die nicht ohne fachspezifische Kenntnisse überwunden werden können und den Täter zu einer Zugangsart zwingen, die der Verfügungsberechtigte

---

[49]So auch *Heger*, in: Lackner/Kühl, § 206 Rn. 11; *Otto,* § 34 Rn. 35.

[50]A.A. *Lenckner/Eisele*, in: Schönke/Schröder, § 206 Rn. 11; wie hier *Hoyer*, in: SK, § 206 Rn. 34.

[51]BVerfGE 85, 386/399; *Hoyer,* in: SK, § 206 Rn. 39; *Lenckner/Eisele,* in: Schönke/Schröder, § 206 Rn. 12; and. noch OLG Hamm NStZ 1988, 515.

[52]Im Überblick zum Computerstrafrecht *Eisele*, Jura 2012, 922; *Popp*, JuS 2011, 385; zu den strafrechtlichen und strafprozessualen Herausforderungen *Bär*, in: FS v. Heintschel-Heinegg (2015), S. 1.

[53]Zum Ganzen *Schmitz*, JA 1995, 478.

erkennbar verhindern wollte (BGH NStZ 2016, 339). Für das heimliche Auslesen von Magnetstreifen (sog. Skimming), bspw. am Bankautomaten, fehlt die erforderliche besondere Sicherung (BGH NStZ 2011, 154),[54] doch kommt § 152b in Betracht (BGH NStZ 2016, 338). Wer auf dem Weg des § 202a unbefugt die bei dem Opferrechner angeschlossene Webcam aktiviert und Aufnahmen von dieser an sich übersenden lässt, begeht tateinheitlich § 201a (AG Düren, Urt. v. 10.12.2010 – 10 Ls 275/10 – juris).

Das Abfangen in § 202b stellt das Verschaffen von Daten mit technischen Mitteln anlässlich einer Datenübermittlung oder Abstrahlung einer Datenverarbeitungsanlage unter Strafe. § 202c flankiert §§ 202a, 202b im Vorfeld. Ferner wurde nunmehr mit § 202d der Tatbestand der Datenhehlerei geschaffen. Diese Norm steht im Zwiespalt zwischen Geheimhaltungsinteressen einerseits und dem Strafverfolgungs- sowie Informationsinteresse der Allgemeinheit andererseits. Sowohl die überschießende Innentendenz als auch die Einschränkungen des Abs. 3 erscheinen als Mittel zur Lösung der bestehenden Interessenkonflikte zweifelhaft.[55]   **58**

Kontrollfragen

1. Woraus kann sich bei § 201 eine Befugnis zum Herstellen einer Tonbandaufnahme ergeben? (Rn. 24, 25)
2. Worin unterscheiden sich die Tathandlungen des § 202 I und § 202 II? (Rn. 35, 36)
3. Was ist ein Geheimnis i. S. des § 203? (Rn. 41)

Literatur

Amelung, Anm. zu OLG Oldenburg, Urt. v. 21.1.1985 – Ss 566/84 – Warenhauspassage als Geschäftsraum oder befriedetes Besitztum, JZ 1986, 247

Amelung/Schall, Zum Einsatz von Polizeispitzeln: Hausfriedensbruch und Notstandsrechtfertigung, Wohnungsgrundrecht und Durchsuchungsbefugnis – OLG München, DVBl 1973, 221, JuS 1975, 565

Arzt, Anm. zu OLG Frankfurt, Urt. v. 28.3.1977 – 2 Ss 2/77 – Heimliche Tonbandaufzeichnung bei einer polizeilichen Vernehmung, JR 1978, 170

Bär, Cybercrime – rechtliche Herausforderungen bei der Bekämpfung, in: FS v. Heintschel-Heinegg (2015), S. 1

Behm, Noch einmal - Zur Bedeutung des Einfriedungserfordernisses beim "befriedeten Besitztum" in § 123 I StGB - OLG Oldenburg, NJW 1985, 1352, JuS 1987, 950

Bernsmann, Tatbestandsprobleme des Hausfriedensbruchs, Jura 1981, 337, 403, 465

Blei, Strafrecht II, Besonderer Teil, 12. Auflage 1983

Bloy, Anm. zu OLG Oldenburg, Urt. v. 21.1.1985 – Ss 566/84 – Warenhauspassage als Geschäftsraum oder befriedetes Besitztum, JR 1986, 80

---

[54]Anm. *Schuhr*, a.a.O., 155; s. auch *Seidl*, ZIS 2012, 415.

[55]Krit. auch *Singelnstein*, ZIS 2016, 432; *Stuckenberg*, ZIS 2015, 526.

Bock/Wilms, Die Verletzung von Privatgeheimnissen, JuS 2011, 24

Bosch, Der strafrechtliche Schutz vor Foto-Handy-Voyeuren und Paparazzi, JZ 2005, 377

Bosch, Der Schutz vor Verletzung von Privatgeheimnissen durch § 203 StGB, Jura 2013, 780

Bosch, Die Ausweitung des Schutzes des höchstpersönlichen Lebensbereichs vor einer Verletzung durch Bildaufnahmen (§ 201a StGB), JA 2016, 1380

Bottke, Anfertigung und Verwertung heimlicher Wort- und Stimmaufzeichnungen auf Tonträger außerhalb des Fernmeldeverkehrs, - BGH v. 9.4.86-3 StR 551/85 -, Jura 1987, 356

Busch, Strafrechtlicher Schutz gegen Kinderpornographie und Missbrauch, NJW 2015, 977

Cornelius, Plädoyer für einen Cybermobbing-Straftatbestand, ZRP 2014, 164

Eisele, Strafrechtlicher Schutz vor unbefugten Bildaufnahmen, Zur Einführung eines § 201 a in das Strafgesetzbuch, JR 2005, 6

Eisele, Der Kernbereich des Computerstrafrechts, Jura 2012, 922

Eisele/Sieber, Notwendige Begrenzung des § 201a StGB nach dem 49 StÄG, StV 2015, 312

Eisele/Franosch, Posing und der Begriff der Kinderpornografie in § 184b StGB nach dem 49. Strafrechtsänderungsgesetz, ZIS 2016, 519

Fabricius, Anm. zu BayObLG, Beschl. v. 08.11.1994 – 2 St RR 157/94 – Offenbarung gegenüber Schweigepflichtigem, StV 1996, 485

Geppert, Zu einigen immer wiederkehrenden Streitfragen im Rahmen des Hausfriedensbruchs, Jura 1989, 378

Gössel/Dölling, Strafrecht Besonderer Teil 1, Straftaten gegen Persönlichkeits- und Gemeinschaftswerte, 2. Auflage 2004

Gropp, Anm. zu BayObLG, Beschl. v. 08.11.1994 – 2 St RR 157/94 – Offenbarung gegenüber Schweigepflichtigem, JR 1996, 478

Heuchemer/Paul, Die Strafbarkeit unbefugter Bildaufnahmen – Tatbestandliche Probleme des § 201a StGB, JA 2006, 616

Hoyer, Die Verletzung des höchstpersönlichen Lebensbereichs bei § 201a StGB, ZIS 2006, 1

Janiszewski, Eindringen durch Unterlassen?, JA 1985, 570

Joerden, Verletzung der Vertraulichkeit des Wortes durch aufgedrängte Tonbandaufnahme?, JR 1996, 265

Kargl, Rechtsgüter und Tatobjekte der Strafbestimmung gegen Hausfriedensbruch, JZ 1999, 930

Knauer, Der Arzt, die Kommunikation und das Strafrecht, Aspekte der ärztlichen Schweigepflicht unter besonderer Berücksichtigung von Supervision, ärztlichem Konsil und Sachverständigentätigkeit, in: FS Schöch (2010), S. 439

Koranyi, Der Schutz der Wohnung im Strafrecht, JA 2014, 241

Kühl, Zur Strafbarkeit unbefugter Bildaufnahmen, AfP 2004, 190

Kühl, Punktuelle Ergänzungen des Persönlichkeitsschutzes im Strafgesetzbuch, in: FS Schöch (2010), S. 419

Kuhli, Grundfälle zum Hausfriedensbruch, JuS 2013, 115, 211

Küper, Zur Konkurrenz zwischen Briefgeheimnisverletzung und Unterschlagung, JZ 1977, 464

Küpper, Tagebücher, Tonbänder, Telefonate, - Zur Lehre von den selbständigen Beweisverwertungsverboten im Strafverfahren -, JZ 1990, 416

Lackner/Kühl, StGB, bearbeitet v. *Kühl/Heger*, 28. Aufl. 2014

Leipziger Kommentar StGB, hrsg. v. *Laufhütte/Tiedemann/Rissing-van Saan*, 12. Auflage 2006 ff.

Lenckner, Aussagepflicht, Schweigepflicht und Zeugnisverweigerungsrecht, NJW 1965, 321

Lenckner, Anm. zu BGH, Urt. v. 9.12.1976 – 4 StR 582/76 – Tateinheit zwischen Verletzung des Briefgeheimnisses und Unterschlagung des Briefes, JR 1978, 424

Lilie, Datenfernwartung durch Geheimnisträger – Ein Beitrag zur Reform des § 203 StGB, in: FS Otto (2007), S. 673

Meyer-Goßner/Schmitt, Strafprozessordnung, mit GVG und Nebengesetzen, Kommentar, 59. Auflage 2016

Mitsch, Saddam Hussein in Unterhose - Strafbares Fotografieren, Jura 2006, 117

Müller-Christmann, Warenhauspassage als Geschäftsraum oder befriedetes Besitztum? OLG Oldenburg, NJW 1985, 1352 Urt. V. 21.1.1985 - Ss 566/84, JuS 1987, 19

Murmann, Probleme des § 201a StGB, in: FS Maiwald (2010), S. 585

NomosKommentar Strafgesetzbuch, hrsg. v. *Kindhäuser/Neumann/Paeffgen*, 4. Auflage 2013

Ostendorf, Forum - Strafbarkeit und Strafwürdigkeit von Hausbesetzungen, JuS 1981, 640

Otto, Grundkurs Strafrecht, Die einzelnen Delikte, 7. Auflage 2005

Popp, Informationstechnologie und Strafrecht, JuS 2011, 385

Rogall, Die Verletzung von Privatgeheimnissen, NStZ 1983, 1

Rogall, Anm. zu OLG Köln, Beschl. v. 30.11.1982 – 3 Zs 126/82 – Offenbaren von Drittgeheimnissen durch Amtsträger, NStZ 1983, 413

Schall, Hausbesetzungen im Lichte der Auslegung des § 123 StGB, NStZ 1983, 241

R. Schmitt, Tonbänder im Strafprozeß, JuS 1967, 19

Schmitz, Übersicht zum strafrechtlichen Schutz des persönlichen Lebens- und Geheimbereichs, §§ 201-205 StGB, JA 1995, 31

Schmitz, Verletzung der Vertraulichkeit des Wortes, JA 1995, 118

Schmitz, Verletzung des Briefgeheimnisses, § 202 StGB, JA 1995, 297

Schmitz, Ausspähen von Daten, § 202a StGB, JA 1995, 478

Schmitz, Verletzung von (Privat)geheimnisses – Der Tatbestand des § 203 StGB, JA 1996, 772

Schmitz, Verletzung von (Privat)geheimnissen – Qualifikationen und ausgewählte Probleme der Rechtfertigung, JA 1996, 949

Schönke/Schröder, Strafgesetzbuch, 29. Auflage 2014

Schuhr, Anm. zu BGH Beschl., v. 6.7.2010 – 4 StR 555/09 – Ausspähen von Daten, Herstellen von Kartendubletten, NStZ 2011, 155

Schünemann, Der strafrechtliche Schutz von Privatgeheimnissen, ZStW 90 (1978), 11

Seidl, Debit Card Fraud: Strafrechtliche Aspekte des sog. „Skimmings", ZIS 2012, 415

Seier, Problemfälle des § 123 StGB, JA 1978, 622

Seier, "Instandbesetzung - Hausherrschaft", JA 1982, 232

Singelnstein, Ausufernd und fehlplatziert – Der Tatbestand der Datenhehlerei (§ 202d StGB) im System des strafrechtlichen Daten- und Informationsschutzes, ZIS 2016, 432

Stuckenberg, Der missratene Tatbestand der neuen Datenhehlerei (§ 202d StGB), ZIS 2015, 526

Systematischer Kommentar zum Strafgesetzbuch, hrsg. v. *Rudolphi/Horn/Samson/Günther*, Band III (§§ 123-211 StGB), 8. Auflage, Loseblatt (Stand: Dezember 2016)

Tenckhoff, Anm. zu KG, Urt. v. 20.9.1979 – (4) Ss 152/79 (66/79) – Zum Merkmal "unbefugt" in § 201 StGB, JR 1981, 255

Welp, Strafbare Verletzungen des Post- und Fernmeldegeheimnisses nach der Privatisierung der Post, in: FS Lenckner (1998), S. 619

Wessels/Hettinger, Strafrecht Besonderer Teil 1, Straftaten gegen Persönlichkeits- und Gemeinschaftswerte, 40. Auflage 2016

Wölfl, Rechtfertigungsgründe bei der Verletzung der Vertraulichkeit des Wortes, Jura 2000, 231

Zöller, Strafbarkeit der Nutzung persönlichkeitsverletzender Bildaufnahmen in der Medienberichterstattung nach § 201a Abs. 2 StGB, in: FS Wolter (2013), S. 679

Teil II

Delikte gegen Rechtsgüter der Gemeinschaft

§ 6 Urkundendelikte

Schutzgut des 23. Abschn. ist die Sicherheit und Zuverlässigkeit des Rechtsver- **1**
kehrs mit Urkunden (BGHSt 2, 50/52).[1] Eine tatsächliche Beeinträchtigung braucht
nicht einzutreten; es handelt sich demnach um *abstrakte Gefährdungsdelikte*. Deutlich macht dies etwa § 267, wo bereits das Verfälschen als vollendete Urkundenfälschung bestraft wird, ohne dass der Täter das Falsifikat in den Rechtsverkehr
eingeführt hat. Darin liegt allerdings auch eine weite Vorverlagerung der
Strafbarkeit.

Die Urkundendelikte weisen eine **vierfache Schutzrichtung** auf. Geschützt wird die **2**

1. *Echtheit:* Herstellen einer unechten und Verfälschen einer echten Urkunde (§ 267);
2. *Unversehrtheit:* Beschädigen oder Vernichten einer Urkunde (§ 274);
3. *Richtigkeit:* (mittelbare) Falschbeurkundung (§§ 271, 348);
4. *Verwendung:* Missbrauch von Ausweispapieren (§ 281).

I. Begriff der Urkunde

Urkunde ist jede verkörperte Gedankenerklärung, die zum Beweis im Rechtsver- **3**
kehr geeignet und bestimmt ist und die ihren Aussteller erkennen lässt. In dieser
Definition sind die folgenden drei Begriffsmerkmale enthalten.

1. Perpetuierungsfunktion

Es muss sich um eine (menschliche) Gedankenerklärung handeln. Hierdurch unter- **4**
scheidet sich die Urkunde zunächst von bloßen Augenscheinsobjekten. Diese sind

---

[1]Im Überblick *Freund,* JuS 1993, 731, 1016; 1994, 30, 125, 207, 305; *Satzger*, Jura 2012, 106.

© Springer-Verlag GmbH Deutschland 2017
G. Küpper, R. Börner, *Strafrecht Besonderer Teil 1*, Springer-Lehrbuch,
DOI 10.1007/978-3-662-53989-7_6

gegenständliche Beweismittel, die aufgrund ihrer Existenz und Beschaffenheit den Schluss auf bestimmte Umstände zulassen (z. B. Blutspuren, Fingerabdrücke); sie verkörpern aber keinen menschlichen Gedanken. Des Weiteren wird die visuelle Wahrnehmbarkeit verlangt, so dass etwa Tonbandaufnahmen aus dem Urkundenbegriff ausscheiden. Schließlich muss die Verkörperung eine gewisse Dauerhaftigkeit aufweisen; an dieser stofflichen Fixierung soll es beispielsweise fehlen bei Schriftzeichen im Sand oder Schnee.

5   Keine Gedankenerklärung enthalten unausgefüllte Blankette und Formulare, mag auch der Aussteller bereits erkennbar sein – z. B. beim unterschriebenen Blankoscheck. Eine Urkunde entsteht hier erst, wenn dem Vordruck ein urkundlicher Inhalt gegeben wird (zur sog. Blankettfälschung noch Rn. 40).

2. Beweisfunktion

6   Die Urkunde muss zum Beweis für rechtserhebliche Tatsachen geeignet und bestimmt sein. Ihre Beweisfunktion betrifft also (nur) Rechtsverhältnisse, nicht den rein persönlichen oder gesellschaftlichen Bereich (wie etwa die „Siegerurkunde" beim Sportfest oder die „Ehrenurkunde" des Kaninchenzüchtervereins).

7   Die **Beweiseignung** ist nach objektiven Gesichtspunkten zu beurteilen. Diese Voraussetzung dürfte in aller Regel gegeben sein. Unwirksamkeit oder Formnichtigkeit stehen ihr grundsätzlich nicht entgegen, jedoch kann die Eignung fehlen bei offensichtlich unsinnigen Erklärungen (so BGH GA 1971, 180); auch bei offenkundig nur aufgeklebter Unterschrift.

8   Das subjektive Merkmal der **Beweisbestimmung** wird der Urkunde regelmäßig vom Aussteller verliehen. Hierfür genügt es, dass er in dem Bewusstsein handelt, der Empfänger werde eine rechtliche Reaktion an die Erklärung knüpfen; von daher ergibt sich die Beweisbestimmung von sog. Deliktsurkunden, die einen deliktischen oder strafbaren Inhalt aufweisen. Noch nicht zum Beweis ist ein *Entwurf* bestimmt. Auch kann die Beweisbestimmung nachträglich wieder entzogen werden, z. B. durch den Widerruf eines Testaments (§ 2253 BGB). Erforderlich ist insoweit der Wegfall *jeder* Beweisbestimmung; die bloße Veränderung des Beweisinhalts hebt die Urkundeneigenschaft nicht auf (BGHSt 4, 284).

9   Hinsichtlich des Zeitpunkts, in dem die Beweisbestimmung erfolgt, unterscheidet man herkömmlich zwischen *Absichts-* und *Zufallsurkunden*.[2] Bei ersteren wird die Bestimmung von vornherein durch den Aussteller, bei letzteren erst nachträglich getroffen, was auch durch einen Dritten geschehen kann, sofern dieser die rechtliche Möglichkeit hat, mit der Urkunde Beweis zu erbringen (z. B. Einführung von Privatbriefen in einen Prozess). Nach allg. Auffassung hat die vorgenannte Unterscheidung im Ergebnis keine sachliche Bedeutung.

---

[2]Gegen die Einordnung letzterer als Urkunden i.S.v. § 267 *Erb*, in: FS Puppe (2011), S. 1107.

3. Garantiefunktion

Letztlich entscheidend für den Urkundenbegriff ist die Erkennbarkeit des Aus- **10** stellers; hiermit wird garantiert, dass eine bestimmte Person (auch: Firma oder Behörde) hinter der urkundlichen Erklärung steht. Häufigstes Identifizierungsmerkmal ist die Unterschrift, die allerdings kein notwendiger Bestandteil einer Urkunde ist. Regelmäßig wird sich die Erkennbarkeit aus der Verkörperung selbst ergeben. Jedoch genügt, dass sie aus den Umständen oder der Übereinkunft der Beteiligten hervorgeht (vgl. OLG Köln NJW 2002, 527).

> **Beispiel**
>
> Ein beliebter Klausurfall betrifft das Ausradieren von Merkstrichen auf einem Bierdeckel. Der mit Strichen versehene Bieruntersetzer gibt die Erklärung des Wirts, er habe ein Glas Bier gebracht, wieder und ist geeignet und dazu bestimmt, die Anzahl der gelieferten Gläser Bier zu beweisen. Auch wenn die Person des Ausstellers aus der Urkunde selbst nicht ersichtlich ist, ergibt sie sich doch aus der mit den Gästen – ausdrücklich oder stillschweigend – getroffenen Vereinbarung (RG DStZ 1916, 77).

An der Erkennbarkeit fehlt es in Fällen der **Anonymität.** Von *offener* Anonymi- **11** tät spricht man, wenn Decknamen oder historische Namen („Johann Wolfgang v. Goethe") verwendet werden. Bei der *versteckten* Anonymität will der Aussteller durch die Verwendung eines Allerweltsnamens („Müller, Schmitz") nicht erkennbar sein. Es muss also jeweils deutlich werden, dass sich niemand an der Erklärung festhalten lassen möchte. Ansonsten ist es für die Urkundeneigenschaft gleichgültig, ob der Namensträger ermittelt werden kann und ob es ihn überhaupt gibt (BGHSt 5, 149/151).

II. Besondere Erscheinungsformen[3]

1. Zusammengesetzte Urkunde

Eine zusammengesetzte Urkunde[4] liegt vor, wenn eine Gedankenerklärung mit **12** einem Bezugsobjekt räumlich fest zu einer Beweiseinheit verbunden ist. Dies gilt zunächst für Erklärungen, die in einer Schrift enthalten sind und schon für sich genommen eine Urkunde darstellen (z. B. Ausweise mit eingeklebtem Lichtbild). Darüber hinaus sind nach st. Rspr. und h. M. Urkunden im strafrechtlichen Sinne nicht nur Gedankenäußerungen in Schriftform, sondern auch andere Gegenstände,

---

[3]Zum Ganzen *Beck,* JA 2007, 423; *Geppert,* Jura 1990, 271; *N. Nestler,* ZJS 2010, 608; *Puppe,* Jura 1980, 18.

[4]Ausf. *B. Heinrich,* JA 2011, 423.

die nach Gesetz, Herkommen oder Vereinbarung der Beteiligten dazu geeignet und bestimmt sind, für rechtliche Beziehungen Beweis zu erbringen (BGHSt 13, 235/239).[5] Isoliert betrachtet sagen solche **Beweiszeichen** allerdings wenig aus, so dass sie ihre Beweiskraft erst in Verbindung mit dem zugehörigen Bezugsobjekt erlangen. Praktische Bedeutung haben die Beweiszeichen fast ausschließlich für die zusammengesetzte Urkunde und werden hier deshalb unter diesem Aspekt gewürdigt.

13　　Besagte Urkundenform tritt vor allem in Erscheinung im

- Geschäftsverkehr: Preisauszeichnungen an Waren;[6]
- Straßenverkehr: Fahrgestell- und Motornummer, amtliches Kennzeichen und TÜV-Plakette eines Kfz.[7]

14　　Dagegen werden von den Beweiszeichen unterschieden und nicht als Urkunden angesehen:

Kennzeichen, die lediglich der Kennzeichnung, Sicherung oder dem Verschluss von Sachen dienen, wie etwa Wäschemonogramm, Eigentümer- und Warenzeichen, Inventarstempel oder Plomben.[8] Sie werden in der Rspr. auch Unterscheidungs-, Identitäts- oder Merkzeichen genannt.

Wertzeichen, die Aufschluss über Aussteller und Verwendungsmöglichkeit geben und einen bestimmten Geldwert repräsentieren, z. B. Spiel- oder Rabattmarken.[9]

15　　Teilweise wird in der Literatur nur *Schriftstücken* die Urkundeneigenschaft zuerkannt.[10] Dafür werden zunächst historische Gründe angeführt („als Schriftstück geht die Urkunde durch die Rechtsgeschichte"). Zudem wird die uferlose Ausdehnung des Urkundenbegriffs beklagt und die Abgrenzung zwischen Beweis- und Kennzeichen für undurchführbar gehalten. Die h. M. macht jedoch geltend, dass der moderne Rechtsverkehr auf wortvertretende Symbole nicht verzichten könne; wo diese zur Vertrauensgrundlage gemacht würden, müsse deshalb auch der Schutz der Fälschungsdelikte eingreifen.[11]

---

[5] Ausf. und krit. zur Weite des herrschenden Urkundenbegriffs *Bode/Ligocki*, JuS 2015, 989, 1071.

[6] RGSt 53, 237; OLG Köln NJW 1973, 1807; OLG Düsseldorf NJW 1982, 2268 (dort allerdings fälschlich als „Gesamturkunde" bezeichnet).

[7] BGHSt 9, 235; 16, 94; 18, 66; BayObLG NJW 1966, 748; OLG Stuttgart NStZ-RR 2001, 370; zur TÜV-Plakette OLG Celle NJW 2011, 2983 m. Anm. *Jahn*, JuS 2011, 1136. Vgl. auch OLG Düsseldorf JR 1998, 303 mit Anm. *Lampe* (zum Überkleben eines Kennzeichens mit reflektierender Folie); gegen ein „Verfälschen" in diesem Fall aber BGHSt 45, 197 mit Anm. *Kudlich*, JZ 2000, 426; dazu *Wiese*, JA 2016, 426. Ausf. zur Urkunde im Straßenverkehr *Lickleder*, JA 2014, 110.

[8] RGSt 36, 15; 64, 48; BGHSt 2, 310.

[9] RGSt 55, 91; 62, 203; BayObLG JR 1980, 122 mit Anm. *Kienapfel*. Zur Fälschung von *amtlichen* Wertzeichen beachte § 148.

[10] Vgl. *Welzel*, § 59 II 1; *Otto*, JuS 1987, 761/763; gegen eine solche „Mystifikation" jedoch *Puppe*, Jura 1980, 18/20.

[11] Vgl. *Heine/Schuster*, in: Schönke/Schröder, § 267 Rn. 21; *Wessels/Hettinger*, Rn. 805.

Zwischen Beweiszeichen und Bezugsobjekt muss eine feste Verbindung bestehen; **16** die Teile müssen ersichtlich zu dem Zweck zusammengefügt sein, gemeinsam eine Erklärung zu bilden. Diese Voraussetzung wurde verneint bei bloß einheitlicher Verpackung von Blutprobe mit Befundbericht (BGHSt 5, 15/ 19). Ebenso wenig reicht es aus, wenn ein Preisschild lediglich mit der Klarsichthülle, in der sich das Kleidungsstück lose befindet, verbunden ist (OLG Köln NJW 1979, 729). Schließlich wird eine räumliche Überschaubarkeit des Augenscheinsobjekts verlangt, auf das sich die Erklärung bezieht; deshalb soll ein Verkehrszeichen – in Verbindung mit dem zugehörigen Straßenabschnitt – keine Urkunde darstellen (OLG Köln NJW 1999, 1042).[12]

Für die Tathandlungen ist zu beachten, dass eine zusammengesetzte Urkunde durch **17** die Trennung ihrer Bestandteile vernichtet und durch den Austausch des Bezugsobjekts verfälscht wird. In diesen Fällen ergibt sich folgendes Prüfungsschema:[13]

- Abtrennen des Beweiszeichens vom ursprünglichen Bezugsobjekt als Urkundenvernichtung (§ 214);
- Befestigen dieses Beweiszeichens am neuen Bezugsobjekt als Herstellen einer unechten Urkunde (§ 267 Var. 1);
- Zusammenziehung des Gesamtgeschehens zu einem einheitlichen Vorgang des Verfälschens einer echten Urkunde (§ 267 Var. 2), hinter dem § 274 – als notwendiges Durchgangsstadium – subsidiär zurücktritt.

2. Gesamturkunde

Eine Gesamturkunde ist die Zusammenfassung mehrerer Schriftstücke zu einem **18** geordneten Ganzen, das einen über die Einzelurkunden hinausgehenden Gedankeninhalt beweisen kann (OLG Düsseldorf NStZ 1981, 25). Sie soll nach dem Willen der Beteiligten nicht nur das Zustandekommen der in ihr enthaltenen Rechtsvorgänge, sondern auch das Nichtzustandekommen der nicht aufgenommenen Vorgänge beweisen. Beispiele bilden Handelsbücher und Personalakten, ebenso können Sparbücher darunter fallen. Demgegenüber besitzen die in einem Reisepass enthaltenen Einzelurkunden keinen weiterreichenden Gedankeninhalt (BayObLG NJW 1990, 264).

Die Verbindung der Einzelteile muss auch hier eine gewisse Festigkeit auf- **19** weisen; es genügt daher nicht eine „Loseblattsammlung" oder die bloß räumliche Zusammenstellung. Die Besonderheit der Gesamturkunde besteht darin, dass sie schon durch die Entnahme von einzelnen Blättern verfälscht werden kann, weil sich dadurch der Gesamtinhalt verändert.

---

[12]A.A. *Rengier*, § 32 Rn. 18a.
[13]Näher *Peters*, NJW 1968, 1896; *Geppert*, Jura 1988, 158/160 ff.

> **Beispiel**
>
> Wer im Bierdeckelfall jeden einzelnen Strich als eine separate Urkunde betrachtet, erkennt in dem Bierdeckel eine Gesamturkunde. Das Ausradieren eines Striches wäre dann eine Urkundenvernichtung (§ 274), die wiederum hinter der Verfälschung der Gesamturkunde zurücktritt.

3. Mehrfachexemplare

20 Häufig werden Vervielfältigungsstücke eines Originals angefertigt, bei denen sich die Frage nach ihrer Urkundenqualität stellt.[14] Insoweit sind folgende Erscheinungsformen zu unterscheiden.

21 Eine **Durchschrift** wird unstreitig als Urkunde angesehen, weil sie die Originalerklärung des Ausstellers verkörpert und gerade zu dem Zweck hergestellt wird, mehrere Exemplare als Beweismittel zur Verfügung zu haben (KG wistra 1984, 233).

22 Bei der **Abschrift** ist zwischen einfacher und beglaubigter Form zu differenzieren:

- Die *einfache* Abschrift stellt keine Urkunde dar, weil ihr bereits die Beweisfunktion fehlt und sie auch keine bestimmte Person als ihren Hersteller erscheinen lässt (BGHSt 2, 50/51).
- Die *beglaubigte* Abschrift ist eine Urkunde, da mittels der Beglaubigung jemand die originalgetreue Wiedergabe garantiert und somit jedenfalls dem Beglaubigungsvermerk urkundliche Funktion zukommt. Verfälscht werden kann der Vermerk selbst; aber auch die nachträgliche Änderung des Textes bedeutet Urkundenfälschung, weil dadurch die Beglaubigung unzutreffend wird (RGSt 34, 360/363).

23 Auch die – unbeglaubigte – **Fotokopie** (entsprechend: Fotografie) ist grundsätzlich keine Urkunde. Von der Rspr. werden offenbar alle Begriffsmerkmale in Zweifel gezogen, wenn sie ausführt: Die Fotokopie vermittele nur ein einigermaßen getreues Abbild des Originals, enthalte also lediglich die Wiedergabe der in einem anderen Schriftstück verkörperten Erklärung; eine Beweisbestimmung komme ihr nicht ohne weiteres zu; schließlich weise sie ihren Aussteller nicht aus (BGHSt 24, 140/141). Entscheidend dürfte sein, dass es mangels Erkennbarkeit des Ausstellers an der Garantiefunktion fehlt. Gleiches gilt für eine Fernkopie (Telefax)[15] sowie den Ausdruck einer Computerdatei, unabhängig davon, ob die Datei in einem eingescannten Original oder einer Texteingabe versehen mit eingescannter Unterschrift oder sonstiger Collage besteht (BGH NStZ 2010, 703; NStZ-RR 2011, 213).[16]

---

[14]Dazu *Geppert*, Jura 1990, 271; *Welp*, in: FS Stree/Wessels (1993), S. 511.

[15]Vgl. OLG Zweibrücken NJW 1998, 2918 mit Bespr. *Beckemper*, JuS 2000, 123; *Fischer*, § 267 Rn. 21; a.A. *Krey/Hellmann/Heinrich*, Rn. 1016; diff. *Rengier*, § 32 Rn. 28.

[16]*N. Nestler*, ZJS 2010, 608.

Nur vereinzelt wird in der Literatur die Urkundeneigenschaft von Fotokopien **24** bejaht; Aussteller soll derjenige sein, der als Aussteller des Originals erscheint.[17] Andere wollen die Fotokopie als technische Aufzeichnung (§ 268 II) behandeln.[18] Dagegen ist einzuwenden, dass die Darstellung vom Gerät nicht „selbsttätig" bewirkt wird, da es keine neuen Informationen erzeugt, sondern nur vorhandene reproduziert. Zudem müssen auch die Vertreter der Mindermeinung zugestehen, dass in vielen Fällen keine „unechte" Aufzeichnung hergestellt wird, weil beispielsweise beim Erstellen einer Fotomontage das Gerät die Vorlage so aufzeichnet, wie sie ihm eingegeben wird.

In zwei Fallgestaltungen kann sich nach der Rspr. gleichwohl eine Strafbarkeit **25** ergeben:

- Die Vorlage der Fotokopie einer unechten oder verfälschten Urkunde soll ein – mittelbares – Gebrauchmachen von der Urschrift (§ 267 I Var. 3) sein.[19] Für einen „Gebrauch" wird man jedoch verlangen müssen, dass die gefälschte Urkunde als solche zugänglich gemacht wird. Davon abgesehen scheidet der Tatbestand jedenfalls dann aus, wenn es an einer unechten Urkunde als Kopievorlage fehlt, indem von vornherein nur eine Collage oder eine Fotokopie als Vorlage verwendet wurde (BGH NStZ 2003, 543; NStZ 2011, 91).
- Eine Fotokopie kann zum Original „aufrücken", falls der Täter mit der Reproduktion den Anschein einer Originalurkunde erweckt und sie als eine von dem angeblichen Aussteller herrührende Urschrift ausgibt.[20] Für maßgeblich wird erachtet die objektive Eignung zur Täuschung und der Wille, eine Urkunde herzustellen, die im Rechtsverkehr zum Zwecke der Täuschung als Originalurkunde Gebrauch finden soll. Es handelt sich also nicht um eine als solche erkennbare Fotokopie, sondern um das Herstellen einer unechten Urkunde mittels Fotokopierer.

Kontrollfragen
1. Wie lautet die strafrechtliche Urkundendefinition? (Rn. 3)
2. Welche drei Merkmale sind darin enthalten? (Rn. 4, 6, 10)
3. Wann liegt eine zusammengesetzte Urkunde vor? (Rn. 12)
4. Was ist eine Gesamturkunde? (Rn. 18)
5. Was gilt für die Urkundeneigenschaft von Fotokopien? (Rn. 23, 25)

---

[17]Dahingehend *Freund,* JuS 1993, 1016/1022; *Mitsch,* NStZ 1994, 88/89; dagegen *Erb,* GA 1998, 577.

[18]So etwa *Hoyer,* in: SK, § 268 Rn. 19; *Schröder,* JR 1971, 469; s. demgegenüber BGHSt 24, 140/142; *Zieschang,* in: LK, § 268 Rn. 17.

[19]Vgl. RGSt 69, 228/231; BGHSt 5, 291; BGH wistra 1993, 341; OLG Düsseldorf JR 2001, 82 mit Anm. *Wohlers;* abl. *Erb,* GA 1998, 577/590 f.; *D. Meyer,* MDR 1973, 9/11; von einem fragwürdigen „Trick" ist die Rede bei *Geppert,* Jura 1990, 271/273.

[20]BayObLG NJW 1989, 2553; 1990, 3221 mit Bespr. *Freund,* JuS 1991, 723; näher dazu *Zaczyk,* NJW 1989, 2515.

III. Urkundenfälschung

26   Die Vorschrift des § 267[21] dient dem Echtheitsschutz und erfasst drei Tathandlungen, nämlich das Herstellen einer unechten Urkunde, das Verfälschen einer echten Urkunde und das Gebrauchen einer solchen (unechten oder verfälschten) Urkunde. Subjektiv muss der Täter mit Vorsatz und Täuschungsabsicht handeln.

1. Herstellen einer unechten Urkunde

27   **Unecht** ist eine Urkunde dann, wenn sie nicht von demjenigen stammt, der in ihr als Aussteller bezeichnet ist (BGHSt 33, 159/160). Entscheidendes Kriterium für die Unechtheit ist demnach die **Identitätstäuschung:** Der rechtsgeschäftliche Verkehr wird auf einen Aussteller hingewiesen, der in Wirklichkeit nicht hinter der in der Urkunde verkörperten Erklärung steht. Davon scharf unterscheiden muss man die straflose Inhaltstäuschung („schriftliche Lüge", s. Rn. 38), da es auf die Wahrheit des Erklärten bei § 267 nicht ankommt. Eine Urkunde ist daher *echt,* wenn der Aussteller etwas Unwahres bezeugt. Umgekehrt ist eine inhaltlich wahre Urkunde *unecht,* wenn sie nicht vom angeblichen Aussteller herrührt.

> **Beispiel**
>
> (1) A will eine Reparaturrechnung bei der Versicherung einreichen. Er fertigt eine Quittung mit dem zutreffenden Betrag von 500 DM unter dem Namen des Werkstattinhabers W. Identitätstäuschung, da die Erklärung nicht von dem angeblichen Aussteller stammt. *Abwandlung:* W stellt dem A wahrheitswidrig eine Rechnung von 1000 DM aus. Inhaltstäuschung, da der wirkliche Aussteller die Erklärung abgegeben hat (vgl. OLG Stuttgart NJW 1981, 1223).
>
> (2) A möchte über seine Zahlungsfähigkeit täuschen. Dazu fertigt er von originalen Grundstückskaufverträgen Kopien und kopiert sich aus einer Collage einen neuen Vertrag zurecht. Dieser trägt erkennbar kopierte Unterschriften der Käufer und nur A selbst unterzeichnet von Hand als Verkäufer (BGH NStZ 2011, 91). Bloße schriftliche Lüge, bzgl. der kopierten Unterschriften ist weder die Kopie selbst eine Urkunde noch liegt – mangels entspr. Vorlage – ein mittelbares Gebrauchen vor. Im Vorfeld des versuchten Betrugs ist A insofern straffrei.

28   Für die Frage, wer Aussteller der Urkunde ist, kommt es nach der heute einhellig vertretenen **Geistigkeitstheorie** (materielle Urheberlehre) darauf an, von wem die Urkunde „geistig herrührt". Beim Auseinanderfallen zwischen geistiger Urheberschaft und körperlicher Herstellung – z. B. durch Schreibhilfe – gilt daher als Aussteller diejenige Person, die als Garant hinter der urkundlichen Erklärung steht.[22]

---

[21]Im Überblick *Otto,* JuS 1987, 761; *Puppe,* Jura 1979, 630; *Samson,* JA 1979, 526, 658.

[22]BGHSt 13, 382/385; BayObLG NJW 1981, 772 mit Bespr. *Schroeder,* JuS 1981, 417.

Überholt ist die sog. Körperlichkeitstheorie, die darauf abstellte, wer die Erklärung eigenhändig vollzogen hat.

Entscheidendes Identifizierungsmerkmal einer Person ist deren Name, so dass **29** eine Identitätstäuschung in aller Regel durch die Verwendung eines falschen Namens erfolgt. Dies gilt jedoch nicht ausnahmslos: Eine Urkunde kann auch dann unecht sein, wenn der Aussteller mit seinem richtigen Namen unterzeichnet, und sie kann auch dann echt sein, wenn der Unterzeichner nicht der Namensträger ist, sondern mit einem fremden Namen unterzeichnet hat (RGSt 75, 46/47). Im Einzelnen sind folgende Fallgruppen zu unterscheiden.

Zeichnen mit eigenem Namen: Trotz der Angabe des eigenen Namens kann **30** eine Identitätstäuschung gegeben sein, wenn der Eindruck erweckt werden soll, die Urkunde stamme von einer anderen Person als derjenigen, die sie tatsächlich hergestellt hat. Dabei kommt es entscheidend auf den Verwendungszweck der Urkunde, ihre Beweisrichtung und den Kreis der Beteiligten an.[23]

> **Beispiel**
>
> A bestellte bei verschiedenen Versandhäusern hochwertige Geräte, obwohl er nicht über die finanziellen Mittel zur Bezahlung des Kaufpreises verfügte. Da seine persönlichen Daten gespeichert waren und bei Überschreitung der „Bonitätsgrenze" die Bestellungen nicht mehr ausgeführt wurden, fügte er neben dem Rufnamen seine weiteren Vornamen hinzu. Ein derartiges Vorgehen ist auf die Täuschung des Rechtsverkehrs angelegt und tangiert das Schutzgut des § 267 ebenso wie der Gebrauch eines unrichtigen Namens.

Des Weiteren geht es um die unbefugte Verwendung von Zusätzen, die eine Behörde, **31** Firma oder sonstige juristische Person kennzeichnen. Nach ganz h. M. können auch solche Verbände Aussteller von Urkunden sein. Wer ohne entsprechende Befugnis deren Stempel verwendet, weist damit regelmäßig auf die Behörde etc. als Aussteller der Urkunde hin; da diese Erklärung nun aber der angegebenen Institution nicht zugerechnet werden kann, täuscht der Täter über die Identität des Ausstellers und stellt somit eine unechte Urkunde her.[24] Teilweise wird dies auch beim bloßen Missbrauch einer grundsätzlich vorhandenen Befugnis angenommen.[25]

In der Literatur wird z. T. schon bezweifelt, dass juristische Personen Urheber **32** einer Urkunde sein könnten. Zudem werde aus dem Delikt gegen die Echtheit der Urkunde ein Delikt gegen die inhaltliche Wahrheit derselben, denn bestraft werde eine schriftliche Lüge über den Bestand oder Umfang der Vertretungsmacht.[26] Dagegen lässt sich einwenden, dass eine solche Täuschung zwar auch vorliegt,

---

[23]Vgl. BGHSt 40, 203 mit Anm. *Sander/Fey,* JR 1995, 209 und Bespr. *Meurer,* NJW 1995, 1655; krit. *Mewes,* NStZ 1996, 14.

[24]BGHSt 7, 149/152; 9, 44/46; 17, 11/13; *Heine/Schuster,* in: Schönke/Schröder, § 267 Rn. 52.

[25]*Zieschang,* in: FG Paulus (2009), S. 197; *Erb,* in: MK, § 267 Rn. 133.

[26]Vgl. *Samson,* JA 1979, 658/660; *Otto,* JuS 1987, 761/766.

darüber hinaus der Unterzeichner aber den Anschein erweckt, als habe die Behörde oder Firma eine entsprechende Erklärung abgegeben. Für den Rechtsverkehr ist nämlich nicht so sehr der Name dessen von Bedeutung, der als Vertreter auftritt, sondern die Tatsache, dass die Verbandspersönlichkeit als Aussteller erscheint. Eine Ausnahme macht die Rspr. lediglich bei der (offenen) Stellvertretung einer natürlichen Person: Aussteller sei der Vertreter; und für die Beurteilung der Echtheit der Urkunde sei es ohne Belang, ob die Vertretungsmacht besteht.[27]

33 Sonstige unzutreffende Zusätze, wie etwa Adelsprädikate, Berufsbezeichnungen, Titel oder Stellungen führen regelmäßig nicht zu einer Identitätstäuschung. Etwas anderes gilt, wenn der so angereicherte Name auf eine andere namensgleiche Person verweist, z. B. der Zusatz „sen.", der gerade zur Unterscheidung und Vermeidung von Verwechslungen dienen soll.[28]

34 **Zeichnen mit fremdem Namen:** Mit der Verwendung eines fremden Namens ist normalerweise eine Identitätstäuschung verbunden, jedoch sind auch hier bedeutsame Ausnahmen zu beachten.

35 Nicht tatbestandsmäßig ist die bloße **Namenstäuschung,** die dadurch gekennzeichnet ist, dass der Aussteller nur über seinen Namen täuscht, nicht aber über seine Identität.[29] Dieser Fall wird angenommen, wenn, sei es allgemein, sei es in bestimmten Personenkreisen oder unter bestimmten Umständen, der Urheber der Urkunde auch bei Gebrauch eines ihm nicht zustehenden Namens so gekennzeichnet ist, dass über seine Person kein Zweifel bestehen kann. Darüber hinaus kommt straflose Namenstäuschung dann in Betracht, wenn die Wahrheit der Namensangabe für die jeweilige Beweissituation unter Berücksichtigung des Verwendungszwecks der Urkunde ohne jede Bedeutung ist und die Beteiligten kein Interesse daran haben, ob sich der Aussteller der Urkunde seines richtigen Namens bedient (BGHSt 33, 159/160). Als Fallgruppen sind zu nennen:

- Verwendung von *Pseudonymen* (Deck-, Künstler- oder Spitznamen), sofern die Person des Ausstellers allgemein oder in den beteiligten Kreisen hinreichend gekennzeichnet ist.
- Der *ständige Gebrauch* eines dem Aussteller nicht zustehenden Namens, unter dem er seine Geschäfte abwickelt und der damit zu seinem Identitätsmerkmal geworden ist.
- Die bloße Wahrung des *Inkognitos,* wodurch der Aussteller zwar unerkannt bleibt, sich aber gleichwohl als Garant zu seiner Erklärung bekennen will.

36 Im Ergebnis besteht hierüber weitgehend Einigkeit, umstritten ist allerdings noch die systematische Einordnung des Problems. Während die h. M. beim objektiven

---

[27]BGH MDR 1993, 889 mit krit. Bespr. *Zielinski,* wistra 1994, 1; zum Ganzen *Gerhold,* Jura 2009, 498.

[28]Vgl. *Seier,* JA 1979, 133/139; *Wessels/Hettinger,* Rn. 827.

[29]BGHSt 1, 117/121; 33, 159/160; BGH wistra 1998, 27; OLG Celle NJW 1986, 2772 mit Anm. *Kienapfel,* NStZ 1987, 28 und Bespr. *Puppe,* JuS 1987, 275.

Merkmal der Unechtheit ansetzt, kritisieren manche, dass dafür subjektive Kriterien herangezogen werden, namentlich die Frage, ob der Täter sich an der Erklärung festhalten lassen will; dies sei erst im Rahmen der Täuschungsabsicht zu prüfen.[30] Bezüglich des subjektiven Tatbestands ist nach der Rspr. *zusätzlich* darauf abzustellen, welchen Zweck der Täter mit der falschen Namensnennung verfolgt: Wollte er nur seinen wirklichen Namen ungenannt lassen und steht er im Übrigen zu der abgegebenen Erklärung, so handelt er nicht zur Täuschung im Rechtsverkehr; wollte er sich jedoch der Beweiswirkung in Bezug auf seine Person entziehen, so ist das subjektive Unrechtselement gegeben (BGHSt 33, 159/160 f.).

Beim Handeln unter fremdem Namen geht es schließlich um die Fälle der (ver- **37** deckten) **Stellvertretung**. Eine solche ist nach h. M. nur gestattet – und die Urkunde damit echt, wenn drei Voraussetzungen gegeben sind:

* Der Unterzeichnende will den Namensträger vertreten;
* dieser will sich vertreten lassen;
* die Vertretung muss rechtlich zulässig sein.[31]

Schon an einem Vertretungsverhältnis fehlt es, wenn der Namensträger einem anderen **38** lediglich die Erlaubnis erteilt, seinen Namen zu gebrauchen. In einem solchen Falle tritt der Urkundenaussteller nämlich nur zum Schein unter einem fremden Namen auf; in Wirklichkeit handelt er jedoch in eigener Sache und gebraucht den fremden Namen nur, um im Rechtsverkehr nicht mit seinem Namen handeln zu müssen und um auf diesem Wege als ein von sich selbst verschiedener Handelnder aufzutreten (BayObLG NJW 1989, 2142). Unzulässig ist eine Stellvertretung bei höchstpersönlich abzugebenden Erklärungen, namentlich dem eigenhändigen Testament (RGSt 57, 235) oder Examensarbeiten (RGSt 68, 240).[32] Demgegenüber stellt eine Mindermeinung unter dem Gesichtspunkt einer „reinen" Geistigkeitstheorie allein darauf ab, ob der erkennbare Aussteller sich zu der Erklärung bekennt, ohne dass es auf die rechtliche Zulässigkeit ankommen soll.[33]

Herstellen bedeutet das Hervorbringen einer zuvor noch nicht existenten **39** Urkunde, also entweder die Kreation aus dem „Nichts" oder die Verbindung eines bereits vorhandenen Textes mit einer Urheberangabe.

Einen Sonderfall des Herstellens bildet die sog. **Blankettfälschung**. Sie ist gegeben, **40** wenn der Täter ein unvollständiges Schriftstück abredewidrig vervollständigt; erst mit dem Einfügen der Gedankenerklärung entsteht hier eine (unechte) Urkunde.[34] Bis zum Jahre 1943 war diese Erscheinungsform in § 269 a. F. wie folgt geregelt:

---

[30]Vgl. *Samson,* JuS 1970, 369/374; *Seier,* JA 1979, 133/137; *Kienapfel,* NStZ 1987, 28/29.

[31]RGSt 75, 46; BGHSt 33, 159/161 f.; BayObLG NJW 1988, 1401; 1989, 2142; *Zieschang,* in: LK, § 267 Rn. 33 ff.

[32]Indessen: Kennzeichnung einer fremden Arbeit mit der eigenen Signatur ist eine bloße schriftliche Lüge.

[33]Vgl. *Puppe,* JR 1981, 441; krit. auch *Hoyer,* in: SK, § 267 Rn. 48.

[34]BGHSt 5, 295; OLG Saarbrücken NJW 1975, 658; *Weiß,* Jura 1993, 288.

Der fälschlichen Anfertigung wird es gleich geachtet, wenn jemand einem mit der Unterschrift eines Anderen versehenen Papier ohne dessen Willen oder dessen Anordnungen zuwider durch Ausfüllung einen urkundlichen Inhalt gibt.

Heute fällt die Tathandlung unter § 267 I Var. 1, das Herstellen kann erfolgen:

- *ohne Willen:* einer auf einem Blatt Papier stehenden Unterschrift wird eigenmächtig ein Text hinzugefügt;
- *entgegen Anordnung:* in einem (unterschriebenen) Blankoscheck wird eine höhere Summe als vereinbart eingetragen.

2. Verfälschen einer echten Urkunde

41   **Verfälschen** bedeutet jede nachträgliche Änderung des gedanklichen Inhalts einer echten Urkunde, durch die der Anschein erweckt wird, als habe der Aussteller die Erklärung in dieser Form abgegeben. Infolge des vom Täter vorgenommenen Eingriffs scheint die Urkunde eine andere Tatsache zu beweisen als vorher (RGSt 62, 11/12). Die Fälschungshandlung kann bestehen in:

- Veränderung des Urkundentextes oder der Ausstellerangabe;
- Austausch des Bezugsobjekts bei zusammengesetzter Urkunde;
- Entfernen von Bestandteilen einer Gesamturkunde.

42   Während beim Herstellen eine Urkunde überhaupt erst entsteht, wird durch das Verfälschen eine echte in eine unechte Urkunde umgewandelt. In beiden Fällen ist das Endprodukt aber jedenfalls eine unechte Urkunde, so dass das Verfälschen einen gesetzlich geregelten Sonderfall des Herstellens bildet. Nach h. M. soll § 267 I Var. 2 allerdings dann eigenständige Bedeutung erlangen, wenn der **Aussteller selbst** die Urkunde verändert, nachdem sein Abänderungsrecht erloschen ist.[35]

Beispiel

(1) Der Vorstand einer AG legt dem Aufsichtsrat die Jahresbilanz vor; um Verluste zu verschleiern, ändert er sie nachträglich. Wegen des Wegfalls der Dispositionsbefugnis soll ein Verfälschen darin liegen, dass der Eindruck erweckt wird, die Bilanz sei bereits von Anfang an mit diesem Inhalt abgefasst gewesen.

(2) Ein Strafrichter nimmt an einem von ihm fristgerecht abgesetzten Urteil entgegen § 275 I 3 StPO nach Ablauf der Absetzungsfrist Änderungen vor (BGH NStZ 2013, 655) oder – Variante – ändert nach Urteilsverkündung die gem. § 268 II 1 StPO niedergeschriebene und verlesene Urteilsformel (BGH NStZ 2015, 651). Aussteller ist der Strafrichter, jedoch endet seine Befugnis ausdrücklich mit Ablauf der Urteilsabsetzungsfrist bzw. mit Abschluss der Urteilsverkündung. Auf dem Boden der h.M. ist daher § 267 I, III 2 Nr. 4 gegeben, doch setzt dessen

---

[35]BGHSt 13, 382/386 f.; BGH wistra 1989, 100; KG wistra 1984, 233; OLG Koblenz NJW 1995, 1624; *Maurach/Schroeder/Maiwald,* BT 2, § 65 Rn. 65.

Anwendung voraus, dass § 339 hier keine Sperrwirkung entfaltet, was der BGH ablehnt und § 267 StGB anwendet (NStZ 2015, 651).

Die h. M. verdient jedoch keine Zustimmung. Sie weicht nämlich in diesen Fällen **43** vom Echtheitsbegriff ab und bestraft nicht mehr eine Identitätstäuschung, sondern eine „Erklärungstäuschung". Auch der Einwand, der Verfälschungstatbestand sei ansonsten überflüssig, greift nicht durch. Denn es bleibt dem Gesetzgeber unbenommen, eine besonders wichtige Fallgruppe ausdrücklich hervorzuheben, ohne dass daraus weiterreichende dogmatische Folgerungen gezogen werden müssen.[36]

3. Gebrauchen einer unechten oder verfälschten Urkunde

Eine gefälschte Urkunde **gebraucht,** wer sie demjenigen, der durch sie getäuscht **44** werden soll, so zugänglich macht, dass dieser sie wahrnehmen kann (BGH wistra 2016, 151).[37] Die Tathandlung besteht demnach regelmäßig im Aushändigen oder Vorlegen zur Einsicht. Nicht erforderlich ist, dass die Urkunde tatsächlich eingesehen oder der Adressat wirklich getäuscht wird. Noch kein Gebrauchen ist das Berufen auf die in seinem Besitz befindliche Urkunde, das Hinterlegen bei einem Notar oder das bloße Beisichführen (z. B. eines gefälschten Führerscheins), solange die Urkunde nicht in den Machtbereich des Erklärungsempfängers gelangt, and. aber nach dem BGH der mittelbare Gebrauch (s. Rn. 25)

Häufig wird der Täter eine Urkunde, die er selbst gefälscht hat, auch gebrauchen. **45** Zwar ist § 267 mit dem Herstellen oder Verfälschen bereits vollendet, aber erst mit dem Gebrauch beendet. Die Tathandlungen bilden dann insgesamt nur *ein* Delikt der Urkundenfälschung, auch bei mehrfachem Gebrauch (BGH wistra 2016, 107).[38] Etwas anderes gilt für den Gebrauch, der nicht auf einem von vornherein gefassten Plan, sondern auf einem neuen, selbständigen Entschluss beruht; hier stellt das Gebrauchen eine eigene Straftat dar (BGHSt 5, 291). Dafür soll es genügen, wenn zwischen beiden Handlungen mehr als ein Jahr liegt und ein anderer Täuschungsadressat betroffen ist (KG StraFo 2012, 375).

4. Subjektiver Tatbestand

Zunächst ist vorsätzliche Begehung erforderlich. Der **Vorsatz** muss sich auf diejeni- **46** gen Elemente, welche die Urkundeneigenschaft begründen, sowie auf die Tathandlung beziehen; *dolus eventualis* reicht aus. Hinsichtlich der Urkunde genügt die Vorstellung des Täters, dass das Tatobjekt beweiserhebliche Funktion im Rechtsverkehr besitzt („Parallelwertung in der Laiensphäre"); einer exakten Subsumtion unter den Urkundenbegriff bedarf es nicht.

---

[36]Mit Recht abl. deshalb *Heine/Schuster,* in: Schönke/Schröder, § 267 Rn. 68; *Puppe,* in: NK, § 267 Rn. 89 ff.; *Freund,* JuS 1993, 731/734; 1994, 30/34 f.; ausf. *Kargl,* JA 2003, 604.

[37]BGHSt 36, 64/65.

[38]Zum KfZ-Kennzeichen BGH, Beschl. v. 16.7.2015 – 4 StR 279/15 – juris.

47   Neben dem Vorsatz muss **Täuschungsabsicht** vorliegen. Zur Täuschung im Rechtsverkehr handelt, wer erreichen will, dass ein anderer die Urkunde für echt hält und
durch diese irrige Annahme zu einem rechtlich erheblichen Verhalten bestimmt wird,
wer also mit der unechten Urkunde irgendwie auf das Rechtsleben einwirken will
(BGHSt 33, 105/109). Ausgenommen ist damit der Bereich zwischenmenschlicher
Beziehungen, weil insoweit keine Täuschung im *Rechtsverkehr* beabsichtigt wird.

Beispiel

A hat der F Schriftstücke vorgelegt, die – wie er wusste – mit falschen Namen
unterschrieben waren. Er verfolgte damit den Zweck, die F solange aufzuhalten, dass sie die Nacht bei ihm verbringen musste. Sein Tun war also darauf
gerichtet, außerhalb der Rechtssphäre auf F einzuwirken. Somit fehlt es an der
Täuschungsabsicht i. S. des § 267 (vgl. RGSt 64, 95).

48   Die *Absicht* ist nicht im engeren Sinne zu verstehen, sondern umfasst auch die Willensintensität des direkten Vorsatzes. Es genügt also das sichere Wissen, dass die
Urkunde im Rechtsverkehr gebraucht werden soll (BayObLG JZ 1998, 635).[39]

5. Strafschärfungen

49   Seit dem 6. StRG (1998) sind in § 267 III Regelbeispiele besonders schwerer Fälle
enthalten. Zunächst geht es um gewerbsmäßiges (vgl. § 243 I Nr. 3) oder banden-
mäßiges (vgl. § 244 I Nr. 2) Handeln. Hinsichtlich der Gewerbsmäßigkeit ist nicht
erforderlich, dass die Urkundenfälschung unmittelbar dazu dient, einen Erlös zu
erwirtschaften, es genügt auch der mittelbare Vorteil, etwa durch Betrug mittels
gefälschter Urkunden (BGH NStZ 2016, 28). Für das Herbeiführen eines Vermö-
gensverlustes großen Ausmaßes (vgl. § 263 III Nr. 2) gilt aufgrund der Betrugsnähe
die dort angenommene Schadenshöhe von 50.000 Euro (§ 263 III Nr. 2). Die erhebliche Gefährdung der Sicherheit des Rechtsverkehrs muss durch eine „große Zahl"
von Urkunden erfolgen; die Mengenangaben in der Literatur schwanken, jedoch
wird mindestens eine zweistellige Anzahl verlangt. Ein Missbrauch der Befugnisse
oder Stellung als Amtsträger (vgl. § 240 IV Nr. 3) erfordert einen inneren Zusammenhang mit der amtlichen Position. Schließlich kombiniert der Qualifikationstatbestand des § 267 IV die banden- und gewerbsmäßige Begehung; das Delikt wird
dadurch zum **Verbrechen** (§ 12 I) gesteigert, insb. mit der Folge des § 30.

6. Beteiligung, Versuch, Konkurrenzen

50   Unmittelbare Täterschaft setzt die Verwirklichung aller objektiven und subjektiven
Tatbestandsmerkmale voraus. Als täterschaftliche Beteiligungsformen kommen in
Betracht:

---

[39]Krit. *Vormbaum*, GA 2011, 167.

- Mittäterschaft, wenn in einverständlichem Zusammenwirken der eine Beteiligte die Urkunde fälscht, der andere sie gebraucht (RGSt 70, 12/16); auch der Auftraggeber komme in Betracht (BGH NStZ-RR 2013, 168), was hingegen an den Anforderungen der sog. funktionellen Mittäterschaft zu messen ist;
- mittelbare Täterschaft durch Täuschung oder Zwang, insb. wenn der Unterzeichnende darüber getäuscht wird, dass er eine beweiserhebliche Erklärung abgibt.[40]

Eine Beihilfe durch Einrichtung eines Briefkastens ist eine einzige Handlung, die mehrere Haupttaten fördern kann (BGH wistra 2006, 226).

Der Versuch ist strafbar (§ 267 II). Hier kann die Unterscheidung zwischen **51** untauglichem Versuch und straflosem Wahndelikt bedeutsam werden, die wie folgt vorzunehmen ist:

- Versuch bei irriger Annahme, die „Urkunde" hätte Beweisfunktion oder der Aussteller sei aus ihr ersichtlich;
- Wahndelikt bei falscher rechtlicher Bewertung, trotz Fehlens jener Merkmale sei eine Urkunde gegeben.[41]

Häufig trifft Urkundenfälschung mit Betrug zusammen, indem der Täter eine **52** gefälschte Urkunde zu Täuschungszwecken verwendet. Tateinheit zwischen §§ 267, 263 ergibt sich daraus, dass:

- Fälschen und Gebrauchen ein einheitliches Delikt der Urkundenfälschung bilden (oben Rn. 45);
- Gebrauchen zugleich die Täuschungshandlung i. S. des § 263 darstellt und somit eine „Teilidentität" der Ausführungshandlung vorliegt.

Kontrollfragen
1. Wann ist eine Urkunde unecht? (Rn. 27)
2. Was besagt die Geistigkeitstheorie? (Rn. 28)
3. Wie kann die Verwendung des eigenen Namens zu einer Identitätstäuschung führen? (Rn. 30, 31)
4. Was versteht man unter einer Namenstäuschung? (Rn. 35)
5. Unter welchen Voraussetzungen ist eine verdeckte Stellvertretung zulässig? (Rn. 37, 38)

---

[40]So wenn die Unterschrift des Ausstellers ohne dessen Wissen durch Blaupause auf ein untergeschobenes Schriftstück übertragen wird, vgl. RGSt 50, 179; 73, 243/245 (allerdings ohne Heranziehung der mittelbaren Täterschaft); näher dazu *Schroeder,* GA 1974, 225.

[41]Zutr. BGHSt 13, 235/240; probl. OLG Düsseldorf NJW 2001, 167 mit krit. Anm. *Puppe,* NStZ 2001, 482.

IV. Urkundenunterdrückung

53 In § 274 geht es um den Bestandsschutz von Urkunden. Während die Urkundenfälschung auf Herstellung eines falschen Beweismittels abzielt, ist die Urkundenunterdrückung auf Beseitigung eines Beweismittels gerichtet (RGSt 3, 370/372).

1. Tatbestandsvoraussetzungen

54 Für die Urkunde als Tatobjekt gilt der bereits erörterte Urkundenbegriff gleichermaßen. Allerdings ist zu beachten, dass nur **echte** Urkunden Bestandsschutz genießen,
so dass Falsifikate aus dem Schutzbereich des § 274 ausscheiden. Zudem muss auch
eine echte Urkunde zunächst einmal fertig gestellt worden sein, mag auch bereits
eine Unterzeichnung erfolgt sein.[42]

55 Die Urkunde darf dem Täter nicht oder nicht ausschließlich „gehören". Nach dem
Schutzzweck der Vorschrift ist unter **Gehören** nicht das Eigentum zu verstehen,
sondern das Recht, mit der Urkunde Beweis zu erbringen (BGHSt 29, 192/ 194).
Diese Beweisführungsbefugnis kann deshalb auch dem Eigentümer fehlen, wenn
ihm die Rechtsordnung die Verpflichtung auferlegt, die Urkunde für die Beweisführung eines anderen herauszugeben oder zur Einsichtnahme bereitzuhalten.

> **Beispiel**
>
> Der Arbeitgeber hat durch fingierte Lohnabrechnungen gegenüber dem Arbeits-
> amt unberechtigterweise Kurzarbeiter- und Schlechtwettergeld bezogen. Wer
> solche Sozialleistungen erhält, muss auf Verlangen des zuständigen Leistungs-
> trägers die entsprechenden Beweisurkunden vorlegen (§ 60 I Nr. 3 SGB I). Die
> Beseitigung der Akten stellt deshalb eine Urkundenunterdrückung dar.

56 Hingegen „gehören" ein Reisepass und die darin enthaltenen Urkunden ausschließlich dem Inhaber, da sie allein dessen Gebrauchsbefugnis unterstehen; das staatliche
Eigentum (§ 1 IV 1 Hs. 2 Passgesetz) ändert daran nichts.[43] Die Manipulation an
belastenden Vermerken ist deshalb keine Urkundenunterdrückung. Diese Strafbarkeitslücke soll durch § 273 geschlossen worden sein, der das Verändern amtlicher
Ausweise mit Strafe bedroht (vgl. dazu BT-Drucks. 13/9064, S. 51 f.).

57 Als **Tathandlung** nennt § 274 drei Varianten:
Vernichten bedeutet die völlige Zerstörung des Urkundenkörpers (z. B. Verbrennen) oder die vollständige Beseitigung des Inhalts. Eine zusammengesetzte
Urkunde (oben Rn. 12) kann auch durch die Trennung ihrer Bestandteile vernichtet
werden.

---

[42]LG Frankfurt a.M. ZIP 2007, 2358 (Hauptversammlungsprotokoll nach AktG).

[43]Vgl. BayObLG NJW 1997, 1592 mit Bespr. *Reichert,* StV 1998, 51; ebenso OLG Hamm
NStZ-RR 1998, 331.

Beschädigen meint eine derartige Veränderung, dass die Urkunde in ihrem Wert als Beweismittel beeinträchtigt wird (z. B. Beseitigung der Unterschrift).

Unterdrücken ist jede Handlung, durch die dem Berechtigten die Benutzung der Urkunde als Beweismittel entzogen oder vorenthalten wird; dies kann auch zeitweilig geschehen (z. B. Verstecken).

Der subjektive Tatbestand erfordert Vorsatz, gerichtet auf Tatobjekt und -handlung, **58** sowie die Absicht, einem anderen Nachteil zuzufügen. Unter *Absicht* ist hier die Willensintensität des direkten Vorsatzes unter Ausschluss des *dolus eventualis* zu verstehen. Der Nachteil braucht nicht vermögensrechtlicher Natur zu sein, vielmehr genügt jede Beeinträchtigung fremder Beweisführungsrechte (BGHSt 29, 192/196). Allerdings muss die beabsichtigte Nachteilszufügung über die bloße Tathandlung hinausgehen, weil sonst jenes Merkmal überflüssig wäre. Andererseits ist nicht erforderlich, dass sich der Täter vorstellt, die Verwendung der Urkunde, die unterdrückt wird, stehe unmittelbar bevor oder sei jedenfalls in absehbarer Zeit zu erwarten. Es genügt eine potentielle Beweisbedeutung, die sich jederzeit realisieren kann und auf die sich die Absicht, einschließlich sicheren Wissens, bezieht (BGH NStZ 2010, 126).

Trotz teils geäußerter zwischenzeitlicher Bedenken (BGH NStZ-RR 2012, 343) **59** hält der BGH bisher daran fest, dass sich wegen § 274 I Nr. 1 nicht strafbar macht, wem es darum geht, die Sanktion einer Ordnungswidrigkeit oder Straftat zu verhindern (BGH NStZ 2016, 351). Die Begründung könnte sich auf das Wort „anderer" oder auf den Begriff des „Nachteils" stützen, bedarf letztlich aber einer tieferen Erwägung, die in der Abgrenzung des Bürgers zum repressiv tätigen Staat liegt und insofern anders gelagert ist als eine Auseinandersetzung zwischen rechtlich gleichgeordneten Subjekten bürgerlichen Rechts. Die restriktive Handhabung von § 274 ist Ausdruck des auch in § 258 wirkenden Selbstbegünstigungsprivilegs.[44]

Neben der weiteren Alternative des Eingriffs in Grenzmarkierungen (Nr. 3) stellt § 274 I Nr. 2 das in Nachteilszufügungsabsicht erfolgte Löschen, Unterdrücken, Unbrauchbarmachen oder Verändern von Daten durch einen nicht Verfügungsberechtigten unter Strafe. In Abgrenzung zu § 303a ist erforderlich, dass die gespeicherten Daten dazu bestimmt sind, im Rechtsverkehr als Beweisdaten für rechtlich erhebliche Tatsachen benutzt zu werden, dass also deren Einsatz die Verwendung von Urkunden ersetzt, was bei bloßen Informations- und Arbeitsmitteln nicht der Fall ist (BGH StV 2014, 296).

2. Abgrenzungsfragen

Problematisch kann das Verhältnis von § 267 und § 274 sein.[45] Da ein Verfälschen der Urkunde deren (ursprünglichen) Beweiswert tangiert, ist regelmäßig zugleich das Tatbestandsmerkmal des „Beschädigens" erfüllt. § 274 tritt dann als bloßes

---

[44]Zum Ganzen *Zieschang,* HRRS 2013, 49.

[45]Im Einzelnen *Kienapfel,* Jura 1983, 185; *Geppert,* Jura 1988, 158.

Mittel der Urkundenfälschung hinter § 267 I Var. 2 in Gesetzeskonkurrenz (Subsidiarität) zurück.

60   Fraglich bleibt in manchen Fällen jedoch, ob und welches Urkundendelikt eingreift. Exemplarisch ist der Sachverhalt anzuführen, dass der Täter das Entwerterfeld einer Fahrkarte mit einem durchsichtigen Klebestreifen überklebt bzw. mit einer Lack- oder Wachsschicht präpariert, um den Stempelaufdruck wieder abwischen und die Fahrkarte erneut benutzen zu können.[46] Der Entwertungsvermerk bildet ein Beweiszeichen, das sich mit dem Fahrschein als „Urkundenträger" zu einer zusammengesetzten Urkunde[47] verbindet. Auch wenn sich der Stempelaufdruck infolge der Beschichtung wieder beseitigen lässt, liegt eine hinreichend dauerhafte Verbindung vor (vergleichbar einer mit Bleistift geschriebenen Erklärung, die man ausradieren kann). Im Hinblick auf das Beseitigen des Aufdrucks findet dann § 274 Anwendung.

61   Die einzelnen Verhaltensweisen sind wie folgt zu beurteilen:

- Das Präparieren der Fahrkarte stellt unstreitig noch keine Urkundenstraftat dar, weil weder die Beweisrichtung verändert noch der Beweiswert beeinträchtigt wird.
- Auch das Aufbringen des Entwerterstempels kann nicht als Urkundenfälschung gewertet werden, da die Erklärung tatsächlich von demjenigen herrührt, der als Aussteller erscheint, und es somit an einer Identitätstäuschung fehlt.[48]
- Erst das nachträgliche Entfernen des Aufdrucks ist strafrechtlich relevant. Da hierdurch der Erklärungsinhalt nicht verändert, sondern beseitigt wird, handelt es sich um eine Urkundenunterdrückung (§ 274). Die Urkunde „gehört" dem Täter solange nicht allein, wie das Verkehrsunternehmen ein Beweisinteresse hat.[49]

62   Will der Täter sich die Urkunde aneignen, so gehen die Eigentumsdelikte (§§ 242, 246) der Entziehung in Form des § 274 vor. Unterschiedlich fällt nur die Begründung aus: Versteht man das „Unterdrücken" als eine *ohne Zueignungsabsicht* erfolgende Handlung,[50] so müsste § 274 bereits tatbestandlich ausscheiden. Richtigerweise dürfte jedoch ein Fall der Gesetzeskonkurrenz anzunehmen sein, da in der Zueignung die Schädigung des Berechtigten notwendig eingeschlossen ist, wenn der Handelnde die Schädigung als zumindest sichere Folge reflektiert.

---

[46]Vgl. OLG Köln VRS 59, 342; OLG Düsseldorf JR 1983, 428 mit Anm. *Puppe;* zusammenfassend *Schroeder,* JuS 1991, 301; *Martin,* JuS 2001, 364.

[47]Nicht hingegen einer „Gesamturkunde", so aber *Ranft,* Jura 1993, 84/85; wie hier RGSt 20, 6; BayObLG NJW 1980, 1057.

[48]*Ranft,* Jura 1993, 84/85; and. *Freund,* JuS 1994, 30/33: Herstellen einer unechten Urkunde.

[49]Ebenso *Puppe,* JR 1983, 429/430; abw. *Schroeder,* JuS 1991, 301/302: Verfälschen.

[50]So etwa OLG Hamm NJW 1968, 1895; diff. OLG Köln NJW 1973, 1807; zu den Einzelheiten näher *Zieschang,* in: LK, § 274 Rn. 68 ff.

V. Falschbeurkundung

Die Strafbestimmungen der Falschbeurkundung (§§ 271, 348)[51] schützen die inhalt-   **63**
liche Richtigkeit der Beurkundung, allerdings beschränkt auf *öffentliche* Urkunden.
Ihre Systematik stellt sich wie folgt dar:

- Die unmittelbare Falschbeurkundung durch einen Amtsträger wird von § 348
  erfasst.
- Die Teilnahme eines Außenstehenden (Extraneus) an vorsätzlicher Haupttat
  richtet sich nach den allgemeinen Regeln (§§ 26, 27, 28 I).
- Wird die falsche Beurkundung durch eine gutgläubige Amtsperson bewirkt, so
  geht es um mittelbare Falschbeurkundung (§ 271).

1. Falschbeurkundung im Amt

Sinn des § 348 ist ein umfassender Schutz des allgemeinen Vertrauens in die Wahr-   **64**
heitspflicht der mit der Aufnahme öffentlicher Urkunden betrauten Amtspersonen
(BGHSt 37, 207/209). Da nur bestimmte Amtsträger die Tat begehen können,
handelt es sich um ein echtes Sonderdelikt (eigentliches Amtsdelikt).

Der **Täter** muss ein Amtsträger (§ 11 I Nr. 2) sein, der zur Aufnahme öffentlicher   **65**
Urkunden befugt ist. Eine solche Befugnis liegt vor, wenn er sachlich und örtlich
dafür zuständig ist, Erklärungen oder Tatsachen mit voller Beweiskraft zu beurkun-
den (BGHSt 12, 85). Typischer Urkundenbeamter in diesem Sinne ist beispielsweise der Notar; er ist Träger eines öffentlichen Amtes (§ 1 BNotO) und zuständig,
Beurkundungen jeder Art vorzunehmen (§ 20 I 1 BNotO). Des Weiteren kommen
in Betracht: Richter, Rechtspfleger, Gerichtsvollzieher (vgl. § 762 ZPO), Standes-
beamte und sonstige Urkundsbeamte (vgl. § 153 GVG).

Das **Tatobjekt** besteht in einer öffentlichen Urkunde; insoweit ist auf die Legal-   **66**
definition in § 415 ZPO abzustellen. Danach sind öffentliche Urkunden mit erhöhter
Beweiskraft für und gegen jedermann ausgestattet.[52] An dieser „Außenwirkung"
fehlt es, wenn sie ausschließlich innerdienstlichen Zwecken dienen. Vorausgesetzt
wird die Aufnahme der Urkunde

- von einer öffentlichen Behörde oder einer mit öffentlichem Glauben ausgestat-
  teten Person
- innerhalb ihrer Amtsbefugnisse oder des ihr zugewiesenen Rechtskreises
- in der vorgeschriebenen Form.

---

[51]Zum Ganzen *Bock*, ZIS 2011, 330; *Freund,* JuS 1994, 305; *Mankowski/Tarnowski,* JuS 1992, 826.
[52]Vgl. BGHSt 7, 94/96; 26, 9/11; 44, 186; BayObLG NStZ-RR 1996, 137.

Für das Grundbuch ergibt sich die besondere Beweiskraft aus den gesetzlichen Vorschriften. Ist ein Recht für jemand eingetragen, so wird vermutet, dass ihm das Recht zustehe (§ 891 BGB). Darüber hinaus genießt es gegenüber gutgläubigen Rechtserwerbern öffentlichen Glauben (§ 892 BGB). Die Vermutung der Richtigkeit des Grundbuchs bedeutet demnach, dass seinem Inhalt Beweiswirkung für die in ihm bezeugten dinglichen Rechtsverhältnisse zukommt (OLG Stuttgart NStZ 1985, 365).

67 Die **Tathandlung** besteht in der falschen Beurkundung einer rechtlich erheblichen Tatsache. Eine Tatsache ist falsch beurkundet, wenn sie überhaupt nicht oder in anderer Weise geschehen ist, das Beurkundete also nicht mit der Wirklichkeit übereinstimmt. Dabei muss immer sorgfältig die *Reichweite der Beweiskraft* beachtet, d. h. geprüft werden, ob sich der öffentliche Glaube gerade auf die beurkundete Tatsache erstreckt. Dies ist im Einzelfall anhand der für die jeweilige Beurkundung maßgeblichen Vorschriften und der Verkehrsanschauung zu ermitteln. Beweiserheblich können einerseits die Personenidentität der Beteiligten (vgl. § 10 BeurkG), andererseits die gemachten Angaben sein, soweit ihre Eintragung ausdrücklich vorgesehen ist (vgl. § 15 PStG zum Eheregister). Auch die Erteilung eines „Negativattests" (§ 273 Ia 3 StPO) bei einer „informellen Absprache" kann § 348 unterfallen.[53]

68 Eine weitere Einschränkung ergibt sich daraus, dass öffentliche Urkunden in der Regel nur mit *formeller Beweiskraft* ausgestattet sind. Ihre erhöhte Beweiskraft erstreckt sich also lediglich auf die Abgabe einer bestimmten Erklärung, nicht auf deren inhaltliche Richtigkeit! Bewiesen wird damit nur, dass zu der in der Urkunde angegebenen Zeit, am bezeichneten Ort, vor der genannten Urkundsperson Erklärungen des niedergelegten Inhalts abgegeben worden sind.

Der Notar beurkundet den Kaufvertrag über eine Eigentumswohnung; auf einverständlichen Wunsch der Vertragsparteien nimmt er einen höheren Kaufpreis auf, als tatsächlich vereinbart war. Da somit die Beurkundung den geäußerten Willen der Beteiligten auch zutreffend widergibt, liegt keine Falschbeurkundung vor (BGH NStZ 1986, 550).[54]

---

[53]Vgl. schon BVerfG NJW 2013, 1058/1064; dazu *Verjans*, in: FS Feigen (2014), S. 283.

[54]Eine Falschbeurkundung durch den Notar wurde ebenfalls verneint bei unrichtigen Angaben betreffend: Ort seines Amtssitzes (BGHSt 44, 186); Sprachkenntnisse des Erschienenen (BGHSt 41, 39); Feststellung der Identität (BGH NJW 2004, 3195); Verlesung der Urkunde (OLG Zweibrücken NJW 2004, 2912).

2. Mittelbare Falschbeurkundung

Es handelt sich um einen speziellen Fall der Begehung durch ein gutgläubig handelndes Werkzeug. Da dem außenstehenden Nichtamtsträger die für § 348 erforderliche Tätereigenschaft fehlt, kann er nach den allgemeinen Regeln (§ 25 I Alt. 2) auch nicht als mittelbarer Täter erfasst werden. Diese Lücke wird durch § 271 geschlossen. **69**

Die – kompliziert umschriebene – **Tathandlung** bedeutet im Kern das Bewirken einer inhaltlich unrichtigen Beurkundung. Unter *Bewirken* ist jede Herbeiführung dieser Beurkundung zu verstehen (BGHSt 8, 289/294), was in aller Regel mittels Täuschung des Urkundsbeamten erfolgen wird. Wie bei § 348 muss auch hier besonderes Augenmerk auf den Umfang der Beweiskraft gelegt werden. Maßgebliche Orientierung hierfür bietet der dem Amtsträger obliegende Prüfungsumfang (BGHSt 53, 34/36 f.), denn was nicht geprüft wird, kann schwerlich mit besonderem öffentlichen Glauben beurkundet werden. **70**

Beispiel

Ein Zeuge macht im Strafprozess eine falsche Aussage; seine Angaben werden protokolliert. Keine mittelbare Falschbeurkundung, weil das Gerichtsprotokoll lediglich Beweis über die Beobachtung der vorgeschriebenen „Förmlichkeiten" erbringt (§ 274 StPO). Beurkundet wird also die Abgabe bestimmter Erklärungen, nicht deren inhaltliche Richtigkeit (OLG Hamm NJW 1977, 592).

Erhebliche praktische Bedeutung erlangt § 271 im Zusammenhang mit dem Bewirken falscher Angaben in Fahrzeugpapieren. Diesbezüglich sind nach Art und Beweisumfang zu unterscheiden: **71**

- Die Zulassungsbescheinigung Teil I (früher: *Fahrzeugschein*) beweist vor allem, ob und unter welchem Kennzeichen das Fahrzeug zum Verkehr zugelassen ist. Darüber hinaus wird auch der Termin für die nächste Hauptuntersuchung von der Beweiskraft umfasst (BGHSt 26, 9). Hingegen beweist das Papier nicht, dass die Angaben zur Person des Zulassungsinhabers richtig sind (BGHSt 22, 201). Erfasst wird aber die zu prüfende Identität des zum Straßenverkehr zugelassenen Fahrzeugs, insb. anhand der Fahrzeug-Indentifizierungsnummer (BGHSt 53, 34;[55] and. BGHSt 20, 186).
- Auch die Zulassungsbescheinigung Teil II (früher *Fahrzeugbrief*) ist hinsichtlich der darin enthaltenen Angaben zur Person keine öffentliche Urkunde i.S.d. § 348; sie beweist weder zu öffentlichem Glauben, dass die Eintragungen zur Person richtig sind, noch dass die eingetragene Person Verfügungsberechtigter oder Halter des Fahrzeugs ist, auf das sich die Zulassungsbescheinigung bezieht (BGHSt 60, 66).[56]

---

[55]Zust. Anm. *Erb*, NStZ 2009, 389.

[56]Dazu *Kudlich*, JA 2015, 310.

- Der *Führerschein* ist eine öffentliche Urkunde mit Beweiswirkung hinsichtlich der Erteilung einer Fahrerlaubnis und hinsichtlich des Nachweises, dass der augenblickliche Besitzer mit der im Führerschein bezeichneten Person identisch ist (BGHSt 25,95). Zu den individualisierenden Hinweisen auf den berechtigten Inhaber gehört wesentlich der Geburtstag; wer also bewirkt, dass sein Führerschein mit falschem Geburtsdatum ausgestellt wird, begeht mittelbare Falschbeurkundung (BGHSt 34, 299).

Praktisch bedeutsam sind darüber hinaus:

- Bescheinigungen nach dem AsylVfG s. BGHSt 42, 131 mit Anm. *Puppe*, JR 1996, 425; BGH JR 1996, 383 mit Anm. *Mätzke*; ferner diff. zu „Angaben" und „Erklärungen" gegenüber der Ausländerbehörde OLG Koblenz StV 2010, 251; abl. bei unterbliebener Überprüfung von Personalangaben, auch wenn in der Bescheinigung nicht ausdr. klargestellt OLG Brandenburg, NStZ-RR 2010, 12
- amtliche Meldebestätigung, vgl. OLG München wistra 2006, 194;
- ferner genügt die Manipulation eines gerichtlich angeordneten Vaterschaftstests zur Vermeidung der Vaterschaftsfeststellung AG Tiergarten, Urt. v. 30.9.2013 – 256 Ds 88/13 – juris;
- nicht dagegen die unrichtige Eintragung eines angeblichen Betriebsleiters in die Handwerksrolle OLG Stuttgart NStZ-RR 2013, 14; die unrichtige Eintragung einer Kapitalerhöhung in das Handelsregister BGH ZIP 2016, 1724; falsche Entscheidungsgründe eines Adoptionsbeschlusses durch wahrheitswidrigen Vortrag BGH NStZ 2007, 471; der Ablehnungsbescheid eines Asylantrags hinsichtlich der Identität des darin benannten Asylbewerbers OLG Bamberg NStZ-RR 2014, 142; unrichtige TÜV-Untersuchungsberichte HansOLG NStZ 2014, 95 m. Bespr. *Claus*, NStZ 2014, 66.

72 Der **Vorsatz** muss sich auf das Bewirken einer unrichtigen Beurkundung und deren Rechtserheblichkeit beziehen; bedingter Vorsatz reicht aus. Im Hinblick auf die Parallele zur mittelbaren Täterschaft ist grundsätzlich auch das Bewusstsein erforderlich, sich eines gutgläubigen Beamten als Werkzeug zu bedienen. Nach h. M. sollen diesbezügliche Irrtümer jedoch unbeachtlich sein: Auch derjenige Täter, der die bösgläubige Urkundsperson irrig für gutgläubig hält, habe die Falschbeurkundung vorsätzlich veranlasst; die Anwendung des § 271 erfordere nur, dass keine Teilnahme an dem Amtsdelikt vorliegt.[57] Die Gegenmeinung nimmt – mangels objektiver Tatherrschaft – eine Strafbarkeit wegen Versuchs (§ 271 IV) an, vgl. auch die entspr. Konstellation zu § 160 (§ 7 Rn. 32).

73 Ergänzend regelt § 271 II den **Gebrauch** falscher Beurkundungen zum Zweck einer Täuschung. Eine Urkunde „der in Absatz 1 bezeichneten Art" kann auch aus einer Tat nach § 348 stammen. Das Gebrauchmachen ist wie in § 267 zu verstehen.

---

[57]RGSt 13, 52/56; *Fischer*, § 271 Rn. 16; dagegen *Puppe*, in: NK, § 271 Rn. 41; *Zieschang*, in: LK, § 271 Rn. 86.

Desgleichen entspricht das Verhältnis zwischen Bewirken und Gebrauchen demjenigen von Fälschen und Gebrauchen (oben Rn. 45); insgesamt liegt dann nur *ein* Delikt der Falschbeurkundung vor.

Eine **schwere** mittelbare Falschbeurkundung (§ 271 III) setzt ein Handeln gegen   **74** Entgelt oder in der Absicht voraus, sich oder einen Dritten zu bereichern oder eine andere Person zu schädigen. Rechtswidrig braucht die Bereicherung nicht zu sein (str.); der Täter wird sie regelmäßig durch den *Gebrauch* der im Wege des § 271 I erlangten Urkunde erreichen wollen – z. B. Erschleichen einer Anstellung durch Vorlage einer falschen Bescheinigung. Jedoch kann es genügen, dass schon die in § 271 geschilderte *Tat* als Mittel zur Erlangung des Vermögensvorteils dienen soll, indem etwa der Täter durch das Bewirken einer falschen Eintragung die Kosten für eine ordnungsgemäße Beurkundung erspart (BGHSt 34, 299/303).

Kontrollfragen
1. Wer ist zur Aufnahme öffentlicher Urkunden befugt? (Rn. 65)
2. Wie weit reicht die Beweiskraft solcher Urkunden? (Rn. 67, 68)
3. Welche Strafbarkeitslücke wird durch § 271 geschlossen? (Rn. 69)

VI. Sonstige Urkundendelikte

1. Fälschung technischer Aufzeichnungen

Die Vorschrift des § 268 ist durch das 1. StrRG (1969) eingeführt worden und soll   **75** eine Lücke im Strafrechtsschutz schließen, die dadurch entstehen kann, dass infolge der technischen Entwicklung an die Stelle von Beurkundungen durch Menschen zunehmend Aufzeichnungen getreten sind, die von Geräten automatisch hergestellt werden und denen die Urkundeneigenschaft fehlt (BT-Drucks. V/4094, S. 31). In der Literatur wird vielfach die Kritik geäußert, dass die Tatbestandsfassung gesetzestechnisch missglückt und die praktische Bedeutung gering sei.[58] Die folgende Darstellung beschränkt sich auf diejenigen Streitfragen, die bisher als wesentlich hervorgetreten sind.

Das **Tatobjekt** wird in § 268 II legaldefiniert. Danach ist technische Aufzeich-   **76** nung eine Darstellung von Daten, Mess- oder Rechenwerten, Zuständen oder Geschehensabläufen, die durch ein technisches Gerät ganz oder zum Teil selbsttätig bewirkt wird, den Gegenstand der Aufzeichnung erkennen lässt und zum Beweis einer rechtserheblichen Tatsache bestimmt ist. Im Unterschied zur Urkunde muss also die technische Aufzeichnung weder eine (menschliche) Gedankenerklärung verkörpern noch auf einen Aussteller hinweisen. Das praktisch bedeutsamste und in der Judikatur häufiger auftauchende Beispiel bildet das Schaublatt eines

---

[58]So etwa *Wessels/Hettinger,* Rn. 861; *Freund* JuS 1994, 207.

Fahrtenschreibers.[59] In der Literatur werden ferner die Aufnahmen einer Verkehrsüberwachungsanlage bei Geschwindigkeits- oder Rotlichtkontrollen genannt.

> **Beispiel**
>
> Ein Geldspielautomat enthält als eigenständiges Bauteil ein Auslesegerät, das automatisch die eingespielten Umsätze erfasst und dessen Ausdruck § 268 unterfällt. Um Steuern zu sparen, manipuliert A das Ergebnis durch Zugriff auf den Aufzeichnungsvorgang und ist daher gem. § 268 III i.V.m. I Nr. 1 strafbar (BGH NStZ 2016, 42)[60] – somit dürfte § 268 in Prüfung und Praxis zu neuem Leben erwachen.

77   Der hauptsächliche Streitpunkt zum Begriff der technischen Aufzeichnung betrifft die Frage, ob unter *Darstellung* nur eine solche Aufzeichnung zu verstehen ist, bei der die Information in einem selbständig verkörperten, vom Gerät abtrennbaren Stück enthalten ist; damit würden bloße Anzeigegeräte (Gas- und Wasseruhren, Strom- und Kilometerzähler) aus dem Anwendungsbereich des § 268 ausscheiden. Der BGH hat in einer eingehend begründeten Entscheidung (BGHSt 29, 204) diese Frage bejaht:[61] Ausgehend vom Wortlaut schließe das Begriffsverständnis in der Regel die Verkörperung des Aufgezeichneten auf einem eigenen Zeichenträger ein. Diese Auslegung finde ihre Bestätigung in der Entstehungsgeschichte und im Willen des Gesetzgebers. Das Ergebnis werde außerdem durch die systematische Einordnung des § 268 in die Urkundendelikte gestützt, denn kennzeichnend für eine Urkunde sei gerade, dass ihr Erklärungsinhalt in einem selbständigen Stück enthalten ist, das mit dem Erklärenden nicht fest verbunden ist und, losgelöst von ihm, Beweis erbringen kann. Letztlich ergebe sich aus dem kriminalpolitischen Zweck der Vorschrift kein Anhalt dafür, dass sie auch bloße Anzeigegeräte erfassen sollte. Die Sicherheit und Verlässlichkeit der Beweisführung sei bei ihnen nicht gleichermaßen gewährleistet, weil sie stets auf den jeweils letzten Stand des Zählwerkes beschränkt wäre.

78   Die so umgrenzte Darstellung muss durch ein technisches Gerät – ganz oder zum Teil – *selbsttätig* bewirkt werden. Ihre Entstehung oder Gestaltung beruht also auf dem Prinzip der Automation. Die Leistung des Gerätes besteht darin, dass es im Wege eines automatischen Vorgangs einen Aufzeichnungsinhalt mit neuem Informationsgehalt hervorbringt.[62] Die bloße Wiedergabe einer bereits vorhandenen

---

[59]BGHSt 28, 300; 40, 26; OLG Düsseldorf MDR 1990, 13; OLG Karlsruhe NStZ 2002, 652; nach *Fischer*, § 268 Rn. 2 nehmen „Fahrtenschreiberfälle" einen unverhältnismäßig großen Raum in der praktischen Anwendung ein.

[60]Dazu *Erb*, StV 2016, 366; *Hecker*, JuS 2015, 1132.

[61]Ebenso *Krey/Hellmann/Heinrich*, Rn. 1029; *Zieschang*, in: LK, § 268 Rn. 6; im Erg. auch *Wessels/ Hettinger*, Rn. 864; and. *Heine/Schuster*, in: Schönke/Schröder, § 268 Rn. 9; *Hoyer*, in: SK, § 268 Rn. 10.

[62]*Heger*, in: Lackner/Kühl, § 268 Rn. 4; im einzelnen *Zieschang*, in: LK, § 268 Rn. 15 ff.

Information stellt kein selbsttätiges Bewirken dar, so dass Fotokopien nicht als technische Aufzeichnungen angesehen werden können. Da auch die *teilweise* selbsttätige Herstellung genügt, ist eine menschliche Mitwirkung nicht ausgeschlossen; die Grenze liegt dort, wo der Mensch allein den Inhalt der Aufzeichnung festlegt (meistgenanntes Beispiel: elektrische Schreibmaschine).

Eine technische Aufzeichnung ist *unecht,* wenn sie in ihrer konkreten Gestalt **79** nur scheinbar das Ergebnis selbsttätigen Funktionierens des Aufzeichnungsmechanismus ist (BGHSt 28, 300/303). Die *Begehungsweisen* – Herstellen, Verfälschen, Gebrauchen – entsprechen denjenigen des § 267. Eine Besonderheit bildet die ergänzende Klausel des § 268 III, wonach es der Herstellung gleichsteht, wenn der Täter durch störende Einwirkung auf den Aufzeichnungsvorgang das Ergebnis der Aufzeichnung beeinflusst. Die Tathandlung verlangt Eingriffe, die den selbsttätig fehlerfreien Ablauf des aufzeichnenden Geräts in Mitleidenschaft ziehen (BGHSt 28, 300/305).

Obwohl es bei der **störenden Einwirkung** nach h. L. nur um einen (entbehr- **80** lichen) Unterfall des Herstellens geht, hat diese Modalität manche Fragen eigener Art aufgeworfen:

- Arbeitet das Gerät fehlerhaft infolge eines Eigendefekts, so bleibt der Täter straflos, der lediglich die „Entstörung" des Aufzeichnungsmechanismus unterlässt. Unverzichtbarer Bestandteil des Merkmals der störenden Einwirkung ist ein aktiver Eingriff in den funktionellen Ablauf, dem ein Unterlassen nicht entspricht (BGHSt 28, 300).
- Wer für das Gerät ein für andere Apparate bestimmtes Schaublatt verwendet und dadurch eine falsche Aufzeichnung bewirkt, beeinflusst durch störende Einwirkung das Ergebnis der Aufzeichnung. Der Aufzeichnungsvorgang und das Medium, auf dem er sich verkörpert, können nicht isoliert betrachtet werden (BGHSt 40, 26).
- Keine störende Einwirkung ist der Schaublattwechsel im Zweifahrergerät durch einen alleinfahrenden Kraftfahrer, weil in die Arbeitsweise des Geräts nicht eingegriffen wird, wenn zwei Schaublätter nur durch einen Fahrer verwendet werden (BayObLG NStZ-RR 2001, 371).
- Die Verhinderung ist etwas anderes als eine Störung. Das Blenden einer Verkehrsüberwachungskamera ist eine Verhinderung der Aufnahme und unterfällt daher nicht § 268, doch komme § 303 in Betracht (OLG München NStZ 2006, 576).

2. Fälschung beweiserheblicher Daten

Die Vorschrift des § 269 ist durch das 2. WiKG (1986) zur Bekämpfung der Compu- **81** terkriminalität eingeführt worden. Sie soll eine Lücke schließen, die darin besteht, dass zum Urkundenbegriff nach h. M. das optisch-visuelle Verständnis des Inhalts der Gedankenerklärung gehört, woran es bei im Computer gespeicherten Erklärungen fehlt. Als **Daten** können alle Informationen angesehen werden, die sich codieren lassen.[63] Zieht man ergänzend die – in § 269 allerdings nicht ausdrücklich erwähnte – Begriffsbestimmung des § 202a II heran, dann sind Daten nur solche, die elektronisch, magnetisch oder sonst nicht unmittelbar wahrnehmbar gespeichert oder übermittelt werden. Zudem muss es sich um *beweiserhebliche* Daten, d. h. um Gedankenerklärungen handeln, die – abgesehen von ihrer visuellen Wahrnehmbarkeit – sämtliche Urkundenmerkmale erfüllen. In Betracht kommen elektronisch gespeicherte Register, Kundenstamm- oder Kontenstandsdaten. Strafbar ist beispielsweise die Übertragung von Daten für codierte Automatenscheckkarten auf Blankette (BGHSt 38, 120) oder das unberechtigte Wiederaufladen und Verwenden von Telefonkarten.[64] Umstritten ist das Einrichten gefälschter Internetaccounts[65] und das Einstellen von Waren auf Internetplattformen unter solchen gefälschten Accounts.[66]

82   Als **Tathandlungen** nennt § 269 drei Formen:

- **Speichern** ist das Erfassen, Aufnehmen oder Aufbewahren von Daten auf einem Datenträger zum Zwecke ihrer weiteren Verarbeitung oder Nutzung (§ 3 IV 2 Nr. 1 BDSG).
- **Verändern** ist das inhaltliche Umgestalten gespeicherter Daten (§ 3 IV 2 Nr. 2 BDSG).
- **Gebrauchen** entspricht der dritten Tatmodalität des § 267 I.

3. Missbrauch von Ausweispapieren

83   In § 281 geht es um den vierten Schutzzweck der Urkundendelikte, nämlich die missbräuchliche Verwendung. **Ausweispapiere** sind Urkunden, die dem Nachweis der Identität oder der persönlichen Verhältnisse dienen, also Pässe, Personal- und Studentenausweise, auch Führerscheine. Einem Ausweispapier stehen Zeugnisse und andere Urkunden gleich, die im Verkehr als Ausweis verwendet werden (§ 281 II); in Betracht kommen Geburtsurkunden oder Werksausweise, nicht jedoch Scheck- und Kreditkarten.[67]

84   Die strafbaren Handlungen bestehen darin, dass der Täter ein Ausweispapier, das für einen anderen ausgestellt ist, gebraucht oder einem anderen ein Ausweispapier überlässt, das nicht für diesen ausgestellt ist. In beiden Fällen muss er zur Täuschung im Rechtsverkehr handeln. Diese Täuschungsabsicht hat sich hier darauf zu

---

[63]So *Otto,* § 70 Rn. 59; vgl. auch die Definition von *Haft,* NStZ 1987, 6/8; eingehend *Dornseif/ Schumann,* JR 2002, 52.

[64]Vgl. BGH NStZ-RR 2003, 265; LG Würzburg NStZ 2000, 374; ausf. *Hecker,* JA 2004, 762.

[65]Gegen § 269 OLG Hamm StV 2009, 475 m. Bespr. *Jahn,* JuS 2009, 662; a.A. KG NStZ 2010, 576; *Eisele,* in: FS Puppe (2011), S. 1091; *Puppe,* JuS 2012, 961/963 f.; *Petermann,* JuS 2010, 774.

[66]Auch insoweit gegen § 269 KG NStZ 2010, 576; OLG Hamm StV 2009, 475; a.A. *Puppe,* JuS 2012, 961/963 f.; zweifelnd *Petermann,* JuS 2010, 774/777 f.

[67]Dazu *Hecker,* GA 1997, 525/529 ff.; enger *Rengier,* § 38 Rn. 5 f.

beziehen, dass er den Irrtum erwecken will, er sei die Person, für die der Ausweis ausgestellt ist (BGHSt 16, 33/34).

Beispiel

Obwohl M nicht mit ihrem behinderten Sohn unterwegs ist, legt sie den auf diesen ausgestellten Parkausweis für Behinderte sichtbar in ihrem Pkw aus, den sie während des Einkaufsbummels auf einem Sonderparkplatz für Behinderte abstellt. Das OLG Stuttgart (NZV 2014, 483)[68] verneint die Täuschungsabsicht, da M durch die bloße Auslage nicht darüber habe täuschen wollen, dass der Ausweis auf sie ausgestellt sei. Das ist richtig, denn nicht ihre Identität war Gegenstand der Täuschung, sondern der (nicht stattgefundene) Transport des Behinderten, der von der Parkberechtigung gedeckt gewesen wäre.

Literatur

Beck, Kopien und Telefaxe im Urkundenstrafrecht, JA 2007, 423

Beckemper, Die Urkundenqualität von Telefaxen - OLG Zweibrücken, NJW 1998, 2918, JuS 2000, 123

Bock, Zur Auslegung der Falschbeurkundung i.S.d. §§ 271, 348 StGB, ZIS 2011, 330

Bode/Ligocki, Ungelöste Probleme des Urkundenbegriffs, Beweiszeichen und Kennzeichen, JuS 2015, 989, 1071

Claus, Zur Reichweite des öffentlichen Glaubens der TüV-Plakette, NStZ 2014, 66

Dornseif/Schumann, Probleme des Datenbegriffs im Rahmen des § 269 StGB, JR 2002, 52

Eisele, Fälschung beweiserheblicher Daten bei Anmeldung eines eBay-Accounts unter falschem Namen, in: FS Puppe (2011), S. 1091

Erb, Urkunde und Fotokopie - kritische Bemerkungen zum Versuch einer funktionalistischen Ausweitung des Urkundenstrafrechts, GA 1998, 577

Erb, Anm. zu BGH, Beschl. v. 30.10.2008 – 3 StR 156/08 – Mittelbare Falschbeurkundung durch Zulassung einer Fahrzeugdoublette, NStZ 2009, 389

Erb, Die Unvereinbarkeit der „Zufallsurkunde" mit einem dogmatisch konsequenten Urkundenbegriff, in: FS Puppe (2011), S. 1107

Erb, Anm. zu BGH, Beschl. v. 16.4.2015 – 1 StR 490/14 – Fälschung technischer Aufzeichnungen, StV 2016, 366

Fischer, Strafgesetzbuch mit Nebengesetzen, Kommentar, 64. Auflage 2017

Freund, Zur Frage der Urkundeneigenschaft von Fotokopien - BayObLG, NJW 1990, 3221, JuS 1991, 723

Freund, Grundfälle zu den Urkundendelikten, JuS 1993, 731, 1016; 1994, 30, 125, 207, 305

Geppert, Zum Verhältnis der Urkundendelikte untereinander, insbesondere zur Abgrenzung von Urkundenfälschung und Urkundenunterdrückung (§§ 267 und 174 Abs. 1 Nr. 1 StGB), Jura 1988, 158

Geppert, Zur Urkundsqualität von Durchschriften, Abschriften und insbesondere Fotokopien, Jura 1990, 271

Gerhold, Zur Person des Ausstellers einer Urkunde in Fällen offener Stellvertretung – Ein Beitrag zum Urkundenstrafrecht, Jura 2009, 498

Haft, Das Zweite Gesetz zur Bekämpfung der Wirtschaftskriminalität (2. WiKG) – Teil 2: Computerdelikte, NStZ 1987, 6

---

[68]M. Bespr. *Hecker*, JuS 2014, 277; *Metz*, NZV 2014, 503.

Hecker, Die mißbräuchliche Verwendung von Ausweispapieren und sonstigen ausweisgleichen Urkunden nach § 281 StGB, GA 1997, 525

Hecker, Herstellung, Verkauf, Erwerb und Verwendung manipulierter Telefonkarten, JA 2004, 762

Hecker, Strafrecht BT: Missbrauch von Ausweispapieren, JuS 2014, 277

Hecker, Strafrecht BT: Fälschung technischer Aufzeichnungen, JuS 2015, 1132

B. Heinrich, Die zusammengesetzte Urkunde, JA 2011, 423

Jahn, Strafrecht BT: Anmeldung eines Ebay-Accounts unter falschem Namen, JuS 2009, 662

Jahn, Strafrecht BT: „TüV-Plakette" als Urkunde, JuS 2011, 1136

Kargl, Urkundenverfälschung durch den Aussteller (§ 267 StGB), JA 2003, 604

Kienapfel, Anm. zu BayObLG, Beschl. v. 14.8.1979 – RReg. 3 St 325/78 – Rechtsnatur von Rabattmarken, JR 1980, 123

Kienapfel, Zur Abgrenzung von Urkundenfälschung und Urkundenunterdrückung, Jura 1983, 185

Kienapfel, Anm. zu OLG Celle, Urt. v. 8.4.1986 – 1 Ss 12/86 – Unterzeichnung eines Schecks mit falschem Namen, NStZ 1987, 28

Krey/Hellmann/Heinrich, Strafrecht Besonderer Teil, Band 1: Besonderer Teil ohne Vermögensdelikte, 16. Auflage 2015

Kudlich, Anm. zu BGH, Beschl. v. 21.9.1999 – 4 StR 71/99 – Reflektierende Mittel auf Kfz-Kennzeichen, JZ 2000, 426

Kudlich, Drinstehen kann da vieles – aber glauben muss man das ja nicht …, JA 2015, 310

Lackner/Kühl, StGB, bearbeitet v. *Kühl/Heger*, 28. Aufl. 2014

Lampe, OLG Düsseldorf, Beschl. v. 03.02.1997 – 2 Ss 267/96-73/96 III – Urkundenfälschung durch Überkleben des Kfz–Schilds, JR 1998, 304

Leipziger Kommentar StGB, hrsg. v. *Laufhütte/Tiedemann/Rissing-van Saan*, 12. Auflage 2006 ff.

Lickleder, Urkunden im Straßenverkehr (und anderswo) – Wer erklärt eigentlich was rechtsverbindlich?, JA 2014, 110

Mankowski/Tarnowski, Zum Umfang der besonderen Beweiskraft öffentlicher Urkunden, JuS 1992, 826

Martin, Der praktische Fall - Strafrecht - Die "Mehrweg"-Fahrkarte, JuS 2001, 364

Mätzke, Anm. zu BGH, Urt. v. 12.10.1995 – 4 StR 259/95 – Bescheinigung über die Aufenthaltsgestattung als öffentliche Urkunde, JR 1996, 384

Maurach/Schroeder/Maiwald, Strafrecht Besonderer Teil, Teilband 2: Straftaten gegen Gemeinschaftswerte, 10. Auflage 2012

Metz, Strafbarkeit nach § 281 StGB, zugleich Anm. zu OLG Stuttgart, Beschl. v. 27.8.2013 – 2 Ss 349/13 (NZV 2014, 483), NZV 2014, 503

Meurer, Urkundenfälschung durch Verwendung des eigenen Namens, NJW 1995, 1655

Mewes, Urkundenfälschung bei Personalienmanipulationen im Versandhandel - BGH, NStZ 1994, 486, NStZ 1996, 14

D. Meyer, Fotokopien als Urkunden im Sinne des § 267 StGB, Gedanken zum Urteil des BGH vom 11.5.1971-1 StR 387/70 = MDR 1971, 772, MDR 1973, 9

Mitsch, Anm. zu BayObLG, BEschl. v. 11.05.1992 – 5 St RR 16/92 – Fotokopie als Urkunde, NStZ 1994, 88

Münchener Kommentar zum StGB, hrsg. v. *Joecks/Miebach*, 2. Auflage 2011 ff.

N. Nestler, Zur Urkundenqualität von Fotokopien und (Computer-) Faxen, ZJS 2010, 608

NomosKommentar Strafgesetzbuch, hrsg. v. *Kindhäuser/Neumann/Paeffgen*, 4. Auflage 2013

Otto, Die Probleme der Urkundenfälschung (§ 267 StGB) in der neueren Rechtsprechung und Lehre, JuS 1987, 761

Otto, Grundkurs Strafrecht, Die einzelnen Delikte, 7. Auflage 2005

Petermann, Die Einrichtung gefälschter Internetaccounts – ein Anwendungsfall des § 269 StGB?, JuS 2010, 774

Peters, Anm. zu OLG Hamm, Urt. v. 13.10.1967 – 1 Ss 1267/67 – Auswechslung eines Preisschildes an Kaufgegenständen, NJW 1968, 1896

Puppe, Urkundenfälschung, Jura 1979, 630

Puppe, Erscheinungsformen der Urkunde, Jura 1980, 18

Puppe, Unzulässiges Handeln unter fremdem Namen als Urkundenfälschung, JR 1981, 441

Puppe, Anm. zu OLG Düsseldorf, Urt. v. 14.3.1983 – 5 Ss 543/82-8/83 I – Verwendung eines ungültigen Mehrfahrtenausweises, JR 1983, 429

Puppe, Namenstäuschung und Identitätstäuschung - OLG Celle, NJW 1986, 2772, JuS 1987, 275

Puppe, Anm. zu BGH, Urt. v. 16.4.1996 – 1 StR 127/96 – BGHSt 42, 131, Urkundscharakter der Aufenthaltsgestattungsbescheinigung, JR 1996, 425

Puppe, Anm. zu OLG Düsseldorf, Beschl. v. 14.9.2000 – 2b Ss 222/00-64/00 I – Zusammengesetzte Fotokopie von Teilen mehrerer Schriftstücke keine Urkunde, NStZ 2001, 482

Ranft, Strafrechtliche Probleme der Beförderungserschleichung, Jura 1993, 84

Reichert, "Mein Paß 'gehört' mir", Zum Beweisführungsinteresse an Urkunden und technischen Aufzeichnungen im Rahmen des § 274 I Nr. 1 StGB, StV 1998, 51

Rengier, Strafrecht Besonderer Teil II, Delikte gegen die Person und die Allgemeinheit, 17. Auflage 2016

Samson, Grundprobleme der Urkundenfälschung, JuS 1970, 369

Samson, Grundprobleme der Urkundenfälschung, JA 1979, 526, 658

Sander/Fey, Anm. zu BGH, Urt. v. 29.6.1994 – 2 StR 160/94 – BGHSt 40, 203, Identitätstäuschung mittels sonst nicht gebrauchten Vornamens und weiterer Namens-, Geburtstags- und Adreßmanipulationen bei Versandhausbestellung, JR 1995, 209

Satzger, Der Begriff der „Urkunde" im Strafrecht, Jura 2012, 106

Seier, Der Gebrauch falscher Namen und unzutreffender Zusatzbezeichnungen, Ein Beitrag zur Auslegung des Tatbestandes der Urkundenfälschung, JA 1979, 133

Schönke/Schröder, Strafgesetzbuch, 29. Auflage 2014

Schröder, Anm. zu BGH, Urt. v. 11.5.1971 – 1 StR 387/70 – BGHSt 24, 140, Urkundenqualität von Fotokopien, JR 1971, 469

Schroeder, Die Herbeiführung einer Unterschrift durch Täuschung oder Zwang, GA 1974, 225

Schroeder, Urkundenfälschung durch Examenstäuschung? - BayObLG, NJW 1981, 772, JuS 1981, 417

Schroeder, Urkundenstraftaten an entwerteten Fahrkarten, JuS 1991, 301

Systematischer Kommentar zum Strafgesetzbuch, hrsg. v. *Rudolphi/Horn/Samson/Günther*, Band V (§§ 267-323c StGB), 8. Auflage, Loseblatt (Stand: Dezember 2016)

Verjans, „Negativattest" trotz „informeller Absprache" als Falschbeurkundung im Amt? Zugleich eine Anmerkung zu BVerfG, Urteil vom 19.3.2013 – 2 BvR 2628/10 u.a., in: FS Feigen (2014), S. 283

Vormbaum, Das Handeln zur „Täuschung im Rechtsverkehr", Zur Auslegung des § 267 Abs. 1 StGB, GA 2011, 167

Weiß, Das abredewidrig ausgefüllte Blankett - echte oder unechte Urkunde?, Jura 1993, 288

Welp, Die Urkunde und ihr Duplikat, in: FS Stree/Wessels (1993), S. 511.

Welzel, Das deutsche Strafrecht: eine systematische Darstellung, 11. Auflage 1969

Wessels/Hettinger, Strafrecht Besonderer Teil 1, Straftaten gegen Persönlichkeits- und Gemeinschaftswerte, 40. Auflage 2016

Wiese, Verwendung eines Kraftfahrzeugkennzeichens auf einer Klebefolie als Urkundenfälschung, JA 2016, 426

Wohlers, Anm. zu OLG Düsseldorf, Beschl. v. 29.7.1999 – 2b Ss 60/99-32/99 I – Strafbarkeit der Verwendung von Kopien unechter Originalurkunden, JR 2001, 83

Zaczyk, „Kopie" und „Original" bei der Urkundenfälschung, NJW 1989, 2515

Zielinski, Urkundenfälschung durch den vollmachtlosen Stellvertreter? - zugleich Besprechung des Urteils des BGH vom 24.6.1993-4 StR 570/92 - wistra 1993, 266, wistra 1994, 1

Zieschang, Urkundenfälschung beim Missbrauch vorhandener Befugnisse, in: FG Paulus (2009), S. 197

Zieschang, Zum Tatbestand der Urkundenunterdrückung bei Vereitelung des staatlichen Strafanspruchs, Anm. zu BGH, Beschl. v. 27.7.2012 – 1 StR 238/12, HRRS 2013, 49

§ 7 Aussagedelikte

Die Straftatbestände des §§ 153 ff.[1] dienen dem Schutz der Rechtspflege vor einer   **1**
Gefährdung der Sachverhaltsfeststellung durch unwahre Aussagen (BGHSt 8,
301/309). Die Überschrift des 9. Abschn. hebt zwei wesentliche Begehungsformen
hervor, insgesamt sind jedoch drei „Grundtypen" zu unterscheiden:

1. Falsche uneidliche Aussage (§ 153)
2. Meineid (§ 154)
3. Falsche Versicherung an Eides Statt (§ 156).

Falscheid und Falschversicherung können auch fahrlässig begangen werden (§ 161).

I. Grundfragen

1. Deliktsnatur und Systematik

Der Deliktscharakter der Aussagetatbestände lässt sich in dreifacher Hinsicht   **2**
bestimmen:

- Sie sind *abstrakte Gefährdungsdelikte,* denn die Feststellung des Sachverhalts
  braucht nicht konkret gefährdet oder gar vereitelt zu werden.
- Es handelt sich auch um *Tätigkeitsdelikte,* bei denen der Unrechtstatbestand
  bereits durch die im Gesetz umschriebene Handlung erfüllt wird, ohne dass ein
  äußerer Erfolg – etwa eine unrichtige Gerichtsentscheidung – bewirkt werden
  müsste.

---

[1]Zum Ganzen *Bosch,* Jura 2015, 1295; *Geppert,* Jura 2002, 173; *Hettinger/Bender*, JuS 2015, 577;
Otto, JuS 1984, 161; *Vormbaum*, in: FS Maiwald (2010), S. 817; *Wolf,* JuS 1991, 177.

© Springer-Verlag GmbH Deutschland 2017
G. Küpper, R. Börner, *Strafrecht Besonderer Teil 1*, Springer-Lehrbuch,
DOI 10.1007/978-3-662-53989-7_7

- Schließlich sind es *eigenhändige Delikte,* die der Täter nur persönlich begehen kann; eine mittelbare Täterschaft ist damit ausgeschlossen (vgl. aber § 160).

3 Das Grunddelikt ist die uneidliche Falschaussage. Der Meineid[2] bildet grdsl. eine qualifizierte Form, indem die eidliche Beteuerung als straferhöhendes Merkmal hinzutritt (BGHSt 8, 301/309), ist jedoch selbständiger Tatbestand, soweit auch der Parteieid im Zivilprozess erfasst ist (s. Rn. 18). Daneben steht die dritte Bekräftigungsform der Versicherung an Eides Statt. Die allgemeinen Regeln von Täterschaft und Teilnahme werden durch §§ 159, 160 ergänzt. Ferner sind besondere Möglichkeiten der Strafmilderung und des Absehens von Strafe in §§ 157, 158 vorgesehen.

2. Die „Falschheit" der Aussage

4 Das gemeinsame Merkmal aller Aussagedelikte besteht darin, dass der Täter eine **falsche** Aussage macht (§ 153), sie beschwört (§ 154) oder eidesstattlich versichert (§ 156). Der Falschheitsbegriff ist allerdings heftig umstritten.

5 Nach der herrschenden *objektiven Theorie* ist die Aussage falsch, wenn sie mit ihrem Gegenstand tatsächlich nicht übereinstimmt, ohne dass es darauf ankommt, welche Vorstellung der Aussagende von dem Sachverhalt hat.[3] Danach bedeutet Falschheit der Widerspruch zwischen *Wort und Wirklichkeit.* Dabei ist zu beachten, dass Gegenstand der Aussage äußere und innere Tatsachen sein können. Erstere sind Ereignisse oder Zustände in der Außenwelt, über die der Aussagende berichtet; letztere sind Überzeugungen oder Wahrnehmungen, die er wiedergibt.

Beispiel

Wenn der Zeuge einer Körperverletzung aussagt „A hat den B geschlagen", handelt es sich um ein Geschehnis in der Außenwelt (äußere Tatsache). Sagt er hingegen, er habe gesehen – oder erinnere sich –, dass A den B geschlagen habe, macht er eine Aussage über seinen subjektiven Erkenntnisstand (innere Tatsache).

6 Die *subjektive Theorie* hält eine Aussage für falsch, die mit dem eigenen Wissen der Aussageperson nicht übereinstimmt.[4] Die Falschheit besteht also in der Diskrepanz zwischen *Wort und Wissen.* Da dem Aussagenden die Wirklichkeit überhaupt nur

---

[2]Gegen dessen Legitimität *Vormbaum,* in: FS Beulke (2015), S. 581.

[3]BGHSt 7, 147; OLG Koblenz JR 1984, 422; *Lenckner/Bosch,* in: Schönke/Schröder, Vor § 153 Rn. 4 ff.; *Maurach/Schroeder/Maiwald,* BT 2, § 75 Rn. 13 ff.; *Wolf,* JuS 1991, 177 ff.

[4]*Gallas,* GA 1957, 315; vgl. auch OLG Bremen NJW 1960, 1827. Auf die „Unwahrhaftigkeit" des Aussagenden abstellend *Kargl,* GA 2003, 791/803 ff.

durch das Medium seines subjektiven Erlebens zugänglich sei, könne seine Aussagepflicht auch nur darin bestehen, das mitzuteilen, was ihm von diesem Erleben noch gegenwärtig ist. Der Unterschied zur objektiven Theorie wird lediglich bei äußeren Tatsachen relevant: Ist die Wiedergabe eines tatsächlichen Geschehens zwar objektiv unrichtig, entspricht sie aber subjektiv der Überzeugung des Aussagenden, so ist sie nach der subjektiven Theorie wahr. Berichtet er hingegen über eine innere Tatsache, dann ist die Aussage nach beiden Theorien falsch, wenn er sein Vorstellungsbild unzutreffend darstellt.

> **Beispiel**
>
> Der Zeuge sagt aus, er sei davon überzeugt, dass A den B geschlagen habe. Kann er sich in Wirklichkeit nicht mehr an den Vorfall erinnern, dann gibt er eine innere Tatsache falsch wieder (objektive Theorie) bzw. entspricht seine Aussage nicht dem eigenen Dafürhalten (subjektive Theorie).

Nach der *Pflichttheorie* ist die Aussage falsch, mit der die Beweisperson ihre Pflicht, **7** zur Wahrheitsfindung beizutragen, verletzt.[5] Der Aussagende sagt danach (nur) dann falsch aus, wenn seine Aussage nicht das Wissen wiedergibt, das er bei prozessordnungsgemäßem Verhalten, d. h. bei kritischer Prüfung seines Erinnerungsvermögens, reproduzieren könnte. Unwesentlich sei demgegenüber, ob die Aussage damit dem wirklichen Geschehen entspricht oder ob der Aussagende der Meinung ist, so wie er den Sachverhalt schildert, habe dieser sich wirklich zugetragen.

Die h. M. kann zu ihren Gunsten in Anspruch nehmen, dem Schutzgut der Aus- **8** sagedelikte am besten gerecht zu werden. Sie macht nämlich geltend, die staatliche Rechtspflege könne nur durch solche Aussagen beeinträchtigt werden, die objektiv der Wirklichkeit widersprechen. Dem steht auch die Fassung der Eidesformel („nach bestem Wissen") nicht entgegen, zumal uneidliche Falschaussagen ebenfalls mit Strafe bedroht sind (BGHSt 7, 147/149). Auf der anderen Seite ergibt sich für die konkurrierenden Ansichten das Problem, den Falschheitsbegriff für alle Aussagedelikte einheitlich zu bestimmen: Die subjektive Theorie kann § 160 schwer erklären, der die Verleitung eines Gutgläubigen betrifft und damit die Strafbarkeit unabhängig von der Redlichkeit der Aussageperson festlegt. Der Pflichttheorie wird vorgehalten, dass sie bei § 163 in Schwierigkeiten gerate, weil sie falsche und sorgfaltswidrige Aussagen gleichsetze. Manche Vertreter der Mindermeinung sehen sich deshalb genötigt, mit einem zweifachen Falschheitsbegriff zu operieren. Angesichts dieser Erwägungen geht die folgende Darstellung von der heute ganz herrschenden objektiven Theorie aus.

---

[5]*Schmidhäuser,* Kap. 23 Rn. 10; *Otto,* § 97 Rn. 8 ff.; *ders.,* JuS 1984, 161/162 f.; Jura 1985, 389.

II. Die Vorsatztatbestände

1. Falsche uneidliche Aussage

9 Der objektive Tatbestand des § 153 verlangt zunächst die Aussage vor Gericht oder einer anderen zur eidlichen Vernehmung *zuständigen Stelle*. Gemeint ist die generelle Zuständigkeit, nicht diejenige – z. B. nach der Geschäftsverteilung – im konkreten Einzelfall. Einer zuständigen Stelle stehen gem. § 162 II (zuvor § 153 II) parlamentarische Untersuchungsausschüsse des Bundes (Art. 44 GG) oder eines Landes gleich.[6] Ferner gelten §§ 153 bis 161 gem. § 162 I auch auf falsche Angaben in einem Verfahren vor einem internationalen Gericht, das durch einen für die Bundesrepublik Deutschland verbindlichen Rechtsakt errichtet worden ist.[7] Hingegen sind Polizei und Staatsanwaltschaft nicht zur eidlichen Vernehmung befugt, diese ist Sache des Richters (vgl. § 161a III StPO).

10 Der Täter muss *als Zeuge oder Sachverständiger* aussagen, sich also in einer bestimmten Prozessrolle befinden. Damit scheidet der Beschuldigte im Strafverfahren ebenso aus wie die Partei bei ihrer Vernehmung im Zivilprozess (§§ 445 ff. ZPO).

11 Die **Tathandlung** besteht darin, dass der Betreffende *falsch aussagt* (zum Falschheitsbegriff oben Rn. 4 ff.). Zu beachten ist hier die Reichweite der Wahrheitspflicht, die sich auf die Angaben zur Person und den Vernehmungsgegenstand bezieht. Im Zivilverfahren wird das Beweisthema durch den Beweisbeschluss (§ 359 ZPO) näher konkretisiert. Dem Zeugen im Strafverfahren ist vor seiner Vernehmung immerhin der „Gegenstand der Untersuchung" zu bezeichnen; zur Vervollständigung der Aussage können – und werden – weitere Fragen gestellt werden (§§ 69 II, 240 ff. StPO). Den äußeren Rahmen für die Vernehmung setzt im Strafprozess die *prozessuale* Tat als Gegenstand der Urteilsfindung (§ 264 I StPO). Stets unterfallen dem Tatbestand des § 153 nur solche Falschaussagen, die nach den für den fraglichen Prozess geltenden Regeln den Gegenstand der Vernehmung und damit die Pflicht zu wahrheitsgemäßer Aussage betreffen. Spontane Äußerungen, die diesen Rahmen überschreiten, werden nur erfasst, wenn sie auf nachträgliche Erweiterung des Beweisthemas durch den vernehmenden Richter hin bestätigt worden sind (BGHSt 25, 244/246). Jenseits dessen ist der Zeuge nicht verpflichtet, von sich aus Erwägungen darüber anzustellen, was außer den ihm unterbreiteten Beweisfragen für die Entscheidung des Rechtsstreits gegebenenfalls von Bedeutung sein könnte (BGHSt 3, 221/224).

Beispiel

Die Zeugin, die im Unterhaltsprozess ihres nichtehelichen Kindes darüber vernommen wird, ob sie mit bestimmten, vom Beklagten benannten und im Beweisbeschluss bezeichneten Männern innerhalb der gesetzlichen Empfängniszeit geschlechtlich

---

[6]Vgl. vor den Gesetzesänderungen (2001 u. 2008) bereits OLG Köln NJW 1988, 2485; zu § 153 II bzw. § 162 II näher *Vormbaum*, JZ 2002, 166 und *Brocker*, JZ 2011, 716; *Peters*, StraFo 2009, 96 sowie LG Dresden StraFo 2009, 117.

[7]Näher *Sinn*, in: FS Szwarc (2009), S. 419; *ders.*, NJW 2008, 3526.

verkehrt hat, macht sich keiner Falschaussage schuldig, wenn sie, ohne hiernach gefragt zu sein, geschlechtlichen Umgang mit anderen Männern nicht angibt.

Zwar kann auch die *unvollständige* Aussage falsch sein (vgl. für den Meineid **12** den Wortlaut der Eidesformel [§ 64 StPO], nichts verschwiegen zu haben). Ein Verschweigen von Tatsachen begründet aber nur dann den Vorwurf der falschen Aussage, wenn die Unvollständigkeit nicht offenbart, sondern die Aussage als vollständig ausgegeben wird. Wer sich hingegen weigert, zu einer Beweisfrage Angaben zu machen, sagt nicht falsch aus (OLG Zweibrücken StV 1993, 423), sondern sieht sich Ordnungsmitteln (Zwangsgeld, Beugehaft) ausgesetzt. Wer einen im Kern zutreffenden strafrechtlichen Sachverhalt durch Übertreibungen ausschmückt, macht sich zwar grdsl. nicht wegen falscher Verdächtigung (§ 164, s. dort), sehr wohl aber wegen § 153 strafbar, denn Beweis wird auch über Strafzumessungskriterien erhoben (OLG München NStZ 2010, 219).

Die Tat ist *vollendet* mit dem Schluss der Vernehmung. Diese ist abgeschlossen, **13** wenn der Richter zu erkennen gegeben hat, dass er von dem Zeugen keine weitere Auskunft über den Vernehmungsgegenstand erwartet, und der Zeuge deutlich macht, dass er seinerseits nichts mehr zu bekunden hat und das bisher Bekundete als seine verantwortliche Aussage gelten lassen will (BGHSt 8, 301/ 306). Im Strafprozess wird der Abschluss der Vernehmung nach allseitig erschöpfender Ausübung des Fragerechts deutlich durch die vom Vorsitzenden ausgesprochene Entlassung des Zeugen bestimmt sowie den damit beginnenden Hinweisen an den Zeugen zur Zeugenentschädigung bzw. zur Entschuldigung gegenüber dem Arbeitgeber oder Dienstherrn.

Der *Vorsatz* muss sich vor allem auf die Unwahrheit der Angaben beziehen, **14** ferner auf die Zuständigkeit der Stelle; bedingter Vorsatz genügt. Hält der Täter die objektiv falsche Aussage für richtig, unterliegt er einem Tatbestandsirrtum (§ 16); eine fahrlässige Begehung bleibt insoweit straflos (vgl. § 161).

2. Meineid

Der Meineid ist eine durch die eidliche Beteuerung qualifizierte Falschaussage; die **15** Strafdrohung soll die Beweiskraft der Eidesleistung verstärken und sichern (BGHSt 8, 301/309). Dem Eid stehen bestimmte Bekräftigungen gleich (§ 155).

Die Eidesleistung muss vor Gericht oder einer anderen zur Abnahme von Eiden **16** zuständigen Stelle erfolgen. Nicht befugt, einen Eid abzunehmen, sind die bei Gericht tätigen Referendare (§ 10 GVG) oder Rechtspfleger (§ 4 II Nr. 1 RPflG).

Als Tathandlung nennt das Gesetz, dass der Täter **falsch schwört**. Genauer **17** müsste es heißen, dass er eine falsche Aussage beschwört! Dabei ist zwischen Vor- und Nacheid zu unterscheiden:

Nacheid bedeutet die Beeidigung der bereits gemachten Aussage; bei der Zeugenvernehmung stellt er den Regelfall dar (vgl. § 59 II StPO; § 392 ZPO). Vollendet ist er mit dem vollständigen Leisten der Eidesformel.

Der *Voreid* wird vor der Vernehmung abgenommen; er kommt insb. beim Sachverständigen in Betracht (vgl. § 410 I ZPO). Vollendung tritt dann mit dem Abschluss der Aussage ein.

18   Täter kann – neben dem Zeugen oder Sachverständigen – auch die Partei im Zivilprozess sein (vgl. § 452 ZPO), nicht jedoch der Beschuldigte im Strafverfahren (BGHSt 10, 8). Hinsichtlich des Zeugen ist umstritten, ob ein *Eidesunmündiger,* der entgegen dem gesetzlichen Verbot (§ 60 Nr. 1 StPO) vereidigt wird, einen Meineid begehen kann. Diese Frage wird von der Rspr. unter Hinweis darauf bejaht, dass die Festsetzung der Grenze der Eidesmündigkeit in das Gebiet des Prozessrechts falle, während die Frage der Strafbarkeit materiellrechtlicher Natur sei.[8] Demgegenüber machte die h. L. mit Recht geltend, die in der Prozessordnung festgelegte Altersgrenze begründe eine unwiderlegliche Vermutung dafür, dass Jugendlichen unter sechzehn Jahren das erforderliche Verständnis von Wesen und Bedeutung des Eides fehle,[9] was auch angesichts der nunmehr bei achtzehn Jahren gezogenen Grenze gilt, die immerhin der Geschäftsfähigkeit entspricht. Uneinheitlich wird dann aber die mangelnde Strafbarkeitsvoraussetzung gekennzeichnet: der Eidesunmündige soll „kein tauglicher Täter" oder seine Eidesleistung „nicht tatbestandsmäßig" sein. Die vorgenannte Begründung spricht indes dafür, dass es dem Jugendlichen an der Einsichtsfähigkeit, d. h. dem intellektuellen Schuldelement fehlt. Er handelt deshalb schuldlos, womit zugleich eine Teilnahme möglich bleibt (§ 29). Wer indes in dem Verstoß gegen das Verbot einen unwirksamen Eid erkennt, muss alle Verbote gleichbehandeln. Wer hingegen eine Strafbarkeit annimmt, muss den Verbotsverstoß als Grund eines minder schweren Falles i.S.v. § 154 II in Erwägung ziehen (BGH NStZ 2012, 567).

19   Sonstige Verfahrensmängel – wie etwa die Vereidigung ohne Belehrung über ein Zeugnisverweigerungsrecht – sind nach h. M. für die Anwendbarkeit des § 154 unerheblich und haben lediglich strafmildernde Bedeutung.[10] Hier ist zu beachten, dass auch bei einer wiederholten Aussage im selben Verfahren wegen §§ 258, (22,) 153 bzgl. der vorangegangenen Aussage ein Grund für § 55 StPO bestehen kann; zudem kommt § 157 in Betracht (BGH NStZ-RR 2007, 40). Ebenfalls einen strafmildernd zu beachtenden Verfahrensmangel stellt der Verstoß gegen die Vereidigungsvoraussetzungen des § 59 I StPO dar (BGH NStZ 2012, 567), soweit man bei mangelnden Voraussetzungen des Eides nicht ebenso wie bei einem Eidesverbot den § 154 schon tatbestandlich ausschließt. Die Ablehnung des Tatbestandes kommt jedenfalls in Betracht, sofern wegen gröbster Verfahrensverstöße bei der Vernehmung eines Zeugen nicht mehr von einer freien Mitteilung eigenen Wissens gesprochen werden kann. Demgemäß soll die Tatbestandsmäßigkeit jedenfalls dann berührt sein, wenn verbotene Vernehmungsmethoden (§ 136a StPO) in solcher Ausprägung angewendet worden sind, dass die „Aussage" im Ergebnis nur als widerwillige oder willenlose Hinnahme eines fremden Diktats erscheint (OLG Köln NJW 1988, 2485).

---

[8] Grundlegend RGSt 36, 278 (Vereinigte Strafsenate); *Ruß,* in: LK, § 154 Rn. 10.

[9] Vgl. *Lenckner/Bosch,* in: Schönke/Schröder, Vor § 153 Rn. 25; *Vormbaum,* in: NK, § 154 Rn. 39; *Welzel,* § 77 II 4; eingehend *Quedenfeld,* JZ 1973, 238.

[10] Vgl. BGHSt 10, 142; 16, 232; BGH StV 1988, 427; OLG Frankfurt NStZ-RR 2001, 299; zusammenfassend *Geppert,* Jura 1988, 496.

Der (bedingte) *Vorsatz* muss sich darauf erstrecken, dass die Aussage falsch ist, **20** sie unter den Eid fällt und vor einer zuständigen Stelle erfolgt. Für letzteres reicht aus, wenn der Täter weiß, vor welcher Behörde und in welchem Verfahren er den Eid ablegt. Dass er auch den Schluss auf die Zuständigkeit der Stelle zieht, ist nicht notwendig; ein etwaiger Irrtum wäre als bloßer Subsumtionsirrtum unbeachtlich (BGHSt 1, 13/17). Soweit Verfahrensmängel den Tatbestand ausschließen, mangelt es am Vorsatz, wenn sich der Handelnde entsprechende tatsächliche Umstände vorstellt.

Der **Versuch** ist strafbar (§ 23 I). Er beginnt beim Voreid mit dem Anfang der **21** Aussage, beim Nacheid erst mit dem Sprechen der Eidesworte. Im zweiten Fall ist das Verhältnis zu § 153 zu beachten: Da die uneidliche Falschaussage das Grunddelikt bildet und hier schon im Versuch der qualifizierten Form enthalten ist, tritt § 153 hinter dem versuchten Meineid subsidiär zurück. Bei Rücktritt vom Versuch des § 154 bleibt das bereits vollendete Vergehen der falschen Aussage bestehen und nach § 153 strafbar (BGHSt 8, 301/315).

Probleme wirft die irrige Annahme der Zuständigkeit auf. Dabei stellt sich die **22** Frage der Abgrenzung des untauglichen Versuchs vom straflosen Wahndelikt. Den allgemeinen Kriterien der Unterscheidung zwischen „umgekehrtem Tatbestandsirrtum" (untauglicher Versuch) und „umgekehrtem Subsumtionsirrtum" (Wahndelikt) dürfte folgende Differenzierung[11] am besten entsprechen:

Untauglicher Versuch, wenn der Täter irrig einen Sachverhalt annimmt, der bei seinem Vorliegen das Merkmal der zuständigen Stelle ergeben würde.

Beispiel

Der Zeuge hält den Referendar für einen Richter.

Wahndelikt, wenn der Täter bei richtiger Sachverhaltskenntnis die betreffende Stelle infolge falscher rechtlicher Erwägungen für zuständig hält.

Beispiel

Der Zeuge meint, auch ein Referendar dürfe den Eid abnehmen.

---

3. Falsche Versicherung an Eides Statt

Die falsche eidesstattliche Versicherung (§ 156) bildet den dritten Grundtyp der Aus- **23** sagedelikte. Wie die Strafdrohung zeigt, handelt es sich um eine Bekräftigungsform minderen Gewichts, die beispielsweise den früheren „Offenbarungseid" ersetzt hat (§ 802c III ZPO). Im Zivilverfahren dient sie insb. der Glaubhaftmachung einer Behauptung (§ 294 ZPO).

---

[11]Ebenso BGHSt 1, 13/16 f.; *Lenckner/Bosch,* in: Schönke/Schröder, § 154 Rn. 15; *Rudolphi,* in: SK, § 154 Rn. 11; zur - schwankenden - Rspr. näher *Blei,* JA 1973, 237/238 ff.

24   Die Versicherung muss vor einer zur Abnahme zuständigen Behörde abgegeben werden; dazu zählt auch ein Gericht (§ 11 I Nr. 7). Diese Zuständigkeit setzt zweierlei voraus:

- Die *allgemeine* Zuständigkeit ist die Befugnis der Behörde, überhaupt eidesstattliche Versicherungen entgegenzunehmen. Schon daran fehlt es etwa bei Polizei oder Staatsanwaltschaft (BayObLG NJW 1998, 1577).
- Die *besondere* Zuständigkeit bedeutet die Befugnis, eidesstattliche Versicherungen gerade in diesem Verfahren und über diesen Gegenstand abzunehmen. So verbietet es im Strafverfahren die Stellung des Beschuldigten, ihn zur Vernehmung an Eides Statt zuzulassen (BayObLG NStZ 1990, 340).

25   Eine Versicherung wird **falsch** abgegeben, wenn sie unrichtig oder unvollständig ist. Auch hier sind Umfang und Grenzen der Wahrheitspflicht zu beachten.[12] Das Vollstreckungsverfahren im Zivilprozess dient dazu, dem Gläubiger den Zugriff auf das Vermögen des Schuldners zu ermöglichen. Die Versicherung ist deshalb falsch, wenn die Angaben geeignet sind, diesen Zugriff zu vereiteln oder zu erschweren. Von der Auskunftspflicht umfasst sind daher zunächst alle dem Schuldner zustehenden geldwerten Vorteile mit gegenwärtig konkret greifbarem Vermögenswert (OLG Zweibrücken NStZ-RR 2008, 173). Daraus folgt andererseits, dass von der Offenbarungspflicht solche Vermögensgegenstände nicht erfasst werden, die eindeutig unpfändbar oder offensichtlich völlig wertlos sind (BGHSt 13, 345/349). Im Zweifel müssen die Angaben aber vollständig sein, da diese Beurteilung nicht Sache des Schuldners ist.

Beispiel

Der arbeitslose Angeklagte hat bei der Abgabe einer Versicherung an Eides Statt gem. § 807 ZPO a.F. ein Guthaben von 33,17 DM auf einem Bankkonto verschwiegen. Nicht der Pfändung unterworfen sind die für den Schuldner auf vier Wochen erforderlichen Nahrungsmittel etc. oder der zur Beschaffung erforderliche Geldbetrag (§ 811 I Nr. 2 ZPO). Unter dem Begriff „Geldbetrag" ist auch ein entsprechendes Bankguthaben zu verstehen. Da somit dieses Guthaben offensichtlich unpfändbar war, fällt seine Angabe nicht unter die prozessuale Wahrheitspflicht (BayObLG wistra 1991, 230).

26   Der *Vorsatz* muss sich darauf erstrecken, dass der fragliche Gegenstand Bestandteil des Vermögens ist und unter die Offenbarungspflicht fällt. Der Irrtum über die Pflichtwidrigkeit der Nichtaufnahme in das Vermögensverzeichnis ist damit Tatbestandsirrtum (KG JR 1985, 161).

---

[12]Vgl. BGHSt 14, 345; BayObLG NStZ 2003, 665; OLG Köln StV 1999, 319; zum Verschweigen von Tatsachen s. OLG Frankfurt NStZ-RR 1998, 72; *Cramer,* Jura 1998, 337.

III. Beteiligungsformen[13]

1. Anstiftung und Beihilfe

Die Bestrafung des Anstifters zu einem Aussagedelikt richtet sich zunächst nach   **27**
den allgemeinen Regeln. Da der Meineid ein Verbrechen darstellt, ist auch die versuchte Anstiftung gem. § 30 I strafbar. Kommt es zur Ausführung der Tat, tritt diese Bestimmung subsidiär zurück. Jedoch können die §§ 154, 30 und §§ 153, 26 in Tateinheit stehen, wenn der zum Meineid Angestiftete nur uneidlich falsch aussagt (BGHSt 9, 131). Beihilfe zur Anstiftung ist nach allgemeinen Grundsätzen auch hier Beihilfe zur Haupttat (OLG Bamberg NStZ-RR 2007, 75).

Eine Besonderheit bildet nun die Vorschrift des § 159, wonach für den **Versuch**   **28**
der Anstiftung zu einer falschen uneidlichen Aussage und einer falschen Versicherung an Eides Statt § 30 I entsprechend gilt. Das Gesetz dehnt also die Strafbarkeit insoweit auf die versuchte Anstiftung zu einem *Vergehen* aus, was mit der besonderen Gefährlichkeit einer Anstiftung zu Aussagedelikten begründet wird. Allerdings tritt ein Wertungswiderspruch dadurch auf, dass der eigene Versuch des Haupttäters bei §§ 153, 156 nicht strafbar ist. Die h. M. will dieses Ergebnis abmildern, indem sie Straflosigkeit des Anstifters annimmt, wenn die Tätigkeit, die der Angestiftete entfalten soll, nur zu einem *untauglichen* Versuch führen kann.[14]

Eine Beihilfe durch aktives Tun kommt jedenfalls bei prozessordnungswidrigem Verhalten des Gehilfen in Betracht. Er kann die Tat dadurch fördern, dass er   **29**
für einen tatentschlossenen Zeugen äußere Umstände günstiger gestaltet und Hindernisse aus dem Weg räumt oder fernhält. Dies wäre etwa anzunehmen, wenn er den Zeugen durch ausdrückliche Erklärung wissen lässt, dass er ihn im Falle einer Falschaussage nicht verraten werde (BGHSt 17, 321/323).

Einschränkungen werden für die **Beihilfe durch Unterlassen** gemacht. Allge-   **30**
mein anerkannt ist, dass die erforderliche Rechtspflicht i. S. des § 13 zur Abwendung einer falschen Aussage für eine Partei im Zivilverfahren sich nicht bereits aus ihrer prozessualen Wahrheitspflicht (§ 138 ZPO) ergibt. Ein garantenpflichtbegründendes Verhalten wird in der neueren Rspr. nur dann angenommen, wenn der Betreffende die Aussageperson in eine besondere, dem Prozess nicht mehr eigentümliche (inadäquate) Gefahr der Falschaussage gebracht hat.[15] Demgegenüber reicht ein bloß stillschweigendes Einvernehmen für sich allein noch nicht aus, um eine Gefahrenlage zu schaffen, die dazu verpflichtet, den Zeugen von der Falschaussage abzuhalten.

---

[13]Zum Ganzen *Kudlich/Henn*, JA 2008, 510.

[14]BGHSt 24, 38/40; zust. *Maurach/Schroeder/Maiwald*, BT 2, § 75 Rn. 89; *Vormbaum*, GA 1986, 353; abl. *Wessels/Hettinger*, Rn. 781; *Otto*, JuS 1984, 161/170.

[15]Vgl. OLG Köln NStZ 1990, 594; OLG Hamm NJW 1992, 1977 mit Anm. *Seebode*, NStZ 1993, 83 und *Brammsen*, StV 1994, 135; OLG Düsseldorf NJW 1994, 272; krit. *Scheffler*, GA 1993, 341/343; zusammenfassend *Bartholme*, JA 1998, 204.

> **Beispiel**
>
> A hat den Zeugen Z zur uneidlichen Falschaussage überredet und diese mit ihm abgesprochen; mit einer Vereidigung des Z hatte er nicht gerechnet. A war selbst in der Verhandlung anwesend, als Z vernommen wurde und das Gericht seine Vereidigung anordnete. Bei dieser Sachlage bestehe für A die Rechtspflicht aus Ingerenz, den Z von der Leistung des Meineides abzuhalten (BGH NStZ 1993, 489).

2. Verleitung zur Falschaussage

31 Die Aussagetatbestände sind eigenhändige Delikte, so dass Täter grundsätzlich nur die Aussageperson selbst sein kann. Für die Situation der mittelbaren Täterschaft bedarf es deshalb der Sonderregelung des § 160.[16] Gedacht ist dabei an die Verleitung eines Gutgläubigen ("Der Schwörende weiß nicht, und der Wissende schwört nicht"), während das Hervorrufen eines deliktischen Tatentschlusses schon als Anstiftung erfasst wird.

> **Beispiel**
>
> A braucht ein Alibi für den 1.3. des Jahres. Er gewinnt B zu der Aussage vor Gericht, sie beide hätten an diesem Tag zusammen Karten gespielt. In Wirklichkeit fand das Spiel am 2.3. statt. B hält die Datumsangabe jedoch für zutreffend und sagt dementsprechend gutgläubig unter Eid aus. A hat ihn zur Ableistung eines falschen Eides verleitet; ob B dabei fahrlässig gehandelt hat (§ 161), ist insoweit ohne Bedeutung.

32 Streit herrscht über das Ergebnis für den Fall, dass die Beweisperson den Plan durchschaut und ihre Aussage entgegen der Annahme des Hintermannes bösgläubig macht. Die wohl h. M. nimmt *Vollendung* des § 160 an.[17] Der BGH hat dies im Wesentlichen mit dem Schutzzweck der Vorschrift begründet und es für unerheblich erachtet, dass der Täter des § 160 an sich eine unbewusst falsche Aussage herbeiführen wolle: „Sein Tun ist aber nicht um deswillen weniger strafwürdig, weil entgegen seiner Vorstellung der Verleitete nicht gutgläubig ist; denn auch bei dieser Sachlage tritt der vom Verleitenden gewollte, die Rechtspflege gefährdende äußere Erfolg ein. Hiernach kommt es dafür, ob die Verleitung zum Falscheid vollendet ist, nur auf die Vorstellung und den Willen des Täters sowie darauf an, dass die Verleitung eine wenigstens objektiv falsche Aussage des Verleiteten zur Folge hat, nicht jedoch darauf, ob dieser unbewusst oder bewusst falsch aussagt" (BGHSt 21, 116/118). Nach der Gegenansicht liegt wegen des Irrtums über die Werkzeugqualität nur

---

[16]Zum Ganzen *Küper*, JZ 2012, 992.

[17]Vgl. BGHSt 21, 116; *Lenckner/Bosch*, in: Schönke/Schröder, § 160 Rn. 9; *Rudolphi*, in: SK, § 160 Rn. 4; *Heinrich*, JuS 1995, 1115/1118.

Versuch (§ 160 II) vor.[18] Gegen die Vollendungslösung wird eingewandt, sie verfälsche den § 160 zu einem Auffangtatbestand für alle Fälle, in denen keine Bestrafung wegen Anstiftung möglich ist.

Im Ergebnis dürfte dem BGH unter dem Gesichtspunkt zu folgen sein, dass   **33**
der Verleitende das von ihm erstrebte Ziel einer falschen Aussage erreicht hat und die Fehlvorstellung über die innere Einstellung des Aussagenden eine unwesentliche Abweichung vom Kausalverlauf darstellt.[19] Der abstrakten Konstellation nach handelt es sich um das bekannte Problem des Allgemeinen Teils, ob in einer mittelbaren Täterschaft als Minus der Unwert der Anstiftung enthalten ist, wobei mit Blick auf § 16 I 1 aus § 160 weitaus geringere Probleme resultieren als aus § 26. Im umgekehrten Fall freilich – die Beweisperson ist entgegen der Annahme des Verleitenden gutgläubig – besteht weitreichende Übereinstimmung, dass lediglich eine versuchte Anstiftung (§§ 30, 159) vorliegt, weil kein Tatentschluss hervorgerufen wurde.

IV. Strafmilderung und Absehen von Strafe

Der 9. Abschn. enthält zwei Vorschriften (§§ 157, 158), nach denen das Gericht   **34**
die Strafe mildern oder von Strafe absehen kann. Da es um Rechtsfolgeregelungen geht, ist deren Vorliegen erst nach Bejahung aller Deliktsvoraussetzungen – Tatbestand, Rechtswidrigkeit und Schuld – zu erörtern!

1. Aussagenotstand

Die allgemeinen Notstandsbestimmungen (§§ 34, 35) werden bei einem Aussa-   **35**
gedelikt relativ selten zur Anwendung kommen können. Diesbezüglich sind zwei Konstellationen zu unterscheiden:

- Wird mittels Drohungen eine falsche Aussage erzwungen, muss sorgfältig geprüft werden, ob die Gefahr nicht anders abwendbar ist, z. B. durch Anrufung staatlichen Schutzes, und ob sich ein wesentliches Überwiegen des geschützten Interesses (§ 34) feststellen lässt. In der Rspr. wird ein Nötigungsnotstand des Aussagenden zumeist unter Entschuldigungsgesichtspunkten gewürdigt.[20]
- Die aus einem rechtsstaatlichen Verfahren resultierende Gefahr der Verurteilung zu einer Freiheitsstrafe begründet wohl schon keine Notstandslage i. S. der §§ 34, 35. Zumindest wäre die Falschaussage kein angemessenes Mittel, die Gefahr abzuwenden (§ 34 S. 2) bzw. es dem Täter zuzumuten, diese Gefahr

---

[18]Vgl. RGSt 11, 418; *Krey/Hellmann/Heinrich*, Rn. 765; *Wessels/Hettinger*, Rn. 783; *Eschenbach*, Jura 1993, 407; *Vormbaum*, in: FS Maiwald (2010), S. 817/824 ff.

[19]Ebenso *Arzt/Weber/Heinrich/Hilgendorf*, § 47 Rn. 132; *Heger*, in: Lackner/Kühl, § 160 Rn. 4.

[20]Vgl. RGSt 66, 222; BGHSt 5, 371; BGH GA 1955, 178; dazu auch *Arzt/Weber/Heinrich/Hilgendorf*, § 47 Rn. 110; *Neumann*, JA 1988, 329/335.

hinzunehmen (§ 35 I 2). Der besonderen Situation der Aussageperson wird jedoch durch § 157 Rechnung getragen.

36 Der persönliche **Anwendungsbereich** des § 157 beschränkt sich auf Zeugen und Sachverständige, die falsch ausgesagt oder geschworen haben. Die Vorschrift gilt nach ganz h. M. nur für den *Täter* des Aussagedelikts, nicht jedoch für den Teilnehmer.[21] Denn das Gesetz berücksichtigt die Zwangslage desjenigen, der durch eine wahrheitsgemäße Aussage sich oder einen Angehörigen der Gefahr gerichtlicher Bestrafung aussetzen würde. Dagegen können Teilnehmer, die ja selbst nicht auszusagen brauchen, die Strafmilderung nicht beanspruchen, weil von ihnen kein dem Interesse der Strafrechtspflege dienendes Opfer gefordert wird; ein strafrechtlich gleich zu bewertender innerer Zwiespalt kann bei ihnen nicht vorliegen (BGHSt 1, 22/29).

37 Der Täter muss die Unwahrheit gesagt haben, *um* die Gefahr der Bestrafung von sich oder einem Angehörigen (§ 11 I Nr. 1) *abzuwenden*. Entscheidend ist die subjektive Vorstellung von der Gefahr, also die Annahme, dass eine solche bestehe (RGSt 77, 219/222; BGH NStZ-RR 2008, 9). Die Absicht braucht nicht der einzige Beweggrund zu sein; vielmehr genügt es zur Bejahung des § 157, dass das Begünstigungsmotiv für die Aussage mitbestimmend war (BGHSt 2, 379; BGH NStZ-RR 2007, 40). Über den Wortlaut hinaus kann sich auf § 157 nicht nur derjenige berufen, der eine Bestrafung überhaupt abwenden will, sondern auch derjenige, der eine *mildere* Bestrafung erstrebt (BGHSt 29, 298). In allen Fällen wird die Anwendbarkeit der Vorschrift nicht dadurch ausgeschlossen, dass der Täter den Aussagenotstand selbst verschuldet hat.[22] Entsprechend scheidet § 157 auch nicht deshalb aus, weil der Täter der Falschaussage von der vorherigen und bislang nur versuchten Tat noch zurücktreten kann (a.A. OLG München StraFo 2006, 32).[23] Auch das Bestehen eines ungenutzten Auskunftsverweigerungsrechts ist unschädlich (BGH NStZ 2008, 91; BGH, Beschl. v. 15.6.2011 – 4 StR 224/11 – juris).

Beispiel

A macht sich zugunsten seines Freundes F einer uneidlich falschen Aussage vor dem Ermittlungsrichter schuldig. Bei einer weiteren Vernehmung durch den Ermittlungsrichter wiederholt er diese, um dem F eine Verurteilung zu ersparen und seine eigene Falschaussage nicht aufzudecken (BGH NStZ-RR 2007, 40). Wegen der zweiten Aussage ist A gem. § 258 V StGB nicht wegen Strafvereitelung zu bestrafen. Der Anwendung von § 157 steht weder entgegen, dass die Vermeidung eigener Strafe nicht der einzige oder wesentliche Grund der falschen

---

[21]BGHSt 3, 320; *Lenckner/Bosch,* in: Schönke/Schröder, § 157 Rn. 4; *Ruß,* in: LK, § 157 Rn. 3; abw. *Welzel,* § 77 IV 1 a.

[22]BGHSt 7, 332; BGH NStZ 2005, 33; *Otto,* JuS 1984, 161/171; einschr. OLG Düsseldorf JR 1991, 520; *Rudolphi,* in: SK, § 157 Rn. 14.

[23]Vehement wie hier *Meyer-Goßner,* StraFo a.a.O.

Aussage gewesen ist noch, dass A durch die erste falsche Aussage selbst schuldhaft die Lage des § 157 geschaffen hat. Ergänzend steht § 55 StPO im Raum, dessen Verletzung strafmildernd wirkt (s. oben Rn. 19).

2. Berichtigung einer falschen Angabe

Durch § 158 wird die Möglichkeit tätiger Reue geschaffen. Die Vorschrift dient dem **38** Zweck, der Wahrheit zum Siege zu verhelfen und drohende Nachteile aus falschen Aussagen abzuwenden (RGSt 67, 81/83). Sie kommt vor allem bei vollendeten Aussagedelikten in Betracht, weil insoweit ein Rücktritt gem. § 24 ausscheidet. Aber auch für den Versuch kann sie bedeutsam werden, da sie keine Freiwilligkeit verlangt. Auf der anderen Seite ist die Rechtsfolge des § 24 (obligatorische Straffreiheit) weitergehend als die des § 158 (fakultative Strafmilderung oder Absehen von Strafe). Daraus folgt, dass bei versuchter Tat zunächst ein Rücktritt zu prüfen ist; erst bei Verneinung besteht Anlass, auf § 158 einzugehen.[24]

Der Anwendungsbereich erstreckt sich hier sowohl auf den Täter als auch auf **39** den Teilnehmer, der die Aussage des Haupttäters richtigstellt (BGHSt 4, 172/ 179). Voraussetzung ist, dass der Betreffende die Aussage rechtzeitig berichtigt. Zu einer **Berichtigung** gehört, dass die falsche Angabe in allen nicht völlig nebensächlichen Punkten durch die Mitteilung der Wahrheit ersetzt wird (BGHSt 18, 348). Ein bloßer Widerruf genügt dafür in aller Regel nicht; vielmehr verlangt die Richtigstellung eine klare und eindeutige Erklärung, die das wahre Geschehen zum Ausdruck bringt.

Erforderlich ist eine *rechtzeitige* Berichtigung. Sie ist verspätet (§ 158 II) in drei **40** Fällen, nämlich wenn

- sie bei der Entscheidung nicht mehr verwertet werden kann (gemeint ist die instanzabschließende Sachentscheidung);
- aus der Tat ein Nachteil für einen anderen entstanden ist (nicht nur Vermögenseinbuße, sondern auch Verhaftung u. ä.);
- schon gegen den Täter eine Anzeige erstattet oder eine Untersuchung eingeleitet worden ist (d. h. Strafanzeige oder Maßnahmen zur Durchführung eines Strafverfahrens).

Beispiel

Um ihrem Freund ein Alibi zu verschaffen, sagt die Zeugin Z in der Hauptverhandlung wahrheitswidrig aus, er habe den fraglichen Abend bei ihr zu Hause verbracht. Die im Zuhörerraum anwesende Nachbarin N ruft laut in den Saal: „Das ist ein Meineid! Die Z war an diesem Tag in Urlaub." Daraufhin stellt Z ihre Angaben richtig. Diese Berichtigung ist verspätet, weil der Ausruf der N eine Anzeige (§ 158 I StPO) darstellt. Hierfür genügt die Mitteilung eines

---

[24]Vertieft *Eisele*, JA 2011, 667.

Sachverhalts, der nach Meinung der anzeigenden Person Anlass für eine Strafverfolgung bietet. Da die Hauptverhandlung in Gegenwart der Staatsanwaltschaft
erfolgt (§ 226 I StPO), ist die Strafanzeige auch bei der zuständigen Behörde
angebracht worden.

V. Fahrlässige Begehung

41   Falscheid und falsche Versicherung an Eides Statt können auch fahrlässig began-
gen werden (§ 161); die uneidliche Falschaussage bleibt insoweit straflos. Für den
Begriff der „Falschheit" gelten nach der objektiven Theorie (oben Rn. 5) hier keine
Besonderheiten.

42   *Fahrlässig* handelt der Täter, wenn er die Unwahrheit seiner Angaben hätte erkennen können. Der Fahrlässigkeitsvorwurf[25] kann sich insb. daraus ergeben, dass er

- aus Nachlässigkeit sein Erinnerungsbild nicht so wiedergibt, wie es noch in
  seinem Gedächtnis besteht;
- etwas Unwahres als sicheres Wissen hinstellt, obwohl er es bei gehöriger Überlegung nicht als jedem Zweifel entrückt hätte ausgeben dürfen;
- es schuldhaft unterlässt, tatsächliche Anhaltspunkte oder äußere Hilfsmittel zu
  benutzen, die sich ihm bei der Vernehmung darbieten und die geeignet sind, mindestens Zweifel an der Richtigkeit seiner Vorstellung zu wecken;
- Eine Pflicht zur Vorbereitung auf die Vernehmung besteht grundsätzlich nicht,
  doch wird dies (mit Bedeutung für § 161) von Amtsträgern erwartet, insb. von
  Polizeizeugen über Ereignisse des Ermittlungsverfahrens in Gestalt des Studiums
  polizeilich verfügbarer Unterlagen, was im forensischen Alltag nicht selten im
  Vortrag des Akteninhalts durch den Zeugen mündet; mit all dem sind komplexe
  strafprozessuale Grundlagenprobleme verbunden (s. nur § 250 S. 2 StPO nebst
  des stets fraglichen Umfangs statthafter Vorhalte, umgekehrt das Problem der
  Akteneinsicht des Verletzten gem. § 406e StPO mit allen nachteiligen Folgen für
  die Zuverlässigkeit von dessen Aussage).

Beispiel

Der Zeuge Z war als Beifahrer des Angeklagten an einer Baustelle vorbeigekom-
men, vor deren Beginn insgesamt 22 Verkehrsschilder aufgestellt waren, die die
zulässige Geschwindigkeit stufenweise beschränkten. In der Verhandlung bekundete Z entsprechend seiner auf einem fest eingewurzelten Erinnerungsbild beruhenden Überzeugung, es seien keine Verkehrszeichen dagewesen. Diese Aussage
ist zwar objektiv falsch, aber nicht aus Fahrlässigkeit begangen: Ein ursprünglich

---

[25]Näher dazu OLG Köln MDR 1980, 421; OLG Koblenz JR 1984, 422 mit Anm. *Bohnert*; zur
Erkundigungspflicht des Zeugen s. *Krehl*, NStZ 1991, 416.

falsches Vorstellungsbild lässt sich durch bloßes Nachdenken oder durch reine
Gedächtnisanspannung nicht korrigieren. Außerdem hatte Z die an ihn gelangten
Informationen überprüft und für jeden Umstand eine Erklärung gefunden, die
mit seiner Annahme zusammenpasste (OLG Koblenz JR 1984, 422).

Straflosigkeit tritt ein, wenn der Täter die falsche Angabe rechtzeitig berichtigt **43**
(§ 161 II). Im Unterschied zum Vorsatzdelikt ist hier also die – völlige – Strafbe-
freiung obligatorisch. Notwendig scheint eine analoge Anwendung von § 157, wenn
die dortige Notstandslage in Beziehung zur Pflichtverletzung steht, denn insb. der
psychische Effekt der *kognitiven Dissonanz* hat erheblichen Einfluss darauf, dass
Menschen mit einem starken unbewusst wirkenden Impuls das zu glauben bereit
sind, was Dissonanzen der Eigenwahrnehmung verhindert.[26] Wenn die Lage des
§ 157 dergestalt unterhalb der Ebene bewusster Falschaussagen wirkt, ist bei ana-
loger Anwendung von § 157 zudem entsprechend § 161 II 1 das Ermessen hinsichtlich des Absehens von Strafe auf Null reduziert.

Kontrollfragen
1. Welche Theorien gibt es zur Falschheit der Aussage? (Rn. 5–7)
2. Kann der Eidesunmündige einen Meineid begehen? (Rn. 18)
3. Was gilt für die Beihilfe durch Unterlassen? (Rn. 30)
4. Ist § 160 bei der Verleitung eines Bösgläubigen erfüllt? (Rn. 32)
5. Auf wen findet § 157 Anwendung? (Rn. 36)

Literatur

Arzt/Weber/Heinrich/Hilgendorf, Strafrecht, Besonderer Teil, 3. Auflage 2015
Bartholme, Beihilfe zur Falschaussage durch Unterlassen, JA 1998, 204
Blei, Das Wahnverbrechen, JA 1973, 237
Bohnert, Anm. zu OLG Koblenz, Beschl. v. 14.07.1983 – 2 Ss 88/83 – Voraussetzungen der Fahr-
 lässigkeit bei Falscheid, JR 1984, 425
Bosch, Ausgewählte Probleme der Aussagedelikte, Jura 2015, 1295
Brammsen, Anm. zu OLG Hamm, Urt. v. 29.1.1992 – 3 Ss 1128/91 – und LG Münster, Beschl.
 v. 24.01.1992 – 7 Qs 216/91 – Beihilfe zur Falschaussage durch Unterlassen, StV 1994, 135
Brocker, Uneidliche Falschaussage und Meineid vor dem parlamentarischen Untersuchungsaus-
 schuss, JZ 2011, 716
Cramer, Falsche Versicherung an Eides Statt durch Verschweigen entscheidungserheblicher Tat-
 sachen, Jura 1998, 337
Eisele, Versuch, Rücktritt und Berichtigung der Aussage bei §§ 153 bis 156 StGB, JA 2011, 667
Eschenbach, Verleiten iSv § 160 StGB - eine Verführung zur Überbetonung teleologischer Inter-
 pretation?, Jura 1993, 407
Gallas, Zum Begriff der „Falschheit" der eidlichen und uneidlichen Aussage, GA 1957, 315

---

[26]Instruktiv dazu in anderem Zusammenhang *Schünemann*, StV 2000, 159.

Geppert, Welche Bedeutung hat die Nichtbeachtung strafprozessualer Vorschriften für die Strafbarkeit nach den §§ 153ff StGB?, Jura 1988, 496

Geppert, Grundfragen der Aussagedelikte (§§ 153 ff. StGB), Jura 2002, 173

B. Heinrich, Die strafbare Beteiligung des Angeklagten an falschen Zeugenaussagen, JuS 1995, 1115

Hettinger/Bender, Die Aussagedelikte (§§ 153-162 StGB), JuS 2015, 577

Kargl, Wahrheit und Wirklichkeit im Begriff der "falschen Aussage" (§§ 153ff StGB), GA 2003, 791

Krehl, Die Erkundigungspflicht des Zeugen bei fehlender oder beeinträchtigter Erinnerung und mögliche Folgen ihrer Verletzung, NStZ 1991, 416

Krey/Hellmann/Heinrich, Strafrecht Besonderer Teil, Band 1: Besonderer Teil ohne Vermögensdelikte, 16. Auflage 2015

Kudlich/Henn, Täterschaft und Teilnahme bei den Aussagedelikten, JA 2008, 510

Küper, Die Verleitung zur Falschaussage zwischen Anstiftung, mittelbarer Täterschaft und Urheberschaft, Probleme einer extravaganten Beteiligungsform, JZ 2012, 992

Lackner/Kühl, StGB, bearbeitet v. *Kühl/Heger*, 28. Aufl. 2014

Leipziger Kommentar StGB, hrsg. v. *Laufhütte/Tiedemann/Rissing-van Saan*, 12. Auflage 2006 ff.

Maurach/Schroeder/Maiwald, Strafrecht Besonderer Teil, Teilband 2: Straftaten gegen Gemeinschaftswerte, 10. Auflage 2012

Meyer-Goßner, Anm. zu OLG München, Beschl. v. 20.10.2005 – 4St RR 197/05 – Uneidliche Falschaussage: Aussagenotstand beim Versuch einer Straftat, StraFo 2006, 32

Neumann, Der strafrechtliche Nötigungsnotstand – Rechtfertigungs- oder Entschuldigungsgrund?, JA 1988, 329

NomosKommentar Strafgesetzbuch, hrsg. v. *Kindhäuser/Neumann/Paeffgen*, 4. Auflage 2013

Otto, Die Aussagedelikte, §§ 153-163 StGB, JuS 1984, 161

Otto, Die falsche Aussage iS der §§ 153ff StGB, Jura 1985, 389

Otto, Grundkurs Strafrecht, Die einzelnen Delikte, 7. Auflage 2005

Peters, Aussage- und Wahrheitspflicht der Betroffenen vor parlamentarischen Untersuchungsausschüssen, StraFo 2009, 96

Quedenfeld, Der Meineid des Eidesunmündigen, JZ 1973, 238

Scheffler, Beihilfe zur Falschaussage durch Unterlassen seitens des Angeklagten, GA 1993, 341

Schmidhäuser, Strafrecht, Besonderer Teil, 2. Auflage 1983

Schönke/Schröder, Strafgesetzbuch, 29. Auflage 2014

Schünemann, Der Richter im Strafverfahren als manipulierter Dritter? Zur empirischen Bestätigung von Perseveranz- und Schulterschlusseffekt, StV 2000, 159

Seebode, Anm. zu OLG Hamm, Urt. v. 29.1.1992 – 3 Ss 1128/91 – Beihilfe zur Falschaussage durch Unterlassen, NStZ 1993, 83

Sinn, Die Einbeziehung der internationalen Rechtspflege in den Anwendungsbereich der Aussagedelikte, NJW 2008, 3526

Sinn, Der Schutz der internationalen Rechtspflege durch das nationale Strafrecht am Beispiel der Aussagedelikte (§§ 153 ff. StGB), in: FS Szwarc (2009), S. 419

Systematischer Kommentar zum Strafgesetzbuch, hrsg. v. *Rudolphi/Horn/Samson/Günther*, Band III (§§ 123-211 StGB), 8. Auflage, Loseblatt (Stand: Dezember 2016)

Vormbaum, Versuchte Beteiligung an der Falschaussage, Zum Verhältnis der §§ 30 und 159 StGB, GA 1986, 353

Vormbaum, Falsche uneidliche Aussagen vor parlamentarischen Untersuchungsausschüssen, JZ 2002, 166

Vormbaum, Neues und Altes zu den Aussagedelikten, in: FS Maiwald (2010), S. 817

Vormbaum, Zur Strafbarkeit der bekräftigten Falschaussage, in: FS Beulke (2015), S. 581

Welzel, Das deutsche Strafrecht: eine systematische Darstellung, 11. Auflage 1969

Wessels/Hettinger, Strafrecht, Besonderer Teil 1, Straftaten gegen Persönlichkeits- und Gemeinschaftswerte, 40. Auflage 2016

Wolf, Falsche Aussage, Eid und eidesgleiche Beteuerung, JuS 1991, 177

§ 8 Delikte gegen die staatliche Tätigkeit

Bestimmte Verhaltensweisen beeinträchtigen die Tätigkeit der Staatsorgane in verschiedener Hinsicht:[1] So kann die Verwirklichung des staatlichen Strafanspruchs vereitelt (I.) und die Strafrechtspflege wegen falscher Angaben über Täter oder Taten unberechtigt in Anspruch genommen werden (II.). Die Vollstreckungstätigkeit wird durch Widerstand behindert (III.). Außerdem kann ein hoheitliches Herrschaftsverhältnis über Sachen bestehen, in das der Täter eingreift (IV.). Schließlich wird durch die Nichtanzeige geplanter Straftaten die staatliche Aufgabe der Verbrechensverhütung berührt (V.).   **1**

I. Strafvereitelung

Geschütztes Rechtsgut des § 258[2] ist die staatliche Rechtspflege in ihrer speziellen Aufgabe, den Täter einer rechtswidrigen Tat zu bestrafen oder einer Maßnahme zu unterwerfen (BGHSt 30, 77/78). Die systematische Stellung der Vorschrift im 21. Abschn. liegt darin begründet, dass es sich bei den dort geregelten Tatbeständen durchweg um die eigenständig vertypte Unterstützung eines anderen nach Begehung einer Straftat („auxilium post delictum") handelt. Entsprechend der Überschrift war die Strafvereitelung früher als persönliche Begünstigung ausgestaltet, deren Tathandlung im Hilfeleisten bestand (so noch § 257). Durch das EGStGB 1974 wurde aus diesem Tätigkeits- ein Erfolgsdelikt mit gleichzeitiger Versuchsstrafbarkeit. Die Begehungsweisen des § 258 lassen sich in Verfolgungsvereitelung (Abs. 1) und Vollstreckungsvereitelung (Abs. 2) einteilen; hinzu kommt die Strafvereitelung im Amt (§ 258a).   **2**

---

[1]Im Überblick *Piatkowski/Saal*, JuS 2005, 979.

[2]Zum Ganzen *Jahn/Palm*, JuS 2009, 408; *Küpper*, GA 1987, 385; *Lenckner*, in: GedS Schröder (1978), S. 339; *Satzger*, Jura 2007, 754; speziell zum Phänomen sog. „Friedensrichter" *Wegner/ Begemeier*, JuS 2015, 688.

© Springer-Verlag GmbH Deutschland 2017
G. Küpper, R. Börner, *Strafrecht Besonderer Teil 1*, Springer-Lehrbuch,
DOI 10.1007/978-3-662-53989-7_8

1. Verfolgungsvereitelung

3   Voraussetzung des § 258 I ist zunächst die rechtswidrige Tat (§ 11 I Nr. 5) eines anderen. Dafür reicht jede Straftat aus, derentwegen eine Strafe oder Maßnahme verhängt werden kann; es dürfen also keine Bestrafungs- oder Verfolgungshindernisse vorliegen.

4   Der Erfolg besteht darin, dass eine Bestrafung – ganz oder zum Teil – vereitelt wird. Ein **Vereiteln** ist jedenfalls dann gegeben, wenn eine Verfolgung endgültig verhindert wird. Würde man allerdings die Vollendung auf dieses Ergebnis beschränken, so müsste hierzu immer die Verjährung der Vortat abgewartet werden; der Gesetzgeber hätte somit ein Delikt geschaffen, das praktisch nur in Versuchsform vorkäme. Die ganz h. M. nimmt deshalb eine Vereitelung auch dann an, wenn der staatliche Strafanspruch für *geraume Zeit* unverwirklicht bleibt. Nach den Kriterien der Rspr. dürfte der erforderliche Zeitraum bei einer Woche noch nicht erreicht sein, während zehn Tage genügen sollen.[3] Eine abschließende Festlegung lässt sich kaum treffen, man wird nur sagen können, dass ganz unerhebliche Verzögerungen nicht ausreichen. Stets liegt ein vollendetes Vereiteln vor, falls es in erster Instanz zu einem unberechtigten Freispruch geführt hat. Demgegenüber enthält das Merkmal „zum Teil" keine zeitliche, sondern eine sachliche Komponente. Es ist daher erfüllt, wenn die Strafe *geringer* ausfällt, z. B. bei Verurteilung wegen eines Vergehens statt eines Verbrechens.

5   Der Täter muss für den Vereitelungserfolg ursächlich geworden sein. Die Feststellung der *Kausalität* setzt den Nachweis voraus, dass die Bestrafung des Vortäters ohne die Vereitelungshandlung geraume Zeit früher erfolgt wäre (KG JR 1985, 24).

6   Die **Handlung** ist im Gesetz nicht gesondert umschrieben, die tatbestandliche Fassung deutet auf ein reines Erfolgsdelikt hin. Eine praktisch bedeutsame Begehungsweise bildet die Falschaussage zugunsten des Vortäters; über den Anwendungsbereich der Aussagedelikte hinaus werden von § 258 auch unrichtige Angaben gegenüber der Polizei erfasst. Zu denken ist weiterhin an das Verwischen von Tatspuren und das Beiseiteschaffen oder Vernichten von Beweismitteln. Davon abgesehen stellt sich die Frage, ob jedes Verhalten dem Strafbereich des § 258 unterfallen kann. Hier sind insb. zwei Fallgruppen problematisch.

7   (1) Zum einen geht es um die Beurteilung *sozialadäquater Handlungen,* d. h. normaler „alltäglicher" Verhaltensweisen. Solche können sein: Überlassen einer Unterkunft, Beförderung in einem Kraftfahrzeug, Verkauf von Lebensmitteln. Praktische Bedeutung hat insb. die Gewährung von Obdach erlangt. Nach der Rspr. kommt eine Strafvereitelung (nur) dann in Betracht, wenn dem Flüchtigen die Wohnung „als Versteck" zur Verheimlichung seines Aufenthaltsortes gewährt wird; unter Versteck sei ein Ort zu verstehen, wo den Gesuchten niemand vermutet und wo er sich

---

[3]Vgl. BGH NJW 1959, 495; OLG Stuttgart NJW 1976, 2084; KG NStZ 1988, 178; s. auch *Wessels/ Hettinger,* Rn. 727 (zwei Wochen); für endgültige Vereitelung aber *Samson,* JA 1982, 181; *Vormbaum,* in: FS Küper (2007), S. 663.

im Hinblick auf die Fahndungsmaßnahmen verborgen halten kann.[4] Kurz gesagt: Es geht um die Unterscheidung zwischen Beherbergen und Verbergen. Im Ergebnis schränkt auch die h. L. in den genannten Fällen den Tatbestand ein, uneinheitlich fällt noch die Begründung aus. Als strafbar wird etwa eine Solidarisierung mit dem Vortäter oder ein Sonderverhalten gegenüber Straftätern angesehen. Entscheidend dürfte die finale Zielsetzung in Bezug auf den Vereitelungserfolg sein.[5] In Anlehnung an die bei § 246 gebräuchliche Formulierung könnte Vereiteln demnach die Betätigung des Vereitelungswillens in objektiver erkennbarer Weise bedeuten.

Beispiel

Die Auszahlung eines Guthabens durch einen Bankbeamten ist für sich gesehen indifferent. Eine Geldleistung kann aber strafrechtlich bedeutsam sein, wenn damit überhaupt erst die Flucht finanziert werden soll, also etwa ein Darlehen zur Deckung der dafür anfallenden Kosten gewährt wird (OGHSt 2, 220/224). Lässt sich diese Zweckrichtung feststellen, läge eine Manifestation des Vereitelungswillens vor.

(2) Problematisch kann zum anderen die Vorgehensweise des *Strafverteidigers* sein, **8** dessen Aufgabe ja gerade darin besteht, eine Bestrafung seines Mandanten möglichst zu verhindern.[6] Soweit der Anwalt prozessual zulässig handelt, ist sein Verhalten schon nicht tatbestandsmäßig (BGHSt 46, 53). Die hier geltenden Grundsätze hat das OLG Düsseldorf (StV 1994, 472) wie folgt zusammengefasst: „Der Strafverteidiger hat die Belange des Beschuldigten gegenüber Strafverfolgungsbehörden und Gericht zu wahren und dafür Sorge zu tragen, dass der Strafanspruch des Staates im prozessordnungsgemäßen, justizförmigen Wege verfolgt wird. Dabei ist er nicht zur Unparteilichkeit verpflichtet; vielmehr darf er einseitig zu Gunsten des Beschuldigten handeln … Seine Stellung als Organ der Rechtspflege bedingt jedoch, dass er nur rechtlich erlaubte Mittel einsetzen und sich der Wahrheitsforschung nicht hindernd in den Weg stellen darf. So muss er sich jeder Verdunkelung der wahren Rechtslage und sachwidriger Erschwerung der Strafverfolgung enthalten. Weder darf er falsche Aussagen herbeiführen noch verfälschte verwenden. Insbesondere darf er nicht auf Zeugen mit dem Ziel einwirken, dass sie falsch aussagen

---

[4]Vgl. OLG Frankfurt NJW 1981, 1569; OLG Koblenz NJW 1982, 2785; dazu *Frisch,* JuS 1983, 915; NJW 1983, 2471; zum Zusammenleben mit dem Vortäter BGH NJW 1984, 135 mit Anm. *Rudolphi,* JR 1984, 338.

[5]Im einzelnen *Küpper,* GA 1987, 385/399 ff.; ähnlich *Walter,* in: LK, § 258 Rn. 64; *Kühl,* in: Lackner/Kühl, § 258 Rn. 3; dahingehend auch KG NStZ 1988, 178.

[6]Dazu BGHSt 38, 345 mit Anm. *Beulke,* JR 1994, 116; BGH NStZ 1999, 188 mit Anm. *Lüderssen,* StV 1999, 537; BGH NStZ 2006, 510; *Beulke/Ruhmannseder,* in: FS Volk (2009), S. 45; *Dessecker,* GA 2005, 142; *Kargl,* in: FS Hamm (2008), S. 235; *Krekeler,* NStZ 1989, 146; *Müller-Dietz,* Jura 1979, 242; *Otto,* Jura 1987, 329; *Schneider,* in: FS Geppert (2011), S. 607; *Seier,* JuS 1981, 806; zum Zeugenbeistand *Dahs,* in: FS Puppe (2011), S. 1545.

und die Glaubwürdigkeit eines Zeugen mittels unwahrer Behauptung von Tatsachen erschüttern oder auf sonstige Weise Beweisquellen trüben."

Beispiel

Der Rat des Verteidigers an seinen Mandanten, sich die Haare schneiden zu lassen, um eine Identifizierung zu erschweren, stellt keine (versuchte) Strafvereitelung dar. Einem Verteidiger steht es frei, seinen Mandanten über etwaige Möglichkeiten zu informieren, den Tatvorwurf durch nicht verbotenes, dem Verfahren aber abträgliches Verhalten zu entkräften. Der Sachverhalt ist nicht anders zu bewerten als die zulässige Information des Mandanten, dass Schutzbehauptungen oder Widerruf eines Geständnisses nicht bestraft werden können (OLG Karlsruhe StV 1991, 519).

---

9   Der **subjektive Tatbestand** verlangt absichtliches oder wissentliches Handeln in Bezug auf den Vereitelungserfolg. Absicht bedeutet zielgerichtetes Wollen; Wissentlichkeit setzt voraus, dass der Täter den Erfolg als sichere Folge seines Tuns voraussieht. Im Hinblick auf die Vortat genügt dagegen bedingter Vorsatz. Der Täter muss eine rechtswidrige Tat zumindest für möglich halten, wobei keine genaue Kenntnis erforderlich ist, sofern sich die Vorstellung auf ein Verbrechen oder Vergehen bezieht (RGSt 50, 218/221).

10   An der Vollendung wird es häufig deshalb fehlen, weil die Vereitelung noch keine „geraume Zeit" erreicht hat oder die Kausalität offen bleibt. Der **Versuch** ist strafbar (§ 258 IV). Er liegt vor, sobald der Täter zur Herbeiführung des Vereitelungserfolgs unmittelbar ansetzt. Noch Vorbereitungshandlung ist beispielsweise die Absprache zwischen Vortäter und Zeugen über eine von diesem zu machende Falschaussage; die Grenze zum Versuch wird hier erst durch den Beginn der falschen Zeugenaussage überschritten (BGHSt 31, 10).[7] Ein *untauglicher* Versuch kommt insb. bei irriger Annahme einer Vortat in Betracht. Dabei soll es keinen Unterschied machen, ob der Täter von falschen Tatsachen ausgeht oder das Geschehen aus unzutreffenden rechtlichen Erwägungen für eine Straftat hält.[8]

11   Für die Abgrenzung der **Täterschaft** von der Teilnahme gelten im Grundsatz die allgemeinen Regeln. Von besonderer Bedeutung ist diese Frage dann, wenn es um die unmittelbare Unterstützung des Vortäters geht; denn dessen Selbstbegünstigung erfüllt nicht den Tatbestand, so dass insoweit nur eine täterschaftliche Vereitelungshandlung strafbar ist. Diesbezüglich wird darauf abgestellt, ob das Verhalten des Beteiligten einen eigenständigen Gehalt aufweist, der über das bloße Bestärken des Selbstschutzwillens hinausgeht.[9]

---

[7]Dazu *Haas*, in: FS Maiwald (2010), S. 277.

[8]Vgl. BGHSt 15, 210; ebenso *Schlüchter*, JuS 1985, 527/528 f.; and. BayObLG JR 1981, 296 mit abl. Anm *Stree*.

[9]Zum Ganzen *Beulke/Ruhmannseder*, in: FS Volk (2009), S. 45; *Haas*, in: FS Maiwald (2010), S. 277; *Küper*, in: FS Schroeder (2006), S. 555.

Beispiel

Wird der Fluchtwille des Vortäters durch anfeuernde Zurufe bestärkt, liegt nur straflose „Teilnahme" vor. Als strafbare Täterschaft wäre es jedoch zu bewerten, wenn der Unterstützer einen verfolgenden Polizeibeamten niederschlägt.

Schließlich sind zwei besondere **Strafausschließungsgründe** zu beachten: **12**

- Wegen Strafvereitelung wird nicht bestraft, wer durch die Tat *zugleich* vereiteln will, dass er *selbst* bestraft wird (§ 258 V); die alleinige Selbstbegünstigung ist schon tatbestandslos. Die Vorschrift erfasst auch die vom Vortäter begangene Anstiftung zur Strafvereitelung zu seinen Gunsten. Eine Bestrafung wegen anderer Straftaten bleibt dagegen unberührt.

Die Regelung beruht auf der notstandsähnlichen Situation des Täters und setzt deshalb eine entsprechende Zwangslage voraus; diese entfällt etwa für den bereits rechtskräftig verurteilten Mittäter (BGH NStZ 1996, 497). Außerdem soll § 258 V dann nicht eingreifen, wenn die Vortat und die Vereitelungshandlung im Verhältnis von vorheriger Zusage eines falschen Alibis zu deren späterer Einlösung nach der Tat stehen.[10]

- Straffrei ist auch, wer die Tat zugunsten eines *Angehörigen* begeht (§ 258 VI). Es gilt der Angehörigenbegriff des § 11 I Nr. 1; auf sonstige nahestehende Personen findet die Vorschrift keine analoge Anwendung.

2. Vollstreckungsvereitelung

Gem. § 258 II wird bestraft, wer die Vollstreckung einer gegen einen anderen ver-   **13**
hängten Strafe oder Maßnahme ganz oder zum Teil vereitelt. Die vorangegangene Entscheidung muss rechtskräftig und damit vollstreckbar (§ 449 StPO) sein, während es nicht darauf ankommt, ob die Vortat wirklich begangen worden und das zu vollstreckende Urteil sachlich zutreffend ist (RGSt 73, 331/334). Mögliche Tathandlungen sind das Verbergen des Verurteilten, Fluchthilfe oder Gefangenenbefreiung – letzteres in Tateinheit mit § 120. Auch die unberechtigte Gewährung einer Vollzugslockerung (vgl. vormals § 11 StVollzG) kann dem § 258 II unterfallen.

Umstritten ist, ob die *Bezahlung einer Geldstrafe* durch Dritte den Tatbestand   **14**
der Strafvollstreckungsvereitelung erfüllt. Das RG hatte diese Frage unter Hinweis darauf bejaht, dass der Verurteilte die Vermögensminderung als Strafübel erleiden soll (RGSt 30, 232/235). Die h. M. differenzierte danach, ob die Strafe unmittelbar für den Verurteilten gezahlt bzw. ihm geschenkt (strafbar) oder ihm als Darlehen gewährt bzw. erst nachträglich erstattet wurde (straflos). Demgegenüber hat der

---

[10]So BGHSt 43, 356 mit Anm. *Paul*, JZ 1998, 739 und *Geerds*, NStZ 1999, 31; Bespr. *Seebode*, JZ 1998, 781 und *Joerden*, JuS 1999, 1063.

BGH später[11] die Strafbarkeit generell verneint: Vollstreckungsvereitelung begehe nur, wer durch Störung der äußeren Abläufe (Überstellung in den Vollzug, Beitreibung von Geldstrafen) bewirkt, dass eine gegen einen anderen verhängte Strafe oder Maßnahme nicht verwirklicht werden kann. Ein Dritter, der – ohne in den äußeren Ablauf der Vollstreckung einzugreifen – nur dazu beiträgt, dass der Verurteilte von der Strafe nicht oder weniger „persönlich betroffen" ist, vereitele den staatlichen Strafanspruch nicht. Gegen die herkömmliche Differenzierung wendet der BGH ein, sie treffe nur den ungeschickten Täter, der es unterlässt oder nicht versteht, seine Zuwendung an den Verurteilten so zu etikettieren, dass sie nicht als tatbestandsmäßige Handlung erscheint. Diese Begründung sieht sich jedoch erheblichen Bedenken ausgesetzt: Allein die Möglichkeit von Umgehungsstrategien ist kein Anlass dafür, ein strafbares Verhalten aus dem Tatbestand zu eliminieren. In § 258 II bedeutet „Vollstreckung" nicht nur die Verhängung, sondern auch die Zufügung der Strafe; deshalb begeht Strafvereitelung, wer eine Freiheitsstrafe für den Vortäter absitzt (RGSt 8, 366). Die Geldstrafe ist ebenfalls eine höchstpersönliche Leistung des Verurteilten, was von der Ersatzfreiheitsstrafe (§ 43) unterstrichen und bei Zahlungserleichterungen (§ 42) berücksichtigt wird, so dass die Verhinderung dieser Einbuße die Verwirklichung des staatlichen Strafanspruchs unterläuft.[12]

15　　Im Übrigen gelten die zur Verfolgungsvereitelung gemachten Ausführungen entsprechend: Die Vollendung verlangt eine Vereitelung mindestens für „geraume Zeit", der Vorsatz ein absichtliches oder wissentliches Handeln. Die Vorschriften über Versuch und Strafausschluss finden gleichermaßen Anwendung.

3. Strafvereitelung im Amt

16　　Der Tatbestand des § 258a stellt ein unechtes Amtsdelikt (dazu noch § 9 Rn. 3) dar. Täter kann nur ein Amtsträger sein, der zur Mitwirkung bei dem Strafverfahren oder der Strafvollstreckung berufen ist; namentlich sind Richter, Staatsanwälte oder Polizeibeamte zu nennen. Für die Beteiligung eines Nichtqualifizierten gilt § 28 II, so dass dieser nur aus dem Grunddelikt (§ 258) zu bestrafen ist.

17　　Eine Verfolgungsvereitelung kann darin bestehen, dass der Beamte Anzeigen unterdrückt oder Akten verschwinden lässt. Ferner kommt in Betracht, dass der Täter die Strafsache bewusst zögerlich behandelt und dadurch eine – geraume Zeit – spätere Verurteilung bewirkt (BGHSt 19, 79). Das gilt auch für einen Richter. Vollstreckungsvereitelung liegt etwa vor, wenn der Amtsträger das Entweichen eines Gefangenen ermöglicht. Im Rahmen des § 258a wird häufiger auch ein *Unterlassen* bedeutsam. Während beim Allgemeindelikt zumeist keine Rechtspflicht besteht, die Strafverfolgung zu gewährleisten (vgl. BGH NStZ 1992, 540),[13] ergibt sich die

---

[11]BGHSt 37, 226 mit Anm. *Krey*, JZ 1991, 889 und Bespr. *Müller-Christmann*, JuS 1992, 379; zust. *Cramer/Pascal*, in: MK, § 258 Rn. 35.

[12]Für Strafbarkeit deshalb OLG Frankfurt StV 1990, 112; *Hillenkamp*, JR 1992, 74; *Scholl*, NStZ 1999, 599; einschr. *Walter*, in: LK, § 258 Rn. 50 ff.

[13]S. auch *Popp*, JR 2014, 418.

Garantenstellung des Amtsträgers in aller Regel schon aus seiner spezifischen Position (vgl. OLG Koblenz NStZ-RR 2006, 77).

Keine Strafvereitelung im Amt begeht jedoch ein Anstaltsleiter oder Justizvollzugsbeamter, der eine in der Haftanstalt verübte Straftat nicht anzeigt. Denn der Amtsträger ist nicht zur Mitwirkung bei *diesem* Strafverfahren berufen. Mangels Garantenstellung liegt aber auch keine Verfolgungsvereitelung durch Unterlassen (§§ 258 I, 13) vor, da eine Garantenpflicht nur solche Personen trifft, denen das Recht die Aufgabe zuweist, Belange der Strafrechtspflege wahrzunehmen oder zumindest zu fördern.[14] Anders gelagert ist indes die Frage nach der Beteiligung durch Unterlassen, wenn Straftaten in der Anstalt nicht verhindert werden. **18**

Fraglich ist allerdings, ob der Beamte auch bei *außerdienstlicher Kenntniserlangung* von einer Straftat zum Einschreiten verpflichtet ist. Die st. Rspr. bejaht eine solche Pflicht jedenfalls dann, wenn die Straftat nach Art und Umfang die Belange der Öffentlichkeit und der Volksgesamtheit in besonderem Maße berührt.[15] Diese Formel ist zwar relativ unbestimmt und setzt eine fallbezogene Einzelwertung voraus; einen konkreten Anhaltspunkt dürfte aber der Katalog des § 138 bieten, der schwere und für die Allgemeinheit gefährliche Delikte umfasst. **19**

Beispiel

Der Kriminalbeamte K kehrt privat in einer Bar ein, wo er feststellt, dass dort die Prostitution gefördert wird (§ 180a I Nr. 2 a. F.). Diese Kenntnis verschweigt er und verzögert dadurch die Strafverfolgung. Zur Offenbarung seines Wissens war K nicht verpflichtet, weil es sich um keine schwere Straftat handelt. Denn das Gesetz stellte sie mit der einschlägigen Strafdrohung auf dieselbe Stufe wie einfache Körperverletzung oder Unterschlagung (BGH NJW 1989, 914).

Der Versuch ist strafbar (§ 258a II). Gem. § 258a III kommt dem Amtsträger das Angehörigenprivileg (§ 258 VI) nicht zugute, während das Selbstbegünstigungsprivileg (§ 258 V) unberührt bleibt. **20**

Kontrollfragen
1. Wann tritt der Vereitelungserfolg ein? (Rn. 4)
2. Wie sind „sozialadäquate" Handlungen zu beurteilen? (Rn. 7)
3. Stellt die Bezahlung einer fremden Geldstrafe eine Vollstreckungsvereitelung dar? (Rn. 14)
4. Ist ein Verfolgungsbeamter bei außerdienstlicher Kenntnisnahme von einer Straftat zum Einschreiten verpflichtet? (Rn. 19)

---

[14]BGHSt 43, 82 mit Anm. *Rudolphi,* NStZ 1997, 599 und *Klesczewski,* JZ 1998, 313; and. noch OLG Hamburg JR 1996, 524 mit abl. Anm. *Küpper;* dazu auch *Verrel,* GA 2003, 595.

[15]Vgl. BGHSt 5, 225/229; 12, 277/281; 38, 388 mit Anm. *Rudolphi,* JR 1995, 167; *Mitsch,* NStZ 1993, 384 und Bespr. *Laubenthal,* JuS 1993, 907; OLG Karlsruhe NStZ 1988, 503 mit Anm. *Geerds,* JR 1989, 212; OLG Koblenz NStZ-RR 1998, 332; bestätigend BVerfG JZ 2004, 303 mit abl. Anm. *Seebode.*

II. Unberechtigte Inanspruchnahme der Staatsgewalt

21   Durch §§ 164, 145d soll die ungerechtfertigte Beanspruchung und Irreführung der mit der Verfolgung von Straftaten befassten Behörden verhindert werden (BGHSt 5, 66/68).[16] Wegen der gesetzlichen Subsidiarität des § 145d ist § 164 vorrangig zu prüfen.

1. Falsche Verdächtigung

22   Neben dem bereits genannten Zweck dient die Vorschrift des § 164[17] nach h. M. ebenfalls dem Schutz des Einzelnen vor unberechtigter Verfolgung. Dafür spricht sowohl das Erfordernis der Absicht, gegen den Verdächtigten ein Verfahren herbeizuführen, als auch die Bestimmung des § 165, die ausdrücklich den „Verletzten" erwähnt. Aufgrund der *doppelten* Schutzrichtung soll allerdings die Einwilligung des Betroffenen unbeachtlich sein, weil er über das geschützte öffentliche Interesse nicht verfügen kann (BGHSt 5, 66).[18]

23   Die falsche Verdächtigung muss bei einer Behörde oder einem zur Entgegennahme von Anzeigen zuständigen Amtsträger (vgl. § 158 StPO) erfolgen und eine rechtswidrige Tat (§ 11 I Nr. 5) betreffen. Verdächtigt wird ein *anderer*, d. h. eine bestimmte, identifizierbare und verfolgbare Person (BGHSt 13, 219/220). Die Bezichtigung des „großen Unbekannten" oder eines Toten reicht daher nicht aus.

24   **Verdächtigen** bedeutet jedes Tätigwerden, durch das der Verdacht gegen eine bestimmte Person begründet oder verstärkt wird. Dies kann zunächst mittels – ausdrücklicher oder konkludenter – Tatsachenbehauptungen geschehen, die geeignet sind (§ 152 II StPO), den Verdächtigten einem behördlichen Verfahren auszusetzen (BGHSt 60, 198/202). Darüber hinaus unterfällt dem Begriff des Verdächtigens aber auch die Schaffung einer irreführenden Beweislage, die einen anderen in Verdacht bringt (sog. isolierte Beweismittelfiktion). Deshalb kommt als strafbares Verhalten beispielsweise in Betracht das Zurücklassen fremder Ausweispapiere am Tatort oder das Weiterleiten von Fangbriefen an einen Unschuldigen (BGHSt 9, 240).[19] Schließlich kann eine Falschverdächtigung auch durch das Verschweigen von Umständen im Rahmen einer Strafanzeige begangen werden, die eine Strafbarkeit des Verdächtigten entfallen ließen oder die Behörde von einem Einschreiten abgehalten hätten.[20] Die Eignung, den Verdächtigten einem strafrechtlichen

---

[16]*Geerds,* Jura 1985, 617.

[17]Zum Ganzen *Geilen,* Jura 1984, 251, 300; *Vormbaum,* in: FS Dencker (2012), S. 359.

[18]Das ist mit Blick auf die Möglichkeit der Einwilligung bei § 306 (dazu § 10 Rn. 5) nicht selbstverständlich.

[19]RGSt 69, 173/175 („trügerische Beweisgrundlagen").

[20]OLG Brandenburg NJW 1997, 141; OLG Karlsruhe NStZ-RR 1997, 37; *Lenckner/Bosch,* in: Schönke/Schröder, § 164 Rn. 10, 17.

Verfahren auszusetzen fehlt, wenn es schon nach dem vom Täter mitgeteilten Sachverhalt an einer Strafverfolgungsvoraussetzung fehlt und daher ein hinreichender Anfangsverdacht nicht gegeben ist (OLG Stuttgart NStZ-RR 2014, 276).[21] Gleiches gilt für die tatsächlichen Anfangsgründe bzw. der Gründe des Fortdauerns der jeweils anderen in Betracht kommenden behördlichen Verfahren oder Maßnahmen. Eine Tatbegehung in mittelbarer Täterschaft soll zudem möglich sein, wenn der Täter einer Ordnungswidrigkeit einen Tatunbeteiligten dazu veranlasst, sich gegenüber der Bußgeldbehörde zu Unrecht der Begehung der Ordnungswidrigkeit zu bezichtigen. Die als solche tatbestandslose Selbstbezichtigung sei als Beihilfe zu dieser in mittelbarer Täterschaft begangenen Falschbezichtigung einzustufen (OLG Stuttgart NStZ 2016, 155[22]).

Problematisch ist das Verhältnis der Fremdverdächtigung zu einer Selbstbegünstigung. Das zulässige Ableugnen der Tatbegehung kann nämlich zugleich die Beschuldigung eines anderen beinhalten. Diese Möglichkeit besteht in zweierlei Hinsicht.   **25**

Täter/Täter – Var. 1: Wenn von zwei Personen jedenfalls einer der Täter sein   **26** muss, darf der Angeschuldigte seine Täterschaft abstreiten und damit (zwangsläufig) den Verdacht auf den anderen lenken; denn ansonsten bestünde – im Widerspruch zu § 136 StPO – eine Pflicht zur Selbstbezichtigung. Nach jetzt h. M. soll es sogar zulässig sein, die andere Person ausdrücklich der Tat zu beschuldigen, weil dadurch der Täter den sich aus der Sachlage als logische Folge ergebenden Verdacht nur ausspreche und nicht weiter verstärke[23] (offen BGHSt 60, 198/203). Strafbarkeit wird aber dann angenommen, wenn zusätzliche – auf eine Täterschaft hinweisende – Tatsachen behauptet oder Beweismittel verfälscht, etwa die Beutestücke in der Tasche des anderen platziert werden. Wenn die Belastung des anderen nicht die zwingende Kehrseite des eigenen Bestreitens ist, gilt keine Einschränkung der Strafbarkeit.

Täter/Täter – Var. 2: Der BGH hat einem weiteren Umstand Bedeutung zuge-   **27** messen und die o.g. Grundsätze damit offenbar beschränkt. Wenn erstmals eine andere Person als vermeintlicher Täter bezichtigt wird, und der Handelnde gegen diese materiell unschuldige und bis zur Falschbezichtigung unverdächtige Person Ermittlungstätigkeit veranlasst, scheide eine Einschränkung des § 164 aus (BGHSt 60, 198).[24] Dies ist ein verfahrenstechnischer Ansatz, der nicht mitteilt, ob die Belastung des den Ermittlungsbehörden bis dato unbekannten anderen bei objektiver Betrachtung auch die Folge eines bloßen Bestreitens gewesen wäre. Der o.g. Grundsatz gilt nach Ansicht des BGH damit allenfalls unter der Bedingung, dass gegen den potentiellen Alternativtäter bereits Ermittlungstätigkeiten veranlasst

---

[21]Ferner OLG Hamm NStZ-RR 2002, 167; *Hecker*, JuS 2015, 182; *Krell*, NStZ 2011, 671.

[22]Abl. Bespr. *Hecker*, JuS 2016, 82; *Mitsch*, NZV 2016, 564 ff. sowie *Dehne-Niemann*, HRRS 2016, 453.

[23]Vgl. OLG Düsseldorf NJW 1992, 1119 mit Anm. *Mitsch*, JZ 1992, 979; *Geilen*, Jura 1984, 251/255; *Rogall/Rudolphi*, in: SK, § 164 Rn. 15.

[24]Dazu *Dehne-Niemann*, NStZ 2015, 677; *Krell*, HRRS 2015, 483; *Löffelmann*, JR 2015, 492.

worden sind. Anderenfalls wäre das Urteil insoweit aufzuheben und zur Aufklärung dieses Umstandes die Sache zur erneuten Verhandlung zurückzuverweisen gewesen bzw. wäre das Verfahren insofern gem. §§ 154, 154a einzustellen gewesen.

28   *Täter/Zeuge*: Der Angeklagte bestreitet die Tat entgegen den Angaben des Zeugen und verdächtigt diesen damit (konkludent) der falschen Aussage. Auch insoweit ist bloßes Leugnen erlaubt, da der Widerspruch zur Zeugenaussage nur die notwendige Konsequenz darstellt.[25] Die Grenze liegt hier in dem offen erhobenen Vorwurf der strafbaren Falschaussage; weniger streng gilt das hingegen für die Ausübungen der strafprozessualen Rechte, bspw. Stellungnahmen nach § 257 I u. II sowie für das Plädoyer und das letzte Wort (§ 258).

29   Wie sich bereits aus der Gesetzesüberschrift ergibt, muss die Verdächtigung objektiv **falsch** sein. Diesbezüglich ist umstritten, ob es auf die Unwahrheit der Beschuldigung oder die Unrichtigkeit des Beweismaterials ankommt. Der BGH hat in ersterem Sinne entschieden: Wer wider besseres Wissen ein falsches Beweismittel oder Beweisanzeichen für die rechtswidrige Tat eines anderen vorbringt, erfülle den Tatbestand des § 164 I nicht, wenn der andere diese Tat (möglicherweise) begangen hat.[26] Denn das Gesetz hebe nicht auf die Verdächtigung als solche, sondern darauf ab, dass jemand einer rechtswidrigen Tat verdächtigt wird. Demgegenüber beurteilt die h. L. das Vorbringen danach, ob die vom Täter angeführten Verdachtstatsachen der Wirklichkeit entsprechen.[27] Dafür lässt sich auf § 164 II verweisen, wo von einer „Behauptung tatsächlicher Art" die Rede ist. Zudem wird der Schutzzweck der Vorschrift tangiert, wenn die Verfolgungsbehörden aufgrund unwahrer Tatsachenbehauptungen zum Einschreiten veranlasst werden.

Beispiel

Der Ladendetektiv D erstattet Strafanzeige mit der Behauptung, er habe gesehen, dass die Kundin K Preisschilder an Waren austauschte. Seine Angaben beruhen auf einer bloßen Schlussfolgerung; nähere Beobachtungen hat D nicht machen können. Ob K die Tat wirklich begangen hat, lässt sich nicht feststellen. Nach BGH scheidet deshalb eine falsche Verdächtigung aus. Die h. L. bejaht § 164 wegen der Unwahrheit der vorgebrachten Verdachtstatsachen.

30   Wie bei § 145d stellt sich auch hier die Frage, wie mit Fällen umzugehen ist, in denen der Bezichtigte an sich zutreffend mit einem Verfahren überzogen wird, bei denen die Verdächtigung aber von dem objektiven Geschehen abweicht. Ausschmückende Übertreibungen des im Kern zutreffenden Sachverhalts, welche die Tatbestandsverwirklichung unberührt lassen, können zwar § 153 genügen, jedoch scheidet § 164 aus (OLG München NStZ 2010, 219). Vgl. ferner zu § 145d unten Rn. 34.

---

[25]Vgl. BayObLG NJW 1986, 441 mit Anm. *Keller,* JR 1986, 30 und Bespr. *Langer,* JZ 1987, 804.

[26]BGHSt 35, 50 mit Anm. *Fezer,* NStZ 1988, 177 und Bespr. *Deutscher,* JuS 1988, 526; zust. OLG Rostock NStZ 2005, 335.

[27]*Ruß,* in: LK, § 164 Rn. 10; *Langer,* GA 1987, 289/302; *Lenckner/Bosch,* in: Schönke/Schröder, § 164 Rn. 16; wie BGH aber *Schilling,* GA 1984, 345.

Subjektiv ist ein Handeln *wider besseres Wissen* erforderlich. Der Täter muss 31 also die Unwahrheit der Verdächtigung sicher kennen; für die übrigen Tatbestandsmerkmale genügt (bedingter) Vorsatz. Fällt der vom Täter erregte Verdacht auf eine andere Person als diejenige, die er verdächtigen wollte, wird angesichts der gleichwohl eingetretenen Gefährdung der Rechtspflege eine unwesentliche Abweichung vom vorgestellten Geschehensablauf angenommen (BGHSt 9, 240).

Hinzukommen muss die *Absicht,* ein behördliches Verfahren oder andere behördliche Maßnahmen gegen den Verdächtigen herbeizuführen oder fortdauern zu lassen. Diese Absicht ist nicht auf den Beweggrund oder das Endziel der Handlungsweise beschränkt; vielmehr genügt es, wenn der Täter die Einleitung eines Verfahrens als sichere Folge voraussieht (BayObLG JR 1986, 28).

Die Tat ist vollendet, sobald die Verdächtigung der Behörde zugegangen oder 33 die entsprechende Vernehmung abgeschlossen ist. Ein gleichzeitiger Widerruf steht der Vollendung entgegen (vgl. OLG Düsseldorf NJW 2000, 3582), während eine spätere Richtigstellung nicht mehr zu einem strafbefreienden Rücktritt führen kann. Jedoch wird § 158 jedenfalls dann analog anzuwenden sein, wenn der Täter die falsche Angabe berichtigt, bevor ein behördliches Verfahren eingeleitet worden ist.

Mit Schaffung der sog. großen Kronzeugenregelung in § 46b, der neben § 31 34 BtMG getreten ist, hat der Gesetzgeber mit § 164 III einen entsprechenden Qualifikationstatbestand mit empfindlicher Strafdrohung geschaffen. Die Kronzeugenregelungen tragen den Impuls zur Falschverdächtigung in sich und stehen insb. deshalb in der Kritik, was sich auf dem Boden des § 164 III *de lege lata* fortsetzt.[28]

2. Vortäuschen einer Straftat

Gem. § 145d wird bestraft,[29] wer wider besseres Wissen einer Behörde oder einer 35 zur Entgegennahme von Anzeigen zuständigen Stelle vortäuscht, dass eine rechtswidrige Tat begangen worden sei, oder sie über den Beteiligten an einer solchen Tat zu täuschen sucht. Zu unterscheiden ist demnach zwischen Täuschung hinsichtlich Begehung (Abs. 1) oder Beteiligung (Abs. 2).

Das Vortäuschen der **Begehung einer rechtswidrigen Tat** (§ 145d I Nr. 1) setzt 36 voraus, dass der betreffenden Stelle eine angeblich begangene Tat mitgeteilt wird. Dem Schutzzweck entsprechend muss es geeignet sein, ein unnötiges Einschreiten der Behörde zu veranlassen; ob sie wirklich tätig wird, ist dafür unerheblich. Daran soll es aber etwa fehlen, wenn für die Polizei aufgrund der Umstände bereits feststand, dass der behauptete Diebstahl nicht stattgefunden hatte und deshalb nennenswerte Ermittlungen nicht veranlasst waren (OLG Oldenburg NStZ 2011, 95[30]), der Versuch ist nicht strafbar. In Betracht kommen auch öffentliche Falschmeldungen im Internet.[31]

---

[28]Allgemein dazu *König*, NJW 2009, 2481; *ders.*, StV 2012, 113; *Malek*, StV 2010, 200; speziell zu den Neuregelungen in §§ 164, 145d vgl. *Zopfs*, ZIS 2011, 669.

[29]Im Überblick *Geppert,* Jura 2000, 383; zu einem Legitimationsdefizit der Norm *Stübinger*, GA 2004, 338.

[30]Abl. Anm. *Metz*, NStZ 2011, 582.

[31]*Fahl*, Jura 2016, 735.

37   Nicht erfasst werden bloße *Übertreibungen oder Vergröberungen* einer tatsächlich
geschehenen Tat.[32] Sie können beispielsweise bestehen im Erhöhen der Tatbeute,
Ausgeben eines Versuchs als Vollendung, Vorspiegeln einer qualifizierten Begehungsform. Fraglich ist allerdings, wo genau die Grenze zur strafbaren Täuschung
liegt. Insoweit wird darauf abgestellt, ob das Delikt eine Charakterveränderung
erfährt, das Geschehen ein völlig verändertes Gepräge erhält oder ein Vergehen zu
einem Verbrechen hochgestuft wird. Klarer erscheint es demgegenüber, vom Rechtsgut auszugehen, nämlich dem Schutz des Staatsapparates vor unnützer Inanspruchnahme. Demgemäß ist der Tatbestand in den genannten Fällen (nur) dann erfüllt,
wenn der Umfang der erforderlichen Maßnahmen bezüglich des vorgetäuschten
Delikts erheblich über den zur Aufklärung notwendigen Ermittlungshandlungen hinsichtlich des tatsächlichen Delikts liegen würde (OLG Hamm NStZ 1987, 558).

> **Beispiel**
>
> (1) Der Pkw des A wurde aufgebrochen und das Autoradio teilweise aus der Hal-
> terung gerissen. A wollte die Versicherungssumme kassieren, entfernte deshalb
> das Radio und meldete der Polizei den angeblichen Diebstahl. Die Darstellung
> des Versuchs als Vollendung bedeutet nur ein Aufbauschen des tatsächlichen
> Geschehens; auch bei Anzeige des versuchten Diebstahls hätte die Polizei im
> Wesentlichen in gleicher Weise ermitteln müssen. Demnach scheidet das Vor-
> täuschen einer Straftat aus.
>
> (2) A vermietet einen – an X sicherungsübereigneten – Pkw zum Schein an
> B, den B absprachegemäß an C veräußert. Wie geplant, wird bei der Polizei eine
> Unterschlagung des Fahrzeugs durch den Mieter angezeigt. Der Plan war es,
> den PkW von den Ermittlungsbehörden zurückzuerhalten (GPS-Ortung) und die
> Ansprüche des C ebenso wie das Strafverfahren aufgrund verwendeter Falsch-
> personalien ins Leere laufen zu lassen. Neben § 263 hat der BGH zutreffend
> § 145d angenommen, da die Tat durch die Anzeige ein *im Kern anderes Gepräge
> erhalten* hat, was in beachtlichem Umfang letztlich unnütze Ermittlungsmaßnah-
> men veranlasste (BGH StV 2016, 158).[33] In § 263 mag hier zwar auch eine ver-
> untreuende Unterschlagung des Sicherungseigentums von X stecken,[34] was aber
> nichts daran ändert, dass die Ermittler in eine andere Richtung geschickt wurden.

38   Bei der Täuschung über den **Beteiligten an einer rechtswidrigen Tat** (§ 145d II Nr. 1)
liegt zwar eine solche Tat vor, die Behörde wird jedoch auf eine falsche Fährte gelockt.
Dies kann durch die Angabe einer bestimmten Person geschehen (dann allerdings subsidiär zu § 164), aber auch durch Anzeige „gegen Unbekannt" (BGHSt 6, 251/255).

---

[32]Vgl. OLG Hamm NJW 1982, 60 mit Bespr. *Krümpelmann,* JuS 1985, 763; OLG Hamm NStZ
1987, 558 mit Anm. *Stree;* OLG Karlsruhe MDR 1992, 1166; *Geppert,* Jura 2000, 383/384 f.

[33]M. krit. Anm. *Krell/Eibach,* StV 2016, 159.

[34]Das würde dann ausscheiden, wenn sich die Handelnden völlig sicher gewesen sind, dass die
Rückführung des Pkw wie geplant klappt.

Werden die Ermittlungen lediglich erschwert und nicht in eine falsche Richtung gelenkt, findet § 145d II keine Anwendung. Straflos sind insb. folgende Verhaltensweisen:

- Verschaffen eines falschen Alibis, das nur zu einem Ablenken des Verdachts, nicht zu einem *Hinlenken* auf einen Unbeteiligten führt (BayObLG NJW 1984, 2302).
- Angabe falscher Personalien, womit eine bloße Identitätstäuschung bezweckt wird (KG JR 1989, 27).
- Benennung einer Person, die den Tatbestand nicht erfüllen kann. Denn das Verhalten des „Beteiligten" muss überhaupt eine strafbare Handlung darstellen können, weil sonst die Behörden nicht zu (weiteren) Ermittlungen, sondern zur Einstellung des Verfahrens veranlasst werden sollen. Diese Variante kommt vor allem beim sog. Platztausch im Straßenverkehr nach Fahren ohne Fahrerlaubnis oder einer Trunkenheitsfahrt in Betracht.[35]

Beispiel

Autofahrer A hat in fahruntüchtigem Zustand ein Fahrzeug geführt (§ 316). Bei der Polizeikontrolle gibt die – nüchterne – Ehefrau E wahrheitswidrig an, sie sei gefahren. Einer Bestrafung wegen Strafvereitelung steht das Angehörigenprivileg (§ 258 VI) entgegen. Aber auch eine Täuschung über den Beteiligten an einer rechtswidrigen Tat scheidet aus, weil hier mit der Behauptung ein strafbares Tun gerade geleugnet wird.

Kraft ausdrücklicher (formeller) Subsidiarität tritt § 145d hinter §§ 164, 258 zurück. **39** Im Verhältnis zur falschen Verdächtigung kommt das Vortäuschen einer Straftat deshalb praktisch nur dann zur Geltung, wenn keine bestimmte Person verdächtigt worden ist. Gegenüber der Strafvereitelung bleibt § 145d anwendbar, falls eine Bestrafung des Täters nach § 258 allein daran scheitert, dass ihm ein Strafausschließungsgrund (§ 258 V oder VI) zur Seite steht; Subsidiarität tritt also erst ein, wenn der Täter tatsächlich aus dem schwereren Delikt bestraft werden kann.

Ebenso wie für § 164 hat der Gesetzgeber auch für das Vortäuschen einer Straftat **40** aus Anlass der Kronzeugenregelung mit § 146d III einen Qualifikationstatbestand geschaffen, s. dazu oben Rn. 31.

Kontrollfragen

1. Auf welche Weise kann ein Verdächtigen erfolgen? (Rn. 24)
2. Worauf kommt es für die Falschheit der Verdächtigung an? (Rn. 29)
3. Wo liegt die Grenze zwischen dem Vortäuschen einer Straftat und der Täuschung über eine geschehene Tat? (Rn. 37)

---

[35]Näher dazu BGHSt 19, 305; OLG Celle NJW 1964, 733; OLG Zweibrücken NZV 1991, 238; *Kuhlen,* JuS 1990, 396; vgl. auch OLG Karlsruhe NStZ-RR 2003, 234 (zu § 142).

III. Widerstand gegen Vollstreckungsbeamte

41   Gesetzgeberischer Zweck des § 113[36] ist der Schutz des Staatswillens und der zu seiner Ausführung berufenen Organe (RGSt 41, 82/85). Die Vorschrift stellte an sich einen privilegierten Nötigungsfall dar, wie sich aus dem gegenüber § 240 niedrigeren Grundstrafrahmen, der günstigeren Irrtumsregelung sowie der Möglichkeit der Strafmilderung und des Absehens von Strafe ergab. Die Privilegierung beruhte auf der Erwägung, dass der von einer Vollstreckung betroffene Täter durch die Konfrontation mit der Staatsgewalt im Regelfall in einen Erregungszustand geraten wird.[37] Durch die im Jahr 2011 vorgenommene Anhebung des Strafrahmens sowie der Ausweitung in § 114 III ist die Privilegierungswirkung jedoch zweifelhaft geworden, wobei sich die Kritik mit beachtlichen Gründen gegen den Gesetzgeber richtet.[38]

42   Die systematische Struktur des Widerstandsparagraphen ist umstritten, namentlich im Hinblick auf die Rechtmäßigkeit der Diensthandlung (dazu noch Rn. 46 ff.). Im Folgenden werden die einzelnen Absätze dem Deliktsaufbau wie nachstehend zugeordnet:

- Tatbestand (§ 113 I),
- Rechtswidrigkeit (§ 113 III),
- Schuld (§ 113 IV),
- Besonders schwere Fälle (§ 113 II).

Am 12.05.2017 hat der Bundesrat das vom Bundestag am 27.04.2017 verabschiedete G zur Änderung des Strafgesetzbuchs – Stärkung des Schutzes von Vollstreckungsbeamten und Rettungskräften gebilligt. Dieses Gesetz ist noch nicht in Kraft und kann daher hier nur zusammenfassend berücksichtigt werden. Mit Inkrafttreten dieses Gesetzes wird der tätliche Angriff auf Vollstreckungsbeamte aus § 113 heraus und in einen neuen § 114 eingefügt. Letzterer wird zudem bei Angriffen während aller Diensthandlungen, nicht nur bei Vollstreckungshandlungen gelten. Der bisherige § 114 wird § 115. Zugleich werden die Regelbeispiele des § 113 II, die auch für §§ 114 f. gelten, geändert: eingefügt wird ein Regelbeispiel der gemeinschaftlichen Begehung, beim Mitsichführen von Waffen und gefährlichen Werkzeugen wird die bisher nötige Verwendungsabsicht gestrichen. Es erscheint verwunderlich, dass der Gesetzgeber hier die Regelung aus §§ 244 I Nr. 1 a), 250 I Nr. 1 a) übernimmt, obwohl deren Auslegung gerade wegen der fehlenden Verwendungsabsicht heillos umstritten ist und BGHSt 52, 257/269 schon vor bald einem Jahrzehnt eine Neuregelung angeregt hat.[39]

---

[36]Zum Ganzen *Backes/Ransiek,* JuS 1989, 624; *Bosch,* Jura 2011, 268; *Deiters,* GA 2002, 259; *Küper,* in: FS Frisch (2013), S. 985; *Zöller/Steffens,* JA 2010, 161.

[37]BT-Drucks. VI/502, S. 3 f.; KG StV 1988, 437; *Eser,* in: Schönke/Schröder, § 113 Rn. 3.

[38]*Singelnstein/Puschke,* NJW 2011, 3473; *Zopfs,* GA 2012, 259 sowie *Fahl,* StV 2012, 623; *ders.,* ZStW 124 (2012), 311.

[39]Zur Diskussion *Kubiciel,* jurisPR-StrafR 5/2017 Anm. 1; *Hoffmann-Holland/Koranyi,* ZStW 127 (2015), 913; *Zöller,* ZIS 2015, 445; sowie die Stellungnahmen der Sachverständigen im Ausschuss für Recht und Verbraucherschutz (18. Wahlperiode, 135. Sitzung).

1. Tatbestandsmerkmale

Die Tat richtet sich gegen einen Amtsträger (§ 11 I Nr. 2), dem bestimmte Personen **43** durch § 114 gleichgestellt werden. Der Betreffende muss zur Vollstreckung von Gesetzen, Rechtsverordnungen, Gerichtsbeschlüssen oder Verfügungen berufen, kurz gesagt ein **Vollstreckungsbeamter** sein. Ihm obliegt die Aufgabe, den normierten Staatswillen im Einzelfall zu verwirklichen und gegebenenfalls zwangsweise durchzusetzen (BayObLG JR 1989, 24). Typische Vollstreckungsbeamte sind vor allem Polizisten und Gerichtsvollzieher.

Der Widerstand findet bei der Vornahme einer **Vollstreckungshandlung** statt. Dar- **44** unter ist jede Handlung zu verstehen, mit der die Verwirklichung des Staatswillens zur Regelung eines Einzelfalles gegenüber bestimmten Personen oder Sachen notfalls mit Gewalt bezweckt wird (KG NStZ 1989, 121). Diese Tätigkeit muss bereits hinreichend konkretisiert sein. Daran fehlt es etwa bei Streifenfahrten, Beschuldigtenvernehmungen, Befragungen von Straßenpassanten und anderen bloßen Ermittlungstätigkeiten von Polizeibeamten; ausreichend ist jedoch das Anhalten eines Verkehrsteilnehmers zur allgemeinen Verkehrskontrolle (BGHSt 25, 313).

In zeitlicher Hinsicht wird vorausgesetzt, dass sich der Beamte *bei der Vornahme* **45** einer solchen Diensthandlung befindet. Die Vollstreckungstätigkeit hat also bereits begonnen und darf noch nicht beendet sein; insoweit gelten ähnliche Kriterien wie bei der „Gegenwärtigkeit" eines Angriffs (§ 32). Will beispielsweise der Gerichtsvollzieher eine Sache pfänden, dann liegt der Beginn der Vollstreckung im Betreten, das Ende im Verlassen der Wohnung des Schuldners. Eine Vollstreckungshandlung ist solange nicht beendet, wie das Verhalten des Beamten in so engem Zusammenhang mit der Durchsetzung des Staatswillens steht, dass es nach natürlicher Lebensauffassung als Bestandteil der zur Regelung des Einzelfalles ergriffenen Maßnahme angesehen werden kann (BGH NJW 1982, 2081). Es genügt, wenn die Handlung vorher vorgenommen wird, aber ihre Wirkungen – zurechenbar und vorsätzlich – erst bei der später erfolgenden Vornahme eintreten (BGHSt 18, 133).[40]

Die Tathandlung besteht im **Widerstandleisten**. Dabei geht es um eine aktive Tätigkeit, welche dazu geeignet und bestimmt ist, die Vollziehung der betreffenden Diensthandlung zu verhindern oder zu erschweren (RGSt 4, 374/ 376). Rein passives Verhalten – wie etwa das Sitzenbleiben oder Wegtragenlassen von Demonstranten – genügt hingegen nicht. Ferner genügen nicht,

- das bloße Zulaufen auf Polizeibeamte durch eine Vielzahl von Demonstran- **46** ten, das dazu dient, eine Polizeisperre allein dadurch zu überwinden, dass die Beamten nicht in der Lage sind, sämtliche Demonstranten festzuhalten (OLG Hamm, Beschl. v. 7.8.2008 – 3 Ss 100/08 – juris);
- die bloße Flucht vor der Polizei, mögen auch Dritte gefährdet oder unvorsätzlich verletzt werden (BGH StV 2016, 283).

---

[40]OLG Stuttgart NStZ 2016, 353.

47 Als Mittel des Widerstandes kommen Gewalt und Drohung mit Gewalt in Betracht. Anders als bei § 240 reicht hier also nicht jede Drohung mit einem empfindlichen Übel aus, aber auch der Begriff der *Gewalt* ist in § 113 nach ganz h. M. enger zu verstehen. Verlangt wird eine durch tätiges Handeln bewirkte Kraftäußerung gegen den Vollstreckenden.[41] Die Einflussnahme auf Sachen wird deshalb allenfalls dann erfasst, wenn sie sich – zumindest mittelbar – auf die Person des Beamten auswirkt oder dieser die Diensthandlung nicht ausführen kann, ohne seinerseits eine nicht ganz unerhebliche Kraft aufwenden zu müssen.

Beispiel

(1) Gerichtsvollzieher G will die Sache des Schuldners S pfänden. Zerstört S verärgert die Pfandsache, so scheidet dieses Verhalten als Mittel des Widerstandes aus. Anders wäre es zu beurteilen, wenn G die Sache bereits ergriffen hätte und S sie ihm gewaltsam aus den Händen reißt.

(2) Stunden vor einem Polizeieinsatz kettet sich A dergestalt an, dass die dann zur Räumung erschienenen Beamten den A erwartungsgemäß nur mit erheblichem Arbeitsaufwand lösen und fortschaffen können. Hierin hat das OLG Stuttgart in dem Sinne Gewalt erkannt, dass A mit Kraftaufwand zurechenbar und vorsätzlich den später eintretenden Zwang zu seiner kraftaufwändigen Befreiung auslöste (NStZ 2016, 353). Ein Vergleich zur sog. Zweite-Reihe-Rechtsprechung bei § 240 (s. § 3 Rn. 46), trägt nicht recht. Zwar ist den Beamten ein physisches Hindernis entgegengesetzt worden, dieses war aber tatsächlich überwindbar. Andererseits waren die Beamten keineswegs körperlich daran gehindert, den A in seiner Lage zu lassen. Ihr Entschluss zur Betätigung war rein psychisch vermittelt, indem sie ihren Dienstpflichten zu genügen hatten. Es liegt keine Gewalt i.S. v. § 113 oder § 240 vor. Zwar hat das BVerfG für das Festhalten an Gegenständen und das Stemmen der Füße gegen den Boden zwecks Verhinderung des Verbringens an einen anderen Ort Gewalt i.S. v. § 113 gebilligt. Das jedoch nur unter dem Gesichtspunkt, dass dies oftmals durch nicht unerheblichen Einsatz von Körperkraft gekennzeichnet sei und durch ebenfalls nicht unerheblichen Krafteinsatz überwunden werden müsse (BVerfG NJW 2006, 136). Hier indes geht es nicht um ein körperliches Kräftemessen, sondern eine perpetuierte, bloße Anwesenheit.

48 Neben den Widerstand tritt als weitere Begehungsform der *tätliche Angriff.* Er bedeutet eine in feindseliger Willensrichtung unmittelbar auf den Körper des Beamten zielende Einwirkung (RGSt 59, 264/265), besteht also zumeist in einer – versuchten – Körperverletzung, bspw. durch Übergießen mit erheblichen Mengen von Brennspiritus (BGH NStZ 2007, 701). Ein Erfolg braucht nicht einzutreten; wie in der 1. Alt. ist die Tat mit Vornahme der entsprechenden Handlung vollendet.

---

[41]Vgl. BGHSt 18, 133; OLG Hamm NStZ 1995, 547; OLG Düsseldorf NStZ-RR 1997, 91; *Eser,* in: Schönke/Schröder, § 113 Rn. 42; weiter einschr. *Backes/Ransiek,* JuS 1989, 624/625.

Wegen seiner versuchsähnlichen Struktur wird ein solcher Tatbestand auch als „unechtes Unternehmensdelikt" bezeichnet.[42]

2. Rechtmäßigkeit der Diensthandlung

Die Tat bleibt straflos, wenn die Diensthandlung nicht rechtmäßig ist (§ 113 III 1). **49** Schon § 113 a. F. verlangte, dass sich der Beamte „in der rechtmäßigen Ausübung seines Amtes" befand. Seit der Neufassung durch das 3. StrRG 1970 – verbunden mit der eigenständigen Irrtumsregelung – ist die dogmatische Einordnung des Rechtmäßigkeitserfordernisses heftig umstritten; im Wesentlichen werden folgende Positionen vertreten:

- Nach einer Auffassung handelt es sich um ein unrechtskonstituierendes *Tatbestandsmerkmal,* das der Gesetzgeber aus kriminalpolitischen Gründen dem Vorsatzerfordernis entzogen habe.[43]
- Andere sehen darin eine (durch § 113 IV modifizierte) *objektive Strafbarkeitsbedingung,* auf die sich der Tätervorsatz von vornherein nicht zu erstrecken braucht.[44]
- Schließlich stellt § 113 III nach der Rechtfertigungslösung einen spezialnormierten *Rechtfertigungsgrund* eigener Art dar.[45]

Keiner dieser Vorschläge lässt sich gänzlich frei von Widersprüchen durchführen. Für **50** die Rechtfertigungslösung spricht immerhin, dass sie die Irrtumsregelungen schlüssig erklären kann. Da § 113 IV an Kriterien des Verbotsirrtums anknüpft, liegt es nahe, ihn als Irrtum über einen Rechtfertigungsgrund anzusehen. Daneben hat § 113 III 2 die Bedeutung, die Rechtsfolge beim Fehlen des subjektiven Rechtfertigungselements klarzustellen: Nimmt man in diesem Falle nur Versuch an, wäre er zwar ohnehin nicht strafbar; im Hinblick auf die – auch von der Rspr. (BGHSt 2, 111/115) vertretene – Vollendungslösung erscheint es aber sinnvoll, die gewollte Straflosigkeit ausdrücklich anzuordnen. Aufschlussreich ist zudem der Hinweis auf § 22 WStG, wonach der Untergebene „nicht rechtswidrig" handelt, wenn er einen unverbindlichen Befehl nicht befolgt; auch die entsprechenden Irrtümer sind dort wie in § 113 ausgestaltet.

Einigkeit besteht jedenfalls insoweit, dass der Meinungsstreit sich im prakti- **51** schen Ergebnis nicht auswirkt, weil das Gesetz die einschlägigen Rechtsfolgen abschließend regelt. Die systematische Einordnung hat allerdings Konsequenzen

---

[42]Instruktiv *Mitsch,* JuS 2015, 97.

[43]*Eser,* in: Schönke/Schröder, § 113 Rn. 20; *Zielinski,* in: AK, § 113 Rn. 20.

[44]*Haft,* S. 3; *Wessels/Hettinger,* Rn. 633; zu § 113 a. F. auch BGHSt 4, 161; 21, 334/365; nach der Neufassung noch KG NJW 1972, 781.

[45]*Rosenau,* in: LK, § 113 Rn, 32 f.; *Dreher,* in: GedS Schröder (1978). S. 359/376 ff.; *ders.,* JR 1984, 401; *Maurach/Schroeder/Maiwald* BT 2, § 70 Rn. 38 ff.; modifizierend („Notwehrlösung") *Hirsch,* in: FS Klug (1983), S. 235/243 ff.

für den Deliktsaufbau: Nach den erstgenannten Ansichten ist die Rechtmäßigkeit der Diensthandlung entweder als Tatbestandsmerkmal (im Zusammenhang mit der Vollstreckungshandlung) oder als Tatbestandsannex (im Anschluss an den subjektiven Tatbestand) zu prüfen. Für die Rechtfertigungslösung beschränkt sich die tatbestandliche Prüfung auf die in § 113 I genannten Merkmale, während § 113 III erst bei der Rechtswidrigkeit bedeutsam wird.

52   Unabhängig von der dogmatischen Einordnung ist des Weiteren die inhaltliche Konkretisierung des Merkmals „rechtmäßig" vorzunehmen. Nach dem überwiegend vertretenen **strafrechtlichen Rechtmäßigkeitsbegriff** kommt es nicht auf die materielle Richtigkeit des Eingriffs, sondern auf dessen formelle Rechtmäßigkeit an.[46] Im Bericht des Sonderausschusses für die Strafrechtsreform (BT-Drucks. VI/502, S. 5) wird dazu ausgeführt: „Dieser strafrechtliche Rechtmäßigkeitsbegriff trägt dem Gesichtspunkt Rechnung, dass sich ein Vollstreckungsbeamter häufig in der Lage sieht, in einem schwierig gelagerten Fall eine schnelle Entscheidung zu treffen, und es ihm oft nicht möglich ist, die gesamten Umstände zu übersehen und richtig zu würdigen. Würde hier der strenge verwaltungsrechtliche Rechtmäßigkeitsbegriff zugrunde gelegt, so wäre das Risiko des Beamten zu groß und dadurch die Gefahr gegeben, dass seine Initiative gelähmt würde." Dementsprechend reicht es aus, wenn der Vollstreckungsbeamte sachlich und örtlich zuständig ist, die wesentlichen Förmlichkeiten gewahrt und ein etwaiges Ermessen pflichtgemäß ausgeübt hat. Im Einzelnen gilt folgendes:

53   Jede rechtmäßige Diensthandlung setzt zunächst eine Eingriffsermächtigung voraus (OLG Celle StraFo 2010, 114). Die *sachliche Zuständigkeit* des Beamten setzt voraus, dass die Diensthandlung in den Kreis seiner Amtsgeschäfte fällt. Beispiele: Wer nicht Ermittlungsperson der Staatsanwaltschaft ist, darf keine Entnahme von Blutproben anordnen (§ 81a II StPO); der Polizei steht die Durchsetzung eines rein privatrechtlichen Anspruchs nicht zu (RGSt 29, 199/201). Die *örtliche Zuständigkeit* richtet sich grundsätzlich nach dem Dienstbezirk. Beispiele: Der Beamte eines Wohnungsamtes kann nicht außerhalb des Amtsbezirkes eine Wohnung beschlagnahmen; die Bahnpolizei (jetzt: Bundespolizei) hat polizeiliche Befugnisse nur auf dem Bahngebiet (BGHSt 4, 110/112).

Die Rechtmäßigkeit der Vollstreckungshandlung hängt außerdem von der Beachtung der *wesentlichen Förmlichkeiten* ab.[47] Die „Wesentlichkeit" beurteilt sich danach, ob die Formvorschrift dazu bestimmt ist, die Gewähr für ein gesetzmäßiges Verfahren zu schaffen und somit dem Schutz des Betroffenen zu dienen (BGHSt 5, 93/94). Jedoch sollen sich die Prüfungsanforderungen an den handelnden Amtsträger vermindern, je unüberschaubarer und ungesicherter die von ihm vorgefundene Situation ist (KG, Beschl. v. 27.8.2012 – 161 Ss 154/12 – juris; s. auch BGHSt 60, 253/259 f.). Beachtliche Förmlichkeiten sind insbesondere:

---

[46]Vgl. RGSt 72, 305/311; BGHSt 4, 161/164; KG NJW 1975, 887; *Rosenau,* in: LK, § 113 Rn. 35 ff.; *Geppert,* Jura 1989, 274/276; krit. *Amelung,* JuS 1986, 329/335 ff.; eingehend *Vitt,* ZStW 106 (1994), 581.

[47]Zum Begriff *Reil,* JA 1998, 143.

- die Zuziehung von Zeugen bei Durchsuchung (§ 105 II StPO)[48] oder Zwangs-vollstreckung (§ 759 ZPO)[49];
- die Androhung unmittelbaren Zwangs vor dessen Anwendung;
- die Belehrung des Betroffenen, welcher Tat er verdächtig ist, bevor Zwangsmaß-nahmen durchgeführt werden, bspw. grdsl. bei Identitätsfeststellung, soweit aus der Sicht des Betroffenen nicht Offensichtlichkeit oder Gefährdung des Vollstre-ckungszwecks vorläge (OLG Hamm NStZ 2013, 62);[50]
- die falsche Belehrung, bspw. allg. Verkehrskontrolle statt Verdacht der Trunken-heitsfahrt (OLG Celle StV 2013, 25 m. Bespr. *Jahn*, JuS 2013, 268);
- im Bereich von Art. 8 I GG mangelnde Klarheit über den Wegfall des Schut-   **54** zes der Versammlungsfreiheit verweigert wird, insb. bei Ingewahrsamnahme und Abtransport, ohne dass der Betroffene zuvor auf Versammlungsrechtlicher Grundlage von der Versammlung ausgeschlossen wurde oder aber die Versamm-lung gem. § 15 III VersammlG aufgelöst worden wäre (BVerfG StV 2008, 71); nicht jedoch bei insgesamt gewalttätigem Demonstrationsverlauf (BVerfG, Beschl. v. 4.12.2006 – 1 BvR 1014/01 – juris).

Stellt das Gesetz die Vornahme der Vollstreckungshandlung in das *Ermessen* des   **55** Beamten, dann ist die Amtsausübung rechtmäßig, wenn er das ihm eingeräumte Ermessen pflichtgemäß ausübt und sein dienstliches Handeln nach dem Ergebnis dieser Prüfung ausrichtet (BGHSt 21, 334/363). Beim Handeln auf *Befehl* reicht es aus, dass die von dem zuständigen Vorgesetzten erteilte Anordnung nicht offen-sichtlich rechtswidrig ist und der Untergebene sie im Vertrauen auf ihre Rechtmä-ßigkeit in gesetzlicher Form vollzieht (KG NJW 1982, 781).

In jüngster Zeit sieht sich der strafrechtliche Rechtmäßigkeitsbegriff zunehmender   **56** Kritik ausgesetzt, die einer materiellen Sichtweise den Vorzug einräumt. Anlass dazu geben Entscheidungen des Bundesverfassungsgerichts, welche das Bußgeldverfahren des OWiG betreffen: Nach der dort vertretenen „Zwei-Ebenen-Lösung" soll für das polizeiliche Handeln zwar die formelle Rechtmäßigkeit ausreichend sein, wofür aber bei nachträglicher Ahndung der Ordnungswidrigkeit kein hinreichender Grund mehr bestehe.[51] Ob diese Entwicklung auf § 113 durchschlagen würde, war zwischenzeit-lich fraglich. Die Strafgerichtsbarkeit ging davon aus, dass sich an der Gültigkeit des strafrechtlichen Rechtmäßigkeitsbegriffs nichts geändert habe (ausdrücklich KG StV 2001, 260), was das BVerfG schließlich grdsl. bestätigt hat (BVerfG StV 2008, 71).

Die Kehrseite des Rechtmäßigkeitsbegriffs in § 113 ist die Frage, ob der Handelnde   **57** sich auf Notwehr berufen kann. Wenn ein Fehler unterhalb des Maßstabs von § 113 III 3 genügen würde, um das Verhalten des Amtsträgers i.S. v. § 32 als rechtswidrig zu

---

[48] AG Cottbus StraFo 2005,198.

[49] OLG Hamm NStZ 1996, 281.

[50] OLG Celle StV 2011, 678; KG NJW 2002, 3789.

[51] Vgl. BVerfGE 92, 1; NJW 1993, 581; zu den Konsequenzen s. *Reinhart*, NJW 1997, 911; *Weber*, JuS 1997, 1080; *Rengier*, § 53 Rn. 14 ff.; dagegen *Heger*, in: Lackner/Kühl, § 113 Rn. 7; *Rühl*, JuS 1999, 521/528 f.

beurteilen, dann würde der Widerstand durch Notwehr gedeckt sein, zumindest soweit es sich um andere Delikte handelt (§§ 212, 22). Das jedoch läuft dem spezielleren Regelungsgehalt von § 113 StGB zuwider, weshalb der BGH den rechtswidrigen Angriff des § 32 im Bereich von § 113 zutreffend an dessen Maßstäben misst (BGHSt 60, 253).[52]

3. Irrtum über die Rechtmäßigkeit

58 Für den Fall, dass der Täter bei Begehung der Tat irrig annimmt, die Diensthandlung sei nicht rechtmäßig, trifft § 113 IV eine dem Verbotsirrtum ähnelnde Sonderregelung; sie betrifft also den Schuldvorwurf. Anders als bei § 17 muss allerdings der Täter die Unrechtmäßigkeit positiv angenommen haben. Im Übrigen ist zu unterscheiden: War der Irrtum vermeidbar, kann das Gericht die Strafe mildern oder bei geringer Schuld von Strafe absehen. Bei Unvermeidbarkeit des Irrtums tritt Straflosigkeit nur ein, wenn das Einlegen von Rechtsbehelfen nicht zumutbar war (sog. Rechtsbehelfsklausel). Zumutbarkeit wird bejaht, falls durch die Vollstreckungshandlung noch kein irreparabler Schaden drohte; so ist es dem Schuldner bei einer – vermeintlich rechtswidrigen – Zwangsvollstreckung zuzumuten, sich mit der Erinnerung gem. § 766 ZPO an das Vollstreckungsgericht zu wenden (OLG Köln MDR 1975, 417).

4. Besonders schwere Fälle

59 Die Strafzumessungsregelung des § 113 II erhöht die Strafe in besonders schweren Fällen; das Gesetz nennt hierfür zwei Regelbeispiele:

60 Der Täter oder ein anderer Beteiligter führt eine Waffe bei sich, um diese bei der Tat zu verwenden (Nr. 1). Der Begriff der *Waffe* wurde ursprünglich nicht im technischen Sinne verstanden, sondern entsprach dem des gefährlichen Werkzeugs (OLG Celle NStZ-RR 1997, 265). Darunter fiel auch ein Kraftfahrzeug, mit dem der Widerstandleistende gezielt auf einen Halt gebietenden Polizeibeamten zufährt, um ihn zur Freigabe der Fahrbahn zu nötigen (BGHSt 26, 176). Dem ist das BVerfG (NStZ 2009, 83)[53] mit Art. 103 II GG entgegengetreten, worauf der Gesetzgeber zwischenzeitlich auch hier die Alternative des gefährlichen Werkzeugs eingeführt hat. Der PKW-Fall wird nun hierunter subsumiert. Für das Beisichführen stellt sich nun dieselbe Problematik der Bestimmung der Gefährlichkeit, wie es bei der §§ 244 I Nr. 1 a), 250 I Nr. 1 a) der Fall ist.[54]

---

[52]Zust. *Erb*, JR 2016, 29; krit. *Engländer*, NStZ 2015, 577; *Rückert*, JA 2017, 33; für Verortung in der Gebotenheit *Kindhäuser*, HRRS 2016, 439; a.A. (Notwehreinschränkungen) *Amelung*, JuS 1986, 329 sowie OLG Hamm JR 2010, 361m. Anm. *Zimmermann*.

[53]*Koch/Wirth*, ZJS 2009, 90; *Kudlich*, JR 2009, 210.

[54]Krit. *Fahl*, Jura 2012, 593.

Der Täter bringt durch eine *Gewalttätigkeit* den Angegriffenen in die Gefahr des **61** Todes oder einer schweren Gesundheitsschädigung (Nr. 2). Gewalttätigkeit bedeutet ein auf körperliche Einwirkung abzielendes aggressives Handeln. Die daraus resultierende Gefahr muss vorsätzlich herbeigeführt werden, wobei der Gefährdungsvorsatz vom – bedingten – Verletzungsvorsatz zu unterscheiden ist (BGHSt 26, 176/182). Damit steht diese Norm den Voraussetzungen des § 315b nahe, bspw. bei dem Zufahren auf Polizeibeamte (BGH StV 2016, 286).

5. Verhältnis zur Nötigung

§ 113 geht als *lex specialis* – noch immer[55] – dem § 240 vor (BGHSt 48, 233/238). Frag- **62** lich ist jedoch, ob der allgemeine Nötigungstatbestand zur Anwendung kommt, wenn die Widerstandshandlung das für § 113 erforderliche Maß nicht erreicht, also etwa keine Drohung mit Gewalt, sondern nur mit einem empfindlichen Übel vorliegt. Nach einer Auffassung soll der Täter aus § 240 mit dem Strafrahmen des § 113 zu bestrafen sein.[56] Damit würde aber die Sperrwirkung der Privilegierung unterlaufen; vielmehr ist davon auszugehen, dass § 113 den Widerstand in einer Vollstreckungssituation abschließend regeln will,[57] und dieses Argument begründet unabhängig von der Privilegierungsdiskussion jedenfalls die Sperrwirkung des § 113. Das Verhalten bleibt folglich straffrei.

Entsprechendes gilt für den – bei § 113 straflosen – Versuch, der nicht als ver- **63** suchte Nötigung (§ 240 III) erfasst werden kann. Denn sonst würde der Täter beim Versuch des spezielleren Delikts schlechter gestellt als bei der Vollendung (BGHSt 30, 235/236). Anders stellt sich die Situation dar, wenn der Täter über den Widerstand hinaus den Vollstreckungsbeamten zu einem weiteren Verhalten zwingen will; die versuchte Nötigung tritt dann zu dem Vergehen des § 113 idealkonkurrierend hinzu (BayObLG JR 1989, 24).

Kontrollfragen
1. Was ist unter einer Vollstreckungshandlung zu verstehen? (Rn. 44)
2. Wie wird die Rechtmäßigkeit der Diensthandlung dogmatisch eingeordnet? (Rn. 49, 50)
3. Was besagt der strafrechtliche Rechtmäßigkeitsbegriff? (Rn. 52)
4. Welches sind die Merkmale der Strafschärfung gem. § 113 II? (Rn. 59–61)
5. Was gilt für das Verhältnis von § 240 (i.V.m. § 22) zu §§ 113, 114? (Rn. 62, 63)

---

[55]Diff. zum Ganzen *Fahl*, StV 2012, 623; *ders.*, ZStW 124 (2012), 311.

[56]So OLG Hamm NStZ 1995, 547; *Otto,* § 91 Rn. 25; *Rengier,* § 53 Rn. 28.

[57]Ebenso *Eser,* in: Schönke/Schröder, § 113 Rn. 68; *Wolters,* in: SK, § 113 Rn. 23; *Joecks,* § 113 Rn. 43; *Backes/Ransiek,* JuS 1989, 624/629; *Zopfs,* GA 2000, 527/538 ff.; *Rosenau,* in: LK, § 113 Rn. 94 f.

IV. Eingriffe in die staatliche Herrschaftsgewalt

64 Das gemeinsame Schutzgut von Verwahrungs- und Verstrickungsbruch (§§ 133, 136) besteht darin,[58] dass beide Vorschriften die staatliche Herrschaftsgewalt über amtlich aufbewahrte oder in Beschlag genommene Sachen gegen unbefugte Eingriffe sichern wollen (BGHSt 5, 155/159).

1. Verwahrungsbruch

65 Als **Tatobjekte** nennt § 133 Schriftstücke oder andere bewegliche Sachen, die sich in dienstlicher Verwahrung befinden oder dienstlich in Verwahrung gegeben worden sind. Gegenstand der Tat können also alle Arten von Sachen sein, die Schriftstücke werden nur beispielhaft hervorgehoben.

66 In *dienstlicher Verwahrung* befinden sich solche Sachen, die die fürsorgliche Hoheitsgewalt in Besitz genommen hat, um sie unversehrt zu erhalten und vor unbefugtem Zugriff zu bewahren (BGHSt 18, 312/313). Ein praktisch bedeutsamer Fall ist die Aufbewahrung von gem. § 81a StPO entnommenen Blutproben in den Diensträumen der Polizei (BayObLG JZ 1988, 726). Der dienstliche Gewahrsam wird nicht dadurch aufgehoben, dass die Gegenstände in offenen Behältnissen aufbewahrt werden oder Dritte Zugang zu dem Verwahrungsort haben. Zumindest muss aber eine räumliche Nähebeziehung durch die Behörde (z. B. Asservatenkammer) oder eine Amtsperson (z. B. Privatwohnung des Gerichtsvollziehers) begründet worden sein.

> **Beispiel**
>
> Der Gerichtsvollzieher pfändet eine Sache, die er im Gewahrsam des Schuldners S belässt (§ 808 II ZPO). Sie befindet sich nicht in dienstlicher Verwahrung, da kein amtliches Besitzverhältnis entstanden ist. Sie ist dem S auch nicht dienstlich in Verwahrung „gegeben", sondern lediglich bei ihm „gelassen" worden. Veräußert er etwa die Sache, macht er sich deshalb nicht wegen Verwahrungsbruchs strafbar.

67 Keine dienstliche Verwahrung besteht an Sachen des allgemeinen („schlichten") *Amtsbesitzes,* weil bei ihnen die besondere Zweckbestimmung der Bestandserhaltung fehlt.[59] Dabei handelt es sich um Sachmittel, die der Behörde zum Ge- oder Verbrauch zugewiesen sind, um die ihr obliegenden Aufgaben zu erfüllen. In Betracht kommen Brennstoffe, Formblätter und Schreibmaterial (BGHSt 33, 190/193), außerdem zur Auszahlung, Veräußerung oder Vernichtung bestimmte Gegenstände.

68 In Verwahrung *gegeben* wird die Sache durch Übertragung der staatlichen Herrschaftsgewalt. Empfänger kann auch ein Privatmann sein, z. B. ein von der Polizei

---

[58]Im Überblick *Geppert,* Jura 1986, 590; *ders.,* Jura 1987, 35.

[59]Vgl. RGSt 52, 240; BGHSt 9, 64; OLG Köln NJW 1980, 898 mit Anm. *Rudolphi,* JR 1980, 383 und Bespr. *Otto,* JuS 1980, 490.

beauftragter Abschleppunternehmer (BayObLG NJW 1992, 1399). In diesem Fall darf das Fahrzeug erst aufgrund einer polizeilichen Freigabeerklärung entfernt werden; auch sonst endet der amtliche Gewahrsam mit dem Einverständnis des Verfügungsberechtigten in die Herausgabe.

Beispiel

Strafverteidiger V nimmt Ermittlungsakten der StA zur Einsicht in Empfang (§ 147 StPO), gibt diese aber nicht zurück. Dies genügt § 133 I Var. 2 (BGH StraFo 2011, 23).

Die **Tathandlung** besteht darin, dass der Täter die Sache zerstört, beschädigt, **69** unbrauchbar macht oder der dienstlichen Verfügung entzieht. Zerstören und Beschädigen entsprechen den Begehungsweisen der Sachbeschädigung (§ 303), bedeuten also die völlige oder teilweise Aufhebung der Unversehrtheit. Unbrauchbarmachen ist die zweckwidrige Veränderung der Sache, ohne dass es zu einer Substanzverletzung kommen muss.

Eine Sache wird der dienstlichen Verfügung *entzogen,* wenn dem Verfügungs- **70** berechtigten die Möglichkeit der jederzeitigen Verfügung im Sinne einer bestimmungsgemäßen Verwendung – sei es auch nur vorübergehend – genommen oder erheblich erschwert wird.[60] Ausreichend ist ein Verstecken innerhalb der Amtsräume oder ein „Verfächern" durch Einlegen eines Schriftstücks in eine falsche Akte. An einem Entziehen fehlt es hingegen, wenn die Sache jederzeit für den Berechtigten erreichbar ist, selbst wenn sie zunächst suchen muss, sie aber leicht und ohne Hindernisse auffinden kann (BGHSt 35, 340/342). Solange noch übergeordneter Mitgewahrsam trotz Verbringung besteht, soll ein Entziehen möglich bleiben (OLG Nürnberg NJW 2010, 2071). Dahinter steht die begriffslogische Frage, ob ein Entziehen mehrfach möglich ist: Verstecken in der übergeordneten Gewahrsamssphäre und anschließendes Herausschaffen. Es scheidet auch aus, falls der Verwahrer durch Täuschung veranlasst wird, die Sache herauszugeben, weil die Entfernung des amtlich verwahrten Objekts dann nicht gegen seinen Willen, sondern mit seinem Einverständnis erfolgt (BGH MDR 1993, 719; aber offen BGH NStZ-RR 2012, 343).

Eine **Qualifizierung** enthält § 133 III für die Tat, die der Täter an einer Sache **71** begeht, die ihm als Amtsträger oder für den öffentlichen Dienst besonders Verpflichteten anvertraut worden oder zugänglich geworden ist. Sie ist ihm *anvertraut,* wenn die auf amtlicher Anordnung beruhende Verfügungsmacht ein Vertrauensverhältnis begründet, das ihn verpflichtet, für die Erhaltung und sichere Aufbewahrung des Tatobjekts zu sorgen (BGHSt 3, 304/306). Für ein Zugänglichmachen genügt, dass er infolge seines Amtes die – tatsächliche – Möglichkeit hat, an die Sache zu gelangen. Die Tat ist unechtes Amtsdelikt; für den Beteiligten gilt § 28 II.

---

[60]BGHSt 35, 340 mit Bespr. *Brammsen,* Jura 1989, 81; BayObLG JZ 1988, 726; OLG Düsseldorf NStZ 1981, 25.

Beispiel

(1) Staatsanwalt S hat ein Verfahren gegen Geldauflage eingestellt (§ 153a StPO); zur Erfüllung erhält er von dem Beschuldigten einen Scheck, den er für eigene Zwecke verwendet. Der Scheck ist mit der Entgegennahme in dienstliche Verwahrung übergegangen; ihn darf S nicht in einer den behördlichen Zwecken widersprechenden Weise der Weiterbearbeitung entziehen. Dem S war die Sache auch in seiner amtlichen Eigenschaft als Staatsanwalt anvertraut, so dass er sich gem. § 133 III strafbar gemacht hat (BGHSt 38, 381).

(2) Amtsträger A druckt eine elektronisch geführte Akte eines Ordnungswidrigkeitenverfahrens aus, um diese dann dem Geschäftsgang zu entziehen: § 136 III (BGH NStZ 2016, 351).

(3) Die förmlich Verpflichteten (§ 11 I Nr. 4) A und B eines als öffentliche Einrichtung betriebenen Krematoriums sortieren für die Hausleitung ebenso unerwartet sowie unentdeckt verbliebenes Zahngold zunächst aus und nehmen es dann an sich, um es zu verkaufen: § 136 III bei Entziehung durch Mitnahme trotz vorheriger Verbringung innerhalb der übergeordneten (Mit-) Gewahrsamssphäre (OLG Nürnberg NJW 2010, 2071).[61]

2. Verstrickungsbruch

72 Das **Tatobjekt** des § 136 I ist eine Sache, die gepfändet oder sonst dienstlich in Beschlag genommen ist. Eine *Beschlagnahme* liegt vor, wenn der Gegenstand der amtlichen Verfügungsgewalt zum Zwecke der Sicherung privater oder öffentlicher Belange unterworfen wird (RGSt 65, 248). Sie richtet sich nach den jeweiligen Verfahrensvorschriften (z. B. §§ 94, 111b StPO) und verlangt eine hinreichende Manifestation nach außen; diese kann im Wege der Inbesitznahme, aber auch durch ein Verfügungsverbot erfolgen.[62] Die *Pfändung* stellt einen in §§ 808 ff. ZPO geregelten Spezialfall der Beschlagnahme dar.

73 Die **Tathandlungen** stimmen weitgehend mit denjenigen des § 133 überein (oben Rn. 66). Neben Zerstören, Beschädigen und Unbrauchbarmachen kommt in Betracht, dass der Täter die Sache der Verstrickung entzieht. Ein Entziehen ist gegeben, wenn die Verfügungsgewalt der Behörde ganz oder teilweise dauernd oder vorübergehend aufgehoben wird.

74 Nach § 136 II wird ferner der **Siegelbruch** unter Strafe gestellt. Geschütztes Rechtsgut ist das im Siegel ausgedrückte äußere Zeichen der amtlichen Herrschaft (OLG Köln NStZ 1987, 330). Mit einem dienstlichen Siegel wird insb. die Pfändung ersichtlich gemacht (§ 808 II 2 ZPO); einen weiteren Anwendungsfall bildet die Plombe an einem städtischen Feuermelder. Das Siegel muss angelegt, d. h. mit dem Gegenstand

---

[61]Abl. *Rudolph,* JA 2011, 346.
[62]Siehe dazu BGHSt 15, 149; OLG Zweibrücken NStZ 1989, 268; *Sternberg-Lieben,* in: Schönke/Schröder, § 136 Rn. 7; enger *Geppert,* Jura 1987, 35/36.

mechanisch verbunden sein; das bloße „Hinzulegen" reicht nicht aus (RGSt 61, 101). Bestraft wird, wer ein solches Siegel beschädigt, ablöst oder unkenntlich macht; darüber hinaus wer den dadurch bewirkten Verschluss ganz oder zum Teil unwirksam macht.

Die Folgen der Rechtswidrigkeit der Diensthandlung und des Irrtums darüber **75** sind in § 136 III, IV übereinstimmend mit § 113 III, IV geregelt. Nach der dazu oben vertretenen Auffassung handelt es sich auch insoweit um eine Rechtfertigungsfrage.[63] Der strafrechtliche Rechtmäßigkeitsbegriff gilt hier gleichermaßen.

Allerdings ist zu beachten, dass nach h. M. für § 136 III nur ein beschränkter **76** Anwendungsbereich verbleibt: Schon der objektive Tatbestand (= der „Verstrickung" entzieht) setzt voraus, dass eine Verstrickung überhaupt eintreten konnte. Auf § 136 III kommt es deshalb erst an, wenn etwaige Mängel sie zwar rechtswidrig, aber nicht von vornherein unwirksam machen.[64] Demgemäß ist zu differenzieren:

* Zum Tatbestandsausschluss führen schwerwiegende Mängel, die das Entstehen einer wirksamen Verstrickung verhindern, wie das Fehlen eines Vollstreckungstitels oder die unterlassene Ersichtlichmachung der Pfändung (von der gem. § 808 II 2 ZPO ihre *Wirksamkeit* abhängt).
* Sonstige Fehler sind nach § 136 III zu beurteilen. Die Rechtmäßigkeit der Diensthandlung hängt dann wiederum von der örtlichen und sachlichen Zuständigkeit und der Einhaltung wesentlicher Förmlichkeiten ab. Rechtswidrig ist beispielsweise die Pfändung *offensichtlich* schuldnerfremder oder unpfändbarer Sachen.

Kontrollfragen
1. Wann befindet sich eine Sache in dienstlicher Verwahrung? (Rn. 66)
2. Auf welche Weise kann die Sache der dienstlichen Verfügung entzogen werden? (Rn. 70)
3. Wann liegt eine Beschlagnahme vor? (Rn. 72)

V. Nichtanzeige geplanter Straftaten

Schutzgut des § 138 soll nach h. M. das durch die geplante Tat bedrohte Rechtsgut **77** sein. Daneben ist aber zumindest auch die staatliche Tätigkeit in ihrer Aufgabe der Verbrechensverhütung betroffen.[65] Die Vorschrift stellt ein *echtes Unterlassungsdelikt* dar.

---

[63]Ebenso *Fischer,* § 136 Rn. 13; *Niemeyer,* JZ 1976, 314/315; offen *Rudolphi/Stein,* in: SK, § 136 Rn 27.

[64]Vgl. *Krauß,* in: LK, § 136 Rn. 46; *Niemeyer,* JZ 1976, 314; im Einzelnen *Geppert,* Jura 1987, 35/36 ff.

[65]Dahingehend auch *Arzt/Weber/Heinrich/Hilgendorf,* § 46 Rn. 3 ff.; a.A. *Krey/Hellmann/Heinrich,* Rn. 866; *Rengier,* § 52 Rn. 1.

78   Der Tatbestand setzt voraus, dass jemand von dem Vorhaben oder der Ausführung einer Straftat glaubhaft erfährt und die rechtzeitige Anzeige unterlässt. Die
Anzeigepflicht besteht nur für bestimmte schwerwiegende Delikte, die im Katalog
des § 138 I Nr. 1 – 8 abschließend aufgezählt sind. Der Täter hat glaubhaft von der
betreffenden Tat erfahren, wenn sie objektiv ernsthaft geplant ist und er subjektiv
mit ihrer Begehung rechnet. Diese Kenntnis verlangt § 138 zu einer Zeit, zu der die
Ausführung oder der Erfolg noch abgewendet werden kann. Ebenso bestimmt sich
die Rechtzeitigkeit danach, ob die Verhütung der Straftat oder des Erfolges noch
möglich ist; eine sofortige Anzeige wird nicht gefordert,[66] abstrakt besteht eine Parallele zum Streit um das unmittelbare Ansetzen zum unechten Unterlassungsdelikt.
Die Anzeige kann wahlweise der Behörde oder dem Bedrohten gemacht werden; im
Falle des § 129a ist sie unverzüglich der Behörde zu erstatten (§ 138 II).

79   Keine Anzeigepflicht hat:

- der *Bedrohte* selbst, außer wenn sich die Tat nicht nur gegen ihn allein, sondern
  auch gegen andere Personen oder Rechtsgüter richten würde;
- der *Tatplanbeteiligte,* auch wenn die Vorbereitung straflos oder wegen Rücktritts
  straffrei ist (BGH NStZ 1982, 244). Die Anzeigepflicht entfällt hingegen nicht
  für einen Unbeteiligten, der sich durch die Anzeige lediglich in den Verdacht
  der Beteiligung bringen würde.[67] Problematisch ist, ob die doppelte Anwendung
  des Zweifelssatzes zugunsten eines fortbestehend Tatverdächtigen mit der Konsequenz des völligen Freispruchs gilt, was der BGH nunmehr ablehnt und aus
  § 138 gleichsam als Auffangtatbestand bestraft (BGHSt 55, 148; zw.).[68]

80   Subjektiv ist Vorsatz im Hinblick auf das Vorhaben erforderlich. Dies gilt auch für
die leichtfertige Begehung (§ 138 III); die Leichtfertigkeit bezieht sich also nur auf
das Unterlassen der Anzeige. Der Vorsatz muss außerdem das Merkmal der Rechtzeitigkeit umfassen; der Täter handelt deshalb im Tatbestandsirrtum, wenn er irrig
annimmt, für eine Abwendung sei es bereits zu spät. Ein Irrtum über die *Anzeigepflicht* ist hingegen Gebotsirrtum[69] und nach § 17 zu beurteilen.

81   Gem. § 139 bleiben gewisse Fälle der unterlassenen Anzeige straflos. Ihre systematische Einordnung wird unterschiedlich vorgenommen; teils soll es sich um
einen Rechtfertigungsgrund (Abs. 2), teils um einen Strafaufhebungsgrund (Abs. 3,
4) handeln. Als Rechtsfolge ist entweder fakultatives Absehen von Strafe (§ 139 I)
oder obligatorische Straffreiheit vorgesehen. Weitere Einzelheiten können unschwer
dem Gesetzestext entnommen werden.

---

[66]Vgl. BGHSt 42, 86 mit Anm. *Puppe,* NStZ 1996, 597 und *Lagodny,* JZ 1997, 48; Bespr. *Loos/
Westendorf,* Jura 1998, 403.

[67]BGHSt 36, 167 mit Bespr. *Joerden,* Jura 1990, 633; BGH NStZ-RR 1998, 204.

[68]I. Erg. zust. *Heghmanns,* ZJS 2010, 788; *Kröpil,* DRiZ 2011, 25; abl. *Schiemann,* NJW 2010,
2292; *Stuckenberg,* in: FS Wolter (2013), S. 661; *Ziemann/Ziethen,* HRRS 2010, 477.

[69]BGHSt 19, 295 mit Bespr. *Geilen,* JuS 1965, 426.

Literatur

Alternativkommentar zum Strafgesetzbuch, hrsg. v. *Wassermann*, Bd. 3 (§§ 80–145d), 1986

Amelung, Die Rechtfertigung von Polizeivollzugsbeamten, JuS 1986, 329

Arzt/Weber/Heinrich/Hilgendorf, Strafrecht, Besonderer Teil, 3. Auflage 2015

Backes/Ransiek, Widerstand gegen Vollstreckungsbeamte, JuS 1989, 624

Beulke, Anm zu BGH, Urt. v. 1.9.1992 – 1 StR 281/92 – BGHSt 38, 345, Vorlage von gefälschten Urkunden durch Verteidiger, JR 1994, 116

Beulke/Ruhmannseder, Der Strafverteidiger als Täter und (strafloser) Teilnehmer einer Strafvereitelung, in: FS Volk (2009), S. 45

Bosch, Der Widerstand gegen Vollstreckungsbeamte (§ 113 StGB) – Grundfälle und Reformansätze, Jura 2011, 268

Brammsen, Zum Verwahrungsbruch in der Begehungsform „der dienstlichen Verfügung entziehen" – BGH, Urt. v. 25.8.1988 – 4 StR 165/88 –, Jura 1989, 81

Dahs, Zeugenbeistand zwischen Strafvereitelung und Parteiverrat, in: FS Puppe (2011), S. 1545

Dehne-Niemann, Die Strafbarkeit der aktiv selbstbegünstigenden Falschverdächtigung (§ 164 StGB) durch einen Beschuldigten, NStZ 2015, 677

Dehne-Niemann, Mittelbar-täterschaftliche Falschverdächtigung durch ein objektiv tatbestandslos handelndes doloses Gehilfenwerkzeug?, Anmerkung zu OLG Stuttgart NStZ 2016, 155, HRRS 2016, 453

Deiters, Rechtsgut und Funktion des § 113 StGB, GA 2002, 259

Dessecker, Strafvereitelung und Strafverteidigung - ein lösbarer Konflikt?, GA 2005, 142

Deutscher, Falsche Verdächtigung eines Schuldigen durch falsche Beweismittel - BGH, NJW 1988, 81, JuS 1988, 526

Dreher, Die Sphinx des § 113 Abs. 3, 4 StGB, in: GedS Schröder (1978). S. 359

Dreher, Nochmals zur Sphinx des § 113 StGB, JR 1984, 401

Engländer, Anm. zu BGH, Urt. v. 9.6.2015 – 1 StR 606/14 – BGHSt 60, 253, Rechtswidrigkeit des Angriffs bei hoheitlichem Handeln, NStZ 2015, 577

Erb, Anm. zu BGH, Urt. v. 9.6.2015 – 1 StR 606/14 – BGHSt 60, 253, Rechtswidrigkeit des Angriffs bei hoheitlichem Handeln, JR 2016, 29

Fahl, Ist § 113 Abs. 3 StGB auf § 240 StGB analog anwendbar?, StV 2012, 623

Fahl, Ist § 113 StGB i.V.m. § 114 (noch) eine Privilegierung?, ZStW 124 (2012), 311

Fahl, Neuestes Kapitel zum gefährlichen Werkzeug, Jura 2012, 593

Fahl, Zur Strafbarkeit der Falschmeldung im Internet über den Tod eines Asylsuchenden, Jura 2016, 735

Fezer, Anm. zu BGH, Beschl. v. 01.09.1987 – 5 StR 240/86 – BGHSt 35, 50, Vorbringen unrichtiger Verdachtsgründe, NStZ 1988, 177

Fischer, Strafgesetzbuch mit Nebengesetzen, Kommentar, 64. Auflage 2017

Frisch, Zum tatbestandsmäßigen Verhalten der Strafvereitelung - OLG Stuttgart, NJW 1981, 1569, JuS 1983, 915

Frisch, Tatbestandsprobleme der Strafvollstreckungsvereitelung, NJW 1983, 2471

Geerds, Kriminelle Irreführung der Strafrechtspflege, Jura 1985, 617

Geerds, Anm. zu OLG Karlsruhe, Urt. v. 9.8.1988 – 2 Ss 83/88 – Strafvereitelung durch Kriminalbeamten, JR 1989, 212

Geerds, Anm. zu BGH, Beschl. v. 05.12.1997 – 2 StR 505/97 – BGHSt 43, 356, Zusage eines falschen Alibis und Strafvereitelung, NStZ 1999, 31

Geilen, Unterlassene Verbrechensanzeige und ernsthafte Abwendungsbemühung – BGHSt 19, 295, JuS 1965, 426

Geilen, Grundfragen der falschen Verdächtigung (§ 164 StGB), Jura 1984, 251, 300

Geppert, Ausgewählte Delikte gegen die „öffentliche Ordnung", insbesondere Amtsanmaßung (§ 132 StGB) und Verwahrungsbruch (§ 133 StGB), Jura 1986, 590

Geppert, Verstrickungsbruch (§ 136 Abs. 1 StGB) und Siegelbruch (§ 136 Abs. 2 StGB), Jura 1987, 35

Geppert, Zum strafrechtlichen "Rechtmäßigkeits"-Begriff (§ 113 StGB) und zur strafprozessualen Gegenüberstellung, Jura 1989, 274

Geppert, Zu einigen immer wiederkehrenden Streitfragen im Rahmen des Vortäuschens einer Straftat (§ 145d StGB), Jura 2000, 383

Haas, Beteiligung und Versuchsbeginn bei der Strafvereitelung, in: FS Maiwald (2010), S. 277

Haft, Strafrecht, Besonderer Teil II, Delikte gegen die Person und die Allgemeinheit, 8. Auflage 2005

Hecker, Strafrecht BT: Falsche Verdächtigung, Auslegung des objektiven Tatbestands des § 164 Abs. 1 StGB im Lichte des Schutzzwecks der Norm, JuS 2015, 182

Hecker, Strafrecht: Falsche Selbstbezichtigung im Bußgeldverfahren, JuS 2016, 82

Heghmanns, Anm. zu BGH, Urt. v. 19.5.2010 – 5 StR 464/09 – BGHSt 55, 148, Nichtanzeige geplanter Straftaten, ZJS 2010, 788

Hillenkamp, Anm. zu BGH, Urt. v. 07.11.1990 – 2 StR 439/90 – BGHSt 37, 226, Keine Strafvereitelung durch Bezahlung der Geldstrafe durch Dritte, JR 1992, 74

Hirsch, Zur Reform der Reform des Widerstandsparagraphen (§ 113 StGB), in: FS Klug (1983), S. 235

Hoffmann-Holland/Koranyi, Rechtsgüterschutz durch Strafrechtsvereinfachung - Zu den Auswirkungen einer Streichung der §§ 113f. StGB, ZStW 127 (2015), 913

Jahn, Strafrecht BT: Widerstand gegen Vollstreckungsbeamte, JuS 2013, 268

Jahn/Palm, Die Anschlussdelikte – Strafvereitelung (§§ 258, 258a StGB), JuS 2009, 408

Joecks, Studienkommentar StGB, 11. Auflage 2014

Joerden, Zur Reichweite der Anzeigepflicht aus § 138 I StGB und zur Beweisverwertung bei heimlicher Videobandaufnahme - BGHSt 36, 167 ff -, Jura 1990, 633

Joerden, Strafvereitelung durch vorab zugesagte Bestätigung eines falschen Alibis – Straffreiheit durch das Versprechen, sich strafbar zu machen? - BGH, NJW 1998, 1327, JuS 1999, 1063

Kargl, Das Unrecht der Strafvereitelung, insbesondere zu den strafrechtlichen Grenzen der Strafverteidigung, in: FS Hamm (2008), S. 235

Keller, Anm. zu BayObLG, Beschl. v. 21.05.1985 – RReg. 1 St 73/85 – Vorwurf der Falschaussage durch Angeklagten, JR 1986, 30

Kindhäuser, Zur Notwehr gegen rechtswidrige Vollstreckungsmaßnahmen, Anmerkung zu BGH 1 StR 606/14 – Urteil vom 9. Juni 2015 (LG Stuttgart) = HRRS 2015 Nr. 764, HRRS 2016, 439

Klesczewski, Anm. zu BGH, Urt. v. 30.4.1997 – 2 StR 670/96 – BGHSt 43, 82, Strafvereitelung bei Nichtanzeige von Anstaltsbediensteten, JZ 1998, 313

Koch/Wirth, Widerstand gegen Vollstreckungsbeamte unter Einsatz eines Pkw als Waffe, ZJS 2009, 90

König, Wieder da: Die „große" Kronzeugenregelung, NJW 2009, 2481

König, Kronzeuge – abschaffen oder regulieren?, StV 2012, 113

Krekeler, Strafrechtliche Grenzen der Verteidigung, NStZ 1989, 146

Krell, Keine falsche Verdächtigung bei nicht verfolgbaren Taten?, NStZ 2011, 671

Krell, Gedanken zur Straflosigkeit von Beschuldigtenlügen bei den §§ 145d, 164 StGB, Zugleich Besprechung zu BGH (HRRS 2015 Nr. 358), HRRS 2015, 483

Krell/Eibach, Anm. zu BGH, Urt. v. 15.4.2015 – 1 StR 337/14 – Vortäuschen einer Straftat, StV 2016, 159

Krey, Anm. zu BGH, Urt. v. 7.11.1990 – 2 StR 439/90 – BGHSt 37, 226, Keine Strafvereitelung durch Bezahlung der Geldstrafe durch Dritte, JZ 1991, 889

Krey/Hellmann/Heinrich, Strafrecht Besonderer Teil, Band 1: Besonderer Teil ohne Vermögensdelikte, 16. Auflage 2015

Kröpil, Die Katalogtat und die Nichtanzeige nach § 138 StGB, DRiZ 2011, 25

Krümpelmann, Grenzen der Vortäuschung bei Entstellung einer begangenen Straftat - OLG Hamm, NJW 1982, 60, JuS 1985, 763

Kubiciel, Der Regierungsentwurf zur Neufassung der §§ 113, 114 StGB - Inhalt, Hintergrund und Legitimation, jurisPR-StrafR 5/2017 Anm. 1

Kudlich, Analogieverbot bei einem Regelbeispiel nach § 113 Abs. 2 S. 2 Nr. 1 StGB, JR 2009, 210

Küper, Zulässige „Rechtsrückbildung" oder unzulässige „Rechtsfortbildung"?, Zur Verhaltensform der Strafvereitelung, in: FS Schroeder (2006), S. 555

Küpper, Strafvereitelung und „sozialadäquate" Handlungen, GA 1987, 385

Küper, Anm. zu OLG Hamburg, Urt. v. 2.8.1995 – 2 Ss 113/94 – Strafvollzug: Strafvereitelung des Anstaltsleiters bei Nichtanzeige von Gefangenenstraftat, JR 1996, 524

Küper, Tatbestandsgrenzen des Widerstandsdelikts (§ 113 I StGB) in dogmatischer Analyse, Zugleich ein Beitrag zum sog. Unechten Unternehmensdelikt, in: FS Frisch (2013), S. 985

Kuhlen, Der praktische Fall: Strafrecht - Der Platztausch, JuS 1990, 396

Lackner/Kühl, StGB, bearbeitet v. *Kühl/Heger*, 28. Aufl. 2014

Lagodny, Anm. zu BGH, Urt. v. 19.3.1996 – 1 StR 497/95 – BGHSt 42, 86, Anzeige geplanter Straftaten; Anwesenheitsrechte von Prozeßbeteiligten bei Rechtshilfshandlungen, JZ 1997, 48

Langer, Aktuelle Probleme der falschen Verdächtigung, GA 1987, 289

Langer, Zur falschen Verdächtigung eines Zeugen durch den Angeklagten, Strafrechtliche und strafprozessuale Anmerkungen zu einem Beschluß des Bayerischen Obersten Landesgerichts vom 21.5. 1985,JZ 1987, 804

Laubenthal, Strafrechtliche Garantenhaftung von Polizisten und außerdienstliche Kenntniserlangung - BGH, NJW 1993, 544, JuS 1993, 907

Leipziger Kommentar StGB, hrsg. v. *Laufhütte/Tiedemann/Rissing-van Saan*, 12. Auflage 2006 ff.

Lenckner, Zum Tatbestand der Strafvereitelung, in: GedS Schröder (1978), S. 339

Löffelmann, Anm. zu BGH, Urt. v. 10.2.2015 – 1 StR 488/14 – Zur aktiv selbstbegünstigenden Falschverdächtigung (§ 164 StGB), JR 2015, 492

Loos/Westendorf, Rechtzeitige Anzeige und Rücktritt bei § 138 Abs. 1 StGB, - BGH, Urt. v. 19.3.1996 – 1 StR 497/95 = BGHSt 42, 86 -, Jura 1998, 403

Lüderssen, Anm. zu BGH, Urt. v. 26.11.1998 – 4 StR 207/98 – Strafvereitelung durch Verteidiger, StV 1999, 537

Malek, Die neue Kronzeugenregelung und ihre Auswirkungen auf die Praxis der Strafverteidigung, StV 2010, 200

Maurach/Schroeder/Maiwald, Strafrecht Besonderer Teil, Teilband 2: Straftaten gegen Gemeinschaftswerte, 10. Auflage 2012

Metz, Anm. zu OLG Oldenburg, Beschl. v. 7.9.2010 – 1 Ss 124/10 – Ungeeignetes Vortäuschen einer Straftat, NStZ 2011, 582

Mitsch, Anm. zu OLG Düsseldorf, Beschl. v. 21.08.1991 – 5 Ss 232/91-76/91 I – Voraussetzung einer falschen Verdächtigung, JZ 1992, 979

Mitsch, Anm. zu BGH, Urteil vom 29.10.1992-4 StR 358/92 – BGHSt 38, 388, Außerdienstliche Kenntnis von Prostitution, NStZ 1993, 384

Mitsch, Das unechte Unternehmensdelikt, JuS 2015, 97

Mitsch, Bußgeldvereitelung durch Selbstbezichtigung gegenüber der Verkehrsbehörde, Bemerkungen zu OLG Stuttgart, Urt. v. 23.7.2015 – 2 Ss 94/15, NZV 2016, 564

Müller-Christmann, Die Bezahlung einer Geldstrafe durch Dritte - BGHSt 37, 226, JuS 1992, 379

Müller-Dietz, Strafverteidigung und Strafvereitelung, Jura 1979, 242

Münchener Kommentar zum StGB, hrsg. v. *Joecks/Miebach*, 2. Auflage 2011 ff.

Niemeyer, Bedeutung des StGB § 136 Abs 3 und 4 bei Pfändung von Sachen, JZ 1976, 314

Otto, Verwahrungsbruch und Zueignung bei der Aneignung beglaubigter Überstücke von Anklageschriften - OLG Köln, NJW 1980, 898, JuS 1980, 490

Otto, Strafvereitelung durch Verteidigerhandeln, Jura 1987, 329

Otto, Grundkurs Strafrecht, Die einzelnen Delikte, 7. Auflage 2005

Paul, Anm. zu BGH, Beschl. v. 05.12.1997 – 2 StR 505/97 – BGHSt 43, 356, Zusage eines falschen Alibis und Strafvereitelung, JZ 1998, 739

Piatkowski/Saal, Examensprobleme im Rahmen der Straftatbestände zum Schutz der Rechtspflege, JuS 2005, 979

Popp, Strafvereitelung durch Schweigen – der Zeuge als Garant für die Verwirklichung straf- und maßregelrechtlicher Sanktionsbedürfnisse?, JR 2014, 418

Puppe, Anm. zu BGH, Urt. v. 19.3.1996 – 1 StR 497/95 – BGHSt 42, 86, Anzeige geplanter Straftaten; Anwesenheitsrechte von Prozeßbeteiligten bei Rechtshilfshandlungen, NStZ 1996, 597

Reil, Die „wesentliche Förmlichkeit" beim Rechtmäßigkeitsbegriff des § 113 Abs. 3 StGB, JA 1998, 143

Reinhart, Abschied vom strafrechtlichen Rechtmäßigkeitsbegriff, NJW 1997, 911

Rengier, Strafrecht Besonderer Teil II, Delikte gegen die Person und die Allgemeinheit, 17. Auflage 2016

Rückert, Gewaltsame Verteidigung gegen rechtswidrige staatliche Vollstreckungsmaßnahmen, JA 2017, 33

Rudolph, Der Nürnberger Zahngoldfall, JA 2011, 346

Rudolphi, Anm. zu OLG Köln, Urt. v. 21.8.1979 – 1 Ss 410/79 – Weitergabe von dem StA überlassenen Überstücken von Anklageschriften in abgeschlossenen Strafsachen, JR 1980, 383

Rudolphi, Anm. zu BGH, Urt. v. 4.8.1983 – 4 StR 378/83 – Zusammenleben mit dem Vortäter, JR 1984, 338

Rudolphi, Anm. zu BGH, Urt. v. 29.10.1992-4 StR 358/92 – BGHSt 38, 388, Außerdienstliche Kenntnis von Prostitution, JR 1995, 167

Rudolphi, Anm. zu BGH, Urt. v. 30.4.1997 – 2 StR 670/96 – BGHSt 43, 82, Strafvereitelung bei Nichtanzeige von Anstaltsbediensteten, NStZ 1997, 599

Rühl, Grundfragen der Verwaltungsakzessorietät, JuS 1999, 521

Samson, Strafvereitelung auf Zeit, JA 1982, 181

Satzger, Grundprobleme der Strafvereitelung (§ 258 StGB), Jura 2007, 754

Schiemann, Anm. zu BGH, Urt. v. 19.5.2010 – 5 StR 464/09 – BGHSt 55, 148, Nichtanzeige geplanter Straftaten, NJW 2010, 2292

Schilling, Die falsche Verdächtigung nach § 164 StGB, GA 1984, 345

Schlüchter, Grundfälle zum Bewertungsirrtum des Täters im Grenzbereich zwischen §§ 16 und 17 StGB, JuS 1985, 527

Schneider, Zur Strafbarkeit des Verteidigers wegen Strafvereitelung durch Stellen von Beweisanträgen zum Zwecke der Prozessverschleppung, in: FS Geppert (2011), S. 607

Scholl, Die Bezahlung einer Geldstrafe durch Dritte - ein altes Thema und noch immer ein Problem, NStZ 1999, 599

Schönke/Schröder, Strafgesetzbuch, 29. Auflage 2014

Seebode, Wortlautgrenze und Strafbedürfnis, Die Bedeutung des Wortlauts der Strafgesetze am Beispiel eigennütziger Strafvereitelung, JZ 1998, 781

Seebode, Anm. zu BVerfG, Beschl. v. 21.11.2002 – 2 BvR 2202/01 – Strafbarkeit unechter Unterlassungsdelikte, JZ 2004, 305

Seier, Die Trennlinie zwischen zulässiger Verteidigungstätigkeit und Strafvereitelung - OLG Frankfurt, NStZ 1981, 144, JuS 1981, 806

Singelnstein/Puschke, Polizei, Gewalt und das Strafrecht – Zu den Änderungen beim Widerstand gegen Vollstreckungsbeamte, NJW 2011, 3473

Stree, Anm. zu BayObLG, Beschl. v. 15.10.1980 – RReg. 3 St 87/80 – Versuchte Strafvereitelung, JR 1981, 297

Stree, Anm. zu OLG Hamm, Beschl. v. 08.05.1987 – 2 Ss 236/87 – Anzeige eines Versuchs als vollendete Straftat, NStZ 1987, 559

Stübinger, Die Vortäuschung einer Straftat (§ 145d StGB), Legitimationsprobleme einer Strafnorm, GA 2004, 338

Stuckenberg, Zur Anwendung von § 138 StGB bei nicht ausschließbarer Katalogtatbeteiligung, in: FS Wolter (2013), S. 661

Systematischer Kommentar zum Strafgesetzbuch, hrsg. v. *Rudolphi/Horn/Samson/Günther*, Band II (§§ 46-122 StGB), Band III (§§ 123-211 StGB), 8. Auflage, Loseblatt (Stand: Dezember 2016)

Verrel, Der Anstaltsleiter als Garant für die Verfolgung von Straftaten während des Strafvollzugs?, GA 2003, 595

Vitt, Gedanken zum Begriff der „Rechtmäßigkeit der Diensthandlung" bei § 113 StGB, ZStW 106 (1994), 581

Vormbaum, Strafvereitelung auf Zeit – ein zeitloses Thema, in: FS Küper (2007), S. 663

Vormbaum, Verdächtig: Der Tatbestand der falschen Verdächtigung (§ 164 StGB) und seine Auslegung, in: FS Dencker (2012), S. 359

Weber, Grundgesetz und formeller Rechtmäßigkeitsbegriff - BVerfGE 92, 191, JuS 1997, 1080

Wegner/Begemeier, Die Strafbarkeit so genannter Friedensrichter, JuS 2015, 688

Wessels/Hettinger, Strafrecht, Besonderer Teil 1, Straftaten gegen Persönlichkeits- und Gemeinschaftswerte, 40. Auflage 2016

Ziemann/Ziethen, Die Nichtanzeige geplanter Straftaten (§ 138 StGB) im Spannungsverhältnis von Gefahrenabwehr und Selbstbelastungsfreiheit, zugleich Bespr. zu BGH, Urt. v. 19.5.2010 – 5 StR 464/09, HRRS 2010, 477

Zimmermann, Anm. zu OLG Hamm, Beschl. v. 3.5.2009 – 3 Ss 180/09 – Notwehreinschränkungen bei Widerstandshandlungen von Tatverdächtigen, JR 2010, 363

Zöller, Neue Straftatbestände zum Schutz vor Gewalt gegen Polizeibeamte?, ZIS 2015, 445

Zöller/Steffens, Grundprobleme des Widerstands gegen Vollstreckungsbeamte (§ 113 StGB), JA 2010, 161

Zopfs, Der „Widerstand gegen Vollstreckungsbeamte" als privilegierte Form der „Nötigung" oder der „Körperverletzung"?, GA 2000, 527

Zopfs, Dogmatisch fragwürdig und weitgehend ohne praktischen Nutzen, Die Vorschriften zur Bekämpfung des Missbrauchs der Kronzeugenregelung, ZIS 2011, 669

Zopfs, Das 44. Strafrechtsänderungsgesetz – ein „gefährlicher Eingriff" in § 113 StGB?, GA 2012, 259

§ 9 Amtsdelikte

Nachdem das vorherige Kapitel die Angriffe „von außen" auf die Staatstätigkeit   **1**
behandelte, geht es nunmehr um Beeinträchtigungen „von innen" durch staatliche
Bedienstete. Als gemeinsames Rechtsgut der unterschiedlichen Amtsdelikte lässt
sich die Ordnungsmäßigkeit der Amtsführung und das dementsprechende Vertrauen
der Öffentlichkeit bestimmen. Der 30. Abschn. enthält unter der Überschrift „Straftaten im Amt" die wichtigsten Tatbestände,[1] wenngleich nicht vollständig. So sind
weitere Amtsdelikte im Zusammenhang mit dem jeweiligen Grunddelikt geregelt
(z. B. §§ 133 III, 201 III, 258a). Auf der anderen Seite finden sich im 30. Abschnitt
auch Straftaten, die von jedermann (§§ 333, 334) oder von einem Anwalt (§§ 352, 356)
begangen werden können.

Als **Täter** kommt regelmäßig ein Amtsträger (§ 11 I Nr. 2),[2] Richter (§ 11 I Nr. 3)   **2**
oder für den öffentlichen Dienst besonders Verpflichteter (§ 11 I Nr. 4) in Betracht.
Neben diesen allgemeinen Amtsdelikten gibt es besondere, die den Adressatenkreis
weiter eingrenzen. Hier befindet sich der Täter in einer bestimmten Position und ist
beispielsweise mit der Leitung oder Entscheidung einer Rechtssache befasst (§ 339)
oder zur Mitwirkung an einem Strafverfahren berufen (§ 344).

Die Straftaten im Amt sind **Sonderdelikte,** wobei zwischen *echten* (eigentlichen)   **3**
und *unechten* (uneigentlichen) Amtsdelikten zu differenzieren ist. Bei ersteren kann
nur ein Amtsträger der Täter sein, während bei den letzteren die Amtsträgereigenschaft zu einer Qualifizierung führt. Der Unterschied wirkt sich vor allem auf die
Teilnahme eines Außenstehenden (Extraneus) aus: Bei den echten Amtsdelikten
ist die Funktion als Amtsträger strafbegründendes persönliches Merkmal (§ 28 I);
bei den unechten Amtsdelikten handelt es sich um ein strafschärfendes Merkmal
(§ 28 II), so dass der Teilnehmer nur aus dem Grunddelikt belangt wird.[3]

---

[1]Im Überblick *Geppert,* Jura 1981, 42, 78; *Maiwald*, JuS 1977, 353.

[2]Zur Entwicklung des Begriffs, *B. Heinrich*, wistra 2016, 471.

[3]A.A. *Puppe*, in: NK, §§ 28, 29 Rn. 35 ff.; dagegen *Frister*, in: FS Puppe (2011), S. 451.

© Springer-Verlag GmbH Deutschland 2017   251
G. Küpper, R. Börner, *Strafrecht Besonderer Teil 1*, Springer-Lehrbuch,
DOI 10.1007/978-3-662-53989-7_9

4   Eine besondere Regelung hat die Teilnahme des *Vorgesetzten* in § 357 erfahren, sog. Konnivenz. Für ihn gilt die Täterstrafe, wenn er seinen Untergebenen zu einer rechtswidrigen Tat im Amt verleitet, zu verleiten unternimmt (§ 11 I Nr. 6) oder eine solche Tat geschehen lässt. Diese Tat braucht kein Amtsdelikt i. S. des 30. Abschn. zu sein, vielmehr genügt jede von einem Untergebenen „in Ausübung seines Amtes" begangene strafbare Handlung (BGHSt 3, 349).

I. Bestechungsdelikte

5   Schutzgut der §§ 331 ff.[4] ist die Lauterkeit des öffentlichen Dienstes, die schon durch den bloßen Anschein der Käuflichkeit beeinträchtigt wird: „Die Makellosigkeit des Amtes nach außen soll gesichert werden; mit der Ehrenhaftigkeit und vor allem Unbestechlichkeit der Beamten soll die Grundlage für das Vertrauen der Bevölkerung erhalten werden, dessen die Staatsverwaltung für eine gedeihliche Wirksamkeit bedarf" (so BGHSt 15, 88/96 f.).[5] Als Kern des in den Bestechungstatbeständen umschriebenen Vorwurfs gilt herkömmlich die **Unrechtsvereinbarung,** in der sich Amtsträger und Vorteilsgeber über die Gewährung eines Vorteils an den Empfänger als Gegenleistung für eine von ihm vorgenommene oder vorzunehmende Diensthandlung einigen.[6] Das Gesetz zur Bekämpfung der Korruption (1997)[7] hat dieses Beziehungsverhältnis dahingehend gelockert, dass jedenfalls bei Vorteilsannahme und -gewährung nunmehr ausreicht, wenn der Vorteil „für die Dienstausübung" zugewendet wird.

6   Hinsichtlich des Begünstigten werden nach wie vor nur Amtspersonen erfasst. Die Bestechlichkeit von Angestellten ist in § 299 geregelt. Für Abgeordnete findet ggf. die Sondervorschrift des § 108e („Stimmenkauf") Anwendung.[8] Auch darüber hinaus unterliegt das Korruptionsstrafrecht derzeit einer stark in der Kritik stehenden Ausweitung,[9] die sich insbesondere auf das Gesundheitswesen[10] und die Auslandskorruption auswirkt, indem nunmehr § 335a die §§ 331 ff. auch auf ausländische und internationale Bedienstete erstreckt.[11]

---

[4]Zum Ganzen *Bock,* JA 2008, 199; *Kuhlen,* JuS 2011, 673; insgesamt zum Korruptionsstrafrecht *Walther,* Jura 2010, 511; im Lichte der Compliance *Löw,* JA 2013, 88.

[5]Zur rechtsgutorientierten Einschränkung *Roxin,* in: FS Kargl (2015), S. 459; insgesamt zu Restriktionsbemühungen *Gropp,* in: FS Wolter (2013), S. 575.

[6]BGHSt 15, 239/242; 39, 45/46; BGH NStZ 1984, 24; 1994, 488; 1999, 561; OLG Düsseldorf JR 1987, 168; OLG Hamm NStZ 2002, 38 sowie *Greco,* GA 2016, 249; *Schünemann,* in: FS Otto (2007), S. 777.

[7]BGBl. I 2038; dazu *König,* JR 1997, 397; *Korte,* NStZ 1997, 513; *Wolters,* JuS 1998, 1100.

[8]Näher BGH NStZ 2015, 451 m. Anm. *Becker.*

[9]Vgl. grundlegend *Schünemann,* ZRP 2015, 68; ferner *Dann,* NJW 2016, 203; *Grützer,* ZIP 2016, 253 sowie zu früheren Änderungen *Wolters,* JuS 1998, 1100.

[10]Statt aller *Brettel/Duttge/Schuhr,* JZ 2015, 929; *Dann/Scholz,* NJW 2016, 2077.

[11]Dazu *Brockhaus/Haak,* HRRS 2015, 218; *Brodowski,* HRRS 2016, 14; *Kudlich/Hoven,* ZIS 2016, 345; *Papathanasiou,* wistra 2016, 175; *Rübenstahl/Dust,* JR 2016, 106; *Deiters,* in: GedS Weßlau (2016), S. 51.

Nach der Tatbestandssystematik wird zwischen passiver (§§ 331, 332) und   **7**
aktiver (§§ 333, 334) Bestechung unterschieden. Auf beiden Seiten kommt es dann
weiter darauf an, ob der Vorteil eine Leistung für die Dienstausübung (§§ 331, 333)
oder für eine pflichtwidrige Diensthandlung (§§ 332, 334) bildet. Im ersten Fall
handelt es sich jeweils um das Grunddelikt, im zweiten um eine Qualifizierung. Für
Bestechlichkeit und Bestechung ist zudem eine Strafschärfung in besonders schweren Fällen vorgesehen (§ 335).

1. Vorteilsannahme

Der **Täter** des § 331 I ist ein Amtsträger oder ein für den öffentlichen Dienst   **8**
besonders Verpflichteter.[12] Insoweit kann fraglich sein, wer Aufgaben der öffentlichen Verwaltung wahrnimmt (§ 11 I Nr. 2c); das Korruptionsbekämpfungsge-
setz hat die Vorschrift um die Wendung „unbeschadet der zur Aufgabenerfüllung
gewählten Organisationsform" ergänzt. Im Hinblick auf freiberuflich Tätige verlangt die Rspr. hier einen besonderen öffentlich-rechtlichen Bestellungsakt, der
entweder zu einer über den einzelnen Auftrag hinausgehenden längerfristigen
Tätigkeit oder zu einer organisatorischen Eingliederung in die Behördenstruktur
führt.[13] Juristische Personen werden als sonstige Stellen i. S. des § 11 I Nr. 2c
angesehen, falls sie öffentliche Aufgaben wahrnehmen und dabei derart staatlicher Steuerung unterliegen, dass sie bei einer Gesamtbeurteilung der sie kenn-
zeichnenden Merkmale als „verlängerter Arm" des Staates erscheinen (BGHSt 49,
214/219; St 52, 290; St 56, 97). Ob schließlich auch die für Angelegenheiten der
Gemeindeverwaltung zuständigen Ratsmitglieder dem Amtsträgerbegriff unterfallen, dürfte nur dann zu bejahen sein, wenn sie zusätzlich zu ihrer Abgeord-
netentätigkeit mit der Erledigung konkreter Verwaltungsaufgaben betraut sind.[14]
Einen qualifizierten Täterkreis bilden Richter und Schiedsrichter, für die zudem
der Versuch strafbar ist (§ 331 II). Dort wird allerdings an dem Erfordernis der
konkreten Unrechtsvereinbarung festgehalten, bei deren Fehlen § 331 I als Auffangtatbestand verbleibt.

Die **Tathandlung** besteht darin, dass der Amtsträger für die Dienstausübung einen   **9**
Vorteil für sich oder einen Dritten fordert, sich versprechen lässt oder annimmt.

Unter *Vorteil* ist jede Leistung zu verstehen, auf die der Amtsträger keinen Rechts-   **10**
anspruch hat und die seine wirtschaftliche, rechtliche oder auch nur persönliche Lage

---

[12]Im Überblick *Rönnau/Wegner*, JuS 2015, 505; *Walther*, Jura 2009, 421; dazu auch *v. Coelln*, in:
FS I. Roxin (2012), S. 209.

[13]Vgl. BGHSt 43, 96 mit Anm. *Haft*, NStZ 1998, 29 und *Otto*, JR 1998, 73; Bespr. *Ransiek*, NStZ
1997, 519 und *Schramm*, JuS 1999, 333; s. auch BGHSt 43, 370; 45, 16; 46, 310; BGH NStZ 2006,
210 („Kölner Müllskandal"); BayObLG NJW 1996, 268.

[14]So auch BGHSt 51, 44 (unter Hinweis auf § 108e); generell bejahend LG Krefeld NJW 1994,
2036; LG Köln NStZ-RR 2003, 364; dagegen *Deiters*, NStZ 2003, 453; *Dahs/Müssig*, NStZ 2006,
191; zum Ganzen *Verjans*, in: FS Volk (2009), S. 829; speziell zu Aufsichtsräten kommunaler Gas-
versorgungsbetriebe *Lesch*, in: FS Puppe (2011), S. 685.

objektiv verbessert.[15] Der Vorteilsbegriff ist demnach weit zu fassen: In der Regel wird es zwar um einen wirtschaftlichen Vorteil gehen, aber auch Vorteile immaterieller Art kommen in Betracht, z. B. die Gewährung des Geschlechtsverkehrs. Selbst die Befriedigung des Ehrgeizes und der Eitelkeit soll genügen.[16] Nach der Neufassung des § 331 sind auch Drittvorteile einbezogen; bis dahin wurde verlangt, dass der Nutzen dem Amtsträger wenigstens mittelbar zugutekommt. Ein Vorteil i.S. d. Bestechungsdelikte kann auch im Abschluss eines gegenseitigen Vertrags zur *angemessenen* Vergütung einer Diensthandlung und der dadurch begründeten Forderung liegen, wenn kein Anspruch auf den Abschluss des Vertrags über die Diensthandlung bestand (BGH StV 2012, 19[17]). Das erfordert eine Abgrenzung korruptiver Verträge von straflosen Vertragsschlüssen der Verwaltung (z. B. im Rahmen der Beschaffung von Verwaltungsbedarf), denn ein echter Anspruch auf den Abschluss eines Vertrags (Kontrahierungszwang) besteht nur ausnahmsweise. Der BGH will dazu das Kriterium der verwaltungsrechtlichen Rechtmäßigkeit heranziehen. Dabei ist zu fragen, ob das Abhängigmachen der Diensthandlung von der Zahlung einer Vergütung rechtlich zulässig ist, ob also eine verwaltungsrechtliche Grundlage besteht, die es dem Amtsträger gestattet, für die Diensthandlung eine angemessene Gegenleistung zu fordern.[18]

11   Die Handlungsmodalitäten sind:

Fordern bedeutet das einseitige Verlangen einer Leistung. Es kann auch in versteckter Form erfolgen; entscheidend ist der Wille des Fordernden, dass sich der andere des Zusammenhangs zwischen Vorteil und Amtstätigkeit bewusst wird (BGHSt 10, 237/242).

Sichversprechenlassen meint die Annahme des Angebots von noch zu erbringenden Vorteilen. Die Aktivität geht hier also vom Geber aus. Die Tat ist bereits vollendet, wenn der Amtsträger dem Versprechenden seine Käuflichkeit nach außen ausdrücklich oder schlüssig zu erkennen gibt (BGH wistra 2002, 426).

Annehmen bedeutet die tatsächliche Entgegennahme des Vorteils. Sie setzt keinen korrespondierenden Nachteil des Vorteilsgebers voraus (BGH NStZ 2005, 334).

12   Der Vorteil wird **für die Dienstausübung**[19] angenommen. Die darauf gerichtete und im Wege einer Gesamtschau vom Tatgericht zu beurteilende Unrechtsvereinbarung setzt voraus, dass der Vorteilsgeber mit dem Ziel handelt, auf die künftige Dienstausübung des Amtsträgers Einfluss zu nehmen und/oder seine vergangene Dienstausübung zu honorieren, wobei eine solche dienstliche Tätigkeit nach seinen Vorstellungen nicht – noch nicht einmal in groben Umrissen – konkretisiert sein muss (BGHSt 53, 6 [Freikarten FiFa-WM]). In die Würdigung fließen als mögliche Indizien neben der Plausibilität einer anderen Zielsetzung namentlich ein: die

---

[15]BGHSt 31, 264/279; 47, 295/304; s. auch BGH JR 2001, 514 (Preisnachlass); BGHSt 53, 6 (Freikarten FiFa WM); näher *Cramer,* in: FS Roxin (2001), S. 945.

[16]So BGHSt 14, 123/128; OLG Karlsruhe NStZ 2001, 654; abl. *Stein/Deiters,* in: SK, § 331 Rn. 43.

[17]M. Bespr. *Hecker,* JuS 2012, 655 u. *Zöller,* ZJS 2011, 550; dazu auch *Beulke,* in: FS Frisch (2013), S. 965; *Diessner,* in: FS Beulke (2015), S. 379; *Kuhlen,* in: FS Frisch (2013), S. 949.

[18]Krit. *Zöller,* ZJS 2011, 550/554.

[19]Zum Ganzen *Otto,* in: FS Feigen (2014), S. 227.

Stellung des Amtsträgers und die Beziehung des Vorteilsgebers zu dessen dienst-
lichen Aufgaben (dienstliche Berührungspunkte), die Vorgehensweise bei dem
Angebot, dem Versprechen oder dem Gewähren von Vorteilen (Heimlichkeit oder
Transparenz) sowie die Art, der Wert und die Zahl solcher Vorteile (BGH ebenda).[20]

Mit Dienst*ausübung* ist also die dienstliche Tätigkeit im Allgemeinen bezeichnet,   **13**
ohne dass es auf eine konkrete Dienst*handlung* ankommt.[21] Diese bildet jetzt nur
noch einen speziellen Fall der Dienstausübung und darf nicht pflichtwidrig sein
(sonst § 332). Eine *Diensthandlung* liegt vor, wenn die Handlung zu den dienstlichen Obliegenheiten des Amtsträgers gehört und von ihm in dienstlicher Eigenschaft vorgenommen wird (BGHSt 31, 264/280). Dazu zählen auch Handlungen,
welche ihm gerade aufgrund seiner amtlichen Stellung ermöglicht werden. Nicht
darunter fällt jedoch eine private Tätigkeit, selbst wenn er dabei seine im Amt erwor-
benen Kenntnisse und Fähigkeiten verwertet, z. B. die Anfertigung von Bauplänen
durch einen Beamten der Baubehörde (BGHSt 11, 125). Die Grenze zur Privathand-
lung ist aber erst dann überschritten, wenn die Tätigkeit in keinerlei funktionalem
Zusammenhang mit dienstlichen Aufgaben mehr steht, ohne dass es dabei auf die
interne Geschäftsverteilung ankommt (BGH NStZ 2015, 451/453).[22]

Beispiel

Der Bauunternehmer B überreicht dem Amtsleiter des Bauamtes 10.000 € mit
den Worten „auf gute Zusammenarbeit". Ein solches Erkaufen von Geneigtheit
(„Anfüttern" oder „Klimapflege") fällt unter §§ 331, 333. Gleiches gilt für den
Fall, dass B damit eine Baugenehmigung erstrebt. Wäre deren Erteilung jedoch
rechtswidrig, dann griffen §§ 332, 334 ein.

Ein geheimer Vorbehalt des Beamten, sich nicht an die Vereinbarung zu halten, ist   **14**
jedenfalls hinsichtlich einer künftigen Diensthandlung unbeachtlich (BGHSt 15,
88; NStZ 2015, 451 [zu § 108e]). Entsprechendes muss für den Fall gelten, dass
der Beamte nur vorgibt, eine Diensthandlung bereits erbracht zu haben;[23] denn auch
hier entsteht der „Anschein der Käuflichkeit".

Die **Rechtswidrigkeit** ist ausgeschlossen, wenn sich der Täter einen von ihm   **15**
nicht geforderten Vorteil versprechen lässt oder annimmt und die zuständige
Behörde die Annahme vorher genehmigt hat (§ 331 III). In diesem Falle besteht ein
Rechtfertigungsgrund (BGHSt 31, 264/285). Straflosigkeit tritt auch ein, wenn der

---

[20]Zur abl. Entscheidung des BGH statt vieler *Hettinger*, JZ 2009, 370; *Kuhlen*, JR 2010, 148; *Trüg*,
NJW 2009, 196; *Valerius*, GA 2010, 211; s. ferner ablehnend OLG Düsseldorf JuS 2015, 850 m. Bespr.
Jahn; zum Ganzen auch *Leitner*, in: FS Feigen (2014), S. 147; *Saliger*, in: FS Kühne (2013), S. 443.

[21]Vgl. BT-Drucks. 13/8079, S. 15; *Heger*, in: Lackner/Kühl, § 331 Rn. 8; *Rengier*, § 60 Rn. 19; zur
Abgrenzung s. auch BGH NStZ 2000, 90.

[22]Ferner BGH NStZ 2008, 216.

[23]Abw. BGHSt 29, 300 mit Bespr. *Maiwald*, NJW 1981, 2777 und *Dölling*, JuS 1981, 570; wie hier
Heger, in: Lackner/Kühl, § 331 Rn. 11; diff. *Sowada*, in: LK, § 331 Rn. 63.

Täter bei der Behörde unverzüglich Anzeige erstattet und sie die Annahme genehmigt. Die nachträglich erteilte Genehmigung kann allerdings die Handlung nicht mehr rückwirkend rechtfertigen, sondern wirkt als *Strafaufhebungsgrund*.

16   Fraglich ist darüber hinaus die Beurteilung kleinerer Zuwendungen, wie sie im gesellschaftlichen Leben üblich sind, etwa Neujahrs- und Werbegeschenke oder Einladungen zum Arbeitsessen. Deren Annahme liegt im Bereich sozialadäquaten Verhaltens (BGHSt 31, 264/279).[24] Der Begriff der *Sozialadäquanz* hat indes keinen klar umrissenen Inhalt;[25] außerdem bleibt offen, ob dieser Gesichtspunkt den Tatbestand oder die Rechtswidrigkeit betrifft. Im Hinblick auf § 331 sind die genannten Handlungen nicht als tatbestandsmäßig anzusehen. Bisweilen wird bereits das Merkmal des „Vorteils" verneint. Die überwiegende Auffassung nimmt an, dass es an der Unrechtsvereinbarung bzw. dem erforderlichen Äquivalenzverhältnis (*für die Dienstausübung*) fehlt.[26] Im Ergebnis scheidet somit eine Strafbarkeit aus. Nicht selten existieren für Zuwendungen geringen Umfangs abstrakt-generelle Regelungen des Dienstherrn, die dann grdsl. gem. § 331 III rechtfertigend wirken.[27]

17   Nicht erst auf der Rechtfertigungsebene, sondern bereits tatbestandlich macht der BGH eine Einschränkung für die Einwerbung von Drittmitteln im Hochschulbereich: Dem Schutzgut des § 331 (Vertrauen in die Sachgerechtigkeit und „Nicht-Käuflichkeit" der Entscheidung) werde auf diesem Gebiet schon dadurch angemessen Rechnung getragen, wenn das im Hochschulrecht vorgeschriebene Verfahren eingehalten wird (BGHSt 47, 295).[28] Für nicht vergleichbar damit hält er zwar die Beschaffung von Wahlkampfspenden durch einen Amtsträger, der sich um seine Wiederwahl bewirbt, gelangt aber auch hier zu einer restriktiven Auslegung: Soll diese Förderung allein dazu dienen, dass der Betreffende das (wiedererlangte) Wahlamt in einer Weise ausübt, die den allgemeinen wirtschaftlichen oder politischen Vorstellungen des Vorteilsgebers entspricht, dann sei das erforderliche rechtswidrige Gegenseitigkeitsverhältnis zwischen Vorteil und Dienstausübung, also die Unrechtsvereinbarung zu verneinen (BGHSt 49, 275).[29]

2. Bestechlichkeit

18   Die Vorschrift des § 332 stellt eine qualifizierte Form der passiven Bestechung dar. Der Tatbestand setzt eine konkrete Diensthandlung voraus, durch deren Vornahme der Amtsträger seine Dienstpflichten verletzt hat oder verletzen würde. Lässt sich

---

[24]Ausführlich zur Sozialadäquanz im Rahmen der Bestechungsdelikte *Thomas*, in: FS Jung (2007), S. 973; zu Hospitality-Maßnahmen *Leipold*, in: FS I. Roxin (2012), S. 279.

[25]Vertieft *Valerius*, JA 2014, 561.

[26]So BGHSt 15, 239/251 f.; 39, 45/48; OLG Frankfurt NJW 1990, 2075; *Geppert*, Jura 1981, 42/47; *Krey/Hellmann/Heinrich*, Rn. 946.

[27]Im Einzelnen *Bott/Hieramente*, NStZ 2015, 121.

[28]Ferner *Harriehausen*, NStZ 2013, 256.

[29]Ferner BGH NStZ 2008, 33 m. Anm. *Beckemper/Stage* sowie *Korte*, NStZ 2008, 341; *Zöller*, GA 2008, 151.

eine solche Pflichtwidrigkeit nicht feststellen, so greift – *in dubio pro reo* – § 331 als Auffangtatbestand ein. Die Tathandlungen der §§ 331, 332 sind übereinstimmend ausgestaltet (oben Rn. 11).

Der Vorteil gestaltet sich **als Gegenleistung** für eine konkrete Diensthandlung.   **19**
Damit ist das entscheidende Merkmal der Unrechtsvereinbarung gekennzeichnet. Diese besteht in einer vertragsähnlichen Willensübereinstimmung, aus der hervorgeht, dass der Vorteil das „Entgelt" oder „Äquivalent" für die betreffende Handlung bildet.

Gegenstand der Unrechtsvereinbarung ist eine *bestimmte* Diensthandlung.   **20**
Anders als bei § 331 n. F. genügt es nicht, dass sich der Vorteilsgeber mit einem Geschenk lediglich allgemeines Wohlwollen und Geneigtheit des Beamten sichern will (BGHSt 15, 217/223). Allerdings dürfen die Anforderungen an die Bestimmtheit auch nicht überspannt werden. Namentlich im Hinblick auf ein künftiges Verhalten braucht die Diensthandlung nach Zeitpunkt, Anlass und Ausführungsweise nicht schon in allen Einzelheiten festzustehen; sie muss nur nach ihrem sachlichen Gehalt zumindest in groben Umrissen erkennbar und festgelegt sein (vgl. BGHSt 32, 390).

Die Diensthandlung ist **pflichtwidrig,** wenn sie gegen Gesetze, Verwaltungs-   **21**
vorschriften oder Dienstanweisungen verstößt. Sie kann auch in einer Straftat bestehen, falls der Täter seine amtliche Stellung dazu missbraucht, eine strafbare Handlung vorzunehmen, die ihm gerade seine Position ermöglicht. Denn sonst würden ausgerechnet die schwersten Fälle vom Tatbestand nicht erfasst! Voraussetzung ist allerdings, dass die Handlung ihrer Natur nach mit dem Amt in einer inneren Beziehung steht und nicht völlig außerhalb des Aufgabenbereichs des Amtsträgers liegt.

Beispiel

Der Angeklagte hat als Stadtkämmerer Angebote gefälscht, um bestimmten Firmen Aufträge zukommen zu lassen; von diesen erhielt er dafür Geld. Neben Untreue und Urkundenfälschung ist er der Bestechlichkeit schuldig, da er die verbotenen Handlungen unter Ausnutzung seiner amtlichen Stellung begangen hat (BGH NStZ 1987, 326). Hingegen stellt eine erkaufte Zeugenaussage, die ein Polizeibeamter zu angeblichen Wahrnehmungen aus dem außerdienstlichen Bereich macht, keine Amtshandlung dar (OLG Köln NJW 2000, 3727).

Der Vorteil bildet die Gegenleistung dafür, dass der Täter eine solche Diensthand-   **22**
lung vorgenommen hat oder künftig vornehme; der Vornahme steht das Unterlassen der Handlung gleich (§ 336). Im Hinblick auf eine in der Zukunft liegende Handlung reicht es für die Unrechtsvereinbarung aus, wenn sich der Täter dem anderen gegenüber bereit gezeigt hat, dabei seine Pflichten zu verletzen (§ 332 III Nr. 1). Gemäß dieser gesetzlichen Klarstellung kommt es nicht auf den Willen zur Ausführung an; erforderlich bleibt jedoch, dass die Diensthandlung im Falle ihrer Vornahme tatsächlich pflichtwidrig wäre. Eine *Ermessensentscheidung* i.S. v. § 332 III Nr. 2 liegt vor, wenn für den Amtsträger zum Tatzeitpunkt mehrere rechtmäßige

Entscheidungsvarianten bestehen,[30] unabhängig davon, ob das auf Tatbestandsebene (unbestimmte Rechtsbegriffe, Beurteilungsspielraum) oder Rechtsfolgenebene ist. Es handelt sich also um ein Ermessen im weiteren, nicht im verwaltungsrechtlichen Sinne.[31] Für Ermessensentscheidungen ist eine Pflichtwidrigkeit zumindest bei bewusster Überschreitung des Ermessens zu bejahen. Davon abgesehen handelt der Täter bereits dann pflichtwidrig, wenn er sich zwar im Rahmen seines Ermessensspielraums bewegt, mit Rücksicht auf den Vorteil aber sachfremde Erwägungen anstellt.[32] Es genügt das vorherige Bereitzeigen, sich bei der Ausübung des Ermessens durch den Vorteil beeinflussen zu lassen (§ 332 III Nr. 2). Das Merkmal verlangt ein bestimmtes Verhalten des Täters, das aufgrund objektiv feststellbarer Umstände die Folgerung ermöglicht, dieser habe nach außen wirkend bewusst seine Bereitschaft bekundet, die Entscheidung auch an dem Vorteil auszurichten (BGHSt 48, 44/47).

23   Subjektiv verlangt der Tatbestand ein (bedingt) vorsätzliches Handeln. Der *Vorsatz* muss sich insbesondere darauf erstrecken, dass der Vorteil als Gegenleistung für eine Diensthandlung gewährt wird. Außerdem erfordert er das Bewusstsein des Täters, dass die angesonnene Amtshandlung die Verletzung einer Dienstpflicht enthält (BGHSt 15, 352). Ein diesbezüglicher Irrtum lässt den subjektiven Tatbestand entfallen; es gelangt dann § 331 zur Anwendung.

3. Vorteilsgewährung

24   In § 333 wird – als Gegenstück zu § 331 – die Strafbarkeit des Vorteilsgebers geregelt; Täter kann hier jedermann sein. Der Vorteil wird für die Dienstausübung (Abs. 1) oder als Gegenleistung für eine richterliche Handlung (Abs. 2) gewährt.

25   Die Begehungsweisen des § 333 bilden gleichsam das Spiegelbild zu denjenigen des § 331; demnach stehen sich gegenüber:

- Anbieten und Fordern,
- Versprechen und Sichversprechenlassen,
- Gewähren und Annehmen.

4. Bestechung

26   Die Bestechung (§ 334) stellt das Pendant zur Bestechlichkeit dar. Bestraft wird das Anbieten, Versprechen oder Gewähren eines Vorteils als Gegenleistung für eine schon vorgenommene oder noch vorzunehmende pflichtwidrige Diensthandlung. Strafbar ist bereits der „Bestimmungsversuch" zu einer künftigen Pflichtwidrigkeit (§ 334 III):

---

[30]BGH StV 2012, 19/20.

[31]*Fischer*, § 332 Rn. 9.

[32]Vgl. BGHSt 15, 88/92; 48, 44; BGH JZ 1998, 263; *Fischer*, § 332 Rn. 9a.

Der Täter will den Amtsträger[33] dazu bestimmen, seine Pflichten zu verletzen oder sich bei der Ermessensausübung durch den Vorteil beeinflussen zu lassen. Ob der andere den erstrebten Entschluss überhaupt fasst oder ausführt, ist unerheblich.

5. Teilnahmefragen

Im Verhältnis zwischen *Geber und Nehmer* ist zu beachten, dass die Bezugs- **27** handlungen auf beiden Seiten tatbestandlich verselbständigt sind; daneben bleibt deshalb für eine Teilnahme kein Raum. Wer etwa einen Vorteil für eine pflicht- widrige Diensthandlung anbietet, wird allein aus § 334, nicht aber zusätzlich noch wegen Anstiftung zu § 332 bestraft (RGSt 13, 181).

Für *Außenstehende* gelten die allgemeinen Regeln, doch mit gewissen Einschrän- **28** kungen: Fördert jemand eine fremde Unrechtsvereinbarung, dann unterstützt er an sich zwei Taten, nämlich sowohl die aktive als auch die passive Begehungsform. Wer aber in erster Linie zur Vorteilsgewährung oder Bestechung Beihilfe leisten will, ist nicht deswegen zugleich wegen Beihilfe zur Vorteilsannahme oder Bestech- lichkeit zu bestrafen, weil er weiß, dass er durch die Unterstützung des Vorteilsge- bers mittelbar die Tat des Vorteilsempfängers fördert.[34]

II. Rechtsbeugung

Das Schutzgut des § 339[35] bildet die Rechtspflege in ihrer speziellen Aufgabe, rich- **29** tiges Recht anzuwenden. Zweck der Vorschrift ist es, den Rechtsbruch als elemen- taren Verstoß unter Strafe zu stellen (BGHSt 38, 381/383). Rechtsbeugung begeht daher der Amtsträger, der sich in schwerwiegender Weise von Recht und Gesetz entfernt (BGHSt 41, 247/251). Die Norm steht vor dem Zwiespalt, dass die Folgen richterlicher Kunstfehler zwar dramatisch sein können, andererseits aber Fehler- geneigtheit der Tätigkeit und die Unschärfe der Beurteilung dessen, was noch oder nicht mehr vertretbar ist, in der Natur der Sache liegt.[36]

1. Objektiver Tatbestand

Ursprünglich war die Rechtsbeugung ein Delikt, das nur der Richter begehen **30** konnte. Nach der heutigen Fassung kann **Täter** ein Richter, anderer Amtsträger oder Schiedsrichter (vgl. §§ 1025 ff. ZPO) sein. Die notwendige Eingrenzung

---

[33]Zum Irrtum über die Amtsträgereigenschaft *Bernsmann*, in: FS Puppe (2011), S. 361.

[34]BGHSt 37, 207; zu den Teilnahmefragen näher *Bell*, MDR 1979, 719; *Stein/Deiters*, in: SK, § 333 Rn. 17 f.

[35]Im Überblick *Behrendt*, JuS 1989, 945; *Neumann*, in: FS Schünemann (2014), S. 631; *Vorm- baum*, in: FS Paeffgen (2015), S. 377.

[36]Zum Spannungsfeld *Kühne*, GA 2013, 39; *Mitsch*, StraFo 2009, 89.

erfolgt nunmehr durch die Tätigkeitsbeschreibung „bei der Leitung oder Entscheidung einer Rechtssache".

31   Unter *Rechtssache* sind alle Rechtsangelegenheiten zu verstehen, die zwischen mehreren Beteiligten mit – mindestens möglicherweise – entgegenstehenden rechtlichen Interessen in einem rechtlich geordneten Verfahren nach Rechtsgrundsätzen verhandelt und entschieden werden (BGH NJW 1960, 253). Erforderlich ist aber, dass der Amtsträger die jeweilige Rechtssache *wie ein Richter* zu leiten oder zu entscheiden hat. „Wie ein Richter" geht jemand vor, der in einem rechtlich vollständig geregelten Verfahren, zumeist in einem Prozess, entscheidet; die fehlende Unabhängigkeit steht dem nicht entgegen (BGHSt 24, 326/328).

32   Ausgehend von diesen Prämissen ist die Tätereigenschaft bestimmter Amtsträger wie folgt zu beurteilen:

- Ein *Staatsanwalt* im Ermittlungsverfahren wird unstreitig von § 339 erfasst.[37] Denn die Staatsanwaltschaft hat das Anklagemonopol (§ 152 I StPO) und trifft allein die abschließende Entscheidung (§ 170 StPO).
- Ein *Rechtspfleger* kann jedenfalls dann Rechtsbeugung begehen, wenn ihm eine richterliche Tätigkeit (§ 3 RPflG) übertragen ist.[38] In diesem Falle übt er eine richterähnliche Funktion aus.
- Ein *Verwaltungsbeamter* kommt regelmäßig nicht als Täter in Betracht. Dass er im Rahmen der Erledigung seiner Aufgaben ebenfalls Recht anzuwenden hat, reicht nicht aus, sein Handeln der Rechtsprechung gleichzustellen.[39]

33   Die **Tathandlung** besteht darin, dass der Täter das Recht beugt („verbiegt"). Begehungsmöglichkeiten sind: Unrichtige Anwendung des formellen oder materiellen Rechts, Sachverhaltsverfälschung oder Ermessensmissbrauch – letzteres insb. bei der Strafzumessung. Umstritten ist allerdings, wann die Rechtsanwendung „falsch" ist; der Theorienstreit ähnelt demjenigen zur Falschheit der Aussage bei §§ 153 ff. (oben § 7 Rn. 4 ff.).

34   Nach der *objektiven Theorie* (h. M.) begeht Rechtsbeugung, wer eine Entscheidung fällt, die objektiv im Widerspruch zu Recht und Gesetz steht.[40] Demgegenüber stellt die – vereinzelt gebliebene – subjektive Theorie darauf ab, ob der Richter

---

[37]Vgl. BGHSt 32, 357; 38, 381; 40, 169; OLG Bremen NStZ 1986, 120. Im Hauptverfahren kommt Beihilfe zur Verurteilung in Betracht; s. BGH JR 2000, 246 m. Anm. *Müther* sowie *Arnold/Rost*, NJ 1998, 603.

[38]Ebenso BGHSt 35, 224; für andere Tätigkeiten verneint von OLG Düsseldorf MDR 1987, 604; OLG Koblenz MDR 1987, 605; NStZ-RR 2006, 77.

[39]BGHSt 34, 146/148; s. auch OLG Celle NStZ 1986, 513 (Finanzbeamter); OLG Düsseldorf NJW 1997, 2124 (Gerichtsvollzieher); OLG Hamburg NStZ-RR 2005, 143.

[40]Vgl. KG NStZ 1988, 557; *Bemmann*, GA 1969, 65; *Heine/Hecker*, in: Schönke/Schröder, § 339 Rn. 9; *Hilgendorf*, in: LK, § 339 Rn. 47 ff.

gegen seine Überzeugung handelt. Die zunehmend vertretene *Pflichttheorie* sieht als entscheidend an, dass der Täter die ihm als Richter obliegenden Pflichten verletzt.[41]

Geboten erscheint jedoch eine differenzierende Betrachtungsweise, wie sie auch **35** in der Literatur verschiedentlich vorgenommen wird.[42] Danach ergibt sich:

- Bei einem unzweifelhaften Rechtsverstoß ist Rechtsbeugung stets zu bejahen, was einhellig nach der objektiven Theorie beurteilt wird.
- Für umstrittene Rechtsfragen kommt es darauf an, ob die Auffassung des Richters die Grenze des Vertretbaren eindeutig überschreitet.[43]
- Eine Ermessensausübung ist rechtsfehlerhaft, wenn sie auf sachfremden Erwägungen beruht.[44]
- Bei der freien richterlichen Beweiswürdigung (§§ 286 ZPO, 261 StPO) ist entscheidend, ob der Richter pflichtgemäß zu dem abschließenden Ergebnis kommt.
- Besonders problematisch ist jedoch die Beurteilung der Rechtsbeugung im Kollegialgericht, neben der aufgrund des Beratungsgeheimnisses ohnehin problematischen individuellen Zuordnung von Verantwortung ist insbesondere fraglich, was für einen Berufsrichter gilt, der zwar nicht für die betreffende Entscheidung gestimmt hat, der dann aber weisungsgemäß die schriftlichen Urteilsgründe fertigt und gemeinsam mit den übrigen Berufsrichtern das Urteil unterzeichnet.[45]

Besondere Kriterien gelten für die Strafbarkeit ehemaliger DDR-Richter.[46] Schon **36** bei der Prüfung des objektiven Tatbestandes ist zu berücksichtigen, dass es um die Beurteilung von Handlungen geht, die in einem anderen Rechtssystem vorgenommen worden sind. An einer Gesetzwidrigkeit (§ 244 DDR-StGB) hat es deshalb grundsätzlich gefehlt, wenn die Handlung des Richters vom Wortlaut des Rechts der DDR gedeckt war. Abgesehen von Einzelexzessen will der BGH eine Bestrafung wegen Rechtsbeugung auf Fälle beschränken, in denen die Rechtswidrigkeit der Entscheidung so offensichtlich war und insbesondere die Rechte anderer,

---

[41]Grundlegend *Rudolphi*, ZStW 82 (1970), 610/627 ff.; zust. *Behrendt*, JuS 1989, 945/946; *Schmidhäuser*, Kap. 23 Rn. 44.

[42]Siehe etwa die Differenzierungen bei *Geppert*, Jura 1981, 78/80; *Maurach/Schroeder/Maiwald*, BT 2, § 77 Rn. 10 ff.; *Wessels/Hettinger*, Rn. 1134.

[43]KG NStZ 1988, 557; OLG Düsseldorf NJW 1990, 1374; LG Berlin MDR 1995, 191; vgl. auch BGHSt 38, 381 mit krit. Bespr. *Seebode*, JR 1994, 1.

[44]BGHSt 44, 258 mit Anm. *Herdegen*, NStZ 1999, 456 und *Scheffler*, JR 2000, 119; BGHSt 47, 105 mit Anm. *Foth*, JR 2002, 257 und *Kühl/Heger*, JZ 2002, 201; krit. *Wohlers/Gaede*, GA 2002, 483.

[45]Im Überblick *Erb*, NStZ 2009, 189; *ders.*, in: FS Küper (2007), S. 29; *Klose*, NJ 2016, 319; *Scheinfeld*, JA 2009, 401.

[46]Dazu BGHSt 40, 30, 272; 41, 157, 247, 317; 43, 183; 44, 275; *Maiwald*, NJW 1993, 1881; *Vormbaum*, NJ 1993, 212; *Roggemann*, JZ 1994, 769; *Spendel*, JR 1994, 221; *ders.*, JZ 1995, 375; *Bemmann*, JZ 1995, 123; *Hohmann*, NJ 1995, 128; *Schulz*, StV 1995, 206; *Stanglow*, JuS 1995, 971; *Krauss*, in: FS Hamm (2008), S. 357.

hauptsächlich ihre Menschenrechte, derart schwerwiegend verletzt worden sind, dass sich die Entscheidung als Willkür darstellt (BGHSt 40, 30/41). Eine Bewertung als Rechtsbeugung kommt ferner in Betracht, wenn bei der Rechtsanwendung die Grenzen zulässiger Auslegung augenfällig überschritten wurden oder eine verhängte Strafe in unerträglichem Missverhältnis zur Tat stand.

37   Im Hinblick auf die nach der geltenden StPO tätigen Strafrichter sind insbesondere prozessuale Verhaltensweisen als Beugung des Rechts angesehen worden. Eine Verletzung von Verfahrensvorschriften stellt nach dem BGH nur dann einen Rechtsbruch im Sinne des § 339 dar, wenn darin allein oder unter Berücksichtigung des Motivs des Täters ein elementarer Rechtsverstoß liegt (BGH StV 2014, 16). Das kommt bei folgenden Konstellationen in Betracht:

- die aus sachwidrigen Motiven angemaßte Zuständigkeit für den Erlass eines Haftbefehls, hier durch den Vorsitzenden Richter am Amtsgericht in strafrechtlicher Hauptverhandlung gegen den anwesenden Verteidiger wegen des dringenden Verdachts der Geldwäsche (BGH NStZ 2013, 648);
- Sachentscheidung ohne Sachaufklärung (BGHSt 59, 144 m. Bespr. *Jahn*, JuS 2014, 850) oder bei Erledigung eines Bußgeldverfahrens ohne Ermessensausübung oder aus sachfremdem Grund (BGH NStZ 2016, 351);
- heimliche Änderung und Ergänzung unvollständiger Urteilsgründe nach Ablauf der Urteilsabsetzungsfrist (BGH StV 2014, 16),[47] nicht hingegen wenn es um die schriftlich dokumentierte Urteilsformel geht (BGH NStZ 2015, 651);
- genannt wird auch die geflissentliche Umgehung der Regelungen zur Verfahrensabsprache durch formlose Abreden.[48]

38   Der **Erfolg** des § 339 liegt in der Begünstigung oder Benachteiligung einer Partei (RGSt 25, 276/278). Unter „Partei" ist jeder Verfahrensbeteiligte zu verstehen. Einen Vorteil oder Nachteil bildet schon die günstige oder ungünstige Verfahrensposition, welche die konkrete Gefahr einer fehlerhaften Endentscheidung begründet.[49]

2. Rechtsbeugungsvorsatz und „Sperrwirkung"

39   Der subjektive Tatbestand verlangt vorsätzliches Handeln. Der Vorsatz muss die Leitung oder Entscheidung einer Rechtssache, die Rechtsverletzung und deren begünstigende oder benachteiligende Wirkung umfassen. Im Hinblick auf das normative Tatbestandsmerkmal „Recht" erfordert er neben der Tatsachen- zugleich eine Bedeutungskenntnis (OLG Düsseldorf NJW 1990, 1374); ein diesbezüglicher Irrtum ist hier deshalb Tatbestandsirrtum.

---

[47]Dazu *Heghmanns*, ZJS 2014, 105; *N. Nestler*, NStZ 2013, 657; Falllösung bei *Jänicke*, JA 2016, 430.

[48]Insb. *Fischer*, HRRS 2014, 324 sowie *Erb*, StV 2014, 103.

[49]Vgl. dazu BGHSt 42, 343 mit Anm. *Krehl*, NStZ 1998, 409 und *Seebode*, JR 1997, 472; Bespr. *Spendel*, JZ 1998, 85 und *Volk*, NStZ 1997, 412.

Als **Vorsatzform** kam nach früherer Auffassung nur direkter Vorsatz in Betracht. **40**
Zur Begründung wurde auf die Sicherung der richterlichen Unabhängigkeit verwiesen: Der Richter müsste sonst immer mit der Gefahr der Verdächtigung rechnen, er habe mit bedingtem Vorsatz unrichtig entschieden (so BGHSt 10, 294/300). Nachdem die in einem Regierungsentwurf vorgesehenen Worte „absichtlich oder wissentlich" bei der Neufassung jedoch bewusst gestrichen worden sind, ist mit der heute ganz vorherrschenden Meinung davon auszugehen, dass auch *dolus eventualis* genügt.[50] Verschiedentlich wird noch das Bedenken geäußert, dies führe zu einer unvertretbaren Ausweitung der Strafbarkeit: Ein zweifelnder Richter müsse sich nämlich mit der Fehlerhaftigkeit seiner Entscheidung abfinden und handle deshalb bedingt vorsätzlich. Als Ausweg hat man die Anwendung der Einwilligungstheorie vorgeschlagen, die bedingten Vorsatz (nur) annimmt, wenn der Täter den Erfolg innerlich billigt.[51] In den genannten Fällen wird der Richter jedoch nicht mit der Möglichkeit rechnen, dass die Entscheidung jenseits des Vertretbaren liegt, sondern auf ihre Rechtmäßigkeit vertrauen. Hinzu kommt, dass der BGH nunmehr auf einen *bewussten* Rechtsverstoß abstellt[52] und damit bereits die objektive Tatseite um ein subjektives Element ergänzt, was im Ergebnis für einen bedingten Vorsatz wenig Raum lässt. Diese Einschränkung hat verfassungsrechtliche Bedeutung mit Blick auf die – insofern individualschützende – richterliche Unabhängigkeit als hergebrachten Grundsatz des Richteramtsrechts (BVerfG, Beschl. v. 14.7.2016 – 2 BvR 661/16).

Der bewusste Rechtsverstoß hat zwischenzeitlich folgende konkretere Einord- **41** nung erfahren: Der subjektive Tatbestand der Rechtsbeugung setzt mindestens bedingten Vorsatz hinsichtlich eines Verstoßes gegen geltendes Recht sowie einer Bevorzugung oder Benachteiligung einer Partei voraus; das darüber hinausgehende subjektive Element einer bewussten Abkehr von Recht und Gesetz bezieht sich auf die Schwere des Rechtsverstoßes, ohne dass es auf eine persönliche Gerechtigkeitsvorstellung des Richters ankommt; Indizien für das Vorliegen des subjektiven Tatbestandes der Rechtsbeugung können sich aus der Gesamtheit der konkreten Tatumstände ergeben, insbesondere auch aus dem Zusammentreffen mehrerer gravierender Rechtsfehler (BGHSt 59, 144).[53]

Die vormals erhobene Forderung nach direktem Vorsatz steht in Verbindung mit **42** der sog. **Sperrwirkung** der Rechtsbeugung. Danach entfaltet § 339 eine Schutzfunktion zugunsten des Richters in der Weise, dass er wegen anderer, im Zusammenhang

---

[50]Ebenso *Maiwald*, JuS 1977, 353/357; *Behrendt*, JuS 1989, 945/949 f.; *Rengier*, § 61 Rn. 19; *Hilgendorf*, in: LK, § 339 Rn. 86 ff.; in der Rspr. auch BGHSt 40, 272/276; KG NStZ 1988, 557; offenlassend OLG Düsseldorf NJW 1990, 1374; OLG Frankfurt NJW 2000, 2037; *de lege ferenda* gar für eine Ausweitung der Strafbarkeit auf leichtfertige Fehlentscheidungen zu Lasten Unschuldiger *Erb*, in: FS Küper (2007), S. 29/35 ff.

[51]Vgl. *Bockelmann*, BT/3, § 9 III; *Schreiber*, GA 1972, 193/205; *Seebode*, JuS 1969, 207; dagegen *Hirsch*, ZStW 82 (1970), 411/433 ff.

[52]So etwa BGHSt 38, 381/383; 42, 343/345; 47, 105/109; BGH NStZ-RR 1996, 65/68; zu dieser Rspr. näher *Lehmann*, NStZ 2006, 127.

[53]S. dazu *Jahn*, JuS 2014, 850, s. ferner für einen bewussten Rechtsverstoß BGH StV 2014, 16; abl. *Heghmanns*, ZJS 2014, 105.

mit der Entscheidung verwirklichter Delikte – z. B. § 239 durch Verurteilung zu einer Freiheitsstrafe – nur dann bestraft werden kann, wenn er zugleich eine Rechtsbeugung begangen hat. Um diese Sicherung zu gewährleisten, sollte bedingter Vorsatz nicht zur Strafbarkeit führen (vgl. BGHSt 10, 294/298). Indes bleibt die Haftungsbegrenzung für den Richter auch nach dem heutigen Verständnis der Vorschrift erhalten;[54] ihre Bedeutung mag allerdings geringer geworden sein (Beispiel noch Rn. 46). So neigt der BGH zu der Auffassung, dass Urkundenunterdrückungen durch heimliche Veränderungen von Urteilsformel oder Urteilsniederschrift (dazu § 6 Rn. 42 f.) nicht von der Sperrwirkung des § 339 erfasst sind (BGH StV 2014, 16; NStZ 2015, 651).[55]

III. Strafverfolgungsdelikte

43 Die §§ 343 – 345 schützen die Rechtspflege, daneben auch die persönlichen Rechtsgüter des Betroffenen. Wegen des ersten Schutzzwecks hat eine Einwilligung des Verletzten nach h.M. keine rechtfertigende Wirkung. Alle Tatbestände sind echte Amtsdelikte. Zwar wird § 343 bisweilen als Spezialfall der versuchten Nötigung angesehen, es handelt sich aber um ein verselbständigtes Sonderdelikt, das teils weiter (seelisches Quälen), teils enger (Drohung mit Gewalt) ist.[56] Die einzelnen Delikte betreffen unterschiedliche Verfahren, wobei sich die folgende Darstellung exemplarisch auf das Strafverfahren beschränkt.

1. Aussageerpressung

44 **Täter** des § 343[57] kann nur ein Amtsträger sein, der zur Mitwirkung an einem Strafverfahren berufen ist. In Betracht kommen namentlich Richter, Staatsanwälte und Polizeibeamte. Eine konkrete Zuständigkeit wird nicht verlangt; vielmehr genügt es, dass der Täter nach seinem dienstlichen Aufgabenbereich allgemein an Verfahren der betreffenden Art mitzuwirken hat.

45 Die **Tathandlungen** sind an die verbotenen Vernehmungsmethoden des § 136a StPO angelehnt, erfassen allerdings nicht alle dort genannten Modalitäten (z. B. Täuschung). Sie haben Verhaltensweisen zum Inhalt, die sich schon in anderen Tatbeständen finden:

---

[54]Vgl. BGHSt 32, 357/364 f.; 41, 247/255; OLG Düsseldorf NJW 1990, 1374; OLG Karlsruhe NJW 2004, 1470; *Heger*, in: Lackner/Kühl, § 339 Rn. 11; *Küpper*, in: GedS Meurer (2002), S. 123 f.; die Sperrwirkung abl. *Stein/Deiters*, in: SK, § 339 Rn. 5 ff.; für Rechtfertigungsgrund: *Schroeder*, GA 1993, 389.

[55]Dazu *Kuhlen*, HRRS 2015, 492.

[56]Wie hier *Wolters*, in: SK, § 343 Rn. 2; a. A. *Hecker*, in: Schönke/Schröder, § 343 Rn. 1; *Arzt/Weber/Heinrich/Hilgendorf*, § 49 Rn. 90; diff. *Zieschang*, in: LK, § 343 Rn. 2.

[57]Zum Ganzen *Meyer-Mews*, Strafo 2012, 209; *Rogall*, in: FS Rudolphi (2004), S. 511 und *de lege ferenda Herzog/Roggan*, GA 2008, 142.

- körperliche Misshandlung (vgl. § 223);
- Gewaltanwendung (vgl. § 240);
- Androhung von Gewalt (vgl. § 113);
- seelisches Quälen (vgl. § 225).

Letzteres bedeutet die Verursachung länger fortdauernder oder sich wiederholender erheblicher Schmerzen oder Leiden, die über die unvermeidbare Belastung durch die Vernehmung hinausgehen und den Betroffenen seelischer Pein aussetzen. Dies wurde etwa bejaht für das Hinführen des verzweifelten Vaters zur Leiche seines von ihm getöteten Kindes (BGHSt 15, 187 zu § 136a StPO).

Der **subjektive Tatbestand** erfordert (bedingten) Vorsatz. Außerdem muss **46** der Täter in der *Absicht* handeln, den Betroffenen zu nötigen, in dem Verfahren etwas auszusagen oder zu erklären oder dies zu unterlassen. Auf die Wahrheit bzw. Unwahrheit der Bekundung kommt es nicht an. Ein Nötigungserfolg wird nicht vorausgesetzt; die Vollendung tritt also bereits mit Anwendung der Zwangsmittel in der entsprechenden Absicht ein. Zu beachten ist ggf. die Sperrwirkung der Rechtsbeugung (oben Rn. 42), da die Anforderungen an die innere Tatseite sich unterscheiden, so dass nicht notwendig jede Aussageerpressung durch einen Richter oder Staatsanwalt auch § 339 erfüllt.

Beispiel

Richter R drohte – unter Hinzuziehung von zwei Gerichtswachtmeistern – der zur Aussage bereiten, aber möglicherweise falsch aussagenden Zeugin Beugehaft an. Diese Drohung ist rechtswidrig, weil Haft nur zur Erzwingung des Zeugnisses angeordnet werden darf (§ 70 II StPO), nicht jedoch zur Herbeiführung einer bestimmten Aussage. § 343 dürfte gegeben sein, ebenso der objektive Tatbestand des § 339. Ein Irrtum über die Rechtslage würde bei § 343 lediglich zu einem vermeidbaren Verbotsirrtum führen, lässt aber den Rechtsbeugungsvorsatz entfallen, so dass R auch nicht wegen Aussageerpressung bestraft werden kann (OLG Düsseldorf NJW 1990, 1374).

Der subjektive Tatbestand des § 343 ist nach überwiegender Ansicht zu verneinen, wenn die Androhung von Gewalt im Rahmen einer polizeilichen Vernehmung **47** dazu dienen soll, den Betroffenen zur Preisgabe des Aufenthaltsortes eines Entführungsopfers zu zwingen („Fall Daschner"). Denn diese Handlung erfolgt nicht zur Aussagegewinnung in dem Ermittlungsverfahren, sondern zum Zwecke der Gefahrenabwehr.[58] Erfüllt ist hingegen der Nötigungstatbestand in einem besonders schweren Fall (§ 240 IV Nr. 3). Einer Rechtfertigung steht das Folter- und Misshandlungsverbot (Art. 3 EMRK, Art. 104 I 2 GG) entgegen. Ansonsten würde

---

[58]LG Frankfurt NJW 2005, 692/695; *Jerouschek,* JuS 2005, 297; *Heger,* in: Lackner/Kühl, § 343 Rn. 4; *Rogall,* in: FS Rudolphi (2004), S. 511; a. A. *Kargl,* in: FS Puppe (2011), S. 1163/1171 ff.; *Kinzig,* ZStW 115 (2003), 791/796; *Neuhaus,* GA 2004, 521/524.

die vernommene Person zum bloßen Objekt der Verbrechensbekämpfung unter Verletzung ihres verfassungsrechtlich geschützten Achtungsanspruchs gemacht.[59] Die besonderen Umstände des Falles können immerhin bei der Strafzumessung berücksichtigt werden.

2. Verfolgung Unschuldiger

48 Der Täterkreis des § 344[60] entspricht demjenigen des § 343. Nach h. M. kommt ein *Sachverständiger,* der zugleich Amtsträger ist (z. B. Amtsarzt), nicht als tauglicher Täter in Frage; denn im Verfahren steht er anderen „neutralen" Personen (z. B. Zeugen) gleich und hat keine derartige Mitwirkungsfunktion, wie sie in § 344 vorausgesetzt wird.[61]

49 Die **Tathandlung** besteht in der strafrechtlichen *Verfolgung.* Darunter ist jedes dienstliche Tätigwerden gegen eine bestimmte Person zu verstehen, das auf eine Bestrafung abzielt. Dem gleichgestellt wird das *Hinwirken* durch solche Beteiligte, die als Hilfsorgane handeln und nicht selbst Träger der Verfolgung sind. Es kann bereits darin liegen, dass ein Polizeibeamter in einem dienstlichen Bericht wahrheitswidrig die Begehung einer Straftat behauptet und dadurch zur Förderung des Ermittlungsverfahrens gegen ihn beiträgt (OLG Oldenburg MDR 1990, 1135). Eine Begehung ist schließlich durch Unterlassen möglich, wenn es der Amtsträger verabsäumt, den Betroffenen außer Verfolgung zu setzen oder bereits eingeleitete Maßnahmen wieder zu beseitigen.

50 Die Verfolgung richtet sich gegen einen *Unschuldigen* oder jemanden, der sonst nach dem Gesetz nicht strafrechtlich verfolgt werden darf. Unschuldig ist, wer die Tat nicht begangen hat oder wem ein Rechtfertigungs-, Entschuldigungs-, Strafausschließungs- oder Strafaufhebungsgrund zur Seite steht. Erfasst wird ferner die Verfolgung wegen einer schwereren als der tatsächlich begangenen Straftat. Aus sonstigen Gründen darf nicht verfolgt werden, wenn eine Prozessvoraussetzung (z. B. Strafantrag) fehlt oder ein Prozesshindernis (z. B. Verjährung) besteht.

51 Subjektiv muss der Täter absichtlich oder wissentlich handeln. Absicht liegt vor, wenn es ihm darauf ankommt, einen Unschuldigen zu verfolgen; Wissentlichkeit bedeutet die sichere Kenntnis, dass der Verfolgte unschuldig ist.

52 Schon der objektive Tatbestand wird mancherseits verneint, wenn ein Polizeibeamter pflichtgemäß Ermittlungen anstellt und den Vorgang anschließend der Staatsanwaltschaft vorlegt. Dieses Ergebnis soll aus dem Gesichtspunkt der „sozialen Adäquanz"

---

[59]Insoweit auch BVerfG NJW 2005, 656; zur Problematik der „Rettungsfolter" ausf. *Erb,* Jura 2005, 24; *ders.,* in: FS Seebode (2008), S. 99; *Fahl,* JR 2004, 182; *Gössel,* in: FS Otto (2007), S. 41; *Hilgendorf,* JZ 2004, 331; *Jäger,* in: FS Herzberg (2008), S. 539; *Merkel,* in: FS Jakobs (2007), S. 375; *Mitsch,* in: FS Roxin II (2011), S. 639; *Roxin,* in: FS Nehm (2006), S. 205 sowie umfassender zur Menschenwürde im Strafrecht *Knauer,* ZStW 126 (2014), 305.

[60]im Überblick *Geerds,* in: FS Spendel (1992), S. 503.

[61]Ebenso *Geerds,* in: FS Spendel (1992), S. 503/507; *Maurach/Schroeder/Maiwald,* BT 2, § 77 Rn. 31; diff. *Wolters,* in: SK, § 344 Rn. 15.

oder des „erlaubten Risikos" herzuleiten sein.[62] Solcher (unscharfer) Kriterien bedarf
es jedoch nicht, weil der Täter weder absichtlich noch wissentlich handelt, so dass
nach dem Gesetzeswortlaut ohnehin der subjektive Tatbestand entfällt.

Wegen Übereinstimmung der geschützten Rechtsgüter – Rechtspflege und Inte-   **53**
resse des zu Unrecht Verfolgten – verdrängt § 344 den § 164, wenn ein Amtsträger auf die Verfolgung hinwirkt und dadurch den Betroffenen in falschen Verdacht
bringt (BGH, Beschl. v. 4.12.1997 – 5 StR 620/97 – juris; OLG Oldenburg MDR
1990, 1135).

3. Vollstreckung gegen Unschuldige

Der Täter des § 345 muss als Amtsträger zur Mitwirkung bei der Vollstreckung   **54**
einer Freiheitsstrafe oder freiheitsentziehenden Maßregel berufen sein; die Untersuchungshaft fällt nicht darunter.[63]

Tathandlung ist die Vollstreckung einer solchen Strafe oder Maßregel, obwohl   **55**
sie nach dem Gesetz nicht vollstreckt werden darf. Strafvollstreckung bedeutet die
Gesamtheit der Maßnahmen, durch welche die Verbüßung der Strafe bewerkstelligt
wird (RGSt 5, 332); sie umfasst demnach die Anordnung, Durchführung und Überwachung. Die Vollstreckung ist unzulässig, wenn sie von den *formellen* Voraussetzungen abweicht; ob die Strafe materiell zu Unrecht ausgesprochen wurde, haben
die Vollstreckungsbehörden nicht zu prüfen (RGSt 16, 221). Die Maßnahme muss
sich zum Nachteil des Betroffenen auswirken, während im Falle der Besserstellung
§ 258a eingreift (z. B. Vollstreckung von Jugendarrest statt Jugendstrafe).

Der Vorsatz des Täters hat sich insb. auf die Unzulässigkeit der Vollstreckung zu   **56**
beziehen. Darüber hinaus wird leichtfertiges Handeln unter Strafe gestellt (§ 345
II). Unter *Leichtfertigkeit* ist grobe Fahrlässigkeit zu verstehen (OLG Hamm NStZ
1983, 459). Dafür genügt nicht schon jeder vermeidbare Irrtum über das Vorliegen
der Vollstreckungsvoraussetzungen (OLG Köln MDR 1977, 66).

Die Vollendung liegt bereits mit Beginn der Vollstreckungsmaßnahme vor. Eine damit **57**
verbundene Freiheitsberaubung (§ 239) tritt hinter § 345 in Gesetzeskonkurrenz zurück.

Kontrollfragen
1. Welche Arten von Amtsdelikten sind zu unterscheiden und wie wirkt sich
   die Differenzierung aus? (Rn. 3)
2. Was bezeichnet man als das „Kernstück" der Bestechungsdelikte? (Rn. 5, 19)
3. Wann ist eine Diensthandlung pflichtwidrig und was gilt für Ermessensentscheidungen? (Rn. 21, 22)

---

[62]Vgl. OLG München NStZ 1985, 549; *Herzberg,* JR 1986, 6; abl. OLG Düsseldorf JR 1989,
118 f.; *Langer,* JR 1989, 95/97 f.

[63]So auch BGHSt 20, 64 mit zust. Anm. *Stratenwerth,* JZ 1965, 325; *Zieschang,* in: LK, § 345
Rn. 9; and. *Maurach/Schroeder/Maiwald,* BT 2, § 77 Rn. 34.

4. Wer kommt als Täter einer Rechtsbeugung in Betracht? (Rn. 30-32)
5. Was besagt die „Sperrwirkung" der Rechtsbeugung? (Rn. 42)
6. Für welchen Fall wird der subjektive Tatbestand des § 343 verneint? (Rn. 47)
7. Wer ist „unschuldig" i. S. des § 344? (Rn. 50)

Literatur

Arnold/Rost, Anm. zu BGH, Urt. v. 9.7.1998 – 4 StR 599/97 – Beihilfe zur Rechtsbeugung, NJ 1998, 603

Arzt/Weber/Heinrich/Hilgendorf, Strafrecht, Besonderer Teil, 3. Auflage 2015

Beckemper/Stage, Anm. zu BGH, Urt. v. 28.8.2008 – 3 StR 212/07 – Korruptionsstrafbarkeit durch Wahlkampfspenden, NStZ 2008, 35

Becker, Anm. zu BGH, Urt. v. 17.3.2015 – 2 StR 281/14 – Vorteilsannahme und Abgeordnetenbestechung, NStZ 2015, 454

Behrendt, Die Rechtsbeugung, JuS 1989, 945

Bell, Die Teilnahme Außenstehender an Bestechungsdelikten, MDR 1979, 719

Bemmann, Zum Wesen der Rechtsbeugung, GA 1969, 65

Bemmann, Zu aktuellen Problemen der Rechtsbeugung, JZ 1995, 123

Bernsmann, Irrtum und Amtsträgerbegriff (i.S. von § 11 Abs. 1 Nr. 2 StGB), in: FS Puppe (2011), S. 361

Beulke, Verwaltungssponsoring als legitime Form der Vertragsgestaltung oder als Bestechung?, Dargestellt am Beispiel der Schulfotografie anhand des Urteils des BGH vom 26. Mai 2011 – 3 StR 492/10, in: FS Frisch (2013), S. 965

Bock, Einführung in die Korruptionsdelikte bei Amtsträgern, JA 2008, 199

Bockelmann, Strafrecht, Besonderer Teil/3, Ausgewählte Delikte gegen Rechtsgüter der Allgemeinheit, 1980

Bott/Hieramente, Ausschluss einer Korruptionsstrafbarkeit durch insitutionalisierte Vorabbewilligungen?, NStZ 2015, 121

Brettel/Duttge/Schuhr, Kritische Analyse des Entwurfs eines Gesetzes zur Bekämpfung von Korruption im Gesundheitswesen, JZ 2015, 929

Brockhaus/Haak, Praxistaugliche Änderungen zur Bekämpfung der Auslandskorruption? Kritische Anmerkungen zum Regierungsentwurf vom 21.01.2015, HRRS 2015, 218

Brodowski, Bestechung und Bestechlichkeit europäisch-ausländischer Amtsträger de lege praevia und de lege nova, HRRS 2016, 14

v. Coelln, Zur Bestimmtheit des strafrechtlichen Amtsträgerbegriffs, in: FS I. Roxin (2012), S. 209

Cramer, Zum Vorteilsbegriff bei den Bestechungsdelikten, in: FS Roxin (2001), S. 945

Dahs/Müssig, Strafbarkeit kommunaler Mandatsträger als Amtsträger? - Eine Zwischenbilanz, NStZ 2006, 191

Dann, Und immer ein Stück weiter – Die Reform des deutschen Korruptionsstrafrechts, NJW 2016, 203

Dann/Scholz, Der Teufel steckt im Detail – Das neue Anti-Korruptionsgesetz für das Gesundheitswesen, NJW 2016, 2077

Deiters, Zur Frage der Strafbarkeit von Gemeinderäten wegen Vorteilsannahme und Bestechlichkeit, NStZ 2003, 453

Deiters, Das neue grenzüberschreitende Korruptionsstrafrecht und die Notwendigkeit seiner prozessualen Begrenzung, in: GedS Weßlau (2016), S. 51

Diessner, Bestechungsdelikte und städtebauliche Verträge – Hat der 3. Strafsenat im Schulfotografen-Fall die Büchse der Pandora geöffnet?, in: FS Beulke (2015), S. 379

Dölling, Betrug und Bestechlichkeit durch Entgeltannahme für eine vorgetäuschte Dienstpflichtverletzung? - BGH, NJW 1980, 2203, JuS 1981, 570

Erb, Nothilfe durch Folter, Jura 2005, 24

Erb, Überlegungen zur Strafbarkeit richterlichen Fehlverhaltens, in: FS Küper (2007), S. 29

Erb, Zur strafrechtlichen Behandlung von „Folter" in der Notwehrlage, in: FS Seebode (2008), S. 99

Erb, Zur Verfolgung von Rechtsbeugung in Kollegialgerichten, NStZ 2009, 189

Erb, Zur Strafbarkeit von Grenzüberschreitungen bei Verfahrensabsprachen, StV 2014, 103

Fahl, Angewandte Rechtsphilosophie – »Darf der Staat foltern?«, JR 2004, 182

Fischer, Strafbarkeit beim Dealen mit dem Recht? Über Lausbuben- und Staatsstreiche, HRRS 2014, 324

Fischer, Strafgesetzbuch mit Nebengesetzen, Kommentar, 64. Auflage 2017

Foth, Anm. zu BGH, Urt. v. 4.9.2001 – 5 StR 92/01 – BGHSt 47, 105, Rechtsbeugung durch zögerliche Bearbeitung einer Rechtssache („Fall Schill"), JR 2002, 257

Frister, Gibt es keine unechten oder keine reinen Amtsdelikte?, Zugleich ein Beitrag zur „Ehrenrettung" des § 28 StGB, in: FS Puppe (2011), S. 451

Geerds, Verfolgung Unschuldiger, in: FS Spendel (1992), S. 503

Geppert, Amtsdelikte (§§ 331 ff StGB), Jura 1981, 42, 78

Gössel, Enthält das deutsche Recht ausnahmslos geltende, „absolute" Folterverbote?, in: FS Otto (2007), S. 41

Greco, Annäherung an eine Theorie der Korruption, GA 2016, 249

Gropp, Rettet die Höflichkeit!, Plädoyer für die Restriktion der Tatbestände der Vorteilsannahme und -gewährung, in: FS Wolter (2013), S. 575.

Grützer, Das Gesetz zur Bekämpfung der Korruption 2015 – wesentliche Inhalte und Änderungen der Rechtslage, ZIP 2016, 253

Haft, Anm. zu BGH, Urt. v. 15.5.1997 – 1 StR 233/96 – BGHSt 43, 96, Freiberuflicher Planungsingenieur kein Amtsträger, NStZ 1998, 29

Harriehausen, Einwerbung und Annahme von Drittmitteln – immer mit einem Fuß im Gefängnis?, NStZ 2013, 256

Heghmanns, Rechtsbeugung durch nachträgliche Urteilsergänzung, ZJS 2014, 105

B. Heinrich, Die Entwicklung des Begriffs des Amtsträgers, wistra 2016, 471

Herdegen, Anm. zu BGH, Urt. v. 3.12.1998 – 1 StR 240/98 – BGHSt 44, 258, Rechtsbeugung im Bußgeldverfahren, NStZ 1999, 456

Herzberg, Vorsatz und erlaubtes Risiko — insbesondere bei der Verfolgung Unschuldiger (§ 344 StGB), JR 1986, 6

Herzog/Roggan, Zu einer Reform der Strafbarkeit wegen Aussageerpressung - § 343 StGB, GA 2008, 142

Hettinger, Zur Vorteilsgewährung durch Vergabe von Eintrittskarten, JZ 2009, 370

Hilgendorf, Folter im Rechtsstaat?, JZ 2004, 331

Hirsch, Literaturbericht, ZStW 82 (1970), 411

Hohmann, Zur Rechtsbeugung durch DDR-Staatsanwälte, Anmerkung zu den Urteilen des BGH vom 9.5.1994 und 6.10.1994 sowie des LG Neubrandenburg vom 18.07.1994, NJ 1995, 128

Jahn, Strafrecht BT: Rechtsbeugung, JuS 2014, 850

Jahn, Strafrecht, BT: „Bestechende Untreue", JuS 2015, 850

Jäger, Das Verbot der Folter als Ausdruck der Würde des Staates, in: FS Herzberg (2008), S. 539

Jänicke, Hausarbeit Strafrecht: „Papierkram", JA 2016, 430

Jerouschek, Gefahrenabwendungsfolter - Rechtsstaatliches Tabu oder polizeilich legitimierter Zwangseinsatz?, JuS 2005, 297

Kargl, Aussageerpressung und Rettungsfolter, Zugleich ein Beitrag zu den Grenzen des Menschenwürdeschutzes im Strafrecht, in: FS Puppe (2011), S. 1163

Kinzig, Not kennt kein Gebot?, Die strafrechtlichen Konsequenzen von Folterhandlungen an Tatverdächtigen durch Polizeibeamte mit präventiver Zielsetzung, ZStW 115 (2003), 791

Klose, Die „Flucht in die Kammer" – Ermittlungsverfahren wegen Rechtsbeugung durch eine Kollegialentscheidung, NJ 2016, 319

Knauer, Der Schutz der Menschenwürde im Strafrecht, ZStW 126 (2014), 305

König, Neues Strafrecht gegen die Korruption, JR 1997, 397

Korte, Bekämpfung der Korruption und Schutz des freien Wettbewerbs mit den Mitteln des Strafrechts, NStZ 1997, 513

Korte, Anm. zu BGH, Urt. v. 28.8.2008 – 3 StR 212/07 – Korruptionsstrafbarkeit durch Wahlkampfspenden, NStZ 2008, 341

Krauss, Der Fall Havemann, Auf den Spuren einer Rechtsbeugung, in: FS Hamm (2008), S. 357

Krehl, Anm. zu BGH, Urt. v. 5.12.1996 – 1 StR 376/96 – BGHSt 42, 343, Rechtsbeugung durch Verstoß gegen Verfahrensrecht, NStZ 1998, 409

Krey/Hellmann/Heinrich, Strafrecht Besonderer Teil, Band 1: Besonderer Teil ohne Vermögensdelikte, 16. Auflage 2015

Kudlich/Hoven, Muss am deutschen Strafrechtswesen denn unbedingt die Welt genesen?, ZIS 2016, 345

Kühl/Heger, Anm. zu BGH, Urt. v. 4.9.2001 – 5 StR 92/01 – BGHSt 47, 105, Rechtsbeugung durch zögerliche Bearbeitung einer Rechtssache („Fall Schill"), JZ 2002, 201

Kuhlen, Sponsoring und Korruptionsstrafrecht, JR 2010, 148

Kuhlen, Die Bestechungsdelikte der §§ 331-334 StGB, JuS 2011, 673

Kuhlen, Ausdehnung und Einschränkung der Bestechungstatbestände: Das Beispiel der Schulfotografie, in: FS Frisch (2013), S. 949

Kuhlen, Zur Rechtsbeugung und ihrer Sperrwirkung, HRRS 2015, 492

Kühne, Grenzen richterlicher Unabhängigkeit im Strafverfahren, GA 2013, 39

Küpper, Die „Sperrwirkung" strafrechtlicher Tatbestände, in: GedS Meurer (2002), S. 123

Lackner/Kühl, StGB, bearbeitet v. *Kühl/Heger*, 28. Aufl. 2014

Langer, Zur Klageerzwingung wegen Verfolgung Unschuldiger, Strafprozessuale und strafrechtliche Anmerkungen zu einem Beschluß des OLG Düsseldorf vom 4. März 1987, JR 1989, 95

Lehmann, Der Rechtsbeugungsvorsatz nach den neueren Entscheidungen des BGH, NStZ 2006, 127

Leipold, Strafbarkeitsrisiken bei Hospitality-Maßnahmen im Sport – ein Problem der Sozialadäquanz?, in: FS I. Roxin (2012), S. 279

Leipziger Kommentar StGB, hrsg. v. *Laufhütte/Tiedemann/Rissing-van Saan*, 12. Auflage 2006 ff.

Leitner, Hospitality und Sponsoring im Sport, Vom strafrechtlichen Risiko der Gastlichkeit, in: FS Feigen (2014), S. 147

Lesch, Zur Amtsträgereigenschaft der Aufsichtsräte von kommunalen Gasversorgungsbetrieben, in: FS Puppe (2011), S. 685

Löw, Korruptionsdelikte im Lichte der Compliance-Funktion – „Aber Sie wissen doch, wie es läuft", JA 2013, 88

Maiwald, Die Amtsdelikte, Probleme der Neuregelung des StGB Abschn. 28, JuS 1977, 353

Maiwald, Belohnung für eine vorgetäuschte pflichtwidrige Diensthandlung, Zur Problematik von Bestechlichkeit und Betrug, NJW 1981, 2777

Maiwald, Rechtsbeugung im SED-Staat, NJW 1993, 1881

Maurach/Schroeder/Maiwald, Strafrecht Besonderer Teil, Teilband 2: Straftaten gegen Gemeinschaftswerte, 10. Auflage 2012

Merkel, Folter und Notwehr, in: FS Jakobs (2007), S. 375

Meyer-Mews, Alltagskriminalität, Strafo 2012, 209

Mitsch, Beschränkte Folgen richterlicher Kunstfehler, StraFo 2009, 89

Mitsch, Verhinderung lebensrettender Folter, in: FS Roxin II (2011), S. 639

Müther, Anm. zu BGH, Urt. v. 9.7.1998 – 4 StR 599/97 – Beihilfe zur Rechtsbeugung, JR 2000, 246

Nestler, Anm. zu BGH, Urt. v. 18.7.2013 – 4 StR 84/13 – Rechtsbeugung durch Urteilsänderung, NStZ 2013, 657

Neuhaus, Die Aussageerpressung zur Rettung des Entführten - strafbar!, GA 2004, 521

Neumann, Das „gebeugte Recht". Anmerkungen zu Tatobjekt und Tathandlung des § 339 StGB, in: FS Schünemann (2014), S. 631

NomosKommentar Strafgesetzbuch, hrsg. v. *Kindhäuser/Neumann/Paeffgen*, 4. Auflage 2013

Otto, Anm. zu BGH, Urt. v. 15.5.1997 – 1 StR 233/96 – BGHSt 43, 96, Freiberuflicher Planungsingenieur kein Amtsträger, JR 1998, 73

Otto, Vorteilsgewährung für die Dienstausübung, in: FS Feigen (2014), S. 227

Papathanasiou, Amtsträgerkorruption unter Beteiligung ausländischer und internationaler Bediensteter – die neue Gleichstellungsklausel des § 335a StGB, wistra 2016, 175

Prittwitz, Strafwürdigkeit und Strafbarkeit von Folter und Folterandrohung?, in: FS Herzberg (2008), S. 515

Ransiek, Zur Amtsträgereigenschaft nach § 11 I Nr. 2c StGB - Zugleich eine Besprechung des Urteils des BGH vom 15.5.1997-1 StR 233/96, NStZ 1997, 519

Rengier, Strafrecht Besonderer Teil II, Delikte gegen die Person und die Allgemeinheit, 17. Auflage 2016

Rogall, Bemerkungen zur Aussageerpressung, in: FS Rudolphi (2004), S. 511

Roggemann, Richterstrafbarkeit und Wechsel der Rechtsordnung, Das BGH-Urteil zur Rechtsbeugung durch DDR-Richter, JZ 1994, 769

Rönnau/Wegner, Grundwissen – Strafrecht: Amtsträger, JuS 2015, 505

Roxin, Rettungsfolter?, in: FS Nehm (2006), S. 205

Roxin, Vorteilsannahme, in: FS Kargl (2015), S. 459

Rübenstahl/Dust, Der ausländische Amtsträger (insbesondere anderer EU-Mitgliedstaaten) im deutschen Korruptionsstrafrecht – gestern, heute und morgen, JR 2016, 106

Rudolphi, Zum Wesen der Rechtsbeugung, ZStW 82 (1970), 610

Saliger, Hospitality und Korruption, in: FS Kühne (2013), S. 443

Scheffler, Anm. zu BGH, Urt. v. 3.12.1998 – 1 StR 240/98 – BGHSt 44, 258, Rechtsbeugung im Bußgeldverfahren, JR 2000, 119

Scheinfeld, Zur Rechtsbeugung des Kollegialgerichts, JA 2009, 401

Schmidhäuser, Strafrecht, Besonderer Teil, 2. Auflage 1983

Schönke/Schröder, Strafgesetzbuch, 29. Auflage 2014

Schramm, Die Amtsträgereigenschaft eines freiberuflichen Planungsingenieurs - BGHSt 43, 96 - BGH, NJW 1998, 2373, JuS 1999, 333

Schreiber, Probleme der Rechtsbeugung, GA 1972, 193

Schroeder, Der Rechtfertigungsgrund der Entscheidung von Rechtssachen, GA 1993, 389

Schulz, Rechtsbeugung und Mißbrauch staatlicher Macht, Die Rechtsprechung des Bundesgerichtshofs zur Rechtsbeugung unter dem SED-Regime, StV 1995, 206

Schünemann, Die Unrechtsvereinbarung als Kern der Bestechungsdelikte nach dem KorrBekG, in: FS Otto (2007), S. 777

Schünemann, Der Gesetzentwurf zur Bekämpfung der Korruption – überflüssige Etappe auf dem Niedergang der Strafrechtskultur, ZRP 2015, 68

Seebode, Rechtsblindheit und bedingter Vorsatz bei der Rechtsbeugung, JuS 1969, 204

Seebode, Rechtsbeugung und Rechtsbruch, Bemerkungen zum Urteil des BGH v. 29.10.92 – 4 StR 353/92 (BGHSt. 38, 381 ff.), JR 1994, 1

Seebode, Anm. zu BGH, Urt. v. 5.12.1996 – 1 StR 376/96 – BGHSt 42, 343, Rechtsbeugung durch Verstoß gegen Verfahrensrecht, JR 1997, 474

Spendel, Der Bundesgerichtshof zur Rechtsbeugung unter dem SED-Regime, Zum Urteil des BGH v. 13.12.1993 – 5 StR 76/93, JR 1994, 221

Spendel, Rechtsbeugung und Justiz, insbesondere unter dem SED-Regime, JZ 1995, 375

Spendel, Unzulässiger richterlicher Eingriff in eine Haftsache, JZ 1998, 85

Stanglow, Rechtsbeugung in der DDR? - BGHSt 40, 30, JuS 1995, 971

Stratenwerth, Anm. zu BGH, Urt. v. 20.10.1964 – 1 StR 380/64 – BGHSt 20, 64, Unzulässige Vollstreckung einer Strafe, JZ 1965, 325

Systematischer Kommentar zum Strafgesetzbuch, hrsg. v. *Wolter*, 9. Auflage 2016 ff.

Thomas, Soziale Adäquanz und Bestechungsdelikte, in: FS Jung (2007), S. 973

Trüg, Vorteilsgewährung durch Übersendung von WM-Gutscheinen – schützt Sponsoring vor Strafe?, NJW 2009, 196

Valerius, „Der Amtsträger zu Gast bei Freunden" – Vorteilsgewährung bei Sponsoring durch Versenden von Eintrittskarten für die Fußball-Weltmeisterschaft, GA 2010, 211

Valerius, Zur Sozialadäquanz im Strafrecht, JA 2014, 561

Verjans, Kommunale Mandatsträger im Spannungsfeld zwischen § 108e und den §§ 331 ff. StGB, in: FS Volk (2009), S. 829

Volk, Rechtsbeugung durch Verfahrensverstoß Zugleich Besprechung von BGH, Urt. vom 5.12.1996-1 StR 376/96, NStZ 1997, 412

Vormbaum, Zur strafrechtlichen Verantwortlichkeit von DDR-Richtern wegen Rechtsbeugung, Anmerkung zum Urteil des LG Berlin vom 17. August 1992, NJ 1993, 212

Vormbaum, Das Delta der Rechtsbeugung, Zum Schutzgut und zum Täterkreis des § 339 StGB, in: FS Paeffgen (2015), S. 377

Walther, Grundfragen zum Begriff des Amtsträgers und dem des für den öffentlichen Dienst besonders Verpflichteten i.S. v. § 11 I Nrn. 2-4 StGB, Jura 2009, 421

Walther, Das Korruptionsstrafrecht des StGB, Jura 2010, 511

Wessels/Hettinger, Strafrecht, Besonderer Teil 1, Straftaten gegen Persönlichkeits- und Gemeinschaftswerte, 40. Auflage 2016

Wohlers/Gaede, Rechtsbeugung durch Handeln aus sachfremden Erwägungen?, GA 2002, 483

Wolters, Die Änderungen des StGB durch das Gesetz zur Bekämpfung der Korruption, JuS 1998, 1100

Zöller, Korruption durch Wahlkampfspenden, GA 2008, 151

§ 10 Gemeingefährliche Delikte

Der 28. Abschnitt umfasst sehr verschiedenartige Straftaten und wird bisweilen als **1** die „Rumpelkammer" des Gesetzgebers bezeichnet. Das in der Überschrift enthaltene Merkmal der *gemeinen Gefahr* taucht – abgesehen von § 323c – in keinem der Tatbestände noch auf. Vielmehr ist zwischen abstrakten und konkreten Gefährdungsdelikten zu unterscheiden: Den Ersteren liegt zwar als gesetzgeberisches Motiv die Gefährlichkeit der Handlung zugrunde, sie bildet aber kein ausdrückliches Tatbestandsmerkmal (z. B. § 316). Die Letzteren verlangen, dass der Täter durch die Tat Leib oder Leben eines anderen oder fremde Sachen von bedeutendem Wert konkret gefährdet (z. B. §§ 315b, 315c). Eine **konkrete Gefahr** liegt vor, wenn das geschützte Rechtsgut in eine derart kritische Situation gerät, dass der Eintritt des Erfolgs nur noch vom Zufall abhängt. Zwischen abstrakter und konkreter Gefahr liegen die Eignungsdelikte (§§ 309 I, 325 I). Vorverlagerungen stehen aus folgenden Gründen in der Kritik: Die vorverlagerte Vollendung schneidet den Rücktritt ab, wobei die tätige Reue nur einen sehr unvollständigen Ersatz bietet; die Bestrafung wird in das ansonsten straflose Vorbereitungsstadium der Verletzung ausgedehnt und überschneidet sich daher mit präventivem Polizeirecht; das Rechtsgut des vorverlagerten Erfolgs ist erklärungsbedürftig; der gesetzlich umschriebene Gefahrerfolg steht in Spannungen mit Art. 103 II GG und der konkrete Gefährdungsvorsatz ist ein normatives Konstrukt, das unter materiell-rechtlichen Maßstäben nicht von dem Eventualvorsatz abgrenzbar ist.

Behandelt sind im Folgenden die Brandstiftung (I.), wichtige Straßenverkehrsde-**2** likte (II.) und §§ 323a, 323c (III.). Hinzugenommen werden kursorisch die Straftaten gegen die Umwelt des 29. Abschn. (IV.), weil es sich bei ihnen zumeist ebenfalls um Gefährdungsdelikte handelt, die Rechtsgüter der Allgemeinheit schützen. Zwischen dem 28. und 29. Abschn. bestehen deshalb mannigfache Berührungspunkte, zumal einzelne Tatbestände des Umweltstrafrechts (vgl. §§ 311, 312) auch dem Abschnitt über gemeingefährliche Straftaten zugewiesen sind.

© Springer-Verlag GmbH Deutschland 2017
G. Küpper, R. Börner, *Strafrecht Besonderer Teil 1*, Springer-Lehrbuch,
DOI 10.1007/978-3-662-53989-7_10

I. Brandstiftungsdelikte

3   Die zum „klassischen" Kernbestand des Strafrechts zählenden Brandstiftungsdelikte sind durch das 6. StrRG nahezu vollständig umgestaltet worden.[1] Die frühere
Regelung wurde als unübersichtlich, lückenhaft und nicht mehr zeitgemäß beurteilt
(vgl. BT-Drucks. 13/8587, S. 25). Vor allem der Katalog des § 308 a. F. schien einer
längst überholten Wirtschaftsordnung zu entstammen (so BGHSt 41, 219/221).
Auch die alleinige Tathandlung des Inbrandsetzens genügte nicht mehr heutigen
technischen Gegebenheiten, insb. wegen der Verwendung feuerresistenter Materia-
lien, und ist um das Merkmal der Brandlegung ergänzt worden.

4   Die Vorsatztatbestände sind jetzt wie folgt angeordnet:

- Einfache Brandstiftung (§ 306)
- Schwere Brandstiftung (§ 306a I und II)
- Besonders schwere Brandstiftung (§ 306b I und II)
- Brandstiftung mit Todesfolge (§ 306c)

An dieser gesetzlichen Reihenfolge sollte sich auch der Prüfungsaufbau orientieren. Allerdings ist § 306 nicht das Grunddelikt, weil er nur *fremde* Sachen erfasst.
Demgegenüber knüpft § 306a II mit seinem Verweis auf § 306 I nur an die dortigen
Gegenstände an, nicht auch an das fremde Eigentum dieser Objekte (BGH NStZ
1999, 32). Die Branddelikte haben mit § 306, § 306a I und § 306a II drei eigenständig nebeneinander stehende Grunddelikte, auf denen in unterschiedlicher Weise die
übrigen Tatbestände aufbauen. Angesichts der etwas unübersichtlichen Systematik
der Delikte ist es anders als bei §§ 223, 224 nicht angezeigt, die Prüfung sogleich
mit einem qualifizierten Delikt zu beginnen. Es ist daher dringend angeraten, alle
Tatbestände in chronologischer Reihung sauber nacheinander abzuarbeiten, wenn
nicht ausnw. dringende Erfordernisse einen anderen Aufbau erfordern (bspw. Rück-
ritt vom versuchten Grunddelikt bei eingetretener Todesfolge).

1. Brandstiftung

5   Als **Tatobjekte** enthält der Katalog des § 306 fremde Sachen. Es handelt sich
daher um einen Spezialfall der Sachbeschädigung, dem allerdings ein Element
der Gemeingefährlichkeit anhaftet.[2] Gleichwohl soll eine rechtfertigende Einwilligung des Eigentümers möglich sein.[3] Problematisch erscheint die Weite dieses

---

[1]Im Überblick *Cantzler,* JA 1999, 474; *Geppert,* Jura 1998, 597; *Klesczewski,* HRRS 2013, 465;
Müller/Hönig, JA 2001, 517; *Murmann,* Jura 2001, 258; *Radtke,* ZStW 110 (1998), 848; *Rengier,*
JuS 1998, 397; *Wrage,* JuS 2003, 985.

[2]So BT-Drucks. 13/8587, S. 87; BGH NJW 2001, 765; zust. *Kreß,* JR 2001, 315; krit. *Wolff,*
JR 2002. 94.

[3]Vgl. BGH NJW 2003, 1824; *Heine/Bosch,* in: Schönke/Schröder, § 306 Rn. 1, 11; *Fischer,* § 306
Rn. 20; abl. *Duttge,* Jura 2006, 15.

Verbrechenstatbestandes. So können etwa als „Wasserfahrzeuge" (Nr. 4) auch Paddelboote angesehen werden; des Weiteren umfasst der Begriff „ernährungswirtschaftliche Erzeugnisse" (Nr. 6) praktisch jedes Lebensmittel.[4] Einschränkend ist deshalb der Aspekt der Gemeingefahr zu berücksichtigen, indem darauf abgestellt wird, ob mit der Tat eine generelle Gefährlichkeit für Menschen oder weitere Sachen verbunden ist.[5] Diese Auslegung kann sich am Mordmerkmal „mit gemeingefährlichen Mitteln" (oben § 1 Rn. 57) orientieren.

Die **Tathandlung** bildet – wie bei allen Brandstiftungsdelikten – zunächst das **6** *Inbrandsetzen.* Eine Sache ist in Brand gesetzt, wenn sie derart vom Feuer ergriffen ist, dass sie ohne Fortwirken des Zündstoffs aus eigener Kraft weiterbrennen kann.[6] Bei Gebäuden muss sich der Brand auf solche Teile erstrecken, die für den bestimmungsgemäßen Gebrauch von wesentlicher Bedeutung sind;[7] solange nur das Mobiliar oder sonstiges Zubehör brennt, liegt erst Versuch vor.[8]

Hinzu kommt als zweite Begehungsweise die *Brandlegung,* durch die das Tatob **7** jekt ganz oder teilweise zerstört wird. Eine Brandlegung ist jede Handlung, die auf das Verursachen eines Brandes abzielt.[9] Der Erfolg muss nicht auf ein „Brennen mit heller Flamme" zurückgehen, sondern es werden auch die Fälle erfasst, in denen der Zündstoff statt zu brennen explodiert (BT-Drucks. 13/9064, S. 22). Ein *teilweises* Zerstören liegt vor, wenn – für eine nicht unbeträchtliche Zeit – das Tatobjekt für einzelne seiner Zweckbestimmungen bzw. ein für die ganze Sache zwecknötiger Teil unbrauchbar gemacht wird oder Bestandteile der Sache, die für einen selbständigen Gebrauch bestimmt und eingerichtet sind, gänzlich vernichtet werden.[10] Ein Anwendungsfall besteht darin, dass eine Wohnung (als Teil des Gebäudes) wegen der Brandlegungsfolgen nicht mehr nutzbar ist.

Beispiel

Frau F wollte die in einem Mehrfamilienhaus gelegene Wohnung des B unbewohnbar machen. Sie entzündete im Wohnzimmer einen Stapel Altpapier und verständigte kurz darauf die Feuerwehr. Bei deren Eintreffen hatten die Flammen

---

[4]Einzelheiten bei *Stein*, in: Einführung, 4. Teil, Rn. 40 ff.; krit. *Schroeder*, GA 1998, 571; *Sinn*, Jura 2001, 803.

[5]So auch *Radtke*, ZStW 110 (1998), 848/862; ebenfalls einschr. *Herzog/Kargl*, in: NK, § 306 Rn. 16; für Restriktion auf den Schutz bedeutender Werte: *Krey/Hellmann/Heinrich*, Rn. 1090; *Rengier*, § 40 Rn. 6.

[6]BGHSt 7, 37/38; 16, 109/110; 18, 363/364; 34, 115/117.

[7]Als wesentlich sind anzusehen: Wohnungstür oder Türschwelle (BGHSt 7, 37); Treppe oder Fußboden (BGHSt 18, 363); unwesentlich sollen sein: Regal (BGHSt 16, 109); Couch und Sessel (BGHSt 48, 14/18); Tapete (BGH NStZ 1981, 220); Gardinen (NStZ 1984, 75); Holztrennwände im Keller (NStZ 2003, 266).

[8]Im einzelnen *Börner*, in: AnwK-StGB, § 306 Rn. 20 ff.

[9]*Heger*, in: Lackner/Kühl, § 306 Rn. 4; *Radtke*, ZStW 110 (1998), 848/871.

[10]Dazu BGHSt 48, 14 mit Anm. *Radtke*, NStZ 2003, 432 und *Wolff*, JR 2003, 391; ferner BGH NStZ 2008, 519; *Wrage*, JR 2000, 360.

eine Couch und einen Sessel erfasst; Wand und Decke waren stark verrußt, so dass das Zimmer insgesamt renovierungsbedürftig war. Für § 306 sind die Möbel kein taugliches Tatobjekt, während durch ihr Brennen das zur Wohnung von Menschen dienende Gebäude (§ 306a I Nr. 1) noch nicht in Brand gesetzt ist. Eine teilweise Zerstörung wäre anzunehmen, wenn die Wohnung für „beträchtliche" Zeit – d. h. nicht nur Stunden oder einen Tag – unbenutzbar wurde. Ansonsten kommt Versuch in Betracht, wobei dann ein Rücktritt zu prüfen ist.

2. Schwere Brandstiftung

8   Der § 306a I stellt ein Tun unter Strafe, das typischerweise das Leben von Bewohnern oder Besuchern gefährdet; durch die Ausgestaltung als **abstraktes Gefährdungsdelikt** sollen die betreffenden Aufenthaltsorte absolut geschützt werden, ohne dass es auf die tatsächliche Gefährdung im Einzelfall ankommt (BGHSt 26, 121/123). Außerdem handelt es sich auch um ein Erfolgsdelikt. Bestraft wird das Inbrandsetzen bestimmter Räumlichkeiten, wobei die Eigentumsverhältnisse keine Rolle spielen. Neben einem der Religionsausübung dienenden Gebäude (Nr. 2) geht es um die folgenden Tatobjekte:

9   Dem § 306a I Nr. 1 unterfallen ein Gebäude, ein Schiff, eine Hütte oder eine andere Räumlichkeit, die der Wohnung von Menschen dient. Als **Gebäude** ist ein Bauwerk anzusehen, das durch Mauern und Wände begrenzt, mit dem Erdboden fest verbunden und dazu bestimmt und geeignet ist, zum Schutz von Menschen, Tieren oder Sachen zu dienen. Diese Voraussetzungen können bereits auf einen mit Wänden und Dach versehenen Rohbau zutreffen, auch wenn Türen und Fenster noch nicht eingesetzt sind (BGHSt 6, 107). Nur ein quantitativer Unterschied besteht zu einer *Hütte,* die ein unbewegliches Ganzes bildet und gegen äußere Einwirkungen in einer dem jeweiligen Zweck genügenden Dauerhaftigkeit und Festigkeit ausreichend abgeschlossen ist.[11]

10 Die besagten Räumlichkeiten müssen der **Wohnung von Menschen** dienen; entscheidend ist die tatsächliche Nutzung. Auch das zeitweilige Bewohnen, wie bei Wochenend- und Ferienhäusern, reicht aus.[12] An der Wohnungseigenschaft kann es fehlen, wenn das Gebäude *noch nicht* (Neubau vor dem Einzug) oder *nicht mehr* diesem Zweck gewidmet ist. Eine – dauernde oder zeitweilige – „Entwidmung" führt dazu, dass das Gebäude kein für § 306a taugliches Tatobjekt mehr darstellt.[13] Die Entwidmung kann konkludent durch Beteiligung am Brand erfolgen, muss jedoch von allen Bewohnern vorgenommen werden, wobei mit Blick auf die von § 306a I erfasste reale Gefahrenlage entgegen der Ansicht der Rspr. (BGH NStZ 2008, 99) grdsl. auch die Zustimmung von Minderjährigen erforderlich ist.[14]

---

[11]RGSt 17, 179/184; s. auch OLG Karlsruhe NStZ 1981, 482 (unbeweglicher Bauwagen); BayObLG NJW 1989, 2704 (Buswartehäuschen).

[12]Ebenso OGHSt 1, 244; BGH wistra 1994, 57; *Heine/Bosch,* in: Schönke/Schröder, § 306a Rn. 6.

[13]Vgl. BGH NStZ 1984, 455; 1988, 71; 1992, 541; 1994, 130; 1999, 32; NStZ-RR 2001, 330; 2005, 76; *Geppert,* Jura 1989, 417/420.

[14]*Börner,* in: AnwK-StGB, § 306a Rn. 9.

Beispiel

Der allein in einem Haus lebende A zündet das Haus an und verschwindet. Ist er der einzige Bewohner, dann hat er es auch in der Hand, die Wohnungseigenschaft zu beseitigen und den Zeitpunkt hierfür zu bestimmen. Sobald er das Gebäude als Wohnung tatsächlich aufgibt, ist es dem Schutz des § 306a I entzogen. Der Entschluss zur Aufgabe kann auch mit der Inbrandsetzung selbst verwirklicht werden (BGHSt 16, 394/396).

Nicht erforderlich ist, dass sich zur Tatzeit wirklich Menschen in dem Gebäude **11** aufhalten. Dies folgt aus dem Charakter der Vorschrift als abstraktes Gefährdungsdelikt. Man könnte daran denken, im Einzelfall den „Gegenbeweis der Ungefährlichkeit" zuzulassen. Nach Auffassung des BGH mag eine derartige Einschränkung zwar dann in Betracht kommen, wenn sich der Täter durch absolut zuverlässige lückenlose Maßnahmen vergewissert hat, dass die durch § 306a verbotene Gefährdung mit Sicherheit nicht eintreten kann. Das sei aber nur bei kleinen, insb. einräumigen Häuschen oder Hütten möglich, bei denen auf einen Blick übersehbar ist, dass sich Menschen dort nicht aufhalten können.[15] Diese Grundsätze haben auch durch die Neufassung keine Änderung erfahren.[16] Die Einschränkung scheidet jedoch aus, wenn sich der Täter nach der Inbrandsetzung von dem zu diesem Zeitpunkt menschenleeren Tatobjekt entfernt (BGH NStZ 2014, 404).

Tatbestandsprobleme ergeben sich ferner bei einem Gebäude, das sowohl **12** gewerblichen als auch Wohnzwecken dient („Mischnutzung").[17] Im Hinblick auf die Beurteilung als vollendete Brandstiftung werden drei Ansichten vertreten:

- Das Feuer müsse den Wohnteil bereits erreicht und der Täter damit gerechnet haben.
- Ausreichend sei das Inbrandsetzen des Gebäudes mit dem Wissen, dass ein Wohnteil vorhanden ist, ohne dass die Bereiche etwa durch Brandmauern voneinander getrennt, sondern vielmehr durch Türen und ein gemeinsames Treppenhaus miteinander verbunden sind.

Der BGH[18] hat sich der letzten (weitesten) Auffassung angeschlossen: Die selbst von einem Sachkundigen oft kaum zuverlässig vorauszuberechnende Entwicklung eines einmal entfachten Feuers lasse es zum Schutz des Rechtsguts geboten erscheinen, schon die abstrakte Gefährdung unter erhöhte Strafdrohung zu stellen. Diese Gefährdung liege vor, sobald „das Gebäude" brennt. Bei einem Brand im Keller

---

[15]BGHSt 26, 121/125 mit Bespr. *Brehm,* JuS 1976, 22; BGH NJW 1982, 2329 mit Anm. *Hilger,* NStZ 1982, 421 und Bespr. *Bohnert,* JuS 1984, 182.

[16]Vgl. BT-Drucks. 13/8587, S. 47; BGH JR 1999, 205 mit Anm. *Wolters;* dazu auch *Koriath,* JA 1999, 298; *Geppert,* in: FS Weber (2004), S. 427.

[17]Ausführlich *Kraatz,* JuS 2012, 691.

[18]BGHSt 34, 115 mit Bespr. *Kratzsch,* JR 1987, 360 und *Schneider,* Jura 1988, 460.

eines mehrgeschossigen Wohngebäudes, dessen Lattenverschläge nicht dem Wohnungsbegriff unterfallen, kommt es darauf an, ob der Brand nach der Bauweise übergreifen kann (BGH NStZ 2007, 270). Aber für die Tatvariante der teilweisen Zerstörung – bspw. brennt im Keller gelagertes Holz, aber nicht das Haus selbst – verlangt der BGH (StV 2012, 471; NJW 2014, 1123), dass der Wohnteil selbst betroffen ist. Vorzugswürdig ist es, hier wie dort allein auf die Wohnung als solche abzustellen.[19]

13   Tatgegenstand des § 306a I Nr. 3 ist eine **Räumlichkeit, die zeitweise dem Aufenthalt von Menschen** dient. Sie braucht kein Bauwerk zu sein, vielmehr genügt jeder irgendwie abgeschlossene bewegliche oder unbewegliche Raum. Beispielsweise werden erfasst: Büros und Werkstätten, Verkehrsmittel und Wohnwagen (anders für Pkw: BGHSt 10, 308), Scheunen und Ställe. Nicht die eigentliche – Zweckbestimmung ist maßgebend, sondern die tatsächliche Verwendung, z. B. die regelmäßige Übernachtung von Landstreichern in einer Scheune (BGHSt 23, 60). Wie im Falle der Nr. 1 kann hier die Problematik der Mischnutzung auftreten: Der Tatbestand ist nach der Rspr. auch dann erfüllt, wenn bei einem einheitlichen Gebäude, das nur zu einem Teil Räumlichkeiten enthält, die zum zeitweisen Aufenthalt von Menschen dienen, ein nicht hierzu gehörender Teil in Brand gesetzt wird (BGHSt 35, 283; NStZ 2011, 214).

14   Das Inbrandsetzen muss zu einer *Zeit* erfolgen, in der Menschen sich dort *aufzuhalten pflegen,* wie etwa zu den üblichen Bürozeiten. Nicht erforderlich ist hingegen, dass sich zur Tatzeit wirklich Menschen in den Räumlichkeiten befunden haben.

15   Der **Vorsatz** hat den Gegenstand der Brandstiftung und das Inbrandsetzen zu umfassen, wobei bedingter Vorsatz genügt. Will der Täter nur das Wohnungsinventar anzünden und rechnet er nicht mit dem Übergreifen der Flammen auf (wesentliche) Gebäudeteile, fehlt es am Vollendungsvorsatz. Bei § 306a I Nr. 3 muss sich der Vorsatz auf den dort genannten Zeitraum erstrecken. Dies gilt auch für den **Versuch:** Er setzt voraus, dass der Täter es wenigstens für möglich hält und billigt, die Räumlichkeit werde gerade in der von der Vorschrift angesprochenen Zeit brennen (BGHSt 36, 221/223). Ein unmittelbares Ansetzen zur Brandstiftung kann beispielsweise im Ausgießen von Benzin bestehen, das sofort entzündet werden soll (OGHSt 2, 346/348); je nach Tatplan genügt auch bereits das Eindringen in das in Brand zu setzende Gebäude (BGH NStZ 2006, 331).

16   Die Strafvorschrift des § 306a II stellt ein **konkretes Gefährdungsdelikt** dar.[20] Tatobjekt ist eine in § 306 bezeichnete Sache, auf deren Fremdheit es hier nach dem Wortlaut („Nr. 1 bis 6") und der Gefahrintensität jedoch nicht ankommt. Durch die Tat muss ein anderer Mensch in die Gefahr einer Gesundheitsschädigung (§ 223) gebracht werden. Subjektiv ist ein dementsprechender Gefährdungsvorsatz erforderlich (arg. § 306d I).

---

[19]Näher *Börner*, in: AnwK-StGB, § 306a Rn. 18 ff. m.w.N.
[20]BayObLG NJW 1999, 3570; *Wessels/Hettinger,* Rn. 969.

§ 306 a I und § 306a II stehen zur Klarstellung nebeneinander (BGH NStZ 2016, 464). Das Verhältnis zu § 306 ist umstritten. Teils wird § 306 als völlig verdrängt angesehen (so noch 3. Aufl.). Die wohl h.M. nimmt Vorrang von § 306a I und Tateinheit mit § 306a II an. Tateinheit greife jedoch zwischen §§ 306a I, 22 und § 306.[21]

3. Besonders schwere Brandstiftung

Die Vorschrift des § 306b I enthält einen **Schädigungstatbestand,** der eine Brand-   **17**
stiftung nach § 306 oder § 306a I bzw. II voraussetzt. Durch sie muss eine schwere Gesundheitsschädigung (vgl. § 221) eines anderen Menschen oder eine – einfache -Gesundheitsschädigung einer großen Zahl von Menschen verursacht worden sein. Der unbestimmte Rechtsbegriff der *großen Zahl* bedarf einer tatbestandsspezifischen Auslegung; notwendig ist jedenfalls eine zweistellige Anzahl.[22] Es handelt sich um ein erfolgsqualifiziertes Delikt (§ 18), so dass hinsichtlich der Folge auch Fahrlässigkeit genügt,[23] jedoch ist ein spezifischer Gefahrzusammenhang notwendig.

In § 306b II sind drei **Vorsatzqualifizierungen** geregelt. Bezogen auf die Fälle   **18**
des § 306a geht es zunächst darum, dass der Täter einen anderen Menschen in die *Gefahr des Todes* bringt (Nr. 1). Erforderlich ist eine konkrete Gefahr, die vom Gefährdungsvorsatz umfasst sein muss.[24] Tritt die Gefahr nicht ein, stehen §§ 306b II Nr. 1, 22; 306a I in Tateinheit (BGH NStZ 2014, 85).

Die Qualifizierung des § 306b II Nr. 2 setzt voraus, dass der Täter in der **Absicht**   **19**
handelt, eine andere Straftat zu ermöglichen oder zu verdecken (vgl. § 211 II, 3. Gruppe). Zu Versuch oder Vollendung des geplanten Delikts braucht es nicht zu kommen („überschießende Innentendenz"). Bereits die Brandstiftung selbst kann Mittel der beabsichtigten Tat – z. B. eines Mordes – sein (BGHSt 20, 246). Im Hinblick auf Straftaten wie Betrug oder Erpressung, deren Verwirklichung in zeitlichem Abstand zu der Brandstiftung geplant ist, stellt sich die Frage einer einschränkenden Auslegung des § 306 II Nr. 2.

Die ehemalige Fassung (§ 307 Nr. 2) verlangte, dass der Täter die Brandstif-   **20**
tung zur Begehung einer bestimmten Straftat „ausnutzen" wollte. Daraus hatte der BGH folgende Konsequenzen gezogen: Die weitere Tat müsse in einem konkreten Bezug zu der akuten Brandsituation, d. h. in einem nahen zeitlichen, sachlichen und räumlichen Zusammenhang damit stehen. Ein Ausnutzen der Tat bedeute also, dass die durch die Brandstiftung herbeigeführte gemeingefährliche Situation mit den

---

[21]*Börner,* in: AnwK-StGB, § 306 Rn. 53 f.

[22]Bejaht bei 14 Bewohnern eines mittelgroßen Hauses von BGHSt 44, 175 mit Anm. *Ingelfinger,* JR 1999, 211 und *Kühn,* NStZ 1999, 559; eingehend *Nagel,* Jura 2001, 588.

[23]*Maurach/Schroeder/Maiwald,* BT II, § 51 Rn. 26; *Otto,* § 79 Rn. 13; a. A. *Geppert,* Jura 1998, 597/603.

[24]BGH NJW 1999, 3131 mit zust. Anm. *Radtke,* NStZ 2000, 88 und *Stein,* JR 2000, 115; *Wolters,* in: SK, § 306b Rn. 10; and. nur *Hörnle,* Jura 1998, 169/182.

ihr eigentümlichen Besonderheiten dem Täter als Gelegenheit zur Begehung einer
weiteren Straftat dient.[25] Diese Ansicht hat der BGH mit der Gesetzesänderung aufgegeben: Wortlaut und Systematik der Neufassung ließen eine solche restriktive
Interpretation nicht mehr zu (BGH NStZ-RR 2016, 140).[26]

21   Die h.L. hält auch weiterhin an einem engeren Verständnis des § 306b II Nr. 2
fest[27] (auch hier noch die 3. Aufl.). Der Hinweis des BGH auf den angeblich „eindeu-
tigen" Wortlaut stehe dem nicht entgegen, da mittels einer teleologischen Reduktion
gerade ein zu weit gefasster Normtext sinnentsprechend eingeschränkt werden soll.
Auch der systematische Zusammenhang spreche nach wie vor dafür, weil § 306b
II Nr. 1 und 3 ebenfalls an die konkrete Brandsituation anknüpfen. Daraus ergebe
sich: Setzt der Täter ein versichertes Gebäude in Brand, um den „Schadensfall"
dann bei der Versicherung zu melden, hat er sich gem. § 306a I in Tateinheit mit
§ 265 strafbar gemacht; die spätere Schadensmeldung führt zu einem besonders
schweren Fall des Betrugs (§ 263 III Nr. 5). Dem ist nicht zuzustimmen. Eine teleologische Reduktion unter Verkürzung des Wortlautkernes setzt eine sichere Veran-
kerung in dem *telos* der Norm voraus, daran jedoch fehlt es. In § 211 führt die subjektive Verknüpfung zweier für sich genommen nicht höchststrafwürdiger Unwerte
zu dem schwersten Delikt des deutschen Strafrechts, indem die Mindeststrafe von
fünf Jahren Freiheitsstrafe (§ 212) auf Lebenslang angehoben wird. Dann ist es nur
konsequent, der subjektiven Verknüpfung hier eine Unwertsteigerung von einem
Jahr auf nun fünf bis fünfzehn Jahre Freiheitsstrafe zuzubilligen. Das eigentliche
Problem liegt darin, dass die real auftretenden minder schweren Fälle für § 306b
entgegen der üblichen Gesetzgebung (§§ 239a II, 250 III, 316a II) nicht geregelt
worden sind. Hier ist – ebenso wie bei § 211 – eine Gesamtanalogie angebracht, um
eine mit dem materiellen Schuldprinzip vereinbare Strafe zu ermöglichen (gegen
diese Notwendigkeit BGH NStZ-RR 2016, 140).

22   Ferner ist fraglich, was als „andere" Tat in Betracht kommt. Nach zutreffender
Ansicht scheidet § 306 ebenso wie § 265 aufgrund gleicher Tatobjekte aus und auch
das von § 303 geschützte, aber typischerweise mitbetroffene Inventar genügt nicht
(BGHSt 51, 236). Die Handlungsidentität indessen steht nicht entgegen, weshalb
§ 306 II Nr. 2 greift, wenn der Brand zu einer Tötung führen soll.

23   Davon abgesehen kann besonders schwere Brandstiftung vorliegen, wenn der
Täter im Hinblick sowohl auf das Inbrandsetzen als auch auf einen Tötungserfolg mit *bedingtem Vorsatz* handelt (BGHSt 40, 106). Die „Absicht" bezieht sich
demnach nicht auf den jeweiligen Deliktserfolg, sondern auf die Begehung eines
anderen Straftatbestandes.

---

[25]Vgl. BGHSt 38, 309 mit Anm. *Graul,* JR 1993, 295 und Bespr. *Kratzsch,* JuS 1994, 372; BGHSt
40, 251 mit Bespr. *Zopfs,* JuS 1995, 686.

[26]BGHSt 45, 211 mit Bespr. *Rönnau,* JuS 2001, 328; BGH StV 2000, 136; NStZ-RR 2004, 366;
ebenso *Stein,* in: Einführung, 4. Teil, Rn. 67; abw. LG Kiel StV 2003, 675 mit Anm. Ostendorf.

[27]Vgl. *Geppert,* Jura 1998, 597/604; *Wolters,* in: SK, § 306b Rn. 15 f.; *Mitsch,* ZStW 111 (1999),
65/114 f.; *Fischer,* § 306b Rn. 9 ff.; eingehend *Hecker,* GA 1999, 332/338 ff.

Beispiel

A wollte seine frühere Lebensgefährtin L mitsamt ihrem Imbisswagen „in die Luft jagen". In Ausführung dieses Plans öffnete A unbemerkt eine Verschlusskappe an der Propangasheizung, die in dem Fahrzeug verlegt war. Dabei wusste er nicht sicher, ob das Gas-Luft-Gemisch das Fahrzeug in Brand setzen würde; er nahm es aber ebenso wie den Tod der L billigend in Kauf. Als L in dem Fahrzeug eine Grillflamme anstellen wollte, kam es zu einer Stichflamme; L erlitt schwere Verbrennungen, der Imbisswagen brannte völlig aus. Die Verurteilung gem. § 306b II Nr. 2 hängt davon ab, dass es für absichtliches Handeln genügt, wenn der Täter eine Situation schaffen will, die – möglicherweise – zu einer Inbrandsetzung und einem Tötungserfolg führt; daneben ist § 306b II Nr. 1 erfüllt.

Qualifiziert ist die Brandstiftung schließlich nach § 306b II Nr. 3, wenn der Täter das **24** *Löschen* des Brandes verhindert oder erschwert. Dies kann durch das Entfernen oder Unbrauchbarmachen von „Löschgerätschaften" geschehen (so noch § 307 Nr. 3 a. F.), aber auch durch Abhalten löschwilliger Personen oder Abschalten der benötigten Wasserzufuhr. Die Tat ist als Erfolgsdelikt ausgestaltet; tritt tatsächlich keine Verhinderung oder Erschwerung ein, so liegt nur Versuch vor. Die Erschwernis muss den Grad einer gewissen Erheblichkeit erreicht haben. Das setzt bei Abschalten eines Rauchmelders voraus, dass die ohne das Abschalten bestehenden Chancen auf ein erfolgreiches Löschen des Brandes nicht unerheblich verschlechtert sein müssen, insbesondere das Löschen zeitlich relevant verzögert worden ist (BGH NStZ-RR 2013, 277).[28]

4. Brandstiftung mit Todesfolge

Bei § 306c handelt es sich um ein erfolgsqualifiziertes Delikt, das alle drei Grund- **25** delikte sowie § 306b I und II erfasst. Der Täter muss durch eine vorsätzliche Brandstiftung den **Tod** eines anderen Menschen wenigstens leichtfertig **verursacht** haben. Neben Kausalität i. S. der Äquivalenztheorie erfordert der gefahrenspezifische Zusammenhang, dass die schwere Folge auf der typischen Wirkungsweise des Tatmittels beruht. Hierzu gehört nicht nur das Verbrennen oder Ersticken des Opfers, sondern auch das Begrabenwerden unter den Trümmern des einstürzenden Hauses. Dagegen realisiert sich nicht die spezielle Brandgefahr, falls jemand vor Schreck über den Brand einen tödlichen Herzschlag erleidet.

Infolge der Neufassung sind zwei Problembereiche verstärkt ins Blickfeld **26** geraten:

- Fraglich ist die Anwendbarkeit der Erfolgsqualifizierung in den sog. *Retterfällen,* wenn also das Opfer erst nach der Brandstiftung das Gebäude aufsucht, um Menschen zu retten oder Wertsachen zu bergen. Einschränkend verlangte die

---

[28]Zust. *Theile,* ZJS 2014, 122.

frühere Fassung der Vorschrift, dass sich der Getötete zur Zeit der Tat in einer der in Brand gesetzten Räumlichkeiten aufgehalten hat; deshalb kam beim Tod eines Retters allenfalls § 222 in Betracht (vgl. BGHSt 39, 322). Nachdem dieses Merkmal entfallen ist, herrscht über das Ergebnis Streit.[29] Namentlich bei berufsmäßigen Helfern (Feuerwehrleute) wird man den spezifischen Gefahrzusammenhang kaum verneinen können; jedoch sind die Gesichtspunkte der Selbstgefährdung und Leichtfertigkeit zu beachten.[30]

- Problematisch ist ferner, ob bereits der *Versuch* des Grunddelikts den Anwendungsbereich der Erfolgsqualifizierung eröffnen kann, wenn etwa das Opfer schon durch den brennenden Zündstoff zu Tode kommt. Der Wortlaut des § 307 Nr. 1 a. F. – Todesverursachung durch den „Brand" – sprach eher für Vollendung.[31] Im Hinblick auf die Tathandlung der „Brandlegung" wird nunmehr vertreten, dass damit die Möglichkeit des erfolgsqualifizierten Versuchs klargestellt sei.[32] Dem ist (entgegen der 3. Aufl.) zuzustimmen. Wird ein Gebäude durch ein explodiertes Benzin-Luft-Gemisch oder Ruß und Hitze unbewohnbar, dann sind nicht der Ruß an der Wand oder die beeinträchtigte Statik lebensgefährlich, sondern das vom Täter in Gang gesetzte Geschehen hin zu diesen Folgen am Brandobjekt. Die typische Todesgefahr liegt daher bereits in der Handlung und muss sich nicht unbedingt über Vermittlung durch den Taterfolg realisieren. Zu beachten ist dann jedoch – ebenso wie bei § 251 StGB (BGHSt 42, 158 ff.) – der mögliche Rücktritt vom versuchten Grunddelikt, mit der Folge, dass § 306c StGB ausscheidet.
- Schwierig ist die Abgrenzung zum Tötungsvorsatz, wobei insbesondere der Grad der nach Tätervorstellung drohenden Gefahr eine besondere Rolle spielt. § 306c steht mit § 211 zur Klarstellung in Tateinheit.

Andererseits ergibt sich ein Versuch der Erfolgsqualifizierung, wenn der Täter mit Vorsatz bezüglich der Todesfolge handelt, die jedoch ausbleibt. Ist dabei zumindest ein Branderfolg i. S. des § 306a eingetreten, so wird dies durch die Annahme von Tateinheit zwischen versuchter Brandstiftung mit Todesfolge und vollendeter schwerer Brandstiftung klargestellt (BGH NStZ-RR 2004, 367).

---

[29]Den Risikozusammenhang bejahend *Krey/Hellmann/Heinrich*, Rn. 1085; *Stein*, in: Einführung, 4. Teil, Rn. 94; *Wolff*, in: LK, § 306c Rn. 5; differenzierend *Wolters*, in: SK, § 306c Rn. 4; *Fischer*, § 306c Rn. 4 f.; *Rengier*, § 40 Rn. 44 ff.; § 306c in Retterfällen ablehnend *Roxin*, in: FS Puppe (2011), S. 909/924 f.

[30]Vgl. zur Eigenverantwortung: *Maurach/Schroeder/Maiwald*, BT II, § 51 Rn. 34, *Radtke*, ZStW 110 (1998), 848/879 f.; ähnlich *Beckemper*, in: FS Roxin II (2011), S. 397; gegen Leichtfertigkeit: *Bindzus/Ludwig*, JuS 1998, 1123/1125; wohl auch *Joecks*, § 306c Rn. 6; für einen Zurechnungsausschluss durch Risikoabnahme *Stuckenberg*, in: FS Roxin II (2011), S. 411.

[31]So bereits RGSt 40, 221; *Küpper*, Zusammenhang, S. 111, 122; a. A. BGHSt 7, 37; offenlassend BGHSt 20, 230.

[32]Dahingehend *Kreß*, NJW 1998, 633/640 Fn. 91; *Rengier*, JuS 1998, 397/400 Fn. 30; dagegen *Küpper*, ZStW 111 (1999), 785/794; *Stein*, in: Einführung, 4. Teil, Rn. 77 ff.

5. Fahrlässige Brandstiftung

Gem. § 306d wird bestraft, wer fahrlässig einen Brand oder die daraus resultierende **27** Gefahr verursacht; zu beachten ist, auf welche Vorschrift die Norm jeweils verweist. So findet etwa § 306b dort keine Erwähnung.[33] Als Fahrlässigkeit wurde in der Rspr.[34] beispielsweise bewertet:

* Entzünden eines Streichholzes neben einer brennbaren Flüssigkeit;
* Anzünden eines Feuerzeugs auf dem Heuboden einer Scheune;
* unsichere und brandgefährliche Aufstellung von Kerzen;
* Verlassen der Wohnung ohne Kontrolle auf noch glimmende Zigarettenreste.

Außerdem erlangt § 306d Bedeutung als mögliche Vortat eines vorsätzlichen Unter- **28** lassungsdelikts: Die fahrlässige Verursachung des Brandes führt zu der Rechtspflicht aus Ingerenz, den Brand umgehend zu bekämpfen.[35] Das Unterlassen solcher Maßnahmen ist allerdings nur dann als *vollendete* Brandstiftung strafbar, wenn sich feststellen lässt, dass der Täter dadurch die Ausbreitung des Brandes hätte verhindern und so den Schaden mindern können (hypothetische Kausalität). Das Konkurrenzverhältnis hat man wie folgt zu beurteilen:

* Gegenüber dem vollendeten Vorsatzdelikt ist die fahrlässige Begehung subsidiär.
* Versuch und fahrlässige Vollendung stehen in Tateinheit.
* Die Vollendung von § 306a I und §§ 306d I, 306a II stehen zur Klarstellung nebeneinander (BGH NStZ 2015, 464).

6. Tätige Reue

Solange die Brandstiftung nur versucht ist, richtet sich der Rücktritt nach § 24. Bei **29** Vollendung räumt § 306e die Möglichkeit tätiger Reue ein. Die Vorschrift stellt drei Voraussetzungen auf:

* Es darf noch kein erheblicher Schaden entstanden sein. Ein solcher besteht in einer gravierenden Körperverletzung oder einem Sachschaden von bedeutendem Wert.
* Der Täter muss den Brand gelöscht haben, das Rücktrittsverhalten also erfolgreich gewesen sein. Dabei kann er sich auch der Hilfe Dritter bedienen, wie etwa die Feuerwehr alarmieren (BGH NStZ 2003, 264).
* Erforderlich ist schließlich freiwilliges Handeln; insoweit dürfte die Entdeckung des Brandes (§ 310 a. F.) noch eine gewisse Rolle spielen.

---

[33] Krit. deshalb *Knauth,* Jura 2005, 230/234; zu den einzelnen Fahrlässigkeitstatbeständen ausf. *Immel,* StV 2001, 477.

[34] Vgl. RGSt 40, 321; BGH NStZ 1989, 431; BayObLG NJW 1990, 3022; BGH JZ 2005, 685 mit Anm. *Walther.*

[35] RGSt 60, 77, BGHR § 306 Nr. 2 Inbrandsetzen 2; BGH StV 1984, 247; *Klussmann,* MDR 1974, 187.

Fraglich ist was ein Schaden ist und wann dieser als erheblich anzusehen ist. Das hängt von dem Rechtsgut der betroffenen Delikte und dem Schutzzweck des § 306e ab. Die Rspr. nennt mit der h. L. Wertgrenzen, die für Wohngebäude bei 2500 € liegen soll (BGHSt 48, 14). Vorzugswürdig ist es jedoch, an das Gefährdungselement als Bezugsgröße anzuknüpfen. Insofern wird vertreten, dass ein Schaden erheblich sei, wenn weitere bestandswesentliche Teile selbständig vom Feuer erfasst worden sind[36] oder ein Mensch mehr als unerheblich verletzt worden ist. M.E. ist es sachgerecht, die Erheblichkeit des Schadens anhand einer Relation zu dem durch den Täter vermiedenen Schaden zu ermitteln. Dann kann § 306e seinen opferschützenden Anreiz auf den Täter vollständig entfalten, indem die Rettung eines Menschenlebens oder die Abwendung von Millionenschäden Beachtung findet, obwohl eine folgenlos verheilte Rauchvergiftung oder ein Sachschaden von 10.000 € eingetreten ist.[37]

30 Das Gericht kann die Strafe mildern oder von Strafe absehen; bei fahrlässiger Brandstiftung tritt Straflosigkeit ein (§ 306e II). Darüber hinaus genügt freiwilliges und ernsthaftes Bemühen, falls der Brand ohne Zutun des Täters gelöscht wird (§ 306e III). Allerdings muss er alle Möglichkeiten ausschöpfen, um den Brand zu bekämpfen (vgl. BGH NStZ 1986, 27). Auf das Herbeiführen einer Brandgefahr findet die Vorschrift keine Anwendung, was sich aus ihrer Stellung vor § 306f ergibt.[38]

Kontrollfragen
1. Wann ist eine Sache in Brand gesetzt? (Rn. 6).
2. Worin besteht der Deliktscharakter des § 306a I und welche Einschränkung wird deshalb vorgeschlagen? (Rn. 8, 11).
3. Wo finden sich konkrete Gefährdungsdelikte? (Rn. 16, 18).
4. Welche Restriktion kommt für § 306b II Nr. 2 in Betracht? (Rn. 20, 21).
5. Welche Versuchsfälle sind bei § 306c zu unterscheiden? (Rn. 26).
6. Was setzt eine tätige Reue voraus? (Rn. 29).

II. Straßenverkehrsdelikte

31 Im 28. Abschn. werden zahlreiche Verkehrsgefährdungen unter Strafe gestellt.[39] Von erheblicher Bedeutung sind vor allem die §§ 315b, 315c. Sie unterscheiden sich dadurch, dass § 315b grundsätzlich Eingriffe von außen („in den" Straßenverkehr), § 315c hingegen die fehlerhafte Verkehrsteilnahme („im" Straßenverkehr) erfassen

---

[36]*Radtke,* in: MK, § 306e Rn. 15; diff. *Wolters,* in: SK, § 306e Rn. 11 ff.

[37]*Börner,* in: AnwK-StGB, § 306e Rn. 2 f.

[38]Vgl. BGH StV 1999, 211; zu § 310 a. F. auch BGHSt 39, 128 mit Anm. *Geppert,* JR 1994, 72 und *Gropengießer,* StV 1994, 19.

[39]Im Überblick *Kopp,* JA 1999, 943; *Ranft,* Jura 1987, 608; zur Frage der Rechtfertigung durch Notwehr BGH NJW 2013, 2133 (2136) m. Bespr. *Mitsch,* JuS 2014, 593.

soll. Eine wichtige Ausnahme bildet ein verkehrsfeindliches Verhalten unter **bewusster Zweckentfremdung** des Fahrzeugs, das dabei nicht als Fortbewegungsmittel verwendet, sondern als Schadenswerkzeug missbraucht wird. Insoweit kann auch der Verkehrsteilnehmer den Tatbestand des § 315b erfüllen.[40] Zusätzlich verlangt der BGH aber ein Handeln mit (mindestens bedingtem) Schädigungsvorsatz (BGHSt 60, 227); erst dann liege eine „Pervertierung" des Verkehrsvorgangs zu einem gefährlichen Eingriff in den Straßenverkehr vor.[41] In den hiesigen Sachzusammenhang gehört ferner § 142 („Unfallflucht"), wenngleich geschütztes Rechtsgut das private Beweissicherungsinteresse des Unfallbeteiligten und nicht die Verkehrssicherheit ist. Nicht eigenständig strafbar ist bisher die Teilnahme an illegalen Straßenrennen als solche. Eine neue Gesetzesinitiative sieht die Einfügung einer entsprechenden Strafvorschrift vor.[42]

1. Gefährliche Eingriffe in den Straßenverkehr

Der Täter des § 315b[43] beeinträchtigt die Sicherheit des Straßenverkehrs. Dies **32** ist der Fall, wenn infolge der Einwirkung **andere** Verkehrsteilnehmer nicht ohne Gefahr für Leib, Leben oder Eigentum am Verkehr teilnehmen können (BGHSt 22, 6/8). Die Beeinträchtigung muss durch bestimmte Tathandlungen erfolgen.

Nr. 1: Es werden Anlagen oder Fahrzeuge zerstört, beschädigt oder beseitigt. Anlagen **33** sind dem Verkehr dienende Einrichtungen (Ampeln, Verkehrszeichen), Fahrzeuge alle Beförderungsmittel. Die Merkmale des Zerstörens und Beschädigens entsprechen denjenigen des § 303, Beseitigen heißt das räumliche Entfernen des Gegenstandes.

Nr. 2: Als Hindernisbereiten ist jeder Vorgang anzusehen, der geeignet ist, den **34** regelmäßigen Betrieb zu hemmen oder zu verzögern (BGH NStZ 1988, 178). Neben Eingriffen von außen kommt in Betracht, dass der Fahrzeugführer sein Fahrzeug bewusst als Mittel der Verkehrsbehinderung einsetzt, z. B. durch Abschneiden des Weges oder willkürliches Abbremsen.[44] Den Tatbestand erfüllt auch ein (äußerlich) verkehrsgerechtes Verhalten, wenn es allein in der Absicht erfolgt, die Unaufmerksamkeit oder Fehleinschätzung eines anderen Verkehrsteilnehmers auszunutzen und so einen Unfall herbeizuführen; denn die bezweckte Schädigung ist verkehrswidrig.[45] Der Täter kann sich sogar selbst zum Hindernis machen,[46] doch reicht seine

---

[40]St. Rspr.: BGHSt 22, 6; 23, 4; 26, 176; 28, 87; 41, 231; s. auch OLG Düsseldorf NStZ-RR 1997, 325 („Auto-Surfen"); OLG Hamm NJW 2000, 2686 (Handbremsung des Beifahrers); zum Ganzen *König,* in: FS Geppert (2011), S. 259.

[41]BGHSt 48, 233 mit Bespr. *Dreher,* JuS 2003, 1159 und *König,* NStZ 2004, 175.

[42]Dazu *Zieschang*, JA 2016, 723; zum Ganzen *L. Neumann,* Jura 2017, 160.

[43]Zum Ganzen *Geppert,* Jura 1996, 639.

[44]Vgl. BGHSt 21, 301; BGH NStZ 1992, 182; OLG Düsseldorf StV 1994, 247; *Geppert,* Jura 1996, 639/643.

[45]So BGH NJW 1999, 3132 mit Bespr. *König,* JA 2000, 777 und *Freund,* JuS 2000, 754.

[46]BGHSt 41, 231/235 („Fahrbahngeher") mit Anm. *Ranft,* JR 1997, 210 und Bespr. *Hauf,* JA 1996, 359; OLG Zweibrücken NStZ-RR 1998, 71.

eigene Gefährdung („anderen") nicht aus. Auch durch Unterlassen kann die Tat begangen werden, falls der Betreffende ein von ihm geschaffenes Hindernis – etwa eine Ölspur oder heruntergefallene Ladung – pflichtwidrig nicht beseitigt.[47]

35	*Nr. 3:* Unter einem ähnlichen, ebenso gefährlichen Eingriff ist eine Handlung zu verstehen, die an Bedeutung und Gefährlichkeit den in Nr. 1 und 2 genannten Begehungsformen gleichkommt; vorausgesetzt wird eine grobe Einwirkung von einigem Gewicht.[48] Darunter fallen zunächst äußerliche Einwirkungen wie das Werfen von Steinen oder Abgeben von Schüssen. Häufig erfolgt die Tat mittels bewusster Zweckentfremdung des Fahrzeugs (oben Rn. 31), namentlich beim Zufahren auf einen Passanten oder Polizeibeamten in der Absicht, ihn zur Freigabe der Fahrbahn zu zwingen. Die Benutzung lediglich als Fluchtmittel unter Umfahren einer Absperrung genügt dagegen nicht (OLG Hamm NStZ-RR 2001, 104).

36	Als Folge der Tathandlung wird schließlich verlangt, dass der Täter dadurch Leib oder Leben eines anderen oder fremde Sachen von bedeutendem Wert gefährdet. Für die Wertbestimmung des drohenden Schadens ist der Verkehrswert maßgebend; die Grenze dürfte heute bei ca. 750 € liegen (BGH NStZ 2011, 215). Dabei ist die Dreistufigkeit des § 315b zu beachten: Infolge der Tathandlung muss es zu einer Beeinträchtigung der Sicherheit des Straßenverkehrs kommen (abstrakte Verkehrsgefahr), die sich dann in der konkreten Verkehrsgefahr realisiert. Die *Gefahr* muss ihren Grund gerade in dem Fehlverhalten haben und darf nicht nur gelegentlich der Handlung eintreten („dadurch"). Das setzt voraus, dass die Gefahr für die Schutzobjekte zumindest auch auf die typische Wirkungsweise der Fortbewegungsvorgänge im Straßenverkehr (Dynamik des Straßenverkehrs) zurückzuführen ist. Daran fehlt es, wenn bei Schüssen auf Fahrzeuge im Straßenverkehr der Schaden allein auf der Dynamik des aufschlagenden Projektils beruht (BGH NStZ 2016, 407[49]). Die Gefahr besteht in einer hochgradigen Existenzkrise für die bedrohten Rechtsgüter. Erforderlich ist ein „Beinahe-Unfall", also ein Geschehen, bei dem ein unbeteiligter Beobachter zu der Einschätzung gelangt, dass „das noch einmal gut gegangen" sei[50] – weil das Rechtsgut in eine derart kritische Situation geraten ist, dass die Realisierung der Gefahr nur noch vom Zufall abgehangen hat.

Beispiel

A wollte seiner ehemaligen Freundin F einen „Denkzettel" verpassen. In der Absicht, ihr einen richtigen Schrecken einzujagen, durchtrennte er an dem Pkw der F den zum rechten Hinterrad führenden Bremsschlauch. Als die mit 40 km/h fahrende F bemerkte, dass die Bremse nicht funktionierte, zog sie die Handbremse an und brachte das Fahrzeug zum Stehen. A hat zwar ein Fahrzeug

---

[47]BGHSt 7, 307; BayObLG JZ 1989, 704; *Ranft,* Jura 1987, 608/611 f.

[48]BGHSt 25, 306; 41, 231/237; näher *Fabricius,* GA 1994, 164.

[49]M. Anm. *Kulhanek,* a.a.O.; ebenso BGH NStZ 2009, 100.

[50]So BGH JR 1997, 113 mit Anm. *Renzikowski;* zur konkreten Gefahr auch OLG Düsseldorf StV 1994, 247; *Berz,* NZV 1989, 409; *Radtke,* in: FS Geppert (2011), S. 461.

beschädigt (§ 315b I Nr. 1) und dadurch die Sicherheit des Straßenverkehrs beeinträchtigt. Es ist aber keine konkrete Gefährdung für Personen oder Sachen eingetreten. Die bloße Inbetriebnahme des schadhaften Kfz stellt sich lediglich als abstrakte Gefahr dar.

Gefährdungshandlung und -erfolg müssen in spezifischer Weise miteinander verbunden sein: Erforderlich ist, dass die Tathandlung eine abstrakte Gefahr für die Sicherheit des Straßenverkehrs bewirkt, die sich zu einer konkreten Gefahr für die genannten Schutzobjekte verdichtet. Eine zeitliche Differenz zwischen Eingriff und dieser Gefahr setzt die Vorschrift hingegen nicht voraus. Der Tatbestand des § 315b I kann daher in sämtlichen Alternativen auch dann erfüllt sein, wenn die Tathandlung *unmittelbar* zu einer konkreten Gefahr oder Schädigung führt, sofern dieser Erfolg sich als Steigerung der abstrakten Gefahr darstellt.[51]

Die Strafdrohung richtet sich nach der inneren Tatseite mit folgenden Kombinationen: **37**

- vorsätzliches Handeln/vorsätzliche Gefahrverursachung (I);
- vorsätzliches Handeln/fahrlässige Gefahrverursachung (IV);
- fahrlässiges Handeln/fahrlässige Gefahrverursachung (V).

Die Teilnahme an der Vorsatz-Fahrlässigkeitskombination ist gem. § 11 II möglich.

Eine Strafschärfung zum Verbrechen (§ 30 !) ist gem. § 315b III vorgesehen, **38** wenn der Täter die Voraussetzungen des § 315 III erfüllt, nämlich

- in der Absicht handelt, einen Unglücksfall herbeizuführen oder eine andere Straftat zu ermöglichen oder zu verdecken (Nr. 1);
- durch die Tat eine schwere Gesundheitsschädigung eines anderen Menschen oder eine Gesundheitsschädigung einer großen Zahl von Menschen verursacht (Nr. 2).

2. Gefährdung des Straßenverkehrs

Die Vorschrift des § 315c[52] schützt die Sicherheit des Straßenverkehrs, daneben **39** auch die dort genannten Individualrechtsgüter. Vor allem geht es um die konkrete Gefährdung durch rauschbedingte Fahruntüchtigkeit (§ 315c I Nr. 1a); eine Ergänzung dazu bildet das abstrakte Gefährdungsdelikt der Trunkenheit im Verkehr (§ 316). In § 315c I Nr. 2 werden weitere schwerwiegende Verkehrsverstöße zusammengefasst.

Als Täter des § 315c I Nr. 1a kommt in Betracht, wer im Straßenverkehr ein Fahr- **40** zeug führt. Der Straßenverkehr spielt sich auf öffentlichen Verkehrswegen ab; dies sind alle Flächen, die mit Billigung oder unter Duldung des Verfügungsberechtigten

---

[51]BGHSt 48, 119/122; dazu *König,* JA 2003, 818; weitere aktuelle Rspr. bei *Saal,* Jura 2003, 838.
[52]Zum Ganzen *Eisele,* JA 2007, 168; *Geppert,* Jura 2001, 559; *Zimmermann,* JuS 2010, 22.

für jedermann zur Benutzung zu Verkehrszwecken tatsächlich zugelassen sind.[53] Der Begriff des „Führens" erfasst nur Bewegungsvorgänge im Verkehr (BGHSt 35, 390). Deshalb fallen Tätigkeiten wie die Einnahme der Fahrerposition, das Anlassen des Fahrzeugs im Leerlauf oder das Einschalten des Abblendlichts nicht darunter. Auch ein alkoholisierter Fahrlehrer, der sich während einer Fahrschulfahrt auf die Bestimmung des Fahrwegs und eine mündliche Korrektur der Fahrweise beschränkt, führt das Fahrzeug nicht (OLG Dresden NJW 2006, 1013).[54] Es genügt hingegen das Lenken eines abgeschleppten Pkw (BGHSt 36, 341).

41   Der Tatbestand setzt voraus, dass der Fahrer infolge des Genusses alkoholischer Getränke nicht in der Lage ist, das Fahrzeug sicher zu führen. Diese alkoholbedingte **Fahruntüchtigkeit** unterteilt man in zwei Erscheinungsformen:[55]

- Die *absolute* Fahruntüchtigkeit hängt allein von der Blutalkoholkonzentration ab. Nachdem der BGH – gestützt auf ein Gutachten des Bundesgesundheitsamtes – zunächst den Grenzwert auf 1,3 ‰ festgelegt hatte (BGHSt 21,157), hat er sodann entschieden, dass alle Kraftfahrer bei einer BAK von 1,1 ‰ absolut fahruntüchtig sind (BGHSt 37, 89). Für Radfahrer liegt diese Grenze bei 1,6 ‰.
- Eine *relative* Fahruntüchtigkeit kann bereits ab einer BAK von 0,3 ‰ gegeben sein, wenn daneben weitere Beweisanzeichen vorliegen. Bedeutsam sind sog. „Ausfallerscheinungen" wie etwa eine besonders sorglose und leichtsinnige Fahrweise, das Fahren in Schlangenlinien und sonstiges Verhalten, das alkoholbedingte Enthemmung und Kritiklosigkeit erkennen lässt (BGHSt 31, 42/45).

42   Durch die Trunkenheitsfahrt muss eine konkrete Gefährdung eintreten, und zwar für Leib und Leben eines anderen oder fremde Sachen von bedeutendem Wert. Auch Fahrzeuginsassen werden geschützt, sofern sie nicht selbst an der Tat beteiligt sind (BGH NStZ 2013, 167).[56] Die Einwilligung des Mitfahrers in eine Gefährdung seiner körperlichen Unversehrtheit schließt nach h. M. die Rechtswidrigkeit nicht aus, weil er über das Rechtsgut der Verkehrssicherheit nicht verfügen kann.[57] Die Gegenansicht verweist darauf, dass § 315c dem Individualschutz diene; es greift dann § 316 als Auffangtatbestand ein. Zu den fremden Sachen zählt nicht das vom Täter geführte, einem anderen gehörende Fahrzeug, da die Vorschrift keinen

---

[53]Vgl. BGHSt 16, 7 (Parkplatz); 22, 365 (Gehweg); 49, 128 (Betriebsgelände); BGH NStZ 2004, 625 (Rasenfläche).

[54]Ebenso zu § 23 Ia 1 StVO (Nutzung eines Mobiltelefons) BGHSt 59, 311 m. Bespr. *Kudlich*, JA 2015, 232 und Jahn, JuS 2015, 372.

[55]Zum Ganzen *Dencker*, in: FS Geppert (2011), S. 43; *Stein*, in: FS Dencker (2012), S. 307.

[56]*Fischer*, § 315c Rn. 15b; *Kopp*, JA 1999, 943/945; zur konkreten Gefährdung s. BGH NStZ 1996, 83 mit Anm. *Berz*.

[57]So BGHSt 23, 261; OLG Stuttgart NJW 1976, 1904; zust. *König*, in: LK, § 315c Rn. 161; a. A. *Hillenkamp*, JuS 1977, 166/170 ff.; *Wolters*, in: SK, § 315c Rn. 23; vgl. auch *Otto*, Jura 1991, 443/444 f. (bewusste Selbstgefährdung).

erhöhten Eigentumsschutz bezweckt (BGHSt 27, 40). Zwischen Fahrunsicherheit und Gefährdung muss ein innerer Zusammenhang („dadurch") bestehen, Letztere also auf Ersterer beruhen. Daran fehlt es, wenn sich die der Tathandlung eigentümliche Gefährlichkeit nicht im Gefahrerfolg realisiert hat.[58]

Beispiel

Der fahruntüchtige Autofahrer A fährt mit Vollgas auf den Polizisten P zu, der ihn anhalten will. Die Gefahr für Leib und Leben des P ergibt sich hier nicht daraus, dass A infolge des Alkoholgenusses nicht in der Lage ist, das Fahrzeug sicher zu führen (vgl. auch BGH NStZ-RR 2004, 108). Somit scheidet § 315c aus, einschlägig ist aber § 315b wegen bewusster Zweckentfremdung und Verletzungsvorsatz; zudem § 316.

Fehlt es an einer konkreten Gefährdung oder dem erforderlichen Zusammenhang, **43** so verbleibt eine Strafbarkeit wegen **Trunkenheit im Verkehr** (§ 316). Die Bestimmung soll der abstrakten Gefahr entgegenwirken, die dem Verkehr daraus erwächst, dass der Fahrzeugführer infolge der genannten Mängel sein Fahrzeug nicht zu beherrschen vermag (BGHSt 35, 390/394). Liegt allerdings schon § 315c I Nr. 1a vor, tritt § 316 dahinter subsidiär zurück.

In § 315c I Nr. 2 werden weitere Verkehrsverstöße unter Strafe gestellt. Alle **44** Begehungsweisen setzen ein grob verkehrswidriges und rücksichtsloses Verhalten voraus. Das Merkmal *grob verkehrswidrig* bedeutet einen objektiv besonders schweren Verkehrsverstoß. *Rücksichtslos* handelt, wer sich im Straßenverkehr aus eigensüchtigen Gründen über seine Pflichten gegenüber anderen Verkehrsteilnehmern hinwegsetzt oder aus Gleichgültigkeit von vornherein Bedenken gegen sein Verhalten nicht aufkommen lässt (BGHSt 5, 392).[59] Ein Überholen (Nr. 2 lit. b) wird auch durch ein Vorbeifahren von hinten an sich in derselben Richtung bewegenden oder verkehrsbedingt haltenden Fahrzeugen verwirklicht, das unter Benutzung von Flächen erfolgt die nach den örtliche Gegebenheiten zusammen mit der Fahrbahn einen einheitlichen Straßenraum bilden, bspw. der rechte Gehweg (BGH NJW 2016, 3462).[60] Wie bei Nr. 1 ist hier das Gefährdungserfordernis zu beachten.

Die Strafbarkeit gem. § 315c I verlangt (bedingten) *Vorsatz* bezüglich Tathand- **45** lung und Gefährdung; im Hinblick auf Nr. 1a hat er sich vor allem auch auf den Zustand der Fahruntüchtigkeit zu erstrecken. Eine geringere Strafdrohung gilt bei Vorsatz-Fahrlässigkeits-Kombination (Abs. 3 Nr. 1) oder doppelter Fahrlässigkeit (Abs. 3 Nr. 2). Der *Versuch* ist nur im Falle des § 315c I Nr. 1 strafbar (Abs. 2).

---

[58]Dazu auch BGH JA 2014, 72 m. Bespr. *Kudlich*.

[59]KG NStZ-RR 2008, 257.

[60]M. Anm. *Theile*, ZJS 2017, 122 ff.

3. Unerlaubtes Entfernen vom Unfallort

46 Schutzgut des § 142[61] ist das private Feststellungs- und Beweissicherungsinteresse der Unfallbeteiligten.[62] Indem die Vorschrift die Durchsetzung berechtigter oder die Abwehr unberechtigter Ansprüche sichern soll, handelt es sich – entgegen der Einordnung im 7. Abschn. – um ein (abstraktes) Vermögensgefährdungsdelikt.

47 Aus § 142 folgt ein begrenztes Verbot der Selbstbegünstigung, dessen Vereinbarkeit mit dem Grundgesetz anzunehmen ist (BVerfGE 16, 191). Ein wesentliches Motiv für die massenhafte Begehung des Delikts stellt die Angst vor Strafe, insb. wegen einer Trunkenheitsfahrt, und sonstigen Nachteilen dar. Es wurde deshalb zunehmend die Forderung erhoben, eine zeitlich limitierte Möglichkeit der tätigen Reue zu schaffen.[63] Dem ist der Gesetzgeber durch die Einführung des § 142 IV in begrenztem Umfang nachgekommen.

48 In allen Varianten geht es um die Strafbarkeit eines Unfallbeteiligten nach einem Unfall im Straßenverkehr. **Unfallbeteiligter** ist jeder, dessen Verhalten nach den Umständen zur Verursachung des Unfalls beigetragen haben kann (§ 142 V). Dies erfordert zwar seine Anwesenheit am Unfallort, aber keine tatsächliche Mitverursachung. Nur wenn die Handlungsweise des Anwesenden zweifelsfrei nichts mit der Herbeiführung des Unfalls zu tun hat, scheidet er als Täter aus.[64]

49 Unter einem **Unfall** ist jedes mit dem Straßenverkehr und seinen Gefahren ursächlich zusammenhängende Ereignis zu verstehen, durch das ein Mensch zu Schaden kommt oder ein nicht ganz belangloser Sachschaden verursacht wird (BGHSt 24, 382/383). Es muss also ein Geschehen im öffentlichen Straßenverkehr (oben Rn. 40) stattgefunden haben, sei es auch im ruhenden Verkehr oder gar zwischen Fußgängern. Der daraus entstandene Schaden darf nicht völlig unerheblich sein; die Grenze mag derzeit bei 50 € und nicht bei 25 €, liegen.[65] Unter diesen Voraussetzungen ist ebenfalls die *vorsätzliche* Herbeiführung als Unfall anzusehen, da sie zumindest für den anderen ein ungewolltes, ihn plötzlich von außen her treffendes Ereignis bedeutet.[66] Eine Ausnahme gilt für ein Verhalten, mit dem das Kraftfahrzeug nicht (auch) als Mittel der Fortbewegung, sondern nur als Werkzeug zur Verwirklichung eines außerhalb des Straßenverkehrs liegenden Erfolges benutzt wird, etwa um den Nebenbuhler zu töten oder das Gartentor des feindlichen Nachbarn zu zerstören. Das Merkmal „Unfall im Straßenverkehr" erfordert nämlich die Realisierung einer verkehrstypischen Unfallgefahr. Das kann jedenfalls dann nicht angenommen werden, wenn das Schadensereignis schon nach seinem äußeren

---

[61]Zum Ganzen *Bosch*, Jura 2011, 593; *Geppert*, Jura 1990, 78; *Waszczynski*, JA 2015, 507.

[62]BVerfGE 16, 191/193; BGHSt 28, 138/142; *Geppert,* Jura 1990, 78; *ders.*, in: FS Eisenberg (2009), S. 287/289 ff. auch zu den Folgen für die Auslegung des § 142.

[63]Dazu *Cramer,* ZRP 1987, 157; *Scholz,* ZRP 1987, 7: *Weigend,* in: FS Tröndle (1989), S. 753.

[64]BGHSt 15, 1/4; OLG Stuttgart NStZ-RR 2003, 278; näher *Geppert*, in: LK, § 142 Rn. 35 ff.

[65]Wie hier OLG Nürnberg NStZ-RR 2008, 56.

[66]Vgl. BGHSt 24, 382 mit Bespr. *Berz*, JuS 1973, 558; BayObLG MDR 1986, 1046 mit Anm. *Hentschel*, JR 1987, 247; einschr. OLG Hamm NJW 1982, 2456.

Erscheinungsbild nicht die Folge des allgemeinen Verkehrsrisikos, sondern einer deliktischen Planung ist (BGHSt 47, 158).

Nach Feststellung der besagten Grundsituation bedarf es weiterer Erörterung der **50** verschiedenen Begehungsweisen. Für ihr Verhältnis gilt: Zunächst ist § 142 I zu prüfen; die Strafbarkeit richtet sich danach, ob der Unfallbeteiligte seine diesbezüglichen Pflichten erfüllt oder verletzt hat. In beiden Fällen bleibt § 142 II außer Betracht; er kommt nur und erst dann zum Zuge, wenn sich der Täter berechtigt oder entschuldigt oder nach Ablauf der Wartefrist vom Unfallort entfernt hat.

Die **Tathandlung** des § 142 I besteht darin, dass sich der Unfallbeteiligte vom **51** Unfallort entfernt. Der *Unfallort* ist die Stelle, an der sich das schädigende Ereignis zugetragen hat, sowie der Umkreis, innerhalb dessen das unfallbeteiligte Fahrzeug zum Stillstand gekommen ist oder hätte angehalten werden können. Nach der Rspr. zählt dazu auch noch der Bereich, in dem der Beteiligte von feststellungsbereiten Personen vermutet und ggf. durch Befragen ermittelt würde.[67] Das *Entfernen* verlangt eine räumliche Trennung und hängt entscheidend davon ab, ob sich der Täter in einer Weise von der Unfallstelle abgesetzt hat, dass ein Zusammenhang mit dem Unfall nicht mehr ohne weiteres erkennbar ist (OLG Stuttgart JR 1981, 209). Erforderlich ist ein willensgetragenes Handeln, während ein „Entferntwerden" – z. B. durch Abtransport eines Bewusstlosen oder Festnahme eines Verdächtigen – nicht ausreicht.[68]

Der Vorwurf des § 142 I trifft den Unfallbeteiligten, der sich entfernt, bevor er **52** bestimmte Feststellungen ermöglicht (Vorstellungspflicht) oder eine angemessene Zeit gewartet hat (Wartepflicht).

Nr. 1: Die Pflichterfüllung setzt voraus, dass feststellungsbereite Personen **53** (arg. Nr. 2) vorhanden sind. Solche können neben den anderen Unfallbeteiligten, Geschädigten oder Amtspersonen (Polizei) auch außenstehende Dritte sein, sofern diese erkennbar den Willen haben, Feststellungen zu treffen und sie zur Kenntnis des Geschädigten zu bringen (BayObLG VRS 64 [1983], 119). Der Unfallbeteiligte muss die Feststellung seiner Person, seines Fahrzeugs und der Art seiner Beteiligung ermöglichen durch:

- seine *Anwesenheit,* d. h. lediglich passive Duldung; zur aktiven Mitwirkung ist er insoweit nicht verpflichtet. Selbst die Spurenbeseitigung oder -verwischung begründet keine Strafbarkeit gem. § 142 I.
- die *Angabe,* dass er an dem Unfall beteiligt ist. Diese Vorstellungspflicht erschöpft sich in dem Hinweis, dass ein Unfall stattgefunden hat und eine Mitverursachung in Betracht kommt (weitergehend § 34 StVO).

Nr. 2: Sind keine feststellungsbereiten Personen anwesend, muss der Unfallbeteili- **54** ligte eine angemessene Zeit warten. Problematisch ist die „Angemessenheit" der Wartefrist, die sich nicht auf einen exakten Zeitraum festlegen lässt. Sie hängt ab von einer großen Zahl verschiedener Umstände, wie z. B. von der Art und Schwere

---

[67]BayObLG NJW 1979, 437; OLG Karlsruhe NStZ 1988, 409; OLG Stuttgart NStZ 1992, 384.
[68]BayObLG NJW 1993, 410; OLG Hamm NJW 1979, 438; 1985, 445; *Küper*, GA 1994, 49/63.

des Unfalls, der Verkehrsdichte, der Witterung, der Interessenlage der Beteiligten und der Möglichkeit, den Geschädigten oder die Polizei zu verständigen (BT-Drucks. 7/2434, S. 7).

Beispiele

Sind schwere Verletzungen eingetreten, wird die Mindestzeit eine Stunde betragen. Für mittlere Sachschäden ist von etwa 30 Minuten auszugehen. Bei geringfügigem Schaden kann schon ein 15-minütiges Abwarten genügen (vgl. etwa OLG Köln NJW 2002, 1359 und die dort angeführte Kasuistik).

55   Gem. **§ 142 II** obliegt dem Täter eine **Nachholpflicht.** Er muss die Feststellungen nachträglich ermöglichen, wenn er sich nach Ablauf der Wartefrist (Nr. 1) bzw. berechtigt oder entschuldigt (Nr. 2) vom Unfallort entfernt hat. Die Tat stellt ein echtes Unterlassungsdelikt dar und besteht allein in der Nichtvornahme der von der Gesetzesnorm geforderten Handlung (BayObLG NJW 1990, 1861).

56   Das Sich-Entfernen ist *berechtigt,* wenn es auf Rechtfertigungsgründen beruht; *entschuldigt* kann es sein beim Vorliegen von Entschuldigungs- oder Schuldausschließungsgründen. Heftig umstritten war jedoch, ob auch den Unfallbeteiligten, der sich **unvorsätzlich** – d. h. in Unkenntnis des Unfalls – entfernt, nach Kenntniserlangung die Verpflichtung aus § 142 II trifft.[69] Der BGH[70] hatte diese Frage unter Berufung auf den Wortsinn und die gesetzgeberische Konzeption bejaht: Das Begriffspaar „berechtigt oder entschuldigt" finde auch in Bezug auf nicht vorsätzliche Verhaltensweisen Anwendung. Der Gesetzgeber sei darauf bedacht gewesen, möglichst alle Fälle des zunächst erlaubten Sich-Entfernens vom Unfallort durch die nachträgliche Meldepflicht zu erfassen. Eine Bestrafung setze allerdings im gegebenen Falle voraus, dass zwischen der späteren Kenntnisnahme und dem Unfallgeschehen noch ein zeitlicher und räumlicher Zusammenhang besteht. Im Schrifttum[71] wird die Entscheidung überwiegend abgelehnt, da sie eine unzulässige Analogie bedeute. Zudem würde der Unterschied zwischen bewusstem und unbewusstem Sich-Entfernen nicht beachtet, sodann aber mit dem Zusammenhangserfordernis eine im Gesetz nicht vorgesehene Begrenzung eingeführt. Zwischenzeitlich ist das BVerfG (NJW 2007, 1666) dem BGH mit Verweis auf Art. 103 II GG entgegengetreten, ohne dass der Gesetzgeber bislang eine Änderung vorgenommen hätte.[72]

---

[69]Zum Ganzen *Mitsch,* JuS 2010, 303.

[70]BGHSt 28, 129; ebenso BayObLG NJW 1981, 879; OLG Karlsruhe NJW 1981, 881; OLG Düsseldorf JZ 1985, 544; *Franke,* JuS 1978, 456; *Janiszewski,* JR 1978, 116.

[71]Vgl. *Berz,* Jura 1979, 125/128 ff.; *Beulke,* NJW 1979, 400; *Rudolphi,* JR 1979, 210; *Kühl,* in: Lackner/Kühl, § 142 Rn. 25; *Schild,* in: AK, § 142 Rn. 149.

[72]Gegen eine vom BVerfG angedeutete „Lösung" über § 142 I *Beulke,* in: FS Maiwald (2010), S. 21; zu den Folgen des BVerfG-Beschlusses auch *Hillenkamp,* in: FS Beulke (2015), S. 449.

Streitig ist außerdem, ob § 142 II beim vorherigen „Entferntwerden" (oben **57**
Rn. 51) des Unfallbeteiligten eingreifen kann. In Konsequenz der eben genannten
Rspr. des BGH wird dies z. T. angenommen, weil jegliches straflose Sich-Entfernen
erfasst werden solle.[73] Die Gegenansicht verweist zutr. darauf, dass eine Strafbarkeit jedenfalls voraussetzt, dass sich der Täter vom Unfallort entfernt hat, was in
diesen Fällen nicht gegeben ist. Der strenge Standpunkt des BVerfG muss auch hier
gelten.

Der Unfallbeteiligte muss die Feststellungen **unverzüglich** (ohne vorwerfba- **58**
res Zögern, vgl. § 121 I 1 BGB) ermöglichen. Die Anforderungen sind nach den
Umständen des Einzelfalles zu beurteilen, insb. der Art und Zeit des Unfalls sowie
der Höhe des verursachten Fremdschadens (BGHSt 29, 138/141). So wird beispielsweise bei einem nächtlichen Unfall mit Sachschaden eine Meldung am nächs-
ten Morgen genügen. Die in § 142 III 1 aufgezeigten Möglichkeiten – Benachrichtigung des Berechtigten oder einer nahe gelegenen Polizeidienststelle – verstehen
sich als Mindestvoraussetzungen, deren Erfüllung in jedem Falle ausreicht. Der
Täter kann grundsätzlich frei entscheiden, auf welchem Wege er die nachträglichen Feststellungen ermöglichen will („Wahlrecht"); maßgebend ist jedoch, ob der
eingeschlagene Weg dem Unverzüglichkeitsgebot gerecht wird.[74] Ist also etwa der
Geschädigte nicht innerhalb der zur Verfügung stehenden Frist erreichbar, bleibt nur
die Einschaltung der Polizei.

Beispiel

Autofahrer A kam nachts von der Fahrbahn ab, knickte einen Leitpfahl um und
fuhr gegen einen Apfelbaum. Nachdem er 30–45 Minuten gewartet hatte, ließ
er sich abholen und legte sich zu Hause schlafen. Morgens konnte er durch die
Polizei ermittelt werden, weil sein Fahrzeug an der Unfallstelle stehend vor-
gefunden wurde. Da er eine angemessene Zeit gewartet hat, kommt nur eine
Verletzung der Nachholpflicht (§ 142 II Nr. 1) in Betracht. Wäre die „Unver-
züglichkeit" an der Art des vom Täter gewählten Weges auszurichten, so hätte
er seiner Verpflichtung genügt, wenn er beabsichtigte, nach seinem Schlaf die
Geschädigten ohne weiteres Verzögern zu ermitteln und zu benachrichtigen.
Nach der BGH-Rspr. würde eine Beschränkung des Wahlrechts auf jenen Weg
eintreten, der schnellstmögliche Feststellungen ermöglicht (hier also: Benachrichtigung der Polizei). Vermittelnd lässt sich darauf abstellen, ob die zur
Aufklärung und Beweissicherung erforderlichen Feststellungen weder ernstlich gefährdet noch ungebührlich verzögert werden (vgl. OLG Stuttgart NJW
1978, 1445).

---

[73]So BayObLG NJW 1982, 1059; *Maurach/Schroeder/Maiwald,* BT 1, § 49 Rn. 55; wie hier OLG
Hamm NJW 1979, 438; *Rudolphi/Stein,* in: SK, § 142 Rn. 38; *Beulke,* in: FS Maiwald (2010),
S. 21/32 f.; offenlassend BGHSt 30, 160 mit Anm. *Bär,* JR 1982, 379.

[74]BGHSt 29, 138 mit krit. Anm. *Beulke,* JR 1980, 523 und *Reiß,* NJW 1980, 1806.

59 Subjektiv ist **Vorsatz** erforderlich; wobei *dolus eventualis* genügt (OLG Hamm NStZ-RR 1997, 90). Er hat sich auf das Vorliegen eines Unfalls (OLG Köln NStZ-RR 2011, 285) und die mögliche Unfallbeteiligung zu beziehen. Ein Irrtum darüber ist Tatbestandsirrtum, während die Verkennung der Handlungspflichten zu einem Verbotsirrtum führt.[75]

60 Die **Rechtswidrigkeit** kann vor allem durch Einwilligung des Geschädigten ausgeschlossen sein, da er über das individuelle Rechtsgut (oben Rn. 46) verfügungsberechtigt ist. In Betracht kommt auch eine mutmaßliche Einwilligung, namentlich bei Bagatellschäden und persönlichen Beziehungen zwischen den Betroffenen.[76]

61 Hinsichtlich **Täterschaft und Teilnahme** gilt es zunächst zu beachten, dass § 142 ein Sonderdelikt darstellt; Täter kann nur der Unfallbeteiligte sein. Daraus resultiert die Straflosigkeit des Außenstehenden, der bei dem Unfallbeteiligten einen Tatbestandsirrtum hervorruft; mittelbare Täterschaft scheidet mangels Täterqualität aus, für Anstiftung fehlt es an einer vorsätzlichen Haupttat. Ansonsten ist Teilnahme nach den allgemeinen Regeln möglich.

- Eine Beihilfe *durch* Unterlassen kann der an der Unfallstelle anwesende Halter und Eigentümer des Kfz leisten, der den von ihm zum Führen desselben ermächtigten Unfallverursacher nicht an der Weiterfahrt hindert; die Garantenstellung wird von der Rspr. auf seine Sachherrschaft und Verfügungsberechtigung über das Fahrzeug gestützt (OLG Stuttgart NJW 1981, 2369).
- Die Beihilfe *zum* echten Unterlassungsdelikt des § 142 II setzt ein Verhalten des Gehilfen voraus, das den Entschluss des zum Handeln Verpflichteten, einem Gebot nicht nachzukommen, gefördert oder gefestigt hat; dabei geht es zumeist um die Erscheinungsform der psychischen Beihilfe.[77]

62 Seit dem 6. StrRG ist in § 142 IV die Möglichkeit **tätiger Reue** vorgesehen,[78] wenngleich unter engen Voraussetzungen: Sie kommt nur in Betracht bei einem Unfall außerhalb des fließenden Verkehrs („Parkunfall"), der ausschließlich einen nicht bedeutenden Sachschaden zur Folge hat. Der *unbedeutende Schaden* bildet gleichsam das Gegenstück zum „bedeutenden Schaden" (vgl. § 69 II Nr. 3) bzw. „bedeutenden Wert" (vgl. § 315b I), liegt also unterhalb von 750 € Fremdschaden, teils wird 1300 € als Grenzwert genannt.[79] Der Unfallbeteiligte muss innerhalb von vierundzwanzig Stunden freiwillig die Feststellungen nachträglich ermöglichen.

---

[75]Zur Abgrenzung s. BGHSt 15, 1/5; OLG Düsseldorf NJW 1986, 2001; *Geppert,* Jura 1990, 78/86.

[76]Vgl. BayObLG JZ 1983, 268; OLG Köln NJW 2002, 2334; *Joecks,* § 142 Rn. 33.

[77]Näher BayObLG NJW 1990, 1861 mit Bespr. *Herzberg,* NZV 1990, 375 und *Seelmann,* JuS 1991, 290.

[78]Dazu BT-Drucks. 13/9064, S. 18; *Böse,* StV 1998, 509; *Schulz,* NJW 1998, 1440; zur Berücksichtigung rücktrittsähnlichen Täterverhaltens nach § 46a StGB *Mitsch,* in: FS Geppert (2011), S. 337.

[79]*Fischer,* § 142 Rn. 64.

Kontrollfragen

1. Worin besteht der grundsätzliche Unterschied zwischen § 315b und § 315c? (Rn. 31)
2. Welche Arten der alkoholbedingten Fahruntüchtigkeit gibt es? (Rn. 41)
3. Was ist das Schutzgut des § 142? (Rn. 46)
4. Welche Pflichten können den Unfallbeteiligten treffen? (Rn. 53, 55)
5. Wird das unvorsätzliche Entfernen von § 142 II Nr. 2 erfasst? (Rn. 56)

III. Verletzung von Solidarpflichten

Die Rechtsgutsfrage im Hinblick auf die hier behandelten §§ 323a, 323c wird nicht **63** einheitlich beantwortet. Zumeist findet sich die Feststellung, dass die Vorschriften den Schutz der gefährdeten Individualrechtsgüter bezwecken. Als Strafgrund der unterlassenen Hilfeleistung (§ 323c) wird zunehmend auch die Wahrung der mitmenschlichen Solidarität bzw. das Allgemeininteresse an solidarischer Schadensabwehr angegeben.[80] Der Vollrauschtatbestand (§ 323a) will den Einzelnen zur Selbstkontrolle anhalten. Er dient dem Schutz der Allgemeinheit vor den Gefahren, die ihr bei der unberechenbaren Wirkung insbesondere des Alkohols als des verbreitetsten Rauschmittels drohen (BGHSt 16, 124/128). Anders gewendet folgt daraus die Pflicht, sich nicht in einen solchen Rausch zu versetzen, der die Steuerungsfähigkeit so beeinträchtigt, dass die Begehung von Straftaten zu befürchten ist. Die beiden Tatbestände verpflichten demnach zu Beistand bzw. Rücksichtnahme im Interesse eines ungefährdeten menschlichen Zusammenlebens.[81] Der Strafrahmen darf dabei nicht über die praktische Relevanz dieser Delikte hinwegtäuschen, vor allem dann nicht, wenn Menschenleben betroffen sind. Scheitert die Bestrafung wegen eines Tötungsdelikt nur an § 20 (ggf. *in dubio pro reo*), sind bei Anwendung von § 323a Freiheitsstrafen oberhalb des bewährungsfähigen Rahmens durchaus nicht ungewöhnlich.

1. Vollrausch

Nach h. M. stellt § 323a[82] ein **abstraktes Gefährdungsdelikt,** die im Rausch **64** begangene rechtswidrige Tat eine objektive Strafbarkeitsbedingung dar.[83] Der selbstverschuldete Rauschzustand enthalte nämlich unabhängig von der Rauschtat

---

[80]Vgl. *Kühl,* in: Lackner/Kühl, § 323c Rn. 1; *Neumann,* JA 1987, 244/255; Otto, § 67 Rn. 1.

[81]Ähnlich die Einordnung bei *Welzel,* § 68: „Verletzung elementarer Verkehrsrücksichten und sozialer Pflichten".

[82]Zum Ganzen *Duttge,* in: FS Geppert (2011), S. 63; *Fahl,* JuS 2005, 1076; *Geppert,* Jura 2009, 40; *Otto,* Jura 1986, 478; *Ranft,* JA 1983, 193, 239.

[83]Vgl. BGHSt 16, 124; BayObLG JR 1975, 30; OLG Hamburg JR 1982, 345; *Lackner,* JuS 1968, 215/216 ff.

schon strafwürdiges Unrecht. Damit wird allerdings ein strafrechtliches Verbot des bloßen „Sichberauschens" aufgestellt; untersagt ist jedoch die Herbeiführung eines gemeingefährlichen Rausches. Es muss also um einen Zustand gehen, bei dem die Möglichkeit der Begehung von Straftaten irgendwelcher Art besteht; die Vorschrift bildet dann eher ein *konkretes* Gefährdungsdelikt.[84] Der Unterschied zur *actio libera in causa* liegt darin, dass sich dort Vorsatz oder Fahrlässigkeit auf eine bestimmte Straftat beziehen müssen. Auch der BGH hat bisweilen für § 323a verlangt, dass der Täter weiß oder wissen muss, er könne im Rausch irgendwelche Ausschreitungen strafbarer Art begehen; eine solche Voraussicht oder Voraussehbarkeit soll sich in aller Regel aber von selbst verstehen (BGHSt 10, 247/251; strenger OLG Hamm NStZ 2009, 40[85]).

65   Den Tatbestand des § 323a verwirklicht, wer sich durch alkoholische Getränke oder andere berauschende Mittel in einen Rausch versetzt, wenn er in diesem Zustand eine rechtswidrige Tat – die sog. Rauschtat – begeht und ihretwegen infolge rauschbedingter (nicht ausschließbarer) Schuldunfähigkeit nicht bestraft werden kann.

66   Die Tathandlung besteht darin, dass sich der Täter in einen **Rausch** versetzt. Dieser muss durch alkoholische Getränke etc. herbeigeführt worden sein, wobei das Mitwirken weiterer Ursachen (z. B. Hirnschädigung, Übermüdung) die Kausalität nicht ausschließt. Als höchst problematisch hat sich die Frage erwiesen, was genau unter einem „Rausch" zu verstehen ist. Allgemein kann man damit einen Zustand beschreiben, der nach seinem ganzen Erscheinungsbild als durch den Genuss von Rauschmitteln hervorgerufen anzusehen ist (BGHSt 26, 363). Diese Begriffsbestimmung lässt indes den *Schweregrad* offen, dem der Rauschzustand genügen muss. Die st. Rspr. hatte verlangt, dass der „sichere Bereich" der verminderten Schuldfähigkeit überschritten sein müsse. Streitig blieb jedoch, ob dafür erforderlich war, dass der Täter bei Zugrundelegung jeder möglichen Fallgestaltung, d. h. jeder nach dem Ergebnis der Beweisaufnahme nicht ausschließbaren BAK schuldunfähig gewesen sein konnte. Der BGH hat schließlich entschieden, der Tatbestand des § 323a finde auch dann Anwendung, wenn nicht aufklärbar ist, ob der Berauschte bei Begehung der Rauschtat schuldunfähig oder nur erheblich vermindert schuldfähig war.[86]

Beispiel

Der Alkoholtäter A begeht eine Straftat im trunkenen Zustand; seine zur Tatzeit zwischen 2‰ und 3‰ liegende BAK lässt sich nicht exakt bestimmen. Jedenfalls führt die feststellbare Mindestmenge zu erheblich verminderter Schuldfähigkeit, während bei Annahme der möglichen Maximalmenge auch Schuldunfähigkeit in

---

[84]Ebenso *Hirsch*, ZStW-Beiheft 1981, 1/11 ff.; *Kohlrausch/Lange,* § 323a Anm. III; *Ranft,* JA 1983, 193/194 f.; *Fischer,* § 323a Rn. 2; einschr. auch *Cramer,* Vollrauschtatbestand, S. 93 ff.

[85]M. Anm. *Geisler,* a.a.O.

[86]BGHSt 32, 48; dazu *Dencker,* JZ 1984, 453 und *Paeffgen,* NStZ 1985, 8; enger OLG Karlsruhe JR 1980, 30; krit. *Horn,* JR 1980, 1.

Betracht kommt. Der Vollrauschtatbestand ist (nur) anwendbar, wenn es genügt, dass A den „sicheren Bereich" des § 21 zwar überschritten, nicht aber zwingend zu § 20 hin verlassen hat.

Eine *Wahlfeststellung* zwischen Vollrausch und Rauschtat scheidet nach allg. **67** Ansicht aus, weil es an dem dafür erforderlichen Merkmal der rechtsethischen und psychologischen Gleichwertigkeit fehlt. Bleibt zweifelhaft, ob der Rausch die Schuldfähigkeit des Täters ausgeschlossen oder nur erheblich vermindert hat, ist nach der vorgenannten Rspr. aus § 323a zu verurteilen. Früher hat der BGH die Vorschrift als *Auffangtatbestand* angesehen, der immer dann eingreifen solle, wenn der Betrunkene wegen der im Rausch begangenen Tat nicht aus der hierfür geltenden Strafvorschrift bestraft werden kann (BGHSt 9, 390/398). Heute nimmt er ein normatives *Stufenverhältnis* an, das nach dem Grundsatz „in dubio pro reo" zur Anwendung des § 323a führe (BGHSt 32, 48/57). Offen geblieben ist noch, ob ein tatbestandsmäßiger Rausch auch bei möglicher voller Schuldfähigkeit (aber nicht ausgeschlossener Schuldunfähigkeit) vorliegen kann. Bei doppelter Heranziehung des Zweifelsgrundsatzes – einerseits im Hinblick auf die Rauschtat, andererseits in Bezug auf § 323a – müsste in dieser Fallgestaltung wohl ein Freispruch erfolgen.

Bedingung der Strafbarkeit ist, dass der Täter im Rauschzustand eine rechtswid- **68** rige Tat begeht. Diese **Rauschtat** setzt zunächst eine Handlungsfähigkeit voraus, so dass ein nicht willensgetragenes Verhalten – wie Torkeln, Erbrechen – ausscheidet. Sie muss den Tatbestand eines Strafgesetzes verwirklichen (§ 11 I Nr. 5) und rechtswidrig sein.

Grundsätzlich kommt jedes Delikt als Rauschtat in Betracht. Im Hinblick auf **69** zwei Tatbestände werden allerdings Bedenken angemeldet:

*   Das unerlaubte Entfernen vom Unfallort wirft die Frage auf, ob sich der rausch-bedingt schuldunfähige Täter entschuldigt vom Unfallort entfernt hat. Bejahen-denfalls würde § 142 I als Rauschtat ausscheiden und allein die Nachholpflicht des § 142 II Nr. 2 eingreifen. Die Gegenansicht will die Schuldunfähigkeit wegen Vollrausches nicht als entschuldigt ansehen, da sich sonst gerade bei Alkoholtä-tern vom Gesetz nicht gewollte Strafbarkeitslücken ergäben.[87]
*   Fraglich ist weiter, ob die Rauschtat auch in einer unterlassenen Hilfeleistung bestehen kann. Dagegen wird geltend gemacht, niemand müsse sich jederzeit für die Erfüllung von Hilfspflichten bereithalten. Die Rspr. hält § 323c jedoch für eine taugliche Rauschtat, soweit der Täter noch handlungsfähig und ihm die Hilfeleistung physisch möglich ist.[88]

---

[87]Vgl. BayObLG NJW 1989, 1685 mit Anm. *Keller,* JR 1989, 343; *Küper,* NJW 1990, 209; *Miseré,* Jura 1991, 298.

[88]Vgl. BayObLG NJW 1974, 1520 mit Anm. *Lenckner,* JR 1975, 31; *Backmann,* JuS 1975, 698; *Streng,* JZ 1984, 114.

70 Neben den objektiven müssen die *subjektiven Unrechtsmerkmale* der Rauschtat gegeben sein. Festzustellen ist also, ob der Täter mit („natürlichem") Vorsatz
gehandelt hat, zumal sich die Strafdrohung nach der für die im Rausch begangene
Tat richtet (§ 323a II). Ein Tatbestandsirrtum schließt vorsätzliches Handeln aus.
Während die bisherige Rspr. bei rauschbedingten Irrtümern eine Ausnahme machen
wollte, nimmt die h. L. jetzt an, dass auch ein solcher Irrtum beachtlich ist.[89] Verlangt der Tatbestand besondere Absichten (z. B. §§ 242, 263), so müssen diese ebenfalls vorliegen. Die Rauschtat kann ferner in einem *Versuch* bestehen. Tritt der Täter
davon freiwillig zurück, so entfällt zugleich eine Strafbarkeit wegen § 323a; der
Rauschzustand hindert nicht die Annahme von Freiwilligkeit des Rücktritts (BGH
NStZ-RR 1999, 8). Auch Notwehr kommt in Betracht, etwa wenn es beim Trinken
zum Streit kommt.

71 Der Täter muss schließlich schuldhaft handeln. Zwar schließt seine Schuldunfähigkeit eine Bestrafung gem. § 323a logischerweise nicht aus, da sie dort ja
gerade vorausgesetzt wird. Andere Entschuldigungsgründe stehen aber der Strafbarkeit entgegen. Ein Verbotsirrtum ist zu berücksichtigen, wenn der Täter auch
in nüchternem Zustand dem gleichen Irrtum erlegen wäre (OLG Stuttgart NJW
1964, 413).

72 Die **Beteiligung** an der Rauschtat richtet sich nach den allgemeinen Regeln. In
Betracht kommt etwa eine mittelbare Täterschaft, begangen durch ein schuldlos
handelndes Werkzeug. Auch Teilnahme ist nicht ausgeschlossen: Grundsatz der
limitierten Akzessorietät (§ 29).[90]

73 Problematischer erscheint hingegen die Beteiligung an § 323a. Einigkeit besteht
zunächst darüber, dass eine mittelbare Täterschaft ausgeschlossen ist, da es sich
um ein eigenhändiges Delikt handelt. Die Möglichkeit einer Teilnahme wird überwiegend bejaht, z. B. Beihilfe durch ständige Einladung zum Trinken (BGHSt
10, 247). Die Gegenmeinung will Anstiftung und Beihilfe mit der Begründung
ausschließen, dass § 323a nur dem Täter selbst die Pflicht zur Selbstkontrolle
auferlege.

74 Bezüglich der **Konkurrenzen** gilt: Begeht der Trunkene in demselben Vollrausch
mehrere Straftaten, liegt insgesamt nur eine Tat nach § 323a vor (RGSt 73, 11). Hat
der Täter im Rausch ein Eigentumsdelikt verwirklicht und eignet er sich sodann
die erlangte Sache – im nüchternen Zustand – nochmals zu, so ist er allein wegen
Unterschlagung (§ 246) zu bestrafen; § 323a tritt als mitbestrafte Vortat zurück.

75 Ist eine Bestrafung wegen der im Rausch begangenen Tat unter dem Gesichtspunkt der *actio libera in causa* möglich, bleibt § 323a daneben grundsätzlich außer
Betracht. Denn insoweit fehlt es an dessen Voraussetzung, dass der Täter infolge
Schuldunfähigkeit nicht bestraft werden kann. In zwei Fällen besteht jedoch Tateinheit, nämlich im Verhältnis zwischen:

---

[89]So etwa *Otto*, Jura 1986, 478/485; *Wessels/Hettinger*, Rn. 1038; and. noch RGSt 73, 11/17; BGH
NJW 1953, 1442.
[90]Ausführlich zur Beihilfestrafbarkeit *Kulhanek*, JA 2011, 832.

- fahrlässiger *actio libera in causa* und vorsätzlicher Rauschtat (BGHSt 2, 14);
- dem im verantwortlichen Zustand geplanten Delikt und einer weiteren im Vollrausch begangenen Tat (BGHSt 17, 333).

2. Unterlassene Hilfeleistung

Die **Deliktsnatur** des § 323c[91] kann in dreifacher Weise gekennzeichnet werden: **76**

- Es handelt sich um ein *echtes Unterlassungsdelikt.* Die Pflicht zur Hilfeleistung obliegt jedermann, ohne dass es einer Garantenstellung bedarf.
- Da es um die bedrohliche Situation für ein Rechtsgut geht, bildet die Tat ein *konkretes Gefährdungsdelikt.*
- Schließlich verlangt die Vorschrift keine Erfolgsabwendung, sondern eine finale Tätigkeit, die auf Hilfeleistung abzielt; deshalb wird § 323c auch als *unechtes Unternehmensdelikt* angesehen.

Die eine Hilfspflicht auslösende **tatbestandsmäßige Situation** beschreibt das   **77**
Gesetz als Unglücksfälle, gemeine Gefahr oder Not.

Unter *Unglücksfall* versteht die Rspr. ein plötzlich eintretendes Ereignis, das   **78**
erheblichen Schaden für Menschen oder Sachen hervorruft oder hervorzurufen
droht (BGHSt 6, 147/152). Unstreitig ist zunächst, dass Gefahren für Leib und
Leben erfasst werden. Dabei sind Erkrankung oder Schwangerschaft allerdings
nur dann als Unglücksfall anzusehen, wenn sie eine sich rasch verschlimmernde
Wendung nehmen.[92] Außerdem dient § 323c dem Schutz sonstiger höchstpersönlicher Rechtsgüter, wie Freiheit und sexuelle Selbstbestimmung. Zu weit geht es
jedoch, auch bloße Sachgefahren einzubeziehen, sofern nicht gemeine Gefahr oder
Not vorliegt.[93] Denn sonst müsste jedermann gegen bevorstehende Eigentums- oder
Vermögensdelikte einschreiten, während § 138 in diesen Fällen keine Anzeigepflicht vorsieht.

Der Unglücksfall kann vorsätzlich, namentlich durch eine Straftat herbeigeführt   **79**
worden sein. Auch wenn der Betroffene selbst die Notlage verursacht hat, verliert er
nicht den Schutz des § 323c. Zu der umstrittenen Frage, ob der Selbstmordversuch
einen Unglücksfall darstellt, siehe oben § 1 Rn. 17.

Gemeine Gefahr bedeutet die Möglichkeit eines Schadens für eine größere Zahl   **80**
von Menschen oder bedeutende Sachwerte (z. B. Waldbrand). Gemeine Not ist eine
die Allgemeinheit betreffende Notlage (z. B. Hungersnot).

---

[91]Zum Ganzen *Geilen,* Jura 1983, 78, 138; *Geppert,* Jura 2005, 39; *Seelmann,* JuS 1995, 281; zur Legitimität des § 323c *Kühl,* in: FS Frisch (2013), S. 785.

[92]Vgl. BGH NStZ 1985, 409; OLG Hamm NJW 1975, 604; OLG Düsseldorf NJW 1995, 799.

[93]So auch *Sternberg-Lieben/Hecker,* in: Schönke/Schröder, § 323c Rn. 5; *Seelmann,* JuS 1995, 281/284; *Zopfs,* in: FS Seebode (2008), S. 449/465; a. A. *Geilen,* Jura 1983, 78/86 f.; ähnlich *Stein,* in: SK, § 323c Rn. 14 (Sachen von bedeutendem Wert).

81 Das **tatbestandsmäßige Verhalten** besteht darin, dass der Täter nicht Hilfe leistet. Ihm wird die bestmögliche und rechtzeitige Hilfe abverlangt, so dass der Tatbestand auch erfüllt sein kann, wenn er zu wenig tut (BGHSt 21, 50/54). Hingegen braucht die Leistung nicht „eigenhändig" zu erfolgen; ausreichend ist deshalb – je nach den Umständen – die Benachrichtigung dritter Personen (Notarzt, Polizei). Begrenzt wird der Umfang der Hilfspflicht durch die Merkmale der Erforderlichkeit und Zumutbarkeit.

82 Als Maßstab für die *Erforderlichkeit* gilt die Beurteilung durch einen verständigen Beobachter (BGHSt 17, 166/169). Die Hilfeleistung ist dann nicht mehr erforderlich, wenn jede Hilfe aussichtslos ist, insb. beim sofortigen Tod des Verunglückten. Ferner entfällt die Erforderlichkeit, soweit der Betroffene sich selbst ausreichend helfen kann oder die notwendige Hilfe bereits von anderer Seite geleistet wird.

83 Die *Zumutbarkeit* richtet sich nach dem allgemeinen Sittengesetz (BGHSt 11, 135/136). Danach hat der Hilfspflichtige eigene Belange zurückzustellen, und zwar zunehmend mit der Größe der Gefährdung des Hilfsbedürftigen und der Nähe des zur Hilfe Fähigen zu dem Unfallgeschehen. Einschränkungen ergeben sich zum einen aus dem Gesichtspunkt der erheblichen eigenen Gefahr. Diese kann beispielsweise in einer drohenden Verletzung oder Ansteckung mit einer (schweren) Krankheit bestehen. Das Risiko der Strafverfolgung macht die Hilfeleistung regelmäßig nicht unzumutbar;[94] dies gilt jedenfalls dann, wenn der Täter die Gefahrenlage schuldhaft herbeigeführt hat. Eine Berücksichtigung anderer wichtiger Pflichten kann etwa in Betracht kommen, sofern eine Garantenpflicht zu erfüllen ist, die der allgemeinen Hilfspflicht des § 323c vorgeht.[95] Hier findet allerdings auch eine Abwägung nach Wertigkeit der bedrohten Rechtsgüter statt.

Beispiel

Der zu seinem Patienten gerufene Arzt A kommt an einer Unfallstelle vorbei. Grundsätzlich hat er seiner Pflicht aus der Behandlungsübernahme Folge zu leisten. Geht es jedoch bei dem Patientenbesuch nur um eine leichte Erkrankung, müsste A gem. § 323c Hilfe leisten, wenn nach dem Unglücksfall ein Schwerverletzter zu versorgen ist.

---

84 Der *Vorsatz* muss die Kenntnis enthalten, dass ein Unglücksfall vorliegt, sowie die Umstände erfassen, welche die Hilfeleistung erforderlich und zumutbar machen. Ein diesbezüglicher Irrtum schließt vorsätzliches Handeln aus (§ 16), z. B. die irrige Annahme, das Opfer sei bereits tot. Der „umgekehrte" Irrtum würde nur zu einem – bei § 323c straflosen! – untauglichen Versuch führen.

85 Die Tat ist *vollendet,* sobald der Täter seinen Entschluss, dem Verunglückten nicht zu helfen, nach außen manifestiert (BGHSt 14, 213/215). Wegen des „versuchsähnlichen" Charakters erscheint es angebracht, den Grundgedanken der tätigen Reue

---

[94]Vgl. BGHSt 11, 353; 39, 164/166; näher *Ulsenheimer,* GA 1972, 1/16 ff.; diff. *Seelmann,* JuS 1995, 281/286.

[95]Dazu *Beulke,* in: FS Küper (2007), S. 1.

heranzuziehen, falls der Pflichtige zum Unglücksort zurückkehrt und die erforderliche Hilfe leistet, bevor sich die Gefahr realisiert hat.[96]

Die Vorschrift des § 323c tritt *subsidiär* zurück hinter einem   **86**

- unechten Unterlassungsdelikt, das kraft Garantenstellung zur Erfolgsabwendung verpflichtet;
- Begehungsdelikt, dessen Erfolg der Unglücksfall darstellt.

Bleibt eine Beteiligung an der betreffenden Straftat jedoch unaufklärbar, kann der Täter nach § 323c bestraft werden (BGHSt 39, 164). Mit Inkrafttreten des G zur Änderung des Strafgesetzbuchs – Stärkung des Schutzes von Vollstreckungsbeamten und Rettungskräften wird § 323c einen Abs. 2 erhalten. Danach wird bestraft, wer in einer der Tatsituationen eine Person behindert, die einem anderen Hilfe leistet oder Hilfe leisten will.

Kontrollfragen
1. Was ist unter einem „Rausch" zu verstehen? (Rn. 66)
2. Welche Anforderungen sind an die Rauschtat zu stellen? (Rn. 68–70)
3. Was ist ein Unglücksfall? (Rn. 78)
4. Wodurch wird die Hilfeleistungspflicht eingeschränkt? (Rn. 82, 83)

IV. Straftaten gegen die Umwelt

Der 29. Abschnitt ist durch das 18. StÄG 1980 in das Strafgesetzbuch eingeführt   **87**
worden.[97] Zuvor fanden sich bereits verschiedene Strafbestimmungen in Spezialgesetzen des Nebenstrafrechts (z. B. Abfallgesetz, Wasserhaushaltsgesetz). Mit der Übernahme ins Kernstrafrecht sollte der sozialschädliche Charakter von Umweltstraftaten stärker in das Bewusstsein der Öffentlichkeit gerückt werden. Auch wollte der Gesetzgeber die einschlägigen Normen vereinheitlichen und ihre generalpräventive Wirkung erhöhen.

Seither hat das Umweltstrafrecht zahlreiche Änderungen und Ergänzungen   **88**
erfahren, deren Zusammenfassung allein schon den hier gesetzten Rahmen sprengen würde. Neben dem 2. UKG (= 31. StÄG 1994)[98] waren weitere Änderungen insbesondere durch europäisches Recht veranlasst. Strafnormen und europäisches Recht treten dabei auch tatbestandlich miteinander in Beziehung, vgl. nur §§ 326

---

[96]Ebenso *Sternberg-Lieben/Hecker,* in: Schönke/Schröder, § 323c Rn. 26; s. auch *Stein,* in: SK, §323c Rn. 52; *Berz,* in: FS Stree/Wessels (1993), S. 331/339 (Absehen von Strafe); a. A. BGHSt 14, 213/217.

[97]Zum Ausgangspunkt *Bloy,* JuS 1997, 577; *Otto,* Jura 1991, 308; *ders.,* Jura 1995, 134; zur Kritik am Umweltstrafrecht *Schall,* in: FS Schünemann (2014), S. 815; Rechtsprechungsübersicht: *Hecker/Lorenz,* NStZ-RR 2017, 33.

[98]BT-Drucks. 12/192, S. 10; zum 2. UKG s. *Breuer,* JZ 1994, 1077; *Möhrenschlager,* NStZ 1994, 513, 566; *Schmidt/Schöne,* NJW 1994, 2514; *Otto,* Jura 1995, 134.

II Nr. 1, 328 III Nr. 1.[99] Es hat sich seither ein eigenständiges Rechtsgebiet entwickelt, dessen Grundzüge hier nur kursorisch dargestellt werden können, um alsdann §§ 324, 326 I kurz exemplarisch hervorzuheben. Darüber hinaus sind folgende Normen von zentraler Bedeutung

- Bodenverunreinigung (§ 324a);
- Luftverunreinigung (§ 325) und der Verursachung anderer Emissionen (§ 325a);
- Verbot des ungenehmigten Exports gefährlicher Abfälle („Abfalltourismus", § 326 II sowie §§ 18a, 18b Abfallverbringungsgesetz);
- Unerlaubtes Betreiben von Anlagen (§ 327);
- Gefährdung schutzbedürftiger Gebiete (329);
- jeweils nebst Strafschärfungen für besonders schwere Fälle (§ 330) und der Ausweitung der Möglichkeiten tätiger Reue (§ 330b);
- Begriffsbestimmungen in § 330d, namentlich die Umschreibung der verwaltungsrechtlichen Pflichten (Nr. 4) und des Rechtsmissbrauchs (Nr. 5)
- sowie der Gesamtbereich des Atom- und Strahlungsstrafrechts (§§ 307, 309 ff., 328).[100]

1. Grundsätzliche Fragestellungen

89   Streit besteht schon darüber, welches **Rechtsgut** den Umweltdelikten zugrunde liegt.[101] Insoweit lassen sich zunächst zwei Extrempositionen unterscheiden: Nach der rein ökologischen Auffassung wird die Umwelt als ideelles Gut um ihrer selbst willen geschützt. Dagegen ist einzuwenden, dass die Rechtsordnung – auch im Bereich des Umweltschutzes – immer auf den Menschen bezogen ist. Auf der anderen Seite geht es dem rein anthropozentrischen Ansatz allein um den Schutz vor Personengefährdungen. Dem widerspricht jedoch das wachsende Umweltbewusstsein in der Gesellschaft und der erkennbare Wille des Gesetzgebers (Straftaten „gegen die Umwelt"). Die vermittelnde h. M. folgt deshalb einer *ökologisch-anthropozentrischen* Auffassung. Geschütztes Rechtsgut ist danach zwar die Umwelt in ihren Medien und Erscheinungsformen, dies aber mit der Zielrichtung, die natürlichen Lebensbedingungen des Menschen zu erhalten.

90   In der Gesetzesbegründung des 1. UKG (BT-Drucks. 8/2382, S. 9 f.) kommt diese Sichtweise wie folgt zum Ausdruck: „Der strafrechtliche Umweltschutz darf sich nicht allein auf den Schutz menschlichen Lebens und menschlicher Gesundheit vor den Gefahren der Umwelt beschränken; er muss auch den Schutz elementarer Lebensgrundlagen wie Wasser, Luft und Boden als Bestandteile menschlichen

---

[99]Im Überblick zu den daraus resultierenden Fragen *Börner*, NZWiSt 2014, 378; zum Ganzen auch *Heger*, in: FS Kühl (2014), S. 669.

[100]Speziell zu § 309 Abs. 2 *Börner*, NZWiSt 2012, 451.

[101]Näher *Bloy*, ZStW 100 (1988), 485; *Hohmann*, GA 1992, 76; *Kuhlen*, ZStW 105 (1993), 697/701 ff.; *Rengier*, NJW 1990, 2506.

Lebensraumes einbeziehen und solche ökologischen Schutzgüter auch als Rechtsgüter anerkennen."

Die Rechtsgutsfrage hat einen gewissen Einfluss auf die Bestimmung der **91** *Deliktsnatur* der Umweltstraftaten. Geht man von einem individuellen Lebens- und Gesundheitsschutz aus, so stellen sich nahezu alle Delikte als abstrakte Gefährdungsdelikte dar, weil eine konkrete Gefährdung oder Verletzung dieser Rechtsgüter regelmäßig nicht zum Tatbestand gehört. Gleichwohl sind die Differenzen in dieser Hinsicht weniger bedeutsam, da es sich auch nach h. M. überwiegend um abstrakte Gefährdungsdelikte handelt. Im Einzelnen ist die jeweilige tatbestandliche Fassung ausschlaggebend: Ein konkretes Gefährdungsdelikt liegt vor, wenn der Tatbestand erfordert, dass eine bestimmte Gefahr verursacht wird (vgl. § 330a). Eine Mischform bilden die abstrakt-konkreten (potentiellen) Gefährdungsdelikte, welche die generelle Eignung der Tathandlung zur Schädigung voraussetzen (vgl. § 325 I). Ein Verletzungsdelikt ist schließlich § 324, der als Erfolg die Verunreinigung oder nachteilige Veränderung eines Gewässers verlangt.

Eine spezifische Problematik des 29. Abschn. besteht in der **Verwaltungsakzes-** **92** **sorietät** des Umweltstrafrechts.[102] Sie bedeutet die Abhängigkeit der Strafbarkeit von den verwaltungsrechtlichen Vorgaben. Diese Verknüpfung wird z. T. kritisch betrachtet und als „Selbstentmachtung" des Strafgesetzgebers angesehen, da die Vorschriften des Umweltverwaltungsrechts erhebliche Ermessensspielräume zulassen und somit der Bestimmtheitsgrundsatz tangiert werde. Andererseits folgt aus den Prinzipien der Einheit und Widerspruchsfreiheit der Rechtsordnung, dass das Strafrecht ein Verhalten, das vom Verwaltungsrecht ausdrücklich gebilligt wird, nicht als strafbares Unrecht bewerten kann.

Die Verwaltungsakzessorietät taucht in zwei Erscheinungsformen auf: **93**

- Verwaltungsrechtsakzessorietät, z. B. entgegen einer Rechtsverordnung oder Rechtsvorschrift (vgl. § 329 I, II);
- Verwaltungsaktsakzessorietät, z. B. ohne die erforderliche Genehmigung oder entgegen einer vollziehbaren Untersagung (vgl. §§ 327 I, 328 I).

Seit den Änderungen findet sich auch häufiger die generelle Anknüpfung an die Verletzung verwaltungsrechtlicher Pflichten, die in § 330d Nr. 4 näher bestimmt werden.[103] Ferner hat der unscharfe Begriff des „illegalen" Handelns Eingang in das Gesetz gefunden (§ 326 II Nr. 1). Die genannten Formulierungen führen bereits zu einer Eingrenzung des Tatbestandes. Demgegenüber wird das Merkmal „unbefugt" (§§ 324 I, 326 I) als allgemeines Deliktsmerkmal der Rechtswidrigkeitsebene zugeordnet. Nicht akzessorisch ist § 330a ausgestaltet.

---

[102]Dazu *Kühl*, in: FS Lackner (1987), S. 815; *Heine*, NJW 1990, 2425; *Paeffgen*, in: FS Stree/Wessels (1993), S. 587; *Rogall*, GA 1995, 299; *Rühl*, JuS 1999, 521; *Schenke*, in: FS Wolter (2013), S. 215; *Schwarz*, GA 1993, 318.

[103]Dazu *Schall*, in: FS Küper (2007), S. 505.

94   In diesem Zusammenhang stellt sich die Frage, ob die *Fehlerhaftigkeit* einer
behördlichen Entscheidung die Strafbarkeit berührt. Die h. M. trifft folgende
Unterscheidung:

- Ein nichtiger Verwaltungsakt ist unwirksam (§ 43 III VwVfG) und kann daher
  auch strafrechtlich keine Wirkung entfalten.
- Ist der Verwaltungsakt zwar materiell rechtswidrig, aber formell wirksam, so
  bleibt er – bis zu seiner Rücknahme – bestandskräftig und steht einer Strafbarkeit entgegen.[104]

Eine Ausnahme ergibt sich aus dem Gedanken des Rechtsmissbrauchs. Schon in der
Rspr. war anerkannt, dass bei kollusivem Zusammenwirken zwischen dem Adressaten der Genehmigung und der Verwaltung ein Bestandsschutz nicht in Betracht
kommt (BGHSt 39, 381/387). Der Gesetzgeber hat nunmehr dem Handeln ohne
Genehmigung ein Handeln auf Grund einer durch Drohung, Bestechung oder Kol-
lusion erwirkten oder durch unrichtige oder unvollständige Angaben erschlichenen
Genehmigung ausdrücklich gleichgestellt (§ 330d Nr. 5).[105]

95   Die bloße Genehmigungsfähigkeit schließt eine Strafbarkeit nicht aus; auch die
nachträglich erteilte Genehmigung hat keine rückwirkende Kraft. Im Hinblick auf
eine behördliche *Duldung*[106] wird unterschieden:

- Soweit es sich um ein schlichtes Untätigbleiben („passive" Duldung) handelt,
  kommt dem keine strafrechtsrelevante Bedeutung zu.
- Die bewusste Hinnahme eines rechtswidrigen Verhaltens („aktive" Duldung)
  kann rechtfertigend wirken, wenn sie einer konkludent erteilten Erlaubnis
  gleichkommt.
- Einen Sonderfall bildet die sog. verwaltungsrechtliche Genehmigungsfiktion.[107]

Schließlich ist problematisch, wie Abweichungen von bestehenden Genehmigungen zu bewerten sind. Folgende vier Konstellationen sind abstrakt denkbar und im
Einzelfall – nicht immer ganz leicht – auseinanderzuhalten:

(1) Verhalten innerhalb der bestehenden Genehmigung;

(2) eine unwesentliche Überschreitung der Genehmigung, was i.d.R. eine bloße
Anzeigepflicht gegenüber der Behörde zwecks Prüfung auslöst;

(3) eine wesentliche Überschreitung der Genehmigung, was eine Änderungsge-
nehmigung erfordert;[108]

---

[104]Vgl. OLG Frankfurt NJW 1987, 2756; *Kloepfer/Heger,* Umweltstrafrecht, Rn. 101; *Steindorf,*
in: LK, § 324 Rn. 106.

[105]Dazu *Schall,* in: FS Otto (2007), S. 743.

[106]Hierzu *Dahs/Pape,* NStZ 1988, 393; *Wasmuth/Koch,* NJW 1990, 2434; *Rogall,* NJW 1995, 922.

[107]Dazu *Eisele,* NJW 2014, 1417.

[108]Zu deren Bedeutung bei § 327 Abs. 2 Nr. 1 StGB *Börner,* wistra 2006, 7.

(4) sowie ein *aliud*, also ein Verhalten das bei normativer Betrachtung gegen- **96** über dem genehmigten Verhalten etwas anderes ist und demgemäß eine völlig neue Genehmigung erfordert.

Ein weiteres Problem betrifft die **Amtsträgerstrafbarkeit** im Umweltstrafrecht. **97** Dabei geht es um die Frage, ob und inwieweit eine strafrechtliche Verantwortlichkeit von Bediensteten der Umweltbehörden – vor allem auch im Hinblick auf das Verhalten Dritter – in Betracht kommt.[109] Der Gesetzgeber hat auf die Schaffung einer Sondervorschrift für Amtsträger im Umweltbereich verzichtet, so dass die Beurteilung den allgemeinen Regeln folgt. Hier ist zunächst zu unterscheiden: Bei *Sonderdelikten* scheidet eine Täterschaft wegen des Fehlens spezieller Tätereigenschaften aus, z. B. wenn sich die Strafnorm an den „Betreiber" einer Anlage richtet (vgl. §§ 325, 327).[110] Demgegenüber können *Allgemeindelikte* grundsätzlich von jedermann, also auch von einem Amtsträger begangen werden. Die Grenze der Strafbarkeit bestimmt sich nach dem verwaltungsrechtlichen Beurteilungs- und Ermessensspielraum. Der Vorwurf strafbaren Verhaltens kann einen Amtsträger folglich erst dann treffen, wenn er mit seiner Entscheidung diesen Spielraum verlässt bzw. eine Ermessensreduzierung auf Null vorliegt und deshalb ohnehin nur *eine* Entscheidung rechtmäßig ist.

Die Beteiligung an einer Umweltstraftat kann zum einen in dem Erteilen einer **98** fehlerhaften Genehmigung bestehen. Der BGH hat in einer grundlegenden Entscheidung[111] zwei Täterschaftsformen in Betracht gezogen:

- Bei kollusivem Zusammenwirken zwischen Amtsträger und Ausführendem liege *Mittäterschaft* vor. Abgestellt wird dabei auf den Tatbeitrag und das Tatinteresse des Amtsträgers. Dieser Beurteilung stehe nicht entgegen, dass er an der eigentlichen Tathandlung nicht beteiligt war, da Mittäterschaft auch durch Beteiligung an Vorbereitungshandlungen begründet werden könne.
- Bei gutem Glauben an die Rechtmäßigkeit des Genehmigungsbescheides sei *mittelbare Täterschaft* anzunehmen. Der unmittelbar Ausführende handele als Werkzeug des Amtsträgers, weil dieser die entscheidende „Rechtsschranke" für die Herbeiführung des tatbestandlichen Erfolgs öffne. Der in Gang gesetzte Umweltverstoß stelle sich als „sein Werk" dar; er sei zwar nicht die treibende Kraft, aber infolge seines tatsächlichen und rechtlichen Überblicks über das Geschehen dessen Zentralgestalt.

Die Gegenansicht bezweifelt allerdings die Tatherrschaft des Amtsträgers in solchen Fällen, da der Empfänger einer fehlerhaften Verwaltungsentscheidung es allein in der Hand habe, ob und wie er von der Genehmigung Gebrauch macht.

---

[109]Allg. dazu *Horn*, NJW 1981, 1; *Pfohl*, NJW 1994, 418; *Winkelbauer*, NStZ 1986, 149.

[110]Gegen die Einordnung des § 327 als Sonderdelikt *Ransiek*, in: FS Widmaier (2008), S. 725; and. *Schall*, in: FS Schöch (2010), S. 620/624 ff.; beide diff. hinsichtlich § 325.

[111]BGHSt 39, 381 mit Anm. *Horn*, JZ 1994, 636 und *Rudolphi*, NStZ 1994, 433; bestätigt von BVerfG NJW 1995, 186.

Beispiel

Der bei der Landesanstalt für Umwelt tätige Dezernent D gab eine unzutreffende Stellungnahme ab; infolgedessen wurde der Firma F die Ablagerung von „Sondermüll" auf einer „Hausmülldeponie" gestattet. Nach den Feststellungen sind zwei Sachverhalts-Varianten möglich: Wussten die Verantwortlichen der F, dass ihr Vorhaben nicht genehmigungsfähig war, und handelten deshalb im (stillschweigenden) Einvernehmen mit D, geht es um Mittäterschaft. Waren die Betreffenden hingegen gutgläubig, so handelten sie entweder befugt oder befanden sich zumindest in einem Verbotsirrtum. Die „Freigabe" der Tatbestandsverwirklichung (§ 326) durch D wird dann vom BGH als mittelbare Täterschaft beurteilt.

99   Zum anderen kann es um ein *Unterlassen* gehen, falls der Amtsträger gegen Umweltverschmutzungen durch Dritte nicht einschreitet. Praktisch bedeutsam ist die Garantenstellung eines Bürgermeisters geworden, der es unterlässt, die Grundstückseigentümer an der Einleitung verunreinigten Abwassers in die Kanalisation zu hindern. Der BGH[112] bejaht eine Rechtspflicht zum Handeln, da der Amtsträger als Beschützergarant dafür verantwortlich sei, dem Gesetz widersprechende Umweltbeeinträchtigungen abzuwenden. Einschränkend wird in der Literatur verlangt, dass dem Amtsträger tatsächlich Obhut und Pflege der jeweiligen Umweltgüter durch eine konkrete Aufgabenzuweisung als Primärpflichten übertragen worden sind. Des Weiteren kann sich eine Garantenstellung aus Ingerenz ergeben, wenn durch Erteilung einer rechtswidrigen Genehmigung ein unerlaubtes Risiko geschaffen wurde; der Amtsträger wäre dann verpflichtet, auf die Rücknahme der Genehmigung hinzuwirken (BGHSt 39, 381/390).

2. Gewässerverunreinigung

100   Die Vorschrift des § 324 dient dem Schutz von Gewässern in ihrer Funktion für Mensch und Umwelt. **Tatobjekt** ist ein Gewässer, d. h. ein oberirdisches Gewässer, das Grundwasser oder das Meer (§ 330d Nr. 1). Der Begriff „oberirdisches Gewässer" erfasst das ständig oder zeitweilig in Betten fließende oder stehende oder aus Quellen wild abfließende Wasser (§ 1 I Nr. 1 WHG). Nicht dazu gehört das in Leitungen und anderen Behältnissen enthaltene Wasser (Abwasserleitungen, Kläranlagen, Schwimmbecken, Wasserversorgungsleitungen); die Durchleitung eines Baches durch Rohre oder Tunnel hebt die Eigenschaft als oberirdisches Gewässer allerdings nicht auf (BT-Drucks. 8/2382, S. 26).

101   Die **Tathandlung** besteht darin, dass das Gewässer verunreinigt oder sonst nachteilig verändert wird; das Verunreinigen bildet einen Beispielsfall des nachstehenden Oberbegriffs. Als nachteilige Veränderung ist jede nicht ganz unerhebliche

---

[112]BGHSt 38, 325 m. Bespr. *Schall*, JuS 1993, 719 und *Nestler*, GA 1994, 514; dazu auch *Michalke*, NJW 1994, 1693; s. aber OLG Saarbrücken NJW 1991, 3045 mit Anm. *Groß/ Pfohl*, NStZ 1992, 119 und *Hoyer*, NStZ 1992, 387.

Verschlechterung der natürlichen, physikalischen, biologischen oder chemischen Beschaffenheit anzusehen. Verunreinigung bedeutet eine äußerlich erkennbare Einwirkung, so dass sich das Gewässer nach der Tat als weniger „rein" darstellt als zuvor. Auch bereits verschmutzte Gewässer können noch weiter verunreinigt werden (BGH NStZ 1997, 189); entscheidend ist die Veränderung des *status quo*.

Bei § 324 handelt es sich um ein Erfolgs- und Verletzungsdelikt (BGHSt 38, **102** 325/339). Die Vollendung tritt ein, wenn das Gewässer – ganz oder teilweise – zu seinem Nachteil verändert worden ist. Zu einer weiteren Schädigung, z. B. einem Fischsterben, braucht es nicht zu kommen. Der Versuch ist strafbar (§ 324 II).

Der Täter muss **unbefugt** handeln, die Tat also rechtswidrig sein. Eine Befugnis **103** kann sich insb. aus einer behördlich erteilten Erlaubnis oder Bewilligung ergeben (vgl. §§ 7, 8 WHG). Als Rechtfertigungsgrund kommt auch § 34 in Betracht, den die h. L. indes auf Not- und Katastrophenfälle beschränken will. Im Einzelfall wird ferner auf die Gesichtspunkte des Gewohnheitsrechts, Gemeingebrauchs oder sozialadäquaten Verhaltens hingewiesen.[113]

3. Unerlaubter Umgang mit Abfällen

Zweck des § 326 ist es, die menschliche Gesundheit sowie die aufgeführten Umwelt- **104** medien davor zu schützen, dass sie durch Abfall beeinträchtigt werden. Da eine Schädigung nicht einzutreten braucht, wird die Vorschrift als abstraktes Gefährdungsdelikt angesehen (BGHSt 36, 255/257). Wegen des Eignungserfordernisses (vgl. § 326 I Nr. 4) spricht man auch von einem „potentiellen" Gefährdungsdelikt.

Tatgegenstände des § 326 sind Abfälle. Der strafrechtliche **Abfallbegriff** ist in **105** Anlehnung an das Abfallrecht zu bestimmen.[114] Er umfasst bewegliche Sachen, deren sich ihr Besitzer entledigt, entledigen will oder entledigen muss, was gesetzlich näher konkretisiert wird. Danach *muss* der Besitzer die Sachen beseitigen oder verwerten („Zwangsabfall"), wenn diese aufgrund ihres Zustandes geeignet sind, das Wohl der Allgemeinheit, insbesondere die Umwelt zu gefährden. Zum Abfall zählen nicht nur Sachen, die keiner sinnvollen Verwendung mehr zuzuführen und „für die Schutthalde reif" sind, sondern auch solche Stoffe, die nach Wiederaufarbeitung ein Wirtschaftsgut darstellen können (BGHSt 37, 333/335). Wesentlich für § 327 II Nr. 3 ist ferner die Unterscheidung zwischen Abfall zur Verwertung und Abfall zur Beseitigung, weshalb die Verfüllung eines Tagebaus mit Abfall nicht notwendig den Betrieb einer Abfall*beseitigungsanlage* darstellt (BGHSt 59, 45[115]).

Von § 326 I werden nur bestimmte Abfälle erfasst, die aus den dort genannten **106** Gründen für die Umwelt gefährlich sind. Die sog. *Sonderabfälle* (Nr. 4a) müssen nach Art, Beschaffenheit oder Menge geeignet sein, nachhaltig ein Gewässer, die

---

[113]Vgl. BT-Drucks. 8/3282, S. 14; BayObLG NStZ 1983, 169; OLG Köln StV 1986, 537; *Kuhlen,* StV 1986, 544.

[114]BGHSt 37, 21; eingehend *Beckemper/Wegner,* wistra 2003, 281.

[115]Dazu *Potthast,* in: FS Wessing (2015), S. 443.

Luft oder den Boden zu verunreinigen oder sonst nachteilig zu verändern. Dazu kann auch „Hausmüll" in großer Menge gehören.[116] Der Begriff „nachhaltig" kennzeichnet die Eignung zur Schädigung in erheblichem Umfang und für längere Dauer; er beinhaltet somit ein quantitatives und ein temporales Element.[117]

Tathandlung ist weit gefächert und umfasst praktisch den gesamten denkbaren Umgang mit Abfällen. In allen Fällen muss die Tat außerhalb einer dafür zugelassenen Anlage oder unter wesentlicher Abweichung von einem vorgeschriebenen oder zugelassenen Verfahren erfolgen. Das Merkmal „unbefugt" betrifft auch hier – wie bei § 324 (oben Rn. 103) – das Erfordernis der Rechtswidrigkeit. § 326 II stellt den grenzüberschreitenden Transport gefährlicher Abfälle i.S.v. Abs. 1 entgegen einem Verbringungsverbot oder ohne die erforderliche Genehmigung unter Strafe. Die der Bekämpfung des Abfalltourismus dienende Vorschrift erhielt ihr jetzige Fassung durch Gesetz v. 1.11.2016 (BGBl. I, S. 2452). Die auf das 45. StÄG zurückgehende Erfassung illegaler Verbringungen nach VO (EG) 1013/2006 wurde in §§ 18a, 18b AbfVerbrG verlagert. Änderungen auf EU-Ebene können seitdem leichter inkorporiert werden (s. § 18c II). § 18b erfasst – wie schon § 326 II Nr. 1 a.F. – auch nicht gefährliche Abfälle. § 18a soll lex specialis zu § 326 II sein (BT-DrS 18/8961, S. 18). Allerdings ist der Begriff der gefährlichen Abfälle i.S.v. Art. 2 Nr. 2 i.V.m. Anhang III AbfRRL 2008/98/EG weiter als der i.S.v. § 326 I. Umgekehrt bietet die vermeintliche lex generalis ggf. einen höheren Strafrahmen: eine Strafschärfung bei schweren Umweltfolgen ermöglicht § 18a anders als § 330 I Nr. 1-3 nämlich nicht, während umgekehrt die beharrliche Wiederholung (§ 18a III Nr. 1) durchaus als unbenannter bsF erfasst werden kann. Nahe liegt daher die Annahme, den Vorschriften zwei völlig getrennte Anwendungsbereiche zuzuweisen: § 326 II erfasst danach nur die Fälle, in denen keine illegale Verbringung i.S.d. VO (EG) 1013/2006 vorliegt.

107 Der *Vorsatz* muss sich auf die Gefährlichkeit des Abfalls und den Umgang damit außerhalb einer zugelassenen Anlage oder unter Abweichung von dem vorgesehenen Verfahren beziehen. Ein Irrtum über die Befugnis zur Abfallbeseitigung ist Verbotsirrtum (BGHSt 37, 21/29), ebenso für alle anderen Fälle des Umgangs.

108 Strafbar ist auch *fahrlässiges* Handeln (§ 326 V). Der Sorgfaltsmaßstab richtet sich nach den Anforderungen an einen umweltbewussten Rechtsgenossen. Die Sorgfaltspflicht trifft auch denjenigen, der einen anderen mit der Beseitigung umweltgefährdenden Abfalls beauftragt; er muss sich vergewissern, dass dieser zur Abfallbeseitigung tatsächlich imstande und rechtlich befugt ist (BGHSt 40, 84).

109 Die sog. **Minima-Klausel** des § 326 VI enthält einen sachlichen Strafausschließungsgrund. Danach ist die Tat dann nicht strafbar, wenn schädliche Einwirkungen auf die Umwelt wegen der geringen Menge der Abfälle offensichtlich ausgeschlossen sind. Der Anwendungsbereich bleibt jedoch gering: Zum einen beschränkt er sich auf die Abfallmenge, zum anderen ist die Beseitigung geringer und unschädlicher Mengen – insb. bei § 326 I Nr. 4 – schon nicht tatbestandsmäßig.

---

[116]BGHSt 34, 211 mit Anm. *Rudolphi*, NStZ 1987, 324 und *Schmoller*, JR 1987, 473; zur Abfalleigenschaft von Autowracks vgl. OLG Braunschweig NStZ-RR 1998, 175; LG Stuttgart NStZ 2006, 291; *Kirchner/Jakielski*, JA 2000, 813.

[117]OLG Zweibrücken NJW 1992, 2481 mit Anm. *Weber/Weber*, NStZ 1994, 36 und Bespr. *Winkelbauer*, JuS 1994, 112.

Kontrollfragen

1. Welches Rechtsgut liegt den Umweltdelikten zugrunde? (Rn. 89)
2. Wie kommt die Verwaltungsakzessorietät des Umweltstrafrechts zum Ausdruck? (Rn. 93)
3. Auf welche Weise kann sich ein Amtsträger wegen Beteiligung strafbar machen? (Rn. 98, 99)

Literatur

Alternativkommentar zum Strafgesetzbuch, hrsg. v. *Wassermann*, Bd. 3 (§§ 80–145d), 1986

AnwaltKommentar StGB, hrsg. *Leipold/Tsambikakis/Zöller*, 2. Auflage 2015

Backmann, Anwendbarkeit des § 330a StGB bei unterlassener Hilfeleistung im Zustand des Vollrauschs – BayObLG, NJW 1974, 1520, JuS 1975, 698

Bär, Anm. zu BGH, Beschl. v. 11.06.1981 – 4 StR 298/80 – BGHSt 30, 160, Festnahme am Unfallort, JR 1982, 379

Beckemper, Unvernuft als Zurechnungskriterium in den „Retterfällen", in: FS Roxin II (2011), S. 397

Beckemper/Wegner, Der Abfallbegriff - Geltung des § 3 Abs. 3 S. 1 Nr. 2 KrW/AbfG im Abfallstrafrecht, wistra 2003, 281

Berz, Unfallflucht nach vorsätzlicher Tat – BGHSt 24, 382, JuS 1973, 558

Berz, „Berechtigtes" und „entschuldigtes" Verlassen der Unfallstelle, Jura 1979, 125

Berz, Zur konkreten Gefahr im Verkehrsstrafrecht, NZV 1989, 409

Berz, Die entsprechende Anwendung von Vorschriften über die tätige Reue am Beispiel der Unternehmensdelikte, in: FS Stree/Wessels (1993), S. 331

Berz, Anm. zu BGH, Urt. v. 30.3.1995-4 StR 725/94 – Konkrete Gefährdung des Mitfahrers, NStZ 1996, 85

Beulke, Strafbarkeit gem. § 142 StGB bei vorsatzlosem Sich-Entfernen vom Unfallort, NJW 1979, 400

Beulke, Anm. zu BGH, Beschl. v. 29.11.1979 – 4 StR 624/78 – BGHSt 29, 138, Ermöglichung nachfolgender Feststellungen, JR 1980, 523

Beulke, „Pflichtenkollisionen" bei § 323c StGB?, in: FS Küper (2007), S. 1

Beulke, Zur alten und neuen Entgrenzung des § 142 StGB, Die nach einem Beschluss des Bundesverfassungsgerichts unzulässige Subsumtion des unvorsätzlichen Sich-Entfernens vom Unfallort und ihre Folgen, in: FS Maiwald (2010), S. 21

Bindzus/Ludwig, Der praktische Fall – Strafrecht – „Altruismus und seine Folgen", JuS 1998, 1123

Bloy, Die Straftaten gegen die Umwelt im System des Rechtsgüterschutzes, ZStW 100 (1988), 485

Bloy, Umweltstrafrecht: Geschichte – Dogmatik – Zukunftsperspektiven, JuS 1997, 577

Bohnert, Die Abstraktheit der abstrakten Gefährdungsdelikte - BGH, NJW 1982, 2329, JuS 1984, 182

Börner, § 327 Abs. 2 Nr. 1 StGB und die „wesentliche" Änderung des Betriebs, wistra 2006, 7

Börner, Die Strafbarkeit des Missbrauchs ionisierender Strahlen gem. § 309 Abs. 2 StGB, NZWiSt 2012, 451

Börner, Das illegale Verbringen von Abfällen i.S.v. § 326 Abs. 2 StGB an den Grenzen des Bestimmtheitsgebots und des materiellen Schuldprinzips, Ein Übermaß an Bestimmtheit, NZWiSt 2014, 378

Bosch, Grundprobleme des Unerlaubten Entfernens vom Unfallort (§ 142) – Auslegung im Spannungsfeld zwischen Schutzzweck, Wortlaut und rechtsstaatlicher Begrenzung, Jura 2011, 593

Böse, Die Einführung der tätigen Reue nach der Unfallflucht - § 142 Abs. 4 StGB n.F., StV 1998, 509

Brehm, Die ungefährliche Brandstiftung - BGH, NJW 1975, 1369, JuS 1976, 22

Breuer, Verwaltungsrechtlicher und strafrechtlicher Umweltschutz - Vom Ersten zum Zweiten Umweltkriminalitätsgesetz, JZ 1994, 1077

Cantzler, Die Neufassung der Brandstiftungsdelikte, JA 1999, 474

Cramer, Der Vollrauschtatbestand als abstraktes Gefährdungsdelikt, 1962

Cramer, Überlegungen zur Reform des § 142 StGB, ZRP 1987, 157

Dahs/Pape, Die behördliche Duldung als Rechtfertigungsgrund im Gewässerstrafrecht (§ 324 StGB), NStZ 1988, 393

Dencker, § 323 a StGB - Tatbestand oder Schuldform?, Zugleich Besprechung von BGHSt 32, 48, JZ 1984, 453

Dencker/Struensee/Nelles/Stein, Einführung in das 6. Strafrechtsreformgesetz 1998, Examensrelevante Änderungen im Besonderen Teil des Strafrechts, 1998

Dencker, Sicher fahrunsicher, in: FS Geppert (2011), S. 43

Dreher, Eingriff in den Straßenverkehr durch bewusste Zweckentfremdung - BGH, NJW 2003, 1613, JuS 2003, 1159

Duttge, Strafrechtliche Rätsel, Zur Bedeutung der Rechtsgutslehre für Einwilligung und Gesetzeskonkurrenz, Jura 2006, 15

Duttge, Der Vollrauschtatbestand de lege lata und de lege ferenda, in: FS Geppert (2011), S. 63

Eisele, Der Tatbestand der Gefährdung des Straßenverkehrs (§ 315c StGB), JA 2007, 168

Eisele, Die verwaltungsrechtliche Genehmigungsfiktion im Straf- und Ordnungswidrigkeitenrecht, NJW 2014, 1417

Fabricius, Zur Präzisierung des Terminus "ähnlicher, ebenso gefährlicher Eingriff" im Sinne der §§ 315, 315b StGB, GA 1994, 164

Fahl, Der strafbare Vollrausch (§ 323a StGB), JuS 2005, 1076

Fischer, Strafgesetzbuch mit Nebengesetzen, Kommentar, 64. Auflage 2017

Franke, Feststellungspflicht nach vorsatzlosem Sich-Entfernen vom Unfallort (§ 142 StGB), OLG Stuttgart, VerkMitt 1977, Nr. 73 und OLG Köln, VerkMitt 1977, Nr. 74, JuS 1978, 456

Freund, Äußerlich verkehrsgerechtes Verhalten als Straftat? - BGH, NJW 1999, 3132, JuS 2000, 754

Geilen, Probleme des § 323c StGB, Jura 1983, 78, 138

Geisler, Anm. zu OLG Hamm, Beschl. v. 21.8.2007 – 3 Ss 135/07 – Subjektiver Tatbestand des Vollrauschs, NStZ 2009, 40

Geppert, Die schwere Brandstiftung (§ 306 StGB), Jura 1989, 417

Geppert, Unerlaubtes Entfernen vom Unfallort (§ 142 StGB), Jura 1990, 78

Geppert, Anm. zu BGH, Urt. v. 21.1.1993 – 4 StR 638/92 – BGHSt 39, 128, Straffreiheit für Herbeiführen einer Brandgefahr, JR 1994, 72

Geppert, Der gefährliche Eingriff in den Straßenverkehr (§ 315b StGB), Jura 1996, 639

Geppert, Die Brandstiftungsdelikte nach dem Sechsten Strafrechtsreformgesetz, Jura 1998, 597

Geppert, Gefährdung des Straßenverkehrs (§ 315c StGB) und Trunkenheit im Verkehr (§ 316 StGB), Jura 2001, 559

Geppert, Teleologische Reduzierung des Tatbestandes auch im Rahmen der neugefassten schweren Brandstiftung (§ 306a StGB n.F.)?, in: FS Weber (2004), S. 427

Geppert, Die unterlassene Hilfeleistung (§ 323c StGB), Jura 2005, 39

Geppert, Die Volltrunkenheit (§ 323 a StGB), Jura 2009, 40

Geppert, Zur teleologischen Reduzierung des Tatbestandes im Rahmen von § 142 Abs. 1 StGB, in: FS Eisenberg (2009), S. 287

Graul, Anm. zu BGH, Urt. v. 16.6.1992 – 1 StR 217/92 – BGHSt 38, 309, Ausnutzung einer schweren Brandstiftung, JR 1993, 295

Gropengießer, Anm. zu BGH, Urt. v. 21.1.1993 – 4 StR 638/92 – BGHSt 39, 128, Straffreiheit für Herbeiführen einer Brandgefahr, StV 1994, 19

Groß/Pfohl, Anm. zu OLG Saarbrücken, Urt. v. 27.6.1991 – Ss 84/90 (164/90) – Gewässerverunreinigung durch Bürgermeister, NStZ 1992, 119

Hauf, Rechtsprechung Strafrecht: Gefährlicher Eingriff in den Straßenverkehr, JA 1996, 359

Hecker, Brandstiftung in betrügerischer Absicht - ein Fall des § 306b Abs. 2 Nr. 2 StGB?, GA 1999, 332

Hecker/Lorenz, Systematische Übersicht der Rechtsprechung zum Umweltstrafrecht, NStZ-RR 2017, 33

Heger, Zur Europarechtsakzessorietät des Strafrechts, insbesondere des deutschen Umweltstrafrechts, in: FS Kühl (2014), S. 669

Heine, Verwaltungsakzessorietät des Umweltstrafrechts, Rechtsvergleichende Funktionsanalysen - unbestimmte Rechtsbegriffe - Reichweite von Genehmigungen, NJW 1990, 2425

Hentschel, Anm. zu BayObLG, Beschl. v. 27.6.1986 – RReg. 1 St 133/86 – Unerlaubtes Entfernen vom Unfallort, JR 1987, 247

Herzberg, Zur Teilnahme des Fahrzeughalters am Unterlassungsdelikt nach § 142 II StGB, NZV 1990, 375

Hilger, Anm. zu BGH, Urt. v. 22.4.1982 – 4 StR 561/81 – Schwere Brandstiftung ohne Gefährdung von Menschen, NStZ 1982, 421

Hillenkamp, Verkehrsgefährdung durch Gefährdung des Tatbeteiligten, OLG Stuttgart, NJW 1976, 1904, JuS 1977, 166

Hillenkamp, Zu den Folgen einer „verfassungskonformen" Auslegung des § 142 II Nr. 2 StGB, in: FS Beulke (2015), S. 449

Hirsch, Alkoholdelinquenz in der Bundesrepublik Deutschland, ZStW-Beiheft 1981, 1

Hohmann, Von den Konsequenzen einer personalen Rechtsgutbestimmung im Umweltstrafrecht, GA 1992, 76

Horn, Kann die „mindestens erheblich verminderte Schuldfähigkeit" den „Rausch"-Begriff i. S. des § 330 a StGB definieren?, JR 1980, 1

Horn, Strafbares Fehlverhalten von Genehmigungs- und Aufsichtsbehörden?, NJW 1981, 1

Horn, Anm. zu BGH, Urt. v. 3.11.1993 – 2 StR 321/93 – BGHSt 39, 381, Fehlerhafte Abfall-Genehmigung, JZ 1994, 636

Hörnle, Die wichtigsten Änderungen des Besonderen Teils des StGB durch das 6. Gesetz zur Reform des Strafrechts, Jura 1998, 169

Hoyer, Anm. zu OLG Saarbrücken, Urt. v. 27.6.1991 – Ss 84/90 (164/90) – Gewässerverunreinigung durch Bürgermeister, NStZ 1992, 387

Immel, Probleme der Fahrlässigkeitstatbestände des neuen Brandstiftungsstrafrechts, StV 2001, 477

Ingelfinger, Anm. zu BGH, Urt. v. 11.8.1998 – 1 StR 326/98 – BGHSt 44, 175, Besonders schwere Brandstiftung: Tatbestandsmerkmal einer „großen Zahl von Menschen", JR 1999, 211

Jahn, Strafrecht BT: Fahrzeugführereigenschaft, Voraussetzungen des „Führens" eines Kfz in der Person des Fahrlehrers, JuS 2015, 372

Janiszewski, Anm. zu BayObLG, Urt. v. 22.7.1977 – RReg. 2 St 41/77 – Erlangung der Kenntnis von der Unfallbeteiligung nach Verlassen des Unfallbereichs, JR 1978, 116

Joecks, Studienkommentar StGB, 11. Auflage 2014

Keller, Anm. zu BayObLG, Urt. v. 16.12.1988 – RReg. 2 St 246/88 – Unfallflucht als Rauschtat, JR 1989, 343

Kirchner/Jakielski, Autowracks und andere Probleme des Abfallstrafrechts - OLG Braunschweig, NStZ-RR 1998, 175, JA 2000, 813

Klesczewski, Die Gemeingefährlichkeit als systemprägendes Element der Brandstiftungsdelikte, HRRS 2013, 465

Kloepfer/Heger, Umweltstrafrecht, 3. Auflage 2014

Klussmann, Über das Verhältnis von fahrlässiger Brandstiftung (§ 309 StGB) und nachfolgender vorsätzlicher Brandstiftung (§ 308 StGB) durch Unterlassen, MDR 1974, 187

Knauth, Neuralgische Punkte des neuen Brandstrafrechts, Jura 2005, 230

Kohlrausch/Lange, Strafgesetzbuch mit Erläuterungen und Nebengesetzen, 43. Auflage 1961

König, Übungsblätter Lernbeitrag Strafrecht: Gefährlicher Eingriff in den Straßenverkehr durch "verkehrsgerechtes Verhalten" - Ergänzende Anmerkungen zu BGH, NJW 1999, 3132, JA 2000, 777

König, Neues zu § 315 b StGB - BGHSt 48, 119, JA 2003, 818

König, Verkehrsfeindlicher Inneneingriff und Gefährdungsvorsatz, Zugleich Besprechung von BGH, NStZ 2003, 486, NStZ 2004, 175

König, Zum Ende des Fortbewegungszwecks beim verkehrsfeindlichen Inneneingriff, in: FS Geppert (2011), S. 259

Kopp, Übungsblätter Lernbeitrag Strafrecht: Prüfungsrelevante Probleme des Straßenverkehrsstrafrechts, JA 1999, 943

Koriath, Übungsblätter Lernbeitrag Strafrecht: Einige Bemerkungen zu § 306a StGB, JA 1999, 298

Kraatz, Brandstiftung bei gemischt-genutzten Gebäuden, JuS 2012, 691

Kratzsch, Zum Erfolgsunrecht der schweren Brandstiftung, Zugleich Besprechung der Urteile des BGH vom 18.6.1986 und 20.6.1986 (BGHSt. 34, 115), JR 1987, 360

Kratzsch, Prinzipien der Konkretisierung von abstrakten Gefährdungsdelikten - BGHSt 38, 309, JuS 1994, 372

Kreß, Das Sechste Gesetz zur Reform des Strafrechts, NJW 1998, 633

Kreß, Die Brandstiftung nach § 306 StGB als gemeingefährliche Sachbeschädigung, Betrachtungen aus Anlaß des BGH-Beschlusses vom 21. November 2000 – 1 StR 438/00, JR 2001, 315

Krey/Hellmann/Heinrich, Strafrecht Besonderer Teil, Band 1: Besonderer Teil ohne Vermögensdelikte, 16. Auflage 2015

Kudlich, „Kann eine Straßenverkehrsgefährdung sein – muss es aber nicht … ", JA 2014, 72

Kudlich, Multitaskingfähig – Männer können sitzen und telefonieren gleichzeitig!, JA 2015, 232

Kühl, Probleme der Verwaltungsakzessorietät des Strafrechts, insbesondere im Umweltstrafrecht, in: FS Lackner (1987), S. 815

Kühl, Zur Legitimität der Strafvorschrift „Unterlassene Hilfeleistung", in: FS Frisch (2013), S. 785

Kuhlen, Zur Rechtfertigung von Gewässerverschmutzungen, zugleich Anmerkung zu OLG Köln StrVert 1986, 537, StV 1986, 544

Kuhlen, Umweltstrafrecht – auf der Suche nach einer neuen Dogmatik, ZStW 105 (1993), 697

Kühn, Anm. zu BGH, Urt. v. 11.8.1998 – 1 StR 326/98 – BGHSt 44, 175, Besonders schwere Brandstiftung: Tatbestandsmerkmal einer „großen Zahl von Menschen", NStZ 1999, 559

Kulhanek, Beihilfe zum Vollrausch – Zechkumpane aufgepasst, oder ist eine Einschränkung möglich?, JA 2011, 832

Kulhanek, Anm. zu BGH, Beschl. v. 16.7.2015 – 4 StR 117/15 – Gefährliche Körperverletzung mittels Waffe, NStZ 2016, 408

Küper, Unfallflucht und Rauschdelikt, NJW 1990, 209

Küper, „Pflichtverletzung" und „Tathandlung" bei der Unfallflucht, Eine logisch-dogmatische Strukturanalyse des § 142 StGB, GA 1994, 49

Küpper, Der „unmittelbare" Zusammenhang zwischen Grunddelikt und schwerer Folge beim erfolgsqualifizierten Delikt, 1982

Küpper, Zur Entwicklung der erfolgsqualifizierten Delikte, ZStW 111 (1999), 785

Lackner, Vollrausch und Schuldprinzip – OLG Köln, NJW 1966, 412; OLG Braunschweig, NJW 1966, 679, JuS 1968, 215

Lackner/Kühl, StGB, bearbeitet v. *Kühl/Heger*, 28. Aufl. 2014

Leipziger Kommentar StGB, hrsg. v. *Jähnke/Laufhütte/Odersky*, Band 8 (§§ 302a-335a), 11. Auflage 2005

Leipziger Kommentar StGB, hrsg. v. *Laufhütte/Tiedemann/Rissing-van Saan*, 12. Auflage 2006 ff.

Lenckner, Anm. zu BayObLG, Urt. v. 22.2.1974 – RReg. 8 St 52/73 – Rauschtat durch Unterlassung; subj. Tatbestand, JR 1975, 31

Maurach/Schroeder/Maiwald, Strafrecht Besonderer Teil, Teilband 1: Straftaten gegen Persönlichkeits- und Vermögenswerte, 10. Auflage 2009

Maurach/Schroeder/Maiwald, Strafrecht Besonderer Teil, Teilband 2: Straftaten gegen Gemeinschaftswerte, 10. Auflage 2012

Michalke, Die Strafbarkeit von Amtsträgern wegen Gewässerverunreinigung (§ 324 StGB) und umweltgefährdender Abfallbeseitigung (§ 326 StGB) in neuem Licht, NJW 1994, 1693

Miseré, Unfallflucht (StGB § 142) und Rauschdelikt (StGB § 323a) - Studie zum Verhältnis beider Tatbestände -, Jura 1991, 298

Mitsch, Die Vermögensdelikte im Strafgesetzbuch nach dem 6. Strafrechtsreformgesetz, ZStW 111 (1999), 65

Mitsch, Unvorsätzliches Entfernen vom Unfallort, JuS 2010, 303

Mitsch, Verspätete Pflichterfüllung, Täter-Opfer-Ausgleich und Schadenswiedergutmachung bei § 142 StGB, in: FS Geppert (2011), S. 337

Mitsch, Gefährlicher Eingriff in den Straßenverkehr und Notwehr, JuS 2014, 593

Möhrenschlager, Revision des Umweltstrafrechts, Das Zweite Gesetz zur Bekämpfung der Umweltkriminalität, NStZ 1994, 513, 566

Müller/Hönig, Examensrelevante Probleme der Brandstiftungsdelikte, JA 2001, 517

Münchener Kommentar zum StGB, hrsg. v. *Joecks/Miebach*, 2. Auflage 2011 ff.

Murmann, Eine Brandstiftungsklausur, Jura 2001, 258

Nagel, Der unbestimmte Rechtsbegriff der „großen Zahl", Jura 2001, 588

L. Neumann, Klassische und aktuelle Probleme der Strafbarkeit nicht genehmigter Kraftfahrzeugrennen, Jura 2017, 160

Neumann, Die Strafbarkeit der Suizidbeteiligung als Problem der Eigenverantwortlichkeit des „Opfers", JA 1987, 244

C. Nestler, Die strafrechtliche Verantwortlichkeit eines Bürgermeisters für Gewässerverunreinigungen der Bürger, GA 1994, 514

NomosKommentar Strafgesetzbuch, hrsg. v. *Kindhäuser/Neumann/Paeffgen*, 4. Auflage 2013

Ostendorf, Anm. zu LG Kiel, Urt. v. 4.4.2003 – I KLs 20/02 – Besonders schwere Brandstiftung zum Zwecke der Begehung eines Versicherungsbetruges, StV 2003, 676

Otto, Der Vollrauschtatbestand (§ 323a StGB), Jura 1986, 478

Otto, Grundsätzliche Problemstellungen des Umweltstrafrechts, Jura 1991, 308

Otto, Die Bedeutung der eigenverantwortlichen Selbstgefährdung im Rahmen der Delikte gegen überindividuelle Rechtsgüter, Jura 1991, 443

Otto, Das neue Umweltstrafrecht, Jura 1995, 134

Otto, Grundkurs Strafrecht, Die einzelnen Delikte, 7. Auflage 2005

Paeffgen, Die Ausweitung des "Rausch"-Begriffs (§ 323a) - ein unaufhaltsamer Prozeß?, NStZ 1985, 8

Paeffgen, Verwaltungsakt-Akzessorietät im Umweltstrafrecht, Oder: Über Argumentations-Spielräume im Strafrecht, in: FS Stree/Wessels (1993), S. 587

Pfohl, Strafbarkeit von Amtsträgern wegen Duldung unzureichender Abwasserreinigungsanlagen, NJW 1994, 418

Potthast, Die Abgrenzung zwischen Beseitigung und Verwertung von Abfällen im Strafrecht – eine Anmerkung zu BGH 5 StR 505/12, in: FS Wessing (2015), S. 443

Radtke, Das Brandstrafrecht des 6. Strafrechtsreformgesetzes – eine Annäherung, ZStW 110 (1998), 848

Radtke, Anm. zu BGH, Urt. v. 22.7.1999 – 4 StR 185/99 – Vorsatz hinsichtlich des Eintritts der Gefahr für Menschenleben, NStZ 2000, 88

Radtke, Anm. zu BGH, Urt. v. 12.9.2002 – 4 StR 165/02 – BGHSt 48, 14, Teilweises Zerstören durch Brandlegung, NStZ 2003, 432

Radtke, Gefährlichkeit und Gefahr bei den Straßenverkehrsdelikten, in: FS Geppert (2011), S. 461

Ranft, Grundprobleme des Vollrauschtatbestandes (§ 323a StGB), JA 1983, 193, 239

Ranft, Delikte im Straßenverkehr, Jura 1987, 608

Ranft, Anm. zu BGH, Urt. v. 31.8.1995 – 4 StR 283/95 – BGHSt 41, 231, Straflosigkeit des Münchener Fahrbahngehers, JR 1997, 210

Ransiek, Betreiben, Ausführen, Herstellen – § 327 StGB und andere Tatbestände des Wirtschaftsstrafrechts, in: FS Widmaier (2008), S. 725

Reiß, Anm. zu BGH, Beschl. v. 29.11.1979 – 4 StR 624/78 – BGHSt 29, 138, Ermöglichung nachfolgender Feststellungen, NJW 1980, 1806

Rengier, Zur Bestimmung und Bedeutung der Rechtsgüter im Umweltstrafrecht, NJW 1990, 2506

Rengier, Die Brandstiftungsdelikte nach dem Sechsten Gesetz zur Reform des Strafrechts, JuS 1998, 397

Rengier, Strafrecht Besonderer Teil II, Delikte gegen die Person und die Allgemeinheit, 17. Auflage 2016

Renzikowski, Anm. zu BGH, Beschl. v. 04.09.1995 – 4 StR 471/95 – Konkrete Gefahr bei durchtrennter Bremsleitung, JR 1997, 115

Rogall, Die Verwaltungsakzessorietät des Umweltstrafrechts - Alte Streitfragen, neues Recht -, GA 1995, 299

Rogall, Die Duldung im Umweltstrafrecht, NJW 1995, 922

Rönnau, Das Verhältnis der besonders schweren Brandstiftung gem § 306b II Nr 2 StGB zum (versuchten) Betrug - BGHSt 45, 211, JuS 2001, 328

Roxin, Der Verunglückte und Unglück bewirkende Retter im Strafrecht, in: FS Puppe (2011), S. 909

Rudolphi, Anm. zu BGH, Beschl. v. 30. 8. 1978 – 4 StR 682/77 – BGHSt 28, 129, Pflicht zur nachträglichen Ermöglichung der Unfallfeststellungen, JR 1979, 210

Rudolphi, Anm. zu BGH, Urt. v. 31.10.1986 – 2 StR 33/86 – BGHSt 34, 211, Umweltgefährdende Beseitigung von Hausmüll; Veränderung eines Gewässers, NStZ 1987, 324

Rudolphi, Anm. zu BGH, Urt. v. 03.11.1993 – 2 StR 321/93 – BGHSt 39, 381, Fehlerhafte Abfall-Genehmigung, NStZ 1994, 433

Rühl, Grundfragen der Verwaltungsakzessorietät, JuS 1999, 521

Saal, § 315b in der neuesten höchstrichterlichen Rechtsprechung, Jura 2003, 838

Schall, Zur Strafbarkeit von Amtsträgern in Umweltverwaltungsbehörden - BGHSt 38, 325, JuS 1993, 719

Schall, Die „Verletzung verwaltungsrechtlicher Pflichten" als strafbegründendes Tatbestandsmerkmal im Umweltstrafrecht, in: FS Küper (2007), S. 505

Schall, Die Verwaltungsakzessorietät im Lichte des § 330d Nr. 5 StGB, in: FS Otto (2007), S. 743

Schall, Allgemein- und Sonderdelikte: Versuch einer Abgrenzung im Umweltstrafrecht, in: FS Schöch (2010), S. 620

Schall, Das Umweltstrafrecht heute: ein bloßes Alibi-Instrument?, in: FS Schünemann (2014), S. 815

Schenke, Die Strafbewehrung rechtswidriger Verwaltungsakte, in: FS Wolter (2013), S. 215

Schmidt/Schöne, Das neue Umweltstrafrecht, NJW 1994, 2514

Schmoller, Anm. zu BGH, Urt. v. 31.10.1986 – 2 StR 33/86 – BGHSt 34, 211, Umweltgefährdende Beseitigung von Hausmüll; Veränderung eines Gewässers, JR 1987, 473

Schneider, Das Inbrandsetzen gemischt genutzter Gebäude, BGH-Urteil vom 20.6.1986 – 1 StR 270/86, Jura 1988, 460

Scholz, Straffreie Unfallflucht bei tätiger Reue?, Reformüberlegungen zu § 142 StGB, ZRP 1987, 7

Schönke/Schröder, Strafgesetzbuch, 29. Auflage 2014

Schroeder, Technische Fehler beim neuen Brandstiftungsrecht, GA 1998, 571

Schulz, Die tätige Reue gem. § 142 IV StGB aus dogmatischer und rechtspolitischer Sicht, NJW 1998, 1440

Schwarz, Zum richtigen Verständnis der Verwaltungsakzessorietät des Umweltstrafrechts, GA 1993, 318

Seelmann, Beihilfe zum unerlaubten Entfernen vom Unfallort - BayObLG, NJW 1990, 1861, JuS 1991, 290

Seelmann, „Unterlassene Hilfeleistung" oder: Was darf das Strafrecht?, JuS 1995, 281

Sinn, Der neue Brandstiftungstatbestand (§ 306 StGB) - eine mißglückte Regelung des Gesetzgebers?, Jura 2001, 803

Stein, Anm. zu BGH, Urt. v. 22.7.1999 – 4 StR 185/99 – Vorsatz hinsichtlich des Eintritts der Gefahr für Menschenleben, JR 2000, 115

Stein, Fahrunsicherheit, in: FS Dencker (2012), S. 307

Streng, Unterlassene Hilfeleistung als Rauschtat?, Zugleich ein Beitrag zum Strafgrund und zur Rechtsnatur des "Vollrauschtatbestands" (§ 323 a StGB), JZ 1984, 114

Stuckenberg, „Risikoabnahme" – Zur Begrenzung der Zurechnung in Retterfällen, in: FS Roxin II (2011), S. 411

Systematischer Kommentar zum Strafgesetzbuch, hrsg. v. *Rudolphi/Horn/Samson/Günther*, Band III (§§ 123-211 StGB), 8. Auflage, Loseblatt (Stand: Dezember 2016)

Systematischer Kommentar zum Strafgesetzbuch, hrsg. v. *Wolter*, 9. Auflage 2016 ff.

Theile, Anm. zu BGH, Urt. v. 11.6.2013 – 5 StR 124/13 – Erschwerung der Löscharbeiten, ZJS 2014, 122

Ulsenheimer, Zumutbarkeit normgemäßen Verhaltens bei Gefahr eigener Strafverfolgung, GA 1972, 1

Walther, Anm. zu BGH, Urt. v. 1.2.2005 – 1 StR 422/04 – Fahrlässige Tötung durch einen von Zigarettenresten verursachten Schwelbrand, JZ 2005, 686

Wasmuth/Koch, Rechtfertigende Wirkung der behördlichen Duldung im Umweltstrafrecht, NJW 1990, 2434

Waszczynski, § 142 StGB: Struktur und Argumentation in der Falllösung, JA 2015, 507

Weber/Weber, Anm. zu OLG Zweibrücken, Beschl. v. 12.08.1991 – 1 Ss 104/90 – Zur Nachhaltigkeit einer Umweltgefährdung, NStZ 1994, 36

Weigend, Zur Reform von § 142 StGB, in: FS Tröndle (1989), S. 753

Welzel, Das deutsche Strafrecht: eine systematische Darstellung, 11. Auflage 1969

Wessels/Hettinger, Strafrecht, Besonderer Teil 1, Straftaten gegen Persönlichkeits- und Gemeinschaftswerte, 40. Auflage 2016

Winkelbauer, Die strafrechtliche Verantwortung von Amtsträgern im Umweltstrafrecht, NStZ 1986, 149

Winkelbauer, Aspekte des Abfallstrafrechts - OLG Zweibrücken, NJW 1992, 2841, JuS 1994, 112

Wolff, Zur Gemeingefährlichkeit der Brandstiftung nach 306 StGB, JR 2002, 94

Wolff, Anm. zu BGH, Urt. v. 12.9.2002 – 4 StR 165/02 – BGHSt 48, 14, Teilweises Zerstören durch Brandlegung, JR 2003, 391

Wolters, Anm. zu BGH, Urt. v. 15.9.1998 – 1 StR 290/98 – Brandstiftungsdelikte nach geändertem Recht, JR 1999, 208

Wrage, Was ist (teilweise) Zerstören durch eine Brandlegung?, JR 2000, 360

Wrage, Typische Probleme einer Brandstiftungsklausur, JuS 2003, 985

Zieschang, Zur Strafbarkeit nicht genehmigter Kraftfahrzeugrennen im Straßenverkehr, JA 2016, 723

Zimmermann, Die Straßenverkehrsgefährdung (§ 315 c StGB), JuS 2010, 22

Zopfs, Zur Ausnutzungsabsicht in § 307 Nr. 2 StGB bei bedingt vorsätzlicher Brandherbeiführung - BGHSt 40, 106 und BGHSt 40, 251, JuS 1995, 686

Zopfs, Begründet die Sachgefahr einen Unglücksfall im Sinne des § 323c StGB?, in: FS Seebode (2008), S. 449

Sachverzeichnis

Die fetten Zahlen verweisen auf den Abschnitt, die mageren auf die Randziffern.

© Springer-Verlag GmbH Deutschland 2017
G. Küpper, R. Börner, *Strafrecht Besonderer Teil 1*, Springer-Lehrbuch,
DOI 10.1007/978-3-662-53989-7

Printed by Printforce, the Netherlands